런던 핀즈버리 파크 아스토리아 극장 백스테이지에서, 1963년 12월 30일.

런던 벨그레이비아에 있는 브라이언 엡스타인의 저택에서 열린
⟨Sgt. Pepper's Lonely Hearts Club Band⟩ 앨범 론칭 파티, 1967년 5월 19일.
존은 다소 과장된 상류층 목소리로 폴에게 자신을 소개해 모두를 웃게 만들었다.

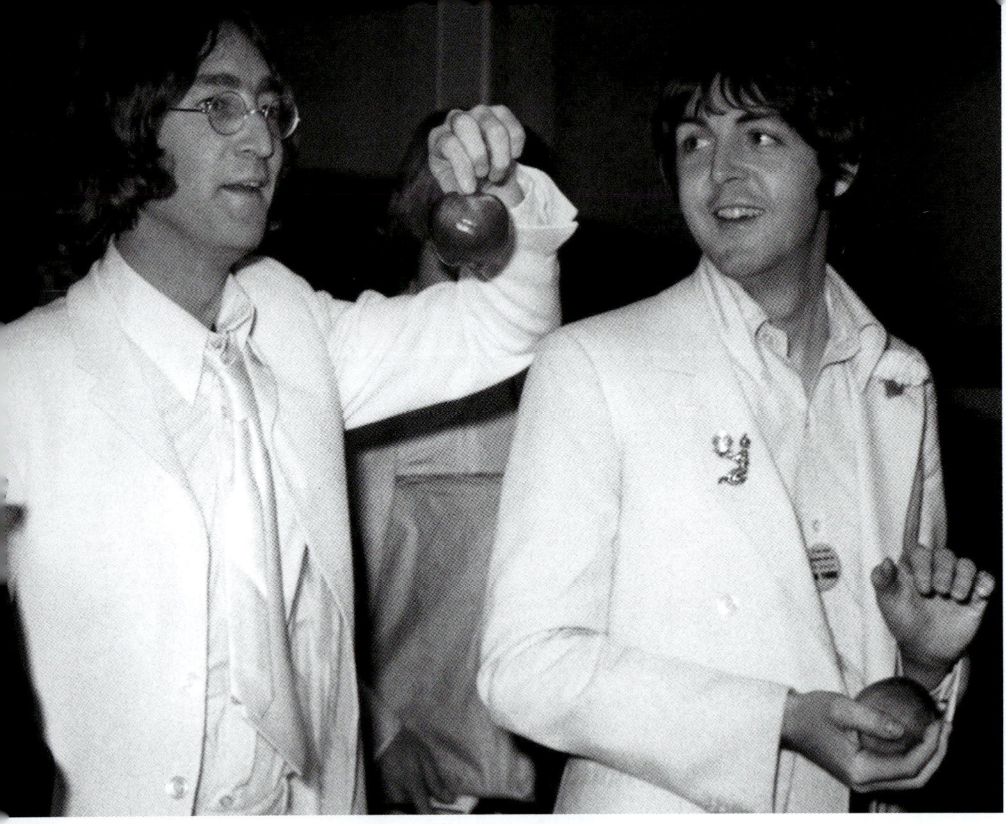

▲
애플 레코드 홍보차 뉴욕을 방문한 뒤,
런던 히드로 공항에 도착한 존과 폴,
1968년 5월 16일.
© Stroud / Express / Getty Images

◀
TV 특집 프로그램
《더 뮤직 오브 레넌&매카트니》 녹화 중
휴식 시간에, 1965년 11월 2일.
© Robert Whitaker / Getty Images

존 앤드 폴

JOHN AND PAUL

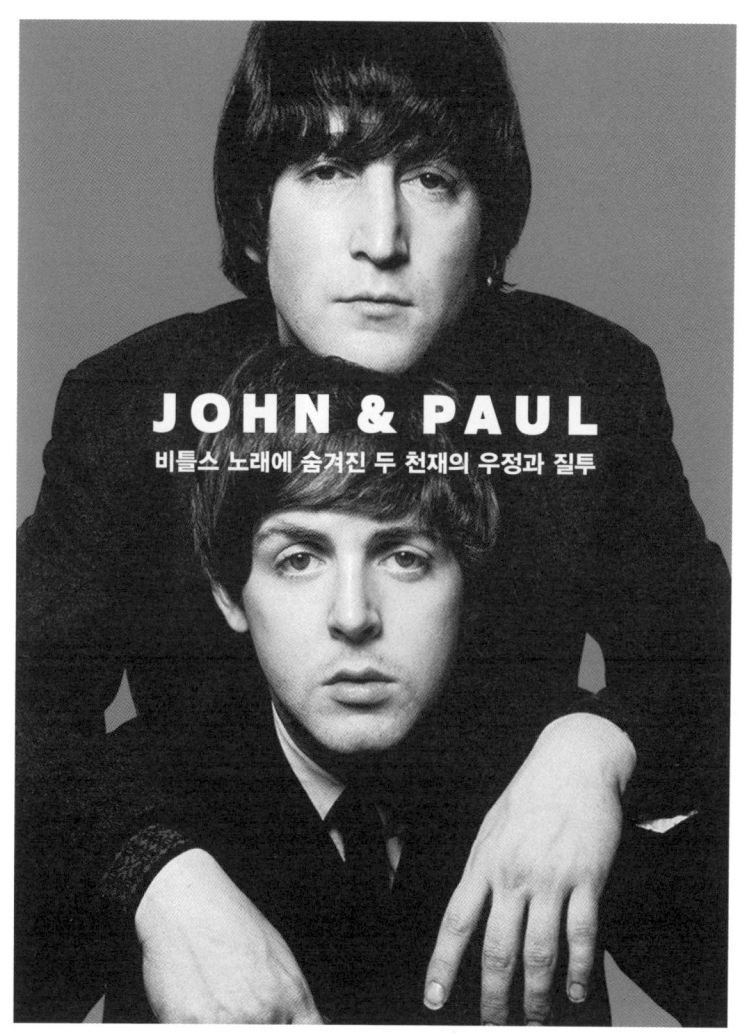

JOHN & PAUL

비틀스 노래에 숨겨진 두 천재의 우정과 질투

이언 레슬리 지음 | 배순탁 감수 | 정지현 옮김

RHK
알에이치코리아

일러두기

1. 이 책에서는 인명, 아티스트명의 표기를 외래어표기법에 따랐습니다.
   이에 따라 '비틀즈' 역시 '비틀스'로 표기하였습니다. 다만, 일부 관례로 굳어진 것은 예외를 두었습니다.
2. 곡명은 〈 〉로, 가사는 " "로 표기하였습니다. 그 외 신문이나 잡지, 방송, 영화, 드라마, 도서는 일괄적으로 《 》,
   그림의 작품명은 「 」로 표기하였습니다.
3. 본문의 ★로 표기한 각주는 모두 저자 주입니다.
4. 이 책에는 인종이나 기타 부적절한 비하 발언 및 비속어가 담겼습니다. 이는 당시의 상황이나 인물의 감정을
   그대로 드러내기 위해서 원문과 최대한 비슷하게 순화하지 않고 표기한 것입니다.

그가 그였기 때문에, 내가 나였기 때문에

1960년대 초반, 미국 팝은 침체기였다. 수치가 증명한다. 1959년 미국 음악 시장의 전체 매출은 6억 3천만 달러를 기록했다. 엘비스 프레슬리를 중심으로 한 1950년대 로큰롤 열풍에 힘입은 바였다. 그러나 1963년쯤이 되자 수치는 7억 달러 이하로 뚝 떨어졌다.

이렇듯 확연히 둔화한 성장 속에 미국 십 대 팝은 마치 동면기에 들어간 것처럼 잠잠했다. 그러던 그들이 잠에서 깼던 시기는 정확히 1964년 2월 7일이었다. 십 대들의 비명 때문이었다. 헬멧 같은 머리에 양복을 차려입고 JFK 공항에서 내린 4명의 영국 청년은 그날 이후 미국인과 전 세계의 취향을 완전히 바꿔 버렸다. 그들의 뒤를 이어 애니멀스, 롤링 스톤스, 킹크스, 후 등이 미국 시장에 안착했다. 역사는 이를 '영국의 침공'이라고 부른다.

언급한 것처럼 비틀스의 구성원은 존 레넌, 폴 매카트니, 조지 해리슨, 링고 스타, 이렇게 4명이었다. 물론 나도 안다. 대중음악 역사상 가장 거대했던 밴드인 만큼 조지 해리슨과 링고 스타의 팬이 엄존함을 모르지 않는다. 그러나 프로듀서 조지 마틴이 말한 것처럼 "비틀스의 핵심적인 재능은 어디까지나 존과 폴에게서 나왔다."

그렇다. 이 점을 부인할 수는 없다. 사람들은 보통 존과 폴을 대조적인 캐릭터로 분석하는 경향이 있다. 그러나 이러한 이분법적 구분은 미디어로 배달된 이미지에 불과하다는 점을 기억해야 한다.

물론 둘은 여러 면에서 달랐다. 책에 나온 표현을 빌리자면 폴은 구체적이고, 기술적이고, 이성적인 비틀이었다. 반면 존은 추상적이고, 도발적이고, 감각적인 비틀이었다. 존에게 음악은 자기 존재의 연장선 같은 것이었다. 폴은 음악을 소리와 언어로 구축한 조형물 비슷한 것으로 바라봤다.

존은 음악을 더 깊게 파려고 했고, 폴은 음악을 더 넓게 확장하려고 했다. 그 결과, 비틀스는 깊어지는 동시에 넓어질 수 있었다. 존과 폴은 마치 씨줄과 날줄처럼 서로에게 의지했다. 각자의 뚜렷한 세계관과 관점을 음악 안에서 부딪히게 한 뒤에 그것을 엮어 수많은 위대한 명곡을 산파했다. 적어도 1968년 중반까지 둘은 두 개의 몸에 깃든 하나의 마음이었다. 최고의 친구이자 경쟁자인 동시에 사실상 연인이었다. 그럼에도, 끝내 존은 존이었고 폴은 폴이었다. 책의 끝부분에서 저자는 이 점을 특히 강조한다.

무엇보다 비틀스에게는 선례가 없었다. 비틀스가 활동을 시작했던 1950년대 후반 당시는 밴드가 카피가 아닌 창작곡을 부른다는 개념마저 없었던 때였다. 비틀스 역시 처음 몇 년은 다른 가수의 노래를 재해석해서 연주하고 노래했다. 심지어 존과 폴은 함께 쓴 곡이 있었음에도 그 사실을 철저히 함구했다.

비틀스의 음악적 바탕인 1950년대 로큰롤이 원래 그랬다. 1950년대 로큰롤은 그냥 댄스 음악이었다. 당시 십 대는 격렬한 로큰롤에 맞춰 몸을 흔들고, 고함을 질렀다. 가사는 별것 없었다. 사랑 혹은 이별 타령이 거의 전부였다. 즉, 록이 '심오한 예술'로 거론되기 시작하던 때는 대략 1960년대 중반부터였다. 이 흐름을 중심에서 이끈 존재가 비틀스였음을 부인할 사람은 없다.

이 책은 비틀스가 "순식간에 레코드를 내고 투어를 도는 공연자에서 사운드를 다루고, 조작하고, 앨범을 통해 메시지를 전달하는 리코딩 예술가로 거듭난 과정"을 다룬다. 게다가 당시는 "밴드 내의 2명이 동등한 위치에서 자극을 주고받으면서 직접 부를 곡을 대부분 만들고 전체를 이끈다는 건 상상조차 할 수 없는 시대"였다. 폴과 존은 "마치 제트기가 연료를 들이마시듯" 문화적·지적 자극을 흡수해서 창작의 땔감으로 삼았다. 이 모든 역사를 새롭게 쓴 존재가 바로 비틀스였다.

이 심각하게 두꺼운 책은 바로 존과 폴의 관계가 음악을 통해 어떻게 형성되었는지를 세세하게 알려 준다. 더 나아가 단순한 인상 비평이 아닌 구체적인 음악 분석을 통해 비틀스라는 세계에 더 깊은 사유의 두레박을 내린다.

그중에서도 비틀스 최고 명곡으로 널리 인정받는 〈A Day in the Life〉와 그 유명한 〈Hey Jude〉 챕터를 수놓은 필력은 실로 감동적이기까지 하다. 과연, 탄탄한 이론에 기반하고 있으면서도 이걸 잘 읽히는 에세이처럼 풀 수 있는 능력은 아무나 도달할 수 있는 경지가 아니다. 《존 앤드 폴》은 이걸 해낸다. 그리하여 이미 익숙한 음악마저 찾고, 재생하게 만든다.

　내가 항상 주장하는 게 있다. 진정한 놀라움은 몰랐던 걸 알았을 때 찾아오지 않는다는 것이다. 도리어 그것은 내가 잘 안다고 믿었던 것을 실은 잘 모르고 있었다는 깨달음 속에 찾아온다. 이 책이 나에게 정확히 그랬다. 장담하건대 여러분에게도 그럴 것이다.

배순탁

음악평론가, 《배철수의 음악캠프》작가,

《모던 팝 스토리》, 《레코드 맨》역자

1980년 12월 9일

종일 녹음실에 틀어박혀 있다가 나온 폴 매카트니는 눈조차 제대
로 뜨기 힘들 만큼 강렬한 조명과 함께 마이크를 들이대는 기자들과
마주한다. 기자들은 전날 밤에 벌어진 존 레넌의 피살 소식에 대한 그
의 심경을 묻는다. 매카트니는 껌을 씹다가 질문에 짤막하게 답한다.

"어… 충격이죠. 안됐네요."[1]
"소식은 어떻게 들으셨어요?"
"아침에 전화 받고 알았어요."
"누구한테서요?"
"친구요."
"장례식에 가실 건가요?"

"아직 잘 모르겠네요."

"존의 죽음에 대해 다른 멤버들과 이야기를 나눠 보셨나요?"

"아뇨."

"그럴 계획이 있으신가요?"

"네, 아무래도요."

"오늘은 어떤 녹음을 하셨나요?"

"그냥 이것저것 들었어요. 집에 있고 싶지 않아서요."

"왜요?"

한순간 인내심이 끊긴 듯 폴 매카트니의 얼굴에 짜증이 스친다.

"그냥… 그러고 싶지 않았어요."

기자들은 더는 할 말이 없는 듯이 잠잠해진다.

"뭐, 안타깝죠, 안 그래요? 그럼, 이만."

그렇게 말한 매카트니는 차 쪽으로 걸음을 옮긴다.

☆

비틀스가 음악 활동을 멈춘 지 반세기가 훌쩍 지났지만, 그들의 노래는 여전히 우리의 삶 깊숙한 곳에 스며 있다. 우리는 운전 중에 비틀스의 노래를 듣고, 부엌이나 클럽에서 그들의 음악에 맞춰 몸을 흔든다. 어린이집이나 경기장에서도 부르고, 결혼식이나 장례식, 혹은 혼자 있는 방 안에서 들으며 눈물을 흘리기도 한다. 지금으로서는 비틀스가 대중에게 잊힐 조짐은 거의 없어 보인다. 만약 천 년 뒤에도 인류 문명을 떠올릴 무언가가 남는다면 〈She Loves You〉의 후렴구와 네 남자가 일렬로 횡단보도를 건너는 장면이 아닐까.

하지만 비틀스가 이루어 낸 성취가 사실은 거의 기적에 가까웠다는 걸, 우리는 이제야 조금씩 깨닫고 있다. 1962년, 전 세계 문화의 중심에 서 있던 미국의 위상이 흔들리는 상황을 예측한 사람은 없었다. 그리고 미국이 낯설고도 당돌한 변화를 기꺼이 받아들일 거라 상상한 이는 더더욱 없었다. 전 세계를 휩쓴 변화의 물결은 다름 아닌, 찬란했던 시절을 뒤로한 채 쇠락해 가던 구세계 끝자락의 회색빛 섬나라에서 탄생했다. 당시 영국은 실크해트와 검댕이 가득 낀 굴뚝이 상징하는 낡은 시대에 멈춰 선 것처럼 활기라고는 하나도 없어 보였다. 그런데 바로 그 눅눅한 땅에서 움튼 폭발적인 생명력이 새로운 시대의 문을 힘차게 열어젖혔다. 하지만 변화의 태동이 시작된 곳은 수도가 아니었다. 전쟁의 흔적이 채 지워지지 않은 스산한 거리, 한때는 번성했지만, 산업의 침체로 빛을 잃은 지방 도시의 외곽이었다. 그곳에서 두 명의 십 대 소년들이 자신의 미래를 스스로 빚어냈고, 그 여정 속에서 오늘날 우리의 현재 또한 함께 태어났다. 존 레넌과 폴 매카트니는 정식으로 음악 교육을 받은 적이 없었고, 악보조차 읽지 못했다. 하지만 두 사람은 서로를 보며 배워 나갔고, 마침내 세상에 가르침을 전했다.

2021년에 공개한 피터 잭슨^{Peter Jackson} 감독의 다큐멘터리 《비틀스: 겟 백^{The Beatles: Get Back}》을 본 시청자들이 공통적으로 보인 반응은, 비틀스 멤버들의 모습이 어제 촬영한 영상이라고 해도 믿을 만큼 현대적으로 느껴진다는 것이었다. 영상 속 런던 거리에는 줄무늬 정장을 차려입은 남자들과 아프간 코트(가장자리에 긴 털이 달린 양가죽 코트―역주)를 걸친 히피들이 가득했다. 옛날 옛적 그 시대의 모습 그대로였다. 그런데 존, 폴, 조지, 링고가 화면에 등장하는 순간, 공기가 확 달라진다. 분위기가 단숨에 바뀐 것이다. 그들은 당장이라도 화면을 뚫고 나와 오늘날의 거리를 활보해도 전혀 어색하지 않을 만큼 자연스러웠다. 그들이 현대 시청자들에게 낯설게 느껴지지 않은 이유는 옷차림 때문이 아니었다. 말을 주고받는 태도, 앉아 있는 모습, 농담을 건네는 말투, 그 모든 요소에서 풍기는 자연스러운 분위기 때문이었다. 그리고 그렇게 느끼는 것은 결코 우연이 아니다.

문학평론가 해럴드 블룸은 사람들이 셰익스피어가 창조한 인물들 속에서 자신을 발견하는 이유가 단순히 그가 인간 본성의 본질을 정확히 포착했기 때문만은 아니라고 말한다. 셰익스피어는 '인간이란 무엇인가'에 대한 개념, 다시 말해 성찰을 통해 스스로를 만들어 가는 존재로서의 개인이라는 관념 자체를 처음으로 창조해 냈기 때문이라는 것이다. 비틀스도 마찬가지였다. 그들은 1960년대 이후 새롭게 등장한 인간상의 형성에 결정적인 역할을 했다. 그것은 바로 호기심 많고, 관용적이며, 자신을 유쾌하게 낮출 줄 알고, 꾸밈없으며, 자연스러운 여성성과 남성성을 동시에 지닌 인간이다. 티모시 리어리[Timothy Leary](미국의 심리학자이자 1960년대 LSD 확산을 주도한 반문화 운동의 상징적 인물―역주)는 이렇게 말했다. "비틀스는 돌연변이다.[2] 신이 새로운 인류를 창조할 신비로운 힘을 건네고 제일 먼저 내보낸 진화의 선발대다." 전 세계 문화를 뒤흔든 비틀스의 소집단 문화는 폴의 자택 거실이나 존의 방에서 두 사람이 무릎에 기타를 올려놓은 채 연주하고, 곡을 쓰고, 시를 짓고, 함께 웃으며 보낸 수많은 시간 속에서 싹텄다.

이 책은 두 젊은 남성들이 어떻게 서로의 재능을 결합하고 증폭시켜서 역사상 가장 위대하고 영향력 있는 음악을 만들어 냈는지 다룬 이야기다. 레넌과 매카트니의 협업은 비틀스가 발표한 184곡 가운데 159곡을 탄생시켰으며, 창작 전반에 대한 주도권도 대부분 두 사람에게 있었다. 조지 마틴George Martin은 이렇게 말했다. "단언컨대, 비틀스의 핵심적인 재능은 폴과 존에게서 나왔습니다.[3] 조지, 링고, 그리고 저는 어디까지나 보조적인 역할이었죠." 이 책은 동시에 사랑 이야기이기도 하다. 존과 폴은 우리가 흔히 생각하는 친구나 협력자의 범주를 넘어서는 관계였다. 그들의 우정은 일종의 로맨스였다. 열정적이고 다정하면서도 격정적이었으며, 갈망으로 가득했고 질투로 흔들렸다. 불안정하고 갈등으로 뒤얽힌 채, 광적으로 창조적이었던 두 사람의 관계는 마치 결혼 같았지만, 우리가 익히 알고 있는 관계의 틀로는 온전히 설명할 수 없었고, 그로 인해 오랫동안 깊이 오해받아 왔다.

우리는 존과 폴을 잘 안다고 생각하지만, 실제로는 그렇지 않다. 1970년 비틀스 해체 이후, 비틀스라는 그룹과 그들의 파트너십에 대해 널리 알려진 서사가 형성되었다. 그 이야기는 존 레넌이 몇 차례의 인상 깊은 인터뷰를 통해 초안을 잡았고, 그를 숭배하던 한 세대의 록 평론가들이 살을 붙여서 완성한 것이다. 존은 1970년대가 열망하던 이상적인 영웅이었다. 노골적으로 반체제적이고, 카리스마 넘치며, 고뇌에 찬 인물이었다. 그는 당대의 분위기뿐만 아니라, 훨씬 오래된 '천재'에 대한 관념까지도 완벽하게 구현했다. 반면 폴은 '범생이', 속은 비어 있고 겉만 번지르르한 중산층 허세꾼으로 치부되었다. 이러한 이

분법은 이후로도 줄곧 이어졌다. 존은 비틀스의 창조적인 영혼으로, 폴은 재능은 있지만 가볍고 깊이 없는 조력자로 그려졌다. 1980년, 존 레넌이 비극적으로 세상을 떠난 뒤에 이 서사는 정설처럼 굳어졌다. 비록 낡고 해졌지만, 이 서사는 여전히 살아 있다. 실제로 무슨 일이 있었는지 묘사했다기보다는 그저 구시대의 문화적·정치적 집착을 드러내는 이야기에 불과한데도 말이다. 비틀스를 논할 때면 여전히 '존이냐, 폴이냐' 하는 대립 구도가 팬과 평론가 사이를 가른다. 하지만 당사자들조차 인정했던 것처럼 '존' 없이 '폴'은 없었고, 반대도 마찬가지였다. 가장 치열하게 경쟁하던 순간조차 그들의 협업은 결투가 아니라 듀엣이었다.

통념적인 서사는 레넌과 매카트니의 진짜 성격을 왜곡했고, 비틀스 음악에 대한 우리의 이해를 단편적이고 빈약하게 만들었다. 이제는 새로운 이야기가 필요하다. 무엇보다 최근 들어 기존 서사를 근본적으로 뒤흔드는 중요한 증거들이 속속 등장하기 시작했기 때문이다. 비틀스 음반사에서 공개한 수 시간 분량의 데모, 미공개 테이크, 그리고 스튜디오에서 나눈 대화들은 비틀스 멤버들의 관계와 창작 과정을 새롭게 비춰 준다. 피터 잭슨 감독이 연출한 다큐멘터리 《비틀스: 겟 백》 역시 중요한 통찰을 제공했다. 이 작품은 1969년 1월, 마이클 린제이 호그^{Michael Lindsay-Hogg} 감독의 다큐멘터리 《렛 잇 비^{Let it be}》를 위해 촬영한 방대한 분량의 영상을 복원하고 재구성해 완성한 것이다. 이 새로운 현장 자료들은 비틀스를 있는 그대로 마주할 수 있게 해 준다. 평론가나 전기 작가들이 훗날 재구성한 이야기, 혹은 멤버들 스스로가 남긴 회고록과는 다르다. 멤버들의 기억 역시 누구나 그렇듯 불완전하고 편향적이기 때문이다.

이 책은 존과 폴의 우정을, 두 사람이 처음 만난 순간부터 존이 세상을 떠나는 순간까지 따라간다. 그 이야기를 가장 풍부한 1차 기록이자 그들의 진짜 목소리라 할 수 있는 곡들을 통해 들려준다. 각 장은 하나의 노래를 중심축으로 삼는다. 가사든, 작곡이나 연주 과정이든, 하나의 노래는 그 시점에서 두 사람의 관계가 어떤 상태였는지 말해 준다. 1967년, 존 레넌은 이렇게 말했다. "말이란 건 가장 느린 소통 방식이다.[4] 음악이 훨씬 낫다." 작곡을 시작한 순간부터 레넌과 매카트니는 팝송을 단순히 멜로디와 가사가 있는 노래로 여기지 않았다. 그들에게 노래는 벅찬 고통이나 기쁨, 혹은 그 둘을 동시에 마주하는 방식이었고, 무엇보다도 소통의 수단이었다. 그들이 노래를 그런 시각으로 바라본 이유는 그렇게 할 수밖에 없었기 때문이다. 그들은 감성이 풍부한 사람들이었고, 어린 시절에 자신들의 세계가 산산이 부서지는 경험을 했다. 그래서 서로와, 관객과, 더 나아가 우주와 연결되기를 갈망했다. 말로는 감정을 전할 수 없을 때, 그들은 노래로 감정을 표현했다.

"세상 사람들에게는 '뭐, 안타깝죠.'라는 말로는 부족할 것입니다."[5] ITN 뉴스의 한 기자가 《뉴스 앳 텐*News at Ten*》에서 존 레넌 피살 소식에 대한 매카트니의 반응을 영상으로 내보낸 뒤, 훈계조로 이렇게 말했다. 전 세계에서 가장 유명하고 사랑받던 인물 중 한 명이 갑작스럽고 폭력적인 방식으로 세상을 떠나 큰 충격을 안겨 준 가운데, 매카트니의 그 짧막한 한마디는 주류 언론사의 주요 기사로 다뤄졌다.

무표정한 얼굴로 "뭐, 안타깝죠."라고 말하는 매카트니의 태도는 많은 이가 오랫동안 품어 왔던 의심을 뒷받침하는 것 같았다. 레넌과 매카트니는 이미 오래전에 절연했고, 이제 서로에 대한 애정마저 남지 않은 것처럼 보였다. 존 레넌의 갑작스러운 죽음이라는 충격적인 비보 속에서 이 냉정한 반응은 또 하나의 작은 죽음처럼 다가왔다. 무대 위에서, 스크린 속에서, 그리고 무엇보다 음악 속에서 두 사람이 함께할 때 보여 준 그 전염성 강한 기쁨은 너무도 선명했건만. 이제 한 사람은 갑작스럽게 세상을 떠났고, 다른 한 사람은 껌을 씹으며 무덤덤하게 반응한다.

　도대체 존과 폴 사이에는 무슨 일이 있었던 걸까?

CONTENTS

1

COME GO WITH ME

COME GO WITH ME

그들은 1957년 7월, 더운 여름날 처음 만났다. 전쟁이 끝난 지 12년, 〈Sgt. Pepper's Lonely Hearts Club Band〉가 세상에 나오기 10년 전의 일이었다. 만남의 무대는 잉글랜드 교외 울턴의 소박한 가든 파티였다. 브라스 밴드가 연주하고, 분장 퍼레이드가 열렸으며, 케이크 판매대와 고리 던지기 게임, 불꽃 고리를 뛰어넘는 경찰견까지 등장하는 평화로운 지역 행사였다. 당시 열다섯 살이던 폴 매카트니는 그날 구경꾼으로 왔고, 골프장을 사이에 두고 몇 킬로미터 떨어진 앨러튼에서 왔다. 그는 울턴에 자주 가는 편은 아니었다. 울턴은 점잖고 다소 유별난 분위기의 상류층 동네였다. 하지만 학교 친구인 아이번이 그곳에 살았고, 그가 교회 바자회에 가 보자고 제안했다. 여자아이들도 올 테고, 동네에 존 레넌이라는 친구가 있는데, 그를 만나 보거나 그의 밴드 공연을 관람하면 좋을 거라고 했다.

울턴의 연례 바자회를 주관한 교회 위원회는 올해에는 청소년들을 위한 행사를 마련해 보자며 스키플 밴드를 초청하기로 했다. 그렇게 해서 존 레넌이 이끄는 밴드인 쿼리멘The Quarry Men이 무대에 올랐다(스키플은 영국에서 로큰롤의 전신이었던 장르로, 조금 더 얌전한 스타일이었다). 아이번은 폴이 음악 마니아라는 걸 알고 있었다. 그는 손이 빠른 기타리스트였고, 노래 실력도 뛰어났다. 존처럼 테디 보이(로큰롤을 좋아하며 딱 붙는 바지, 긴 재킷, 뾰족한 신발을 선호하던 청년 집단 —편집자주) 스타일도, 특별히 화려한 스타일도 아니었지만, 엘비스 프레슬리Elvis Presley와 리틀 리처드Little Richard의 열성적인 팬이었다. 오후 4시쯤, 폴과 아이번은 세인트피터 교회에 도착해 입구에 있던 여성에게 각자 3펜스씩 내밀었다. 어린이 요금이라 일반 입장료의 절반이었다. 교회 옆 들판에서는 존 레넌이 이끄는 밴드의 연주가 후텁지근한 공기를 가르며 요란하게 울려 퍼졌다. 폴은 흰색 스포츠 재킷에 몸에 딱 붙는 검은 바지를 입고 땀을 뻘뻘 흘리고 있었다.

폴은 이전에도 버스에서, 피시 앤드 칩스 가게에서 존을 몇 번 본 적이 있었다. 그리고 이미 그에게 강한 호기심을 느꼈다. 폴은 지적 갈증을 느끼는 소년이었고, 공교육에 회의적이었으며, 사무직이라는 미래에도 별다른 매력을 느끼지 못했다.

거의 열일곱 살이었던 존은 폴보다 나이가 많았고, 가죽 재킷을 입고 구레나룻을 길렀으며, 여우처럼 날렵한 분위기를 풍기는 로커였다. 그는 이미 평범한 일상과는 돌이킬 수 없이 결별한 사람처럼 보였다. 존 레넌은 아무렇게나 관심을 표현할 수 있는 사람이 아니었다. 괜히 눈길을 줬다가 그가 알아채기라도 하면, 그 관심이 되돌아오는 순간을 감당할 준비가 되었어야 했다. 존은 말이든 주먹이든 싸움을 마다하지 않는 인물로 알려졌고, 늘 또래 아이들로 구성된 수행원 무리에게 둘러싸여 다녔기 때문이다.

폴과 아이번이 임시로 세운 무대 쪽으로 다가가자, 폴 매카트니는 마침내 존 레넌을 제대로 바라볼 기회를 얻었다. 그의 연주를 처음 들는 순간이기도 했다. 그것은 지저분하고 엉성하면서도 멋진 소음이 었다. 한 아이는 워시보드(빨래판 비슷한 타악기—역주)를 긁어 대고, 또 다른 아이는 티체스트 베이스(찻잎을 담는 용도의 상자에 막대기를 세우고 굵은 줄을 연결해서 만든 DIY 현악기—역주)를 마구 쥐어뜯었으며, 드러 머는 묵묵히 드럼을 두드렸다. 그리고 맨 앞에는 존 레넌이 있었다. 부끄러움이라고는 전혀 없는 태도로 관중을 똑바로 응시하며 거칠고 강렬한 목소리로 열창했다. 폴이 가사를 빠짐없이 외운 곡들이었다.

나중에 폴은 그 순간을 떠올리며, 존이 너무나 멋져 보였고 노래도 정말 근사했다고 말했다. 그는 존이 틀린 부분에서 강한 끌림을 느꼈 다. 존은 기타를 독특한 방식으로 연주했다. 왼손이 지판 위에서 단순 하지만 익숙지 않은 모양을 만들었고, 가사도 제멋대로였다. 그런데 도 폴은 그런 모습이 이상하리만치 짜릿하게 느껴졌다고 했다.

먼저 짚고 넘어가야 할 점은 둘의 만남이 동등한 관계에서 이루어 진 것이 아니라 본질적으로 한쪽으로 기울어졌다는 것이다. 십 대 시 절에는 나이 차이가 훨씬 더 크게 느껴진다. 한 살 차이도 서로 다른 세대처럼 느껴질 수 있다. 존은 단지 폴보다 나이가 많은 것만은 아니 었다. 그는 이미 리버풀 남동부의 청소년 사회에서 제법 유명한 인물 이었다. 사람들의 시선을 끄는 매력이 있었고, 늘 함께 다니는 패거리 도 있었으며, 자신이 확고한 리더로 자리 잡은 스키플 밴드까지 거느 렸다. 당시 그를 지켜본 이들의 말에 따르면, 존은 사람을 끌어당기는 매력이 있었고 무시할 수 없는 존재감을 뿜어냈다. 여학생들은 그에게 빠졌고, 남학생들은 그를 두려워했다. 그날 존의 무대를 바라보던 폴은 그와 친구가 되거나 언젠가 저 무대에 함께 서고 싶다면, 먼저 다가가야 하는 쪽은 자신이라는 걸 잘 알고 있었다. 존 레넌으로서는 아쉬울 게 전혀 없었으니까.

폴은 자신과 존이 로큰롤에 대한 사랑─듣는 것도, 연주하는 것도 좋아한다는 공통점─을 나눈다는 사실이, 존의 세계로 뛰어들 기회가 될 수 있다는 걸 알았다. 실제로 그가 처음부터 존을 만나고 싶었던 이유도 바로 그 때문이었다. 폴은 자신만큼이나 음악에 미친 동료를 찾고 있었다. 아버지의 피아노로부터 시작된 그의 열정은 이제 걷잡을 수 없는 집착이었다. 폴의 남동생은 그가 기타를 손에 넣은 뒤로는 다른 건 눈에 들어오지 않을 정도로 푹 빠졌다고 회상했다. 폴은 손이 놀고 있을 때마다 기타를 들었다. 침대 위에서, 거실에서, 심지어 화장실에서도 그는 기타를 연주했다. 스키플과 로큰롤에 쓰이는 코드들을 익히고 노래를 따라 불렀다. 실력은 눈에 띄게 늘었고, 본인도 그 사실을 알고 있었다. 그날 폴은 무대 위의 존을 동경의 눈빛으로 바라보는 것과 동시에 자신의 파트너가 될 자격이 있는지를 조용히 가늠했다.

존과 폴에겐 음악에 대한 애정과 권위를 향한 뚜렷한 불신 외에도 또 다른 공통점이 있었다. 둘 다 마음속에 깊은 상처를 안고 있었던 것이다. 어린 나이에 삶의 균형을 흔들 만큼 커다란 충격을 겪었고, 그로 인해 생긴 외로움과 상실감은 영혼 속 깊은 곳에 지워지지 않는 흔적처럼 남아 있었다.

폴 매카트니가 존 레넌을 처음 만났을 때는 그의 어머니가 세상을 떠난 지 여덟 달쯤 지난 시점이었다. 폴의 어머니 메리 모힌^{Mary Mohin}은 아일랜드계 가톨릭 가정에서 네 자녀 중 둘째로 태어났고, 가난한 어린 시절을 보냈다. 그녀가 아홉 살이 되었을 때, 그녀의 어머니는 출산 도중 세상을 떠났다. 아일랜드 모나한 출신이던 메리의 아버지는 아이들을 데리고 고향으로 돌아가 농사로 생계를 이어 가려 했지만 실패했고, 결국 가족과 함께 리버풀로 돌아왔다. 그 무렵에 그는 이미 무일푼이었고, 새 아내와 그녀의 자녀들까지 딸려 있었다. 하지만 메리와 그녀의 형제들은 새어머니가 데려온 의붓형제들과 잘 어울리지 못했다. 그런 혼란 속에서 메리는 강한 자립심을 키운 듯하다. 그녀는 간호사의 길에 발을 들였고, 그중에서도 산파 분야에서 전문성을 쌓아 나갔다. 서른 살에는 병동 수간호사 자리에 올랐고, 아직 결혼하지 않은 상태였다. 메리 모힌은 오랫동안 아일랜드계 개신교도인 매카트니 가족과 친분을 유지해 왔고, 이후에는 친구인 지니 매카트니와 함께 살기 시작했다. 지니의 오빠 짐 매카트니^{Jim McCartney}는 면직물 외판원이자 집 수리공이었다. 한때 준전문 재즈 밴드의 리더로도 활동했던 그는 서른 후반이 되도록 미혼이었다. 그것이 늦게 찾아온 사랑이었는지, 외로움 때문이었는지, 혹은 그 두 가지가 뒤섞인 감정이었는지는 알 수 없지만, 메리와 짐은 1941년 4월에 결혼했다. 결혼 14개월 뒤, 두 사람의 첫째 아들 제임스 폴이 태어났고, 다시 18개월이 지나자 둘째 피터 마이클(마이크)이 태어났다. 어린 시절의 폴은 자기가 원하는 것을 얻는 데 능숙했고, 대체로 주변 사람들이 불편함을 느끼지 않을 만큼 자연스럽게 행동했다.

1953년, 그는 일레븐 플러스(영국 중등학교의 학생 선발 시험—역주)를 통과해 그래머 스쿨(영국의 선발제 공립 학교—역주)인 리버풀 인스티튜트에 입학했다. 아마 이때가 폴이 부모의 바람에 순순히 응한 마지막 순간이었을 것이다. 폴은 거실에 있는 피아노를 연주하는 것을 무척 즐겼고, 이를 지켜본 메리와 짐은 아들에게 선생님을 붙여 줬다. 하지만 폴은 몇 주 만에 수업을 그만뒀다. 음계나 악보를 배우고 싶지 않았기 때문이다. 그는 당장 자신이 좋아하는 곡을 연주하고 싶었다. 부모는 폴에게 리버풀 대성당 성가대 오디션을 보도록 격려했다. 폴은 노래를 아주 잘 불렀지만, 일부러 오디션을 망쳐 버렸다. 그의 학창 시절은 이런 식의 자기파괴적 행위로 점철되었다. 학습에 어려움을 겪었던 건 아니었다. 오히려 그는 놀라울 만큼 빨리 배우는 아이였다. 선생님이나 친구들을 싫어했던 것도 아니었다. 사교성이 뛰어났고, 또래 사이에서도 인기가 많았다. 다만 그는 자신이 무엇에 흥미를 느끼고 무엇에 지루함을 느끼는지를 분명히 알았고, 지시받는 것을 몹시 싫어하는 고집스러운 면을 지녔을 뿐이었다.

메리는 가족의 중심이었다. 짐 매카트니는 말쑥한 외모에 다정하고 유쾌한 사람이었지만, 옷차림, 청결, 예의범절에 기준을 세우고 그것을 반드시 지키게 만든 사람은 메리였다. 그녀는 성격도 다정해서 곧잘 아이들을 끌어안고 입을 맞추며 애정을 아끼지 않았다. 사춘기 시절, 폴은 그 누구의 간섭도 받지 않으려 했다. 어머니도 예외는 아니었다. 폴이 피아노 수업을 원하지 않으면 메리조차도 억지로 시킬 수 없었다. 그럼에도 그는 자신의 어머니를 존경했다. 무엇보다 어머니가 얼마나 열심히 일하는지 직접 지켜봤기 때문이다. 조산사이자 방문 간호사였던 메리는 자신이 맡은 구역의 여러 가정을 돌보며, 지역 사회에서 깊은 존경을 받는 인물이었다. 아기가 태어난 뒤에 감사의 뜻으로 선물을 건네는 부모들도 많았다. 그녀는 사람들에게 기쁨을 주는 존재였다! 폴이 불안할 때 위로를 구한 대상도 바로 메리였다(훗날 그는 이 경험을 바탕으로 〈Let It Be〉를 썼다). 일요일 저녁이면 메리는 구운 고기와 채소를 곁들인 정찬을 준비했고, 폴은 거실 카펫 위에 누워 아버지가 피아노로 연주하는 〈Lullaby of the Leaves〉, 〈Stairway to Paradise〉 같은 곡들을 들었다. 피아노는 가정의 중심이자, 가족이 함께하는 시간의 중심이었다. 집이나 펍, 친척들까지 함께 모인 자리에는 언제나 노래가 존재했고, 그 시간을 이끄는 사람은 대개 폴의 아버지였다. 폴에게 음악을 만든다는 행위는 사랑과 행복을 느끼는 일과 떼려야 뗄 수 없는 것이 되었다. 그는 사랑이 넘치는 가족이라는, 일상 속의 기적 같은 화목한 환경에서 자랐고, 비슷한 사람들처럼 그 소중함을 당연하게 여겼다. 그것이 사라지기 전까지는.

매카트니 가족의 형편은 넉넉하지 않았다. 면직물 산업의 침체에 따라 집의 수입이 줄어들었고, 그는 경마에 돈을 거는 것을 무척 좋아했다. 그러나 메리가 병원에서 추가 근무를 맡은 덕분에 가족은 가난과 폭력이 만연한 스픽의 공영주택 단지를 벗어나 리버풀 남쪽 끝자락에 있는 앨러턴의 포슬린 로드로 이사할 수 있었다. 새로 옮긴 집의 구조는 이전에 살던 집과 비슷했지만, 그보다 훨씬 새것이었다. 그때 폴의 나이는 열네 살이 채 되지 않았다. 그는 그 집을 무척 좋아했다. 문만 나서면 곧장 들판과 초원이 나오고 소들이 어슬렁거리는 색다른 세상이 펼쳐졌기 때문이다. 하지만 그 평화로운 나날은 오래가지 않았다. 1년도 채 지나지 않아, 그는 삶의 또 다른 경계를 넘게 된다.

메리 매카트니는 가슴에 느껴지는 통증을 갱년기 증상쯤으로 여겼다. 의사들도 별일 아니라고 했지만, 통증은 점점 심해졌다. 결국 암 전문의를 찾아갔고, 즉시 수술이 필요하다는 진단을 받았다. 그러나 때는 이미 늦은 뒤였다. 메리는 마흔다섯 살의 나이에 세상을 떠났다. 모든 일은 한 달 사이에 일어났다. 폴과 마이크 형제는 무슨 일이 벌어지는지 알지도 못했다. 어머니가 갑작스럽게 병원에 입원하고, 자신들은 이모의 집으로 보내지고 나서야 뭔가 이상하다는 낌새를 느꼈다. 거실에 모여 아버지에게 소식을 들었을 때, 마이크는 울음을 터뜨렸고 폴은 "엄마가 돈을 안 벌면 우린 뭐 먹고 살아?"[1]라고 물었다. 참으로 매정하게만 들린다. 실제로 폴은 그 말을 뱉고 나서 오랫동안 마음의 짐을 안고 살아야 했다. 하지만 내게는 그 말이 몹시 가슴 아프게 느껴졌다. 감당할 수 없을 만큼 커다란 충격을 피하려고 안간힘을 쓰던 예민한 사춘기 소년의 머리가 정신없이 돌아가다가 엉겁결에 뱉은 말처럼 들렸기 때문이다.

폴 매카트니의 성숙한 성격은 어머니 메리의 삶과 죽음에서 큰 영향을 받았다. 그의 성실함, 가정을 향한 헌신, 그리고 다른 이들이 삶의 기쁨을 느끼도록 돕고자 하는 마음은 모두 어머니에게서 비롯되었다. 어머니의 죽음은 그에게 어떤 상황에서도 무너지는 모습을 보이지 않으려는 강인한 의지를 심어 줬다. 동생 마이크는 어머니의 죽음이 겉으로 보이는 것보다 훨씬 크고 깊게 형에게 영향을 미쳤다고 회상했다. 폴은 마음의 문을 닫고 내면으로 깊이 침잠했으며, 한동안 가족을 포함해 주변 사람들을 전부 밀어냈다. 훗날 그는 "나는 스스로를 꽁꽁 싸매는 법을 배웠다."[2]라고 말했다. 어른이 된 뒤에도 폴은 고통이나 슬픔, 분노 같은 감정을 좀처럼 드러내지 않았다(음악을 통해 표현하긴 했지만). 이런 태도는 사람들이 그를 온전히 신뢰하거나 진정으로 이해하기 어렵도록 만들었다.

폴과 마이크는 어머니의 죽음에 대해 아무런 설명도 듣지 못했다. 폴은 이렇게 말했다. "우리 형제는 어머니가 무슨 병으로 돌아가셨는지 전혀 몰랐어요.[3] 가장 힘들었던 건 다들 너무 담담했다는 사실이에요. 어머니가 돌아가신 이유를 입 밖에 꺼내는 사람이 없었죠." 친척들은 어린 형제를 방치하고 짐의 주변에 모여 위로를 건넸다. 1965년, 마이크 매카트니는 어머니 없이 처음 맞는 크리스마스에 형제가 진 고모 댁에 머물렀던 일을 떠올렸다. 풀죽은 채로 앉아 있는 형제를 본 진 고모는 이렇게 말했다. "얘들아, 너희 마음이 어떤지 나도 잘 안다.[4] 하지만 다른 사람들도 생각해야지. 너희 아버지를 생각하려무나. 충격이 크겠지만, 살다 보면 누구나 그런 일을 겪기 마련이고 결국은 이겨내야 해. 그러니까 이제 너희도 마음을 다잡아야 한단다."

고모는 결코 냉정하거나 매정해서 그토록 모진 말을 한 게 아니었다. 그녀처럼 가난과 전쟁을 겪으며 살아온 이에게 '마음을 다잡는 것'은 힘든 삶을 견뎌 내기 위해 필수적으로 갖춰야 할 대처 방식이었다. 하지만 결과적으로 매카트니 형제는 상실을 제대로 느끼고 표현할 기회를 얻지 못했고, 슬픔의 감정을 억눌러야 했다(오늘날 심리학자들은 이러한 상태를 '박탈된 애도 Grief Disenfranchisement'라고 부른다). 폴은 어떤 고통이나 압박을 겪어도 감정에 휘둘리지 않고 겉으로는 아무렇지 않은 모습을 유지하는 법을 배웠다. 어머니의 죽음은 그가 다른 사람들은 훨씬 더 나중에, 혹은 평생 한 번도 마주하지 않을지도 모를 시급한 존재론적 질문들과 일찍 맞서도록 만들었다. 어머니가 세상을 떠난 뒤 며칠 동안, 폴은 그녀가 다시 돌아오게 해 달라고 간절히

기도했다. "말도 안 되는 기도를 했어요.[5] '엄마만 살아 돌아온다면 평생 정말로 착하게 살게요.'라는 식이었죠. 그때 이런 생각이 들었어요. 종교는 정말 어리석은 거구나. 진심으로 절실한 순간에 드린 기도가 전혀 통하지 않았으니까요."

36

1957년 7월, 존 레넌의 어머니는 살아 있었다. 그러나 그 사실 자체가 오히려 존에게 상처가 될 만큼 그녀의 존재는 복잡하고도 아릿했다. 이 시기에 줄리아 레넌은 존의 삶 한가운데에 있는 것과 동시에 그 바깥에 있었다. 가장 가까우면서도 끝내 닿을 수 없는 사람. 존이 어머니를 사랑하지 않았던 것도, 어머니가 아들을 사랑하지 않았던 것도 아니었다. 다만 어머니가 마치 '어머니'라는 자리를 원하지 않는 듯한 모습이 존의 마음을 아프게 했다.

1929년, 열일곱 살 소년 앨프리드(앨프) 레넌^Alfred Lennon^은 리버풀의 셉턴 파크에서 열다섯 살 소녀 줄리아 스탠리^Julia Stanley^를 만났다. 앨프는 아일랜드계 가톨릭 집안이자 노동자 계급 출신으로, 키는 작으며 다소 제멋대로인 기질을 가졌다. 매력적인 기회주의자였고, 술을 잘 마시는 재능도 있었다. 줄리아는 중산층 개신교 집안 출신으로, 날씬한 몸매와 독특한 미모를 지닌 여성이었다. 그녀는 선명한 붉은색 머리카락과 가느다란 뼈대, 고귀한 인상을 풍기는 이목구비를 갖췄다. 그렇게 시작한 두 사람의 관계는 오래 지속되었으나 극도로 불안정했다. 앨프는 상선 해군에 입대해서 한번 바다에 나가면 몇 달씩 집을 비우곤 했다. 줄리아는 이미 학교를 그만두고 영화관 안내원으로 일하고 있었다. 두 사람은 앨프가 리버풀로 돌아올 때마다 만났지만, 줄리아는 그의 편지에 답하지 않았고, 돌아온 그를 대할 때도 시큰둥한 태도를 보였다. 어쩌면 두 사람에게는 그 정도의 거리가 더 편하게 느껴졌을 수도 있다. 둘은 1938년에 결혼했다. 장난처럼 시작한 만남이 점점 깊어지던 끝에 이뤄진 결혼이었다. 줄리아가 "당신은 절대 청혼하지 못할 거야."라고 도발하듯 말하자, 앨프가 정말로 청혼해 버린 것이다. 줄리아는 오기로 청혼을 받아들였다. 모두가 말리는 일이었기에 오히려 더 그러고 싶었던 것이다.

줄리아는 다섯 자매 중 넷째로, 교양을 중시하고 자기계발에 자부심을 느끼는 가정에서 자랐다. 아버지는 그녀에게 밴조를 가르쳤고, 줄리아는 악보, 영화, 레코드를 통해 접한 미국의 대중가요들을 연주했다. 자매들 사이에서도 줄리아는 가장 자유로운 영혼으로 통했다. 규칙을 깨고 짓궂은 장난을 일삼았으며, 안정적인 삶에는 전혀 관심이 없는 사람이었다. 반면 줄리아보다 여덟 살 많은 큰언니 미미는 여러 면에서 그녀와 정반대였다. 사회적인 성공을 원했고, 책임감이 강했으며, 근면한 생활을 통해 스스로를 발전시킬 수 있다고 믿는 사람이었다. 그렇다고 미미에게 유머 감각이 없었던 것은 아니었다. 판단기준은 엄격했어도 관대한 마음으로 용서할 줄도 알았다. 두 자매는 여러 차례 의견이 충돌했음에도 불구하고 가까운 사이를 유지했다.

가장 큰 충돌은 줄리아와 앨프 사이에서 태어난 아들 존의 양육문제를 두고 벌어졌다. 존은 1940년 10월 9일에 태어났다. 그날 미미는 곁에서 줄리아를 지켰고, 앨프는 바다에 나가 있어서 자리를 비울 수밖에 없었다. 줄리아와 당시 갓난아기였던 존은 그녀의 부모, 언니 앤, 그리고 여러 하숙인과 함께 살았다. 스물여섯 살이었던 줄리아

Please
don't
let me

pray

beyond
the sea

Please
don't
send me

down

to the
penitentiary

는 아직 자신의 젊음을 포기할 생각이 없었다. 곧 동네 술집에서 바텐더로 일하기 시작했고, 그곳에서 만난 웨일스 출신의 군인 태피와 연인 관계가 되었다. 훗날 존은 어린 시절에 그가 집을 드나들던 모습을 기억한다고 언급한 바 있다. 자녀가 없었던 맏언니 미미와 그녀의 남편 조지는 울턴에 있는 자신들의 집으로 존을 자주 데려와 돌봤다. 1944년, 앨프가 18개월간의 항해를 마치고 돌아왔고, 줄리아는 그에게 태피의 아이를 임신했다고 말했다. 부모의 다툼을 지켜본 존은 큰 혼란을 느꼈을 것이다. 이후 앨프는 존을 데리고 10마일 떨어진 형 부부의 집으로 갔다. 존은 그곳에서 한 달 이상 머무르는 내내 따뜻한 보살핌을 받았지만 어머니를 볼 수는 없었다. 앨프가 다시 바다로 떠나자, 존은 줄리아에게 돌려보내졌다. 이후에는 대부분 미미 이모의 집에서 지냈다(줄리아는 1945년에 둘째 아이를 낳았지만, 결국 그 아이는 입양 보냈다).

미미는 조카가 방치되고 있다고 느꼈다. 조카에 대한 우려가 점점 커지자, 1946년 봄에 그녀는 단호한 조치를 취했다. 당시 줄리아는 외판원으로 일하던 바비 다이킨스와 교제를 시작하고 작은 단칸방에서 동거하고 있었다. 줄리아와 바비는 다섯 살이던 존과 한 침대에서 잠을 잤고, 이 사실은 미미를 경악하게 만들었다. 미미가 그들을 시청에 신고했기에 시청 공무원이 조사를 위해 나왔다. 공무원은 아이가 적절한 돌봄을 받지 못하고 있다는 미미의 주장을 받아들였다. 결국 미미가 정식으로 존의 주 양육자로 승인받았다. 그렇게 해서 존은 멘러브 애비뉴에 있는 미미와 조지 부부의 집에서 살기 시작했다.

하지만 어린 존이 겪은 혼란은 거기서 끝나지 않았다. 불과 몇 주 뒤에 휴가 중이던 앨프가 느닷없이 나타나 미미의 집에서 하룻밤을 묵었다. 다음 날, 그는 미미에게 존을 데리고 잠깐 뭘 사러 다녀오겠다고 말한 뒤 돌아오지 않았다. 존을 데리고 블랙풀로 달아난 것이다. 그곳에서 그는 친구 빌리 홀^{Billy Hall}이 어머니와 함께 살던 집에 머물렀다(훗날 빌리 홀은 이렇게 회상했다. "그 애는 겨우 다섯 살이었지만, 영 다섯 살 같지 않았어요.[6] 꼭 다 큰 어른과 말하는 것 같았죠.").

앨프는 아들을 데리고 뉴질랜드로 이민 가겠다는 막연한 계획을 세웠다. 당장 눈앞에 닥친 문제는 그가 곧 다시 바다로 떠나야 한다는 것이었고, 설상가상으로 빌리의 어머니는 몇 달 동안 친구의 아이를 대신 돌봐야 하는 상황을 달가워하지 않았다.

그러던 와중에 줄리아가 다이킨스와 함께 블랙풀에 도착했다. 존을 데려가기 위해서였다. 홀 가족의 자택 거실에서 언쟁이 벌어졌다. 존 레넌은 아버지가 자신에게 엄마와 아빠 중 누구와 살고 싶은지 선택하게 했던 그날의 일을 분명히 기억했다. 훗날 앨프는 존이 자신을 택했다는 주장을 펼쳤다. 지난 몇 주간 둘의 관계가 좋았기에 실제로 그랬을 가능성도 있다. 줄리아는 결국 눈물을 흘리며 자리를 떴고, 그 모습을 본 어린 존은 엄마에게 가지 말라며 울면서 애원했다.[7] 줄리아는 존을 데리고 리버풀로 돌아갔다. 이후 존은 성인이 될 때까지 아버지로부터 아무런 소식도 듣지 못했다. 당시 줄리아는 임신 중이었고, 존은 리버풀로 돌아온 뒤에 다시 미미에게 맡겨졌다. 이 일은 존에게 평생 지워지지 않을 상처, 혼란, 배신감을 남겼다.

존은 이모 부부의 보살핌을 받으며 점잖은 동네인 울턴에서 살게 되었다. 그는 지역학교에 입학했고, 세인트피터 교회의 주일학교에도 나가 성가대에서 노래했다. 미미와 조지는 결코 넉넉한 형편은 아니었지만―조지가 작은 낙농장 두 곳을 관리하는 정도였다―넓은 정원이 딸린 반단독 주택(두 가구가 한 건물의 벽을 공유하며, 각자 독립적인 생활 공간을 갖춘 주택—편집자주)에서 생활했다. 미미와 조지는 집에 '멘딥스'라는 이름도 붙였다. 존은 이모부인 조지를 무척 좋아했다. 조지는 다정한 성격이었고, 존에게 첫 하모니카를 선물하기도 했다. 또 베개 밑에 사탕을 몰래 숨겨 두거나 자전거 타는 법도 가르쳐 줬다. 미미는 독서를 즐겨서 집에는 소설, 시집, 전기 같은 책들이 가득했다. 존 역시 그런 책들을 닥치는 대로 읽었고, 때로는 이모와 같은 책을 읽은 뒤 토론을 벌이기도 했다. 그는 집에서 구독하던 두 종류의 일간신문 읽는 것을 좋아했는데, 가끔 조지의 무릎에 앉아서 신문을 보기도 했다.

미미의 성격이 다정하지는 않았다. 아이를 안아 주는 일도 없었다. 그녀는 엄격하고 요구하는 게 많았으며, 잔소리나 빈정거리는 말도 곧잘 했고, 속물적인 면도 다소 있었다. 하지만 결코 잔인하지는 않았다. 당시에는 부모가 아이를 때리는 일이 흔했지만(폴도 가끔 아버지에게 매를 맞았다), 미미는 존을 단 한 번도 때리지 않았다. 무엇보다 미미는 항상 곁에 있었다. 조카를 맡아 키우기로 결심했을 때, 그녀는 아이가 빈집으로 돌아오는 일은 없을 것이며 보모 손에 맡겨지는 일도 없을 거라고 약속했다. 미미는 그 약속을 지켰다. 매일 존을 초등학교까지 데려다줬고, 하교할 때는 어김없이 마중 나갔다. 한 번도 약속을 어기는 법이 없었다.

학교에서 존은 모범생이었다. 호기심이 왕성했고 말도 조리 있게 잘했다. 일레븐 플러스 시험도 무난히 통과해 쿼리뱅크 고등학교에 진학했다. 친모 줄리아는 한동안 집에 자주 찾아왔지만 얼마 지나지 않아 발길이 뜸해졌다. 미미는 줄리아에게 그렇게 계속 찾아오면 아이가 불안해질 뿐이라고 말했다. 존은 어린 시절 내내 어머니가 아주 먼 곳으로 이사 갔다고만 생각했고, 그 이유도 몰랐다(실제로 줄리아는 불과 몇 킬로미터 떨어진 곳에 살고 있었지만 말이다). 그래도 가끔 어머니를 만나긴 했다. 존이 어머니와 함께 찍은 사진 중에서 유일하게 대중에게 알려진 사진은 1949년에 앤 이모의 집에서 열린 가족 모임에서 촬영한 것이다. 사진 속에서 줄리아는 존의 겨드랑이에 손을 넣어 간지럼을 태우고 있다.

고등학교에 입학한 뒤부터 안정적인 상황이 조금씩 불안해지기 시작했다. 존은 미술 과목에서는 좋은 성적을 받았지만, 다른 과목들은 성적이 형편없었다. 학기 말에는 거의 꼴찌에 가까운 성적을 받았고, 벌점 때문에 방과 후에 남는 일도 여러 차례 있었다. 쿼리뱅크는 남학교였지만, 존은 사춘기가 일찍 찾아와 자주 여자아이들 생각에 빠졌고, 또래 사이에서 우위를 점하려는 욕구도 강했다. 훗날 그는 이렇게 회상했다. "모두가 내 말을 따르길 바랐어요.[8] 내가 농담하면 웃어 주고, 날 우두머리로 인정해 주길 원했죠." 존은 말을 잘했고, 유머 감각도 탁월했다. 친구들은 그의 농담에 폭소를 터뜨렸지만, 선생님들은 골치를 앓았다. 존은 언제나 주먹다짐이 벌어질 가능성을 의식하며 살았으며 실제로 종종 주먹을 휘두르기도 했지만, 대부분은 자기보다 강한 아이들을 심리적으로 위협하는 방식을 택했다. 존은 아주 어릴 때부터 어른들 사이를 전전하며 지냈다. 그중 누구도 자신을 끝까지 책임질 준비가 되지 않았다는 사실을 본능적으로 알아챘던 그는, 상황을 주의 깊게 살피고 눈치를 보며 상대를 교묘하게 조종하는 법을 배웠다. 영화 《비틀스: 하드 데이즈 나이트*A Hard Day's Night*》를 감독한 리처드 레스터*Richard Lester*는 존에 대해 이렇게 말했다. "존은 언제나 상황에서 한 발짝 떨어져 모든 사람의 약점을 꿰뚫어 보곤 했어요.[9] 저 역시 예외가 아니었죠. 늘 주변을 예리하게 관찰했어요."

열네 살 때, 존은 처음으로 소중한 사람을 잃는 슬픔을 경험했다. 그가 몹시 따랐던 조지 이모부가 간 질환으로 갑자기 세상을 떠난 것이다. 그 무렵부터 존은 자신의 의지로 어머니 줄리아를 더 자주 만나기 시작했다. 어느 날, 에든버러에서 찾아온 사촌이 줄리아를 만나고 싶어 했던 덕분에 존은 용기를 내어 그녀의 집에 찾아가 문을 두드릴 수 있었다. 줄리아는 아들을 반갑게 맞이했다. 이후로 존은 자주 학교를 빼먹고 줄리아의 집에서 시간을 보내곤 했다. 처음에는 미미에게 이 사실을 숨겼다. 몰래 친어머니를 만나면서 금기를 깨는 짜릿함을 느꼈을지도 모른다. 분명 혼란스러운 경험이었다. 존은 줄리아가 어머니로 느껴지는지, 이모나 누나처럼 느껴지는지, 혹은 전혀 다른 존재인지 확신하지 못했다. 훗날 존은 줄리아에게 성적인 끌림을 느꼈다고 털어놓기도 했다.★ 마흔을 갓 넘긴 줄리아는 팝 음악을 무척 좋아했다. 존은 그녀를 통해 미국 포크송과 도리스 데이Doris Day의 음반을 처음 접했고, 이 즐거움을 훗날 폴과 함께 나눴다. 줄리아는 존에

★ 1979년, 레넌이 남긴 오디오 일기에서 그는 이렇게 말했다. "갑자기 기억났어. 열네 살쯤이었을 거야. 학교를 빼먹고 블룸필드 로드 1번지에 있는 엄마의 집에 갔지. 어느 날 엄마와 침대에 누워 있는데 내가 손을 엄마의 가슴에 갖다 댔던 기억이 있어. 그 순간 '내가 뭔가를 더 해야 하나?' 하는 생각이 들었어. 늘 그런 생각이 들었어. 내가 뭔가 행동해야 했던 걸까? 물론 엄마가 허락했을 거란 가정 아래에 말이야." 줄리아가 실제로 그렇게 선을 넘는 행동을 유도하거나 허락했다는 증거는 없다. 이 이야기가 중요한 건 당시의 기억이 존의 마음속에 평생 남아 있었기 때문이다. 그의 전기 작가 필립 노먼에 따르면, 존은 이 일을 오노 요코에게도, 심리치료사 아서 야노프에게도 털어놓았다. 아이러니하게도, 폴 역시 어머니에게 성적인 감정을 느낀 적이 있다고 고백했다. "밤이면 어머니(메리)가 속옷 차림으로 우리 방 앞을 지나갈 때가 있었는데, 그럴 때마다 성적으로 흥분하곤 했어요." (출처: 필립 노먼의 《존 레넌》, 배리 마일스의 《폴 매카트니》)

게 밴조 연주를 가르쳤고 노래를 따라 부르게 했다. 나중에는 존에게 생애 첫 기타를 사 줬고, 존은 그 기타로 밴조 코드부터 연습했다. 줄리아는 존에게 있어 자신이 아는 사람 중에서 가장 엉뚱하고 제멋대로인 존재였다. 그녀는 아들의 친구들에게도 가벼운 추파를 던졌고, 머리에 스타킹을 쓰고 부엌에서 춤을 추기도 했다. 1956년엔 존과 함께 엘비스에게 푹 빠지기도 했다. 존이 스키플 밴드를 만들겠다고 했을 때도 줄리아는 적극적으로 지지했다. 줄리아와 가까워질수록 존의 학업 성적은 나빠졌고, 로큰롤에 대한 열정은 모든 걸 집어삼킬 정도로 커졌다. 존과 미미 사이의 갈등도 갈수록 심해졌다. 존은 어머니와 다이킨스, 그리고 두 이복 여동생들이 사는 집에서 주말을 보내는 일이 점점 많아졌다.

존과 가까운 친구들은 그의 가볍고 허세 어린 겉모습 뒤에 불안정한 내면이 숨어 있다는 걸 느꼈다. 아이에게 죽음은 견디기 힘든 상실이지만, 그런 방식의 이별은 최소한 어쩔 수 없는 현실이라는 부정적인 확신은 준다. 하지만 존의 어머니는 죽은 게 아니었다. 단지 다른 곳에서 다른 아이들과 함께 살고 있을 뿐이었고, 무엇보다 끔찍한 건 그런 생활이 그녀 자신의 선택처럼 보였다는 점이었다. 줄리아는 가끔씩 모습을 드러냈다. 손에 잡힐 듯 가까이 왔다가 이내 사라지곤 했다. 멘딥스를 찾아올 때마다 존을 끌어안고 간지럽히다가 다시 사라졌다. 나중에 존이 직접 그녀를 찾아갔을 때도 환영받는다는 느낌은 받았어도, 진심으로 편안했던 적은 없었다. 줄리아는 다정하고 매력적인 사람이었으나, 언제나 손이 닿지 않는 곳에 있었다. 둘의 관계는 부모와 자녀, 자매와 형제, 친구와 연인의 경계를 모호하게 만들었다. 존이 줄리아를 사랑했던 이유 중 하나는 그녀가 엄마처럼 행동하지 않았기 때문이었지만, 한편으로는 그녀가 진정한 엄마가 되어 주기를 간절히 바랐다.[10] 존의 어린 시절은 내면에 깊은 상처를 남겼다. 끝없이 모든 것을 삼킬 듯한 사랑에 대한 갈망과 버림받고 배신당할지도 모른다는 두려움이 남긴 상처였다.

존이 울턴의 마을 축제에서 연주했을 때 그는 줄리아가 사준 체크무늬 셔츠를 입고 있었다. 줄리아는 두 딸과 함께 그를 보러 왔다. 미미도 그 자리에 있었고, 존의 모습을 보고 경악했다. 훗날 존은 이렇게 말했다. "그날 이모가 저한테 '드디어 해냈구나, 이제 진짜 테디 보이가 됐네.'라고 했죠."[11] 물론 그것은 칭찬이 아니었다. 이쯤 되면 친모인 줄리아는 존 레넌에게 영감을 준 인물로, 큰이모인 미미는 그가 극복해야 할 장애물로 여겨질지도 모른다. 실제로 일부 이야기는 종종 그런 식으로 전해진다. 그러나 존과 미미는 그의 삶이 끝날 때까지 애정 어린 관계를 유지했다. 그녀만이 그의 삶에서 유일하게 변하지 않는 존재였다.

분명한 사실은 존의 성장기에 가장 큰 영향을 미친 두 여인이 삶을 살아가는 방식에 있어 정반대의 본보기를 보여 줬다는 점이다. 한 사람은 근면과 절제를 상징했다. 스스로를 단련해 무언가를 성취하고, 사회라는 게임의 규칙을 익혀 그 안에서 성공하는 것이 중요하다고 믿었다. 다른 한 사람은 자유와 자기표현을 상징했다. 사회라는 감옥에서 벗어나 더 높고 순수한 예술과 경험의 진리를 찾아야 한다는 신념을 나타냈다. 1957년의 존 레넌에게 인생은 이 두 갈래 길, 곧 인간으로서 살아가는 두 가지 방식 중 하나를 선택하는 문제처럼 느껴졌을 것이다. 그런 그의 앞에 폴이 나타났다.

훗날 폴이 그날 무대 위에 올랐던 존이 노래를 마구 씹어 던지듯 토해 내던 장면을 떠올리며 회상한 곡은 〈Hound Dog〉나 〈Be-Bop-a-Lula〉가 아니라 〈Come Go with Me〉였다. 그 노래는 스키플도, 로큰롤도 아닌 두왑Doo-wap(1940~1950년대 미국에서 흑인 보컬 그룹을 중심으로 유행한 R&B 기반의 화음 중심 음악 장르—역주)이었다. 엘비스 프레슬리가 앞장서서 영국 십 대들의 삶 속에 미국 문화를 밀어 넣었지만, 그 뒤를 이어 다양한 도시 출신의 미국인 아티스트들이 여러 장르의 음악을 선보이며 물밀듯이 밀려들었다. 해적 방송에서는 로큰롤Rock and Roll뿐만 아니라 구슬픈 울림의 컨트리 앤 웨스턴Country & Western, 거칠고 관능적인 리듬 앤 블루스Rhythm and Blues, 세련된 화음을 자랑하는 두왑을 들을 수 있었다. 존과 폴처럼 음악에 진심이었던 사람이라면 굳이 장르를 따지지 않고도 이런 다양한 사운드를 자연스럽게 알아챌 수 있었다.

열정적이고 즐겁고 장난기 넘치는 두왑은 마치 길거리에서 올려다본 천국의 한 장면 같았다. 이 장르는 1940년대의 복음성가 사중창단에서 시작되어 교회 밖에서 예수 외의 무언가를 노래하고 싶었던 아프리카계와 이탈리아계 미국인 청년들 사이에 널리 퍼졌다. 대체로 남성 중심의 장르였지만, 마초적인 분위기와는 거리가 멀었으며 훗날 여성 그룹사운드Group sound(3~8명이 악기를 연주하면서 노래도 함께 하는 단체—편집자주)의 기반이 되었다. 두왑에는 여전히 영성의 흔적과 세속적인 기도의 정서가 배어 있었다. 로큰롤이 육체적인 욕망을 담은 음악이라면, 두왑은 그리움의 음악이었다. 성적인 갈망은 물론이고 그보다 더 고결한 무언가에 대한 갈망도 품고 있었다. 두왑 안에는 무언가를 찾는 듯한, 아이 같은 순수함이 깃들었다. 〈I Wonder Why〉, 〈Tell Me Why〉, 〈Why Do Fools Fall in Love?〉와 같은 노래 제목에서 알 수 있듯이 두왑은 어른이 되기에는 아직 어리고, 아이로 남기엔 이미 어른으로 성장해 버린 이들이 무언가를 애원하고 질문하는 목소리였다.

〈Come Go with Me〉는 피츠버그의 한 공군 기지에서 만난 여러 인종의 공군들이 모여 결성한 델 바이킹스The Del-Vikings의 노래였다. 그들의 첫 번째 싱글이었던 이 곡은 1957년 초에 발표되었다. 원곡은 감각적이고 몽환적인 현실 도피로의 초대장이지만, 존이 이끄는 쿼리멘이 거칠게 몰아붙이며 연주하자 완전히 다른 색깔의 곡으로 변했다. 원곡의 보컬은 사랑하는 이에게 함께 도망치자고, 자신을 외롭게 두지 말라고 간청한다. "Please don't let me pray beyond the sea(제발 바다 건너에서 내가 기도하게 만들지 말아 줘)" 하지만 폴의 말에 따르면 존은 이 곡의 가사를 이렇게 바꿔 불렀다. "Please don't send me down to the penitentiary(제발 날 교도소에 보내지 말아 줘)" 존은 아마 스키플이나 블루스에서 이런 가사를 주워들었을 것이다. 그런데 그는 그 구절을 〈Come Go with Me〉에 던져 넣음으로써 반쯤 우연히 이 곡을 자유와 감금이라는 주제로 바꿔 버렸다. 수년 뒤, 폴 매카트니는 그 순간을 떠올리며 경이로움을 감추지 못했다. "정말 놀라웠어요.[12] 존은 가사를 전부 즉석에서 만들었거든요. 진짜 가사는 전혀 몰랐어요. 한 줄씩 그 자리에서 바로 지어내 불렀죠. 그게 정말 멋지다고 생각했어요." 폴이 그렇게 강렬한 인상을 받은 이유는 무엇이었을까? 우선 〈Come Go with Me〉는 스키플이나 로큰롤을 겉핥기로 좋아하는 사람이 쉽게 알 수 있는 곡이 아니었다. 흔히 접할 수 있는 노래가 아니라 룩셈부르크 라디오 같은 해적 방송을 들었던 사람만이 알 수 있는 곡이었다. 둘 다 그런 방송을 들었던 것이다. 그 노래를 알고 있었다는 건 스키플이나 로큰롤을 정말 제대로 알았다는 뜻이었다. 하지만 더 중요한 건, 존이 가사를 즉흥적으로 지어내면서 폴에게 무언가를 보여 줬다는 사실이었다. 미국 음악을 좋아할 수는 있지만, 무작정 따라 하거나 복종할 필요는 없다는 것을, 다른 누군가가 될 필요 없이 자신만의 방식으로 음악을 소화해 낼 수 있다는 것을, 틀리게 불러도 오히려 그게 더 맞게 느껴질 수도 있다는 것을 말이다.

비록 그 중요성은 과소평가되었지만, 두왑과 거기서 파생된 음악 ─여성 그룹사운드부터 스모키 로빈슨 Smokey Robinson 스타일의 소울에 이르기까지─은 비틀스에게 결정적인 영향을 미쳤다. 이 영향은 그들이 화음을 정교하게 쌓아 올리는 방식이나 목소리의 조화로움을 중시하는 태도, 백업 보컬을 마치 음향의 색채처럼 사용하는 기법 등 여러 디테일에서 명확하게 드러난다. 존이 〈In My Life〉에서 'my'라는 단어를 팔세토 Falsetto(두성을 사용하는 보통의 고성부보다 더 높은 소리를 내는 기법─편집자주)로 길게 끌며 부르는 방식이나 폴이 〈I Will〉에서 베이스 파트를 가창으로 직접 부르는 방식에도 두왑 감성이 묻어난다. 존은 〈Revolution〉의 "shoo-bee-doo-wop"이나 〈Happiness Is a Warm Gun〉의 마지막 구절 "bang bang shoot shoot"에서 두왑 특유의 순수함을 블랙 코미디의 배경으로 활용한다. 폴은 〈Oh! Darling〉에서 두왑의 코드 위로 성대를 혹사하듯 거칠게 노래한다. 존은 〈(Just Like) Starting Over〉에서는 풍자가 아니라 애정을 담아 두왑 스타일을 차용했다. 이 곡은 그가 생전에 발표한 마지막 싱글이 되었다. 두 왑은 존과 폴의 관계를 북엔드처럼 양쪽에서 감쌌다. 처음 만난 순간 에도, 마지막 이별의 순간에도 두왑이 함께했다.

쿼리멘의 공연이 끝나자, 무료하면서도 묘하게 긴장된 분위기 속 에서 특별한 목적 없이 어슬렁거리며 보내는 시간이 이어졌다. 십 대 들에게는 익숙한 일이었다. 쿼리멘은 그날 저녁에 교회 강당에서 열 리는 댄스 파티를 포함해 두어 차례 더 무대에 오르기로 했다. 집에 들렀다 오기에는 시간이 애매한 데다 날씨까지 덥고 끈적했기 때문 에 그들은 댄스 파티 준비가 한창인 강당 쪽으로 향했다. 그리고 피아 노가 놓인 방으로 모였다. 무대 옆에 있는 방이었다.

존과 폴은 밖에서 잠깐 인사를 나눴지만, 본격적으로 서로를 탐색 하기 시작한 건 강당에 들어선 뒤부터였다. 대화는 자연스럽게 음악 이야기로 흘러갔다. 폴은 아마 이런 순간을 머릿속에서 여러 번 그려 봤을 것이다. 그는 존에게 잠깐 기타를 쳐 봐도 되겠느냐고 물었고, 존은 허락했다. 존이 기타를 독특한 방식으로 조율해 놓은 탓에 폴은 먼저 줄부터 맞춰야 했다. 사람들은 폴이 기타를 거꾸로 잡는 걸 보고 의아하게 여겼다. 보기 드문 모습이었지만, 줄을 조율하는 모습만 봐 도 폴이 기타를 능숙하게 다룰 수 있다는 사실은 금방 드러났다. 이어 서 폴은 진 빈센트Gene Vincent의 로큰롤 곡인 〈Twenty Flight Rock〉을 멋지게 연주했다. 이 곡은 마니아들 사이에서나 알려진 곡이었는데, 폴은 가사를 단 한 마디도 틀리지 않고 전부 외우고 있었다.

그다음으로 폴은 피아노 앞으로 가서 리틀 리처드의 〈Long Tall Sally〉를 불렀다. 그는 집에서 혼자 리틀 리처드를 흉내 내며 이 곡을 연습해 왔다. '우-우-우!' 하고 외치는 리틀 리처드 특유의 창법을 처음 따라 했을 때는 쑥스러움을 떨치지 못했다. 영국 리버풀의 모범생 소년이 미국 출신의 흑인 가수가 구사하는 날것 그대로의 거친 창법을 흉내 낸다는 게 자신도 이상하게 느껴졌으리라.

그러나 어느 날, 폴은 그런 생각을 잠시 잊고 소리를 질렀다. 그러자 마치 영혼이 몸 밖으로 튀어 나가는 것처럼 대단한 해방감이 느껴졌다. 그래서 다시 소리를 질렀고, 또다시 소리를 질렀다. 이제 그는 존 레넌 앞에서 그 창법을 자신 있게 펼쳐 보였다. 그의 비명과 고함은 강당 안을 가득 채웠다.

폴 매카트니는 훗날 피아노 앞에 앉아 노래할 때 어깨 너머로 맥주 냄새가 나는 입김을 느꼈고, 그게 바로 존이었다는 사실을 알아차렸다고 회상했다. 분명 모든 시선이 폴에게 쏠리고, 사람들은 그의 주위로 몰려들어 입을 벌린 채 바라봤으리라. 하지만 그 자리에 있던 피트 쇼튼Pete Shotton(쿼리멘 멤버이자 존의 가장 친한 친구)은 폴이 거기에 있었는지 기억나지 않는다고 말했다. 아마도 폴은 그 자리에서 주목받으려고 하거나 분위기를 장악하려 들지 않고, 그저 사람들이 구경하고 가는 것을 자연스럽게 받아들였던 것 같다. 그에게 관객은 오직 한 사람이면 충분했다.

폴은 목표를 정확히 맞췄다. 존은 폴의 연주 실력에 눈이 휘둥그레졌고, 얼굴이 잘생기기까지 해서 더욱 놀랐다. 존은 말했다. "엘비스 같았어요.[13] 정말 마음에 들었죠." 존은 전혀 주눅 들지 않는 폴의 모습에 감탄했지만, 한편으로는 약간 불편한 감정도 느꼈다. 존은 늘 또래 남자아이들 사이에서, 그리고 자신의 밴드 안에서 중심에 서길 원했기 때문이다. 그때까지 쿼리멘은 불안정하고 어정쩡한 밴드였다. 몇 달씩 아무런 활동도 없다가 어쩌다 공연 한번 하는 식이었고, 멤버 구성도 들쭉날쭉했다. 누군가가 나타났다가 갑자기 떠나기도 했으며, 존이 있을 때만 밴드에 머물기도 했다. 존은 훗날 이렇게 회상했다. "그때까진 내가 중심이었어요.[14] 그런데 저 애를 받아들이면 어떻게 바뀔지 생각했죠."

며칠 뒤, 존은 피트 쇼튼을 보내 폴에게 쿼리멘에 합류할 생각이 있는지 물어보게 했다. 폴은 잠시 고민하는 척하다가 수락했다. 그해 11월, 존과 폴이 함께 무대에 오른 초창기의 모습을 담은 사진이 남아 있다. 리버풀 북부의 보수주의자 남성 회원제 클럽인 클럽무어에서 찍힌 사진이다. 사진 속 쿼리멘 멤버들은 모두 흰 셔츠에 가느다란 검은 넥타이를 맨 단정한 차림으로 무대에 서 있다. 디너 재킷을 입고 무대 앞에 선 사람은 존과 폴, 둘뿐이었다. 둘 중 누구도 무대의 중심에 서지 않았다. 그렇다고 두 사람이 동등한 위치에 있다고 볼 수는 없었다. 아직은 대등한 관계가 아니었다. 하지만 폴은 이미 존의 그룹에서 단순한 멤버 이상의 존재였다.

울턴 교회 축제에서 두 사람은 마치 이렇게 말하는 듯했다. "나와 함께 가자." 폴이 존의 기타를 집어 들었을 때—줄을 다시 맞추고, 방향을 바꿔 거꾸로 들고, 마치 존을 향해 무기를 겨누듯 연주했을 때—20세기의 축이 살짝 기울었다. 상처 입은 두 낭만주의자의 날

선 모서리가 우연히 서로에게 꼭 맞물리며, 그들은 전에 없던 새로운 존재로 융합하기 시작했다. 10년 뒤에 존 레넌은 이렇게 말했다. "내가 폴을 만난 그날, 모든 것이 움직이기 시작했다."[15]

2

I LOST MY LITTLE GIRL

I LOST MY LITTLE GIRL

피터 잭슨 감독의 다큐멘터리 《비틀스: 겟 백》에는 1969년의 비틀스가 새 앨범과 정체불명의 TV 쇼를 동시에 준비하는 모습이 담겨 있다. 세션마다 프로젝트의 불확실성과 밴드의 미래에 대한 불안이 짙게 묻어난다. 조용한 대화 속에서 비틀스는 곧 해체할지도 모른다는 가능성을 인정한다. 녹음 중간중간, 그들은 함부르크와 리버풀에서 익혔던 수십 가지의 곡을 가볍게 연주한다. 커버곡도 있고, 존과 폴이 유명해지기 전에 함께 썼던 자작곡도 있다. 존이나 폴 중에서 누구 하나가 첫 구절을 부르면 다른 한 명이 즉시 이어받고, 얼굴에는 환한 웃음이 번진다. 새 앨범을 자신들의 음악적 뿌리를 탐구하는 방향으로 만들겠다는 막연한 계획은 세웠지만, 그들이 이 곡들을 연주하는 진정한 이유는 감정적인 데에 있었던 것 같다. 그 노래들은 그들이 함께 연주하는 일을 얼마나 사랑했는지 다시금 느끼게 만들었다. 이 곡들은 그들에게 버팀목이자 양식이었다.

어느 순간, 존 레넌이 〈I Lost My Little Girl〉이라는 곡을 부르기 시작한다. 이 노래는 더없이 단순하다. 기타를 처음 배우는 사람들이 익히는 세 가지 기본 코드만으로 이루어졌고, 가사도 진부하다. 화자는 아침에 일어나 혼란스러운 생각에 잠기다가, 그제야 사랑하는 소녀를 잃었다는 사실을 깨닫는다. 다른 구절에서는 그녀의 옷이 비싼 것도 아니었고, 머리카락이 언제나 곱슬거리는 것도 아니었다고 노래한다. 그러고는 다시 노래 제목과 같은 구절로 돌아갔다가 "오, 오, 오"라는 후렴을 반복한다. 《비틀스: 겟 백》의 영상은 짧지만, 세션의 부틀렉(정식 발매가 아닌 녹음본 —편집자주) 오디오를 들으면 이 단순한 곡이 무려 5분 넘게 이어진다는 사실을 알 수 있다. 존 레넌은 세 가지 코드를 끊임없이 반복하면서 같은 가사를 되풀이하고 자신만의 기교를 덧붙인다. 다른 멤버들도 여기에 합류한다. 조지가 블루스 느낌의 리드 기타를 얹고, 폴은 화음을 넣으며 존의 가사에 반응하듯 노래를 따라 부른다. 폴은 일부러 과장한 미국식 억양으로 존의 가사를 따라 하기도 한다. 곡을 다듬거나 발전시키려는 시도도 없고 특별한 방향성도 없다. 그저 그 자리에 머무를 뿐이다. 맥박처럼 반복되는 코드가 끝없이 돌고 돌면서, 음악은 점점 비틀스가 아니라 미니멀리즘을 추구하던 벨벳 언더그라운드^{The Velvet Underground}의 사운드에 더 가까워진다. 이 장면이 흥미로운 이유는 무엇보다 존이 폴의 곡을 부른다는 점 때문이다. 그것도 폴이 기타로 처음 만들었던 노래를 말이다.

존 레넌이 〈I Lost My Little Girl〉을 처음 들었던 시점은 비교적 정확하게 특정할 수 있다. 폴이 쿼리멘과 함께한 첫 공연에서 기타 솔로를 완전히 망쳐 버린 날 이후였다. 너무 심하게 망쳐서 당시 그 자리에 있던 모두가 몇 년이 지나도록 그 일을 기억할 정도였다. 폴은 무척 부끄러워했다. 연주 실력을 인정받아 밴드에 합류했는데, 오히려 그들을 아마추어처럼 보이게 만든 것이다. 이 사건은 그의 짧았던 리드 기타리스트 시절의 끝이자, 또 다른 시작을 알리는 계기가 되었다. 얼마 지나지 않아—어쩌면 공연을 망친 바로 그날 저녁 늦게였을지도 모르지만—폴은 이전까지는 한 번도 하지 않았던 일을 했다. 자신이 만든 노래를 존에게 들려준 것이다. 어쩌면 공연에서 망신당했던 일을 만회하고 싶었던 걸지도 모르겠다. 그가 들려준 곡은 결코 걸작은 아니었지만, 어쨌든 그가 직접 만든 노래였다.

폴 매카트니는 종종 인터뷰에서 〈I Lost My Little Girl〉을 자신의 첫 번째 자작곡이라고 말하곤 한다. 로큰롤 장르에서 만든 첫 자작곡이었기 때문이다. 사실 그는 열네 살이 되기 전부터 이미 작곡을 시도했다. 아버지의 피아노 앞에 앉아 곡을 만들었고, 그 과정에서 집에 흐르던 빅밴드 재즈나 쇼 튠, 뮤직홀 스타일의 음악이 자연스럽게 영향을 미쳤다. 이 시기에 만든 곡 중 하나가 경쾌하면서도 어두운 분위기의 〈Suicide〉였다. 이 곡은 프랭크 시나트라Frank Sinatra 스타일로, 달콤한 말에 속아 모든 걸 내어 주는 여성들에 관한 이야기였다. 또 다른 곡은 뮤직홀 스타일의 곡으로, 훗날 〈When I'm Sixty-Four〉라는 제목을 얻는다. 엘비스 프레슬리부터 리틀 리처드, 척 베리Chuck Berry, 버디 홀리Buddy Holly가 매카트니의 세상에 등장한 이후, 로큰롤은 그의 가장 큰 열망이 되었고, 이는 존 레넌도 마찬가지였다. 그리고 그 열망을 상징하는 것이 바로 기타였다. 1957년 7월, 레넌을 만난 직후에 매카트니는 아버지의 허락을 받아 처음 배웠던 악기인 트럼펫을 팔고 그 돈으로 기타를 구입했다. 10년 뒤 그의 동생 마이크는 이렇게 회상했다. "기타를 손에 넣은 순간, 형은 기타에 완전히 빠져 버렸어요.[1] 다른 건 전부 뒷전이었죠. 밥 먹는 것조차 잊어버릴 정도였으니까요."

본래 기타는 오른손잡이가 더 강한 손으로 줄을 튕기도록 설계되었지만, 매카트니는 왼손잡이였다. 록은 리듬이 핵심이라는 점을 생각하면, 그는 곡에 생동감을 불어넣는 데 어려움을 겪을 수밖에 없었다. 그는 이 불편함을 그대로 받아들이지 않고, 기타를 자신에게 맞춰 길들이기로 했다. 처음에는 그냥 기타를 거꾸로 들었다. 세인트피터 교회 강당에서 존의 기타를 집어 들었던 것처럼 말이다. 하지만 기타를 거꾸로 연주하면 소리가 달라진다. 줄의 순서가 뒤집혀 고음이 먼저 울리기 때문이다. 그래서 매카트니는 줄을 모두 떼어낸 뒤에 순서를 바꿔 다시 달았다. 스크래치 플레이트는 엉뚱한 자리에 있었지만, 이제 그는 왼손으로 코드를 잡고 오른손으로 줄을 튕길 수 있었다.

레넌 역시 기타를 일반적이지 않은 방식으로 다뤘다. 어머니에게 배운 밴조 주법을 그대로 기타에 적용했기 때문이다. 매카트니에게 레넌이 필요했듯, 레넌 역시 매카트니만큼 실력 있는 사람이 자신에게 절실히 필요하다는 사실을 깨달았다. 그는 쿼리멘의 체계를 정비하면서, 실력이 부족한 멤버들을 판단하고 차츰 솎아냈다. 정식으로 해고하는 일은 드물었고, 그들이 스스로 떠나도록 만드는 방법을 주로 썼다. 여섯 살 때부터 레넌의 가장 가까운 친구였던 피트 쇼튼은 악기를 다룰 줄 몰라서 워시보드를 맡았다. 1957년 가을, 레넌은 자전거를 타러 나갔다가 일부러 말다툼을 유도했고, 며칠 뒤 파티에서 워시보드를 피트의 머리 위로 내려쳐 상황을 정리해 버렸다. "자, 이러면 해결된 거지, 피트?"[2] 존은 이렇게 말하며 잔혹하면서도 묘하게 친근한 태도를 보였다(두 사람은 이후에도 친구로 남았다).

폴이 자작곡을 들려줬을 즈음, 존 역시 훗날 자신의 첫 자작곡이라 여긴 〈Hello Little Girl〉을 만들었다. 이 곡은 쿼리멘이 클럽무어에서 공연하기 약 한 달 전쯤, 처음으로 영국 차트에 이름을 올린 버디 홀리 특유의 밝고 경쾌한 멜로디와 닮았다. 스키플 음악이 시들해지자, 레넌에게 가장 큰 영감을 준 존재는 버디 홀리와 그의 밴드 크리케츠The Crickets였다. 홀리의 곡들은 귀에 잘 들어오면서도 몇 개의 간단한 코드만으로 이루어졌다. 그는 엘비스처럼 압도적으로 잘생기지도 않았고, 리틀 리처드처럼 이국적이지도, 진 빈센트처럼 으스대는 듯한 자신감도 없었다. 버디 홀리는 평범한 외모에 안경을 쓴 청년이었다(근시 때문에 안경 쓰는 걸 꺼리던 존에게는 중요한 부분이었다). 창법도 색달랐다. 친밀하고, 대화하듯 자연스러웠으며, 딸꾹질처럼 중간중간 끊어지게 부르는 기술이 특징이었다. 〈Hello Little Girl〉은 폴의 〈I Lost My Little Girl〉보다 훨씬 완성도 높은 곡이었다. 쿼리멘과 이후에 탄생한 비틀스의 주요 레퍼토리에 오랫동안 남아 있었으며, 브라이언 엡스타인Brian Epstein이 처음으로 비틀스의 데모 음반을 조지 마틴에게 들려줬을 때, 그의 관심을 끌었던 곡 중 하나이기도 했다. 곡 제목이 폴의 노래를 연상시킨다는 점도 흥미롭다. 이 시점부터 두 사람은 이미 아이디어를 주고받고 함께 살을 붙이며 곡을 발전시켰음을 암시한다.

1957년에서 1958년으로 넘어가던 무렵, 두 사람의 우정은 눈에 띄게 돈독해졌다. 당시 레넌은 예술대학에 다녔다. 그는 중등 과정 졸업 시험인 O 레벨에서 미술을 포함한 모든 과목에서 낙제했고, 교육을 통해 삶을 바꿀 수 있으리라는 기대는 이미 스스로 내려놓은 듯했다. 하지만 여러모로 문제가 많았음에도 레넌을 꽤 아꼈던 교장이 미미와 상의한 끝에 그를 리버풀예술대학교에 추천했고, 입학 허가가 났다. 그러나 레넌은 인쇄나 건축 관련 수업에는 금세 흥미를 잃었고, 자유로운 분위기의 예술대학 안에서도 어딘가 이질적인 인물이었다. 맥주를 홀짝이며 진지한 표정으로 재즈를 듣고, 활자체의 미묘한 차이를 두고 토론을 벌이는 트위드 재킷 차림의 학생들 사이에서 연보라색 셔츠에 가죽 재킷을 걸치고 테디 보이 스타일을 고수한 레넌은 단연 눈에 띄었다. 그는 존재만으로도 일종의 위압감을 풍겼다. 눈빛은 험악했고, 언제든 공격을 퍼붓거나 막아 낼 듯한 긴장감을 풍겼다. 그런 태도는 한편으론 학창 시절부터 몸에 밴 습관이었고, 또 한편으론 안경 착용을 꺼렸기에 생긴 우연한 결과였다.

리버풀예술대학교는 시내 중심에서 멀지 않은 호프 스트리트에 있었고, 공교롭게도 폴이 다니던 고등학교인 리버풀 인스티튜트와 바로 이웃해 있었다. 졸업까지는 아직 1년이 남았지만, 폴의 마음은 이미 학교에서 완전히 떠났다. 그는 두 과목의 O 레벨 시험을 치렀고, 그중 하나는 낙제했다. 학교 측은 그가 더 많은 과목의 시험을 본 뒤에 6학년 과정으로 올라가서 교사가 되는 길을 밟기를 바랐다. 하지만 폴은 교사에 전혀 뜻이 없었다. 그는 이미 자신만의 계획을 가지고 있었다. 그의 총명함에는 의심의 여지가 없었다. 교사들 역시 늘 그가 배우는 속도가 빠르다고 평가했다. 아버지 짐 매카트니는 폴이 TV를 보면서도 숙제를 척척 해내는 것처럼 보였고, 실제로 두 가지 내용을 전부 놀랍도록 잘 기억했다고 회상했다. 폴은 권위를 증오했다기보다는 단지 그것을 인정하지 않았다. 튀는 옷차림을 하거나 교사를 노골적으로 모욕하지도 않았다. 그저 미소를 지으며 훈수를 드는 척하고, 교사들이 시키는 것과는 전혀 다른 행동을 했다.

이제 존과 폴은 평일에는 아주 가까운 거리에서 지내게 되었고, 덕분에 자주, 그리고 은밀하게 만날 수 있었다. 두 사람은 수업을 빠지고, 각자의 학교 건물을 빠져나와 호프 스트리트에서 합류했다. 존은 기타를 들고 있었다. 둘은 함께 버스 정류장까지 걸어가 남부 교외로 향하는 이층버스를 탔다. 버스의 꼭대기 층으로 올라가 담배를 피우고, 기타를 퉁기며 이야기를 나눴다. 30분쯤 지나면 두 사람은 폴의 집에 도착해 있었다. 낮에는 집에 아무도 없는 경우가 많았다. 폴도 기타를 집어 들고 '응접실Front Parlour'이라 불리던 작은 거실에 마주 앉았다. 존은 폴이 연주하는 모습을 잘 보기 위해 안경을 썼고, 폴은 존에게 밴조 코드와 기타 코드가 다르다는 걸 알려 주며 기타에서는 손모양을 어떻게 잡아야 하는지 직접 보여 주었다. 폴이 줄을 반대로 단 기타를 쓰고 있었기 때문에 두 사람은 마치 거울을 마주한 듯한 모습으로 함께 연주할 수 있었다. 수년 뒤, 폴은 존의 손이 참 예뻤다고 회상했다.[3] 두 사람은 거실의 축음기로 틀어 놓은 음반을 따라서 연주한 뒤, 바늘을 다시 올려 처음부터 반복해서 들으며 곡을 익혔다. 존의 유머는 거칠고 유치한 구석이 있었지만, 폴은 배꼽이 빠지도록 웃었다. 존은 폴이 단순한 청중이 아니라, 자신의 개성을 더욱 빛나게 해 주는 존재라는 사실을 깨달았다.

그들은 가끔 존의 집으로 가기도 했지만, 대부분은 폴의 집으로 향했다. 존의 집은 비는 일이 드물었고, 미미 이모가 꽤 엄격했기 때문이다. 앨러턴에서 울턴까지는 걸어서 갈 수 있는 거리였지만, 폴에게 존의 집은 전혀 다른 세계, 소설과 시집으로 가득한 지식인들의 세계로 느껴졌다. 미미는 보통 존의 손님들에게 날을 세웠지만, 폴만큼은 예외였다. "네 꼬마 친구 왔네."[4] 하고 비아냥거리듯 말하곤 했지만,

폴은 그것을 호감의 표현으로 받아들였다. 미미는 두 소년이 기타를 치는 것 자체는 막지 않았지만, 집 안을 시끄럽게 만드는 건 허락하지 않았다. 그래서 그들은 현관에 선 채로 연습해야 했다. 지붕이 높고 바닥이 타일로 된 현관은 소리가 울리기에 더없이 좋은 구조였다. 덕분에 두 사람의 목소리는 마치 엘비스의 목소리처럼 깊고 풍성한 울림을 얻었다. 그들은 화음을 맞췄고, 존이 저음을 맡았다. 한 명은 바깥을 등지고, 다른 한 명은 집을 등진 채 서서 서로의 숨결이 닿을 만큼 가까이에서 노래했다.

그들은 자신들이 사랑하는 로큰롤 곡들을 연주하고 있었지만, 동시에 특별한 무언가를 하는 것이기도 했다. 바로 자신들만의 노래를 만들었던 것이다. 두 사람 모두 주변에 작곡하는 사람이 없었다. 기타를 치는 로큰롤 팬들 사이에서도 작곡은 드문 일이었다. 당시에 작곡은 미국인들의 일이었다. 빙 크로스비Bing Crosby나 프랭크 시나트라가 부른 명곡을 쓴 것도, 로큰롤을 만든 것도 미국인이었다. 존과 폴은 이 심리적 장벽을 함께 뛰어넘었다. 단순한 몇 개의 코드만으로 직접 곡을 쓴 버디 홀리의 존재가 그들에게 큰 힘이 되었다. 〈I Lost My Little Girl〉 이후로 곡들이 쏟아져 나왔다. 방, 거실, 현관을 막론하고 한 명이 단편적인 아이디어나 후렴구, 혹은 제목 같은 걸 내밀면, 둘이 함께 그것을 하나의 곡으로 만들기 위해 애썼다. 이는 또 하나의 장벽을 뛰어넘는 일이기도 했다. 무언가를 창작해 본 사람이라면, 아직 미완성인 작품을 남에게 보여 주는 게 얼마나 부끄럽고 긴장되는지 잘 알 것이다. 하지만 둘은 그런 작업을 함께할 만큼 서로를 신뢰했다. 솔직한 감정이 담긴 노래도 마찬가지였다. 그렇게 더 많은 걸 나눌수록 둘의 사이는 가까워졌다.

가끔 존과 폴은 줄리아의 집에서 함께 곡을 쓰기도 했다. 존의 다른 친구들처럼, 그리고 존 자신처럼 폴도 줄리아에게 매료되었고 은근한 호감을 품었다. "난 항상 그녀가 정말 아름다운 여성이라고 생각했어요.[5] 긴 붉은 머리에… 아주 생기 넘치는 사람이었죠." 줄리아의 집을 나설 때면, 폴은 존에게서 묘하게 슬픈 기운이 비치는 것을 느꼈다.[6] 줄리아는 1920~1930년대 미국 노래들을 좋아했다. 폴도 그런 노래들을 꽤 많이 알았고, 그것은 그와 존이 함께 열정을 쏟는 또 하나의 공통점이 되었다. 두 사람은 미국 노래들의 정교함과 우아한 구성, 잘 다듬어진 멜로디에 감탄했고, 함께 감상한 노래들은 두 사람이 부모를 떠올리게 만들었다.

작곡은 경쟁으로 변했다. 하지만 자존심을 건 경쟁이라기보다는 아이디어의 경쟁이었다. 그들은 곡들끼리 겨루게 했다. 서로의 작업에 가차 없이 비판을 가했지만, 상대방을 깎아내리는 일은 없었다. 훗날 유명해진 뒤에 폴은 이렇게 말했다. "우리는 절대로 다투지 않아요.[7] 둘 중 하나가 마음에 안 든다고 하면, 나머지도 그냥 동의하죠. 그게 뭐든 그렇게까지 중요하진 않거든요. 작곡은 나에게 중요하지만, 한 곡 한 곡에 집착하진 않아요." 그 말은, 곡이 좋은 게 중요하긴 해도 반드시 좋은 부분이 자기 손에서 나와야 한다고 생각하진 않는다는 뜻이었다. 두 사람 모두 자기 아이디어라고 해서 끝까지 고집하지는 않았다.

그들은 이미 음악에 진심이었다. 시간을 허투루 쓸 수 없다는 생각은 서로 말하지 않아도 공통적으로 품고 있었다. 학교에는 이미 마음이 떠나 버렸고, 사실상 음악에 미래를 걸고 있었다. 폴은 학교에서 쓰던 공책을 가져와 두 사람의 자작곡을 정리하는 데 사용했다. 노래 한 곡에 한 페이지를 할당했다. 둘 다 악보를 읽지 못했기 때문에 멜로디 표기 대신 가사와 코드 이름, 그리고 가끔씩 보컬에 관한 설명을 적었다("우, 아, 천사의 목소리처럼" 같은 식으로). 페이지마다 맨 위에는 노래 제목이 쓰여 있었고, 그 위에는 이렇게 적었다. "또 다른 레넌 – 매카트니 오리지널ANOTHER LENNON-McCARTNEY ORIGINAL"

존과 폴은 누가 무엇을 했든, 결과는 둘의 공동 작업물로 취급하자고 뜻을 모았다. 둘 중 한 사람이 혼자 곡을 썼더라도, 상대에게 가져오는 순간부터는 언제나 공동 명의로 발표하기로 한 것이다. 누가 먼저 시작했는지는 중요하지 않았다. 매카트니는 말했다. "아주 초창기부터 정한 거였죠.[8] 사실 그냥 단순하게 진행하려고 그랬던 거예요. 자존심 싸움 같은 건 피하고 싶었거든요. 그 점에 있어서 우린 정말 순수했죠." 레넌의 이름을 먼저 적기로 한 결정은 심플하게 알파벳 순서에 따라 정해졌다(나이가 많은 쪽이 앞에 온 것도 어찌 보면 자연스러운 일이었는지도 모른다). 그들은 로큰롤 이전 시대, 미국의 명곡들을 탄생시킨 작곡 듀오들을 본보기로 삼았다. 로저스 & 해머스타인Rodgers and Hammerstein, 러너 & 로위Lerner and Loewe, 거슈윈 형제Gershwin and Gershwin 같은 이들이었다.

하지만 존과 폴은 기존의 작곡 파트너십 모델을 그대로 따랐던 게 아니라, 자각했든 못했든 완전히 새로운 형태를 만들어 가고 있었다. 로저스 & 해머스타인은 대학에서 만났을 때 이미 둘 다 음악에 익숙했고, 함께 뮤지컬 작업을 시작한 것도 각자 성공적인 경력을 쌓은 뒤였다. 러너 & 로위는 각각 스물넷과 마흔하나가 되던 해에 만났다. 조지와 아이라 거슈윈 형제 역시 20대 초반부터 함께 곡을 쓰기 시작했는데, 그 무렵 조지는 파리에서 작곡을 공부하고 돌아온 상태였고, 아이라도 뮤지컬 한 편을 완성한 경험이 있었다. 이처럼 기존의 파트너십에는 언제나 작곡가와 작사가 간의 명확한 역할 분담이 있었다. 해머스타인, 러너, 아이라 거슈윈은 작사를, 로저스, 로위, 조지 거슈윈은 작곡을 했다. 리버 & 스톨러 Leiber and Stoller도 리버가 작사를 맡았고, 스톨러는 작곡을 담당했다.

레넌 – 매카트니 파트너십은 전혀 다른 방식이었다. 두 사람은 작곡이라는 예술을 서로에게 가르쳐 주며 함께 배워 나갔다. 그것도 완전한 기초부터, 혹은 기초라고는 할 수 없더라도 레코드, 텔레비전, 기타 코드 서적, 그리고 폴의 아버지처럼 음악을 조금 아는 어른들의 몇 가지 조언 등 주변의 모든 것을 바탕으로 시작했다. 그들 사이에는 역할 분담이라는 개념이 아예 없었다.

"작사는 누가 하고, 작곡은 누가 하나요? 사람들은 끝도 없이 물었다."[9] 브라이언 엡스타인은 자신의 회고록에 이렇게 적었다. "답은 두 사람 모두 작사와 작곡 둘 다 한다는 거다." 그들에게 가사와 멜로디는 하나로 결합한 것, 직관적으로 이해하는 것이었다. 처음부터 분리된 요소가 아닌 하나의 덩어리로 인식했다. 가사는 리듬과 소리를 만들고, 음악은 의미를 만들었다. 그들은 함께 작곡을 배워 나가며 서로를 알아 가고, 서로에게 영향을 주며 함께 성장해 갔다. 성격이 가장 쉽게 바뀌고, 외부의 영향을 가장 민감하게 받아들이는 시기에 말이다.★

★ 두 사람의 협업은 작곡에 국한되지 않았다. 1958년 10월 어느 날, 폴이 존의 생가인 멘딥스에 도착했을 때, 존은 타자기를 두드리며 'On Safairy with Whide Hunter(원문 표기 그대로)'라는 제목의 이야기를 쓰고 있었다. 폴도 그 작업에 합류했고, 이 이야기는 또 하나의 레넌 – 매카트니 오리지널로서 책에 실렸다. 훗날 존은 이 작품을 자신의 시집에 수록하며 이렇게 덧붙였다. "폴과 공동 집필"

폴이 리드 기타를 맡았다가 연주를 망치는 바람에 쿼리멘에 빈자리가 생겼다. 1958년 초, 레넌과의 관계가 충분히 가까워졌다고 느낀 폴은 다소 모험이 될지도 모를 제안을 하기로 마음먹었다. 학교에서 만난 한 소년을 데려와 함께 연주해 보자는 것이었다. 조지 해리슨^{George} ^{Harrison}은 폴과 같은 리버풀 인스티튜트에 다녔고, 그보다 한 학년 아래였다. 두 사람은 같은 버스를 타고 등교하곤 했다. 1957년 가을 학기에 폴이 유급하면서 조지를 더 자주 마주쳤고, 후배인 조지가 제법 능숙한 기타리스트라는 사실도 알게 되었다. 조지는 아버지가 상선 선원 시절에 사귄 친구로부터 기타를 배웠고, 금세 실력을 키웠다. 폴과 마찬가지로 조지도 똑똑한 소년이었으며, 학교를 싫어하고 로큰롤을 좋아했다. 화목하고 안정적인 가정에서 자랐다는 점도 비슷했다(조지는 유년 시절 내내 양친이 함께했다). 조지는 반항적인 기질을 숨기지 않았다. 머리를 길게 기르고 엘비스 스타일로 앞머리를 세웠으며, 옷차림에도 신경을 썼다. 교복 블레이저 안에 밝은 노란색 조끼를 받쳐 입기도 했다. 폴과 조지는 서로의 집을 오가며 함께 기타를 쳤다. 폴이 존과 나눈 것처럼 강렬한 유대감을 형성한 것은 아니었지만, 나이 차에도 불구하고 두 사람은 좋은 친구 관계를 맺었다.

조지를 존에게 소개하는 일은 또 다른 문제였다. 조지는 거의 꼬맹이였다. 폴보다 어렸고, 열다섯 살도 되지 않은 데다가 체격까지 왜소해서 언뜻 보면 열 살 같았다. 그래도 세 사람은 함께 어울렸다. 조지를 그룹에 들이자는 말을 누가 먼저 꺼냈는지는 아무도 확실하게 기억하지 못했지만, 함께 놀다가 밤에 돌아오는 길에 이층버스 위층의 좌석에서 나눈 대화만큼은 셋 모두 기억했다. 그날 조지는 기타를 갖고 있었고, 폴은 그에게 〈Raunchy〉라는 곡을 연주해 보라고 했다. "리틀 조지, 늘 작았던 꼬마 조지가 케이스에서 기타를 꺼냈어요.[10] 그러더니 세상에, 정말 연주를 해내는 거예요. 우리 모두 깜짝 놀랐죠. '됐어, 쟤 통과다. 너 이제 우리 멤버야.' 그렇게 된 거예요." 그렇게 셋은 곧 쿼리멘의 핵심 멤버가 되었고, 개인적인 파티나 결혼식 피로연 등에서 삼인조로 공연하기도 했다. 가끔은 스피크에 있는 조지의 집에 모여 함께 연습했다.

조지가 그룹에 들어온 뒤에도 존과 폴의 관계는 변하지 않았다. 폴이 존과 더 가까운 사이라는 사실을 조지도 알았고, 개의치 않는 듯했다. 그는 두 사람처럼 수다스럽거나 장난기 많은 성격은 아니었다. 한결 느긋하고, 농담을 꺼낼 때조차 어딘가 썰렁한 느낌이 묻어나는 성격이었다. 조지에게는 고집스러운 자신감이 있었다. 좀처럼 기가 꺾이는 일이 없었고, 존의 조롱에도, 폴의 얄밉게 구는 태도에도 개의치 않았다. 오히려 한술 더 떠서 되받아치는 여유까지 있었다. 그는 자작곡을 쓰지는 않았지만, 레넌과 매카트니의 우정을 방해하거나 흔드는 존재가 아니라 오히려 그 관계를 더 단단하게 만들어 주는 존재였다.

1958년 초, 쿼리멘은 스키플 그룹으로서의 정체성을 벗고 본격적으로 로큰롤에 집중하기 시작했다. 가끔 그들은 존의 학교 친구인 더프 로우Duff Lowe와 함께 연주하곤 했는데, 그는 당시를 이렇게 회상했다. "난 진지하게 임하지 않았지만 폴과 존은 항상 열정을 120% 쏟아부었다.[11] 완벽하지 않으면 성에 차지 않는 거였다." 그해 여름, 그들은 전문 녹음에도 도전했다. 인근에서 녹음 스튜디오와 레코드를 찍는 프레스기를 빌려주는 곳을 찾아낸 덕분이었다. 1958년 7월 12일, 교외 주택의 거실에서 천장에 매달린 마이크 하나를 사이에 두고 싱글 음반의 양면을 녹음했다. 앞면에는 버디 홀리의 곡 〈That'll Be the Day〉를 다소 숨 가쁘게 부른 버전이, 뒷면에는 폴이 만든 자작곡 〈In Spite of All the Danger〉가 담겼다. 두 곡 모두 존이 보컬을 맡았다. 17년 뒤, 존은 당시를 회상하며 말했다. "그 시절의 나는 정말 제멋대로였죠.**12** 폴이 만든 노래인데도 못 부르게 했던 걸 보세요."★

존은 자신이 다니던 리버풀예술대학에서 한 학년 위의 학생과 가까운 친구 사이가 되었다. 교수들 사이에서 재능 있는 학생으로 손꼽히던 스튜어트 섯클리프Stuart Sutcliffe였다. 스튜어트는 작은 체구에 눈에 띄는 스타일은 아니었지만, 조지 해리슨처럼 조용한 카리스마가 있었고, 제임스 딘을 떠올리게 만드는 과묵한 멋을 풍겼다. 다른 학생들 눈에 두 사람의 우정은 다소 의외처럼 보였지만, 존은 스튜어트를 몹시 좋아했다. 그가 스튜어트에게 끌린 이유 중 하나는, 스튜어트가 예술대학을 잠시 거쳐 가는 사람이 아니라 진정한 예술가였기 때문이었다. 그는 창작에 대한 열망이 컸고, 자신의 작업에 진지하게 임했다. 다른 예술가들과 한집에 사느라 여유가 없었지만, 예술과 낭만이 가득한 분위기 속에서 작업에 몰두했다. 스튜어트도 레넌을 좋아했다. 대학 시절에 그를 알고 지냈던 한 여학생의 말에 따르면, 스튜어트는 레넌에게 '푹 빠져' 있었다.**13**

★   적어도 존과 폴이 한 그룹으로 활동하던 시기에는, 어느 곡을 누구의 곡이라고 단정하는 건 대체로 사실과 어긋날 수 있다. 여기에서 '존의 곡'이나 '폴의 곡'이라고 하는 것은 그 노래를 존이나 폴이 처음 구상했고 완성까지 주도했다는 의미일 뿐, 온전히 그만의 곡이라는 뜻은 아니다.

1958년 7월 15일 화요일, 존은 블룸필드 로드에 있는 어머니의 집에 있었다. 그날 저녁, 줄리아는 미미의 집에 다녀오겠다며 집을 나섰다. 두 집은 2마일(약 3.2㎞)도 채 떨어져 있지 않았다. 그녀는 존에게 방문 이유를 말하지 않았다. 몇 주 전, 줄리아의 동거인 보비 다이킨스는 자신이 웨이터로 일하던 식당에서 퇴근하던 길에 음주 운전으로 적발되어 체포당했다. 그는 큰 벌금을 물고 운전 금지 처분도 받았다. 이로 인해 밤늦게 시내에서 집으로 돌아올 수 없어지면서 결국 일자리까지 잃었다.

형편이 눈에 띄게 빠듯해지자, 그는 줄리아에게 이제 존이 집에 와서 지내는 것이 부담스럽다고 말했다. 줄리아가 그 말을 듣고 어떤 반응을 보였든, 그날 저녁에 그녀가 미미의 집을 찾은 목적은 언니에게 그 소식을 전하기 위해서였다. 줄리아는 밤 10시가 조금 안 된 시각에 미미의 집을 나섰다. 그녀가 대문 앞에서 작별 인사를 나눌 때, 존의 친구인 나이절 월리 Nigel Walley가 존이 집에 있는지 보러 왔다. 미미는 그에게 존이 없다고 전했다. 줄리아는 특유의 다정한 말투로 "오, 나이절. 딱 좋을 때 왔네.[14] 버스 정류장까지 바래다줄래?"라고 말했다. 두 사람은 함께 멘러브 애비뉴를 따라 걸어 내려갔다. 버스 정류장은 길 건너편에 있었다. 그곳에 가까워지자 둘은 작별 인사를 나눴고, 줄리아는 길을 건너기 위해 왼쪽으로 방향을 틀었다. 나이절은 존의 집이 위치한 오른쪽으로 향했다. 그 순간, 그는 타이어가 마찰하는 끔찍한 소리와 무언가 쿵 하고 부딪히는 소리를 들었다. 뒤돌아본 그의 시야에 줄리아의 몸이 공중으로 튕겨 오르는 모습이 보였다.

존의 말에 따르면, 그 후 경찰관이 줄리아의 집에 찾아왔다. 그는 존에게 줄리아 레넌의 아들이냐 묻고는 줄리아가 사망했다는 사실을 존과 다이킨스에게 전했다. 그때 존은 열일곱 살이었다. 훗날 그는 당시를 이렇게 회상했다. "이런 생각이 들었어요. '씨발, 씨발, 씨발. 다 좆됐어. 이제 난 아무도 책임질 필요 없어.'"15

줄리아가 세상을 떠난 뒤로 존은 몇 달 동안 어떤 날은 무기력하게 멍하니 보냈고, 또 어떤 날은 술에 취해 독설을 퍼붓곤 했다. 미미 역시 큰 충격을 받았지만, 존의 감정을 살피는 것보다 스스로 마음을 다잡고 평소의 일상을 유지하는 것이 자신의 역할이라 여겼다. 친부인 앨프 레넌은 이 소식을 몇 달 뒤에야 들었고, 끝내 아무런 연락도 하지 않았다. 존은 그렇게 깊은 슬픔 속에 홀로 남겨졌다.

완전히 혼자 남은 것은 아니었을지도 모른다. 존은 폴, 조지와 자주 어울리며 함께 기타를 쳤고, 주로 모이는 장소는 조지의 집이었다 (조지의 어머니는 존이 홀로 외롭게 가라앉지 않도록 아이들이 곁에서 함께 시간을 보내기를 바랐다). 존은 어머니의 죽음에 대해 폴과 직접적인 대화를 나누지는 않았지만, 그 사건은 두 사람의 유대를 더욱 단단하게 만들었다.

소중한 사람을 잃었을 때, 그 사람을 알고 좋아했던 이와 함께 있고 싶어지는 것은 자연스러운 일이다. 존 역시 폴이 자신의 감정을 어느 정도 이해한다는 사실을 알고 있었다. 폴 매카트니는 훗날 이렇게 말했다. "우리는 서로가 그런 슬픈 일을 겪었다는 걸 알았다…16

그 나이에는 완전히 무너져 내리는 게 허락되지 않는다. 특히 십대 남자아이들은 아무렇지 않은 척하며 넘길 수밖에 없다." 그는 소중한 사람을 잃는 일이 자신과 존을 산산조각 냈지만, 정작 얼마나 부서

겼는지는 숨길 수밖에 없었다고 말했다. "그 시절 나는 스스로를 보호하려고 껍질을 두르고 벽을 세웠어요. 그 벽이 지금도 남아 있는 것 같아요. 존도 분명 그랬고요."

방어용 방책인 껍질과 장벽은 본래 자신을 지키기 위한 구조물이지만, 존과 폴에게 있어 이 공통의 트라우마는 오히려 지하 터널을 뚫는 계기가 되었다. 그들은 지하 터널을 통해 세상은 물론이고 때로는 스스로에게도 숨긴 채 비밀스럽게 소통하며 자신의 감정을 표현할 수 있었다.★

그들이 함께 만들고 함께 불렀던 노래는 감정에 대한 노래가 아니라, 서로를 향한 감정까지도 포함해서 바로 감정 그 자체였다. 적어도 초기에는 그런 감정들이 로큰롤이라는 표현 방식에 굴절된 형태로 나타났다. 그것은 의식적으로 선택한 전략이 아니었다. 매카트니는 〈I Lost My Little Girl〉을 쓴 뒤 한참이 지나서야, 그 곡을 어머니의 죽음을 겪은 직후에 썼다는 사실에 주목했다.

피터 잭슨 감독의 《비틀스: 겟 백》에는 1969년에 비틀스가 〈I Lost My Little Girl〉을 함께 연주하는 장면이 담겼다. 이 장면은 1월 세션 말미에 촬영했으며, 장소는 런던 새빌 로에 자리한 그들의 새로운 레코드 레이블 애플Apple 본사의 스튜디오였다. 앞선 장면에서는 네 사

★ 　매카트니는 2016년에 음악 잡지 《롤링스톤》과의 인터뷰에서 이렇게 말했다. "음악은 정신의학과 의사 같아요. 기타를 상대로는 사람에게 말하지 못하는 비밀을 털어놓을 수 있죠. 그러면 기타가 사람이라면 절대 해 줄 수 없는 방식으로 대답해 줘요."

람이 동그랗게 앉아 폴의 구상을 두고 이야기를 나눈다. 폴은 앨범을 극적인 공연으로 마무리하자고 제안한다. 하지만 그 공연이 어떤 형태여야 할지에 대해서 그는 여전히 확신이 없고, 다른 멤버들 역시 라이브 공연에 회의적인 태도를 떨치지 못한다. 분위기는 무겁다.

폴은 의자에 앉아 몸을 앞뒤로 천천히 흔들며 엄지를 깨물고 있다. 피곤하고 우울해 보인다. 그때 존이 부드럽지만 단호한 어조로 말한다. 폴이 이 프로젝트를 처음 시작할 때 마음속에 품었던 아이디어를 그대로 실현하는 건 불가능하다는 것이다.

그는 조지를 향해 말하는 것 같지만, 사실은 폴에게 간접적으로 전하고 있다. "이 공연 전체가 폴의 무대라고 해도, 지금 보면 폴의 무대라기보단 우리 무대가 되어 버렸잖아. 그냥 그렇다고." 그러자 폴은 체념한 듯한 말투로 대답한다. "그래, 알아. 결국 다수결이니까." 그는 이 프로젝트에서, 그리고 밴드 자체에서 생기가 빠져나가고 있음을 느낀다. 이어서 폴은 존에게 말한다. "우리는 이번에도 런던 녹음실에 들어와서 앨범을 만들고 있네. 이 작업이 끝난 뒤에는 네가 검은 자루에 들어간 채 로열 알버트 홀 어딘가에 있을 거라는 걸 생각하면 웃겨."★ 오노 요코Ono Yoko와 함께한 레넌의 평화 투어를 은근히 깎아내리는 이 말에는, 지금 존의 관심사가 어디에 쏠렸는지를 두고 폴이 어떤 감정을 품었는지 은연중에 드러난다.

이제 존에게 자신과 함께 무언가를 만드는 일은 더 이상 중요치 않다는 걸 폴은 알고 있었다. 겉으로 드러내지는 않았지만, 그는 상처

★   로열 알버트 홀 행사 자체는 그 이전 달에 열렸다. 실제로는 검은 자루도 아니고 흰 자루였다.

받았다. 존 역시 그걸 느꼈고, 폴이 입은 상처를 알아차렸다. 이 대화를 나눈 직후, 존은 〈I Lost My Little Girl〉을 연주하기 시작한다. 그것은 위로였다.

3

WHAT'D I SAY

WHAT'D I SAY

1959년 가을 무렵, 쿼리멘은 세 명만 남은 상태였다. 그동안 에릭 그리피스Eric Griffiths, 로드 데이비스Rod Davis, 피트 쇼튼, 빌 스미스Bill Smith, 렌 개리Len Garry, 콜린 핸튼Colin Hanton, 존 '더프' 로우는 자연스럽게 떠났거나 사실상 내쫓겼다. 그렇게 셋만 남은 밴드는 기묘하게 한쪽으로 치우친 구성이었다. 레넌, 매카트니, 해리슨 세 사람 모두 기타를 연주했기 때문이다. 드러머와 베이스 연주자는 늘 부족했고, 레넌의 괴짜 밴드는 그런 멤버를 구하는 데 애를 먹었다. 그 이유 중 하나는 셋 다 서로를 제외하면 누구하고도 잘 지내지 못했기 때문이었다(이들은 기타리스트만 셋이라는 이유로 의심의 눈초리를 보내는 공연 주최자들에게 "리듬은 기타에 있다."라고 말하곤 했다). 밴드는 한동안 활동을 멈추기도 했고, 해리슨은 잠시 다른 밴드와 함께 연주하기도 했다.

리버풀 외곽 지역에는 미국식 록을 연주하는 비트 그룹들이 점점 늘어나기 시작했다. 이들은 카페 겸 술집이나 비공식 클럽에서 공연하곤 했다. 대표적으로 로리 스톰 앤 더 허리케인스Rory Storm and the Hurricanes, 카스 앤 더 카사노바스Cass and the Cassanovas, 데리 앤 더 시니어스Derry and the Seniors 같은 밴드들이 있다. 이름만 봐도 알 수 있듯, 이 밴드들은 정해진 틀을 따랐다. 프론트맨 한 명을 앞세우고, 멤버들이 그를 뒤에서 받쳐 주는 방식이었다. 하지만 쿼리멘에는 프론트맨이 없었다. 존이 그 역할을 맡고 싶어 하지 않았고, 다른 프론트맨 밑에서 연주하는 것 또한 원하지 않았기 때문이다. 쿼리멘은 리버풀 내의 음악계 한 켠에서 기웃거리는 수준이었다. 그들은 가족 모임이나 예술대학 무도회 같은 곳에서 간간이 공연하다가, 마침내 '카스바Casbah'라는 클럽에서 정기적으로 무대에 오를 기회를 얻었다. 이 클럽은 모나 베스트Mona Best라는 여성이 자신의 집 지하실에 차린 것이었다. 그곳에서 팬을 조금씩 모았지만, 리버풀 음악계 전체에서는 여전히 특이한 존재로 여겨졌고, 거의 웃음거리나 다름없었다.

존과 폴은 여전히 서로의 집을 오가며 곡을 썼지만, 예전처럼 열정적으로 자주 만나지는 않았다. 폴은 학업에 더 집중하고 있었다. 나이가 더 어린 학생들과 함께 보충반에 배정되었던 터라 더 열심히 공부했고, 마침내 O 레벨 시험에서 좋은 성적을 받아 6학년 과정에 진학할 수 있었다. 폴은 새로 부임한 영어 교사 앨런 더번드Alan Durband 아래에서 처음으로 독서에 흥미를 느꼈다. 제프리 초서, 셰익스피어, 오스카 와일드, 테네시 윌리엄스 등 다양한 작가의 작품을 읽었다(특히 희곡 읽기를 좋아했고, 언젠가 연극 연출가가 될 수도 있겠다는 생각까지 했다).

1960년 초, 존은 스튜어트 섯클리프와 또 다른 예술대학 친구와 함께 갬비어 테라스의 아파트로 이사했다. 아직 독립하지 못한 해리슨과 매카트니는 보헤미안의 성채인 이곳에 자주 들락거렸다. 그곳에서는 마음껏 담배를 피우고, 기타를 치고, 미국 음반을 들을 수 있었기 때문이다. 어린 시절의 상처가 서린 멘러브 애비뉴와 블롬필드 로드를 뒤로한 레넌은 정서적 위안을 오롯이 친구들에게서 찾았다.

그러던 중 스튜어트가 자신의 그림 한 점을 90파운드에 팔자, 레넌은 그 돈으로 베이스를 사서 밴드에 들어오라고 부추겼다. 스튜어트는 베이스는 물론 어떤 악기도 연주할 줄 몰랐다. 폴은 못마땅했다. 밴드에 새로 들어오는 사람이라면 기본적으로 악기를 다룰 줄 알아야 한다는 게 당연한 원칙이라고 생각했기 때문이다. 훗날 매카트니는 스튜어트가 존과 지나치게 가까워 보였던 것이 질투 나서 그런 반응을 보였다는 사실을 솔직히 인정했다. 그렇지만 마땅한 베이스 연주자가 없었기 때문에 결국 그는 스튜어트의 합류를 받아들였다. 비록 폴과 존이 예전만큼 자주 만나지는 않았지만, 두 사람 사이의 유대는 여전히 *끈끈*했다. 1960년 부활절 방학 동안, 두 사람은 함께 잉글랜드 남부 버크셔주의 캐버샴까지 히치하이크를 떠났다. 기타를 들고 길을 나선 두 사람은 펍을 운영하던 폴의 사촌 베트와 그녀의 남편 마이크의 집에서 일주일간 머물렀다. 그곳에서 펍에 일손을 보태기도 하고, 일주일이 끝날 무렵에는 공연까지 했다. 그들은 무대에서 자신들을 '너크 트윈스The Nerk Twins'라고 소개했다.

섯클리프는 밴드 이름으로 맞닥뜨린 문제를 해결하는 데 도움을 주었다. 당시에는 존이 더 이상 쿼리뱅크 고등학교에 다니지 않아서 '쿼리멘'이라는 이름을 계속 쓸 이유가 사라진 상태였다. 시험 삼아 몇 가지 이름을 써 보긴 했지만, 뚜렷하게 와닿는 이름은 없었다. 마지못해 그 바닥의 관행에 맞추려는 시도도 '조니 앤 더 문독스Johnny and the Moondogs'라는 이름을 잠시 써 보기도 했지만, 이들은 리더 한 사람을 앞세우는 방식을 영 불편하게 느꼈다. 버디 홀리와 그의 밴드 크리케츠에 대한 오마주로, 섯클리프는 곤충 이름을 제안했다. 그러자 존은 '비틀스'를 'beetles' 대신 'beatles'로 철자를 바꾸면 'beat music'

을 연상시키는 말장난 같다는 생각을 했다. 몇 차례 철자를 바꿔 보기도 했지만, 결국 '비틀스The Beatles'로 굳어졌다. 존과 스튜어트는 예술대학 근처에 있는 이탈리아풍의 에스프레소 바, 자카란다Jacaranda를 즐겨 찾았다. 이곳을 운영하는 웨일스 출신 사업가 앨런 윌리엄스Allan Williams는 런던의 팝기획자 래리 판스Larry Parnes와 비즈니스 관계를 맺고 있었다. 로큰롤 1세대의 거친 에너지는 점점 사그라들었고, 그 자리는 보다 정교하게 포장된 신세대 가수들이 차지했다. 당시 영국 최고의 스타는 클리프 리처드Cliff Richard였다. 그는 부드러운 음색을 지닌 가수로, 엘비스의 몸짓을 일부 차용하면서도 그것을 나이 든 세대가 받아들이기 쉽게 다듬어 선보였다. 리처드의 성공을 지켜본 래리 판스는 하나의 성공 공식을 만들어 냈다. 노래를 웬만큼 부르는 잘생긴 청년을 찾아 감성적인 이름을 붙여 주고, 엘비스처럼 스타일링 하는 방식이었다. 그렇게 토미 힉스Tommy Hicks는 토미 스틸Tommy Steele이 되었고, 로널드 와이처리Ronald Wycherley는 빌리 퓨리Billy Fury가 되었다. 1960년 5월, 판스는 자신이 신경을 쓰는 스타는 아니었던 조니 젠틀Johnny Gentle의 스코틀랜드 일주 투어를 준비하는 과정에서 백업 밴드를 급하게 물색했다. 그는 앨런 윌리엄스에게 도움을 청했고, 윌리엄스는 네 개의 밴드에 연락을 돌렸지만 모두 시간이 맞지 않았다. 결국 그는 비틀스에게 제안했다.

레넌과 매카트니는 새로 등장한 팝 스타들에게 질색했다. 그때부터 그들은 인위적이고 작위적인 것에 본능적인 반감을 품고 있었다. 군 복무를 마치고 돌아온 엘비스조차도 이제는 감성적인 영화나 찍을 뿐이었다. 그들이 동경하던 영웅들은 죽었거나 사라진 상태였다. 버디 홀리는 비행기 사고로 세상을 떠났고, 리틀 리처드는 '악마의 음악'을 버렸고(비록 일시적이긴 했지만), 척 베리는 법적인 문제로 곤경에 처했다. 존과 폴은 1957년부터 스스로가 중요한 갈림길에 서 있다고 느꼈다. 그러나 그들은 또래들과 어긋난 방향, 하위문화 속의 또 다른 하위문화에 서 있는 자신을 발견했다. 그들은 앞을 바라보면서 동시에 뒤를 돌아보고 있었다. 그렇다고 순수주의자처럼 고집만 부릴 처지는 아니었다. 이건 큰 기회였다. 일주일 내내 유급으로 공연할 수 있고, 런던의 잘나가는 기획자에게 좋은 인상을 남길 수 있는 찬스였기 때문이다. 늘 그렇듯 그들에겐 드러머가 없었기에 말수가 적고 덤덤한 스물여덟 살의 토미 무어Tommy Moore를 영입했고, 밴을 빌려 길을 나섰다. 그러나 투어는 엉망이었다. 스코틀랜드의 작은 마을들을 돌며 객석이 반밖에 차지 않은 공연장에서 연주해야 했다. 게다가 밴을 들이받는 사고까지 냈고, 그 사고로 토미 무어가 다쳤다. 무어는 이미 지쳐 있었다. 자신보다 훨씬 어린 동료들의 끊임없는 수다와 도무지 공감할 수 없는 유머 감각에 적응하지 못했기 때문이다. 병원에 가야 했지만, 사고 당일 저녁에도 공연이 잡혀 있었다. 자신보다 아래라고 여기는 사람에게는 냉혹할 만큼 가차 없던 레넌은 무어를 억지로 무대에 세웠다.

그래도 정식 순회공연을 한 차례 치른 덕분에 윌리엄스가 1960년 여름에 비틀스에게 공연을 다시 의뢰할 수 있었다. 물론 비틀스가 일류 밴드라서 제안한 건 아니었다. 하지만 비틀스는 불러만 주면 어디든 마다하지 않고 무대에 올랐다. 변두리 도시의 황량한 클럽에서도 연주했고, 공연 중 시비를 걸며 덤벼드는 테드족의 위협에 맞서면서도 무대에 섰다. 그들은 한동안 윌리엄스가 운영하는 스트립 클럽의 전속 밴드로 일했는데, 그곳에서는 눈에 띄지 않게 조용히 기악곡만 연주해야 했다. 존과 폴은 여전히 곡을 쓰고 있었다. 실제로 1960년 봄, 포슬린 로드에서 녹음한 테이프에는 두 사람의 새로운 자작곡이 여섯 곡 담겼다. 하지만 공연이 많아질수록 작곡할 시간은 줄어들었다.

1960년 8월에는 더 큰 기회가 찾아왔다. 런던을 방문한 윌리엄스는 독일의 공연기획자 브루노 코슈미더Bruno Koschmider를 만났다. 코슈미더는 자신이 소유한 함부르크의 나이트클럽에서 연주할 비트 그룹을 찾기 위해 영국을 방문한 상황이었다. 윌리엄스는 자신이 관리하던 인기 밴드 중 하나인 데리 앤 더 시니어스Derry and the Seniors를 소개했고, 그들은 1960년 7월에 함부르크로 건너가 코슈미더가 세운 계획의 성공 가능성을 입증해 보였다. 그러자 코슈미더는 윌리엄스에게 다시 연락해서 다른 나이트클럽에서 연주할 밴드를 한 팀 더 구할 수 있는지 물었다. 윌리엄스는 먼저 로리 스톰 앤 더 허리케인스에게 제안했지만, 그들은 여름 내내 대형 리조트 버틀린스와 전속계약을 맺었다. 결국 그는 망설이며 비틀스를 떠올렸고, 코슈미더에게는 더 나은 밴드를 찾아보겠다고 말하면서도 일단 비틀스를 보내기로 했다. 비틀스는 그 제안을 덥석 받아들였다. 무엇보다 제대로 된 급여를 받을 수 있다는 점이 크게 작용했다. 존이 금액을 말하자, 미미 이모조차 놀랄 정도였다. 게다가 이건 하나의 모험이기도 했다. 한 달 동안 외국에 머무는 일정이었고, 멤버들 모두 해외에 나가 본 적이 없었기 때문이다. 하지만 아직 넘어야 할 산이 하나 남아 있었다. 윌리엄스는 드러머를 반드시 구해야 한다는 조건을 내걸었다. 토미 무어는 이미 선택지에서 제외한 상태였다. 폴과 조지는 모나 베스트의 아들 피트를 떠올렸다. 잘생기고 과묵한 열여덟 살 피트 베스트Pete Best는 1년 남짓 다른 밴드에서 드럼을 쳤고, 실력도 괜찮은 편이었다. 게다가 자신의 드럼 세트도 가지고 있었다. 그렇게 해서 1960년 늦여름, 다섯 명의 비틀스는 윌리엄스가 직접 운전하는 미니버스에 장비를 싣고 길을 나섰다. 1960년 8월 17일 새벽, 그들은 긴 여정을 거쳐 마침내 함부르크에 도착했다.

어떤 면에서 함부르크는 리버풀과 비슷했다. 서쪽을 향한 항구 도시이자, 중공업이 발달하고 다양한 문화가 뒤섞여 국제적인 도시였으며, 수도는 아니었지만 오히려 그 점을 자랑스러워했다. 전쟁 중 폭격으로 큰 피해를 입었지만, 리버풀과는 달리 도시 전체가 훌륭하게 복구된 상태였다. 종전으로부터 15년이 지난 뒤의 함부르크는 번영과 활기가 가득했다. 코슈미더 소유의 클럽들이 자리 잡고 있던 도심의 홍등가조차도 질서 있게 운영되었다. 조선소 바로 뒤편의 장크트 파울리 지구는 음악, 도박, 섹스, 싸움, 맥주에 취해 모든 것을 잊을 수 있는 시간을 찾아 몰려드는 뱃사람과 부두 노동자 들로 가득했다. 이 지역의 중심지인 리퍼반과 그 옆의 주요 골목인 그로세 프라이하이트는 욕망이 넘실대며 24시간 내내 네온사인이 번쩍이는 축제 같았다. 나이트클럽, 카페, 게이 바, 드랙쇼(여장을 한 남성인 드래그 퀸이 등장하는 쇼—역주), 핍쇼(작은 창을 통해 스트립쇼를 구경하는 쇼—역주), 스트립클럽, 의상도착증 환자를 위한 술집, 매춘업소, 성인용품 가게들이 빽빽이 들어찼고, 창녀, 포주, 사기꾼, 갱단이 뒤섞여 있었다. 공격적인 기질의 가드들이 그곳을 지켰다. 폭력은 언제나 그 바닥에 도사리고 있었고, 때로는 노골적으로 터져 나왔다.

아마 존, 폴, 조지에게는 비틀마니아도, 셰이 스타디움도, LSD도 처음 함부르크에 도착했을 때 느꼈던 전율만큼 강렬하지는 않았을 것이다. 그것은 짜릿하면서도 두려운 감정이었다. 그들은 언어도 통하지 않는 낯선 도시에서, 현란한 불빛이 넘실대는 리퍼반의 인파를 헤치며 나아갔다. 가족과 학교로부터, 공장에서 일하거나 사무직 진로를 착실히 준비하던 친구들로부터, 자신들을 아끼면서도 끊임없이 감시하고 평가하던 어른들로부터 한참 떨어진 세계에 발을 들였다. 이제 더는 '팝 스타 흉내나 낸다.'라며 핀잔할 사람도 없었다. 그들은 진짜 팝 스타였다. 믿기 어려울 만큼 놀라운 일이었지만, 누군가가 이들을 로큰롤 밴드로서 돈을 주고 불렀고, 그 덕분에 그 자리에 선 것이었다.

비틀스는 카이저켈러^{Kaiserkeller} 클럽에서 코슈미더를 처음 만났다. 그곳은 데리 앤 더 시니어스가 상주 밴드로 활동 중이던, 시설이 훌륭한 공연장이었다. 하지만 코슈미더는 비틀스를 자신이 가지고 있는 두 클럽 중에 더 작고 지저분한 곳인 인드라^{Indra}로 데려갔다. 그로세 프라이하이트 거리에 자리한 이 클럽은 이전까지 드래그 퀸들이 출연하는 카바레 공연장이었다. 비틀스는 그곳에서 주 6일, 밤마다 4시간에서 6시간씩 공연하기로 했다. 참전 경험이 있고 다리에 장애가 있는 코슈미더는 치열한 생존 경쟁이 벌어지는 장크트파울리 시장에서 영국 비트 밴드를 차별화된 흥행 전략으로 삼았다. 대부분의 클럽에서 연주하는 라이브 음악은 그저 그런 수준의 재즈였다. 반면 로큰롤은 더 젊은 관객을 끌어들였고, 이들은 더 늦게까지 머물며 맥주도 더 많이 마셨다. 맥주를 파는 것, 그게 바로 비틀스의 일이었다. 선원과 관광객이 그로세 프라이하이트 거리를 거닐다가 어느 클럽에 들어갈지 결정하는 기준은 문밖으로 흘러나오는 음악이었다. 비틀스는 사람들의 귀를 사로잡을 만큼 요란하게 연주해서 그들을 안으로 끌어들여야 했고, 들어온 이들이 계속 머물도록 충분히 즐겁게 만들어야 했다.

처음에 코슈미더는 비틀스를 마음에 들어 하지 않았다. 가장 큰 문제는 비틀스의 연주가 너무 시끄러워 인근 주민들의 항의를 받았다는 점이었다. 그는 소리를 줄이라고 여러 차례 지시했지만, 그들은 전혀 따르지 않았다(코슈미더는 훗날 이렇게 회상했다. "비틀스와는 말이 통하지 않았다.[1] 녀석들은 자신감이 지나칠 정도였다."). 또 다른 불만은 비틀스가 춤을 추지 않는다는 것이었다. 사실 비틀스는 무대 연출에 별다른 고민이나 노력을 기울인 적이 없었다. 그런 건 쇼 비즈니스 특유의 가식이라 여겼기 때문이다. 긴장과 나름의 신념이 뒤섞여, 그들은 비트족 특유의 쿨한 분위기를 풍기려 애썼다. 섯클리프는 선글라스를 썼고 가끔은 관객을 등진 채 연주하기도 했다. 코슈미더는 크게 실망했다. 손님들은 안에 들어왔다가도 한번 훑어보고는 그냥 나가 버렸다. 그는 윌리엄스에게 불만을 털어놓았고, 윌리엄스는 리버풀에서 비틀스에게 단호한 어조의 편지를 보냈지만, 그들은 그마저도 귀담아듣지 않았다. 그러던 어느 날 밤, 코슈미더의 클럽을 운영하는 매니저 빌리 림펜젤Willi Limpensel이 무대에 대고 고함을 치기 시작했다. "마흐 샤우! 마흐 샤우!MACH SCHAU! MACH SCHAU!" 비틀스에게 "쇼를 해!"라는 의미의 독일어는 우스꽝스럽게 들렸다. 마치 1950년대 영국의 인기 코미디 쇼《군 쇼The Goon Show》에 나오는 코미디언이 나치 흉내를 내는 것처럼 느껴졌기 때문이다. 하지만 효과는 있었다.

이후 벌어진 일은 비틀스의 진정한 탄생이라 할 만했다. 가장 먼저 반응한 건 존 레넌이었다. 그는 그 터무니없는 상황을 본능적으로 받아들이고, 림펜젤의 외침을 일종의 자극처럼 흡수했다. 그는 연주를 하며 무대 위를 휘젓기 시작했다. 마이크 쪽으로 비틀거리며 다가가고, 척 베리처럼 오리걸음으로 걷기도 했다. 바닥에 드러누운 채로 노래를 부르고, 진 빈센트(혹은 코슈미더)처럼 다리를 절룩거리는 흉내까지 냈다. 폴은 그런 존의 기세를 이어받아서 마치 펜싱 시합을 하듯 왼손잡이 기타의 넥을 번쩍 들어 올렸다. 조지는 발을 구르며 박자를 맞췄다. 그날 밤, 비틀스는 어떤 선을 넘었다. 그들은 독일인의 요구에, 데리 앤 더 시니어스 같은 형식적인 무대 연출을 흉내 내는 대신 자신들만의 방식으로 응답했다. 비틀스는 무대 연출을 하기 시작했지만, 그 방식은 정석과는 거리가 멀었다. 존은 말했다. "그때부터 우리는 줄곧 '쇼'를 했죠."[2]

그들은 정말 열심히 했다. 비록 리버풀의 관객은 시끄럽긴 해도, 적어도 밴드를 보러 온 십 대들이었다. 하지만 함부르크에서 비틀스가 마주한 관객들은 그 자리에 있고 싶은 마음이 있는지도 불분명했고, 굳이 집중해야 할 이유도 없는 사람들이었다. 그 속에서 비틀스는 사람들을 붙잡아 두고 맥주를 사게 만드는 음악은 어떤 것인지, 박수를 이끌어 내는 방법은 무엇인지, 사람들을 춤추게 하려면 무엇이 필요한지, 지루해하는 기색은 어떻게 알아차릴 수 있는지, 관객이 너무 피곤하거나 취해서 집중하지 못할 때는 어떻게 대응해야 하는지 배워 나갔다. 일단 손님들이 클럽 안으로 들어오면, 비틀스는 적극적으로 그들을 공연에 끌어들였다.

관객과 무대 사이의 경계를 허무는 것은 곧 그들의 공연을 특징짓는 요소가 되었다. 비틀스는 관객에게 듣고 싶은 곡을 묻고, 단골들과는 농담을 주고받았으며, 손님들을 장난스럽게 놀리거나 공연 내내 익살을 부렸다. 그들의 공연을 지켜본 한 뮤지션은 이렇게 회상했다. "다른 밴드들은 '감사합니다. 다음 곡은⋯.'이라고 말했지만, 비틀스는 무대 위에서 농담을 주고받았죠."[3]

가끔 존과 폴이 하나의 마이크를 사이에 두고 마주 서서 노래할 때면, 왼손잡이인 폴의 기타와 오른손잡이인 존의 기타가 서로를 비추는 거울처럼 완벽한 대칭을 이루었다. 카이저켈러의 단골이었던 이케 브라운은 이렇게 말했다. "관객들은 무대를 옆에서 봤는데, 두 사람이 만들어 내는 근사한 대칭이 눈에 확 들어왔어요.[4] 그들의 음악하고도 어울렸죠."

리버풀에서는 대개 한 번에 20분 정도로 짧게 공연했지만, 이제는 한 번에 몇 시간씩 연주해야 했다. 당시에도 레퍼토리가 부족한 편은 아니었지만, 워낙 긴 시간을 채워야 했기에 하나의 곡을 20분, 심지어 한 시간 가까이 늘려 연주하는 경우도 있었다.

이때 특히 자주 불렀던 곡은 폴이 노래하는 〈What'd I Say〉였다. 레이 찰스Ray Charles의 곡으로, 한 사람이 부르면 다른 사람이 응답하듯 따라 부르는 콜 앤 리스폰스Call-and-Response 형식의 노래였다. 비틀스는 이 곡을 매일 밤, 매번 다른 버전으로 연주했다.

가사를 바꿔 부르기도 하고, 브리지에서는 전혀 예상치 못한 방향으로 곡을 전개하면서 곡을 이리저리 흔들고 밀고 당기며 무너지기 직전까지 몰아붙였다. 몇 주가 지나자 인드라는 담배 연기가 자욱한 가운데 춤을 추고 맥주를 마시는 손님들로 붐볐다.

비틀스는 낯선 땅 한가운데서도 자신들만의 세계를 만들었다. 존과 폴은 이미 고향에서도 노래, 라디오 코미디, 말장난이 가득한 엉뚱한 시, 아이들끼리 쓰는 장난스러운 속어 등을 끌어와 자신들만의 작은 문화를 만들어 낸 상태였다. 그들은 말이 거의 통하지 않는 낯선 도시에서 자기들끼리만 알아들을 수 있는 언어를 만들었다. 온갖 속뜻과 농담이 얽힌 그 언어를 가장 자유자재로 구사한 건 단연 존과 폴이었다. 그들은 자신들을 예술가라 여겼고, 모든 경험을 빠짐없이 흡수했다. 훗날 폴은 이렇게 말했다. "나는 셰익스피어, 딜런 토마스, 존 스타인벡 같은 작가들의 작품을 읽었다.[5] 그래서 우리는 함부르크에서 겪은 일들을 다른 밴드들처럼 단순히 클럽 무대에 오른 경험으로만 받아들이지 않았다."

다섯 명의 비틀스는 형편없는 숙소에서 함께 지냈다. 그곳은 밤비 키노Bambi Kino라는 낡은 영화관 뒤편에 자리한 어두컴컴한 창고였다. 폴의 회고에 따르면 "난방도 없었고, 벽지는커녕 페인트 자국도 없었어요.[6] 이층 침대가 두 개 있었는데, 작은 야전 침대 같았죠. 이불도 얼마 없었고요." 벽 너머로는 독일 영화의 대사가 시끄럽게 울려 퍼졌고, 바로 옆은 영화관 관객들과 함께 써야 하는 공용 화장실이었다. 존, 스튜어트, 조지가 방 하나를 썼고, 폴과 피트는 그 옆의 더 작은 방을 함께 썼다. 열악한 환경 속에서 지내는 동안 그들 사이에는 투박하지만 끈끈한 유대가 자연스레 생겨났다. 그들은 밤새 함께 무대에 올랐고, 공연이 끝나면 지하감옥 같은 방으로 돌아와 그대로 뻗었다. 여자들과 함께일 때도 있었다. 해가 떠 있을 때 잠깐 눈을 붙이고, 공연을 위해 다시 클럽으로 돌아갔다. 쉬는 날 밤이면 함께 술을 마시러 가거나, 스트립 클럽이나 사창가에 들러 성적인 일탈도 함께 경험했다. 그들은 서로의 삶에 깊숙이 스며든 채 빠른 속도로 함께 성장했고, 마치 하나의 생명체처럼 완전히 융합되어 갔다. 하지만 피트 베스트는 멤버들과 어울리지 않고, 따로 시간을 보냈다. 그래서 늘 혼자 겉도는 것처럼 보였지만, 가만히 생각해 보면 오히려 그가 괴짜들 사이에 둘러싸인 유일한 정상인이었던 셈이다.

10월, 코슈미더는 비틀스를 자신이 신경 써서 돌보는 카이저켈러로 옮겼다. 이제 그들은 로리 스톰 앤 더 허리케인스와 무대를 함께 썼다. 대형 리조트 버틀린스에서 한 시즌 동안 상주 공연을 한 경력이 있는 허리케인스는 그런 점에서 록 밴드 서열상 비틀스보다 한참 위였다. 그들은 정장을 차려입고 세련된 퍼포먼스를 능숙하게 선보였다. 비틀스는 그들의 프로다운 태도는 인정했지만, 실력 면에서는 높이 평가하지 않았다. 조지는 집으로 보낸 편지에서 그들을 '가식적'이라고 표현했다.[7] 그의 눈에 그 밴드에서 진짜 실력이 괜찮아 보이는 사람은 드러머 링고 스타뿐이었다.★ 이제 비틀스는 허리케인스와 직접적으로 경쟁하는 입장이 되었고, 점점 더 그들과는 다른 방향으로 자신들의 색을 드러내기 시작했다. 허리케인스가 매끄럽고 정돈될수

★ 당시 허리케인스의 라이브와 집에서 녹음한 데모가 한 시간 분량 정도 남아 있는데, 이를 들으면 조지 해리슨이 왜 그런 말을 했는지 알 수 있다. 미국 팝을 깔끔하게 따라 하긴 했지만, 그 안에 자신들만의 색은 거의 담기지 않았다.

록, 비틀스는 더 무질서하고 거침없는 쪽으로 나아갔다.

레넌이 가장 거칠었다. 그는 천박하게도 '불구자' 흉내라는 저속한 퍼포먼스를 무대에서 선보이곤 했다(십 대 시절부터 그는 신체적 장애나 기형에 대해 묘한 집착을 보였고, 그가 그린 그림 속 인물들은 종종 기괴할 정도로 길쭉한 목을 가졌거나 머리가 두 개인 경우가 많았다).[8] 관객의 반응이 없을 때면 그는 이렇게 소리 지르기도 했다. "꺼져, 이 빌어먹을 독일 놈들아.[9] 무식한 독일 새끼들 같으니." 그가 거칠게 행동한 이유는 관객의 반응을 끌어내기 위해서였지만, 멤버들을 즐겁게 하거나 놀라게 만들어서 겁주려는 의도도 있었다. 어차피 그의 말을 제대로 알아들을 수 있는 사람은 대개 그들뿐이었기 때문이다. 관객 중 누군가가 도발에 넘어가 반응을 보이면, 레넌은 클럽의 곤봉 든 가드들을 시켜 위협을 막았다. 학창 시절에 그랬듯, 그는 일부러 몸싸움을 유도하면서도 자신은 어떻게든 빠져나갈 방법을 찾아냈다. 하지만 술이 들어가면 곧장 무슨 일이든 저지를 것처럼 보였다.

카이저켈러에서의 공연은 보통 9시간에서 12시간까지 이어졌고, 비틀스와 허리케인스는 1시간 또는 90분 간격으로 번갈아 무대에 올랐다. 비틀스는 무료로 제공되는 맥주와 프레루딘('프렐리'라고 불렀다)을 에너지 삼아 버텼다. 프레루딘은 장크트파울리 지역의 뮤지션들 사이에 널리 퍼졌던 암페타민의 일종이었다. 카이저켈러는 늘 사람들로 북적였고, 환기도 되지 않았으며, 광란의 도가니였다. 허리케인스의 한 멤버는 그 분위기를 이렇게 회상했다.

클럽 전체가 흔들렸어요….[10] 사람들이 가득 들어찬 하나의 덩어리 같았죠. 연기 때문에 앞도 잘 안 보였고요. 댄스 플로어나 좌석에서는 싸움이 벌어지기 일쑤였고, 커다란 맥주잔들이 사방으로 날아다녔어요. 바닥에 선원이 쓰러져 있으면, 클럽 가드들이 달려들어 발로 걷어차는 모습도 볼 수 있었죠.

장크트파울리의 클럽들은 무시무시한 평판을 가진 갱단들이 운영하고 드나드는 곳이었다. 그들이 술을 사 주면 마셔야 했고, 노래를 요청하면 연주해야 했다. 비틀스는 속으로는 라이벌 밴드와 코슈미더, 그리고 보통의 독일인들에게 반감을 품어도 겉으로는 잘 지냈다. 살아남으려면 영리하게 처신해야 했기 때문이다. 비틀스는 아이 같은 장난기와 유쾌한 분위기를 잃지 않았다. 독일인들은 어느새 그런 분위기에 휘말려 들곤 했다. 어느 날, 비틀스가 길거리에서 말타기 놀이를 시작하자 이 장난은 곧 독일인들이 뒤에 줄줄이 서서 말타기에 동참하는 진풍경으로 이어졌다.[11] 경찰이 차들을 멈춰 세우고 교통 정리까지 해 줬다. 또 다른 날에는 관객들과 함께 딸기를 던지는 장난을 벌이기도 했다.[12]

존, 폴, 조지는 모두 연주와 가창 실력을 키우기 위해 애썼다. 스튜어트 섯클리프는 예술에 대한 야망은 있었지만, 자기 발전에 대한 열의는 부족했고, 결국 그것이 문제가 되었다(피트도 비슷했지만, 비틀스는 유능한 드러머는 무슨 일이 있어도 붙잡아 두는 게 상책이라는 사실을 이미 깨우친 상태였다). 다른 멤버들이 연주 기법을 발전시키고 음악적 표현의 폭을 넓혀갈수록, 스튜어트의 부족한 실력은 점점 더 두드러졌다. 자기 발전은 물론 밴드 전체의 완성도를 누구보다 중요하게 여긴 폴은 그 점을 끈질기게 꼬집었다. 만약 리버풀에 있었다면, 스튜어트의 이질감은 단순한 불화로만 이어졌을 것이다. 하지만 함부르크에서는 그 갈등이 예상치 못한 방향으로 전환되었다. 비틀스가 카이저켈러에서 공연을 시작한 지 얼마 지나지 않아, 클라우스 부어만Klaus Voormann이라는 젊은 그래픽 아티스트가 우연히 그곳을 찾았다. 무대 위에서 가죽 재킷을 입고 떠들썩하게 공연하는 영국 청년들에게 매료된 클라우스 부어만은 다음 날 밤, 사진작가의 조수로 일하던 여자친구 아스트리드 키어쉬헤어Astrid Kirchherr와 친구 위르겐 볼머Jürgen Vollmer를 데리고 다시 클럽을 찾았다. 부어만, 키어쉬헤어, 볼머는 곧 카이저켈러의 단골이 되었다. 그들은 선원들과 갱단으로 가득한 손님들 사이에서 단연 돋보였다. 카이저켈러의 손님들 대부분은 서로 이야기하느라 공연에는 별로 집중하지 않았지만, 이 세 사람은 무대와 가까운 테이블에 앉아 비틀스를 유심히 지켜보았다. 어느 날 밤, 휴식 시간에 부어만이 자신이 디자인한 음반 재킷을 레넌에게 보여 주며 말을 걸었다. 레넌은 그를 '화가 멤버'인 섯클리프에게 데려갔다.[13] 섯클리프는 이 독일인들에게 매료되었다. 함부르크의 미술대학에서 만난 이 세 사람은 스스로를 드러내는 데 주저함이 없는 지식인이었고, 경직된 전후 독일 사회에 조용히 저항했다. 영화, 소설, 패션, 철학 등 모든 문화적 기준점은 프랑스에 있었다. 스물두 살의 스튜어트는 자신보다 두 살가량 많았던 아스트리드와 사랑에 빠졌다. 불과 몇 주 만에 아스트리드는 부어만과 원만하게 이별하고, 스튜어트와 교제를 시작했다.

레넌은 그들이 사르트르나 콕토 같은 실존주의 지식인들과 통하는 감수성을 지녔다고 여겨, 그들을 '엑시스Exis'라고 불렀다. 그들은 로큰롤보다는 재즈를 즐겨 듣는 편이었지만, 결국 비틀스가 쏟아 내는 거칠고도 강렬한 사운드에 마음을 빼앗기고 말았다. 그때도, 그리고 이후에도 비틀스에게 빠져든 사람들이 그러했듯이 비틀스라는 존재가 음악만큼이나 그들을 사로잡았다. 아스트리드는 이렇게 말했다. "그들은 정말로 멋졌어요.¹⁴ 단 몇 분 사이에 제 인생이 바뀌었죠. 그들과 함께 있고, 친해지고 싶다는 생각뿐이었어요." 우리가 아는 한, 더 허리케인스를 두고 이런 말을 한 사람은 아무도 없다. 비틀스 역시 엑시스에게 강하게 끌렸다. 특히 아스트리드는 강한 인상을 남겼다. 검은 옷을 입고, 금발을 소년처럼 짧게 자른 그녀는 서툰 영어로도 예술과 디자인에 대한 확고한 의견을 거침없이 표현했다.

무엇보다 중요한 것은, 아스트리드가 비틀스를 그저 기타를 들고 노는 아이들이 아니라 진지한 예술가로 바라보았다는 점이다. 만난 지 오래되지 않아, 그녀는 비틀스에게 버려진 놀이공원에서의 사진 촬영을 제안했다. 아스트리드는 비틀스를 연예계 특유의 화려한 이미지로 포장하는 대신, 사색에 잠긴 거칠고 반항적인 젊은이들로 담아냈다. 화려한 분위기가 모두 사라진 곳에 덩그러니 남아서 폐쇄된 축제 부스와 멈춰 선 놀이기구 사이에 비틀스 멤버들을 세웠다. 장난을 좋아하던 젊은 청년들은 카메라를 향해 진지한 눈빛을 보냈다. 무대 위에서 〈What'd I Say〉를 내지를 때, 비틀스는 회전하며 폭주하는 놀이기구 같았다. 하지만 아스트리드는 그 모습이 전부가 아니라는 걸 알아보았다.

4

WILL YOU LOVE ME TOMORROW

WILL YOU LOVE ME TOMORROW

11월, 카이저켈러와의 계약 기간이 끝나갈 무렵, 브루노 코슈미더의 경쟁자였던 피터 에크호른Peter Eckhorn이 비틀스에게 더 나은 조건을 제시하며 자신의 클럽에서 연주해 달라고 제안했다. 이 얘기를 들은 코슈미더는 격분했고, 그 계약을 방해하는 데 그치지 않고 방화 혐의를 조작해 매카트니와 베스트가 체포되어 추방당하게 만들었다(어차피 그들은 취업 허가 없이 불법으로 일하는 상태였다). 해리슨 역시 고향으로 돌아갔다(열일곱 살이었던 그는 함부르크의 클럽에서 일하기에는 너무 어렸고, 11월 초부터는 통금 시간인 밤 10시까지만 연주할 수 있었다). 그로부터 일주일 뒤, 레넌은 멤버도 수입원도 모두 잃은 채, 외롭고 비참한 심정으로 리버풀로 돌아왔다. 섯클리프는 아스트리드와 함께 함부르크에 남았다.

인생에서 가장 즐거웠던 시기가 이렇게 굴욕적으로 끝난 데에 커다란 실망을 느낀 존은 한동안 폴을 비롯한 다른 멤버들과의 연락을 끊었다. 멤버들은 존이 리버풀에 돌아왔는지조차 정확히 알지 못했다. 비틀스는 그냥 그렇게 해체할 수도 있었다.

폴은 크리스마스 연휴 동안 소포 배달 트럭의 보조 인부로 아르바이트를 시작했다. 다시 뭉칠 계기를 만들어 준 건 앨런 윌리엄스의 지인이던 밥 울러[Bob Wooler]였다. 서른다섯 살의 울러는 무도회장에서 활동하던 DJ이자 사회자였다. 자카란다 카페에서 풀이 죽어 있던 레넌과 이야기를 나눈 울러는 몇 건의 공연을 주선해 주었고, 리버풀 북부에 있는 리더랜드 타운 홀 공연에도 세 팀과 함께 비틀스를 끼워 넣었다. 비틀스는 다시 연습을 시작했고, 스튜어트가 없는 동안 베이스를 맡을 임시 연주자를 구했다.

리더랜드 타운 홀 공연은 1960년 12월 27일에 열렸다. 관객 대부분은 같은 리버풀 출신이라 해도 반대편에서 온 비틀스에 대해 들어본 적이 없었다. 게다가 울러가 비틀스를 함부르크에서 막 돌아온 밴드라고 소개하는 바람에 이름도 낯선 이 밴드를 독일 출신이라고 오해한 이들도 많았다. 만약 그들을 기억하는 사람이 있다면, 무대에서 특별히 뭔가를 보여 주려는 의지도 없고 드러머 없이 연주하던 엉성한 밴드였다고 했을 것이다.

울러 역시 비틀스의 연주를 제대로 본 적은 거의 없었다. 그럼에도 사람 자체는 흥미로웠다고 말했다. "이들이 분명 특별하고 중요한 인물들이 될 거라는 내 직감을 믿었을 뿐이다."[1] 그의 예감은 적중했다. 막이 오르고 폴 매카트니가 〈Long Tall Sally〉의 도입부를 힘껏 내지르자, 도시 전체가 뒤흔들렸다. 누구도 그런 밴드를 본 적이 없었다. 비틀스는 얌전한 팝송을 연주하지 않았다. 그들은 강하고, 빠르고, 직설적인 로큰롤을 연주했다. 두 명의 리드 보컬은 때때로 세 번째 멤버와 함께 마이크 하나를 두고 포효하고 절규했으며, 동시에 달콤한 발라드와 울림 가득한 화음도 들려주었다. 외모부터 여느 밴드와는 달랐다. 검은 가죽 재킷에 카우보이 부츠를 신고 무대 위에서 박자에 맞춰 발을 쿵쿵 굴렀다. 안무 대신 익살스럽고 유쾌하게 장난을 쳤다. 독일 밴드도 아니었다. 리버풀 특유의 억양으로 농담을 던졌고, 거침 없고 활달했다. 레넌이 마이크 앞으로 나가 "팬티 내려!"[2]라고 외치 자, 객석은 환호로 들썩였다. 비틀스는 마지막 곡 〈What'd I Say〉를 무려 30분간 신나게 이어 가며 공연을 마무리했다.

비틀스는 원래 앨런 윌리엄스가 괜찮은 밴드들을 수소문했지만 아무도 시간이 나지 않아, 궁여지책으로 보낸 밴드였다. 그런데 도대 체 무슨 일이 있었던 걸까? 단순히 연습을 많이 한 결과만은 아니었 다. 리버풀 출신 록 밴드의 기타리스트 크리스 휴스턴^{Chris Huston}은 이 렇게 회상했다. "함부르크에 다녀왔다고 다들 저렇게 변하진 않았다.[3] 독일에서 돌아온 비틀스는 우리가 모르는 뭔가를 알게 된 것 같았다. 그들에게는 오만함이 있었다."

비틀스 연구가 마크 루이슨^{Mark Lewisohn}은 로리 스톰 앤 더 허리케인 스가 함부르크에서 돌아왔을 때는 오히려 일자리를 구하지 못해 실 업 수당을 받았다고 지적했다(그들의 드러머였던 링고 스타는 한때 미용사 가 될까 고민하기도 했다). 독일에서 달라진 모습으로 돌아온 밴드는 비 틀스뿐이었다. 리더랜드 타운 홀 공연 이후, 거의 무명에 가까웠던 비 틀스는 단숨에 리버풀 비트 그룹의 중심으로 떠올랐다.

그들이 자리를 비운 사이, 리버풀에 기타 그룹들이 우후죽순처럼 생겼다. 대부분 클리프 리처드와 섀도스^{The Shadows}를 모델 삼아 똑같은 정장을 맞춰 입고 정해진 루틴에 따라 무대를 선보였다. 그런데 비틀 스는 완전히 다른 세계에서 온 듯했다. 한 관객은 이렇게 기억했다. 리버풀의 밴드들이 '예의 바르고 질서 정연하게' 공연했다면, 비틀스 는 '관객을 덮쳤다'고.[4] 리키 앤 더 레드스트릭스^{Rikki and the Redstreaks}의 기타리스트는 이렇게 회상했다. "우리가 조심조심 다가갔다면, 비틀스는 그냥 정면으로 덮쳤다." 공연장에서 무대 위 밴드에 별다른 관심을 두지 않던 관객들마저 비틀스가 등장하면 시선을 빼앗겼다.[5] "홀 안에 있던 모든 사람이 멈춰 서더니 무대 앞으로 몰려들었다.[6] 다들 입을 벌린 채 서 있었다." 그 열광이 술에 취한 남자들에겐 어딘가 위협적으로 느껴져서 종종 폭력 사태로 번지기도 했다. 레넌은 그런 자극을 즐겼다. 그는 관객석에 있는 여자들을 향해 연극처럼 과장된 윙크를 날렸고, 상황을 진정시키는 역할은 늘 매카트니의 몫이었다. 이미 그런 구도로 굳어진 관계였다. 존은 늘 아슬아슬할 때까지 상황을 밀어붙였고, 그럴 때마다 폴이 나서서 그를 붙잡아 되돌려 놓았다.

비틀스가 가진 음악관의 중심은 여전히 로큰롤이었지만, 그들은 척 베리나 리틀 리처드 같은 옛날 곡들만 연주하는 밴드에 만족하지 않았다. 그들만의 것으로 만들 수 있는 노래를 찾아서 온갖 장르를 샅샅이 뒤졌다. 컨트리 앤 웨스턴Country and Western, 리듬 앤 블루스Rhythm and Blues, R&B, 기악곡, 발라드까지. 가능한 한 아무도 모를 법한 희귀한 곡을 찾아내려 했다. 그중에는 화이트채플에 있는 NEMSNorth End Music Stores 매장에서 발견한 싱글 음반의 뒷면에 수록한 곡들과 희귀 음반들도 있었다. 그들은 어떤 노래든 한두 번만 들으면 단순히 기억하는 데 그치지 않았다. 곡을 삼켜서 완전히 소화한 뒤, 자신들의 피와 살로 만들었다. 일단 비틀스가 연주하면 그 노래는 비틀스의 노래가 되었다. 그들은 훔치되, 결코 그대로 베끼지 않았다. 남들과 다르다는 건 하나의 마케팅 전략이기도 했지만, 끝없는 음악적 호기심의 발현에 가까웠다.

남들과 달라야 한다는 그들의 태도가 너무도 당연했던 만큼, 그다음으로 자연스럽게 이어진 단계는 자작곡 연주였을 것이다. 하지만 존과 폴은 이미 레넌-매카트니 명의의 공동 자작곡을 수십 곡이나 써 두고 있었음에도, 공연에서 그 노래들을 부르는 일은 거의 없었다. 마크 루이슨은 "1961년 당시, (그들이 곡을 쓰고 있다는 사실을) 아는 사람은 주변에 아무도 없었다."[7]라고 썼다.

아마도 자신들의 곡이 아직 그만큼 훌륭하지 않다고 느꼈을지도 모른다. 하지만 그중 몇몇은 나중에 공연 레퍼토리에 들어가거나, 다른 밴드의 히트곡이 되었다. 좀 더 그럴듯한 이유를 생각하자면, 당시 그들에게 공동 작곡은 밴드 활동과는 별개의 일이었을 수도 있다. 공동 작곡은 사적인 일이자 둘만의 교류였고, 밴드 활동은 대중 앞에 서는 일이었다. 아주 가끔 〈One After 909〉 같은 레넌-매카트니 자작곡을 연주할 때조차 자작곡이라는 말은 하지 않았다. 공동 작곡은 아직 둘만의 비밀이었다.

비틀스는 함부르크 활동을 마친 뒤 거의 해체 직전까지 갔다. 그리고 또다시 해체 위기에 놓이는데, 이번에는 그들의 활동 내내 반복적으로 불거졌던 내부 갈등 때문이었다. 1961년 초, 폴은 매시 앤 코긴스라는 공장에서 수습 전기공으로 풀타임 근무를 시작했다. 아버지는 폴이 비틀스에만 의존하지 말고, 제대로 된 직업을 가져야 한다고 거듭 강조했다. 폴은 새 직장에서 성실히 일했고, 관리자 짐 길비Jim Gilvey의 신임도 얻었다(길비는 훗날 "아주 예의 바른 청년이었어요."[8]라고 회상했다). 폴은 동료들과도 잘 어울렸고, 그가 밴드에서 노래한다는 사실을 알게 된 이들은 그를 '만토바니(1905~1980, 이탈리아 태생의 영국인 지휘자 겸 작곡가—역주)'라고 불렀다.

훗날 매카트니의 회고에 따르면, 그때 그는 아버지의 말이 옳을지도 모른다고 생각했다. "다시 밴드 활동을 시작하긴 했지만, 전처럼 전념하고 싶은지 확신이 없었어요."[9] 이 얘기를 들은 존은 몹시 화를 냈다. 밴드 활동이 이제 막 탄력을 받기 시작했는데도 음악에 전념하지 않겠다는 폴의 태도를 도저히 납득할 수 없었기 때문이다. 훗날 존은 이렇게 말했다. "폴은 항상 아버지의 말에 굴복했다.[10] 아버지가 취직하라고 하니까 그 자식은 '안정적인 직업이 필요해!'라며 밴드를 내팽개쳤다. 정말 믿을 수 없었다."

어쩌면 폴은 정말로 아버지를 기쁘게 만들고 싶었는지도 모른다. 하지만 동시에 존으로부터 독립하고 싶었던 마음도 있었을 것이다. 그가 진지하게 전기공을 직업으로 삼으려 했다는 건 좀처럼 믿기 어려운 일이다. 훗날 폴은 전기공 일을 그만두기로 한 결정에 대해 이렇게 말했다. "난 원래부터 상사란 존재가 싫었어요."[11] 이 말은 매카트니의 가장 두드러지는 성향을 드러낸다. 누구에게든 이래라저래라 지시받는 일을 극도로 꺼리는 성격 말이다. 폴은 이 취직 사건을 존과의 암묵적인 주도권 싸움에서 일종의 협상 카드처럼 활용했다. 그는 존이 자신을 동등한 존재로, 가장 가까운 파트너로, 결코 없어서는 안 될 사람으로 인정해 주길 바랐다. 자신이 밴드에 전념하길 바란다면, 존 역시 그에 대한 진심을 보여야 한다고 느낀 것이다.

전환점은 비틀스가 도심 한복판에 자리한 캐번Cavern 클럽에서 공연 기회를 얻으면서 찾아왔다. 이전에 재즈 클럽이었던 이곳은 새 주인 레이 맥폴Ray McFall이 인수한 뒤 밥 울러를 섭외 담당자로 고용했고,

Tonight with words unspoken

울러는 점심 공연에 비틀스를 추천했다. 캐번 클럽은 그동안 비틀스가 올랐던 무대들보다 한층 격이 높은 공연장이었다. 업무 지구 한가운데, 지하에 자리 잡고 있었으며, 맥폴은 세련된 분위기를 지향했다. 음주는 금지였고, 청바지 착용도 허용하지 않았다. 점심시간에 공연을 보러 오는 관객은 비서, 매장 직원, 사무 보조원, 정장을 입은 젊은이들, 말쑥하게 차려입은 여성들이었다. 맥폴은 손님들이 공연을 보며 1시간 이상 머물 수 있도록 식사도 함께 제공했다.

밴드 멤버 대부분은 낮에는 본업이 있었기 때문에 점심시간에 공연이 가능한 팀은 극히 적었다. 비틀스는 그런 제약에서 비교적 자유로웠다. 단, 폴만은 예외였다. 1961년 2월 9일, 공연이 잡힌 날 아침에 존과 조지는 직접 매시 앤 코긴스 공장으로 찾아가 폴을 설득했다. 폴은 마지못해 따르는 척하다가 슬쩍 공장을 빠져나와 그들과 함께했다. 너저분한 청바지 차림으로 클럽에 나타난 비틀스를 보고 맥폴은 처음엔 걱정스러웠지만, 그들이 연주를 시작하자 곧바로 빠져들었다. 그의 회고는 세 멤버 모두 각기 뚜렷한 존재감과 재능을 지녔다는 사실을 잘 보여 준다. "먼저 존이 연주를 시작했고, 그다음은 폴, 그리고 조지로 이어졌어요.[12] 그렇게 번갈아 가며 노래했죠. 때로는 두 명이 함께 부르기도 했고요. 폴과 조지, 혹은 존과 폴이 함께요. 음악의 완성도에 정말 깜짝 놀랐습니다."

하지만 폴의 밴드 활동 여부는 여전히 불확실한 상태였다. 이 문제는 맥폴이 비틀스를 점심 공연에 다시 섭외하면서 결정적인 국면을 맞이했다. 친구 닐 아스피날Neil Aspinall의 말에 따르면, 이번에는 존이 폴에게 최후통첩을 날렸다. "존이 전화로 폴에게 말했어요.[13] '오늘 안 나오면, 너는 더 이상 우리 밴드 멤버가 아니야.'라고요." 매카트니는 소극적으로 버티다가 결국 막판에 나타났다. 존은 이 사건을 일종의 개인적인 승리로 기억했다. "그때 폴은 나와 아버지 사이에서 둘 중 하나를 선택해야 했고, 결국 나를 선택했다.[14] 주목할 만한 점은, 존이 공연에 나타난 폴의 결정을 아버지와의 갈등으로—폴 자신은 그렇게 말한 적이 없음에도—해석했다는 것이다. 다시 말해, 폴이 비틀스나 로큰롤을 선택한 게 아니라, '존'을 선택한 것처럼 받아들였다는 점이다. 마치 존은 폴에게 자기와 함께 '고아'가 되자고 속삭였던 것처럼 보인다.

폴은 아버지와의 관계를 끊지 않은 채 공장 일을 그만뒀다. 밴드의 중심축인 두 사람의 관계가 다시 제자리를 찾자, 비틀스의 실력은 더욱 좋아졌고, 점점 더 바빠졌다. 캐번 클럽은 비틀스의 단골 공연장이 되었다. 처음에는 객석이 듬성듬성 비어 있었지만, 몇 주 만에 관객들로 가득 찼다. 이곳에서는 언어의 장벽이 없었기에 함부르크 때보다 훨씬 더 자연스럽게 관객과 교감하며 무대를 이끌 수 있었다. 캐번 클럽에는 제대로 된 백스테이지가 없었고, 무대는 낮고 공간은 비좁았다. 설령 딴사람인 척하고 싶었더라도 비틀스는 그런 가식을 부릴 수 있는 밴드가 아니었다. 그들은 오히려 관객을 자신들만의 기묘한 세계로 끌어들였다.

폴과 존은 유쾌하게 농담을 주고받으며 분위기를 이끌었고, 조지는 한 번씩 특유의 무덤덤한 유머를 던져 웃음을 자아냈다. 존은 선천적으로 다리를 저는 사람처럼 우스꽝스럽게 걸었고, 관객을 무대로 불러 한 곡 부르게 만들기도 했다. 지하 공간이라는 특성은 현실에서 벗어난 은신처 같은 느낌을 더했고, 점심시간이라는 시간대 역시 그런 분위기를 형성하는 데 기여했다. 평일 대낮에 비틀스 공연을 보러

간다는 것은, 현실을 잠시 벗어나 백일몽에 발을 들이는 일처럼 느껴졌을 것이다.

비틀스는 계속해서 음악적 영역을 넓혀 나갔다. 1961년 초, 폴이 직장에 다니는 동안에는 존이 새로운 음악을 발굴하는 역할을 맡았고(이 역할은 훗날 바뀐다), 그의 음악 취향은 성격만큼이나 복잡하고 다면적이었다. 이 무렵 비틀스는 모타운Motown과 여성 그룹의 음악에 강한 영향을 받기 시작했다. 이 새로운 미국 흑인음악들은, 비틀스가 음악에 더 폭넓은 감정을 담는 법을 배우는 데 중요한 역할을 했다.

훗날 '소울'로 불리는 리듬 앤 블루스라는 장르의 등장은 미국의 음악 산업 구조 변화에서 비롯되었다. 처음으로 흑인 아티스트, 흑인 프로듀서, 흑인 사업가 들이 백인 십 대 청소년들을 직접 겨냥하기 시작한 것이다. 팝은 이미 확고한 대중 시장으로 자리 잡았고, 그들은 그 시장을 충분히 공략할 수 있다는 자신감을 갖고 있었다.

디트로이트에 기반을 둔 베리 고디Berry Gordy의 음반사 모타운은 그 흐름을 선도했다. 고디는 1957년, 회사의 핵심 아티스트이자 사업 파트너였던 윌리엄 '스모키' 로빈슨William 'Smokey' Robinson을 처음 만났다. 당시 열일곱 살이었던 로빈슨은 두왑 그룹의 가수였고, 공교롭게도 그해는 존이 폴을 처음 만난 해이기도 했다. 비틀스, 특히 존은 스모키 로빈슨이라는 이름을 알기 전부터 그의 그룹 미라클스The Miracles를 사랑했다.

⟨Who's Lovin' You⟩에서는 천상의 목소리가 절묘한 타이밍에 갈라지며, 우아한 팝송이 취한 듯한 탄식으로 바뀌었다. R&B 리듬은 유려하게 흐르며 사람을 홀리는 매력이 있었고, 화성은 정교하게 구성되었으며, 가사에는 세련되고 지적인 감각이 넘쳤다. 당시 비틀스

가 감히 도달할 수 없는 노래와 연주의 세계였다. 그럼에도 그들은 모타운의 노래들을 레퍼토리에 넣기 시작했고, 존은 스모키의 목소리에 담긴 섬세한 감정 표현을 따라잡으려 애썼다.

비틀스가 왜 쿠키스The Cookies, 셔를스The Shirelles, 로네츠The Ronettes 같은 그룹의 음악에 끌렸는지는 쉽게 이해할 수 있다. 이들은 단순히 솔로 가수와 반주 밴드의 조합이 아니라, 진정한 의미의 '그룹'이었다. 여러 목소리가 어우러져 만들어 내는 사운드가 음악의 핵심이었고, 이제 그 요소는 비틀스의 음악에서도 핵심이 되었다. 존과 폴은 에벌리 브라더스The Everly Brothers의 밀착된 하모니에서 큰 영향을 받았지만, 조지를 포함한 삼중창 구성이라든가, 주요 멜로디를 받쳐 주는 '아~' '우~' 같은 음가 사용 방식은 두왑과 여성 그룹들에게서 더 많은 영향을 받은 것이었다. 이들 여성 그룹의 보컬은 항상 '전문가'라고 할 수는 없었지만, 오히려 그 점 덕분에 노래가 더 진솔하고 감동적으로 다가왔다.

레넌은 그들을 보면서 목소리를 억누르지 않고 마음껏 내지르며 자신의 내면을 숨기지 않고 드러낼 수 있었다. 스모키처럼 부드럽고 유려하게 노래할 수는 없었지만, 레넌은 챈텔스The Chantels의 리드 싱어, 열여섯 살의 아를린 스미스Arlene Smith가 인기 싱글 〈Maybe〉에서 불러낸 주술처럼 강렬한 청춘의 에너지는 흉내 낼 수 있었다.

여성 그룹들의 노래는 뉴욕의 틴 팬 앨리Tin Pan Alley(뉴욕의 지명으로, 20세기 초에 음악 출판업자들과 작곡가들이 몰려 있었던 지역이자 그들을 지칭하는 표현―역주)에 자리 잡은 새로운 세대의 팝송 작곡가들이 만든 것이었다. 이들은 미국에서 가장 빠르게 성장하던 음반 소비층, 즉 십대 소녀들의 마음을 정조준하는 유도탄 같은 곡들을 써냈다. 그 음악은 갈망과 상처, 치열한 감정선으로 가득했다. 레넌이 본능적으로 끌릴 수밖에 없는 감정이었던 질투도 주요한 주제로 다뤄졌다. 반항 역시 마찬가지였다.

비틀스가 처음으로 낸 두 장의 앨범에는 여성 그룹의 노래를 커버한 곡이 다섯 곡 실렸다. 이는 비틀스가 특정 장르나 아티스트보다도 여성 그룹에게서 가장 큰 영향을 받았다는 사실을 보여 준다. 무대에서는 훨씬 더 많은 여성 그룹의 곡들을 연주했으며, 그중 일부는 당시 사람들의 증언을 통해서만 전해진다. 영영 들을 수 없는 그 수많은 커버곡 가운데 단 하나를 들을 수 있다면, 내가 가장 듣고 싶은 곡은 셔를스의 〈Will You Love Me Tomorrow〉다. 레넌이 캐번 클럽에서 즐겨 부르던 곡이었다. 감정이 북받쳐 목이 메이고 갈라지는 목소리로 중간 부분―"오늘 밤, 말로는 다 하지 못한 마음을 안고(tonight with words unspoken…)"―을 불렀을 그의 모습을 상상해 본다.

캐번 클럽의 단골이었던 린디 네스는 이렇게 회상했다. "존은 늘 장난스럽게 굴었지만, 노래를 부를 때만큼은 언제나 전심전력을 다해 감정을 쏟아 냈어요."**15** 레넌은 〈Will You Love Me Tomorrow〉에 담긴 감정을 뼛속 깊이 이해하고 있었다. 사랑을 간절히 바라면서도 그 사랑이 계속 자신의 곁에 머물 거라고는 믿지 못하는 마음 말이다. 그는 스모키와 십 대 흑인 여성 가수들에게서 그런 감정을 느끼는 데 그치지 않고, 그것을 표현하고 전달하는 방법을 배웠다.

스튜어트 섯클리프는 1월에 영국으로 돌아와 다시 밴드에 합류했고, 아스트리드도 따라왔다. 두 사람은 몸에 착 붙는 검은 가죽 바지를 맞춰 입었고, 가끔은 서로의 옷을 바꿔 입기도 했다. 그 모습은 리버풀 거리에서 단연 눈에 띄는 이국적이고 낯선 풍경이었다. 비틀스의 다른 멤버들도 또래 남성들보다 머리를 길게 길렀고, 폴은 그 때문에 종종 공장 동료들에게 놀림을 받았다. 그들에게 스튜어트와 아스트리드의 존재는 조금 더 당당해질 수 있는 용기를 줬다.

비틀스는 영국에서 어느 정도 성공을 거뒀지만, 다시 함부르크로 돌아가고 싶어 안달하고 있었다. 존과 폴은 인생에 대해 이것저것 캐묻는 이모와 아버지의 간섭에서 벗어나, 또다시 모험을 떠나고 싶었다. 함부르크에 있을 때는 늘 붙어 다녔던 멤버들도 리버풀에 돌아온 뒤로는 바빠졌다. 레넌은 예술대학 동기인 신시아 포웰Cynthia Powell과 진지한 관계를 이어 갔고, 폴 역시 카스바에서 만난 도트 론Dot Rhone이라는 여자친구와 깊은 사이였다.

1960년, 도트가 자신의 아이를 임신했다는 사실을 들은 폴은 큰 충격을 받았다. 두 사람은 결혼을 결심했고, 이는 폴의 팝 가수 경력에 치명적인 영향을 줄 수도 있는 일이었다. 하지만 도트가 유산하면서 상황은 달라졌다. 함부르크 시절은 그 모든 것에 비해 훨씬 단순했다. 봄이 되자 반가운 소식이 전해졌다. 피터 에크호른이 매카트니와 베스트의 사면을 받아 낸 것이다. 마침내 해리슨도 열여덟 살이 되었다. 3월 말, 비틀스는 다시 독일로 건너가 톱 텐 클럽에서 공연을 시작했다.

5

BESAME MUCHO

BESAME MUCHO

이번 숙소는 톱 텐 클럽 위쪽의 다락방이었다. 여전히 열악하긴 했지만, 밤비 키노의 숙소보다는 훨씬 나은 환경이었다. 새 숙소는 가수 토니 셰리던$^{Tony Sheridan}$과 그의 여자친구가 함께 쓰는 공간이기도 했다. 셰리던은 함부르크에서 활동 중이던 영국 로큰롤 가수들 가운데 가장 잘나가는 인물이었다. 영국에서도 어느 정도 이름을 알린 가수였지만, 함께 일하기에 까다롭기로 악명이 높아 큰 성공을 거두지는 못했다. 그런 셰리던이 시끄럽고 제멋대로인 비틀스에게 호감을 느꼈다. 비틀스는 톱 텐 클럽에서 셰리던의 백업 밴드를 맡았고, 셰리던은 가끔 그들의 무대에 올라 함께 공연하기도 했다. 음악적 재능이 뛰어났던 그는 비틀스에게 블루스풍의 딸림7화음을 써 보라고 조언했고, 누구 앞에서도 기죽지 말라고 격려했다.

시간이 흐른 뒤, 비틀스는 톱 텐 클럽을 함부르크에서 가장 마음에 들었던 공연장으로 기억했다. 이곳은 카이저켈러보다 더 크고 세련됐으며, 음향 장비도 훨씬 나았다. 폴은 클럽에 놓여 있던 낡은 업라이트 피아노를 연주했고, 언제나 그랬듯 곧잘 다뤘다. 비틀스는 에크호른 아래에서 코슈미더와 일할 때보다 고된 일정을 소화해야 했다.

카이저켈러에서는 일주일에 하루는 쉴 수 있었지만, 톱 텐 클럽에서는 매일 공연이 이어졌고, 새벽 두 시나 네 시까지 연주해야 했다. 1시간마다 겨우 15분의 휴식만 주어졌다. 그들은 어느 때보다 약에 의존했다. 레넌의 말에 따르면, 그들은 공연 일정을 버티기 위해 각성제를 연달아 삼켰다. 겨우 2시간쯤 눈을 붙이고 나면 일어나서 또 한 알을 삼켰다. 다시 무대에 올라야 했기 때문이다. 성관계를 위한 시간도, 공간도 문제였다. 멤버 전원이 이층 침대가 놓인 방 하나에서 생활했기 때문이다. 해리슨은 자신의 첫 경험이 바로 그 방에서 이뤄졌다고 회상했다. 다른 멤버들이 자는 척하며 누워 있다가, 관계가 끝나자 박수를 쳐 줬다는 것이다. 자연스럽게 멤버들 사이의 유대는 점점 깊어졌다. 하지만 피트 베스트는 여전히 주로 혼자 지냈다. 스튜어트 역시 더 이상 중심 멤버는 아니었는데, 그 이유는 달랐다. 그는 이제 아스트리드와 약혼한 사이였고, 이번 함부르크 체류 기간 동안은 아스트리드 가족의 아늑한 집에 머물렀다. 스튜어트는 다시 진지하게 그림에 몰두했고, 함부르크 미술대학에서 영국의 저명한 화가 에두아르도 파올로치의 지도를 받았다. 한편 건강에도 문제가 있었는데, 극심한 두통이 유독 심했다.

섯클리프는 매카트니에게 끊임없이 놀림을 당하다가 결국 어느 날 밤에 공연 도중 폭발하고 말았다. 그는 폴을 피아노 의자에서 밀쳐 냈고, 두 사람은 무대 위에서 서로를 향해 주먹을 휘두르며 격렬한 몸싸움을 벌였다.[1] 그 광경을 독일 갱스터로 이루어진 관객들이 흥미롭게 지켜봤다. 이 사건 직후, 섯클리프와 나머지 비틀스 멤버들은 피할 수 없는 선택의 기로에 놓였고, 결국 결별하기로 했다. 훗날 매카트니가 그를 내쫓았다는 비난을 받기도 했지만, 실제로 섯클리프는 화가의 길에 더욱 뜻이 있었다. 아스트리드는 폴의 입장을 이렇게 설명했다.

내가 사람들에게 묻고 싶어요.[2] 당신이 밴드 멤버고, 정말 훌륭한 뮤지션이라고 생각해 봐요. 그런데 당신의 가장 친한 친구 중 한 명이 연습도 제대로 안 하고, 그냥 멋져 보이는 것, 로큰롤을 하는 것처럼 보이는 데만 만족하고 있다면, 당신이라면 어떻게 하겠어요? 내가 어떻게 할지는 알아요. 미쳐 버렸을 거예요…. 폴이 그렇게 오랫동안 스튜어트를 참아 주었다는 건, 나는 정말 용기 있는 일이라고 생각해요.

스튜어트는 폴이 자기 악기를 마련할 때까지 베이스를 빌려줬다. 폴은 결국 함부르크의 한 가게에서 바이올린 모양의 호프너 베이스를 구입했다.

폴은 처음엔 베이시스트가 된 것이 달갑지 않았다. 당시 베이스는 로큰롤 밴드에서 가장 멋없고, 재미없는 역할로 여겨졌기 때문이다. 대부분의 베이시스트들은 그냥 서서 마디마다 '둠, 둠' 하는 두 가지 음만 연주하곤 했다. 존과 조지는 애초에 자신들은 안 하겠다고 딱 잘라 말했다. 폴은 마지못해 그 역할을 떠맡았지만, 곧 흥미를 느꼈다. "베이스가 밴드 안에서 얼마나 힘이 센지 깨달았어요.[3] 밴드 전체가 A 코드로 흘러도, 베이스가 갑자기 E 코드를 넣으면 애들이 '야야, 그건 좀 봐줘!' 이러는 거예요. 그 순간엔 내가 흐름을 좌지우지하는 거죠. 정말 즐거운 기분이었어요."

그는 기타를 다룰 때처럼 베이스 역시 악기 자체나 기존의 연주 관습에 얽매이지 않고 자신만의 방식으로 연주했다. 선율에 대한 감각을 빠르게 키워 나갔고, 그것은 점차 비틀스 사운드의 핵심적인 특징이 되었다. 또한 그는 여러 세대의 베이시스트들을 당황하게 만든 기술, 즉 비교적 복잡한 베이스 라인을 연주하면서 동시에 노래의 멜로디를 부르는 능력을 익혔다. 그 덕분에 폴은 무대 전면에서의 존재감을 계속 유지할 수 있었다.

비틀스는 토니 셰리던의 백업 밴드로서 최초의 전문 녹음을 진행했다. 셰리던과 함께 다섯 곡을 녹음했고, 그 과정에서 자신들의 곡도 두 곡 남겼다. 하나는 커버곡인 〈Ain't She Sweet〉, 다른 하나는 기악곡인 〈Cry for a Shadow〉였다. 이번에도 존과 폴은 레넌 - 매카트니 파트너십의 자작곡을 세상에 공개하지 않기로 했다. 음반사에서는 비틀스 멤버들에게 개인 약력을 써 달라고 요청했는데, 폴은 그 글에서 존과 함께 '약 70곡'을 썼다고 적었다.[4] 반면 존은 '폴과 몇 곡을 썼다.'라고만 했다.

녹음한 음원을 들어 보면 이제 모든 비틀스 멤버가 능숙한 연주자가 되었음을 알 수 있다. 하지만 그중에서도 매카트니의 유려하고 날렵한 베이스 연주는 한층 뛰어나 보인다. 그는 또 다른 방식으로도 존재감을 드러낸다.

〈Cry for a Shadow〉의 도입부에서는 마이크 근처에 있지도 않았는데 그의 환호성이 희미하게 들린다. 매카트니의 외침, 환호, 비명 같은 보컬은 이후 비틀스의 녹음 곳곳에서 등장하며, 그들의 음악적 개성을 이루는 중요한 요소가 된다. 그런 소리는 강아지가 신나서 짖어대는 것처럼 자연스럽고 충동적으로 튀어나오는 것 같았다.

함부르크에서 3개월을 보낸 뒤, 비틀스는 1961년 7월에 리버풀로 돌아와 캐번 클럽에서의 상주 공연을 다시 시작했다. 그들은 여전히 리버풀에서 가장 인기 있는 밴드였다. 당시에 누가 이렇게 말했다. "밤마다 캐번 클럽 안에서 사람들이 비틀스가 도착했다고 웅성거렸다.[5] '왔대, 왔어!' 모두 고개를 들어 그들이 들어오는 걸 쳐다봤다." 그들이 연주했던 곡 중 하나는 라틴 아메리카의 유명한 곡 〈Besame Mucho〉를 폴이 편곡한 버전이었다. 이 곡은 두왑 그룹 코스터스The Coasters가 커버한 적도 있었다. 원곡은 낭만적이고 관능적인 분위기를 지녔으며, 제목인 'Besame Mucho'는 '많이 키스해 줘'라는 뜻이다. 심지어 그 말을 발음할 때조차 입모양이 마치 키스하는 것처럼 오므려진다. 이 곡은 크게 히트하진 않았지만, 폴은 마치 멜로드라마처럼 단조에서 장조로 전환하는 코드 진행에 매료되었다.

비틀스는 이 곡을 떠들썩한 코미디 무대처럼 꾸며 연주했고, 라틴 풍 곡에 어울리는 효과음이나 리듬도 중간중간 곁들였다. 존이 좀 더 진지한 분위기의 R&B 곡들을 레퍼토리에 끌어오는 편이었다면, 이렇게 엉뚱한 곡을 가져오는 쪽은 대체로 폴이었다. 그런 곡들은 팬들에게 열광적인 반응을 얻었지만, 비틀스 특유의 감각을 잘 모르는 사람들에겐 도무지 어떤 밴드인지 감을 잡기 어렵게 만들기도 했다.

비틀스의 조언자인 밥 울러는 이제 언론 대응도 담당했다. 그는 존 레넌보다 열네 살이나 많았고, 존은 그를 '아빠'라고 불렀다. 겉으로 드러나지 않는 의미를 품고 있는 듯한, 레넌 특유의 농담이었다. 커밍 아웃하지 않은 동성애자였던 울러는 레넌의 날카로운 말에 민감하게 반응하곤 했다. 그는 존에게 '노래하는 격정'이라는 별명을 붙였다. 울러는 《머지비트^{Mersey Beat}》에 통찰력 있는 글을 하나 썼는데, 그는 거기서 비틀스를 모순된 특성들의 집합으로 묘사했다. 자신감 넘치면서도 상처받기 쉽고, 거칠면서도 낭만적이며, 계산적이면서도 순진하다고 말이다. 비틀스는 어느 한 틀에 넣기 어려운 존재였지만, 그들의 라이브 공연만큼은 확고했다. "처음부터 끝까지 절정의 연속이었다."[6] 울러는 비틀스가 "오리지널 스타일의 로큰롤 음악을 되살렸다."라고 썼다. 단순히 비틀스가 리틀 리처드나 척 베리의 곡을 연주했다는 뜻은 아니었다. 울러는 반항심, 그리고 몸과 마음에 직접적으로 호소하는 힘 같은 로큰롤 정신을 말하고 있었다. 존이 〈Will You Love Me Tomorrow〉를 부르는 것도 폴이 〈Long Tall Sally〉를 부르는 것만큼이나 비틀스만의 로큰롤 부흥 방식이었다.

울러는 비틀스가 남녀 모두에게 매력적이라고 했다. 비틀스는 대중의 호응뿐만이 아니라 감수성과 외모 면에서도 성별 이분법을 흔들었다. 영국 언론인 말콤 머거리지^{Malcolm Muggeridge}는 어느 날 함부르크에서 저녁 시간을 보내다 우연히 톱 텐 클럽에 들렀고, 그때 마침 비틀스가 공연 중이었다. 머거리지는 일기장에 그날 마주친 밴드를 이렇게 묘사했다. "나이를 가늠할 수 없는 아이들, 성별도 분간이 안 됨…[7] 긴 머리, 기이하게 여성적인 얼굴… 르네상스 시대의 성인이나 성모 마리아 조각상을 연상케 했다."

1961년 여름, 비틀스는 다시 교착 상태에 빠졌다. 아이러니하게도 그 원인은 성공이었다. 인기도 높았고 개런티도 좋았으며, 들어오는 공연 섭외도 충분했지만, 존과 폴은 지루함을 느꼈다. 같은 무대, 익숙한 관객, 반복적인 공연 환경이 더 높은 곳을 향해 나아가는 대신 낮은 언덕의 정상에 멈춰 선 기분으로 만들었다. 레넌은 훗날 "밴드를 계속할지 말지를 두고 우리끼리 논쟁했다."[8]라고 회상했다. 울러 역시 "변화가 없으면 비틀스는 머지않아 무너질 상황이었다."[9]라고 진단했다. 하지만 논쟁을 벌인 건 레넌과 매카트니뿐이었다(베스트와 해리슨은 현재 상황에 별다른 불만이 없었다). 두 사람은 반복을 견디지 못했다. 다른 밴드들이 한 세트의 곡을 정한 다음, 연습해서 모든 공연에서 똑같이 들려줬다면, 비틀스는 끊임없이 레퍼토리를 바꿨다. NEMS에서 신곡을 찾아 계속 변화를 줬고, 다양성에 대한 갈망을 음악뿐만이 아니라 커리어에도 고스란히 투영했다. 레넌과 매카트니는 지금 하는 일을 앞으로도 잘 해낼 수 있으리라는 걸 알고 있었다. 바로 그 확신이 오히려 의욕을 꺾었다. 분명 그들은 고향에서 왕처럼 군림했지만, 동시에 그곳에 갇힌 포로이기도 했다. 자신들이 TV에 나오는 가수들보다 훨씬 낫다고 믿었지만, 그런 가수들을 섭외하는 사람들은 리버풀까지 오지 않았다.

1961년 9월, 스물한 살 생일을 앞둔 존은 뜻밖의 거금을 손에 넣었다. 액수는 100파운드로, 오늘날의 가치로 환산하면 약 2,000파운드(한화 약 370만 원—편집자주)에 해당한다. 이복여동생 줄리아 베어드 Julia Baird(줄리아 레넌과 바비 다이킨스의 딸)의 말에 따르면 이 돈은 어머니가 남긴 유산이었다. 하지만 존은 폴에게, 에든버러에 사는 이모가 성년이 된 것을 기념해서 준 선물이라고 말했다. 그 돈으로 밴드의 새 장비를 마련할 수도 있었고, 멘딥스에 하숙생으로 머물던 여자친구 신시아와 함께 살 집의 보증금으로 쓸 수도 있었다. 아니면 음반과 맥주에 마음껏 써 버릴 수도 있었다. 하지만 존이 택한 것은 폴과 함께 떠나는 한 달간의 여행이었다. 울러는 반대했다. "재앙이 될 거라고 생각했죠.[10] 무대를 너무 오래 비우면 팬들을 잃을 테니까요." 조지도 두 사람이 떠나는 것을 달가워하지 않았다. 결국 존과 폴은 타협해 2주의 휴식을 갖기로 했지만, 그마저도 조지의 심기를 건드렸다. 스튜어트는 이 소식을 듣고 밴드가 곧 해체될 거라고 생각했다.[11]

가까이에서 레넌과 매카트니를 지켜본 이들은 항상 두 사람 사이의 특별한 유대감에 감탄했다. 캐번 클럽의 단골이자 한때 비틀스의 매니저 역할을 맡았던 버니 보일 Bernie Boyle 은 그들의 독특한 교감을 이렇게 표현했다. "둘은 너무 가까워서 마치 텔레파시가 통하는 것 같았어요.[12] 무대 위에서 눈만 마주쳐도 서로 무슨 생각을 하는지 단번에 알았죠." 사람들은 그들에게 자연스레 끌리면서도, 한편으로는 경계심을 품었다. 두 사람 모두 재치 있는 한마디로 순식간에 상대를 움츠러들게 만들 수 있었기 때문이다.

그들은 함께 있을 때 좀처럼 범접할 수 없는 확고한 자신감을 풍겼다. 상처 입은 이들 특유의 오만이기도 했다. 정신과 의사 베셀 반데어 콜크는 이렇게 말했다. "트라우마를 겪은 사람에게 세상은 두 부류로 뚜렷하게 나뉘어진다.[13] 그 고통을 아는 사람과 모르는 사람 말이다." 밥 울러는 말했다. "두 사람을 보면 시카고 출신의 부유한 청년들인 레오폴드와 로브가 떠올랐어요.[14] 그들은 자신들이 우월하다는 이유로 한 사람을 죽였죠. 레넌과 매카트니는 '우월한 인간들'이었어요." 같은 뮤지션인 조니 구스타프슨 Johnny Gustafson 은 두 사람이 파리로 떠나던 날, 그러니까 9월 30일 토요일에 리버풀에서 우연히 그들과 마주쳤다. "두 사람 다 중절모를 썼고, 평소처럼 가죽 재킷에 청바지를 입고 있었어요.[15] 파리로 간다고 하길래, 같이 라임스트리트역까지 걸어가서 배웅했죠."

파리 북역에 도착했을 때, 그들에게는 엑시스 중 한 명인 위르겐 볼머를 만나는 것 외에는 별다른 계획이 없었다. 당시 볼머는 파리 좌안에 머무르고 있었다. 그는 두 사람을 몽마르트르로 데려갔는데, 예술가들과 야간 노동자들이 뒤섞여 있는, 화려하면서도 퇴폐적인 이곳은 파리의 장크트파울리 같았다. 그들은 작은 호텔방 하나를 잡았다. 처음에는 스페인까지 갈 생각이었지만, 결국 2주 내내 파리에 머물렀다. 파리에서 헤밍웨이와 사르트르가 단골로 있던 장소들을 찾아다녔다. 입장료가 너무 비싸 에펠탑에는 오르지 못했고, 대신 에펠탑 아래의 잔디밭에 누워서 위를 올려다보며 만족해야 했다. 카페에 앉아 밀크셰이크를 마시고, 프랑스 로큰롤 밴드들의 공연을 보러 다녔다. 직접 공연을 해 보려는 시도도 했는데, 위르겐에게 부탁해 어느 클럽 매니저에게 말을 전했지만 거절당했다. 존의 스물한 살 생일, 폴은 햄버거와 콜라로 저녁을 대접했다.

폴은 그 여행에 카메라를 가져갔고, 그때 찍은 사진 몇 장이 지금도 남아 있다. 가죽 재킷에 중절모, 선글라스를 쓴 두 사람이 바에서 활짝 웃거나 거리에서 포즈를 취하고, 호텔방에서 장난을 치는 모습은 무척 앳되고 즐거워 보인다. 남아 있는 사진은 존의 것이 폴보다 더 많다. 그중 내가 가장 좋아하는 사진은 침대에 누워 깊이 잠든 존의 모습이 흐릿하게 찍힌 사진이다.

파리에서 위르겐은 그들의 머리를 새롭게 손질했다. 이전까지는 로큰롤 1세대의 유산이라 할 수 있는, 포마드를 듬뿍 발라 앞머리를 위로 띄워서 뒤로 넘기는 '콰이프' 스타일을 하고 있었다. 이제 그들은 파리의 힙스터들이 선호하는, 보다 자연스럽고 축 늘어진 스타일을 원했다. 위르겐은 호텔방에서 직접 그들의 머리를 잘라 줬고, 두 사람은 그 머리 모양을 그대로 유지해서 기르기로 했다. 리버풀에 돌아온 뒤에는 여성스러운 새 헤어스타일 때문에 놀림을 받았지만, 끝까지 그 스타일을 고수했다.

이후로 파리는 존이 세상에서 가장 사랑하는 도시가 되었다. 훗날 그는 이렇게 말했다. "어딜 가나 포옹하고 입맞추는 사람들이 있다는 게 정말 낭만적이었다.[16] 사람들이 나무 아래에 서서 키스하고 있었다. 격렬하게 서로를 더듬는 게 아니라, 그냥 입을 맞추는데… 그게 정말 좋아 보였다." 존과 폴은 새로운 야망을 품고 리버풀로 돌아갔다.

비틀스에게는 매니저가 필요했지만, 정작 그들은 다른 사람의 관리를 받는 것을 거부했다. 울러는 이렇게 말했다. "그들은 고집이 세고 자기 생각이 뚜렷했다.[17] 비틀스를 맡는 사람은 오히려 비틀스에게 맞춰야 했다. 그런 식의 통제를 받아들일 수 있는 사람은 정말 드물다." 하지만 1년 안에 그들은 이런 드문 유형의 사람을 두 명이나 만나게 된다. 정확히 말하면, 브라이언 엡스타인이 그들을 찾아냈고, 또 다른 한 명도 비틀스를 대신해 그가 찾은 사람이었다.

스물일곱 살의 엡스타인은 리버풀의 사업가로, 리버풀에서 유명한 유대인 명문가의 장남이었다. 아버지 해리는 가구점을 여러 군데 운영했고, 어머니 퀴니(본명은 미니)는 셰필드의 대형 가구 제조업체 집안 출신이었다. 해리와 퀴니의 둘째 아들 클라이브는 병역 의무를 마친 뒤 이미 가업에서 자신의 능력을 입증하고 있었다. 반면 장남 브라이언은 아직 부모와 함께 살고, 자신에게 맞는 일을 찾지 못한 상태였다. 그는 여러 사립학교를 전전했지만, 어느 곳에서도 만족감을 느끼지 못했다. 그는 자서전에 이렇게 썼다. "학창 시절 내내 나는 어딘가 어긋났고, 다른 아이들과 좀처럼 섞이지 못했다.[18] 어딘가 항상 어설퍼서 잔소리를 듣고 괴롭힘을 당했다." 학교에서 영국 상류층의 억양과 예절을 익히긴 했지만, 그 외에는 얻은 것이 거의 없었다. 총명하며 유복한 환경에서 자랐지만, 그는 열여섯 살에 졸업장도 없이 학교를 떠났다. 이후 그는 아버지가 운영하는 가구점 중 한 곳에서 판매사원으로 일하기 시작했는데, 뜻밖에도 거기에 재능이 있었다. 그는 손님을 응대하고 매장의 진열을 정돈하는 일을 즐겼다. 1952년, 열여덟 살이 된 엡스타인은 병역 의무 소집을 받았지만, 1년 뒤 정신과 진단을 통해 복무 부적격 판정을 받고 제대했다. 1954년, 그는 다시 가업에 합류해 아버지가 확장한 사업을 도왔다. NEMS는 피아노, 라디오, 전축 등을 판매하는 가게였다.

브라이언의 삶에는 늘 불행의 기운이 드리워져 있었다. 학교에서는 유대인이라는 이유로 괴롭힘을 당했고, 성장하면서 자신이 남성에게 호감을 느낀다는 사실을 깨달았지만, 그가 살아가는 세상은 동성애를 죄악시하고 배척했다. 그 시대의 많은 동성애자처럼 그의 삶도 두 가지 측면으로 나뉘어 있었다. 부유한 부모를 둬서 리버풀 교외의 집에서 살면서도, 빈곤한 지역 중 한 곳에 아파트를 마련했다. 겉으로는 이성애자인 척하는 노동자 계급 남성들을 그 아파트로 불러들여서 익명성에 기대어 즉흥적이고 대개는 폭력적인 성관계를 맺었다. 그의 쾌락은 어둡고 숨죽인 세계에 머물렀지만, 꿈만큼은 밝고 눈부시게 빛났다. 브라이언은 무대에 서는 것을 꿈꿨다. NEMS에서 일하던 그는 리버풀 플레이하우스 극장의 후원자가 되었고, 배우들과 어울리는 것을 무척 좋아했다. 극단의 일원이었던 배우 헬렌 린지Helen Lindsy는 이렇게 회고했다. "그에겐 어딘가 애잔한 구석이 있었어요.[19] 그는 자기가 생각하는 마법 같은 세계, 매혹적인 사람들의 무리에 속하고 싶어 했죠." 그는 런던의 왕립연극학교Royal Academy of Dramatic Art, RADA에 입학하는 데 성공했지만, 학창 시절과 마찬가지로 그곳에서도 행복하지 않았다.

1957년 가을, 그는 리버풀로 돌아와 음반을 전문적으로 다루는 NEMS의 지점을 새로 열었다. 그의 새로운 사업은 로큰롤의 폭발적인 상업적 성장과 맞물려 있었다. 브라이언과 동생 클라이브는 매장을 큰 성공으로 이끌었고, 1959년에는 리버풀의 중심가인 화이트채플에 두 번째 지점을 열었다. 이곳이 바로 존과 폴이 수많은 시간을 보내게 될 장소다. 1961년에 이르러 엡스타인 가족은 다섯 개의 매장을 거느린 체인을 운영했고, NEMS는 잉글랜드 북부에서 손꼽히는 음반 판매업체로 성장했다. 브라이언은 사업적 성공을 거두어서 바쁜 나날을 보내고 있었지만, 마음은 허전했다. 그는 여전히 마법 같은 세계, 매혹적인 사람들의 무리에 속하기를 갈망했다. 그는 일기에 이렇게 적었다. "로마가 끌린다.[20] 호화롭게 살고 싶고, 이탈리아어도 배우고, 이탈리아 사람처럼 살아 보고 싶다. 그리고 스스로를 '인터내셔

널 세트'라고 부르는, 매력적이면서도 어처구니없는 그 작은 무리 속에 나도 끼고 싶다." (억눌려 살던 동성애자가 거짓말로 이탈리아의 부유한 미국인들의 마법 같은 세계에 발을 들여놓는 이야기를 다룬 퍼트리샤 하이스미스의 스릴러 소설 《재능 있는 리플리*The Talenty Mr. Ripley*》가 당시 베스트셀러였다.) 리버풀의 비트 그룹들을 다룬 잡지 《머지비트》는 NEMS 매장에서도 판매되었고, 브라이언은 이 잡지가 놀라울 정도로 빠르게 팔려 나가는 모습을 주의 깊게 지켜보았다. 그는 직접 음반 리뷰를 기고하기 시작했고, 그 과정에서 《머지비트》에 실린 비틀스의 기사를 접했을 가능성도 있다. 10월 말, 매장에는 비틀스의 〈My Bonnie〉를 찾는 손님들이 생겼다. 이 음반은 함부르크에서 토니 셰리던과 함께했던 세션 때 녹음한 것으로, 당시에는 독일에서만 판매했다. 엡스타인은 《머지비트》의 편집장이었던 빌 해리*Bill Harry*에게 어디서 이 밴드를 볼 수 있는지 물었고, 해리는 캐번 클럽의 점심 공연을 알려 주었다. 캐번 클럽은 화이트채플 매장에서 길모퉁이만 돌면 바로 나오는 가까운 곳에 있었다.

그리하여 1961년 11월 9일, 브라이언 엡스타인은 서류 가방을 손에 든 채 비서 앨리스터 테일러*Alistair Taylor*와 함께 캐번 클럽의 계단을 내려갔다. 마치 자신의 가장 본능적인 내면 깊숙한 곳으로 들어가는 기분이었을지도 모른다. 연기로 자욱한 어두운 실내, 숨 막히게 낮은 천장, 땀에 젖은 벽, 빽빽하게 들어찬 사람들. 웅웅 울리는 소음이 서서히 음악의 형체를 드러내기 시작했다. 그리고 무대 위에는 깡마른 청년들로 이루어진 밴드가 있었다. 그들이 펼치는 공연은 전형적인 쇼 비즈니스와는 확연히 달랐다. 나중에 엡스타인은 이렇게 회고했다. "나는 무대에서 비틀스처럼 행동하는 밴드를 본 적이 없다.[21] 연주하면서 담배를 피우고, 뭔가를 먹고, 수다를 떨고, 서로 때리는 시늉을 했다. 관객에게 등을 돌리기도 하고, 관객에게 소리를 지르기도 하고, 자기들끼리만 아는 농담을 하며 웃었다." 무대 연출에 정통한 브라이언의 눈에는, 비틀스가 무대에서 해서는 안 될 짓만 골라서 하는 게 보였다. 그들은 무질서했고, 전혀 프로답지 않았으며, 관객을 즐겁게 하기보다는 자기들끼리 신나게 노는 데 더 열중한 것처럼 보였다. 그럼에도 브라이언은 눈을 뗄 수 없었다. 3년 뒤, 그는 그날 밤을 '개인적인 깊은 깨달음의 순간'이었다고 회고했다.

내게는 비틀스의 모든 것이 완벽했다.[22] 그들의 삶에 대한 태도, 유머, 그리고 그들만의 행동 방식까지, 모두 내가 꿈꾸던 그대로였다. 그들은 내가 한 번도 가지지 못했고, 간절히 원했으며, 늘 결핍을 느껴 왔던 바로 그 인간관계를 상징했다. 솔직하고, 꾸밈없고, 따뜻하며, 거침없이 자유로운 관계 말이다. 비틀스와 함께하면서 내가 품었던 열등감은 사라졌다. 내가 그들에게 도움이 될 수 있다는 사실을 알았고, 그들 역시 내가 도와주길 원하고 나를 믿는 것도 느낄 수 있었기 때문이다.

비틀스는 갈등과 혼란으로 가득했던 브라이언의 영혼을 매혹했다. 거리낌 없이 솔직함을 뿜어내는 괴짜들, 세련되진 않았지만 자유롭고 오만한 젊은이들로 이루어진 매혹적인 패거리. 마치 브라이언의 밤의 삶과 낮의 환상이 캐번 클럽 무대에서 하나로 녹아든 듯했다. 엡스타인이 비틀스에게 열광한 이유는 종종 그가 멤버들, 특히 레넌에게 느낀 성적인 끌림이라고 단순하게 설명되곤 한다. 그러나 그런 해석은 이렇게 되묻게 만든다. 그 클럽 안에서, 성별이나 성적 지향을 막론하고 비틀스에게 끌리지 않은 사람이 과연 있었을까? 그들은 다방면으로 매혹적인 존재였다. 엡스타인이 레넌에게 성적으로 끌렸다는 것은 사실이다. 동시에 그는 비틀스라는 집단 자체에 빠졌다. 그 사랑이야말로 그가 수익 추구보다는 헌신을 바탕으로 한, 팝 음악계에서 유례없는 방식의 매니지먼트를 제안하게 만든 이유였다.

11월 29일 수요일, 비틀스는 점심 공연을 마친 뒤에 엡스타인을 화이트채플에 있는 그의 매장에서 만나기로 했다. 비틀스는 그를 업계에 인맥이 있는 성공한 사업가이자 진지하게 상대해야 할 인물로 봤다. 레넌의 표현을 빌리자면 그는 '전문가'였다.[23] 그들은 엡스타인이 동성애자라는 사실도 알고 있었지만, 크게 개의치 않았다.[24] 다만 매카트니는 그 사실이 그룹 내 힘의 균형에 어떤 영향을 미칠지 경계했다. 비틀스는 일단 상황을 지켜보는 조건으로 엡스타인이 자신들의 매니지먼트를 맡는 데 동의했다. 같은 주 금요일, 엡스타인은 런던으로 가서 두 대형 음반사 EMI Electric and Musical Industries와 데카Decca를 방문했다. NEMS를 운영하는 이 젊은 사업가의 기분을 굳이 상하게 만들고 싶지 않았던 음반사 임원들은 리버풀 출신의 밴드를 한번 만나 보기로 했다.

엡스타인은 비틀스와의 후속 미팅을 일요일 오후 4시 30분으로 잡았다. 그런데 이번 만남은 자칫 큰 재앙으로 이어질 뻔했다. 존, 조지, 피트는 제시간에 도착했지만, 폴이 나타나지 않은 것이다. 30분이 지나자 형식적인 대화마저 바닥이 났다. 마침내 브라이언이 조지에게 폴의 집에 전화해 보라고 했다. 조지가 돌아와 전한 말은 이러했다. 폴의 아버지 짐 매카트니의 말에 따르면, 폴은 이제 막 일어나 목욕 중이라는 것이었다.

브라이언은 화를 참지 못했지만, 다른 멤버들의 유쾌한 태도 덕분에 조금은 진정할 수 있었다. (조지가 이렇게 농담을 던졌다. "늦긴 하지만 적어도 깨끗하긴 하겠네요."[25]) 드디어 폴이 나타났다. 브라이언은 멤버들에게 런던의 음반사들이 관심을 보인다고 알렸다. 또 앞으로는 공연료도 더 많이 받아야 한다며, 자신이 알아서 처리하겠다고 약속했다. 무엇보다도 그는 멤버들의 현재 수준에 걸맞을 뿐만 아니라, 그것을 뛰어넘는 포부를 내비쳤다. 브라이언은 이미 영국을 넘어 미국 시장까지 염두에 두고 있었다. "너희는 엘비스보다 더 유명해질 거야."[26] 그가 그렇게 말했다. 멤버들은 그 말이 터무니없다고 느끼면서도 짜릿함을 감출 수 없었다. 결국 그들은 브라이언에게 매니지먼트를 맡기기로 합의했다. 훗날 레넌은 이것이 폴의 반대를 무릅쓰고 자신이 내린 결정이었다고 주장했다. "내 성격상 실수를 많이 하지만, 가끔은 제대로 된 선택도 한다…[27] 브라이언을 매니저로 고용한 선택이 그랬다."

훗날 존이 자신을 비틀스를 이끌었던 주도자로 미화하려는 경향을 보였다는 점을 감안할 필요가 있지만, 폴이 엡스타인과의 미팅에 지각했다는 사실은 여러 증언을 통해 분명히 확인할 수 있다. 그렇다면 왜 그는 분위기에 찬물을 끼얹는 행동을 했을까? 브라이언의 영입이 자신에게 어떤 의미가 될지를 두고, 폴은 불편함을 느꼈던 것 같다. 사람을 잘 읽는다는 점에서 존과 닮은 폴은, 엡스타인이 레넌에게 푹 빠졌다는 사실을 단번에 알아차렸다. 폴은 그런 감정이 어떤 것인지 잘 알고 있었다. 훗날 폴은 이렇게 말했다. "난 브라이언이 존을 사랑했다고 확신한다.[28] 우리 모두가 존을 사랑하긴 했지만, 브라이언은 동성애자였기 때문에 그 감정엔 어딘가 남다른 긴장감이 있었다." 폴이 우려한 것은 존이 엡스타인에게 미치는 영향력이었고, 엡스타인이 매니저가 될 경우에 존이 그룹 전체에 행사할 영향력이었다. 폴의 걱정은 결코 터무니없는 것이 아니었다. 매니저가 되고 나서 처음 몇 달 동안, 엡스타인은 존을 가장 중요한 멤버로 대했다. 어떤 변화나 결정을 앞두고도 늘 존에게 가장 먼저 의견을 구했고, 그다음으로 다른 멤버에게 이야기를 꺼냈다. 레넌은 그런 상황을 즐겼다. 훗날 그는 이렇게 말했다. "난 브라이언과 가까운 사이였다.[29] 내 매니지먼트를 맡은 사람에 대해 속속들이 알아야 하는 건 당연한 일이었다." 그는 브라이언이 자신의 성적 정체성에 대해 털어놓도록 만들었다. "브라이언이 자기가 '호모'라고, 뭐 그런 얘길 했던 적이 있다. 그때 '혹시라도 내가 호모라는 걸 약점 삼아 날 상처 주지는 말아 줘.'라고 말했던 게 기억난다. 물론 난 그러지 않았다." 레넌은 그 약속만큼은 지킨 것으로 보인다. 다만 브라이언이 유대인이라는 점에 대해서는 가끔 농담 삼아 놀리곤 했다.★

매카트니의 경우, 그는 아버지의 충고를 거스르면서까지 중산층이 될 수 있는 미래를 포기하고 음악을 선택했다. 가족의 경제적 안정을 책임져야 한다는 부담감이 생겼을 것이다. 그는 야망이 컸다. 걸려 있는 것이 너무 많았기에 존 레넌의 백업 연주자로 전락할 가능성은 상

★ 두 사람은 가볍고 장난 섞인 사도마조히즘적 관계를 즐겼다('즐겼다'라는 표현이 적절한지는 모르겠지만). 엡스타인 밑에서 일했던 토니 바로는, 어느 날 존이 한창 회의 중이던 브라이언의 사무실에 불쑥 들어왔던 일을 이렇게 회상했다. "존은 밝게 웃으며 내 쪽으로 다가와 내 손을 잡고 악수했다. 평소의 그답지 않은 행동이었다. 그다음 브라이언이 손을 내밀자, 존은 손을 잡는 척하다가 아래로 뻗더니 그의 사타구니를 움켜잡았다. 브라이언은 아파서 숨이 턱 막혔고, 존은 손을 놓지 않은 채 덤덤하게 말했다. '앗, 실수!'" (토니 바로, 《존, 폴, 조지, 링고, 그리고 나》, p.66)

상조차 하기 싫었을 것이다. 비틀스가 엡스타인과 체결한 계약서에는 이런 조항이 있었다. 매니저가 '아티스트들을 분리하여 각기 개별적인 연주자로 활동하게 할 수 있다.'라는 내용이었다. 엡스타인의 비서였던 앨리스터 테일러는 이 조항을 폴의 요청으로 포함했다고 주장했다.[30] 그는 초기 미팅에서 폴이 "밴드가 잘 안되면 솔로 가수로 활동할 생각이다."라고 말했던 것을 기억하고 있었다.

초기에는 반감을 드러냈고, 한번은 공연에 빠지며 브라이언을 시험에 들게 하기도 했지만, 폴이 브라이언—정확히 말하자면 존과 브라이언—에게 품었던 불만은 결국 어느 정도 자연스럽게 해소되었다. 브라이언은 점차 폴에게도 의견을 구했고, 그룹을 위한 그의 노력은 차츰 열매를 맺기 시작했다. 엡스타인은 1962년 새해 첫날, 런던에서 데카와의 오디션을 성사시켰다.

존과 폴은 이번이 결정적인 기회라고 믿었으며, 실패할 리 없다고 확신했다. 그러나 데카는 그들을 거절했다. 당시 오디션 녹음 테이프가 남아 있는데, 그들이 탈락한 이유를 짐작하게 해 준다. 비틀스의 연주가 형편없었던 것은 아니었다. 다소 긴장한 기색은 있었지만, 전체적으로는 프로답게 들린다. 문제는 비틀스 특유의 분위기가 거의 담기지 않았다는 점이다. 무대 위에서 발산하던 유쾌하면서도 사람을 무장 해제시키는, 익살맞으면서도 강렬한 매력이 빠져 버리니 그들은 그다지 특별하게 보이지 않았다.

어쨌든 그들 앞에는 험난한 길이 기다리고 있었다. 엡스타인은 훗날 데카의 A&R(Artist and Repertoire의 약자로 레코드사의 신인 발굴 담당 부서를 가리킨다—역주) 매니저 딕 로우 Dick Rowe가 기타를 든 그룹은 '한물갔다'고 말했다고 전했다.[31] 사실 기타 그룹은 애초에 주류였던 적이 없었다. 클리프 리처드와 섀도스만이 예외적인 성공 사례였을 뿐이고, 그밖에 차트에 오르는 뮤지션 대부분은 그룹이 아니라 솔로였다(레넌이 "우리는 영국의 엘비스 프레슬리를 꿈꿨다."[32]라고 말한 것도 주목할 만하다). 데카는 또 다른 섀도스가 나올 가능성이 있다고 보았을지도 모르지만, 비틀스는 그 틀에 전혀 들어맞지 않는 밴드였다. 기타 그룹을 하나만 계약하기로 결정한 데카는 결국 브라이언 풀 앤 더 트레멜로스Brian Poole and the Tremeloes를 선택했다. 브라이언 풀이 이끄는 이 밴드는 프론트맨이 있었고, 단정한 정장을 입었으며, 짧은 머리에 점잖은 팝송 중심의 제한된 레퍼토리를 연주했고, 안무까지 곁들였다. 런던 출신이라는 점에 더해 데카의 A&R 담당자와 인맥도 있었으니, 데카 입장에서는 고민할 필요 없는 선택이었을 것이다.

그 소식은 비틀스에게 큰 충격이었다. 레넌은 이대로 그룹도 해체되고, 자신의 커리어도 끝나는 게 아닐까 두려워했다. 그는 이제 성공하기엔 너무 나이가 많아졌을지도 모른다고 생각했다. 그런 생각도 무리는 아니었다. 당시 팝 스타들은 대개 십 대에 데뷔했기 때문이다.

엡스타인의 신념과 끈기는 그룹이 계속 나아갈 수 있는 원동력이 되었다. 그는 멤버들을 부드럽게 설득해, 대중적인 매력을 넓히기 위한 몇 가지 변화를 시도했다. 무대에서 음식을 먹거나 담배를 피우고 욕설을 하는 행위를 금지시켰다. 또 조지가 마이크를 더 많이 잡게 하라고도 했다. 무대 위에 뚜렷한 리더가 없다는 점이 오히려 이들의 매력으로 작용할 수 있다고 본 것이다. 그는 존과 폴이 스스로 다듬은 파리풍 헤어스타일을 마음에 들어 했고, 그 스타일을 살릴 수 있는 전문가를 고용해 머리를 정돈하게 했다.

엡스타인은 비틀스를 경쟁자들과 비슷하게 만들기보다는, 남들과 다르게 보이게 만드는 요소를 정확히 포착해 그것을 더욱 부각했다. 그는 훗날 이렇게 말했다. "나는 그들을 바꾸지 않았다.[33] 이미 있던 모습을 드러낸 것뿐이다." 가장 유명한 변화는 엡스타인이 멤버들에게 가죽 재킷 대신 양복을 입도록 권한 일이었다.

훗날 레넌은 이를 두고 '영혼을 팔다.'[34]라고 표현했지만, 실제로 양복이 진정성에서 가죽 재킷보다 덜한 것은 아니었다. 오히려 당시 기준으로 보면, 가죽 재킷은 점점 촌스럽고 구시대적인 인상을 줬다. 그리고 브라이언이 골라 준 양복은 섀도스나 허리케인스가 입던 분홍색이나 은색의 화려하고 반짝이는 옷들과는 전혀 달랐다. 그것은 맞춤으로 제작된 짙은 남색 모헤어 소재의 수트였고, 단정한 싱글브레스트에 바지통이 좁고 선이 깔끔하게 떨어지는, 세련된 멋이 느껴지는 스타일이었다.

엡스타인은 이례적으로 합리적인 조건의 계약서를 작성했다. 그는 공연 주최자들에게 비틀스의 출연료 인상을 요구했고, 매주 수입과 지출 내역을 정리해 멤버들에게 보고했다. 비록 규모는 작지만, 비틀스는 이제 하나의 사업체가 된 셈이었다. 엡스타인은 비틀스의 공연 무대를 더 넓은 지역으로 확장시켰고, BBC 지역 프로그램 《틴에이저스 턴*Teenager's Turn*》을 통해 첫 라디오 방송 출연도 성사시켰다. 그는 비틀스에게 이제 자신들이 단지 팝 스타 흉내를 내는 아이들이나 고군분투하는 무명 예술가가 아니라, 곧 스타가 될 전문 뮤지션이라는 확신을 심어 주었다.

두 번째 만남에서—아마 이후에 함께 간 펍에서였을 가능성이 높다—엡스타인은 존과 폴이 곡을 쓴다는 사실을 처음 알게 되었다. 두 사람이 머뭇거리며 알아 두면 좋을 것 같다는 식으로 조심스럽게 이 이야기를 꺼내는 모습을 상상할 수 있다. 엡스타인은 이를 크게 반겼다. 그는 공연 수입뿐만 아니라, 저작권 수익이라는 새로운 수입원의 가능성을 보았다(당시에 음반 판매만으로 돈을 벌 수 있는 건 오직 정상에 오른 스타들뿐이었다). 1961년 말, 존과 폴은 자신들이 만든 곡 몇 개를 캐번 클럽 무대에서 처음으로 선보이기 시작했다.

비틀스가 다시 함부르크로 가고 싶어 한다는 걸 알고 있던 엡스타인은, 이전보다 훨씬 나은 조건으로 새로운 공연장인 스타 클럽Star-Club에서 7주간 머무는 계약을 따냈다. 스타 클럽은 만프레드 바이스레더Manfred Weissleder가 운영하는 곳이었다. 1962년 4월, 조지를 제외한 세 명의 멤버는 이번에는 비행기를 타고 함부르크에 도착했다. 몸이 좋지 않았던 조지는 다음날 브라이언과 함께 도착했다. 존, 폴, 피트는 새로운 공연장을 미리 둘러보러 갔다. 그곳은 무려 2천 명까지 수용할 수 있는, 크고 호화로운 극장이었다. 바이스레더는 이들에게 음료와 스테이크를 대접했고, 브라이언은 제대로 된 숙소도 마련해 두었다. 분명한 진전이었다.

레넌은 아직 섯클리프에게 연락을 취하지 않았지만, 곧 연락할 생각이었을 것이다. 그러나 그가 모르는 사이, 섯클리프는 그날 뇌출혈로 세상을 떠났다. 조지와 브라이언은 함부르크행 비행기에 오를 즈음 이미 그 사실을 들었다. 아스트리드 키어쉬헤어가 보낸 전보를 통해 스튜어트의 어머니 밀리에게 소식이 전해진 뒤였다. 스튜어트는 얼마 전까지만 해도 리버풀에 잠시 들렀다 돌아간 참이었다. 그를 만난 모든 이들이 건강이 좋아 보이지 않는다고 말할 정도로 눈에 띄게 아파 보였지만, 그의 죽음은 끔찍하고 충격적인 일이었다. 조지는 소식을 듣고 울음을 터뜨렸다.

존, 폴, 피트가 영국에서 도착한 브라이언과 조지를 맞으러 공항에 갔을 때만 해도, 그들은 아직 그 소식을 듣지 못한 상태였다. 바이스 레더가 보낸 운전사가 몰고 온 차는 턴테이블과 칵테일 바가 달린 쉐보레였고, 그 순간만큼은 그들도 마침내 진짜 팝 스타가 된 듯한 기분을 느꼈다. 공항 터미널에서 그들은 뜻밖에도 아스트리드와 클라우스를 마주쳤다. 두 사람은 밀리를 마중 나온 길이었다. 아스트리드는 그 소식을 전했을 당시의 반응을 이렇게 회상했다.

폴은 나를 위로하려 애썼다.[35] 내 어깨에 팔을 두르고, 미안하다고 말했다. 피트는 울음을 터뜨렸다… 존은 히스테리 상태에 빠졌다. 나도 정신이 없는 상태라서 존이 웃는 건지 우는 건지 도무지 알 수 없었다. 그만큼 그에게서 모든 감정이 한꺼번에 터져 나왔다. 나는 그가 벤치에 쪼그리고 앉아, 웅크린 몸을 앞뒤로 흔들며 떨던 모습을 기억한다.

레넌에게 스튜어트의 죽음은 쓰라린 농담처럼 느껴졌다. 처음에는 조지 이모부, 그리고 엄마, 이제는 스튜어트까지. 모두 그에게 소중했던 사람이었지만, 너무나 갑작스럽고 잔인하게, 도무지 이해할 수 없는 이유로 떠나 버렸다. 마치 피할 수 없는 법칙이라도 있는 듯했다. 그가 사랑하는 사람들은 반드시 그를 떠나거나, 죽거나, 혹은 둘 다였다. '모든 감정이 한꺼번에 터져 나왔다.'라는 아스트리드의 말은, 레넌의 본질을 정확히 포착한 표현이었다. 그의 내면에는 웃음과 분노,

고통이 촘촘히 뒤엉켜 있었다.

　이틀 뒤, 비틀스는 스타 클럽에서 첫 공연을 진행했다. 존은 무대 위에서 익살스러운 장난을 쳤다. 여자 청소부 복장을 하고 다리를 절룩이며 걷는 흉내를 내고, 스탠드 마이크를 쓰러뜨리기도 했다.

6

TILL THERE WAS YOU

TILL THERE WAS YOU

비틀스의 초기 경력에서 〈Till There Was You〉만큼 중요한 곡도 드물 것이다. 두 번째 정규 앨범에 수록한 이 곡은, 이들의 중요한 전환점이 된 1963년 로열 버라이어티 퍼포먼스^{Royal Variety performance}에서 부른 네 곡 중 하나였고, 1964년 《에드 설리번 쇼^{The Ed Sullivan Show}》 데뷔 무대에서도 두 번째로 선보인 곡이었다. 레퍼토리에 포함한 시점은 1961년으로, 그 무렵 폴은 그룹 내에서 발라드를 담당하는 멤버로 자리 잡았다.

캐번 클럽이나 스타 클럽에서 그는 관객을 향해 허공을 응시하며, 마치 상상의 연인―혹은 상상의 카메라―을 바라보듯 뮤지컬 속 낭만적인 남자 주인공처럼 노래를 불렀다. 어쩌면 여자 주인공이었을지도 모른다. 매카트니가 감미로운 목소리로 즐겨 부르던 발라드는 종종 여성 가수들과 관련이 있었기 때문이다. 그는 (직접 쓴 영어 가사로) 마를레네 디트리히^{Marlene Dietrich}의 〈Falling in Love Again〉을 불렀고, 주디 갈랜드^{Judy Garland}의 노래로 유명해진 〈Somewhere Over the Rainbow〉도 불렀다. 〈Till There Was You〉는 사촌 베트가 들려준 페기 리^{Peggy Lee} 버전을 통해 처음 접한 곡이었다.

비틀스 공연장을 찾은 젊은 여성 팬들은 폴이 부르는 발라드에 열광했다. 캐번 클럽 단골이었던 버나뎃 패럴은 이렇게 회상했다. "여자들은 폴의 눈이 작고 동그란 민스 파이 같다고 했어요….[1] 속눈썹이 길었고 일부러 파르르 떨기도 했죠. 자기가 어떻게 보이는지 늘 신경 쓰는 듯했지만, 워낙 누구에게나 다정해서 싫어할 수가 없었어요." 하지만 비틀스 관객 중 로큰롤 정통파들의 반응은 달랐다. 로큰롤을 하는 사람이라면 1940년대의 청승맞은 사랑 노래에 빠져서는 안 되는 것이었다. 그런 노래들은 여성적인 것으로 여겨졌고, 그 노래를 부르는 가수 역시 마찬가지였다. 폴의 파르르 떨리는 속눈썹, 예쁘장한 얼굴, 심지어 그의 다정한 매력까지도 전후 영국과 독일에서 철저히 구분하던 성별 경계를 흐릿하게 만들었다.

매카트니의 음악에 대한 열정은 엘비스에게서 시작된 것이 아니었다. 그는 아버지가 피아노로 연주하던 곡들, 일요일에 어머니가 점심을 준비하며 흥얼거리던 노래들을 사랑했다. 가족 모임이나 펍에서 다 함께 노래 부르는 시간도 좋아했다. 영화관에서 듣는 뮤지컬 노래, TV 버라이어티 쇼에서 나오는 곡들도 그에겐 즐거운 경험이었다. 매카트니는 어릴 때부터 포크, 뮤직홀, 재즈, 쇼 튠을 자연스럽게 흡수하며 자랐다. 그가 비틀스에서 중요하게 기여했던 일 중 하나는, 이런 옛 노래들이 밴드의 음악 스타일 속에 자연스럽게 스며들도록 만든 것이다. 매카트니는 이렇게 말했다.

> 아름다운 멜로디와 멋진 로큰롤 사이에 무슨 차이가 있는지 잘 모르겠다.[2] 아버지와 친척들 덕분에 발라드를 좋아하기 시작했다. 〈Till There Was You〉, 〈My Funny Valentine〉 같은 곡들 말이다. 그냥 좋은 노래라

고 생각했다. 우리에게 그런 성향이 있다는 걸 부끄러워하지 않았던 덕분에 우리의 음악 스타일도 좀 더 다양해질 수 있었다.

매카트니의 발라드는 리버풀의 여성 팬들뿐만 아니라, 나이 든 세대의 마음까지 사로잡는 데에 기여했다. 그러나 발라드는 단순한 마케팅 전략 그 이상이었다.

매카트니 본인의 표현대로 로큰롤의 좌우에 있는 곡들을 부르면서, 그는 자신과 비틀스가 어떤 장르든 거리낌 없이 시도할 수 있는 길을 스스로 열었다.[3] 〈Till There Was You〉와 〈Eleanor Rigby〉, 〈Strawberry Fields Forever〉 같은 곡들 사이에는 분명한 연결선이 존재한다. 매카트니 자신도 이 점을 강조한 바 있다. "우리는 〈Love Me Do〉에서 출발해 훨씬 더 진지하고 강렬한 곡들을 만들었다.[4] 그러니 누가 와서 〈Till There Was You〉는 촌스럽다고 말리지 않은 게 결과적으로는 좋은 일이었다."

물론 실제로 그런 지적을 한 사람들도 있었다. 그중 한 명이 존 레넌이었다. 레넌은 종교적으로는 신을 믿지 않는 무신론자였지만, 일단 무언가를 믿기 시작하면 마치 종교처럼 열정적으로 몰입하는 성향이었다. 1956년, 그는 로큰롤이라는 교회에 입문했고, 그것은 곧 이전의 모든 것을 부정하는 행위이기도 했다. 그는 어머니에게서 배운 고전적인 노래들을 어린 시절의 나약함과 연결 지으려는 경향이 있었다. 1970년대 인터뷰를 보면 레넌이 불안할 때마다 마치 주문처럼 "나는 처음부터 끝까지 오직 로큰롤만 좋아했다."라는 식으로 반복해 말하는 걸 확인할 수 있다.

레넌은 매카트니의 발라드 취향에 대해 복잡한 감정을 품었다. 한

편으로 그런 노래들이 인기 있다는 걸 알았고, 자신도 그 곡들을 좋아
했다. 하지만 다른 한편으로는 테드족, 즉 정통파 '진짜 남자들'과 어
울리고 싶어 했다. 매카트니가 여자들에게 인기를 끄는 것도 레넌의
질투심을 자극하는 일이었다. 가수 실라 블랙^{Cilla Black}은 이렇게 회상
했다. "(존은) 여자를 좋아했지만, 여자와 함께 있는 걸 조금 불편해하
고 긴장하는 모습을 보였다.[5] 남자들끼리 있는 게 가장 편한 사람이
었다. 폴은 정말 아름다웠다…. 존도 속으로 '세상에, 쟤랑 같이 있으
면 난 도무지 경쟁이 안 되잖아!'라고 생각했던 걸로 안다."

존의 복잡한 감정은 놀림, 즉 조롱의 형태로 드러났다. 폴이 캐번
클럽에서 고개를 살짝 치켜들고, 풍성한 멜로디에 흠뻑 젖어
〈Somewhere Over the Rainbow〉를 부를 때, 존은 피아노에 기대어
이렇게 야유했다. "세상에, 쟤 주디 갈랜드 흉내를 내고 있어!" 또는
'불구자' 같은 표정을 짓거나, 등이 굽은 사람을 흉내 냈고―그는 온
갖 괴물을 흉내 내는 레퍼토리를 갖고 있었다―때로는 관객을 향해
근엄한 척하며 "조용히 좀 해!"라고 소리치기도 했다. 이런 식의 콤비
연기는 비틀스 공연의 일부이자 매력이었지만, 동시에 존이 자신의
불편함을 표현하는 방식이기도 했다.

존의 불편함을 가장 크게 자극했던 발라드는 〈Till There Was
You〉였다. 1962년 말, 누가 비틀스가 스타 클럽에서 공연하는 모습
을 조악하게 녹음해 두었다. 소리는 흐릿하고 뭉개져서 잘 들리지 않
지만, 놀라울 만큼 많은 것이 담겨 있다. 술에 취한 관객들의 야유, 엉
성하지만 강렬한 로큰롤 연주, 그리고 레넌이 유머를 통해 자신과 파
트너에 대한 감정을 풀어내는 것까지 들을 수 있다.

폴이 〈Till There Was You〉를 부르자, 존은 그의 가사를 패러디하

듯 과장된 말투로 따라 하며 흉내 낸다("새들이 있었지"라고 노래 부르면 "새들이 있었대!", "한 번도 들어본 적 없었어"라고 노래 부르면 "쟤 한 번도 못 들어 봤대!"라고 말하는 식이다). 폴은 웃음을 터뜨렸지만, 노래를 멈추지 않았다.

7

PLEASE PLEASE ME

PLEASE PLEASE ME

비틀스는 세 번째 함부르크 체류를 마치고 1962년 6월에 영국으로 돌아왔다. 그 한 달 반 동안 레넌은 그 어느 때보다도 거칠고 분노에 차 있었으며, 술도 많이 마셨다. 비틀스가 함부르크에 머무는 동안, 브라이언 엡스타인은 런던을 오가며 만나 줄 만한 사람이라면 누구에게든 비틀스를 소개하고 다녔다. 진이 빠지는 일이었다. 데카는 거절을 번복할 기미가 없었고, EMI의 가장 명망 있는 레이블인 컬럼비아 레코드Columbia Records와 HMV도 관심을 보이지 않았다. 규모가 작은 여러 회사 역시 잇따라 퇴짜를 놓았다. 레코드사의 A&R 담당자들은 리더가 따로 없는 밴드라는 개념에 당황했고, 멤버 전원이 연주하고 노래하며 곡까지 쓴다는 사실에 낯설어했다. 무엇보다 차세대 스타가 런던이 아닌 지방 출신이라는 발상 자체에 어리둥절해했다. 모두가 밴드 이름을 비웃었다.

그래도 브라이언은 포기하지 않았다. 그는 데카 오디션에서 녹음한 테스트 음반을 들고 계속 발로 뛰었다. 그러던 어느 날, 엡스타인 자신도 다 알지 못했던 여러 우연이 겹쳐, 그는 EMI의 작은 자회사인 팔로폰 레코드Parlophone Records의 책임자 조지 마틴과 마주 앉았다.

만남은 맨체스터 스퀘어에 위치한 EMI 본사에서 이루어졌다. 엡스타인은 조지 마틴에게 비틀스의 곡들을 들려주었고, 자작곡이라는 점을 특히나 강조해 소개했다. 마틴의 반응은 정중했지만, 특별히 강렬한 인상을 받은 것 같지는 않았다. 엡스타인은 리버풀로 돌아갔고, 그걸로 인연이 끝날 수도 있었다. 하지만 사내 정치가 개입되면서 이야기는 새로운 국면을 맞는다.

조지 마틴은 엡스타인처럼 말투도 세련되고 매너도 흠잡을 데 없었지만, 그 역시 겉모습만으로는 다 알 수 없는 사람이었다. 겉으로 드러난 자연스러운 세련됨은 사실 엄청난 노력의 산물이었고, 그 아래에는 안절부절못하는 비순응적 기질이 숨어 있었다.

마틴은 화장실도 없는 런던 북부의 작은 아파트에서 자랐다. 네 가구가 화장실을 함께 써야 했다. 그의 부모는 중산층으로 살기 위해 애썼지만, 그 생활 수준을 감당하기엔 역부족이었다. 아버지는 한때 거리에서 신문을 팔기도 했다. 마틴은 그래머 스쿨에 진학했고, 1943년에 열일곱 살의 나이로 영국 왕립 해군에 입대했다. 두 기관 모두 그에게 사회적 이동의 발판이 되어 주었다. 마틴은 해군 합창단에서 노래를 부르며 클래식 음악에 대한 사랑을 키웠고, 그곳에서 첫 아내도 만났다. 이후 그는 런던의 길드홀음악연극학교Guildhall School of Music and Drama에 입학해 피아노, 오보에, 관현악 편곡법을 공부했다. 이 무렵에는 노동자 계급 출신의 흔적을 거의 찾아볼 수 없을 정도였다.

그는 스물두 살 생일에 결혼해 두 아이의 아버지가 되었다. 잠시 BBC에서 근무한 뒤, 1952년에 EMI에 입사했다. 그곳에서 자신의 비서였던 주디 록하트-스미스Judy Lockhart-Smith와 불륜 관계를 맺기 시작했다. 1961년 말, 엡스타인을 만나기 몇 달 전에 마틴은 해트필드에 있던 가족의 집을 떠나 런던의 작은 아파트로 이사해 아버지와 함께 살았다(마틴은 1966년에 록하트-스미스와 결혼했고, 두 사람은 49년 동안 함께했다).

엡스타인과 만났을 당시, 마틴은 서른여섯 살이었고 커다란 스트레스를 겪고 있었다. 그는 이미 가정을 파괴한 상태였고, 상사들과도 갈등을 빚었다. EMI와의 계약이 곧 만료될 예정이었지만, 연장 여부에 확신이 들지 않았다. 마틴은 팔로폰 레코드에서 여러 히트곡을 프로듀싱해서 EMI에 상당한 수익을 안겨 줬지만, 그에 걸맞은 보상이나 인정을 받았다고 느끼지 못했다. 클래식 음반도 제작하긴 했지만, 점점 커지는 팝 시장에 더 끌렸다.

그는 당대 가장 세련된 코미디언들이 참여한 참신한 곡들을 제작하는 유능한 프로듀서였다. 그중에는 존과 폴이 좋아하던 군스^{Goons}와 피터 셀러스^{Peter Sellers}도 있었다. 마틴은 코미디에 진심이었다. 그는 자신이 제작하는 음반을 결코 단순한 눈속임이나 일회성 장치로 여기지 않았다. 그것들은 기술을 능숙하게 활용해 만든 기발한 음악적 아이디어와 뜻밖의 음향 효과로 가득한, 작은 예술 작품이었다. 마틴은 창의적인 가능성이 없다고 판단하면, 상사들의 압박이 있어도 음반 제작을 거부했다.

마틴은 다른 곳에는 어울리지 않는 괴짜들을 데려와, 그들을 위한 안식처를 제공함으로써 팔로폰 레코드를 EMI에서 가장 창의적이고 활기 넘치는 레이블로 탈바꿈시켰다. 1962년 초, 젊은 언론인 데이비드 프로스트^{David Frost}가 음반 산업에 관해 프로듀서와 인터뷰하고자 했을 때 찾아간 인물도 바로 마틴이었다. 마틴은 자신이 음반 제작에서 매우 중요한 역할을 한다고 믿었기 때문에 히트곡에 대한 로열

티—이른바 '포인트'—를 받기를 원했다. 대신에 고정 보수를 줄이 겠다고 EMI 측에 제안하기도 했다. 하지만 경영진은 그런 새로운 방 식에 전혀 관심이 없었고, 마틴이 그런 요구를 했다는 사실 자체를 달 갑지 않게 여겼다. 그의 직속 상사였던 레너드 우드^{Leonard Wood}는, 재 능은 있지만 반항적이고 제멋대로인 이 프로듀서에게 본때를 보여 줄 필요가 있다고 생각했다. 그는 마틴을 찍어 누르기로 마음먹고, 누 구도 반기지 않을 만한 일을 지시했다. 이름조차 우스운 리버풀 출신 의 팝 그룹과 음반을 만들라는 것이었다.

비틀스는 EMI의 퍼블리싱 부서 아드모어 앤 비치우드^{Ardmore and Beechwood, A&B}의 매니저들을 통해 레너드 우드의 눈에 띄었다. A&B는 늘 저렴하게 확보할 수 있는 지적재산권을 찾았고, 매카트니가 열일 곱 살 때 만든 레넌-매카트니 자작곡 〈Like Dreamers Do〉에서 가 능성을 보았다. EMI가 이 곡을 음반으로 내면, A&B는 그 저작권을 가질 수 있었다. A&B는 A&R 부서 동료들을 설득해 음반을 내보려 했지만, 아무도 관심을 보이지 않자 이 아이디어를 레너드 우드에게 가져갔다. 우드는 처음에는 그 요청을 무시했지만, 결국 마음을 바꾸 어 마틴에게 떠넘기기로 했다.

팔로폰 레코드로부터 다시 만나자는 제안을 담은 편지를 받았을 때, 엡스타인은 이런 사정을 전혀 알지 못했다. 마틴과의 두 번째 만 남은 5월에 이뤄졌고, 비교적 짧은 시간 안에 끝났다. 서로에 대한 예 의와 호의 속에서 두 사람은 계약의 핵심 사항에 합의했다. 그 계약으 로 비틀스가 큰돈을 벌 가능성은 작았다. 당시의 음반 계약이란 대개 그런 식이었다. 하지만 어쨌든 이로써 비틀스는 음반을 낼 수 있었고, 만약 곡이 히트한다면 그다음은 누구도 예측할 수 없었다. 녹음 날짜는 6월 6일 수요일 저녁 7시부터 10시까지로 정해졌다. 엡스타인은 훗날 이것이야말로 '최고로 기쁜 소식'이었다고 말했다.[1] 그는 EMI 스튜디오에서 회의를 마친 뒤, 길 건너 우체국으로 가서 부모님께 전화를 걸고 함부르크에 있는 비틀스에게 전보를 보냈다.

축하한다, 애들아.
EMI에서 녹음 세션 요청.
새 곡 연습할 것.

엡스타인의 전보에 이런 내용의 답신이 도착했다.

[존] 우리 언제 백만장자 되는 거예요?
[폴] 선불금 1만 파운드 송금해 줘요.

무엇보다 중요한 건, 이제 존과 폴이 브라이언의 '새 곡 연습할 것.' 이라는 지시를, 공동 작곡 작업을 다시 시작하라는 신호로 받아들였다는 점이었다. 두 사람은 처음 만난 뒤 몇 해 동안 매우 왕성하게 곡을 써서 수십 곡에 달하는 레넌-매카트니 오리지널을 만들었지만, 함부르크에서 활동을 시작하면서 작곡은 중단한 상태였다. 곡을 쓰는 일은 부자가 되기 위한 또 하나의 길이었고, 실패에 대비한 일종의 보험이기도 했다. 하지만 밴드 활동이 잘 굴러가기 시작하자 굳이 작곡에 매달릴 이유는 없었다. 작곡 공백은 두 사람의 우정이 변해 가는 과정과 맞닿아 있었다. 둘의 우정은 초기에는 매우 열렬했다. 현관 앞이나 응접실에 마주 앉아서 얼굴을 맞대고, 마음을 나누며 많은 시간을 함께했다. 작곡은 그 시절의 친밀함을 떠올리게 하는, 어딘가 조금은 불편한 기억이었을지도 모른다.

하지만 이제 그들은 다시 공동 작업에 착수했다. 3주 뒤에 리버풀로 돌아올 무렵, 그들은 멤버들과 함께 자작곡 두 곡을 연습해 둔 상태였다. 하나는 1958년에 만든 〈Love Me Do〉, 다른 하나는 〈P.S. I Love You〉였다. 이 두 곡은 훗날 비틀스의 데뷔 싱글 양면을 장식한다. 비틀스는 영국을 떠날 때만 해도 지역 스타에 불과했지만, 돌아왔을 때는 EMI 소속 아티스트가 되어 있었다.

6월 5일 화요일, 그들은 데뷔 싱글을 녹음하기 위해 런던으로 향했다. 브라이언은 로열 코트 호텔에서 그들을 맞이했고, 네 명의 비틀스는 침대 두 개가 있는 방 두 개에 나눠서 묵었다. 호텔 방을 이렇게 배정하는 방식은 이후 몇 년 동안 계속되었다. 수요일, 비틀스의 친구이자 로드 매니저이자 만능 비서였던 닐 아스피날이 자동차로 그들을 런던 북부 세인트존스우드에 위치한 EMI 스튜디오로 데려다줬다.★ 훈장이 달린 제복을 입은 EMI의 수위가 정문 앞에서 그들을 맞아 안으로 안내했다.

그는 나중에 당시의 인상을 이렇게 회고했다. "그들은 낡은 흰색 밴을 타고 주차장에 들어섰다.² 다들 영양 상태가 좋지 않은 것처럼 무척 말라 보였다." 아스피날이 말한 밴드 이름을 듣고 수위는 이렇게 생각했다. '참 이상한 이름이네.'

비틀스는 2번 스튜디오로 안내받았다. 그곳은 창문이 아예 없고 천장이 아주 높은 널찍한 방으로, 한쪽에는 컨트롤 룸으로 이어지는 계

★　이 스튜디오는 훗날 '애비로드'라는 이름으로 불리므로, 이후 해당 이름으로 칭한다.

단이 있었다. 그 계단 위의 컨트롤 룸에서는 엔지니어와 프로듀서 들이 작업 중인 뮤지션을 내려다볼 수 있었다. 매카트니는 당시에 2번 스튜디오가 얼마나 위압적으로 느껴졌는지를 이렇게 회상했다. "크리켓 경기장에서나 볼 법한 커다란 흰색 가림막들이 우리의 머리 위로 솟아 있었고, 끝도 없이 이어진 계단 위에는 컨트롤 룸이 있었다.[3] 위쪽은 마치 신들이 사는 천국 같았고, 우리는 그들을 우러러보는 보잘것없는 인간 같았다. 정말 말로 다 할 수 없을 만큼 긴장됐다."

조지 마틴은 아직 도착하지 않았고, 세션 초반은 어시스턴트와 엔지니어 들이 맡았다. 그들은 머리를 덥수룩하게 기른 리버풀 출신 청년들을 경계하는 눈빛으로 바라보았다. 비틀스의 앰프에 이상이 있다는 사실이 드러나면서 장비를 다시 갖추느라 어색한 시간이 흘렀고, 결국 다른 장비를 가져와야 했다. 그제야 밴드는 준비해 온 곡들을 연주할 수 있었고, 마틴의 팀은 그중 어떤 곡을 싱글로 고를지 판단하려 애썼다.

비틀스도 엡스타인도 몰랐지만, 아드모어 앤 비치우드를 만족시키기 위해 선택하는 곡 중 하나는 반드시 레넌 – 매카트니의 자작곡이어야 한다는 점이 이미 확정된 상태였다. EMI 팀은 〈P.S. I Love You〉나 〈Ask Me Why〉보다 〈Love Me Do〉를 유력한 후보로 점찍었다. EMI 관계자 한 명은 이렇게 말했다. "갑자기 거친 소리가 들렸는데, 그게 머릿속 깊은 곳까지 울리는 느낌을 받았다."[4] 〈Love Me Do〉는 1958년, 폴이 버디 홀리의 영향을 받아 만든 곡이다.

이번 녹음 세션을 준비하며 그 곡을 다시 꺼내든 폴은 존의 도움을 받아 브리지 구간("Someone to love…")을 새로 만들었고, 블루스풍의 하모니카 리프도 더했다. 원래는 좀 더 경쾌하고 팝송다운 분위기의 곡이었지만, 존과 폴은 1958년 이후에 자신들이 흠뻑 빠졌던 온갖 음악적 경험을 녹여냈다. 흑인 R&B 특유의 거칠고 투박한 질감도 들어 있었다.

엔지니어들이 마틴을 불렀고, 그는 비틀스가 눈치채지 못한 사이 컨트롤 룸에서 그들을 지켜보았다. 마틴 역시 동료들과 마찬가지로 〈Love Me Do〉를 선택했다. 그는 레넌의 하모니카가 단조로운 리듬을 거칠게 파고드는 점이 마음에 들었다.

하지만 한 가지 문제가 눈에 띄었다. 그들의 노래는 존이 먼저 도입부를 부르고 폴이 거기에 화음을 얹는 방식이었는데, 에벌리 브라더스를 연상케 하는 스타일이었다. 특히 길게 끌며 애타게 부르는 "please" 부분이 그랬다. 이어서 존이 후렴구("Love me do…")를 단독으로 불렀고, 그 덕분에 해당 구절이 돋보였다. 문제는 곧바로 하모니카 리프를 연주해야 했다는 점이었다. 노래를 끊고 하모니카로 들어갈 때의 전환이 부자연스러웠다. 마틴은 컨트롤 룸에서 내려와 젊은이들에게 자신을 소개했다. 그리고 후렴구는 매카트니가 부르는 편이 좋겠다고 제안했고, 존과 폴은 동의했다. 매카트니는 처음엔 겁을 냈어도 잘 해냈다.

조지 마틴과 비틀스가 처음으로 직접 교류한 이 순간은, 이후 비틀스 음악에 반복적으로 등장하며 그들의 음악적 개성을 규정짓는 중요한 특징 중 하나로 이어진다. 바로 레넌과 매카트니가 서로 보컬 라인을 바꿔 부르는 방식이다. 존과 폴은 팝 가수치고는 둘 다 놀라울 만큼 넓은 음역대를 가졌지만, 존은 낮은 음역에서 더 자연스러웠고, 폴은 높은 음역이 더 편했다. 그래서 두 사람이 화음을 넣을 때는 거의 언제나 폴이 높은 파트를 맡았다.

⟨Love Me Do⟩는 폴이 쓴 곡이지만 "Love me do" 후렴이 비교적 낮은 음역으로 설정되어, 레넌이 리드 보컬을 맡았을 것이다. 하지만 하모니카가 레넌이 맡은 악기라서 문제가 생겼다. 그들은 조지 마틴이 지적하기 전까지 이 문제를 그냥 넘겼던 것으로 보인다. 그들은 리드 보컬이 노래 속 화자, 즉 '나'의 역할을 하는 이상, 중간에 다른 사람과 자리를 바꾸는 건 어색하다고 느꼈을지도 모른다. 하지만 마틴은 그런 1인칭의 일관성 따위에는 개의치 않았다. 그렇다면 그들 역시 굳이 그럴 필요가 있었을까?

그때부터 존과 폴은 멜로디가 각자의 음역대를 넘나들 때, 종종 노래 속 화자의 목소리를 서로 바꿔 부르기 시작했다. 예를 들어 ⟨A Hard Day's Night⟩에서는 존이 도입부("I've been workin' like a dog")를 부르고, 브리지("When I'm hooome…")에서는 폴이 바통을 이어받는다. ⟨Any Time at All⟩과 ⟨I Don't Want to Spoil the Party⟩에서도 마찬가지다.

기술적인 필요성에서 비롯된 이 방식은, 두 사람이 하나의 '나', 하나의 의식을 공유하는 듯한 독특하고 짜릿한 미학적 효과를 만들어냈다. 이는 비틀스 특유의 끈끈한 동료애를 드러내는 표현이 되었고, 동시에 두 사람이 서로의 주관 속을 자유롭게 넘나드는 모습을 떠올리게 했다. 우리가 가까운 사람의 목소리를 자기 안에 내면화하듯 말이다. 존과 폴은 ⟨We Can Work It Out⟩에서 이 가능성을 실험했고, ⟨A Day in the Life⟩에서는 그 정점을 보여 주었다.

녹음 세션이 끝나자 비틀스는 컨트롤 룸으로 올라오라는 제안을 받았다. 그곳은 일종의 권력을 의미하는 장소였다. 그들은 온갖 기계들 사이에서 마틴과 그의 팀원들과 함께 비좁게 서 있었다. 녹음한 테이프를 들려준 뒤, 마틴은 스튜디오 녹음의 기술적 측면에 대해 장황한 설명을 이어 갔다. 마침내 설명을 마친 그는 마음에 들지 않는 점이 있는지 물었다. 그때 해리슨이 대답했다. "있어요. 당신 넥타이가 마음에 안 들어요." 잠시 정적이 흘렀고, 이내 모두가 웃음을 터뜨렸다. 마틴 역시 웃었다.

그는 비틀스의 음악에 압도되지는 않았지만, 이 젊은이들의 매력에는 금세 빠져들었다. "그들에겐 카리스마가 있었다.[5] 함께 있으면 기분이 좋아지고, 왠지 행복해진다는 느낌이 들었다. '나한테 이런 영향을 주는 사람들이라면, 분명 관객에게도 같은 영향을 줄 거야.'라고 생각했다."

비틀스가 떠난 뒤, 마틴은 자신도 모르게 흥미를 느낀 이 문제에 대해 곰곰이 생각에 잠겼다. 드러머는 실력이 부족하다고 느꼈지만, 나머지 멤버의 연주는 제법 괜찮았고, 적어도 두 명은 보컬 실력이 뛰어났다. 마틴은 당시 EMI에서 자신보다 더 성공한 라이벌 프로듀서 노리 파라모어Norrie Paramor가 만든 클리프 리처드와 섀도스의 히트곡들을 부러워했다. 훗날 그는 이렇게 회고했다. "계속 생각했다.[6] '존 레넌과 비틀스인가, 아니면 폴 매카트니와 비틀스인가?' 조지가 아니라는 건 확실했다." 결정을 내릴 수 없었던 마틴은 오히려 그것을 장점으로 삼기로 했다. 비틀스는 어떤 틀에도 딱 들어맞지 않았지만, 그것이야말로 마틴이 팔로폰 레코드에서 쌓은 경력의 핵심이 아니었던가? 그는 언제나 재능 있는 아웃사이더들에게 보금자리를 제공해 왔으니까.

다만 마틴은 비틀스에게 다른 곡을 찾아 주고 싶었다. 그 세션에서 녹음된 곡들 중 히트할 만한 노래는 없다고 생각했고, 레넌-매카트니의 자작곡들 역시 크게 끌리지 않았다. 그는 싱글로 낼 만한 곡을 찾아보라고 비서에게 지시했다. 〈Love Me Do〉는 B면에 넣으면 될 터였다.

존과 폴은 자신들이 들려준 자작곡들에 대해 조지 마틴의 반응이 미적지근하다는 것을 눈치챘고, 첫 음반에는 반드시 자신들의 곡을 실어야 한다는 결심으로 작업에 들어갔다. 런던에서 돌아온 지 48시간도 채 되지 않아, 존은 새 노래를 완성했다. 그 곡이 바로 〈Please Please Me〉였다. 이 곡은 미미 이모 집의 남는 방에서 만들기 시작해, 폴의 집 거실에서 농담도 하고 장난도 치며 마무리했다.[7] 처음엔 로이 오비슨^{Roy Orbison} 스타일의 발라드였다. 오비슨은 미국의 가수로, 떨리는 듯한 테너 음색으로 연약함과 반항심이 뒤섞인 감정을 전달했다. 그의 대표곡 〈Crying〉은 점점 고조되어 마침내 절정의 구절과 음으로 치달으며, 듣는 이의 마음을 꿰뚫었다. 〈Please Please Me〉도 노래 제목과 똑같은 가사 부분에서 멜로디가 절정을 이룬다. 레넌이 미미 이모의 집에서 작곡한 부분이다. 그 절정의 순간 "…like I please you"라는 가사를 통해, 이 노래가 일방적인 감정이 아닌 상호 간의 사랑에 관한 노래라는 사실이 드러난다.

이후 몇 년 동안 레넌이 쓴 사랑 노래에는 이렇게 상대에 대한 서운함의 감정이 반복해서 나타난다. 이 곡처럼 은근하게 표현되기도 하고, 때로는 분노에 가까운 정서로 드러나기도 한다. 〈Please Please Me〉에 영감을 준 또 다른 요소는, 존이 태어나기도 전에 발표된 빙 크로스비의 히트곡 〈Please〉였다. 어린 시절 존의 어머니 줄리아가 밴조와 우쿨렐레로 그에게 연주법을 가르쳐 준 노래였다.

여름 내내 비틀스는 EMI의 소식을 기다리며 애매한 상태에 놓여 있었다. 공연 일정은 여전히 바빴고, 음반 계약을 맺은 밴드라는 사실 덕분에 관객들의 반응도 한층 뜨거워졌다. 바로 이 시기에 존과 폴, 조지는 피트 베스트를 밴드에서 내보내기로 결정했다. 마틴은 피트 베스트의 연주 실력이 부족하다는 점을 엡스타인에게 분명히 밝혔고, 녹음할 때는 세션 드러머를 쓰겠다고 했다.

　로리 스톰 앤 더 허리케인스의 드러머 링고 스타는 베스트가 자리를 비웠을 때 가끔 비틀스와 함께 연주했다. 함께 연주하면서 존, 폴, 조지는 어렴풋이 느꼈던 사실을 확신했다. 링고가 훨씬 뛰어난 드러머라는 사실 말이다. 기술적인 완성도는 물론 감각 면에서도 베스트를 앞서 있었다. 그리고 비틀스는 단지 그와 연주하는 것만을 좋아한 게 아니라, 링고라는 사람 자체를 정말 좋아했다. 스타는 해리슨처럼 말수가 적었지만, 자신만의 독특한 유머 감각을 지니고 있었다. 취향은 분명했지만 고집을 부리는 일은 없었고, 언제나 기꺼이 동료들을 뒷받침해 주었다.

　스타를 제외한 나머지 세 명은 모두 그래머 스쿨 출신이었고, 특히 레넌과 매카트니는 자신들의 문화적 소양에 강한 자부심을 갖고 있었다. 스타는 멤버들 가운데 가장 가난한 환경에서 자랐다. 어린 시절 내내 위장 질환으로 병원을 자주 들락거리기도 했다. 집에서도 거의 누워서 지냈으며, 때로는 생명이 위태로운 상황에 놓이기도 했다. 그 탓에 학업에는 큰 지장이 있었지만, 총명함이나 재치만큼은 누구에게도 뒤떨어지지 않았다.

엡스타인은 처음에는 베스트를 계속 데리고 가고 싶어 했고, 링고 스타에 대해서는 그다지 내켜 하지 않았다. "그는 좀 시끄러웠다."[8]라고 말한 적이 있는데, 그 말은 세련되지 못하고 노동자 계급이라는 티가 난다는 의미였다. 하지만 나머지 멤버들은 강하게 밀어붙였다. 링고를 설득하는 데는 그리 오래 걸리지 않았다. 그는 곧 모두를 단단히 붙들어 주는 버팀목 같은 존재가 되었다. 자존심을 내려놓고 공동의 이익을 위해 기꺼이 한발 물러설 줄 아는 멤버였고, 고집이 세고 자기주장이 강한 이들 사이에서 꼭 필요한 안정감을 제공해 주는 존재가 되었다.

그러나 학생 때부터 알고 지내며 지난 4년간 수많은 일을 함께 겪은 친구들 사이에 자연스럽게 스며드는 일이 그리 간단할 리는 없었다. 훗날 링고는 동등한 구성원으로 받아들여졌다고 느끼기까지 꽤 오랜 시간이 걸렸다고 털어놓았다.

피트에게 소식을 전하는 일은 사실상 밴드의 리더였던 존이 맡을 법했다. 하지만 존은 차마 직접 말을 꺼낼 수 없었고, 다른 멤버들 역시 그 일을 맡고 싶어 하지 않았다. 훗날 조지는 이렇게 회상했다. "우리는 감정적인 부담을 감당할 수가 없어서 브라이언 엡스타인에게 가서 말했다.[9] '당신이 매니저니까, 당신이 하세요.'라고 말이다." 그해 8월, 엡스타인은 피트에게 면담을 요청해 소식을 전했다. 피트는 큰 충격을 받았고 깊은 상처를 입었지만, 일은 그렇게 정리되었다.

8월 초, 존의 여자친구 신시아는 자신이 임신했다는 사실을 알아차렸다. 그녀는 그 소식을 전했을 때를 이렇게 회상했다. "존의 얼굴에서 핏기가 사라지고, 눈에는 불안과 두려움이 가득 서렸어요.[10] 한참 말을 잇지 못하더니 마침내 이렇게 말했죠. '방법은 하나뿐이야, 신. 우리 결혼해야 해.'라고요." 레넌은 이제 막 손에 닿을 듯했던 꿈이 눈앞에서 멀어지고 있다고 느꼈다. 아이까지 있는 기혼 팝 스타라니, 상상조차 할 수 없는 일이었다. 그런 점에서 비록 낭만적인 분위기라고는 전혀 없었지만 그가 청혼을 했다는 사실 자체는 상당한 결단의 표현이었다. 8월 23일, 존과 신시아는 아주 간소하게 결혼식을 올렸다. 결혼에 반대했던 미미 이모는 참석하지 않았다. 두 사람은 폴크너 스트리트 시내에 있는 엡스타인의 아파트로 이사했고, 엡스타인은 이들이 집을 마련할 형편이 될 때까지 그곳을 내어 주었다.

같은 달에 엡스타인은 〈How Do You Do It〉이라는 곡의 데모가 담긴 아세테이트 음반을 받았다. 작곡가 미치 머리^{Mitch Murray}가 팔로폰 레코드에 들고 온 곡이었다. 조지 마틴은 이 노래가 비틀스의 싱글 A면에 어울릴 수 있다고 판단했고, 이 계획을 팔로폰 레코드에서 음반을 낸 적 있는 전직 가수이자 음악 출판업자인 딕 제임스^{Dick James}에게 알렸다.

대머리에 안경을 쓴 삼십 대의 제임스는 가수 활동을 접고 음악 출판업에 뛰어든 인물로, 보기 드물게 음악에 진정한 열정을 가진 사람이었다. 마틴이 리버풀 출신 밴드에 대해 이야기하자, 제임스는 믿기 어렵다는 듯 말했다. "리버풀이라고요? 농담이죠?"[11] 마틴은 그들의 이상한 이름을 일일이 철자까지 불러 줘야 했다. 한편 〈How Do You Do It〉의 작곡가 머리는 어떤 그룹이 자신의 곡을 녹음할 거라는 말을 처음 들었을 때, 제대로 이해하지 못했다. "그룹이라니, 그게 무슨 말이죠?"[12] 결국 딕 제임스가 노래도 부르고 연주도 함께 하는 사람들이라고 따로 설명해 줘야 했다.

음반을 내 본 적 없는 팝 아티스트들은 보통 시키는 대로 해야 했다. 하지만 비틀스는 이런 점에서도 달랐다. 그들은 데모곡을 듣고 충격을 받았다. 폴은 "우린 그 곡이 정말 싫었다."[13]라고 말했다. 〈How Do You Do It〉은 형편없는 곡이 아니었다. 오히려 레넌과 매카트니가 초기에 썼을 법한 곡이기도 했다. 하지만 바로 그 점이 그들이 이 노래를 싫어한 이유였다.

이미 R&B의 영향으로 취향이 완전히 달라진 그들의 귀에 〈How Do You Do It〉은 지나치게 귀엽고, 지나치게 백인 음악처럼 들렸다. 폴은 이렇게 말했다. "우린 우리만의 스타일, 그러니까 함부르크와 리버풀에서 우리를 알린 비틀스만의 스타일을 잡아 가는 중이라고 느끼고 있었다. 그런데 갑자기 평범한 기성 밴드가 되어 그걸 망치고 싶지 않았다." 지금이야 팝 아티스트가 자신의 음악적 본능에 충실하려는 태도가 낯설지 않지만, 당시만 해도 그런 자세는 매우 이례적이었다. 그러나 레넌과 매카트니는 무無에서 자신들만의 예술적 진정성을 만들어 냈다.

그렇다고 해서 그 곡을 단칼에 거부하는 것은 경솔한 일이었다. 9월 4일로 예정된 두 번째 녹음 세션을 앞두고, 존과 폴은 최소한 그 노래를 비틀스만의 것으로 만들어 보려는 의지를 보였다. 두 사람은 새로운 인트로를 만들고, 몇몇 코드 진행을 바꿔서 곡이 덜 가볍게 들리도록 바꿨다. 매끄럽게 다듬기보다는 오히려 일부러 거칠게 손질한 셈이었다. 새로운 세션을 위해 EMI에 도착한 그들은 〈How Do You Do It〉과 자신들이 쓴 다섯 곡을 조지 마틴에게 들려주었다. 그

Please
please me,

whoa yeah
like
I please
you

Last night
I said these
words

to

my girl

중에는 존이 쓴 발라드 〈Please Please Me〉도 포함되었다. 〈How Do You Do It〉이 유일한 자작곡이 아니었다는 사실은, 그들이 얼마나 강하게 자작곡 녹음을 밀어붙였는지를 보여 준다. 하지만 마틴은 자작곡들에 큰 감명을 받지 못했고, 오히려 그들이 손 본 머리의 곡을 더 만족스러워했다.

비틀스는 자신들의 불만을 직접 조지 마틴에게 전달하기로 했다. 대변인은 레넌이었다. 훗날 그가 기억한 만큼 정말로 단호했는지는 알 수 없지만, 당시로서는 꽤 용기 있는 행동이었다. "우리는 '그런 쓰레기를 내느니 계약 따윈 없던 걸로 하는 게 낫습니다!'라고 말했다."14 마틴은 물러서지 않았다. 그러나 약 일주일 뒤, 그는 결국 〈Love Me Do〉를 A면 싱글로 결정했다. 비틀스는 마틴이 겸손하게 한 발 물러선 것이라고 여겼지만, 사실 그는 그렇게 하지 않을 수 없는 처지였다. 아드모어 앤 비치우드 측에서 A면에 자신들이 판권을 가진 곡이 실리길 원했기 때문이다.

머리와 그의 음악 출판사는 〈How Do You Do It〉 같은 곡이 B면으로 밀리는 상황을 납득하지 못했다. 결과적으로, 싱글에는 레넌-매카트니 자작곡 두 곡이 실렸다. 비틀스는 세 번째 녹음을 위해 다시 애비로드 스튜디오로 돌아갔다.

그들은 〈Love Me Do〉를 다시 녹음했고, 〈P.S. I Love You〉도 녹음했다. (링고에게는 다소 속상한 일이었지만, 마틴은 그를 막 알게 된 참이라 아직 확신이 없었고, 그래서 세션 드러머 앤디 화이트Andy White가 드럼을 맡았다). 이렇게 해서 마침내 비틀스의 첫 싱글을 완성했고, 발매일도 정해졌다. 10월 5일, 금요일이었다.

이제 존과 폴은 비틀스의 미래를 좌우할 중요한 결정을 내렸다. 지금까지 비틀스는 비즈니스 측면에서 하나의 공동체처럼 운영되었고, 공연 수익도 네 명이 똑같이 나눠 가졌다. 하지만 이제 레넌과 매카트니가 쓴 곡이 실린 싱글을 발매할 예정이었고, 두 사람은 아드모어 앤 비치우드로부터 〈Love Me Do〉와 〈P.S. I Love You〉에 대한 출판 계약서를 받았다. 브라이언 엡스타인은 폴크너 스트리트의 아파트에서 존과 폴에게 그 계약서를 보여 주었다. 그는 표준 조항들에 한 가지를 추가했다. 악보, 음반, 홍보물 등 어떤 매체에서든 반드시 'LENNON/MCCARTNEY'라는 이름을 표기하도록 하는 조항이었다.

　이로써 비틀스에는 두 갈래의 수익 흐름이 생겼다. 하나는 그룹 전체에 돌아가는 수익, 다른 하나는 레넌과 매카트니에게 귀속되는 작곡 수익이었다. 존과 폴은 누가 먼저 곡을 떠올렸는지에 상관없이 그 수익을 50 대 50으로 나누기로 합의했다. 이 결정은 두 사람이 십 대 시절, 창작을 향한 열정이 한창 타오르던 시기에 나누었던 약속을 공식화하는 일이었다. 이제 둘은 법적으로도 하나로 묶이는 데에 동의한 것이다.

　폴크너 스트리트에서 나눈 대화는 곧 발매할 싱글을 넘어 더 먼 미래를 향하고 있었다. 그 자리에서 세 사람은 브라이언 엡스타인이 앞으로도 비틀스 전체는 물론 레넌과 매카트니 개인의 매니저이자 에이전트 역할을 계속 맡는 데 합의했고, 이를 위한 별도의 계약을 맺기로 했다.

　이제 존과 폴은 그룹 안의 또 다른 그룹이 되었다. 개인적인 면에서는 예전부터 그랬지만, 이제는 경제적인 면에서도 나누어진 것이다. 이 결정에는 어느 정도 냉정함이 필요했다. 조지는 종종 곡에 아이디어를 보탰고, 그가 이 작곡 파트너십에서 제외되어야 할 분명한 이유가 있었던 것도 아니었다. 훗날 폴은 이렇게 회고했다. "조지를 작곡 팀에 포함하는 것도 하나의 선택지였다.[15] 어느 날 아침, 존과 함께 울턴 교회를 지나서 걸어가며 이런 이야기를 나눴던 기억이 난다. '조지에게 너무 야박하게 굴고 싶지는 않지만, 우리 셋이 함께 쓰는 게 좋을까? 아니면 그냥 심플하게 가는 게 나을까?' 결국 그냥 우리 둘이서만 하기로 했다."

두 사람이 처음 만났던 장소를 지나면서 나눈 그 대화가 결정적이었다. 이제 존과 폴은 함께 곡을 써야 할 분명하고도 강력한 경제적 이유가 생겼다. 이로써 두 사람은 한계가 없는 창작의 세계로 들어갔다. 이렇게 전문적인 협업으로 묶인 동반자 관계는 두 사람의 개인적 유대를 한층 굳건하게 만들었고, 비틀스가 자신들에게 의지한다는 인식을 더욱 강화했다. 이 두 번째 계약의 내용이 조지와 링고에게도 전해졌는지는 분명하지 않다. 다만 조지는 그 계약이 불러온 변화를 분명히 감지했다. 그는 이 시기를 회상하며 이렇게 말했다. "그때부터 존과 폴에게는 '우리가 중심이니까, 너희 둘은 지켜보기나 해.'라는 식의 태도가 생겼다."[16]

마틴의 우려와 달리 〈Love Me Do〉는 나름대로 성과를 거두었다. 몇 달간 차트 50위권 중반에 머무르며 꾸준한 반응을 얻은 것이다. 그동안 비틀스는 숨 돌릴 틈도 없이 빽빽한 일정을 소화했다. 11월, 그들은 스타 클럽에서 예정된 두 차례의 2주짜리 공연 가운데 첫 번째 공연을 위해 다시 함부르크로 향했다(그 무렵에는 무려 리틀 리처드도 공연 중이었다). 두 차례의 공연 사이에는 잠시 런던으로 돌아와 두 번째 싱글을 녹음했다. 이번에는 마틴과 비틀스 모두 어떤 곡을 선택할지에 관한 의견이 일치했다.

EMI에서 진행된 두 번째 세션에서 존과 폴은 〈Please Please Me〉의 원래 버전, 그러니까 로이 오비슨 스타일의 곡을 마틴에게 들려준 적이 있었다. 마틴은 그 곡이 지루하다고 느꼈지만, 속도를 올리면 괜찮아질지도 모르겠다고 제안했다. 그 세션 이후 레넌과 매카트니는 보다 에너지 넘치는 편곡 작업에 들어갔다. 마틴은 새로운 버전의 데모를 듣고는 크게 만족했고, 이후 스튜디오에서 밴드와 함께 곡을 다듬기 시작했다. 리드 기타로 시작하는 도입부의 리프에 맞춰 존이 동일한 멜로디를 하모니카로 겹쳐서 연주해 그 효과를 강조했다. 〈Love Me Do〉와의 연속성을 의식한 장치였다.

긴장되고 지루했던 이전 세션들과 달리, 이번 세션은 마틴의 기억에 따르면 '기쁨 그 자체'였다. 세션이 끝났을 때 그는 약간의 극적인 연출을 자처했다. 컨트롤 룸에서 인터폰을 통해 비틀스에게 말을 건넨 것이다. 멤버들에게 그 말은 하늘에서 내려온 신의 예언처럼 들렸을지도 모른다. "신사 여러분, 방금 여러분은 첫 번째 1위곡 음반을 만들었습니다."[17]

만약 존과 폴이 〈Love Me Do〉와 비슷한 수준의 곡들만 이어서 발표했다면, 비틀스는 히트곡을 한두 개 더 낸 뒤에 지역 밴드 수준에 머물렀을지도 모른다. 하지만 그들은 거기서 훌쩍 도약했다. 자신들의 기준은 물론, 주변 모든 이의 기대치를 뛰어넘은 것이다. 〈Please Please Me〉는 조급하고, 욕망이 넘치며, 장난기 가득하고, 상대를 다그치는 듯한 노래다. 첫 소절에서 존은 음을 아래로 떨어뜨리며 부르고, 폴은 가장 높은 음에 머문다. 에벌리 브라더스의 〈Cathy's Clown〉에서 배운 기법이었다. 관객들은 컨트리풍 팝이나 보컬 그룹의 곡을 통해 화음을 들은 적이 있지만, 이런 식의 화음은 처음 접하는 것이었다. 가사 역시 신선하게 들렸을 것이다.

첫 소절("Last night I said these words to my girl")은 일종의 프레이밍 장치로, 화자가 자신의 이야기를 우리에게 들려주는 방식이다. 이어서 레넌이 던지는 나무람, 혹은 화자가 여자친구에게 그렇게 말했다고 회상하는 부분은 거의 충격적일 만큼 직설적이다. 여자친구가 아무런 노력조차 하지 않는다는 것이다. 그 말은 다정하진 않지만, 솔직하고 진심 어린 느낌을 준다. 게다가 음악의 황홀하고 탄력 있는 리듬 덕분에 그 말에 담긴 공격성도 어느 정도 누그러진다.

이 노래는 일단 한번 청자를 붙잡으면 좀처럼 놓아 주지 않는다. 1절 첫 줄 끝에서 자칫 흥미가 떨어질 수도 있는 지점을 강렬한 세 단계의 전환 구간이 채워 주며, 곧바로 다음 줄로 힘차게 이어진다. 1절에서 프리코러스로 넘어가는 순간, 예상치 못한 코드들이 툭툭 튀어나오고, 레넌은 성적인 좌절감과 능청스러운 유머가 묘하게 뒤섞인 "Come on"을 으르렁대듯 외치며 정신없이 청자를 사로잡는다. 링고는 거칠고 느릿하게 드럼 롤을 치고, 폴과 조지는 존과 콜 앤 리스폰스 형식으로 가사를 주고받는다.

이 부분에서 쌓인 긴장감은 레넌이 두왑 스타일의 팔세토로 부르는, 제목과 똑같은 가사의 두 번째 단어—"Please please me, whoa yeah"—에서 풀린다. 미들에잇 Middle eight (8마디짜리 중간 구간)은 여성 그룹의 분위기를 풍긴다. 첫 번째 줄의 마지막 세 단어("in my heart")에서 폴과 조지가 타이밍을 맞춰 들어오며 하모니를 이루고, 이어지는 "with you"에서는 다시 한 번 팔세토로 치솟는다. 여기에 한 마디가 더해지면서 이 중간 구간은 '미들에잇'이 아니라 '미들나인'이 된다. 형식에서는 벗어났지만, 오히려 완벽하게 어울린다. 매카트니의 베이스는 아래에서 곡을 단단히 떠받친다. 그는 중간 구간에서 보컬이 위로 올라갈 때 음계를 따라 아래로 내려오는데, 이는 그의 대위법적 감각을 보여 주는 초기 사례라 할 수 있다.

〈Please Please Me〉는 매카트니가 파트너의 곡에 자신만의 색을 더한 대표적인 예시다. 그의 편곡 능력, 보컬, 연주 실력이 더해지며 다소 감상적이고 불만 섞인 발라드는 기쁨을 실은 순항 미사일로 변모했다. 노래는 레넌이 자신은 제 할 일을 다했다는 메시지—"like I please you, oh yeah"—를 반복하며 끝난다. 마지막 팔세토 "you"와 함께 우리는 한 번 더 휘몰아치는 듯한 회전을 경험하면서 이 이야기가 시작된 지 채 2분도 되지 않아 노래 밖으로 내던져진다.

이 노래는 과학자들이 '상전이'라고 부르는 현상을 잘 보여 준다. 끓는 물이 어느 순간 갑자기 수증기로 변하듯, 일정 시간이 흐르며 쌓인 변화가 임계점에 도달해 한순간에 터져 나오는 것이다. 비틀스는 함부르크에서 한 차례 상전이를 겪었고, 〈Please Please Me〉는 또 다른 상전이였다.

그들은 이 곡을 녹음하기 전까지 남의 곡을 연주하며 열광적인 라이브 공연을 펼치는 밴드였지만, 스튜디오에서는 그 에너지를 제대로 담아내지 못했다. 하지만 〈Please Please Me〉를 계기로 작곡, 공연, 녹음이 매끄럽게 맞물려 돌아가는 새로운 구조가 자리 잡기 시작했다. 〈Love Me Do〉는 변화의 조짐을 보여 주긴 했지만, 곡 자체는 끓기 직전까지만 올라갔다가 끝내 끓어 넘치지는 못했다.

반면 〈Please Please Me〉는 클라이맥스의 연속이다. 하모니카가 전하는 도입부의 분명한 메시지, 첫 화음, 콜 앤 리스폰스, 후렴구의 달콤한 해방감, 그리고 마지막의 "oh yeah"까지. 이 곡에는 빙 크로스비, 에벌리 브라더스, 리틀 리처드, 여성 그룹, 모타운의 요소가 모두 담겼지만, 짜깁기한 느낌은 나지 않는다. 오히려 비틀스라는 그룹이 가진 고유한 개성이 그 모든 요소를 하나로 엮어, 완전히 자신들만의 곡으로 만들었다.

마틴의 추천으로 〈Please Please Me〉와 그 B사이드 곡 〈Ask Me Why〉의 출판 권리는 아드모어 앤 비치우드가 아니라 딕 제임스에게 넘어갔다. 제임스는 곧바로 자신의 마케팅 능력을 입증해 보였다. 엡스타인 앞에서 직접 전화를 걸어, 비틀스를 그들의 첫 전국 TV 프로그램인 《땡크 유어 럭키 스타스*Thank Your Lucky Stars*》에 출연시키는 데 성공한 것이다.

1963년 초, 영국은 혹독한 겨울을 겪었다. 비틀스는 공연을 위해 이곳저곳을 돌며 얼어붙은 밴 안에서 지냈고, 서로 몸을 포개 누워 서로의 체온으로 추위를 견뎠다. 2월 말, 그들은 다시 캐번 클럽으로 돌아왔다. 그곳에서 한 통의 전보를 받았고, 마틴의 예언이 현실이 되었음을 알게 되었다. 〈Please Please Me〉가 1위를 차지한 것이다. 밥 울러가 이 소식을 관객들에게 전했을 때 돌아온 반응은 침묵이었다. 단골 중 한 명은 이렇게 회상했다. "모두 충격을 받았어요.[18] 우리에겐 그걸로 끝이었죠. 이제 예전처럼 그들을 가까이에서 볼 수 없을 테니까요."

　캐번 클럽 관객들의 진단은 정확했다. 무언가가 끝나는 순간이었다. 이후로도 비틀스는 1963년 한 해 동안 캐번 클럽 무대에 몇 차례 더 올랐다. 하지만 겨우 5년 전에 두 사람의 만남으로 생긴 연결고리는 이제 더 이상 지하에 머물 수 없는 강력한 힘으로 성장했다. 레넌-매카트니 오리지널 곡들은 이제 더 이상 비틀스 활동의 주변부에 머무르지 않고 중심으로 들어왔다.

8

SHE LOVES YOU

SHE LOVES YOU

1963년 초, 비틀스는 리버풀 최고의 밴드였다. 하지만 그해를 마무리할 무렵, 그들은 1위 싱글 네 곡과 1위 앨범 두 장을 발표한 영국 팝 역사상 가장 성공한 팝 스타가 되었다. 비약적인 상승세였지만, 단번에 이루어진 일은 아니었다. 〈Please Please Me〉의 차트 성적이 점차 오르는 동안, 비틀스는 그 어느 때보다 강도 높은 투어를 소화하고 있었다. 1월과 2월에는 스코틀랜드에서 일주일간 공연했고, 버밍엄, 맨체스터, 런던을 오가며 BBC 라디오와 TV 방송 녹화에도 참여했다. 또 십 대 팝 스타 헬렌 샤피로 Helen Shapiro가 헤드라이너로 나선 패키지 투어에 합류해 잉글랜드 전역을 돌았다. 그들은 해안 도시의 무도회장, 극장, 영화관 무대에 올랐다. 길고 산만하고 즉흥적이던 무대는 이제 끝났다. 대신 30분 남짓한 세트를 하루에 두세 차례씩 소화하는 효율적인 공연 방식으로 바뀌었다.

존과 폴은 정신없는 일정 속에서도—아니, 어쩌면 바로 그 덕분에—그 어느 때보다도 많은 곡을 썼다. 그들의 협업에 결정적인 요소로 작용한 것은 두 사람이 언제나 같은 공간에 함께 있다는 점이었다. 예전에는 머지사이드주 일대의 공연장을 돌고, 공연이 끝나면 각자 집으로 돌아가곤 했다. 이제는 늘 이동 중이거나 호텔에 머무는 생활을 하고 있었다. 존과 폴은 호텔 방, 분장실, 밴이나 관광버스 등 함께 있는 시간 동안 머릿속에 떠오른 멜로디나 가사를 서로에게 들려주며, 자연스럽게 상대의 도움을 받아 곡을 완성해 나갔다. 그런 식으로 두 사람의 작곡 파트너십은 본격적으로 불붙기 시작했다.

흔히 복잡한 기술을 익히려면 수년간의 연습이 필요하다고들 생각한다. 하지만 레넌과 매카트니가 가다 서다를 반복하며 쌓아 온 작곡 경험은, 그와는 다른 방식도 가능하다는 사실을 보여 준다. 만약 그들이 처음부터 창작의 결과물에만 집중하고, 다양한 영향을 흡수하는 데 시간을 들이지 않았다면, 오히려 표현의 폭이 좁아졌을지도 모른다.

그들에게는 다른 아티스트들의 곡을 깊이 듣고, 배우고, 연주하며 보낸 시간이 있었다. 그런 시간이 있었기에 자신들만의 곡을 쓸 수 있는 충분한 동기와 기회를 얻고, 그 무렵에는 팝 음악의 뻔한 전형들—멜로디든 가사든—을 깊이 이해했다. 그들은 그런 전형들을 사랑했지만, 동시에 그것을 거꾸로 비틀고 새롭게 바꾸는 데에도 열정을 보였다. 그래서 그들의 노래는 늘 신선하고, 예상을 벗어나며, 도저히 무시할 수 없을 정도로 강렬하게 다가왔다. 그들은 음악에 대한 아이디어로 충만했고, 곡의 모든 부분에 대한 아이디어 역시 넘쳐흘렀다. 도입부를 어떻게 시작할지, 어떻게 하면 도입부에서 코러스로 자연스럽게 넘어갔다가 다시 돌아올 수 있을지, 어떻게 하면 극적인 클라이맥스를 만들거나 반짝이는 중간 구간을 구성할 수 있을지, 보컬 하모니는 어떻게 짤지 등을 구상했다.

그들은 아이디어를 놀라울 만큼 빠르게 발전시켰다. 〈From Me to

You)는 투어버스를 타고 요크에서 슈루즈베리로 가는 길에 만들어졌다. 훗날 레넌은 당시를 이렇게 회상했다. 그들은 기타를 퉁기며 장난을 쳤고, 그중 한 명이 멜로디 한 소절을 떠올렸다. 이어서 존이 도입부 가사를 내놓았다. 슈루즈베리에 도착할 즈음에는 이미 곡이 완성돼 있었다. 두 사람의 작업 방식은 보통 이런 식이었다. 그들은 마치 몽상에 잠긴 것처럼, 아무런 목적도 없는 듯한 상태에서 기타를 퉁기고 이런저런 잡담을 주고받다가, 아이디어의 원석 하나가 떠오르면 그 순간부터 곧바로 작업에 들어갔다. 그들의 창작 세계는 여러 차원이 겹쳐진 공간이었다. 사적인 것과 비즈니스적인 것, 의식적인 생각과 무의식적인 흐름이 뒤섞여 있었다. 그들은 손에 잡히는 모든 것을 재료로 삼았고, 특히 신문과 잡지에서 아이디어를 자주 끌어왔다. 그런 자료들은 때때로 두 사람의 의도와는 상관없이 노래 속으로 스며들었다.

레넌은 〈From Me to You〉가 발표된 뒤, 자신과 폴이 그 제목을 어떻게 떠올렸는지 기억조차 나지 않는다고 말했다. 그러던 어느 날, 그는 《뉴 뮤지컬 익스프레스*New Musical Express*》를 집어 들었고, 그곳의 독자 편지란에 'From You to Us'가 실려 있었다. 그제야 그는 〈From Me to You〉를 만들던 날, 관광버스 안에 그 잡지가 있었다는 사실을 떠올렸다.

〈Please Please Me〉가 1위에 오르기도 전에, 조지 마틴은 비틀스의 앨범을 제작하기로 결심했다. 비틀스는 투어를 잠시 멈추고, 캐번 클럽에서 다듬은 레퍼토리 가운데 열 곡을 골라 녹음하기로 했다. 일정상 더 이상 시간을 낼 수 없었기 때문에 그들은 2월 11일 하루 동안 모든 곡을 녹음해야 했다. 오전 10시에 시작한 마라톤 세션은 밤 11시가 다 되어서야 끝났다. 새로 녹음한 곡 가운데 네 곡은 자작곡이었고, 그중 〈I Saw Her Standing There〉를 앨범의 첫 번째 곡으로 선택했다.

폴은 1962년 10월 22일, 공연을 마치고 집으로 돌아가는 길에 이 곡의 멜로디를 떠올렸다. 며칠 뒤 그는 당시 사귀던 여자친구 중 한 명인 셀리아 모티머Celia Mortimer와 함께 런던으로 당일치기 여행을 떠났다. 셀리아는 그들이 런던의 광장들을 거닐 때, 폴이 이런저런 가사를 떠올리고 있었다고 회상했다.[1] 폴은 존에게 곡을 가져갔고, 두 사람은 포슬린 로드 20번지 거실에서 함께 곡을 완성했다. 원래 두 번째 줄의 가사는 "never been a beauty queen"이었다(매카트니는 버틀린스에서 열리던 미인 대회를 떠올렸다). 존이 그 가사를 웃어넘기자, 두 사람은 'seventeen'과 운이 맞는 다른 표현을 찾기 시작했고, 결국 "You know what I mean"으로 정했다. 훗날 매카트니는 이 가사가 "never been a beauty queen"보다 더 낫다고 말했다. 왜냐하면 "You know what I mean"은 무슨 말인지 모를 수도 있다는 점에서 애매했기 때문이다.[2] 그들은 모호하게 여지를 남기고, 듣는 이의 상상에 맡기는 방식을 배워 가고 있었다.

〈Please Please Me〉 앨범은 아이슬리 브라더스Isley Brothers의 곡 〈Twist and Shout〉 커버로 마무리한다. 이 곡은 비틀스가 1962년에 캐번 클럽에서 연주하기 시작한 레퍼토리였다. 비틀스는 무대에서 갈고 닦은 모든 노하우를 쏟아부어, 이 밝고 경쾌한 팝송을 육감적인 쾌감이 폭발하는 곡으로 탈바꿈시켰다. 관객의 본능적인 반응을 자극하는 방식이었다. 이 곡의 음악적 핵심은 "아" 코러스가 차례로 겹치는 부분이다. 존을 시작으로 조지, 폴이 블루스풍 A7 코드를 순서대로 차곡차곡 쌓아 올린다. 이 다섯 번째 코드(도미넌트)는 자연스레 토닉으로 이어지기를 갈망한다.

레넌은 애비로드 스튜디오에서 13시간에 걸친 녹음 세션의 마지막 순간, 감기에 걸린 채 셔츠도 벗은 상태로 리드 보컬을 녹음했다. 그는 그때가 스튜디오가 문을 닫기 전에 〈Twist and Shout〉을 완성할 수 있는 유일한 기회라는 걸 잘 알고 있었기 때문이다. 훗날 그는 이 곡을 '최선을 다하는 한 남자의 필사적인 소리'라고 표현했다.[3] 파트너의 에너지도 그에 못지않게 격렬했다. "아" 코러스가 무너져 내리며 후렴구로 이어질 때 들리는 거칠고 짐승 같은 절규는 폴의 목소리다.

이 앨범은 1963년 3월에 발매했고, 영국 차트에서 꾸준히 순위를 올려 마침내 정상에 올랐다. 그리고 5월 초부터 11월 말까지, 무려 30주 연속 1위 자리를 지켰다. 이 기록은 이전에도, 이후에도 아무도 넘보지 못한 업적이다. 앨범이 1위를 차지하던 그 시점에 〈From Me to You〉도 싱글 차트 정상을 찍었다. 〈From Me to You〉는 앨범에 수록조차 하지 않은 곡이었다. 팬들을 위한 선물이었다. 이후로도 비틀스는 마치 바닥이 없는 우물에서 끝없이 물을 퍼 올리듯, 정규 앨범에 수록하지 않은 싱글을 발표하는 일을 습관처럼 이어 갔다.

비틀스는 전국적인 뉴스거리였지만, 아직 거대한 규모는 아니었다(당시 신문 1면을 장식하고 있던 것은 영국 정치인 존 프러퓨모가 소련 측 스파이와 연관된 매춘부에게 국가 기밀을 누설한 것으로 의심받은 프러퓨모 사건이었다). 비틀스를 처음 인터뷰한 기자 중 한 명은 《이브닝 스탠더드^{Evening} ^{Standard}》의 모린 클리브^{Maureen Cleave}였다. 그녀는 이후 비틀스와 친구가 되었다. 2월, 클리브는 레넌과 매카트니를 만난 뒤에 비틀스를 세심하게 관찰한 짧은 소개 기사를 썼다. 제목은 "비틀스는 왜 그렇게 열광을 불러일으키는가?"였다.

클리브는 먼저 독자들에게 비틀스가 어떤 형태의 그룹인지부터 설명해야 했다. "이들은 기타 세 명과 드럼 한 명으로 구성된 보컬-악기 그룹으로, 그들의 사운드는 섀도스는 물론이고, 그 어떤 밴드와도 닮지 않았다."[4] 그녀는 비틀스가 직접 곡을 쓴다는 사실을 스치듯 언급하고, 팝 스타치고는 드물게 교육 수준이 높다는 점도 덧붙였다. 그리고 그들의 외모가 얼마나 독특한지도 강조했다. "지저분하지만 의도된 지저분함이고… 셔츠는 분홍색, 머리 모양은 프렌치 스타일이다." 클리브는 리버풀에 거주하는 한 주부의 말을 인용했다. "비틀스는 거칠고 타락한 것처럼 보이는데, 그게 묘하게 멋있다." 무대 위에서 그들은 자신감 넘치고 놀라울 만큼 유쾌하다. "자기들이 어디까지해도 괜찮은지 정확히 안다. 곡 사이사이에 나누는 농담은 맥스 밀러식 뮤직홀 전통을 따르되, 약간 외설적인 남학생들의 느낌이 섞였다." 클리브는 그들의 태도를 이렇게 요약했다. "비틀스는 서로를 좋아하고, 다른 사람들도 좋아한다."

클리브는 다른 기자들과 달랐다. 비틀스가 만난 대부분의 기자는 그들을 십 대용 엔터테인먼트 산업이 새로 내놓은 하나의 상품쯤으로 취급했다. 흥미롭긴 했지만, 그 이상은 아니었다. 당시 연예인들은 언론과 인터뷰할 때 일정한 형식에 따른 의례적인 교류를 나누는 것을 당연하게 여겼다. 팬들에게 진부한 감사 인사를 전하고, 동료 아티스트들에게는 찬사를 보내며, 가벼운 웃음을 유발하는 개인적인 일화를 곁들이는 식이었다. 하지만 비틀스는 이런 관행에 순응하지 않았다. 그들은 공손하고 매력적이면서도 동시에 솔직했다. 꾸미지 않은, 있는 그대로의 모습을 보여 주는 듯했다.

> **폴:** 클리프 리처드랑 섀도스가 정말 멋진 파티에 우리를 초대했어요.[5] 그런데 제가 겨우 한다는 말이 "집에 가서 여자들한테 자랑해야지."였어요. 제가 생각해도 좀 유치했죠.
>
> **존:** 그래, 원래 그런 자리에선 마음에 없는 말을 해야 하는 거야. "음악계를 위해 힘써 주셔서 감사합니다." 뭐 이런 식으로.
>
> **폴:** 그런데 우리는 클리프의 팬이었던 적 없잖아….
>
> **존:** 우린 클리프를 싫어했지. 우리가 팝에서 싫어하는 걸 죄다 갖고 있었으니까. 그래도 막상 만나 보니까 아무렇지 않았어. 여전히 그의 음악은 싫지만, 사람은 정말 괜찮더라.

그들의 인터뷰는 처음부터 끝까지 모든 것이 잘못되고 홍보 차원에서는 최악으로 보인다. 하지만 실제로는 그 반대였다. 주목할 점은, 존과 폴이 점점 더 솔직해지고 서로를 부추겼다는 것이다. 폴이 클리프의 음악을 좋아하지 않는다고 인정하자, 존은 한술 더 떴다. 그룹 인터뷰 자리에서 말을 가장 많이 한 사람은 늘 존과 폴이었다. 조지는 특유의 건조하고 냉소적인 농담으로 거들었고, 링고는 마치 드럼 소리를 끼워 넣듯 중간중간 농담을 툭툭 던졌다("왜 손가락에 반지를 그렇게 많이 끼세요?" "코에 낄 수 없어서요."). 비틀스는 자신들의 명성을 대하는 데 있어, 훗날 우리가 '포스트모던'이라 부르는 태도를 취했다. 그들은 자신들의 명성을 가볍고 장난스럽게 다루었고, 언론의 가식적인 관행을 슬쩍 비틀며 풍자했다. 그러면서 팬들을 그동안 내부자들만 드나들 수 있었던 세계로 초대했다. 함부르크와 리버풀 무대에서 그랬던 것처럼, 이들은 제4의 벽(무대와 관객을 구분 짓는 가상의 경계—역주)을 허물었다.

"우린 우리가 유명하다고 해서 정말 대단하다고 믿는 건 아니에요.[6] 자자 가보[Zsa Zsa Gabor](1940년대부터 할리우드에서 활동한 화려한 이미지의 배우 겸 방송인—역주)와는 다르죠. 우린 모두를 속이고 있는 거예요." 폴은 클리브에게 그렇게 말했다. 1964년 초, 존도 한 기자에게 이렇게 말했다. "우리는 당신을 속이고, 우리 자신도 속이고 있어요. 모든 걸 그냥 장난처럼 받아들이죠."[7]

1963년, BBC 라디오 인터뷰에서 레넌과 대화를 나누던 인터뷰어는 농담 섞인 불평을 던졌다. "지금 뭔가 잘못되고 있는데요.[8] 저는 좀 '좋은' 성격을 끌어내고 싶어요." 그러자 레넌은 이렇게 답했다. "저한텐 좋은 성격 같은 건 없어요." 연예계에 대한 조롱 아래에는 자신들이 진지한 예술가로 받아들여지길 바라는, 부드럽지만 단호한 태도가 깔려 있었다. 팝 스타로서의 인기가 사라진 뒤에 무엇을 할 생각이냐는 질문을 받자, 레넌은 이렇게 말했다. "탭 댄스를 추는 뮤지컬 배우가 될 생각은 없어요…[9] 우리가 하는 음악은 쇼 비즈니스가 아니에요. 사람들이 상상하는 그 어떤 것하고도 다르죠. 다음은 없어요. 이게 끝나면 끝난 거예요. 그다음은 없어요."

요즘에는 자신을 예술가라고 여기는 팝 뮤지션이 많지만, 당시만 해도 그런 말을 이해조차 하기 어려운 분위기였다. 하지만 레넌과 매카트니는 마치 이 순간을 오래전부터 준비해 온 사람들처럼 놀라울 정도로 당당한 자신감을 보였다. 그리고 사실, 그 말에는 분명 어느 정도 진실이 담겨 있었다. 함께 웃고, 기뻐하고, 좌절하고, 실패를 겪으며 열악한 환경을 버텨 낸 5년의 시간이 있었기에, 그들은 세상의 관심이 자신들에게 쏠렸을 때 이미 '자신이 누구인지'에 대한 감각을 또렷이 갖고 있었고, '세상의 기대에 얼마나 맞춰야 할지'에 대해서도 분명한 답을 알고 있었다. 그들의 대답은 명확했다. 타협할 생각은 전혀 없었다.

이 정신없는 활동이 이어지던 와중에 신시아 레넌은 4월 8일에 아들을 출산했다. 빡빡한 일정에 쫓기던 존은 며칠이 지나서야 겨우 시간을 내어 병원을 찾아 신시아와 아기를 만났다. 신시아의 말에 따르면, 존은 아기를 처음 안았을 때 무척 기뻐했고 행복과 경외심에 휩싸였다.[10] 하지만 그는 하필이면 그 자리에서 곧 휴가를 떠날 거라는 말을 전했다. 가족과 함께가 아니라, 브라이언 엡스타인과 함께 떠나는 휴가였다. 가족을 향한 존의 이중적인 태도—사랑하면서도 얽매이고 싶어 하지 않는 마음—는 이후에도 계속되었다. 아이의 이름은 존의 어머니 줄리아의 이름을 따서 줄리언이라 지었다.

7월 1일, 비틀스는 EMI와 갱신한 계약에 따른 첫 싱글을 녹음하기 위해 다시 애비로드 스튜디오로 돌아왔다. 존과 폴은 이제 골라 쓸 수 있을 만큼 자작곡을 충분히 비축했지만, 그들은 녹음 나흘 전에 막 완성한 신곡을 가져왔다. 아마도 지금껏 써 온 곡들 중 가장 뛰어나다는 확신이 있었기 때문일 것이다. 1963년 6월 26일, 존과 폴은 뉴캐

슬의 한 호텔에서 트윈 침대가 놓인 방을 함께 썼다. 그날 저녁 공연 전까지 시간이 남자, 두 사람은 기타를 집어 들고 담배에 불을 붙인 뒤 연주를 시작했다. 그동안 폴은 이런 생각을 해 왔다. 사랑 노래의 화자가 꼭 사랑하는 사람이나 사랑받는 사람이 아닐 수도 있지 않을까? 그 둘을 이어 주고 싶어 하는 제3자일 수도 있지 않을까? 폴은 영화를 무척 좋아했고, 노래를 하나의 서사 혹은 드라마 속 한 장면처럼 구성하는 아이디어에 매료되어 있었다. 그는 존과 함께 침대에 앉아 이 아이디어를 차근차근 정리해 나갔고, 다음 날 저녁, 포슬린 로드에서 곡을 완성했다.

〈She Loves You〉는 8월 말에 발매되어 1963년, 나아가 1960년대 전체를 통틀어 가장 많이 팔린 싱글이 되었다. 비틀스가 이 곡을《선데이 나이트 앳 더 런던 팔라디움*Sunday Night at the London Palladium*》에서 불렀을 때, 영국 전역은 비로소 '비틀마니아'라는 현상이 일어나고 있음을 실감했다. 이 곡은 소년 같으면서도 소녀 같은 이 남자들—즉 젊은 여성들의 열광을 당연하게 받아들이면서도 가장 깊은 애정은 정작 서로에게 향했던—이 집단의 정체성을 완벽하게 표현했다. 〈She Loves You〉는 라디오와 TV를 뚫고 튀어나올 듯한 기세로 흘러나와, 듣는 사람이 누구든 단숨에 사로잡았다. 레넌과 매카트니는 코러스로 시작하자는 조지 마틴의 제안을 받아들였고, 덕분에 이 곡은 듣는 이가 준비할 틈도 없이 폭발하듯 시작한다.

〈She Loves You〉의 음악적 천재성은 그 효과가 너무나 즉각적이기 때문에 오히려 놓치기 쉽다. 레넌과 매카트니는 가장 단순한 언어 단위를 가지고 하나의 교향곡을 만들었다. 도입부 코러스에서 세 번 반복되는 "yeah"는 매번 다른 코드 위에서 울려 퍼지며, 마치 같은 이야기를 세 가지 다른 시점에서 들려주는 듯한 효과를 가져온다.

일반적인 팝송은 곡의 중심이 되는 코드, 즉 홈 코드에서 출발해 청자가 곧바로 방향을 잡을 수 있도록 한다. 하지만 G장조로 쓰인 〈She Loves You〉는 상대적 단조 코드에서 시작한 뒤, 두 개의 장조 코드를 재빠르게 지나치며 진행되고, 네 번째이자 길게 끌어 주는 "yeah"에 도달하고 나서야 비로소 으뜸음(토닉)에 도달한다. 그 효과는 아찔하고, 일시적으로 방향 감각을 잃게 만든다. 마치 언덕에서 굴러떨어지다가 바닥에서 멈췄는데도 정말로 멈춘 건지 확신할 수 없는 듯한 느낌이다. 하지만 착지는 부드럽고 안락하다. 마지막 "yeah"에서 세 명의 보컬이 펼치는 풍성한 하모니는 로큰롤 이전 시대를 떠올리게 만든다.

노래가 시작되고 불과 12초 만에, 우리는 적어도 팝 음악의 서로 다른 세 개의 시대를 몰아치듯 빠르게 지나간다. 모든 것이 너무 빠르게 전개되기 때문에 듣는 이는 그저 몸을 맡기고 따라갈 수밖에 없다. 이 노래는 또 다른 재즈풍의 코드에서 끝난다. 조지 마틴은 그 코드가 구식처럼 들린다며 잘라 내자고 제안했지만, 레넌과 매카트니가 끝까지 고집했다. 그들에게 유행은 중요하지 않았다. 그들은 그 코드가 새롭고 신선하게 들리기를 바랐다.

존과 폴은 같은 음으로 부르다가 각기 다른 음으로 화음을 이루며 부르기를 반복하면서 이 곡을 완성한다. 가사는 한 명의 화자를 통해 전해지지만, 마치 길거리에서 우연히 마주친 친구들 사이의 대화처럼 들린다. 이런 인상은 문장 사이의 멈춤을 통해 더욱 강화된다. 예를 들어 "You think you've lost your love"라는 말에 멜로디를 담아 "Well, I saw her yesterday"라고 대답하는 식이다.

〈She Loves You〉에는 여성 그룹의 정서가 깊이 배어 있다. 여성 그룹의 매력 중 하나는, 그들이 여자들로 이루어진 집단이라는 점이다. 여성 그룹의 보컬과 백업 보컬은 단지 연인이나 무정한 세상을 향해 노래하는 것이 아니라, 서로에게도 이야기한다. 듣는 이를 감동시키는 요소 중 하나는 바로 이 친구가 친구에게 말하는 듯한 느낌이다. 서로에게 증언하고, 확인해 주며, 위로를 건넨다. 이 여자들이 주로 이야기하는 주제는 '남자'다. 당시에는, 그리고 어쩌면 지금도 여전히 연애에 대해 이야기하는 것은 전형적인 여성의 행동, 즉 '걸즈 토크'로 여겨졌고, 일이나 정치, 스포츠 이야기를 선호한다고 말하는 남성들은 이를 가십 정도로 치부하곤 했다. 하지만 존과 폴은 스포츠에는 별로 관심이 없었고, 여자들과 대화하는 것을 좋아했다.

〈She Loves You〉는 남녀 간의 사랑을 노래한 곡이자, 남자들 사이의 우정을 담은 곡이기도 하다. 이 노래의 화자는 자존심이 세고 까다로운 친구에게 말을 건네며, 자신이 얼마나 운이 좋은지 생각해 보라고 간청한다. 노래는 "With a love like that"이라는 구절에서 잠시 멈추고―이 세 박자는 후렴의 세 단어 "she loves you"와 같은 리듬으로 울린다―이어지는 "be glad"에 스포트라이트를 비춘다.

〈She Loves You〉가 보여 주는 사랑과 우정이 결합한 시나리오는 11년 뒤에 현실에서 그대로 재현된다. 바로 매카트니가 레넌과 오노 요코 사이를 중재했을 때였다. 노래가 현실로 이뤄진 것은 단순한 우연이 아니었다. 그 배경에는 레넌-매카트니 관계에서 일관적으로 나타나는 한 가지 특징이 있었다. 쉽게 길을 잃는 친구 레넌을 안전한 항구로 이끌고자 하는, 매카트니가 가진 거의 본능에 가까운 강한 욕구였다.

팝송에는 여러 층위의 의미와 감정이 담긴다. 글로 읽으면 하나의 이야기를 전하는 것처럼 보일 수도 있지만, 일단 소리로 움직이기 시작하면 팝송은 창작자의 의도를 훌쩍 뛰어넘어, 마치 회전하는 불꽃놀이에서 튀는 불꽃처럼 수많은 의미와 감정을 흩뿌린다. 〈She Loves You〉는 젊음이라는 찬란한 혼란으로 진동한다. 화자는 한 발 떨어져 이성적으로 조언하는 친구처럼 보이지만, 실은 자신도 모르게 이 삼각관계에 깊이 얽혀 버린다. 어쩌면 화자는 남몰래 이렇게 말하고 싶은지도 모른다. "내가 널 얼마나 사랑하는지 알아줬으면 해."

폴 매카트니는 1963년 4월, 열일곱 살이던 제인 애셔 Jane Asher를 만나 사랑에 빠졌다. 제인은 이미 연예계 베테랑이었다. 다섯 살 때 처음으로 영화에 출연했고, 최근에는 디즈니 영화에도 얼굴을 비췄으며, 평단의 호평을 받은 여러 연극에서 주연을 맡기도 했다. 폴은 TV를 통해 그녀를 알고 있었다. 제인은 BBC 프로그램《주크 박스 주리 Juke Box Jury》에 단골로 출연하고 있었는데, 출연진이 새로 나온 싱글 음반을 평가하며 '히트' 또는 '실패'를 예상하는 프로그램이었다. 제인은 세련된 말씨에 솔직하고 유머 감각도 뛰어났다.

그녀는 로열 알버트 홀에서 열린 팝 콘서트《스윙잉 사운드 '63 Swinging Sound '63》공연이 끝난 뒤, 무대 뒤편에서 비틀스를 만났다. 비틀스 멤버 모두 그녀에게 호감을 느꼈고, 첼시에 있는 친구의 집에서 함께 뒤풀이를 하자고 초대했다. 제인은 성적인 경험에 대해 부적절한 질문을 던지는 존에게는 매력을 느끼지 못했고, 결국 대부분의 시간을

폴과 대화하며 보냈다. 폴은 제인에게 초서의 《캔터베리 이야기*The*
Canterbury Tales》에 나오는 한 구절을 중세 영어 원문 그대로 인용해 깊은
인상을 남겼다. "Ful semly hir wympul pynched was(그녀의 머리 수건
은 단정하게 주름이 잡혀 있었다)."

폴은 새벽에 제인을 런던 중심가 윔폴 스트리트에 있는 그녀의 집
까지 데려다주었다. 그는 제인의 침착한 태도와 지적인 자신감, 세련
된 문화 감각을 매력적이라고 느꼈다. 처음부터 제인을 수많은 연애
상대 중 하나가 아니라, 미래의 아내로 생각한 듯하다. 만난 지 한 달
만에 그녀를 리버풀에서 열린 자신의 스물한 살 생일 파티에 데려가
가족들에게 소개했을 정도였다.

그해 말에 이르러, 제인의 본가는 거의 폴의 집과 다름없어졌다.
비틀스는 그동안 주로 호텔방에서 지내다가 이후에는 런던에 아파트
를 얻었지만, 그냥 잠만 자는 임시 숙소에 가까웠다. 폴은 진짜 '집'을
갈망했다. 1963년 말, 제인과 교제한 지 몇 달 되었을 무렵, 제인의 어
머니가 그에게 집의 꼭대기 층에 있는 작은 방에서 하룻밤 묵고 가라
고 권했다.

결국 그는 애셔 가족의 집에서 2년 넘게 살게 된다. 폴의 방은 포
슬린 로드 20번지에 있는 자신의 방과 비슷한 크기로, 싱글 침대와
옷장, 피아노 하나가 겨우 들어갈 만한 공간이었다. 그는 침대에서 굴
러떨어지듯 일어나 곧바로 아이디어를 떠올리고 작업에 들어갈 수
있었다. 그는 곧 백만장자가 될 스타였지만, 다락방에 지내는 동안 무
척 행복했다.

폴에게 애셔 가족은 꿈에서나 그릴 법한, 또 하나의 이상적인 가족
같았다. 그들은 부유한 상류층이었고, 큰 저택에서 살며 교양 있고 따

뜻한 성품을 지녔으면서도 어딘가 괴짜 같은 구석을 지녔다. 제인의 여동생 클레어는 라디오 연속극에 출연한 적이 있었고, 오빠 피터 역시 배우였다. 제인의 아버지 리처드는 저명한 의사로, 고통에 대한 깊은 공감 능력과—그 자신도 우울증을 겪고 있었다—장난기 어린 유머 감각을 함께 갖고 있었다(그는 병이 없음에도 증상을 꾸며내는 환자들을 가리키는 '뮌하우젠 증후군'이라는 용어를 처음 제안한 사람이기도 하다).

애셔 가족은 소설, 사상, 역사에 대해 이야기 나누는 것을 즐겼고, 단어 놀이도 좋아했다. 가족끼리의 유대도 무척 돈독했다. 폴은 그 집에 가득한 책과 그림만큼이나, 그들 사이에 자연스럽게 흐르는 따뜻한 애정에 마음을 빼앗겼다.

애셔 가족은 음악에도 깊은 조예가 있었다. 제인의 어머니 마거릿은 길드홀음악연극학교에서 조지 마틴에게 오보에를 가르쳤던 사람이었고, 오빠 피터는 유망한 팝 가수였다. 무엇보다 그들은 배타적인 속물들이 아니라, 상대가 누구든지 관심 있는 주제를 기꺼이 함께 즐기려는 개방적인 사람들이었다.

매카트니는 이렇게 말했다. "나는 그들이 당연하게 상대도 어느 정도 똑똑하다고 여긴다는 점이 좋았다.[11] 그들은 상대를 얕잡아 보는 말투를 쓰지 않았다." 애셔 가족을 통해 새로운 음악과 사상, 경험을 접한 덕분에 폴의 사고는 더욱 넓어졌고, 작품에도 큰 영향을 미쳤다. "다른 멤버들이 그냥 파티나 즐길 때, 나는 많은 걸 배우고 있다는 느낌이었다. 아주 많은 걸 말이다." 애셔 가족과의 교류는 매카트니가 런던 사회의 일원으로서나 예술가로서나 자신감을 갖고 행동할 수 있도록 해 줬다.

비틀스는 9월에 짧은 휴가를 허락받은 뒤, 곧바로 후속 앨범 작업에 들어갔다. EMI는 크리스마스 시즌에 맞춰 앨범을 출시하길 원했고, 동시에 비틀스라는 거대한 돈줄의 인기가 시들기 전에 마지막으로 수익을 짜낼 기회가 될지도 모른다고 여겼다. 그 누구도 비틀스가 〈Please Please Me〉보다 더 나은 앨범을 만들 것이라고 기대하지 않았고, 굳이 그럴 필요도 없었다. 주어진 시간이 워낙 짧았기 때문에 다른 아티스트였다면 평범한 재탕 앨범을 내놓았을 것이다. 사실 그 정도여도 충분히 괜찮은 성과였다.

하지만 비틀스는 더 발전했다. 〈With the Beatles〉 앨범에는 레넌과 매카트니가 쓴 곡이 일곱 곡 실렸고, 조지가 만든 곡도 한 곡 포함했다. 그는 동료들이 하는 것을 보고 자신도 한번 작곡에 도전하기로 했다. 이 앨범에서 비틀스의 연주는 이전보다 더 능숙하고, 표현력도 풍부해졌으며, 악기 구성 또한 한층 다양해졌다. 물론 일부 곡에서는 급하게 만들었다는 티가 나기도 한다.

이 앨범에는 폴에게 특히 의미 있는 곡인 〈All My Loving〉이 실려 있다. 그는 언젠가 BBC 라디오 프로그램에서 이 곡이 따로 소개되는 것을 듣고 '그래, 나도 히트곡을 쓸 수 있구나.'라고 생각했다고 회상했다.[12] 모든 트랙에 매카트니의 손길이 묻어나지만, 이 앨범에서는 레넌의 목소리가 더 두드러진다. 익살스러우면서도 절박한 감정이 동시에 느껴지는 마블레츠^{The Marvelettes}의 〈Please Mr. Postman〉 커버곡도 눈에 띈다.

〈With the Beatles〉 앨범에서 가장 놀라운 점은, 1963년 말에 만든 가장 뛰어난 곡—〈She Loves You〉와 쌍벽을 이루는 그해의 대표 곡—이 수록되지 않았다는 사실이다. 1963년 가을 무렵에 존은 신시아, 줄리언과 함께 켄싱턴의 한 임대 아파트에서 살았다. 존과 폴은 런던에 조용하고 사적인 작업 공간이 없었기 때문에 제인의 어머니 마거릿 애셔가 자신의 집 지하실과 그곳에 있는 피아노를 쓰라고 제안했다(그녀가 오보에 레슨을 하던 공간이었다). 바로 그 지하실에서 두 사람은 〈I Want to Hold Your Hand〉를 썼다. 폴은 피아노에 앉아 다음 코드를 찾았고, 존은 옆에 앉아 있거나 방 안을 서성였다. 그렇게 한 시간쯤 지나자 곡이 완성되었다.

〈I Want to Hold Your Hand〉는 〈She Loves You〉보다 훨씬 더 공동 작업의 성격이 짙은 곡이었다. 존과 폴을 포함해 누구도 어느 부분이 누구의 아이디어였는지 구분할 수 없을 정도였다. 다음 날, 두 사람은 이 곡을 다른 멤버들에게 들려주었고, 애비로드 스튜디오로 가져갔다. 그곳에서 이 곡을 폭발적인 에너지를 지닌 노래로 완성했다. 〈I Want to Hold Your Hand〉는 존과 폴이 곡을 쓴 지 겨우 여섯 주만에 싱글로 발매되어, 〈She Loves You〉를 밀어내고 1위에 올랐다.

이 노래는 더듬는 듯한 도입부로 시작한다. 기타 리프가 시작하다가 멈추고 다시 시작하기를 반복하는데, 마치 무언가를 간절히 말하고 싶은데 마음이 앞서서 말이 막히는 듯한 인상을 준다. 이 곡의 백미는 거칠고 에너지 넘치는 장조 부분에서 D 마이너 코드로 시작하는 부드럽고 친밀한 분위기의 간주("And when I touch you…")로 넘어가는 전환이다. 악기 편성이 갑자기 간소해지면서 마치 손을 맞잡고 구름 위를 걷는 듯한 기분을 느끼게 만든다.

〈I Want to Hold Your Hand〉는 십 대 여성 팬들에 대한 존과 폴

의 예리한 공감을 보여 주는 곡이다. 이 노래 역시 같은 시기의 다른 곡들(〈Please Please Me〉, 〈From Me to You〉, 〈Thank You Girl〉)처럼 모든 소녀가 바로 자기 자신이라고 생각할 수 있는 상상의 청자에게 직접 말을 건네는 형식을 취한다. 후렴구는 부드럽고 과하지 않은, 구체적인 호소를 담아서 어떤 소녀도, 그녀의 어머니도 거부감을 느낄 이유가 없었다. 덕분에 듣는 이들은 "touch me⋯."라는 나머지 가사에 흐르는 아슬아슬하고 매혹적인 모호함(어디를, 어떻게 만진단 말인가?)에 마음껏 빠져들 수 있었다. 또한 〈I Want to Hold Your Hand〉는 한 남자 안에 자리한 아이의 모습을 보여 준다. 존의 보컬에는 어머니의 손길을 갈망하는 소년의 마음을 떠올리게 만드는 애잔한 느낌도 배어 있다.

1963년 가을까지만 해도, 비틀스는 주로 팝송 팬들에게 인기를 끌었을 뿐, 일반 대중에게는 아직 뚜렷한 인지도를 얻지 못했다. 하지만 11월 초, 비틀스는 왕대비가 참석한 로열 버라이어티 퍼포먼스 무대에 올랐고, 이 공연은 TV로 중계되어 2천 100만 명이 넘는 시청자가 지켜봤다. 존이 미리 준비해 둔 멘트—"저렴한 좌석에 앉으신 분들은 손뼉을 쳐 주시고, 나머지 분들은 보석을 좀 흔들어 주세요."—는 불손함과 매력 사이에서 절묘한 균형을 이루었다.

그 순간부터 비틀스는 진정으로, 영국 전역이 아는 그룹으로 거듭났다. 비틀마니아 현상을 이끈 십 대 소녀들은 기성세대로부터 정신적으로 이상하다는 조롱을 받기도 했지만, 아직 비틀스라는 그룹을

제대로 설명하거나, 그 지진 같은 충격의 규모를 담아낼 적절한 언어
는 존재하지 않았다. 그들의 무대를 보며 비명을 지르는 것이 가장 솔
직하고 정확한 반응이었다.

9

IF I FELL

IF I FELL

1963년 11월 22일, 케네디 대통령이 암살당하면서 미국의 영혼에 깊은 상처가 남았다. 12월, 부모들이 충격과 슬픔에 빠져 눈물을 흘릴 때, 십 대 청소년들은 라디오에서 흘러나오는 한 곡의 노래에서 귀를 떼지 못하고 있었다. 워싱턴 D.C.의 한 진취적인 DJ가 항공사 승무원을 통해 〈I Want to Hold Your Hand〉 음반을 구했고, 그의 청취자들은 이 노래에 열광했다. 뒤이어 다른 DJ들도 자신의 청취자들로부터 똑같은 반응을 확인할 수 있었다.

비틀스는 미국에서 〈Please Please Me〉, 〈From Me to You〉, 〈She Loves You〉 등 세 장의 싱글을 발표했지만, 홍보를 거의 하지 못했다. 당시 업계에서는 팝송이 미국에서 외국으로 '수출'되는 것이라고 여겼지, 외국에서 미국으로 '수입'되는 것이라고는 좀처럼 생각하지 않았다. 결국 세 곡은 모두 실패로 끝났다. 11월 초, 브라이언 엡스타인은 비틀스가 미국에서도 영국에서처럼 인기를 끌 수 있다고 설득하기 위해 뉴욕으로 날아갔다. 음반사들과의 협상에서는 큰 진전을 얻지 못했지만, 그는 에드 설리번^{Ed Sullivan}이 진행하는 일요일 밤 인기 TV 프로그램의 출연을 성사시켰다. 비틀스가 2월에 그 프로그램에 출연하기로 확정되자, EMI의 미국 파트너인 캐피틀 레코드 ^{Capitol} 는 〈I Want to Hold Your Hand〉를 1월 중순에 발매하기로 결정했다.

하지만 노래가 입소문을 타고 폭발적인 반응을 얻자, 캐피틀 레코드는 발매일을 앞당겨 음반을 12월 26일에 급히 출시했고, 비틀스의 헤어스타일을 흉내 낸 가발까지 동원한 대대적인 마케팅으로 홍보에 박차를 가했다. 〈I Want to Hold Your Hand〉는 첫 주에만 64만 장이 팔렸고, 판매량은 1월 내내 계속 늘어났으며 멈출 기미가 보이지 않았다. 미국의 십 대들은 마치 오랫동안 비틀스에 굶주리기라도 한 듯 거의 필사적으로 음반에 달려들었다. 그들에게 이 음반의 발매는 말 그대로 해방이었다.

미국이 비틀스를 처음 본 곳은 《에드 설리번 쇼》가 아니라, 그와 라이벌 관계였던 잭 파^{Jack Paar}가 진행하던 금요일 저녁 프로그램이었다. 1964년 1월 첫째 주, 파는 영국에서 팬들의 폭발적인 환호 속에 〈She Loves You〉를 부르는 비틀스의 모습을 담은 영상을 방송에 내보냈다. 당시 그들은 단지 신기한 구경거리쯤으로 다뤄졌다. ("영국도 마침내 우리의 문화 수준에 도달했다니 잘됐군요."[1]) 하지만 이 방송에 뒤이어 《에드 설리번 쇼》에 나온 비틀스의 생생한 무대를 본 십 대들의 반응은 확연히 달랐다. 나라 전체가 충격에 빠져 있던 그때, 이건 기쁨의 절규였다. 위화감을 주기는커녕 오히려 너무도 자연스럽고 당연하게 느껴졌다.

한편, 비틀스는 파리의 올랭피아 극장에서 18일간 공연을 이어 가고 있었다. 하지만 파리는 아직 이들의 매력을 알아보지 못했다. 공연 일정은 함부르크 시절을 떠올리게 할 정도로 빡빡했다. 하루에 두세 차례씩 공연했고, 전체 일정 가운데 휴일은 고작 이틀뿐이었다. 객석이 늘 가득 찬 것도 아니었다. 관객 대부분은 이브닝드레스와 턱시도를 갖춰 입은 중년의 파리지앵들이었고, 비틀스는 젊은 여성 관객이 거의 없다는 점에 실망했다.

그래도 함부르크 때와는 달리, 이번에는 조르주 생크 호텔이라는 고급 호텔에 머물렀다. 멤버들은 호텔에서 주로 음악을 들었는데, 특히 한 장의 음반을 반복해서 틀었다. 폴이 프랑스 유럽 1의 라디오 DJ에게서 빌려온 밥 딜런^{Bob Dylan}의 〈The Freewheelin' Bob Dylan〉이었다. 한곳에 이렇게 오래 머문 것은 함부르크에서 공연하던 시절 이후 처음이었다. 존과 폴은 평소처럼 작곡에 많은 시간을 쏟았다. 매카트니의 요청으로 그들이 사용하는 스위트룸 중 한 곳에 피아노가 들어왔고, 그곳에서 그해 말 〈A Hard Day's Night〉 앨범에 수록할 곡이 몇 곡 탄생했다. 또 파리의 현지 스튜디오에서 새 싱글 〈Can't Buy Me Love〉를 녹음하기도 했다.

바로 이 조르주 생크 호텔로 한 통의 전보가 도착했다. 〈I Want to Hold Your Hand〉가 미국 차트 1위를 차지했다는 소식이었다. 2월 7일, 비틀스는 마침내 정식으로 미국 무대에 데뷔하기 위해 뉴욕행 비행기에 올랐다. 매카트니는 적어도 겉으로는 회의적인 태도를 보였다. 비행기 안에서 그는 이렇게 말했다. "미국엔 이미 미국 그룹들이 있잖아.[2] 우리가 걔네한테 없는 걸 줄 수 있겠어?" 그의 머릿속에는 아마 비치 보이스^{The Beach Boys}가 떠올랐을 것이다. 캘리포니아 출신 형제들로 이루어진 이 밴드는 서핑과 자동차를 주제로 노래했고, 1963년 봄에 처음으로 미국 차트 톱10에 이름을 올린 히트곡을 냈다. 어떤 면에서 비치 보이스는 비틀스와 닮았다. 리더가 따로 없었고, 직접 곡을 쓰며, 로큰롤에 두왑과 여성 그룹의 요소를 결합하고, 특히 보컬 하모니에 큰 비중을 뒀다.

비틀스가 새로 이름이 바뀐 존 F. 케네디 공항(원래 이름은 '뉴욕 국제 공항'이었지만 케네디 대통령 서거 이후인 1963년 12월 24일자로 '존 F. 케네디 국제공항'으로 명명되었다—역주)에 도착했을 때, 공항은 몰려든 팬들로 인산인해를 이뤘다. 멤버들은 놀라워하면서 곧장 기자회견장으로 향했고, 평소처럼 유쾌하고 느긋한 모습으로 기자들을 맞이했다.[3] (기자: "비틀스의 성공 비결이 뭐라고 생각하십니까?" 존: "훌륭한 홍보 담당자 덕분이죠." 기자: "베토벤에 대해 어떻게 생각하십니까?" 링고: "대단하죠. 특히 시가 좋잖아요.") 그들은 헤어스타일에 대한 질문도 많이 받았는데, 남성 기자들이 머리카락에 집착하는 모습은 지금 보면 꽤 기이할 정도다. 기자회견이 끝난 뒤 이들은 캐딜락을 타고 플라자 호텔로 이동했다. 차량 내부의 라디오에서는 이들의 이동을 실시간으로 중계했다. 비틀스는 호텔에 도착해서도 TV에서 자신들의 모습을 보고, 신문에 실린 자신들의 기사를 읽었다.

다큐멘터리 제작진이 촬영한 영상에는 비틀스가 스위트룸에서 기자들을 만나는 장면이 담겨 있다.[4] 이들은 촬영팀의 마이크 길이를 보고 재미있어하고, 매카트니는 카메라맨에게 마이크를 찍으라고 재촉한다. "얼른요. 관습을 깨 보세요!" 그는 웃으며 말한다. 매카트니가 《에드 설리번 쇼》 무대에 올라 "Close your eyes…"라는 가사와 함께 첫 번째 노래를 부르기 시작한 순간부터 미국의 모든 팝 아티스트들은 비틀스가 몰고 온 돌풍 속에서 우왕좌왕했다. 4월이 되자, 미국 팝 차트 1위부터 5위까지를 전부 영국에서 온 이 밴드가 차지했다.

비틀스는 2월 말경, 승리감을 안고 영국으로 돌아왔다. 그 뒤 몇 달은 믿기 어려울 만큼 뜨거운 창작열로 가득한 시간이었다. 귀국 첫 주에 이들은 훗날 《비틀스: 하드 데이즈 나이트》의 사운드트랙과 앨범에 들어갈 곡 대부분을 녹음했다. 이 앨범은 처음으로 전곡이 자작곡으로만 채워진 앨범이었다. 그 뒤로는 런던에서 6주 동안 영화 촬영에 매달렸다. 레넌은 자신의 시와 스케치를 모은 책을 출간했는데, 제목은 폴의 제안으로 붙인 《그 자신의 이야기_In His Own Write_》였다. 제1자와 함께 감수성을 쌓아올린 제2자가 자신을 제3자로 칭하는 제목을 제안했다는 점이 묘하게 흥미롭다. 《그 자신의 이야기》에는 레넌과 매카트니가 좋아하던 언어유희가 가득하다. 에드워드 리어와 스파이크 밀리건의 터무니없는 유머와 십 대들끼리만 아는 속어가 한바탕 어우러진 유쾌한 소동이었다.

팝 스타가 시집을 낸다는 것 역시 언론이 받아들여야 할 또 하나의 전례 없는 일이었다. 레넌은 '문학적인 비틀'이라는 찬사를 받았고, 그 호칭을 매우 마음에 들어 했다. 이 책에 들어 있던 'a hard day's night'라는 표현(링고가 처음 내놓은 표현이라고 전해진다)이 《비틀스: 하드 데이즈 나이트》의 가제로 쓰이던 《비틀마니아》를 대체했고, 모두가 만족했다.

영화 제작자는 레넌과 매카트니에게 영화의 시작과 끝을 장식할 동명의 주제가를 만들어 달라고 요청했다. 존은 폴을 제치고 다음 싱글의 A면을 차지하겠다는 마음으로 거의 곧바로 곡을 완성했다. 〈A Hard Day's Night〉는 두 부분으로 이루어졌다. 존이 부르는 구절("It's been a hard day's night…")과 폴이 부르는 미들에잇("When I'm home…")이다.

두 사람은 1인칭 시점의 내레이션을 함께 나눈다. 존이 쓴 많은 곡처럼, 이 곡의 도입부 역시 수평적으로 단순하게 흘러가는 멜로디를 따라간다. 비틀스는 힘차게 몰아치는 리듬을 배경으로 노래하는데, 이는 오직 집에 빨리 가겠다는 마음으로 앞만 보고 달리는 모습을 떠올리게 한다. 폴이 높은 화음으로 들어오는 순간("But when I get home to you…"), 노래 속 화자는 비로소 자신이 왜 이 길을 가고 있는지 떠올린다. 함께 있으면 모든 게 괜찮아지는 그 사람을 만나기 위해서다. 폴이 미들에잇 구간을 시작하는 순간("When I'm home…")은 비틀스 음악 전체를 통틀어 가장 짜릿한 순간이라고 할 수 있다. 그 순간 노래는 불평이 아니라 축하로 바뀌고, 밴드는 뚜렷하게 하나의 집단으로 거듭난다. 마치 폴이, 혹은 존과 폴이라는 공동의 주체가 이렇게 말하는 듯하다. "잠깐만, 집에 돌아가는 기쁨을 좀 더 만끽해 보자. 날 꼭 안아 주는 그녀가 얼마나 좋아?"

존과 폴의 목소리는 흥미롭게 맞물린다. 폴이 부르는 구절이 한 번 더 반복된 뒤, 존은 허스키하고 관능적인 "흠"으로 폴의 목소리에 겹쳐서 마지막 도입부를 시작한다. 거친 남자의 외면 아래에 숨겨진 부드러움이 드러나는 순간이다. 이 노래는 처음에 나왔던 코드를 아르페지오로 풀어낸, 어딘가 명한 느낌의 버전을 배경으로 서서히 페이드아웃되며 끝난다. 영화와 자연스럽게 이어지도록 의도한, 아름다운 마무리다.

한 달간의 휴식을 마친 비틀스는 호주와 뉴질랜드에서의 3주를 포함한 월드 투어에 나섰다. 그들은 지구 반대편에서 마치 신처럼 환영받았다. 인구 50만 명 규모의 도시 애들레이드에서는 공항에서 출발한 그들의 차량 행렬을 보기 위해 25만 명의 인파가 몰려들었다.

비틀스는 가는 곳마다 쏟아지는 성적인 유혹을 거리낌 없이 즐겼다. 훗날 레넌은 비틀스 공연 이후의 분위기를 《펠리니의 사티리 콘*Fellini Satyricon*》에 비유했다. 술과 쾌락, 타락이 뒤엉킨 광란의 축제 같 았다는 것이다. 하지만 영화 《비틀스: 하드 데이즈 나이트》에는 성적 인 장면이 전혀 등장하지 않는다. 비틀스는 사적으로는 성적 쾌락을 열렬히 추구했지만, 엘비스나 진 빈센트, 롤링 스톤스 The Rolling Stones 의 믹 재거 Mick Jagger 처럼 성적인 이미지를 노골적으로 내세우지는 않았 다. 대중 앞에서 일부러 성적인 면모를 억누른 것도 아니었다. 그보다 는 자신들을 욕망의 대상으로 섹시하게 포장하는 것이 어색하게 느껴 졌다. 비틀스는 자신들의 공연이 욕망을 불러일으킨다는 사실을 알 고 있었다. 하지만 스타로서 겪는 많은 일들이 그랬듯, 자신들이 섹스 심벌이 된다는 생각도 그들에게는 본질적으로 우스꽝스럽게만 여겨 졌다.

영화 《비틀스: 하드 데이즈 나이트》의 감독 리처드 레스터와 각본 가 앨런 오언 Alun Owen 은 비틀스의 감각을 정확히 이해하고, 비틀스가 꺼리던 기존 십 대 아이돌 영화들과는 차원이 다른 작품을 만들었다. (영화 내내 누구도 '비틀스'라는 단어를 입에 올리지 않는다.) 아일랜드와 런 던 투어에 동행해 사흘간 비틀스와 시간을 보낸 오언은 그들이 사실 상 호텔과 자동차라는 제한된 공간에 갇혀 있다는 사실을 깨닫고 놀 랐다. 그는 비틀스를 '성공의 포로'로 그리는 영화를 제안했다.[5]

《비틀스: 하드 데이즈 나이트》는 그 주제를 재치 있고 생동감 있게 변주한다. 대사는 유쾌하고 풍자적이며, 할리우드 뮤지컬의 전형적인 장면들을 장난스럽게 비튼다(예컨대 존 레넌이 "그럼 여기서 바로 공연하 자!"라고 말하는 장면처럼). 그러나 음악 공연만큼은 진지하며 익살스러 움이 전혀 없다. 이 영화는 비틀스의 대중적 이미지가 지닌 이중적인

Would you
promise
to be

true

If I

give

my heart
to you
I must be
sure

면모를 정확히 포착했다. 비틀스는 자신들을 가볍게 희화화하면서도, 한편으로는 진중한 자세를 잃지 않는다. 장난을 치고 있지만, 그 장난에는 진심이 담겼다.

이 영화의 가장 유명한 장면은 끝부분에 등장하며, 대사가 전혀 없다. 〈Can't Buy Me Love〉를 배경으로 네 명의 멤버가 TV 스튜디오를 빠져나와 들판으로 달려 나간다. 그들은 아이들처럼 장난치고, 춤추고, 빙빙 돌며 뛰놀고, 카메라는 정신없이 그들을 따라간다. 좁은 방과 기차 객실 같은 답답한 공간, 어른들의 무미건조한 일상으로부터 벗어나는 짜릿한 해방의 순간이다. 친구들과 놀고, 몸을 마음껏 움직이며, 음악을 즐기던 어린 시절의 자유로움은 비틀스가 십 대 시절부터 줄곧 추구해 온 것이었다. 그들이 학교를 외면하고 사무직이나 트럭 운전사, 공장 노동자의 삶을 거부했던 이유도 바로 자유를 추구했기 때문이었다.

그러나 이제 또 다른 형태의 구속이 그들을 옭아맸다. 밴드가 제대로 굴러가기 위해 끊임없는 요구가 쏟아졌고, 하루하루가 분 단위로 통제되었다. 매카트니는 한 인터뷰에서 음악 업계에서 일하는 것을 공장에서 일하는 것에 비유했다. 특히 레넌은 겉으로 보이는 것보다 훨씬 더 새로운 삶을 감당하기 힘들어했다. 구속 때문만은 아니었다. '역할'을 연기해야 한다는 것이 더 큰 부담이었다. 인터뷰 자리에서도, 리셉션에서도, 심지어 사적인 파티에서도 그는 언제나 '인간 존 레넌'이 아니라 '비틀스 멤버 존 레넌'이어야 했고, 이제 그는 자신이 진짜 누구인지조차 혼란스러울 지경에 이르렀다.

매카트니의 자아는 그가 자란 가정과 일가친척들로 북적였던 어린 시절에 뿌리를 뒀다. 하지만 레넌에게는 그런 정서적 지지대가 없었다. 미미 이모의 집에서든 줄리아의 집에서든, 그는 집에서 진정한 의미의 편안함을 느껴 본 적이 없었다. 이복남매들이나 학교 친구들과는 사이가 좋았지만, 비틀스 밖에서 깊은 관계를 맺은 사람은 거의 없었다. 신시아가 있긴 했지만, 항상 집을 비우는 탓에 그녀와 돈독한 관계를 유지하거나 줄리언과 유대감을 키우기는 쉽지 않았다. 외국에서 신시아에게 보낸 편지에는 신시아와 줄리언 두 사람에 대한 사랑이 가득 담겼다. 하지만 그는 결코 아내에게만 충실한 남편은 아니었고, 가족과 함께 임대 아파트에서 잠시 지냈을 때도 감정 기복이 심했다. 어떤 날은 다정하고 장난스러웠다가도, 또 어떤 날은 신경질적이고 차가웠다.

폴과 함께 호텔 방에서 기타를 치거나 비틀스 멤버들과 어울려 지내는 것이야말로, 레넌에게는 더 집에 있다는 의미에 가까웠다. 〈A Hard Day's Night〉 앨범에 수록한 13곡의 자작곡 가운데 9곡을 존이 만들었다(그중 〈I'm Happy Just to Dance with You〉는 존이 쓰고 조지가 불렀다.) 여기서 레넌이 만든 곡들은 여성에 대한 분노(〈You Can't Do That〉)와 자기 연민(〈I'll Cry Instead〉)으로 가득하지만, 가사만큼 쓰라리거나 공격적으로 들리지는 않는다.

존의 부정적인 정서는 비틀스라는 그룹을 통해 걸러져서 살아 있다는 사실에 대한 커다란 기쁨 속으로 흡수된다. 가사만 놓고 보면 〈Tell Me Why〉는 배신한 상대방을 격렬하게 비난하는 노래처럼 느껴진다("Tell me why you cried and why you lied to me"). 이때의 구절은 의도했든 아니든 어머니 줄리아를 향한 말처럼 들리기도 한다. 하지만 사운드는 밝고 경쾌하다.

〈A Hard Day's Night〉 앨범은 존의 자기표현이 얼마나 폴의 지지와 조율을 받으며 이루어지는지 잘 보여 준다. 두 사람은 교대로 리드 보컬을 맡았고, 폴의 목소리는 존의 곡에서도 두드러진다. 특히 〈If I Fell〉에서 그렇다.

어떤 면에서는 이 곡이 존의 노래 중 가장 '폴다운' 곡이라고 할 수 있다. 형식은 고전적이지만, 멜로디는 넓게 뻗어 나가고 풍성하다. 도입부는 폴이 좋아했고, 존 역시 겉으로는 잘 드러내지 않았지만, 무척 아꼈던 로큰롤 이전의 고전 팝송 스타일을 따른다. 도입부는 단순한 장식이 아니다. 노래 전체의 분위기와 의미를 결정짓는다. 존이 제목과 똑같은 가사 구절과 함께 첫 질문("Would you promise to be true?")을 노래하는 순간, 갑작스러운 코드 변화가 일어나 노래의 흐름 안에서 어디쯤 와 있는지 헷갈리게 만든다. 존의 목소리는("And help me…") 거의 음역대의 끝에 닿을 정도로 높이 치솟는다. 거의 갈라질 듯한 목소리로 고음을 찍은 뒤에 'understand'라는 단어의 음절 하나하나를 타고 부드럽게 음계를 내려온다. 〈If I Fell〉의 도입부는 레넌이 느끼는 불확실함을 가사로 전할 뿐만 아니라, 소리로도 들려준다. 사랑에 빠진다는 것이 곧 '떨어지는' 것에서 시작한다는 것을 보여 주는 것이다.

도입부의 끝에서 존은 예전에 사랑에 빠진 적이 있으며, 이제는 사랑이 '손을 잡는 것 이상'의 의미라는 걸 안다고 말한다. (비틀스가 활동하던 내내, 그리고 그 이후에도 존과 폴은 자신의 노래를 통해 감정이나 내면 상태를 암시하곤 했다.) 존이 그 부분을 부를 때, 노래는 도입부를 빠져나와 밝은 분위기의 장조로 들어서며 본래의 조성으로 안착한다. 곡은 지붕 위로 솟아오르듯 힘차게 뻗어나간다("If I give…"). 존은 더 이상 혼자 노래하지 않는다. 폴이 합류해 멜로디를 이어받고, 존이 낮은 화음을 얹자, 〈If I Fell〉은 듀엣으로 변한다.

작가이자 음악가인 조너선 굴드Jonathan Gould가 지적하듯, 존과 폴의 보컬 라인은 손을 잡고 나란히 걷는 연인처럼 평행하게 움직이지 않는다.[6] 대신 정교한 구애의 춤을 추듯, 곡을 전개하면서 서로 멀어졌다가 다시 가까워진다. 마치 두 마리 새가 서로의 비행 경로를 가로지르며 날아가듯, 번갈아 가며 상대를 감싸고 앞서서 이끈다. 'pain'이라는 단어를 장조 도미넌트 코드 위에서 부른 직후, 가슴을 찌르는 듯한 순간이 찾아온다. 이어지는 "And I…"에서 갑작스레 평행 단조로 전환한 것이다. 다시 사랑할 수 없을지도 모른다는 두려움을 고백하는 바로 그 순간, 저항심이 서서히 무너져 내리며 연약함으로 바뀌는 것 같다.

레넌과 매카트니의 하모니는 그 미묘함 때문에 음악학자들을 당황스럽게 만들었다. 1963년 말, 클래식 평론가 윌리엄 만William Mann은 《타임스The Times》에 두 사람의 노래를 음악 이론의 관점에서 해부한 글을 실었다. '에올리안 카덴스Aeolian Cadence' 같은 전문 용어로 가득한 그 글은 비틀스 음악의 힘을 이루는 여러 요소—고유한 음향 세계, 리듬, 음색 등—을 제대로 알아보지 못했다는 이유로 오랫동안 조롱의 대상이 되었다. 그러나 대중음악을 진지하게 받아들이는 이가 거의 없던 시대에 만의 글은 선구적이었다. 그는 레넌과 매카트니가 정식으로 교육받지는 않았지만, 매우 높은 수준의 음악적 기교를 보여주고 있다는 사실을 간파했다.

또 이들이 전통적인 교육을 받은 작곡가라면 시도하지 않았을 방식들을 직관적으로 해내고 있다는 점도 알아봤다. 만은 이렇게 썼다. "이들은 화성과 선율을 동시에 떠올리는 듯한 인상을 풍긴다."[7] 놀라서 눈이 휘둥그레진 그의 얼굴이 그려지는 듯하다.

그는 이 말로 무엇을 전하고자 했을까? 전통적으로 작곡가는 하나의 주요 선율과 그것을 뒷받침하는 보조 선율을 중심으로 음악을 구성한다. 하지만 레넌과 매카트니는 두 선율이 동등한 위상을 지닌 음악을 만들어 냈다.

〈If I Fell〉에서는 두 사람의 목소리가 주고받는 상호작용 자체가 곡의 감정과 의미를 만든다. 존의 목소리는 불확실하고, 상처 입은 것 같고, 연약하게 들린다. 반면 폴의 목소리는 희망에 차 있고, 갈망하며, 낭만적이다. 두 사람이 함께할 때, 이 모든 감정이 동시에 들린다.

훗날 매카트니는 이렇게 말했다. "가끔은 내가 존의 멜로디에 맞춰 쓴 화성이 오히려 그 멜로디를 압도하면서 두드러질 때가 있었다.[8] 갑자기 얼룩무늬 토끼 한 마리가 모자에서 튀어나온 것처럼 말이다!" 얼룩무늬 토끼라는 말은 우연히 나온 표현이지만, 레넌-매카트니 관계를 놀라울 만큼 잘 묘사했다. 어떤 때는 한 사람의 목소리가 중심이 되고, 다른 한 사람은 뒤로 물러나며, 때로는 두 사람이 완벽한 일치를 이루기도 했다.

If I give my — 두 사람 모두 상승

heart — 존은 상승, 폴은 하강

to you — 폴은 상승, 존은 하강

I must be sure — 두 사람의 음이 일치

노래하는 목소리가 다른 목소리에 의해 조절되거나, 때로는 완전히 바뀔 수 있는 것처럼 두 사람은 서로에게 영향을 주었고, 함께 노래하는 동안 상대의 성격과 감수성까지 만들어 냈다. 이렇게 두 사람의 목소리가 얽히면서 제3의 선율, 하나의 독립된 존재가 탄생했다. 이게 바로 폴이 말한, 모자 속에서 튀어나온 얼룩무늬 토끼다. 검은색도 흰색도 아닌 얼룩무늬를 가진, 마법 같은 존재 말이다.

10

I DON'T WANT TO SPOIL THE PARTY

I DON'T WANT TO SPOIL THE PARTY

〈A Hard Day's Night〉는 브라이언 엡스타인의 예언을 완벽히 실현했다. 비틀스는 엘비스보다 더 성공한 가수가 되었다. 1964년 8월, 비틀스는 영화의 눈부신 성공을 바탕으로 다시 미국을 찾았다. 한 달간 24개 도시에서 32회의 공연을 소화하는 숨 가쁜 투어가 기다리고 있었다. 투어는 점점 일상처럼 느껴졌다. 한 도시에 도착하면 기자회견을 열고, 점점 형식적으로 변해 가는 공연을 비명을 지르는 수만 명의 십 대 앞에서 선보인 뒤, 자동차를 타고 도망치듯 호텔로 이동했다. 그리고 다음 날 아침에는 다시 길을 나섰다. 쉴 틈 없는 일정은 마침내 레넌과 매카트니의 창작에도 영향을 미치기 시작했다. 레넌은 한 기자에게 이렇게 말했다. "곡의 소재가 점점 없어지는 게 큰 문제예요."1

이번 미국 투어 중 창작 면에서 가장 의미 있었던 순간은 뉴욕의 한 호텔 스위트룸에서 찾아왔다. 그곳에서 그해 초부터 계속 들었던 음악의 주인공을 만났다. 바로 밥 딜런이었다. 밥 딜런은 이미 미국과 영국에서 스타였으며, 비틀스의 음악이 단순한 팝을 넘어선다는 점을 빠르게 간파했다. 훗날 그는 이렇게 말했다. "비틀스는 아무도 하지 않았던 일을 했다.[2] 그들의 코드 진행은 터무니없을 정도였지만, 화음이 모든 것을 정당화했다." 당시 대학생들은 밥 딜런의 음악이 십 대 소녀들을 겨냥한 가벼운 느낌의 비틀스보다 진지하고 깊이 있다고 느끼며 열광했다. 그런 상황에서 딜런은 사랑 노래를 쓰고 팝 감성이 강한 밴드 중심의 사운드를 실험했다. 하지만 그는 동시대 아티스트를 공개적으로 칭찬하는 편이 아니었고, 비틀스와의 첫 만남에서도 다소 조심스럽고 경계심 어린 태도를 보였다. 분위기는 딜런이 비틀스에게 마리화나를 권한 뒤에 조금 누그러졌다.

비틀스가 처음으로 마리화나를 경험한 게 밥 딜런 때문이었다는 사실은 역사적으로 흥미로울 뿐만 아니라, 당대 영국의 뮤지션들과 클럽 손님들 사이에서 마리화나 흡연이 그리 낯설지 않았던 분위기를 감안하면 다소 의외이기도 하다. 비틀스는 함부르크 공연 시절에 각성제를 자주 복용했지만, 그때까지 일에 도움이 되지 않는 기호용 마약은 멀리했다. 하지만 이번에는 네 사람 모두 마리화나를 받아들였다. 레넌과 매카트니에게는 특히나 절묘한 타이밍이었다. 계속되는 투어의 고단함 속에서도 창작의 영감을 잃지 않으려 애쓰던 그들에게 마리화나는 일종의 돌파구가 되어 주었다. 세상 모두가 비틀스에게 달려들어 어떻게든 무언가를 얻어내려 하던 시기에 마리화나는 네 사람이 함께 도피할 수 있는 공간이 되었다. 자기들끼리만 통하는 고유한 주파수로 소통하려는 경향도 더욱 강해졌다. 곧 마리화나는 존과 폴의 작곡 과정에서, 과거에 각성제가 그랬던 것만큼 중요한 역할을 했다.

9월 말에 미국에서 돌아온 뒤, 비틀스는 자작곡 여섯 곡을 녹음했다. 떠나기 전에 미리 녹음해 둔 두 곡을 더하면 모두 여덟 곡이었다.

하지만 그들은 곧바로 영국 투어에 나서야 했다. 새 앨범에 들어갈 곡을 전부 직접 쓰기엔 시간이 부족해서 결국 커버곡을 잔뜩 녹음해 앨범을 채워 넣었다. 새 앨범의 제목은 다소 의미심장한 〈Beatles for Sale〉이었다(이 시점에서 앨범 제목과 디자인을 누가 주도했는지는 명확했다). 명성과 일정한 거리를 두려 했던 비틀스의 아이러니한 태도는 이제 한층 어두운 분위기로 바뀌었다. 그것은 앨범 제목에 담긴 냉소적인 농담과 로버트 프리먼Robert Freeman이 하이드파크에서 촬영한 커버 사진에 분명히 드러난다. 창백하고 지쳐 보이는 비틀스는 마치 사냥꾼의 조준선에 들어온 사슴처럼 나뭇잎 사이로 관객을 응시한다. 멤버들이 만화 속 인물처럼 묘사된 이 사진은 비틀마니아의 주인공들이 결국 네 명의 인간일 뿐이라는 사실을 다시금 일깨워 주었다.

이번에 고른 커버곡은 소울 가수나 여성 그룹의 곡이 아니라, 그들이 음악 면에서 가장 먼저 영향을 받았던 버디 홀리, 척 베리, 리틀 리처드의 곡들이었다. 아마도 너무 익숙한 곡들이라 빠르게 녹음하기 쉬웠기 때문일 것이다. 실제로 대부분의 곡은 한두 번 만에 녹음을 마쳤다. 하지만 그 선택에는 뭐든지 마음껏 할 수 있었던 시절, 밴드의 유년기로 되돌아가고 싶은 마음도 담겨 있었다. 자작곡들 가운데서도 두드러지는 스타일은 컨트리, 포크, 로커빌리였다. 밥 딜런의 영향은 분명히 드러났다. 특히 존은 딜런을 보며 중요한 깨달음을 얻었다. 자신이 단순히 곡을 능숙하게 만드는 기술자가 아니라, 감정과 생각을 의식적으로 세상에 전달하는 예술가라는 사실이었다. 그게 시위 노래를 만든다는 의미는 아니었다. 훨씬 더 개성 있는 노래를 만든다는 뜻이었다.

앞선 두 앨범이 긍정적인 에너지로 힘차게 시작했던 것과 다르게

〈Beatles for Sale〉의 첫 세 곡은 적어도 가사 면에서는 음울한 비난 조를 띤다. 존이 만든 오프닝 곡 〈No Reply〉는 사랑의 배신과 질투를 이야기하며, 에벌리 브라더스의 스타일로 폴과 함께 불렀다. 간결한 서사, 인상적인 이미지(불 켜진 창문에서 몰래 밖을 내다보는 그녀), 그리고 "I nearly died" 같은 순간에 비틀스가 끌어내는 극적인 힘은, 그들이 작곡가이자 편곡가로서 얼마나 빠르게 성장하는지 보여 준다. 그 뒤를 잇는 두 곡 〈I'm a Loser〉와 〈Baby's in Black〉 역시 레넌이 만든 노래로, 컨트리 앤 웨스턴 음악에 깔린 자기연민의 정서를 한층 더 강렬하게 밀어붙인다.

앨범의 12번째 트랙 〈I Don't Want to Spoil the Party〉도 비슷한 감정선을 따라간다. 레넌은 훗날 이 곡을 아주 개인적인 노래라고 표현했다.[3] 그는 주목받는 것을 즐기고 사람들을 웃기는 걸 좋아하긴 했지만, 폴처럼 처음 보는 사람들과도 금세 친해지는 자연스러운 친화력은 없었다.

노래 속 화자가 자신의 불행을 감추려 애쓰듯, 존도 사람들과 어울릴 때 느끼는 불편함을 감추기 위해 술에 의존했다. 취하면 무례하거나 도발적인 태도를 보이는 경우도 있었고, 그 때문에 난처한 상황이나 한바탕 소란이 벌어지면 폴이 나서서 수습하거나 그를 구해 줘야 했다. 함부르크 시절에 레넌이 술에 취해 벌였다는 '전설적'인 이야기들 가운데 대부분은 그저 추잡하거나 민망한 모습에 불과했다. 존이 취해서 일을 벌이고, 폴이 나서서 상황을 정리하는 관계는 비틀스가 유명해진 이후에도 계속되었고, 특히 전년도에 벌어진 비틀스 역사상 가장 추악한 사건에서 극명하게 드러났다.

1963년 4월 말, 레넌은 브라이언 엡스타인과 함께 바르셀로나로 열흘간 휴가를 떠났다. 병원에서 출산한 지 얼마 되지 않은 신시아에게 말했던 바로 그 휴가였다. 왜 그가 신시아와 갓 태어난 아기 줄리안과 함께 있지 않고, 브라이언과 여행을 떠나기로 했는지는 분명하지 않다(존은 1970년에 이 일을 떠올리며 "난 정말 형편없는 놈이었다."[4]라고 말하기도 했다). 만약 친구들과 여행을 가겠다는 결심이었다면 같은 시기에 다 함께 테네리페로 떠난 폴, 조지, 링고와 함께하지 않고 브라이언과 둘만의 여행을 택한 이유 역시 확실치 않다. 매니저와 가장 가까운 비틀스 멤버라는 입지를 확고히 하려는 의도였을지도 모른다. 폴은 그렇게 보았다. "존은 영리한 친구였다.[5] 브라이언은 동성애자였고. 존은 그 사실을 이용해 엡스타인에게 그룹의 주도권이 누구에게 있는지 인식시키려 했다."

존은 엡스타인의 성적 지향에 호기심을 느꼈고, 어쩌면 자신의 성정체성에 대해서도 궁금증이 생겼을 수도 있다. 몇 년 뒤 그는 이렇게 말했다. "우리는 토레몰리노스에 있는 카페에 앉아서 지나가는 남자들을 구경하곤 했다.[6] 내가 '쟤는 어때? 얘는 마음에 들어?'라고 묻곤 했다." 어린 시절부터 존과 친구였던 피트 쇼튼의 말에 따르면, 존은 이번 여행에서 브라이언과 성적인 접촉을 했다고 털어놓았다. 여행 직후 리버풀에서 만났을 때, 존은 피트에게 브라이언이 삽입 섹스를 원하지 않는다며 이렇게 말했다고 한다. "그냥 너를 만지고 싶을 뿐이야, 존."[7] (이 일화로 인해 훗날 ⟨I Want to Hold Your Hand⟩가 사실은 그런 의미였던 게 아니냐는 해석도 나왔다.) 또 쇼튼은 휴가 이후로, 존이 자신과 브라이언이 불륜을 저질렀다는 소문이 퍼진 데 대해 몹시 신경이 곤두섰다고 전했다. 레넌 자신도 1970년에 《롤링스톤》 편집장 얀 웨너^{Jann} ^{Wenner}와의 인터뷰에서 그런 소문이 있었음을 인정하며 "끔찍했다. 정말 창피했다."[8]라고 말했다. 그러한 불안감 혹은 수치심은 6월 18일, 폴의 스물한 살 생일 파티에서 폭력이라는 형태로 터져 나왔다.

보통의 팝 스타라면 런던에서 호화로운 파티를 열겠지만, 매카트니는 리버풀 하이튼의 다이너스 레인에 있는 진 고모의 집 뒷마당에서 생일 파티를 열었다. 그의 아버지와 남동생, 삼촌들과 숙모들, 사촌들을 비롯해 새 여자친구 제인 애셔, 비틀스 멤버들과 그들의 파트너들, 그리고 머지비트 가수 빌리 J. 크레이머$^{Billy J. Kramer}$, 인근 블랙풀에서 여름 공연 중이던 섀도스 멤버 두 명 등 몇몇 팝 스타들도 참석했다. 비틀스가 유명해지기 전부터 꾸준히 그들을 홍보해 준 밥 울러도 자리를 함께했다.

신시아와 함께 파티에 도착했을 때, 존은 이미 취해 있었다. 그는 얼마 지나지 않아 밥 울러가 브라이언과 함께한 여행을 두고 던진 농담에 격분했다. 그 농담이 어떤 내용이었든 악의적인 말이었을 가능성은 낮다. 울러는 그런 사람이 아니었기 때문이다. 스페인 '신혼여행' 잘 다녀왔느냐는 식의 가벼운 농담이었을 수도 있다. 그러나 그 순간, 레넌은 이성을 잃을 정도로 격분해 울러를 폭행하기 시작했다. 그는 울러를 때려눕힌 뒤, 땅에 쓰러진 그를 발로 걷어찼고, 사람들이 말려서 겨우 멈췄다. (크레이머의 말에 따르면, 레넌은 울러를 폭행한 뒤 바깥에 서 있던 손님 무리 중 한 명이었던 젊은 여성에게도 폭력을 휘둘렀다.[9] 충격을 받은 신시아는 존을 억지로 파티장에서 끌고 나왔다. 울러는 급히 병원으로 이송되었다.

다음 날, 존은 자신 때문에 비틀스의 커리어가 끝장난 건 아닐까 하는 두려움에 휩싸였다. 가장 시급한 걱정은 울러가 죽을지도 모른다는 것이었고, 그 우려는 결코 과장이 아니었다. 다행히 울러는 회복했다. 사건 다음 날, 그들은 BBC 라디오 쇼 공개 녹화가 있어 런던으로 갔다. 당시 존과 폴 사이의 분위기가 어땠을지는 짐작만 할 수 있다. 존은 두려움과 수치심에 사로잡혔을 것이고, 폴은 자신의 생일 파티를 망친 존에게 분노했을 것이다. 하지만 둘 다 심한 숙취에 시달리느라 제대로 이야기를 나눌 틈조차 없었다. 녹화 당일, 네 곡으로 구성된 세트는 〈Some Other Guy〉로 시작했다. 존과 폴이 같은 멜로디를 한 목소리로 부른 R&B 커버곡으로, 불꽃이 튀는 듯한 강렬한 무대였다.

엡스타인은 즉시 사태 수습에 나섰고, 울러에게 전보를 보내라고 레넌에게 지시했다. 사건 이틀 뒤 발송한 전보에는 이렇게 적혀 있었다.

정말 미안해요, 밥.[10] 내가 무슨 짓을 저지른 건지 너무 걱정스러워요. 무슨 말을 할 수 있을까요?

결국 울러는 200파운드를 받고 폭행 혐의로 고소하는 것을 단념했다. 비틀스의 홍보 담당이었던 토니 바로Tony Barrow는 적극적으로 대응했다. 깊이 반성하고 있다는 레넌의 멘트를 덧붙여 사건의 순화된 버전을 《미러^{The Mirror}》에 흘린 것이다. 《미러》는 바로가 제공한 내용을 기사로 내보냈고, 이후로 해당 사건은 더 이상 언급되지 않았다.

"내 안에 있는 호모 성향이 두려워서 그렇게 화를 냈던 것 같다."[11] 1971년, 레넌은 이 사건을 회상하며 이렇게 말했다. 겉으로 드러난 그의 행동만 보면 적극적인 이성애자 같지만, 때때로 자신도 설명할 수 없는 이유로 남성에게 끌리기도 했던 것 같다. 예컨대 엡스타인이 밤마다 데려오던 거친 스타일의 부두 노동자 같은 이들에게 말이다. 실제로 레넌이 동성애자였던 울러를 폭행한 일은, 어쩌면 엡스타인에게 향했어야 할 분노가 뒤늦게 잘못된 대상에게 터져 나온 것일 수도 있다. 보다 현실적인 이유도 있다. 울러는 엡스타인과 가까운 사이였고, 존은 자신의 소문을 퍼뜨린 장본인이 울러라고 여겼을 수도 있다. 그는 이미 분노를 억누른 상태로 파티에 나타났고, 울러의 말은 단지 방아쇠 역할을 했을 가능성이 크다. 존은 폴처럼 파티나 가족 모임을 즐기는 사람이 아니었다. 레넌의 생각에, 비틀스의 성공은 그와 폴이 스스로를 평범한 사람들과는 다른, 더 우월한 존재라고 믿고 평범한 삶을 버리는 선택을 했기 때문에 가능했던 일이었다. 엡스타인 자신이 평범한 청년인 척 연기하는 것은 위선처럼 느껴졌을 것이다. 그래서 레넌은 계속 술을 마셨고, 마음속 어딘가에는 파티를 망쳐 버리고 싶다는 은밀한 욕망이 자리 잡았다.

레넌의 정신적 불안정이 주변 사람들에게 얼마나 많은 문제를 일으켰는지는 전반적으로 과소평가되었다. 다른 상황이었다면 그가 전문 밴드의 일원으로 활동하는 것 자체가 애초에 불가능했을지도 모른다. 그룹이 유지된 것은 존의 능력이 탁월했던 덕분이기도 했지만, 동시에 그와 가까운 이들 모두가 그 이유를 알았다. 존이 무너지지 않도록 붙들어 주는 존재가 바로 이 밴드라는 사실을. 로큰롤 라이프 스타일은 존을 망가뜨린 것이 아니라, 오히려 구원했다. 그리고 이 점을 누구보다 잘 이해하던 사람이 바로 폴이었다.

　　1964년, 비틀스의 마지막 싱글은 〈I Feel Fine〉이었다. 이 곡은 〈Beatles for Sale〉 앨범에는 수록하지 않았는데, 만약 수록했다면 우스꽝스러울 만큼 어울리지 않았을 것이다. 2분 15초 남짓한 길이의 이 노래를 듣고 기분이 좋아지지 않기란 거의 불가능하다. 〈I Feel Fine〉은 레넌이 주도해 만든 곡으로, 브리지는 매카트니가 보탠 것으로 보인다. 이 곡은 〈Beatles for Sale〉에 수록된 여러 커버곡처럼 10월의 어느 날에 녹음했다.★ 〈I Feel Fine〉은 또 하나의 큰 진전이었다. 레넌은 바비 파커Bobby Parker가 1961년에 발표한 R&B 곡 〈Watch Your Step〉에서 가져온 기타 리프를 중심으로 이 곡을 구성했다. 비틀스는 그동안 곡의 중심이 되는 반복적인 리드 기타 구절, 즉 리프를 거의 사용하지 않았다. 하지만 어쩌면 레넌은 킹크스The Kinks에게서 영감을 받아, 싱글곡에 리프를 활용하는 데 흥미를 느끼기 시작했다. 그가 만든 리프는 유려하고 선율적인 느낌으로, 킹크스의 〈You Really Got Me〉와는 확연히 달랐다. 〈I Feel Fine〉의 리프는 세 개의 서로 다른

★　　이제 비틀스가 스튜디오에서 여유롭게 작업한다는 것을 보여 주듯, 이 곡의 완성된 트랙은 피드백 음으로 시작한다. 의도적으로 그 소리를 녹음에 넣은 건 이번이 처음이었다. 앰프에 기대도록 세워 뒀던 통기타가 케이블에 연결된 채로 울리면서 만들어진 소리였다. 그들은 그 소리를 마음에 들어 했다.

코드 위를 유연하게 흐른다. 링고는 레이 찰스의 〈What'd I Say〉에서 따온 라틴풍 비트를 더했고, 존은 단순한 가사를("Baby's good to me… you know") 특유의 높낮이 변화가 적은 블루스풍 멜로디에 실어 불렀다. 조지가 그 리프를 함께 연주해 두 겹으로 쌓아 올렸다. 그렇게 만들어진 그루브는 거부할 수 없을 만큼 매력적이다. 브리지에서 존, 폴, 조지는 "I'm so glad"를 마치 테크니컬러처럼 화사한 하모니로 부르는데, 마치 햇빛이 비치는 듯한 느낌을 준다. 존이 〈I'm a Loser〉, 〈No Reply〉, 〈I Don't Want to Spoil the Party〉 같은 곡들을 쓰던 와중에 이렇게 햇살처럼 가볍고 맑은 노래를 만들었다는 것은 다소 의외일 수 있다. 하지만 사실 이 곡은 앞의 노래들에 담긴 자기 의심과 소외감의 또 다른 면모였다. 존이 진정으로 행복을 느끼는 순간은 비틀스 멤버들과 함께 음악을 만들 때뿐이었다.

레넌의 우울한 곡들조차도 매카트니의 노래와 연주 덕분에 분위기가 한층 가벼워졌다. 폴은 브리지, 즉 '미들에잇'에서 자신의 낙관성을 드러내는 경우가 많았고, 〈A Hard Day's Night〉이 그 대표적인 예다. 비틀스는 미들에잇을 통해 노래에 새로운 관점을 불어넣어 화자에게 그가 처한 상황에서 벗어날 실마리를 보여 주곤 했다. 〈No Reply〉의 중간 부분에서, 상심한 화자는 자신을 떠난 여자를 질책하지만, 사실 그것은 자기 자신에게 하는 격려에 더 가깝다. 그가 이렇게까지 괴로운 이유는 그만큼 그녀를 깊이 사랑했기 때문이라는 사실을 스스로 상기하는 것이다.

〈I Don't Want to Spoil the Party〉에는 비틀스가 만든 곡들 가운데 가장 인상적인 순간이 있다. 이 노래의 미들에잇은 두 번 반복되며 거의 후렴처럼 들린다. 화자는 자신이 사랑하는 여자가 파티에 오지 않아 우울감에 빠졌다. 그런데 어두운 단조 구절에서 갑자기 희망 어린 장조 구절이 솟아오르고, 화자는 그녀와 다시 만날 날을 기대하며 그때 느낄 기쁨을 떠올린다. 이 부분에서 매카트니의 높은 보컬 라인이 도드라지면서, 사실상 이야기를 주도한다. 그리고 그 구절은 둘이 함께 길게 외치는 선언으로 절정을 이룬다. "I… STILL… LOVE… HER!"

11

TICKET TO RIDE

TICKET TO RIDE

〈Ticket to Ride〉는 마치 약에 취한 〈I Feel Fine〉처럼 들린다. 〈I Feel Fine〉과 마찬가지로, 이 노래 역시 기타 리프를 중심으로 구성되었다. 처음 리프가 등장할 때는 밝고 경쾌한 느낌을 주지만, 곧이어 천둥처럼 울리는 드럼이 등장하면서 분절된 리듬은 리프를 떠받치기 보다는 되레 끌어내리는 듯한 느낌을 준다. 노래는 도입부 코드에서 약간 불편할 만큼 오래 머문다. 그 위로 웅웅거리는 베이스가 깔리며 청자를 그 자리에 붙들어 놓는다. 레넌이 노래를 시작할 때, 그의 목소리는 지치고, 후회에 젖어 있으며, 멍한 상태처럼 들린다. "I think I'm gonna be sad…."

비틀스가 이런 사운드를 들려준 적은 한 번도 없었다. 아니, 그 누구도 이런 사운드를 들려준 적이 없었다. 〈Ticket to Ride〉는 여러 음악적 영향이 뒤섞여 탄생했지만, 그 어떤 것과도 뚜렷하게 닮지 않았다. 드럼 패턴은 로네츠의 〈Be My Baby〉나 에벌리 브라더스의 〈Cathy's Clown〉을 떠올리게 하고, 토닉 코드에 오래 머무는 방식은 마사 앤 더 반델라스^{Martha & The Vandellas}의 〈Dancing in the Street〉와 비슷하다. 존의 목소리에 담긴 혼란스럽고 상처 입은 듯한 감정은 밥 딜런의 〈I Don't Believe You〉와도 닮은 면이 있다. 이 곡은 이전의 비틀스 곡들보다 더 길고(비틀스 싱글 가운데 처음으로 3분을 넘겼다), 더 무겁고, 더 낯설었다. 그런데도 듣는 순간 단번에 귀를 사로잡는다. 〈Ticket to Ride〉는 걸작이다. 복잡한 감정을 담아냈으면서 완벽하기까지 한 팝송이다.

존은 자신을 배신하고 떠나는 여자에 대해 노래하는 곡을 여러 번 썼다. 이번에는 그의 분노가 곡 전체를 감싸는 크고 묵직한 사운드에 스며들어, 겉으로 분명하게 드러나기보다는 음악 속에 깊이 잠긴다. 핵심 구절에서는 폴이 고음의 화음을 더해 분위기를 가볍게 만든다("I think it's today, yeah"). 중간 부분에서는 머뭇거리던 불확실한 리듬이 탬버린 소리와 함께 갑자기 경쾌하게 달리기 시작한다. 화자는 마음을 다잡으려 애쓰며 말한다(존과 폴이 화음을 이루며 노래한다). 그녀가 "다시 생각하고(think twice)", "나에게 잘해 줘야 한다(do right by me)"고. 하지만 그의 말에서 확신은 느껴지지 않는다. 사실 그는, 혹은 그들은 오히려 그녀가 자유를 원한다는 사실에 공감하는 듯하다. 그리고 곡은 페이드아웃에 접어들며 완전히 새로운 구절을 시작한다(이 부분은 매카트니의 제안으로 삽입한 혁신적인 구성이다). 레넌은 로커빌리 비트 위로 "My baby don't care"를 반복하는데, 이쯤 되면 그의 목소리에는 거의 감탄에 가까운 뉘앙스가 담긴다. 수수께끼 같은 기차를 타고 자유를 찾아 떠나는 그녀에게, 그는 마치 작별 인사를 건네는 듯하다.

〈Ticket to Ride〉는 레넌의 아이디어에서 출발한 레넌 – 매카트니 오리지널이지만 사실상 폴의 작품이다. 훗날 존은 이 곡이 거의 전적으로 자신의 작품이라고 주장했지만, 곡의 분위기를 결정짓는 핵심 요소—끊기는 듯한 독특한 드럼 패턴—를 링고에게 제안한 사람은 폴이었다. 곡 전반에 흐르는 음울한 정서도 폴의 베이스가 만들어 낸 것이고, 멜로디에 생기를 불어넣는 것도 그의 백업 보컬이었다. 브리지를 도입부와 잇는 애절한 블루스풍의 필인Fill in을 포함하여 리드 기타 역시 폴이 연주했다.

이 시점에서 곡의 초안을 더 많이 제공한 쪽은 레넌이었다. 폴 역시 여러 히트곡을 썼지만, 그의 영향력은 주로 존의 곡을 통해 발휘되었다. 물론 존도 때때로 폴의 곡에 중요한 기여를 하곤 했다. 〈All My Loving〉에서의 리듬 기타 삼연음이 그 예시다. 하지만 그런 경우는 훨씬 드물었다. 이는 존이 폴의 곡에 관심이 덜했기 때문이 아니라, 존이 미완성 상태의 아이디어를 폴이나 다른 멤버에게 가져와 함께 발전시키는 방식을 선호했기 때문이다. 그의 아이디어는 그룹 전체의 창의성을 이끌어 내는 발판이 되었다. 반면 매카트니는 대체로 곡의 아이디어를 완성도 높은 형태로 가져오는 편이었으므로 레넌이나 다른 멤버들이 개입할 여지는 줄어들었다. 폴은 멜로디와 대위법, 조성의 변화, 악기 구성까지 포함해 곡 전체를 마치 실제로 소리가 들리는 것처럼 머릿속에 그릴 수 있었고, 그것을 스튜디오에서 어떻게 실현할지도 명확히 알았다. 그는 여러 악기를 능숙하게 다루는 만능 연주자였고, 그룹 내에서 가장 뛰어난 기량을 가진 음악가이기도 했다. 폴이 자신의 역량에 대한 확신을 강하게 가질수록 그룹의 창작적 결정에 더 많은 영향을 미치기 시작했다. 하지만 이 시점에서는 아직 그것이 레넌과의 갈등 요인이 되지는 않았다. 존이 여전히 많은 곡에서 주도적인 역할을 했기 때문이다.

〈Ticket to Ride〉는 1965년 2월에 비틀스가 새 영화《헬프!Help!》의

사운드트랙 작업을 시작하며 가장 먼저 손댄 곡이었다. 곡을 완성하자마자 다음 싱글로 발표하기로 즉시 합의가 이루어졌다. 4월, 이 곡은 영국 차트에서 단번에 1위에 올랐다. 비틀스는 같은 달에 다음 싱글을 녹음했다. 당시 그들은 바하마와 오스트리아 알프스에서의 로케이션 촬영을 막 마치고 돌아온 참이었다. 전작에 이어 연출을 맡은 리처드 레스터 감독과 함께 영화 제목을 《헬프!》로 지었다. 팝 아트 만화의 말풍선 같은 느낌 때문이었다. 레넌은 〈A Hard Day's Night〉 때와 마찬가지로 또다시 히트 싱글 행진을 이어 가기 위해 본인이 타이틀곡을 쓰겠다고 나섰다.

영화 제목은 장난스럽게 들릴 수도 있었지만, 레넌은 이를 자신의 불안정한 정신 상태를 노래로 풀어낼 실마리로 받아들였다. 그는 1970년에 "진심이었다."[1]라고 말했다. 그리고 1980년에는 이렇게 덧붙였다. "내가 '도와줘!'라고 외치는 거였다.[2] 영화를 보면 알겠지만, 나는 뚱뚱하고, 불안하고, 자신감을 완전히 잃은 상태다." 이 시기의 존은 자신이 살쪘다는 말을 자주 했다. 실제로는 그렇지 않았지만, 굳이 비교하자면 다른 멤버들보다는 그래 보일 수도 있었다. 그는 결혼 생활과 아버지 역할에 불편함을 느꼈고, 자신의 전성기가 얼마나 더 이어질 수 있을지에 대해서도 걱정했다. 불안을 가라앉히기 위해 밴드 동료들, 특히 폴에게 많이 의지했다. 비틀스의 한 측근은 바하마 로케이션 촬영 현장에서 비틀스와 사흘을 함께한 기자 필리스 바텔Phyllis Battelle에게 이렇게 말했다. "존이 침울한 기분에서 벗어나려면 다른 멤버들의 도움이 필요해요.[3] 그 역할을 가장 잘하는 건 폴이에요." 한 촬영 스태프의 아내도 말했다. "폴과 존은 다른 사람들은 잊은 채 둘만의 세계에 빠질 때가 있어요. 둘이 서로에게 집중하기 시작하면 조지와 링고는 가끔 자리를 슬쩍 피하기도 하죠." (바텔도 이 같은 모습을 직접 목격했다고 말했다.)

폴과 다른 이들의 도움 덕분에, 레넌은 자신의 불안을 훌륭한 음악으로 전환할 수 있었다. 그는 〈Help!〉를 발라드로 썼지만, 〈Please Please Me〉 때처럼 속도감을 높이는 게 낫겠다는 주변의 설득을 따랐다. 그는 훗날 이 결정을 후회한다고 말했지만, 결과적으로 듣는 이의 심금을 울렸을지도 모를 이 노래는 긴박하고 강렬한 에너지를 얻었다. 레넌의 지적인 가사들—"self-assured", "My independence seems to vanish in the haze", "I've changed my mind, and opened up the doors"(이 마지막 구절은 약물과 올더스 헉슬리를 암시한다)—은 만약 느린 곡이었다면 다소 작위적으로 들렸을 수도 있다. 하지만 에너지 넘치는 팝송이라 오히려 신선하고 흥미롭게 다가왔다.

〈Help!〉는 비틀스의 싱글 가운데 처음으로, 명백한 사랑 노래가 아닌 곡이었다. 존이 도움을 청하는 '당신'은 누구일까? 이 곡에서 백업 보컬은 평소보다 훨씬 더 핵심적인 역할을 한다. 그 보컬은 폴이 만든 대선율로 이루어진다. 존의 보컬이 강한 감정을 전달하며 청자를 사로잡을 때, 폴과 조지는 마치 텔레파시라도 통하는 듯 존의 가사 앞부분을 먼저 부르기 시작한다. 덕분에 이 노래는 친구들이 귀 기울여 준다는 확신 속에서 불안을 솔직하게 털어놓는 한 남자의 이야기처럼 들린다.

영화 《헬프!》는 《비틀스: 하드 데이즈 나이트》만큼의 완성도를 보여 주지 못했다. 전작이 지녔던 아이러니와 진정성의 섬세한 균형이 부족했고, 비틀스의 연기도 설득력이 떨어졌다. 그 이유 중 하나는 네 명 모두 약에 취했기 때문이다. 그럼에도 이 영화는 오래도록 기억에 남는 인상적인 이미지를 하나 남겼다. 비틀스가 교외 거리에 나란히 붙은 주택으로 귀가하는 장면이다. 그런데 내부로 들어가 보면, 이 집들이 사실 하나로 이어진 단일한 공간이라는 사실이 드러난다. 서로가 떼려야 뗄 수 없는 한 무리라는 개념은 비틀스라는 밴드가 가진 대중적 이미지의 핵심이었다. 이 이미지는 효과적이었다. 사실이었기 때문이다. 명성은 이미 *끈끈했던* 이들의 유대를 더욱 단단하게 만들었다. 고위 인사와 유명 인사 들로 가득한 파티에서도, 이들은 화장실에 모여 함께 대마초를 피우곤 했다.

교외에서 친구들과 함께 산다는 영화 속 환상적인 설정은 실제와 크게 다르지 않았다. 1964년 여름, 여러 해 동안 임대 아파트 생활을 이어 가던 끝에 존과 신시아 레넌은 웨이브릿지에 집을 마련했다. 이 서리주의 교외 지역은 양복 차림의 은행원과 회계사 들이 런던으로 출퇴근하던 동네였다. 레넌 부부는 방이 스무 개가 넘는 튜더 양식의 대저택을 구입했다. '켄우드Kenwood'라는 이름의 저택은 런던 중심부의 숨 막히는 분위기에서 벗어날 수 있고, 몰려드는 팬들과 기자들을 피해 아들을 조용히 키울 수 있는 공간이었다. 또한 미미 이모가 분명히 만족해했을 법한, 사회적 지위 상승을 보여 주는 선택이기도 했다. 실제로 그녀는 그 선택을 반겼다. 하지만 존은 런던을 떠나는 것이 마음에 걸렸다. 그는 1965년의 한 인터뷰에서 "사실은 런던에 살고 싶었지만, 위험을 감수할 수는 없었다."[4]라고 말했다.

그는 다른 멤버들이 가까이 살기를 바랐다. 조지는 이미 차로 가까운 거리에 있는 '킨폰스Kinfauns'라는 방갈로로 이사했다. 링고와 그의 가족은 존의 집에서 1마일(약 1.6km)도 채 떨어지지 않은 또 다른 튜더 양식의 저택으로 들어갔다. 유일하게 버틴 사람은 폴이었다. 그는 애 셔 가족의 일원으로 지내는 것이 좋았고, 런던의 사교계와 미술계에 서 활력을 얻고 있었다. 그 결정은 결코 가볍게 내려진 것이 아니었 다. 훗날 폴은 이렇게 말했다. "나중에 멤버들이랑 그 일에 대해 얘기 를 나눴는데, 우리 둘 다—아니, 우리 모두—내가 그냥 분위기에 맞 추기 위해 마음에도 없는 웨이브릿지의 집을 사는 건 바보 같은 일이 라는 데 동의했다."[5] 폴은 존을 보러 서리주까지 차를 몰고 가는 건 괜찮다고 말했다. 존도 운전을 배우기 시작했고, 〈Ticket to Ride〉를 녹음한 바로 그날 운전면허 시험에 합격해 최고급 롤스로이스를 구 입했다(그는 운전 실력이 형편없어서 곧바로 운전기사를 고용했다). 하지만 그는 점점 더 런던과 멀어졌다는 느낌뿐만 아니라, 자신의 가장 중요 한 창작 파트너와도 멀어지고 있는 건 아닐까 하는 불안을 느꼈다.

〈Ticket to Ride〉는 다층적인 의미들로 반짝인다. 볼 때마다 매번 다른 빛이 표면에 반사되는 것처럼 새로운 해석이 드러난다. 이별을 다룬 노래지만, 마리화나 연기로 자욱한 안개 속에서 본 이별이다. 이 노래는 남성과 여성 사이의 세대적 권력 구도의 변화에 관한 이야기 이기도 하다. 동시에 존과 폴 사이의 권력 균형이 변해 가는 이야기이 기도 하다. 존은 자신이 폴에게 의지하는 만큼 폴도 자신에게 의지하 는지 의심했다.

12

YESTERDAY

YESTERDAY

어느 날 아침, 애셔 가족의 집에서 늦잠을 자고 일어난 폴은 머릿속을 떠나지 않고 계속 맴도는 선율을 들었다. 그는 그게 무슨 곡인지 궁금했다. 자신이 만든 곡 같지는 않았다. 오히려 어린 시절, 아버지가 자주 연주하던 〈Stairway to Paradise〉나 〈Lullaby of the Leaves〉 같은 애잔한 재즈 선율을 떠올리게 했다. 폴은 곧장 방 안에 있던 피아노 앞으로 갔다.

그는 그냥 침대에서 굴러떨어지듯 일어나 꿈에서 들은 곡의 조성을 알아냈다.[1] 거의 G 키에 가까웠고, 곧장 그걸 연주해 보았다. '이게 뭐지?'라고 생각했지만, 잠에서 막 깨어난 터라 도무지 감이 잡히지 않았다. 몇 가지 코드를 붙여 보았다. 먼저 G 코드를 잡고, 그다음엔 근사한 F# 마이너7 코드를 쳤다. 그 순간 감탄이 터져 나왔다. 이어서 자연스럽게 B 코드로 넘어갔고, 다시 E 마이너 코드로 이어졌다. 그렇게 멜로디가 거침없이 쏟아져 나왔다. 하지만 '참 좋은데, 이거 어디서 베낀 거잖아. 분명히 베낀 거야.'라고 생각했다.

폴은 이 곡을 존에게 들려줬지만, 존은 들어 본 적이 없다고 했다. 폴은 1950년대 초반부터 활동한 팝 스타 알마 코간^{Alma Cogan}의 집에서 열린 파티에서도 이 곡을 피아노로 연주했다. 코간도 그 멜로디를 좋아했지만, 어디서 들어 본 곡인지는 떠올리지 못했다. 그때 마침 알마 코간의 어머니가 들어와 스크램블 에그를 먹고 싶은 사람이 있느냐고 물었고, 폴은 그 말을 임시 가사로 써먹었다. "Scrambled eggs / Oh my baby how I love your legs"

그는 이 멜로디를 뮤지컬 《올리버!^{Oliver!}》의 작곡가 라이어넬 바트^{Lionel Bart}에게도 흥얼거리며 들려줬다. 바트 역시 처음 듣는 곡이라고 했다. 폴은 학창 시절 영어 선생님이었던 앨런 더번드의 집에 갔을 때도 이 곡을 들려줬지만, 더번드도 들어본 적이 없다고 했다. 그제야 폴은 이 선율을 정말로 자신이 작곡했다는 사실을 믿을 수 있었다. 그럼에도 그는 그 곡이 두렵기라도 한 것처럼 옆으로 치워 뒀다.

1965년 4월, 비틀스는 런던 서쪽의 트위크넘 스튜디오^{Twickenham Studios}에서 4주 동안 영화 《헬프!》의 장면들을 촬영했다. 한 세트장에 피아노가 있었고, 리처드 레스터 감독은 매카트니가 촬영 중에 잠깐씩 그 피아노에 앉던 모습을 기억했다. "폴은 계속 그 〈Scrambled Eggs〉를 연주했다.² 나중에는 도저히 못 참겠더라. 그래서 '그 빌어먹을 노래를 또 치면 세트장에서 피아노를 치워 버릴 거야. 끝내든가, 포기하든가. 어떻게든 해!'라고 말했다."

《헬프!》 촬영이 끝난 직후인 1965년 5월 27일, 매카트니는 제인 애셔와 함께 포르투갈로 휴가를 떠났다. 두 사람은 섀도스의 기타리스트 브루스 웰치^{Bruce Welch}가 소유한 별장을 빌려 머물 예정이었다. 공항에서 별장까지 택시를 타고 가는 긴 여정 동안 제인은 잠들었고, 폴도 눈을 감았다.

하지만 머릿속에는 다시 그 노래의 가사에 대한 고민이 맴돌기 시작했다. 그는 반쯤 잠든 상태에서, 각 절을 'yesterday', 'suddenly'처럼 세 음절로 된 단어로 시작하면 좋겠다는 생각을 떠올렸다. 별장에 도착하자마자 막 떠나려던 웰치에게 기타를 빌려 달라고 부탁했고, 폴은 (기타를 거꾸로 든 채로) 곡 전체를 들려줬다. 웰치는 이 곡의 독특한 코드 진행에 감탄했고, 폴은 아직 가사를 다듬어야 한다고 말했다. 그는 별장에 머무는 동안 곡을 완성했다.

〈Yesterday〉의 탄생 일화는 종종 신의 계시처럼 떠오른 영감의 사례로 소개되곤 한다. 매카트니가 꿈에서 이 곡을 떠올렸기 때문이다. 하지만 이 곡은 과학저술가 스티븐 존슨Steven Johnson이 말한 '느린 예감Slow Hunch'의 대표적인 예시이기도 하다.[3] 위대한 아이디어는 어느날 갑자기 뚝 떨어지는 것이 아니라, 시간이 지나면서 서서히 무르익고, 실현되기까지 많은 노력이 필요하다는 뜻이다.

물론 폴과 존이 보통 두세 시간 만에 히트곡을 뚝딱 써냈다고는 하지만, 어떤 곡들은 진땀을 빼며 붙잡고 씨름해야 했다. 1964년, 존은 한 기자에게 이렇게 말한 바 있다. "우리가 쓴 곡이 마음에 들지 않으면, 바로 이리저리 손을 봐서 정말로 만족할 때까지 다듬는다.[4] 어떤 곡은 무려 넉 달이나 붙잡고 나서야 겨우 마음에 들도록 바꿀 수 있었다." (어떤 곡을 말한 것인지는 알려지지 않았다.)

〈Yesterday〉를 완성하는 데 오랜 시간이 걸린 이유는, 이 곡이 비틀스라는 그룹에 어울리는지 확신이 서지 않았던 매카트니의 망설임이 한몫했다. 로큰롤과는 거리가 멀다고 느꼈기 때문이다. 그는 이 곡을 메리앤 페이스풀Marianne Faithfull에게 넘기기도 했지만, 그녀는 녹음을 미루다 한참이 지나서야 작업에 들어갔다.★ 이 곡이 비틀스의 곡으로 정해진 시점이 정확히 언제인지는 확실하지 않다. 하지만 1965년 6월 14일, 매카트니는 〈Help!〉 앨범의 두 번째 녹음 세션에 〈Yesterday〉를 가져왔다. 그는 이 곡을 존, 조지, 링고에게 들려줬고, 셋 모두 곡 자체에는 호평을 남겼지만 자신들이 꼭 참여할 필요는 없다고 생각했다. 그렇게 〈Yesterday〉는 오직 단 한 명의 멤버가 참여한 비틀스의 곡이 되었다.

조지 마틴은 현악 반주를 넣어 보자고 제안했고, 매카트니는 긴장했다. 그는 매카트니가 "농담이죠?[5] 비틀스는 로큰롤 그룹인데요!"라며 반문했다고 회상했다. 하지만 실제로 매카트니는 비틀스를 단순한 로큰롤 그룹으로 본 적이 없었고, 마틴의 설득을 기꺼이 받아들였다. 마틴이 피아노 앞에 앉아 자신이 구상한 현악 구성안을 들려주자, 매카트니는 단 한 가지 수정만 제안했다. 그가 두 번째로 "she wouldn't say"를 부른 뒤에 첼로가 블루스풍의 E♭ 음을 연주하면 좋겠다는 것이었다. 마틴은 훗날 매카트니의 그 제안이 얼마나 잘 어울렸는지 인정하며 이렇게 말했다. "그게 내 아이디어였으면 좋았을 텐데.[6] 존 레넌도 그 사운드를 처음으로 듣자마자 반했다."

비틀스로서 본격적인 작곡 활동을 함께 시작한 뒤 약 1년 동안, 레

★ 1963년부터 존과 폴은 자신들이 쓴 곡을 다른 가수들에게 주려고 적극적으로 곡을 소개했다. 매카트니가 쓴 〈Love of the Loved〉는 실라 블랙이 불렀다.

넌과 매카트니는 각기 다른 개성을 지니면서도 하나의 창작 정체성을 공유했다. 하지만 1964년을 기점으로 두 사람의 작곡 스타일은 점차 뚜렷하게 갈라졌다. 그중에서도 가장 먼저 두드러진 건 존의 변화였다. 그는 밥 딜런의 영향을 받아 노래 속에서 내면을 더 많이 응시했고, 문학적인 감성을 드러내며 때로는 자신을 가차 없이 파헤치고, 때로는 타인을 날카롭게 비판하는 방향으로 나아갔다.

반면 폴의 작곡 스타일은 비교적 단순했다. 그는 살아 있다는 것에서 오는 순수한 기쁨과 생동감을 노래했고, 여기에 낭만적인 정서와 사색적인 면이 더해졌다. 1965년 무렵부터는 표현의 폭을 넓히기 시작했다. 어릴 적부터 흡수해 온 다양한 음악 스타일을 되짚는 한편, 그 시기 급격히 확장되던 팝과 록의 새로운 흐름도 적극적으로 수용했다. 나아가 아방가르드 음악이나 현대미술 같은 난해한 영역에서도 자극받았으며, 기술적인 역량 역시 꾸준히 발전시켜 나갔다.

무엇보다 중요한 변화는 감정 표현의 폭이 넓어졌다는 점이다. 그리고 그 변화에 결정적인 영향을 준 이는 그의 파트너였다. 이러한 변화는 〈Help!〉 앨범 수록곡 〈The Night Before〉에서 뚜렷하게 드러난다. 이전까지 폴은 상처받거나 속상한 감정을 드러내며 여자들의 거짓말을 비난한 적이 거의 없었다. 하지만 이 곡에서 그는 그런 감정을 숨기지 않고 토로하며, 존과 조지가 백업 보컬로 그의 목소리를 받쳐준다("Ahh – the night before"). 그는 신체적으로도 이전과는 다른 목소리를 사용한다. 더 깊고 단단한 울림을 지닌, 남성적이며 강한 음색이다. 물론 항상 이런 목소리를 쓰는 것은 아니었다. 그는 곡에 따라 목소리 톤을 바꾸었고, 앞으로 더 다양한 스타일과 감정 표현을 시도하면서 곡마다 어울리는 목소리를 다르게 입히는 데 능숙해진다.

⟨Help!⟩ 앨범의 또 다른 수록곡 ⟨Another Girl⟩에서 폴은 자신을 "끝까지(till the end)" 사랑해 주고 "언제나 친구가 되어 줄(always be my friend)" 새로운 여자친구를 만났다고 말한다. 하지만 그가 이 노래를 불러 주는 대상은 그 새로운 여자가 아니라, 자신이 떠나려는 여자다. 이제 미련이 전혀 남지 않은 그 여자에게 자신이 얼마나 행복한지 굳이 알리려는 것이다. 전형적인 레넌식 반전이다. 이 곡에는 블루스풍의 윙윙거리는 리드 기타가 등장하는데, 이는 조지의 연주가 마음에 들지 않아, 다음 날에 폴이 직접 녹음한 것이다.

1965년 중반 무렵, 매카트니의 창작 재능은 무르익고, 이륙을 앞두고 숨을 고르고 있었다. 그 재능이 본격적으로 날아오르기 시작한 순간을 꼽자면, 6월 14일 월요일의 세션이 될 것이다. 그날은 ⟨Help!⟩ 앨범을 완성하기 위한 마지막 주의 녹음 첫날이었고, 비틀스가 유럽 투어를 위해 파리로 떠나기 전이었다. 비틀스는 그날 오후 애비로드 스튜디오에 모여 폴이 쓴 세 곡의 녹음을 시작했다. 그중 첫 번째는 폴이 애셔 가족의 집에서 피아노로 다듬은 선율을 바탕으로 한 컨트리 스타일의 곡 ⟨I've Just Seen a Face⟩였다. 이 곡은 폴의 진 고모가 특히 좋아했던 곡으로, 한동안은 ⟨Aunty Gin's Theme⟩라는 제목으로 불리기도 했다. ⟨I've Just Seen a Face⟩는 어쿠스틱 기타로 엮인 셋잇단음의 흐름으로 시작한다. 청자는 어디론가 끌려가다가 곧 본격적으로 노래의 질주 속에 던져진다. 이 곡은 불현듯 찾아온 사랑에 관한 이야기다. 첫눈에 반한 순간의 숨 가쁜 감정이 멜로디와 가사에 실려 쏟아진다. 1절의 가사가 채 끝나기도 전에 말문이 막히자, 그는 남은 부분을 가사 없이 흥얼거리며 이어 간다. 가사를 잊은 게 아니라, 이 순간에 완전히 빠져든 느낌이다. 후렴구("Fallin', yes, I am fallin'")

에는 기쁨과 그리움이 동시에 담겼다. 곧 지나가 버릴 지금 이 순간을 벌써부터 그리워하는 듯한 느낌이 묻어난다.

비틀스는 단 여섯 번의 테이크 만에 이 곡을 완성하고, 곧바로 〈I'm Down〉 작업으로 넘어갔다. 〈Help!〉 싱글의 B면에 실리는 곡이다. 분위기는 정반대로 훅 바뀐다. 매카트니는 자신이 커버하던 〈Long Tall Sally〉를 대신해 공연의 마지막 곡으로 사용할 목적으로 〈I'm Down〉을 썼다. 이 곡은 분명 리틀 리처드에게 바치는 오마주다. 하지만 그는 우상인 리틀 리처드의 짓궂고 성적인 암시를 흉내 내기보다는, 자신—혹은 존에게서 영향을 받은 자아의 한 버전—에 관한 이야기로 바꿔 놓는다.

〈I'm Down〉은 분노와 원망이 담겼으면서도, 쉽게 상처받는 연약함이 애잔하게 느껴지는 곡이다. 폴의 보컬은 날카롭고 거칠게 폭발하다가, 금세 무너질 듯 위태로워진다. 존과 조지는 도입부에서 코러스("I'm really down")로 그의 감정에 동조하는데, 곧바로 끼어드는 방식 때문에 그들은 단순한 백업 보컬이 아니라 노래하는 화자의 의식에서 흘러나오는 또 다른 목소리처럼 들린다. 그들이 "How can you laugh…"라고 묻고, 폴이 "When you know I'm down?"이라고 문장을 마무리한다. 존의 해먼드 오르간 솔로와 조지의 기타 솔로가 멋지게 폭주하고, 링고의 드럼은 그 광란에 절제된 감각을 더한다.

(일곱 번의 테이크 끝에) 이 곡을 완성하고, 비틀스는 해산한다. 그날 저녁, 폴은 다시 애비로드 스튜디오로 돌아와 〈Yesterday〉를 녹음한다. 이 곡에는 폴 혼자만 참여했기 때문에 다른 멤버들은 필요하지 않았다. 하지만 최소한 멤버 한 명은 스튜디오에 함께 있었던 것으로 보인다(스튜디오에서 그가 조지 또는 존에게 이 곡은 기타를 전음 낮춰 튜닝해서

연주한다고 설명하는 장면이 담긴 아웃테이크(정식 버전에는 없는 녹음본—역주)가 남아 있다). 폴은 두 번의 테이크를 마친 뒤 이날의 작업을 마무리하고, 켄싱턴의 한 바에서 제인 애셔를 만난다.

전혀 다른 스타일과 분위기의 노래 세 곡을 완벽하게 소화해 낸 하루였다. 6월 14일 이후, 매카트니가 새로운 경지에 올라섰다는 사실은 존과 폴 모두에게 분명해졌을 것이다.

〈Yesterday〉는 들여다볼수록 점점 더 기묘하게 느껴진다. 이렇게 생각해 보자. 이 노래를 직접 불러 보면 어떤 일이 일어날까? 연습하지 않은 상태라면 너무도 익숙하다고 생각했던 멜로디가 막상 입에서 쉽게 흘러나오지 않는다는 사실을 깨닫는다. 그만큼 이 곡은 겉으로 보는 것보다 훨씬 독특하다. 〈Yesterday〉는 멜로디와 코드의 상호작용에 깊이 의존하는 곡이며, 그 상호작용의 뿌리는 수십 년, 어쩌면 수백 년 전으로 거슬러 올라간다. 그날 아침 웜폴 스트리트에서 잠에서 깼을 때, 매카트니의 머릿속에 떠오른 것은 단순한 선율만이 아니라 완전한 화성의 세계였다. 이 곡에는 미국 재즈 스탠더드의 울림이 스며 있으면서도, 동시에 전근대적인 정서가 느껴진다. 마치 매카트니가 존 다울런드John Dowland로부터 시작된 영국 가곡의 지하수를 길어 올린 듯하다. 음악학자 윌프리드 멜러스Wilfrid Mellers는 〈Yesterday〉를 '작은 기적'이라 표현했다.[7] 서양 고전음악 전문가였던 영국 작곡가 피터 맥스웰 데이비스Peter Maxwell Davies도 이 곡에 찬사를 보냈다. 그는 BBC 라디오 프로그램《데저트 아일랜드 디스크Desert Island Discs》에 출연해 〈Yesterday〉의 화성이 얼마나 독특한지 언급한 바 있다. 이 곡의 도입부 멜로디는 일곱 마디로 이루어졌다. 통상적으로는 여덟 마디가 기본이며, 우리의 귀도 그렇게 예상하기 마련이다. 하지만 매카트니는 한 마디를 잘라 내고 너무 이르게 "Suddenly⋯"에 도달한다. 그 순간, 청자는 노래 속 화자의 혼란을 고스란히 체감한다. 〈Yesterday〉에는 어딘가 아이 같은 순수함도 깃들어 있다. 멜러스는 이 곡의 어조를 '연약한 당혹감Frail Bewilderment'이라고 표현했다.[8]

나중에, 그리고 부분적으로는 〈Yesterday〉의 성공 덕분에 매카트니는 감성적인 아티스트라는 평을 얻었다. 하지만 정작 〈Yesterday〉를 부를 때 그는 일부러 감정 표현을 절제했다. 피아노 대신 빠르게 튕기는 어쿠스틱 기타를 선택한 것부터가 감상적인 분위기를 피하려는 일련의 결정 가운데 첫 번째였다. 조지 마틴이 섭외한 현악 4중주단이 스튜디오에 도착했을 때, 매카트니는 비브라토를 최대한 자제해 달라고 강하게 요청했다. 그의 보컬 톤 또한 감미롭고 부드러운 스타일이라기보다는 북부 잉글랜드 포크 음악의 전통에 가깝다. 무뚝뚝하다고 느껴질 정도로 간결하게 끊어 노래해 눈물조차 닿지 못할 깊은 곳의 감정을 암시한다. 그 감정이란 과연 무엇일까? 분명 후회일 것이다. 하지만 그 안에는 슬픔도 있다. 그녀는 떠났고, 그는 이유조차 알지 못한다. 다만 분명 자기 탓일 거라는 생각뿐이다.

〈Yesterday〉가 비틀스의 음악에서 어떤 자리를 차지하는지는 명확히 정의하기 어려웠다. 조지 마틴은 이 곡을 매카트니의 솔로 음반으로 내는 편이 낫겠다고 엡스타인에게 제안했지만, 엡스타인은 그 제안을 받아들이지 않았다. 결국 〈Yesterday〉는 〈Help!〉 앨범의 수록곡으로만 발표했다(녹음 시기가 너무 늦어 영화에는 포함하지 못했다). 8월 1일,

비틀스는 앨범 홍보를 위해 블랙풀의 한 극장에서 생방송 TV 공연을 했다. 총 여섯 곡을 연주했고, 〈Yesterday〉는 마지막에서 두 번째 순서였다. 이 곡은 다소 어색한 무대 연출을 요구했다. 〈Ticket to Ride〉를 마친 뒤, 조지 해리슨이 마이크 앞으로 나섰고 존은 무대에서 내려갔다. 조지는 이렇게 말했다. "지금부터는 저희가 한 번도 해 본 적 없는 걸 해 보려고 합니다… 리버풀에서 온 폴 매카트니, 기회를 잡으세요!" (당시 인기를 끌었던 TV 오디션 프로그램의 멘트를 장난스럽게 따라 한 것이었다.) 해리슨은 재빨리 무대에서 내려가고, 폴은 무대 위에 혼자 남아 기타를 들고 〈Yesterday〉를 불렀다. 어두운 무대에는 그를 비추는 스포트라이트만 켜져 있었고, 무대 아래 오케스트라 피트에 자리한 현악단이 반주를 맡았다. 관객석은 조용했다. 〈Yesterday〉가 처음으로 무대에서 울려 퍼진 순간이었다. 매카트니가 노래를 마치자 조명이 다시 켜지고, 다른 멤버들이 무대로 돌아왔다. 존은 들고 온 꽃다발을 장난스럽게 폴에게 건넸고(폴의 손에 쥐어진 것은 줄기뿐이었다), "고마워, 링고. 훌륭했어."라고 말했다.

8월 중순, 비틀스는 다시 북미 투어에 나섰다. 방문하는 도시의 수는 줄었지만, 공연장은 더 커졌다. 그 누구도 선 적 없는, 전례 없이 거대한 규모의 스포츠 스타디움과 대형 아레나에서 공연이 열렸다. 그러나 제공된 음향 장비는 형편없었고, 관객들의 비명에 평소보다도 심하게 소리가 묻혀 자신들의 연주조차 제대로 들을 수 없었다. 뉴욕의 셰이 스타디움 공연에는 5만 5천 명이 넘는 팬들이 모여 신기록을 세웠고, 이 콘서트는 다큐멘터리로 촬영되었다. 마지막 곡 〈I'm Down〉을 부를 때는 땀에 흠뻑 젖은 네 사람이 흥에 겨워 웃음을 머금고 무대 위를 날뛰었다. 존은 미친 사람처럼 웃으며 팔꿈치로 오르간 솔로를 연주했고, 폴은 웃음을 터뜨리며 빙그르르 돌고 목청껏 노래했다. 그들 스스로도 전 세계를 열광적인 꿈속으로 몰아넣은 이 순간이 황당하면서도 황홀하다고 느끼는 듯했다. 수년 뒤, 레넌은 이 공연의 기획자였던 시드 번스타인^{Sid Bernstein}을 우연히 만났을 때 이렇게 말했다. "시드, 난 셰이 스타디움에서 정상을 봤어요."[9]

비틀스는 그 북미 투어에서 〈Yesterday〉를 부르지 않았고, 이 곡은 영국 라디오에서도 자주 방송되지 않았으며 큰 주목을 받지 못했다. 자칫 비틀스 역사에 이색적인 곡 정도로만 남을 뻔했다(매카트니는 훗날 "우리 모두 〈Help!〉 앨범을 채우기 위한 곡이라고 생각했던 것 같다."[10]라고 회상한 바 있다).

그러나 미국에서 상황이 바뀌기 시작했다. 비틀스의 북미 음반사 캐피틀 레코드는 EMI 소속이었지만 독자적으로 운영되었다. 영국에서는 〈Please Please Me〉의 성공 이후, 비틀스가 조지 마틴과 함께 앨범 수록곡과 싱글 발매곡을 직접 결정할 수 있는 권한을 받았다. 반면 캐피틀 레코드는 그들의 의사와 상관없이 앨범을 다른 제목과 구성으로 출시하거나, 싱글곡조차 마음대로 선정하곤 했다. 비틀스와 엡스타인으로서는 분통이 터지는 일이었지만, 이를 막을 법적인 근거는 없었다. 이번에도 캐피틀 레코드는 멋대로 〈Yesterday〉를 싱글로 발매하기로 결정했다. 9월 중순에 출시한 이 싱글은 첫 주에만 100만 장이 팔리며 빌보드 차트 1위에 올라 4주간 정상을 지켰다.

곧바로 커버곡이 쏟아졌다. 영국 가수 매트 몬로^{Matt Monro}는 이 곡을 이지 리스닝 스타일로 자연스럽게 어울리도록 불렀고, 그 뒤를 수많은 가수가 이었다. 이들 가운데는 록이나 팝이 아닌 장르의 가수들도 적지 않았다. 재즈로는 1966년에 사라 본^{Sarah Vaughan}, 이지 리스닝으로는 각 1966년과 1969년에 페리 코모Perry Como와 프랭크 시나트라, 컨트리로는 1968년에 태미 와이넷Tammy Wynette이 부르는 등 다양한 장르가 있었다. 그중에서도 가장 뛰어난 커버곡으로는 비틀스에게 직접적으로 영감을 주었던 흑인 아티스트들의 버전이 꼽힌다. 1967년의 레이 찰스와 1969년의 마빈 게이Marvin Gaye가 바로 그 주인공이다.

〈Yesterday〉는 비틀스의 기존 곡들과는 확연히 다른, 눈에 띄는 변화를 보여 주는 곡이었다. 당시까지 어떤 팝 그룹도 이런 노래를 발표한 적은 없었다. 이 곡은 두 가지 면에서 비틀스의 이미지에 큰 영향을 주었다. 첫째, 비틀스가 단순히 십 대들의 우상이 아니라 '진짜' 뮤지션이라는 결정적인 증거였다. 둘째, 이 곡을 계기로 레넌과 매카트니 각자의 음악적 개성이 평단과 대중에게 더욱 또렷하게 구분되기 시작했다. 대중은 두 사람을 서로 다른 이미지로 봤다. 매카트니를 감성적인 발라드를 부르는 아티스트로, 레넌을 거친 록커로 보는 것이다.

〈Yesterday〉는 그동안 레넌이 주도해 온 싱글곡의 흐름을 멈춰 세운 곡이었고, 동시에 그룹 내부의 힘의 균형이 바뀌는 계기가 되었다. 이 곡은 비틀스의 최대 시장인 미국에서 엄청난 히트를 기록했다 (〈Ticket to Ride〉 역시 1위를 차지하긴 했지만, 반응은 그보다 덜했다). 이 성공은 레넌에게 자신이 그룹의 창작을 이끌던 자리에서 밀려나고 있다는 불안감을 심었고, 그 불안은 파트너가 더 이상 자신을 필요로 하지 않을지도 모른다는 두려움과 맞닿아 있었다. 〈Yesterday〉는 점점 매카트니를 비틀스의 중심으로 보이게 만들었고, 만약 그가 진짜 주인공이라면 굳이 그룹으로 활동하는 게 필요치 않아 보일 수도 있었다. 훗날 매카트니는 이렇게 회상했다. "그 옛날의 골칫거리가 다시 돌아온 거였다."[11] 이는 존과 폴 중 누구라도 프론트맨 역할을 맡으면 안 된다는 암묵적인 규칙을 의미하는 말이었다. 1965년 당시, 매카트니는 결코 단독 주인공 자리를 원하거나 솔로 활동을 염두에 두지 않았다. 하지만 그의 위상이 높아지는 상황은 분명 레넌을 불편하게 만들었다. 매카트니는 이렇게 말했다. "나는 그의 수준까지 올라갔다….[12] 우리는 동등한 존재가 되었고, 그게 그를 불안하게 만들었다. 사실 그는 항상 불안했다."

훗날 레넌은 〈Yesterday〉에 대해 여러 차례 다소 헐뜯는 듯한 발언을 했다. 비틀스 해체 이후에는 자신의 솔로곡 가사에 이 노래를 끼워 넣기도 했는데, 대표적인 예가 매카트니를 신랄하게 비난한 곡 〈How Do You Sleep?〉이다. 1980년, 〈Yesterday〉에 대한 질문을 받았을 때 레넌은 이렇게 말했다. "아름다운 곡이지만, 내가 썼으면 좋겠다고 생각한 적은 없다."[13]

그는 가사에 대해서도 비판을 이어 갔다. "무슨 일이 있었는지도 분명치 않고, 그냥 여자가 떠났고 남자는 어제로 돌아가고 싶어할 뿐이다. 제대로 된 결말도 없다." 〈Yesterday〉는 레넌과 매카트니의 관계에서 감정의 균열을 건드리는 곡이었다. 존은 자신을 로큰롤의 순수주의자로 내세우길 좋아했지만, 폴은 그게 전부가 아니라는 걸 누구보다 잘 알았다.

존이 가장 좋아했던 노래 중 하나는 〈Girl of My Dreams〉였다(빙 크로스비와 페리 코모가 히트시킨 곡).[14] 〈Little White Lies〉라는 노래도 좋아했다(베티 존슨Betty Johnson이 1957년에 부른 히트곡으로, 원곡은 1930년대에 발표되었다). 이후에는 링고가 부른 자장가 〈Goodnight Vienna〉을 직접 쓰기도 했다. 하지만 존은 극히 드문 경우를 제외하고는 이런 취향을 좀처럼 드러내지 않았다.

존과 폴에게 음악은 단순히 음악에 그치지 않았다. 그들은 세상의 거의 모든 것을 음악을 통해 이해했다. 매카트니는 레넌이 이른바 '할머니들이 좋아하는 음악Granny Music'을 은밀히 좋아했다는 사실만 봐도, 거칠고 냉소적인 겉모습 뒤에 다정하고 따뜻한 본모습이 숨어 있다는 뜻이라고 여겼다.

레넌이 구식 발라드를 깎아내렸던 건, 그런 음악이 사랑에 대한 그의 간절한 욕구와 맞닿았기 때문이다. 마찬가지로 그가 때때로 폴을 깎아내리려 했던 이유도 폴이 더 이상 자신을 필요로 하지 않을지도 모른다는 두려움 때문이었다. 이 시기에는 두 사람이 큰소리로 다투는 일이 자주 있었다는 증언도 전해진다. 이는 두 사람의 관계가 악화되었다기보다, 오히려 여전히 생생하게 살아 있다는 증거였다. 그 사실을 가장 잘 보여 주는 것은 그들이 이후 수년간 함께 만들어 낸 음악들이다.

〈Yesterday〉는 비틀스가 로큰롤에서 얼마나 멀어지든 상관없이, 마음 가는 건 어떤 음악이든 해야 한다는 매카트니의 신념이 승리한 결정적인 순간이었다. 레넌이 어떤 두려움을 느꼈든, 그게 매카트니가 솔로 활동을 진지하게 고민하도록 만든 것은 아니었다. 오히려 그는 비틀스를 지금보다 더 나은 밴드로 만들 수 있다는 확신을 더욱 굳혔다. 그래서 자신의 음악적 아이디어를 이전보다 더 강하게 밀어붙이기 시작했다. 아무리 자신의 재능에 확신이 있더라도, 창작의 주도권을 쥐는 일은 분명 어느 정도는 두려운 일이었을 것이다. 매카트니가 〈Yesterday〉를 완성해 가는 과정에서 신중했던 이유는, 이 곡이 다름 아닌 자신의 특별한 능력을 상징하는 곡이었기 때문이다.

13

WE CAN WORK IT OUT

WE CAN WORK IT OUT

비틀스의 경이로운 성공 덕분에 EMI는 마침내 그들에게 스튜디오를 자유롭게 쓸 수 있는 권한을 허락했다. 그전까지 애비로드 스튜디오를 비롯한 대형 녹음 스튜디오는 공장처럼 운영되었다. 목표는 가능한 한 많은 결과물을 최대한 빠르게 뽑아내는 것이었고, 프로듀서와 엔지니어, 편곡자 모두 그러한 방식에 맞춰 신속하게 작업하도록 훈련받았다. 스튜디오 사용은 보통 세 시간 단위로 예약했으며, 이는 일반적으로 싱글 한 곡과 그 B면에 들어가는 곡을 녹음하기에 충분한 시간이라는 인식이 있었다. 그러나 이제 이런 제약은 비틀스와 무관했다. 그들은 단순한 생산 시설이 아니라, 마치 연구개발 부서처럼 스튜디오를 활용할 수 있도록 허락받았다. 덕분에 1963년 말, 애비로드 스튜디오에 도입된 4트랙 녹음기의 성능도 본격적으로 탐색할 수 있었다. 멀티트랙 녹음 덕분에 이제 모든 연주를 한 번에 '라이브'로 녹음할 필요 없이 각자의 파트를 따로 녹음할 수 있었다. 각 파트는 개별적으로 조정하거나 필요에 따라 다시 녹음할 수도 있었고, 이로써 완전히 새로운 가능성이 열렸다. 순간적인 연주에 집중하기보다 세부적인 요소에 더 많은 시간을 들일 수 있었으며, 기존 악기

구성에는 없는 새로운 악기를 추가하는 일도 훨씬 수월해졌다. 예컨대 레넌의 〈You've Got to Hide Your Love Away〉에는 플루트를 사용했다.

이러한 변화는 매카트니의 강점을 특히 더욱 부각했다. 그는 기타, 베이스, 키보드 등 여러 악기를 다룰 수 있는 다재다능한 뮤지션이었고, 끈기도 강했다. 새로운 작업 방식으로 거둔 초기 성과 중 하나는 매카트니가 주도한 〈We Can Work It Out〉이었다. 비틀스는 이 곡을 녹음하는 데 이틀에 걸쳐 거의 열한 시간을 들였으며, 이는 당시까지 한 곡을 완성하는 데 투입된 시간으로는 가장 길었다. 동시에 레넌과 매카트니의 작곡 작업이 새로운 국면에 접어들었음을 알리는 곡이기도 했다. 두 사람이 서로의 차이를 창작에 적극적으로 활용하기 시작한 것이다.

부분적으로 〈We Can Work It Out〉은 매카트니가 제인 애셔와의 언쟁에서 영감을 받아 만든 곡이었다. 폴은 제인을 위해 여러 사랑 노래를 썼고, 〈Things We Said Today〉도 그녀와 함께 떠난 휴가 중에 만든 곡이다.

하지만 제인은 단순한 연인이 아니라, 여러 면에서 매카트니에게 영감을 주는 존재였다. 제인은 팝보다 클래식 음악에 더 관심이 많았다. 그래서 매카트니는 팝 음악이 그녀가 생각하는 것만큼 단순하지 않다는 것을 증명하고 싶어 했다. 팝도 〈Things We Said Today〉가 들려주는 것처럼 미묘한 감정을 담아낼 수 있고, 현악 사중주를 품을 수도 있다는 걸 보여 주고자 했다. 매카트니는 낭만주의자였지만, 제인은 그렇지 않았다. 그녀는 TV 게임쇼에서 '첫눈에 반하는 사랑을 믿느냐?'라는 질문을 받았을 때, 믿지 않는다고 대답했다(이에 배우 자자 가보는 "그럼 그 비틀스 멤버를 진심으로 좋아하는 게 아닌가 보네요."[1]라고 말했지만, 제인은 웃지 않았다). 〈I've Just Seen a Face〉는 매카트니가 사랑에 빠졌을 때의 들뜨고 얼빠진 모습까지도 유쾌하게 담아낸 로맨스 찬가라 할 수 있다.

매카트니와 애셔는 둘 다 고집이 세서 자주 격렬한 언쟁을 벌이곤 했다. 애셔는 아첨이나 유혹, 설득에 쉽게 휘둘리는 사람이 아니었고, 바로 그 점이 늘 자기가 원하는 대로 해 오던 매카트니에게는 오히려 더 매력적으로 느껴졌다. 애셔는 매카트니보다 자신의 배우 경력을 삶의 중심에 두었고, 그것은 매카트니로서는 쉽게 받아들이기 어려운 일이었다(그가 애셔 가족과 함께 살던 시절에 쓴 발라드 〈And I Love Her〉에는 "당신이 곁에 있기만 한다면" 내 사랑은 결코 식지 않을 거라는 불길한 조건이 붙었다).

1965년 초에 쓰인 단조의 〈Wait〉에서는 연인에게 오랫동안 자리를 비운 뒤 돌아왔을 때, 집에서 자신을 맞아 달라고 간청한다. 매카트니는 투어 중에도, 그리고 애셔가 자리를 비웠을 때도 반복적으로 그녀를 배신하고 바람을 피웠다. 애셔가 이 사실을 얼마나 알고 있었는지는 알 수 없다. 그녀는 매카트니와의 관계에 대해 한 번도 입을 연 적이 없기 때문이다. 하지만 〈Wait〉에는 그의 바람기를 은근히 시인하는 대목이 담겼다. "That I've been good, as good as I can be(나는 잘했잖아, 내가 할 수 있는 선에서 최대한)"

〈We Can Work It Out〉은 제인에 대한 노래이자 존에 대한 노래이기도 하다. 같은 해 매카트니가 주도한 다른 곡들, 이를테면 〈Tell Me What You See〉나 〈You Won't See Me〉와 마찬가지로, 이 곡의 도입부도 마주 앉아 눈을 똑바로 바라보며 벌이는 긴장감 팽팽한 대

Life is
very short
and
there's
no time
for
fussing
and
fighting

You
don't know
what
you're

missing

화를 떠올리게 한다. 폴은 미완성 상태의 곡을 완성하기 위해 존에게 가져갔다(이는 그 자체로 흥미로운 일인데, 폴은 보통 미들에잇 아이디어가 부족한 편이 아니었기 때문이다). 그가 존에게 〈We Can Work It Out〉을 들려주었을 때, 두 사람이 자신들의 관계를 떠올리지 않았을 리 없다. 이 곡은 연인에게 건네는 말이라기보다는, 함께 일하는 파트너에게 하는 말처럼 들린다. 문제를 바로잡든가, 아니면 끝내자("get it straight or say good night"). 레넌은 여기에 '친구여'라는 표현이 들어간 미들섹션을 덧붙였다.

이 구간에서는 존의 목소리가 두드러져서, 노래 전체가 서로 다른 관점을 주고받는 대화처럼 들린다. 청자들은 이 두 파트를 두 사람의 성격에 따라 단순하게 해석해 왔다. 폴이 부르는 부분은 낙관적이고, 존이 부르는 부분은 비관적이라는 식이다. 레넌 자신도 1980년에 이렇게 말했다. "폴은 '우린 문제를 바로잡을 수 있어(We can work it out, we can work it out)' 라면서 정말 낙관적인 가사를 썼다.[2] 그에 비해 나는 성급하게 '인생은 짧으니 다툴 시간 따위는 없어, 친구(Life is very short and there's no time for fussing and fighting, my friend)'라고 노래한다." 하지만 실제로 더 성급하게 들리는 쪽은 오히려 폴이다. 더 이상 말할 수 없을 때까지 계속 말해야만 하는 걸까? 그는 끊임없이 상대에게 자신의 입장에서 생각해 보라고 요구하면서도, 자신도 똑같은 배려를 하겠다는 말은 하지 않는다. 그 기저에 깔린 의미는 이렇다. "네가 내 말대로만 해 준다면 우린 문제를 바로잡을 수 있어." 심지어 우리 사이가 무너질 수도 있다고 경고하기까지 한다. 밝은 장조, 링고의 추진력 있는 비트, 그리고 매카트니의 힘을 뺀 보컬 덕분에 그 구절은 부정적으로 들리지 않지만, 불안정하게 떠 있는 코드와 뱃멀미 나는 듯한 하모늄 소리가 긴장감을 더한다. 레넌은 일상의 사소한 갈등을 더 넓은 시야에서 바라보며 응답한다. 폴이 관계가 언제까지고 지속 되는 것은 아니라고 지적한다면, 존은 그보다 더 큰 틀에서 삶 자체가 유한하다는 점을 상기시킨다. 그는 단지 내용뿐만 아니라 말의 리듬 을 통해서도 폴에게 속도를 늦추고 모든 일에 그렇게 집착하지 말라 고 말한다.

이 노래의 두 파트가 음악적으로 자연스럽게 어우러질 수 있었던 것은 해리슨의 기발한 아이디어 덕분이었다. 그는 레넌의 파트에서 매카트니의 도입부로 넘어갈 때, 몽환적인 독일풍 왈츠를 끼워 넣었 다. 템포가 느려지는 변화는 레넌의 파트에서 미리 암시하는데, 'fuss-sing', 'fight-ting'의 뒤 음절에 강세를 두어 마치 그가 브레이크를 거 는 것처럼 들린다.

〈We Can Work It Out〉은 삶을 두 가지 상반된 관점으로 바라보 라고, 그리고 둘 모두를 받아들이라고 권한다. 해결할 수 있는 문제는 어떻게든 해결하되, 통제할 수 없는 일에 대해서는 너무 걱정하지 말 자는 것이다. 비틀스는 3분 남짓한 팝송 안에 철학적인 변증법을 담 아냈다. 존과 폴이 각자 뚜렷한 세계관을 정립해 가며, 서로 다른 관 점을 음악 속에서 부딪치게 만들었기 때문이다.

1965년, LSD는 이미 비틀스의 음악에 영향을 미쳤다. 직접적인 방 식은 아니었지만, 존과 폴의 관계에 미친 영향을 통해서였다. 레넌이 처음 LSD를 복용한 것은 1965년 봄이었다. 해리슨, 신시아, 해리슨의 여자친구 패티 보이드^{Pattie Boyd}와 함께였는데, 본인의 의지로 한 일은 아니었다. 그들은 유행에 민감한 레넌의 치과의사가 주최한 저녁 식사 자리에 참석했는데, 그 치과의사는 장난삼아 그들의 커피에 LSD를 넣었다. 이를 모르고 약을 복용한 레넌 부부와 해리슨 커플은 당황한 채 조지의 미니 쿠퍼에 올라타 나이트클럽으로 향했다(딱 1960년대다운 광경이지 않은가). 클럽에 도착한 이들은 집단 몽환에 빠졌고, 그 여운은 해리슨의 에서 자택으로 돌아간 뒤에도 이어졌다. 존과 조지에게 이 경험은 내면을 강하게 뒤흔드는 사건이었다. 조지는 "10분 동안 천 년을 살아간 느낌이었다."[3]라고 회상했다.

1965년 8월, 존과 조지는 로스앤젤레스 베네딕트 캐니언 드라이브에서 비틀스가 주최한 파티에서 다시 LSD를 복용했다. 그리고 다른 멤버들에게도 함께 하자고 권했다. "존과 나는 폴과 링고도 꼭 LSD를 해 봐야 한다고 생각했다.[4] 두 사람에게 더는 공감할 수가 없었기 때문이다. LSD가 우리를 완전히 바꿨다." 해리슨은 이렇게 말했다. 링고는 동의했지만, 매카트니는 거부했다. 그는 훗날 이렇게 회상했다. "나는 LSD가 삶을 바꿔 놓는다고, 한번 하고 나면 다시는 예전처럼 생각할 수 없다는 이야기를 들었다고 말했다.[5] 존은 그 가능성에 꽤 들떴던 것 같지만, 나는 오히려 무서웠다." 매카트니는 원래대로 돌아올 수 없을까 봐 걱정했다.

레넌과 해리슨은 매카트니의 거부에 답답함을 느꼈다. 멤버 모두가 하나로 연결되어야 한다는 그들만의 암묵적인 규범을 깨뜨리는 일이었기 때문이다.

LSD를 둘러싼 갈등은 폴과 다른 멤버들 사이의 거리감을 점점 벌어지게 만들었다. 일정이 없을 때, 레넌과 해리슨, 링고는 교외의 아늑한 집에 머물며 휴식을 취했다. 반면 도심에 살던 매카트니는 늘 바쁘게 움직였다. 공연을 보러 다니고, 미술관과 영화관에 가고, 새로운 사람들을 사귀었다. NEMS의 홍보 담당자였던 토니 바로는 한 기자에게 이렇게 말했다.

요즘 폴은 아주 체계적인 삶을 살고 있다.[6] 나머지 셋은 뭘 해야 하는지도 모르고 누군가 계획을 말해 주기를 기다릴 뿐이다. 그런데 폴은 늘 계획이 분명하다. 전화를 걸면 이렇게 말한다. '목요일은 안 돼요. 8시에 저녁 약속이 있어요. 금요일도 안 돼요. 그림 때문에 사람을 만나기로 했거든요. 토요일은 괜찮아요.' 멤버들 중에서 폴이 가장 많이 발전했다.

신시아의 말에 따르면, 존이 폴을 만날 때는 거의 언제나 작업을 위해서였다. "그들이 함께 작업하는 시간은 굉장히 집중도가 높았어요.[7] 그래서 일이 끝나고 나면 서로 떨어져 긴장을 풀고 쉬어야 했죠. 존이 폴과 보내는 자유 시간은 나머지 두 사람과 보내는 시간보다 적었어요."

대마초는 존에게 전반적으로 긍정적인 영향을 미쳤다. 무엇보다도 그것이 술을 대신하기 시작했다는 점이 컸는데, 술은 늘 그에게서 최악의 모습을 끌어냈기 때문이다. 대마초를 피웠을 때는 술에 취했을 때와 달리 공격성과 분노가 줄고, 사색적인 면이 강해졌다. 요컨대 성격이 훨씬 부드러워졌다. 하지만 대마초와 초반에 아주 가끔 사용했던 LSD는, 꼭 해야만 하는 일이 아니면 아무것도 하지 않으려는 그의 성향을 더 심화시키기도 했다.

머릿속에 온갖 아이디어를 품고 켄우드를 찾아온 폴이 존에게 "새

곡 쓴 거 있어?" 혹은 "설마 또 사흘 내내 소파에 누워 TV만 본 건 아니지?" 하고 묻는 모습이 그려진다. 그러면 존은 이렇게 말했을지도 모른다. "호들갑 떨지 말고, 그냥 대마초나 피워." 애비로드 스튜디오의 엔지니어였던 노먼 스미스Norman Smith는 〈Rubber Soul〉 녹음 세션 당시를 이렇게 말했다. "존과 폴 사이의 충돌이 뚜렷해지고 있었다."[8] 생산적인 충돌은 이미 빠른 속도로 진행되던 두 사람의 협업과 그룹 전체의 성장에 박차를 가했다. 그 증거가 바로 이 세션에서 나온 놀라운 결과물이다. 더블 A사이드 싱글을 포함하여 〈Rubber Soul〉 앨범을 구성한 열여섯 곡(물론 이는 유럽 기준이다. 미국에서는 캐피틀 레코드가 〈Help!〉 앨범 수록곡을 섞어 다른 버전으로 발매했다) 말이다. 비틀스는 또 한 번의 전환기를 맞았다.

〈Rubber Soul〉에 영향을 미친 것은 대마초, 밥 딜런, 그리고 모타운이었다. 이 앨범의 말장난 같은 제목은 비틀스가 당대의 흑인 R&B와 소울에서 영향을 받고 있다는 사실에 대한 약간의 민망함에서 비롯되었다(당시에는 '플라스틱 소울'이라는 표현이 통용되었고, 실제로 폴이 〈I'm Down〉의 아웃테이크 직후 농담처럼 그 말을 사용하는 장면이 녹음되었다). 하지만 〈Rubber Soul〉에서 인상적인 점은, 그 결과물이 누구의 음악과도 닮지 않았다는 것이다. 매카트니의 곡들은 점점 더 넓어지는 그의 음악적 스타일과 감정 표현의 스펙트럼을 잘 보여 준다. 앨범의 첫 곡 〈Drive My Car〉는 흥겨우면서도 유쾌한 모타운 스타일의 댄스 팝으로, 매카트니와 해리슨이 함께 연주한 리프가 곡을 힘차게 이끈다. 이 곡에는 여성 주인공이 등장하고(그 시절에 과연 누가 젊은 여성에게 "뭐가 되고 싶어?"라고 물을 생각을 했을까?) 매카트니의 런던 생활에서 느껴지는 분위기가 그대로 담겼다. 창의적이고, 분주하며, 무언

가를 갈망하는 사람들과의 우연한 만남으로 들끓는 삶의 활기 말이
다. 〈Michelle〉은 매카트니가 초기에 써 두었다가 나중에 다시 꺼내
다듬은 곡으로, 그는 이 곡에서 프랑스 상송 가수의 역할을 자처한다.
화성과 멜로디는 음악적으로 가장 세련된 매카트니의 면모를 보여
준다. 레넌은 니나 시몬^{Nina Simone}의 〈I Put a Spell on You〉에서 영감
을 받아, 중간 부분에 "I love you, I love you, I love you"라는 외침을
제안했는데, 덕분에 〈Michelle〉은 단순히 예쁜 노래를 넘어 진심 어
린 느낌까지 담을 수 있었다.

　매카트니의 어두운 곡들은 누군가와 소통하거나 연결되려는 시도
에서 느끼는 좌절감을 다룬다. 〈You Won't See Me〉에서는 자신이 마
땅히 받아야 할 시간이나 관심을 상대가 주지 않으려 한다며, 도무지
"통하지 않는다(I can't get through)"고 불평한다. 〈I'm Looking through
You〉에서는 레넌의 영향을 받은 새로운 자아가 보다 분명하게 드러
난다. 상처받은 자존심과 거만한 경멸이 뒤섞인 이 노래에는 밥 딜런
의 색채도 느껴지며, 거칠게 내지르는 보컬이 곡의 정서에 정확하게
들어맞는다. 그는 반복해서 "넌 변했다(you have changed)"고 말한다.
애셔가 더 이상 자신이 처음 만났을 당시의 순진한 아가씨가 아니라
는 사실을 깨달은 듯하다(물론 그녀가 처음부터 그랬는지조차도 애매하지
만). 그러나 이 노래는 실은 자신이 변했음을 말하는 곡이다. 그는 이
제 "세상을 알게 되었지만(I have learned the game)", 연인은 여전히 예
전과 변함없는 시선으로 자신을 본다. 그는 "예전엔 네가 나보다 우위
에 있었지만, 이제는 아니야(You were above me, but not today)"라고 말
한다.

　이는 자신보다 높은 사회적 계급 출신의 여성과 맺었던 매카트니

의 관계를 떠올리면 자연스럽게 이해된다. 이 구절은 레넌에게 자신이 펼쳐 보이는 재능의 위대함을 인정하라고 요구하는 것으로도 읽을 수 있다. 매카트니는 한 사람의 성인으로서, 그리고 예술가로서 자신만의 정체성을 확립하고 있었고, 그 사실을 인정받고자 했다.

비틀스가 〈We Can Work It Out〉을 녹음할 때, 존은 〈Day Tripper〉를 가져왔다. 밝고 경쾌한 곡이지만, 약물에 가볍게 손대기만 할 뿐 사고방식의 변화까지는 받아들이지 않는 사람들을 에둘러 언급한다. 그는 아직 공개적으로 LSD 복용 사실을 인정하지 않았지만, 노래를 통해 암시를 흘리며 자신이 새롭게 떠오르는 반문화에 동조한다는 신호를 보낸 것인지도 모른다. 레넌의 가사가 점점 더 추상적이고 암시적으로 변해 갔던 것은 어쩌면 사생활을 보호하기 위한 방식이었을지도 모른다. (〈Norwegian Wood〉에서는 불륜을 일종의 우화로 바꿔 노래한다.) 그러나 그것 때문만은 아니었다. 그는 명확히 표현할 수 없는 감정을 언어로 전달하려 했다.

이 시기의 레넌이 쓴 곡들에서는 이전 앨범들에서 보이던 격정과 격렬함이 거의 느껴지지 않는다. 그는 더 이상 배신에 대해 분노하거나 토로하지 않는다(〈Run for Your Life〉는 예외지만, 이 곡은 엘비스 스타일을 흉내 낸 곡으로, 그조차도 진심이 담긴 것처럼 들리지는 않는다).

실제로 〈Rubber Soul〉에 수록한 존의 곡들은 대체로 폴의 곡들보다 부드럽고 온화하다. 〈Girl〉, 〈The Word〉, 〈Nowhere Man〉, 〈Norwegian Wood〉, 〈In My Life〉 같은 곡들은 쓸쓸하면서도 장난스럽고, 아이러니하면서도 다정한 정서를 담았다. 이 곡들에는 기이하면서도 영감 어린 아이디어들이 가득하다. 〈Norwegian Wood〉의 서서히 스며들고, 묘하게 아름다운 멜로디, 〈Girl〉의 코러스에서 한 단어만 내뱉고 숨을 들이쉬는 소리 등이 그 예다. 대마초에서 비롯된 몽상, 밥 딜런을 능가하고자 하는 욕망, 그리고 폴을 따라잡으려는 압박이 결합하여, 이 시기 존의 창의력은 한껏 고조되었다.

레넌과 매카트니는 〈We Can Work It Out〉을 통해 시작된 창작의 흐름을 계속해서 이어 갔다. 서로의 개인적인 차이를 삶에 대한 논쟁으로 승화시킨 것이다. 〈Nowhere Man〉을 존이 나태한 상태에서 벗어나라고 스스로를 다그치는 곡으로 해석하기도 하지만, 한편으로는 분주하게 살아가는 사람들, 인생을 낭비하지 말라고 얘기하는 이들을 교묘하게 비판하는 곡으로도 읽을 수 있다. 레넌이 〈Nowhere Man〉에게 "네가 놓치고 있는 게 뭔지도 모르잖아(You don't know what you're missing)"라고 말할 때, 그것이 단순히 런던 사교계의 자극적인 즐거움을 뜻한다고 단정할 수는 없다. 그는 어쩌면 소파에 누워 사유를 통해 탐구하는 정신의 풍요를 말했을지도 모른다. 진정한 삶이 존재하는 곳이 바깥인지, 아니면 내면인지를 둘러싼 이 모호함이야말로 곡에 깊은 울림을 부여한다.

〈Rubber Soul〉은 지금 보면 충분히 이해할 수 있는 발전, 어쩌면 필연적인 진전처럼 보일지도 모른다. 그러나 실제로는 거의 이해할 수 없는 일이기도 했다. 비틀스는 보름 동안 틈틈이 새 앨범은 물론 함께 발표할 싱글까지 녹음했다. 당시 기준으로 보자면, 다른 아티스트들이 앨범 제작에 들이던 시간보다 길었고, 비틀스가 앨범 하나에 투입한 시간으로도 가장 길었다. 하지만 오늘날의 일반적인 앨범 제작 시간에 비하면 턱없이 부족한 시간이다. 솔직히 말해, 그들이 해낸 일을 생각하면 믿기 어려울 정도로 부족한 시간이기도 했다.

〈Rubber Soul〉에는 (〈Help!〉을 제외하면) 처음으로 연인 간 사랑의 틀에서 벗어난 곡들이 실렸고, 사랑을 다루더라도 이전과는 전혀 다른 방식으로 접근한 곡들이 있다. 이들은 해리슨이 스튜디오에 가져온 시타르(인도의 전통 현악기 ─ 역주)를 사용했고, 〈We Can Work It Out〉에서는 하모늄을 배경 악기로 썼다. 또한 테이프를 조작해 익숙한 악기들조차 낯설게 들리도록 만들었다. 예를 들어, 피아노의 속도를 높여 하프시코드처럼 들리게 했고, 베이스 기타 위에 퍼즈 베이스를 덧입혔다. 그러나 무엇보다 〈Rubber Soul〉 특유의 공기처럼 가볍게 떠 있는 느낌을 만들어 낸 것은 두 성부 또는 세 성부로 이루어진 하모니였다. 시간적 여유가 거의 없었지만, 그들은 하모니를 공들여 완성했다.

그러나 압박감의 징후도 분명히 나타났다. 존과 폴은 정해진 곡 수를 채우느라 애를 먹었고, 10월 말에 예정된 세션은 신곡 부족의 이유로 믹싱 작업으로 대체했다. 레넌(〈What Goes On〉)과 매카트니(〈Michelle〉)는 각각 수년 전에 썼던 곡을 꺼내 왔으며, 〈Wait〉 역시 원래는 〈Help!〉 앨범에 실릴 예정이었다. 심지어 엔지니어 노먼 스미스에게도 곡을 제안할 기회를 줄 정도였다. 그러나 완벽함과 거리가 있었던 흔적들은, 오히려 그런 놀라운 결과물이 탄생한 것을 더더욱 놀랍고 불가사의하게 만들었다.

〈Rubber Soul〉이 발매되었을 당시의 평가는 대체로 긍정적이었지만, 지금 시각에서 보면 그 평가들은 이 앨범의 진가를 담기에는 어처구니없을 만큼 부족해 보인다. 《뉴 뮤지컬 익스프레스*New Musical Express, NME*》는 이 앨범을 "반복해서 듣고 싶어질 만한 곡들이 가득한, 전반적으로 훌륭한 앨범"[9]이라고 평했다. 〈Norwegian Wood〉는 "존이 부른 포크풍의 재미있는 곡", 〈In My Life〉는 "비트가 있는 느린 곡…

삶의 회상을 담은 노래"로 평가받았다.

지금 생각하면 비틀스가 자신들의 진면목을 인정받기 위해 얼마나 새로운 음악의 범주 자체를 만들어 내야 했는지를 실감하기란 쉽지 않다. 그들은 자신들 이후로 등장한 모든 아티스트보다 훨씬 불리한 위치에 있었다. 왜냐하면 그들에게는 참고할 수 있는 '비틀스'라는 선례가 없었기 때문이다. 1965년 무렵조차도 그들과 같은 방향을 지향하는 동료 아티스트는 롤링 스톤스, 후The Who, 비치 보이스, 밥 딜런 정도에 불과했다. 비틀스는 영국에서 가장 인기 있는 가수였지만, 동시에 누구와도 비교할 수 없는 이례적인 존재였다.

1965년 한 해 동안 가장 많이 팔린 싱글은 코미디언 켄 도드Ken Dodd의 〈Tears〉였는데, 1950년대에서 튀어나온 듯한 노래였다. 그해 연간 베스트셀러 100위 안에는 포크 팝(더 시커스The Seekers의 〈I'll Never Find Another You〉, 2위), 기악곡(이탈리아 부주키 연주자의 〈Zorba's Dance〉, 41위, 〈Girl〉의 기타 솔로에 영감을 주었을 가능성도 있다), 컨트리(로저 밀러Roger Miller의 〈King of the Road〉, 18위), 그리고 비틀스 이전의 팝(꾸준히 활동 중이던 클리프 리처드의 〈The Minute You're Gone〉, 19위) 등 다양한 장르가 포함되었다. 비틀스의 음반은 팬들에게는 사랑받았고, 비슷한 방향을 추구하던 뮤지션들에게는 감탄의 대상이었지만, 여전히 언론과 대중문화 업계로부터는 온전히 이해받지 못했다.

순식간에 비틀스는 단순히 LP를 내는 공연자에서 사운드를 다루며 앨범 전체를 통해 예술적 메시지를 전하는 녹음 예술가로 거듭났다. 음악을 분석할 때도 구조나 가사에만 초점을 맞추던 평론가들이, 비틀스가 만들어 낸 독특한 사운드의 중요성을 이해하기까지 오랜 시간이 걸렸다.

존과 폴은 노래 자체를 사랑했지만, 레코드에 담긴 '소리'에도 열광했다. 그들은 기타, 드럼, 목소리만큼이나 화성, 멜로디, 가사에 매료되었다. 레넌은 처음 엘비스 프레슬리의 〈Heartbreak Hotel〉을 들었을 때의 충격을 이렇게 회상했다.

뭐라고 하는 건지 가사를 거의 알아들을 수가 없었다…[10] 우리는 그런 식으로 노래하는 미국인의 목소리는 들어 본 적이 없었다. 미국 가수들은 모두 프랭크 시나트라처럼 노래하거나, 또박또박 발음하는 게 일반적이었으니까. 그런데 갑자기 테이프 에코가 걸린 채 촌스러운 꺾임 창법이 들리고, 그 뒤로는 블루스풍의 음악이 흘러나오는 거다. 우리는 엘비스 프레슬리나 리틀 리처드, 척 베리가 뭐라고 노래하는지 전혀 알아들을 수 없었다. 우리에겐 그냥 멋진 소리처럼 들릴 뿐이었다.

녹음실에 들어가면, 그와 폴은 '멋진 소리'를 만들어 내는 데 온전히 몰입했다. 비틀스 노래의 가장 깊은 진실과 가장 큰 아름다움은 폴의 베이스, 존과 조지의 기타, 링고의 드럼 연주에 있다. 그리고 그 앙상블과 편곡, 기술적 실험과 행운처럼 찾아온 우연, 마틴과 엔지니어들이 만들어 낸 사운드의 물결, 그리고 비틀스 각자의 목소리에 깃든 고유한 질감 속에서 발견할 수 있다.

아이러니하게도 〈We Can Work It Out〉은 갈등의 불씨가 되었다. 존은 〈Day Tripper〉를 싱글로 내놓을 생각으로 작곡했지만, 정작 히트 가능성이 단번에 눈에 띈 곡은 〈We Can Work It Out〉이었다. 그는 〈Day Tripper〉를 싱글로 내야 한다고 강하게 밀어붙였다.

당시 비틀스는 롤링 스톤스와 치열한 경쟁을 벌였고, 존은 그룹의 록적인 면모를 더 부각하고 싶어 했다. 게다가 〈Yesterday〉로 인해 느낀 불안감 때문에 다시금 자신의 주도권을 입증하고 싶었을지도 모른다. 결국 두 곡은 비틀스 사상 처음으로 더블 A사이드 싱글로 발표했다. 미국 빌보드 핫 100 차트(라디오 방송과 음반 판매량을 기준으로 집계)에서 〈We Can Work It Out〉은 1위에 올랐고, 〈Day Tripper〉는 2주 뒤 최고 순위인 5위에 그쳤다.

14

IN MY LIFE

IN MY LIFE

두 사람이 함께 만든 곡이 워낙 많고, 창작 과정도 늘 유동적이었다는 점을 생각하면, 누가 어떤 부분을 만들었는지를 두고 존과 폴이 심하게 충돌하지 않았다는 사실은 놀라울 정도다. 비틀스 해체 이후의 인터뷰에서도 서로 명확히 다른 기억을 주장한 곡은 두세 곡에 불과하다. 그중 가장 잘 알려진 예가 바로 〈In My Life〉다. 2019년, 컴퓨터 과학자들이 머신러닝 프로그램을 이용해 이 곡의 주요 작곡자가 레넌이라는 결론을 내렸다.[1] 적어도 그들의 기준에서는 만족스러운 결과였을지 모른다. 하지만 〈In My Life〉는 오히려 그런 이분법적 사고의 한계를 분명하게 드러내는 곡이다.

〈In My Life〉를 누가 처음 구상했고 누가 가사를 썼는지를 두고는 아무런 이견이 없다. 레넌이다. 이 노래는 곡 없이 가사만 먼저 쓰인 형태로 시작했는데, 이는 레넌과 매카트니 둘 모두에게 드문 일이었다. 처음에 존이 떠올린 아이디어는 미미 이모의 집에서 시내로 가는 버스 여정에 대한 노래였다. 그 결과로 나온 것은 문자 그대로 페니 레인까지 가는 길을 따라가는 내용이었다. 5번 버스를 타고 처치 로드를 지나, 오래된 트램 차고와 도커스 엄브렐라(1956년에 철거된 고가 철도)가 있던 자리를 지나는 여정이었다. 하지만 존은 모든 작가가 그렇듯 초안이 형편없다는 걸 깨닫고 다시 써 내려갔다. 구체적인 지명과 묘사는 모두 빼 버리고 그 장소들에 대한 자신의 감정을 담는 방향으로 바꿨다. 그는 파트너가 〈Yesterday〉로 거둔 성공에 필적하는, 누구나 자신의 삶을 투영할 수 있는 가사를 쓰고 싶어 했다.

의견 차이는 존의 가사에 곡을 어떻게 붙였느냐에서 비롯된다. 레넌은 곡의 중간 부분을 매카트니가 만들었다고 말했다. 가사처럼("All these places have their moments…") 멜로디도 도입부와 대칭을 이루며 하강하는 흐름을 보이는 대목이다. 하지만 매카트니는 곡 전체 멜로디뿐만 아니라 도입부에 울려 퍼지는 기타 리프까지 자신이 만들었다고 기억했다. 그는 켄우드에 들렀을 때 존이 가사를 보여 주었고, 그 자리에서 곡을 붙였다고 회상했다.

> 내 기억은 존의 기억과 좀 다를 것이다. 내가 '아직 멜로디는 없네, 내가 좀 만들어 볼게.'라고 말했던 걸로 기억한다. 그래서 층계참으로 내려갔다. 존이 그곳에 멜로트론(전자 키보드)을 뒀기 때문이다. 거기 앉아서 머릿속으로 스모키 로빈슨과 미라클스를 떠올렸다. 선율적인 느낌을 살리되, 거기에 약간의 블루스 느낌을 더하고 싶었다. 단조 코드랑 화성도 좀 넣어서… 그러니까, 원래 영감은 존에게서 나온 거고, 멜로디는 내가 만들었다고 생각한다. 기타 리프도 내가 만든 것 같고. 단정적으로 말하고 싶진 않지만, 내 기억은 그렇다…[2]

여기서 매카트니의 말투는 지극히 신중하고, 거의 외교관에 가까울 만큼 조심스럽다. 나는 그의 이야기를 믿는 편인데, 세부적인 내용이 구체적이기 때문이다. 물론 레넌의 기억도 구체적이지만, 그것은 가사를 쓴 과정에 한해서다. 레넌은 자신이 멜로디를 만들었다고 인정받고 싶어 하면서도, 그것을 자신이 만들었다고 명확하게 주장한 적은 없었다. 〈In My Life〉의 넓게 펼쳐지는 멜로디는 확실히 매카트니의 스타일에 더 가까워 보이지만, 코드 진행은 레넌이 자주 사용하던 방식이다. 어떤 면에서는 두 사람이 서로의 음악적 사고 안에 너무 깊숙이 들어갔기 때문에, 누가 무엇을 했는지는 더 이상 중요하지 않을 것이다. 폴은 스모키 로빈슨이 존이 가장 좋아하는 뮤지션들 중 한 명이라는 걸 알고 있었고, 그래서 멜로트론에 앉거나 기타를 집어 들었을 때 그를 떠올렸다(이 곡의 기타 리프는 미라클스의 〈My Girl Has Gone〉에 나오는 리프와 비슷한데, 당시 조지 해리슨이 소장하고 있던 싱글 음반 컬렉션에 그 곡이 포함되었던 것으로 알려졌다). 존은 폴에게서 발라드를 어떻게 써야 할지를 배웠고, 폴은 존이 좋아할 만한 멜로디를 잘 알고 있었으며 바로 그런 멜로디를 쓰려고 했다. 그렇게 두 사람의 교차점 어딘가에서 〈In My Life〉가 탄생했다.

일단 팝 아티스트가 성공 공식을 찾아내면, 그것을 그대로 반복하는 것은 당연한 일이었다. 하지만 비틀스는 그렇게 생각하지 않았고, 바로 그 점이 그들을 이해하기 어려운 존재로 만들었다. 또 하나 당연하게 여겨졌던 것은 팝 스타의 인기는 덧없다는 인식이었다. 실제로 비틀스는 기자회견 때마다 "언제 거품이 꺼질 것 같나요?"라는 질문을 받았고, 겉으로는 대수롭지 않게 넘겼지만, 완전히 무시할 수 있는 사안은 아니었다. 존과 폴에게 그들의 작곡 파트너십은 지속 가능한 미래를 의미했다. 당시 기자들에게는 비틀스의 음악을 개념화할 언어나 분석할 도구가 없었다. 그래서 매카트니는 자신과 존이 무엇을 하고 있는지를 다른 사람들에게, 어쩌면 자신에게조차 설명하려 했다. 그것은 일종의 사명이었다. 1965년 11월, 〈Rubber Soul〉 앨범이 발표되기 직전, 그는 작은 규모의 잡지 《런던 라이프London Life》와의 긴 인터뷰에서 자신들의 예술적 포부가 얼마나 큰지 분명히 밝혔다.

당시 매카트니의 머릿속에서는 아이디어가 활활 타오르는 것 같았다. 그는 문화적·지적 자극을 마치 제트기가 연료를 들이마시듯 끝없이 받아들였다. 그가 런던에서 어울리던 이들로는 애셔 가족을 비롯해 반문화 사업가 배리 마일즈Barry Miles, 미술상 로버트 프레이저Robert Fraser, 존 던바John Dunbar와 그의 아내 메리앤 페이스풀, 그리고 호화로운 파티를 열던 스무 살 귀족 타라 브라운Tara Browne 등이 있었다. 《런던 라이프》와의 인터뷰에서 폴은 밥 딜런과 후는 물론이고 헨델, 화가 프랜시스 베이컨, 극작가 존 오스본과 유진 오닐, 배우 톰 커트니와 앨버트 피니, 그리고 시인 로버트 그레이브스까지 언급했다. 그는 그레이브스가 창작의 필연성에 대해 했던 말에 깊이 공감한다고 밝히며 이렇게 말했다. "나는 시를 쓴다.[3] 왜냐고? 써야만 하기 때문이다."

〈Yesterday〉 이후, 매카트니는 점점 더 자신과 존을 개별적인 작곡가로 뚜렷이 구분 지으려는 태도를 보이기 시작했다. 그는 《런던 라이프》와의 인터뷰에서 이렇게 말했다. "보통 내가 쓴 곡들이 존의 곡들보다 좀 더 감상적이다.[4] 그건 아마 내가 존보다 좀 더 감상적인 사람이기 때문일 것이다." 비슷한 시기, 그는 다른 인터뷰에서도 이렇게 말했다. "존은 자기가 감상적이라는 사실을 드러내기 싫어한다.[5] 나는 개의치 않는다." 이런 설명 방식은 이후 오랫동안 매카트니가 그들의 파트너십에 대해 이야기할 때 일관적으로 반복되었다. 그리고 그 말에는 일정 부분 진실이 담겼다. 매카트니는 〈Rubber Soul〉 앨범에 〈Michelle〉을 수록했고, 이 곡은 단번에 큰 인기를 얻었다. 하지만 그는 〈I'm Looking through You〉 같은 곡도 실었다. 그리고 존 역시 감성적이고 진심 어린 사랑 노래를 쓸 수 있는 사람이었다. 나중에 그가 〈If I Fell〉과 〈In My Life〉를 예로 들며 그렇게 말했다. 이 두 곡과 〈Nowhere Man〉에는 존에게 특히나 정서적으로 의미 있던 특정 화성 진행이 담겼다. 바로 장조 IV 코드에서 단조 IV 코드로 넘어가는, 부드럽게 마음을 녹이는 전환이다. (〈In My Life〉에서는 이 코드 전환이 각 도입부의 두 번째 줄에 등장한다. 예컨대 "There is no one compares with you"에서 'no one'에 해당하는 부분이다. 단조 IV 코드는 이후 제목과 똑같은 가사 구절에서 길게 늘어지는 'my life' 부분에도 다시 등장하며 강한 인상을 남긴다.) 이러한 코드 전환은 로큰롤 이전의 전통에서 비롯된 것으로, 콜 포터Cole Porter가 〈Ev'ry Time We Say Goodbye〉에서 사용한 사례가 특히 잘 알려졌으며, 〈Till There Was You〉에도 등장한다. 어쩌면 감상적이라고 할 수도 있겠다.

매카트니가 자신을 일부러 낮추려 했던 태도는, 존 역시 한편으로는 감상적인 면이 있음을 인정하도록 유도하려는 의도였고, 다른 한편으로는 대중 앞에서 스스로를 낮춰 보임으로써 존을 상대적으로 더 강하고 중심적인 존재로 느낄 수 있게 하려는 것이었다. 이 문제는 더 큰 차원의 질문과도 맞닿아 있었다. 비틀스가 얼마나 다양성을 추구할 수 있는가, 혹은 로큰롤의 경계를 어디까지 벗어날 준비가 되어 있는가 하는 물음이었다. 그 물음에 대한 그룹 내부의 논쟁에서, 공식적으로든 비공식적으로든 로큰롤의 경계에서 아주 멀어져야 한다는 매카트니의 입장이 점점 더 우세해졌다.

1965년 크리스마스를 앞두고, 그라나다 텔레비전은 레넌 – 매카트니 작곡 파트너십을 기리는 특집 방송 《더 뮤직 오브 레넌&매카트니 *The Music of Lennon&McCartney*》를 방영했다. 비틀스는 이 방송에서 싱글 수록곡인 〈Day Tripper〉와 〈We Can Work It Out〉을 부르긴 했지만, 방송의 주요 내용은 다른 아티스트들이 레넌 – 매카트니 곡을 커버하는 무대였다. 존과 폴은 미리 준비한 대본에 따라 곡들 사이를 연결하는 진행자 역할을 맡았다. 존과 폴은 처음 이 제안을 받았을 때 조심스러웠다. 자신들이 다른 멤버들보다 우월하다는 인상을 주고 싶지 않았기 때문이다. 조지는 이미 그런 문제에 예민해진 상태였다. 그럼에도 그들은 이 프로그램에 참여하기로 동의했다. 이 방송의 프로듀서였던 조니 햄프Johnnie Hamp가 신인 시절부터 비틀스를 지지해 주었던 사람이었기 때문이다.

이 방송은 11월 초 맨체스터에서 녹화했다. 존과 폴은 〈Rubber Soul〉 녹음 작업 중 잠시 시간을 내어 촬영에 참여했다. 폴은 존과 자신이 좋아하던 언론인 키이스 알섬Keith Altham을 점심 식사에 초대했다. 그 점심 식사는 몇 시간에 걸친 자유로운 대화로 이어졌고, 레넌 – 매카트니의 대기실에서도 계속되었다. 존은 여러 가수가 비틀스 노래를 해석해 부르는 TV 프로그램의 주인공으로 초대받은 자리라는 사실을 무시하고 제대로 커버하는 사람이 하나도 없다며 불평을 늘어놓기 시작했다. 그는 이렇게 말했다. "우리 음악을 제대로 이해하는 사람은 전 세계에 100명 정도밖에 없어.[6] 링고, 조지, 그리고 지구 여기저기에 흩어져 있는 몇 사람 정도지." 이어서 존은 작곡에 대한 자신의 이론을 설명했는데, 이는 폴과 사전에 논의했거나, 최소한 직관적으로 둘 사이에 의견이 일치했던 것으로 보인다. 실제로 매카트니도 몇 달 뒤 어느 인터뷰에서 비슷한 말을 했다.

우리는 사람들에게 뭔가를 느끼게 하고 싶다.[7] 꼭 음악을 이해할 필요는 없다. 감정만 느끼면 된다. 이게 바로 팬들이 우리 음악을 완전히 이해하지는 못해도 느낄 수 있는 이유 중 하나다. 일부 가수가 우리 노래를 그렇게밖에 부르지 못하는 건 느낌이 부족하기 때문이다. 노래에 담긴 감정을 이해하지 못하고, 감정을 담아내기에는 나이가 너무 많다. 비틀스 음악은 오직 비틀스만이 부를 수 있다.

처음 함께 곡을 쓰기 시작했을 때, 존과 폴은 막연히 새로운 로저스와 하트가 되기를 꿈꿨다. 하지만 그것은 어디까지나 마땅한 선례가 없었기 때문이었다. 사람들은 로저스와 하트가 〈Bewitched〉나 〈My Funny Valentine〉을 직접 부르기를 열망하지 않았다. 마찬가지로 엘비스 프레슬리가 자신의 노래를 직접 쓰지 않았다는 사실에 대해 크게 신경 쓰는 사람도 없었다. 레넌과 매카트니는 무엇보다 자신들이 직접 부르기 위해 곡을 썼다. 물론 그들은 노래 자체가 하나의 독립적인 존재라고도 믿었다. 실제로 1963년부터는 롤링 스톤스(〈I Wanna Be Your Man〉)를 포함한 다른 아티스트들에게 곡을 주기 시작했다. 그렇다고 해서 모든 비틀스 커버곡을 못마땅한 것은 아니었다. 그들은 미국의 R&B 가수 에스더 필립스Esther Phillips가 커버한 〈And I Love Her〉를 아주 좋아해서, 그녀를 그라나다 텔레비전 프로그램에 꼭 섭외해 달라고 요청하기도 했다. 하지만 그들은 장인처럼 자신의 작품과 감정적으로 거리를 두지 못했다. 예술이란 '주인공의 감정을 관객에게 전염시키는 것'[8]이라는 톨스토이의 말에 공감했기 때문이다.

하지만 두 사람은 중심을 어디에 두었느냐는 점에서 차이가 있었다. 비틀스 커버곡들에 대해 경멸에 가까운 반응을 보인 사람이 레넌이었다는 건 우연이 아니다. 무엇보다 그는 음악이 자기 존재의 연장선이라고 믿었다. 이를테면 〈Strawberry Fields Forever〉나 〈Julia〉 같은 곡의 커버곡 가운데, 진정으로 성공했다고 할 만한 사례는 거의 없다. 매카트니는 자기표현에 있어서 좀 더 신중한 편이었다. 그것은 그가 자기 자신만큼이나 타인의 내면에도 깊은 관심을 가졌기 때문이기도 했고, 작곡 기법 자체에 큰 매력을 느꼈기 때문이기도 했다. 노래 구조가 음악과 언어로 조각한 실체 있는 조형물이라도 되는 것처럼 깊은 매혹을 느꼈다. 가장 많이 커버된 비틀스 노래 다섯 곡은 〈Yesterday〉, 〈Hey Jude〉, 〈Eleanor Rigby〉, 〈Michelle〉, 〈Let It Be〉로, 모두 매카트니의 작품이다.

그러나 이 파트너십의 모든 면이 그랬듯, 두 사람은 두 영역 모두를 넘나들었다. 〈In My Life〉는 존의 곡들 가운데 가장 많이 커버된 노래 중 하나다. 그는 이 곡에서 매우 개인적이면서도 보편적인 감정을 담아내는 데 성공했다. 비틀스 해체 이후, 존이 〈Yesterday〉에 대해 "결말이 없다."라고 말한 것은 전통적인 작곡 기법의 개념을 염두에 둔 발언이었다. 소네트의 마지막 두 줄처럼, 노래는 마지막에 어떤 통찰을 담아 마무리해야 한다는 개념이다. 물론 레넌 자신이 여러 차례 보여 주었듯, 이런 방식의 결말이 꼭 필요한 것은 아니다. 오히려 진부하게 느껴질 수도 있다. 하지만 그는 〈In My Life〉에서 그 방식을 아름답게 구현했다. 노래의 첫 구절에서는 자신이 아는 장소들과 사람들(이미 세상을 떠난 이들도 있고, 아직 살아 있는 이들도 있다)에 대한 그리움 어린 향수에 빠져든다. 그는 그 모두를 사랑한다고 말한다. 그러다 이야기는 방향을 틀어, 레넌은 특정한 한 사람, 곧 '당신'을 향한 사랑을 드러낸다. 이제 기억은 더 이상 그를 지배하지 못한다. 그는 과거의 사랑들과는 다른 형태의 새로운 사랑을 발견했기 때문이다. 그 사랑 덕분에 삶의 불가피한 현실인 죽음과 쇠퇴를 더 잘 받아들인다. 과거에 대한 애정은 여전하지만, 사랑은 그를 현재에 머무르게 하고, 현재에서 기쁨을 느끼게 만든다.

레넌이 세상을 떠난 뒤, 매카트니는 여러 인터뷰에서 친구가 '갑옷을 입고 있었다.'라는 표현을 거듭 사용했다. 호기롭고 신랄한 재치 뒤에 진짜 자신을 숨기고 있었다는 의미였다. 1994년, 매카트니는 기자 레이 콜먼Ray Coleman에게 이렇게 말했다. "존은 늘 겉으로 다 드러내는 사람처럼 보였다.[9] 사람들은 밤늦게까지 그와 어울려 술을 마시면서, 자기들이 진짜 존 레넌을 봤다고 생각했다. 아니, 그들은 진짜 존을 보지 못했다! 나조차도 갑옷의 틈새를 통해서만 겨우 그의 본모습을 엿볼 수 있었다." 그에 따르면 "가끔 그 겉껍질, 갑옷 없이 있는 그대로의 그를 볼 수 있는 순간들이 있었다. 물론 나도 다른 사람들처럼 갑옷을 입은 그를 좋아했다. 정말 멋진 갑옷이었기 때문이다. 하지만 그가 가면을 내려놓고, 세상에 드러내기를 두려워하던 진짜 존 레넌을 보여 줄 때가 정말 경이로웠다." 하지만 매카트니는 자신 역시 갑옷을 입고 있다는 사실을 좀처럼 인정하지 않았다. 매카트니가 비틀스 해체 이후 결성한 록 밴드 윙스Wings의 멤버이자 오랜 동료였던 데니 레인Denny Laine은 그에 대해 이렇게 말했다. "그는 내가 한평생 만나본 사람들 중에서 감정을 숨기는 데 가장 능숙한 사람이다."[10]

매카트니는 레넌이 자신의 노래를 좀처럼 칭찬해 주지 않았다고 자주 불평했다. 하지만 정작 자신이 레넌을 칭찬했다는 이야기는 한적이 없으며, 그런 일이 있었다는 제3자의 믿을 만한 증언도 없다. 그는 자신보다 나이가 더 많은 뛰어난 친구에게 인정받고 싶어 했다. 하지만 그 친구 역시 자신에게 인정받기 원했을 거라는 생각은 미처 하지 못했다.

음악적으로 〈In My Life〉는 〈If I Fell〉의 계보를 잇는 곡이며, 그 노래만큼이나 레넌과 매카트니의 관계에 깊이 얽혀 있다. 이 시기의 레넌 노래들─〈Day Tripper〉, 〈Girl〉, 〈Norwegian Wood〉(그리고 훗날의 〈And Your Bird Can Sing〉)─은 대부분 화려하고 매력적이지만 감정적으로는 거리감이 있어 쉽게 닿을 수 없는 인물에 대해 노래한다. 이 노래들이 '직접적으로' 폴을 가리키는 것은 아니지만, 교외에 살고 사교성이 부족했던 존의 눈에 비친, 런던 사교계에서 사람들과 자연스럽게 교류하는 폴의 모습을 어렴풋이 연상시키는 분위기가 있다. 폴은 존이 자신을 믿어 주기를 바랐다. 그는 존에게 다가가, 자신이 이 파트너십에 진심이며 믿을 만한 사람이라는 걸 납득시키고 싶어 했다.

하지만 그가 알아차리지 못한 것은, 존이 진정으로 바랐던 건 신뢰보다 사랑의 확인이었다는 점이다. 존에게 사랑과 신뢰는 거의 같은 의미였기 때문이다. 물론 둘 중 누구도 그런 말을 직접 하지는 못했다. 존은 〈In My Life〉에서 두 사람이 함께한 과거와 현재가 자신에게 얼마나 큰 의미인지를 폴에게 전했다. 그 순간, 존은 드물게 가면을 내려놓았다. 하지만 폴은 아마 그것을 알아채지 못했을 것이다.

15

TOMORROW NEVER KNOWS

TOMORROW NEVER KNOWS

1965년 말, 폴 매카트니가 멤버들에게 크리스마스 선물로 건넨 것은 그가 집에서 직접 편집한 뒤 아세테이트 음반으로 옮긴 믹스테이프였다. 음반에는 뉴욕 DJ 스타일로 멘트를 덧붙인 폴의 목소리도 담겨 있었다. 훗날 그는 이렇게 회상했다. "오직 비틀스만을 위한, 조금 색다른 작업이었다…[1] 이상한 인터뷰, 실험적인 음악, 테이프 루프, 그리고 다른 멤버들이 한 번도 들어 본 적 없을 만한 곡들로 채운 잡지 프로그램 같은 거였다." 그는 믹스테이프의 첫 곡이기도 한 냇 킹 콜Nat King Cole의 1951년 히트곡을 따서, 이 음반에 〈Unforgettable〉이라는 제목을 붙였다.

일반적으로 비틀스는 어떤 음악을 만들고 싶은지, 다음 앨범이 어떤 방향이어야 할지를 두고 둘러앉아 의논하지 않았다. 조지 해리슨도 이렇게 말했다. "사람들은 우리 음반을 들으면서 '어떻게 이런 걸 생각해 냈을까?'라든가 '다음엔 뭘 계획하고 있을까?' 하고 궁금해 한다…[2] 하지만 우리는 계획을 세우지 않는다. 그냥 계속 우리 자신으로 있을 뿐이다. 그러면 음악이 자연스럽게 나온다. 그게 비틀스다." 그들이 다음 단계를 미리 계획하지 않았던 이유 중 하나는, 언제나 그

다음 단계가 자연스럽게 눈앞에 있었기 때문이다. 하지만 1965년 말, 비틀스는 브라이언 엡스타인에게 작업을 시작하기에 앞서 자신들만의 시간이 좀 더 필요하다는 점을 분명히 전했다. 엡스타인은 이를 받아들였고, 비틀스는 영국 투어가 끝난 가을 말에 당시로서는 가장 긴 활동 중단기에 들어갔다. 새 앨범 작업을 시작하기까지, 그들은 석 달 동안의 시간을 가졌다.

비틀스는 대부분의 또래보다, 어쩌면 많은 이가 평생에 걸쳐 겪는 삶보다 훨씬 더 많은 것을 이미 경험한 상태였다. 이제 그들은 삶의 의미가 무엇인지, 앞으로 어떤 사람이 되고 싶은지를 곱씹고 있었다. 자칫하면 마약에 취한 채 자기 성찰에 빠졌다가 길을 잃을 수도 있는 시점이었다.

매카트니의 믹스테이프는 다음 단계로 나아가기 위한 방향 설정이자 그가 스튜디오에서 맡던 리더 역할을 은근히 드러내는 방식이었다. 동시에 다른 멤버들을 〈Revolver〉로 이어지는 길목으로 살짝 떠미는 제스처이기도 했다. 말보다는 노래와 농담으로 대화하는 방식은 매카트니다운 일이었고, 또한 비틀스다웠다. 메시지는 분명했다. 모든 곳에서 아이디어를 가져오자는 것이었다. 이 믹스테이프는 꽤 큰 반향을 일으켰다. 해리슨은 이렇게 회상했다. "존, 링고, 그리고 나는 그 테이프를 듣고 폴이 뭔가 새로운 걸 시도하고 있다는 걸 알아챘다."[3]

여기서 조지의 표현은 당시에 비틀스가 어떤 방식으로 지냈는지를 암시한다. 존, 조지, 링고는 서로의 집을 수시로 드나들며 일상을 함께했다. 반면 폴은 런던에 거주했고, 그곳에도 친구들과 지인들을 따로 뒀다. 1966년 1월, 조지가 패티와 결혼하면서 폴은 비틀스 멤버

중 유일한 미혼이 되었다. 링고는 그보다 앞선 1965년 9월, 아내 모린과의 사이에서 첫아이를 얻었다. 폴은 존과 링고처럼 가정을 꾸리지도, 아이를 갖지도 않은 상태였다.

존, 링고, 조지와 그들의 파트너들은 밤낮을 가리지 않고 서로의 집을 오가며 함께 식사하고, 대마초를 피우고, LSD를 복용했다. 폴은 외부의 소식을 듣고 찾아오는 방문자 같은 존재였다. 이 시기, 비틀스 멤버들을 각자 만나며 통찰력 있는 인물 탐사 기사 시리즈를 썼던 모린 클리브Maureen Cleave는 폴을 두고 "절반은 비틀스이고, 절반은 비틀스가 아니다."[4]라고 묘사했다.

훗날 이 시기를 돌아보며, 존은 폴과의 작곡 관계에 대해 "진정성이 사라졌다."[5]라고 말했다. 레넌의 말을 곧이곧대로 받아들이지 않더라도, 그들의 작업 과정이 점점 덜 즉흥적으로 변해갔다는 사실만큼은 분명하다. 폴은 작곡을 위해 런던에서 차를 몰고 내려와야 했고, 그로 인해 예전처럼 사적인 관계와 작업의 구분 없이 자연스럽게 이어지던 협업에 어느 정도 형식적인 긴장감이 생기기 시작했다.

1969년, 매카트니는 투어 공연을 중단한 뒤에 생긴 변화를 이렇게 설명했다. "투어할 때는 함께 살았다. 같은 호텔에 묵고, 아침마다 같은 시간에 일어나고…[6] 알다시피 하루 종일 이렇게 가까이 있으면 돈독해질 수밖에 없다. 그런데 그렇게 붙어서 지내지 않으면, 물리적인 거리감 때문에 그 돈독함이 사라진다." 하지만 이런 거리감이 어떻게 오히려 두 사람의 창작 에너지를 더욱 폭발하도록 만들었는지 이해하려면, 이 시기에 폴과 존이 각각 무엇에 몰두했는지를 먼저 들여다볼 필요가 있다.

폴

1966년 초, 매카트니는 소용돌이처럼 휘몰아치는 속도로 런던의 음악, 미술, 지적 활동에 뛰어들었다. 그 움직임은 지금 돌이켜보아도 전모를 파악하기 어려울 만큼 격렬했다. 워낙 분주했던 탓에 우리로서는 그 시기의 모습을 어렴풋이 스쳐 지나가듯 짐작할 수 있을 뿐이다. 다음은 그 무렵에 매카트니가 시간을 보낸 것으로 알려진 몇몇 장소들이다.

메이페어의 메이슨스 야드에 위치한 인디카 북스 앤 갤러리: 전위적인 사상, 예술, 문학의 중심지를 지향한 이 공간은 폴의 친구 배리 마일즈, 피터 애셔, 존 던바가 함께 만들었다. 폴도 1월 개업을 앞두고 적극적으로 참여해 책장을 세우고, 벽을 칠하고, 포장지 1천 장을 직접 디자인하고 인쇄하는 등 일손을 보탰다.

첼시 해스커 스트리트 저택의 응접실: 이 집에는 당시 90대였던 철학자이자 평화운동가 버트런드 러셀Bertrand Russell이 거주하고 있었다. 매카트니는 제인과 함께 그를 찾아가, 차를 마시며 베트남 전쟁에 관해 이야기를 나누었다.

런던 켄싱턴에 있는 왕립음악대학 지하실에서 열린 작곡가 코넬리우스 카듀Cornelius Cardew가 주최한 참여형 음악 행사: 존 케이지John Cage의 제자이기도 했던 카듀는 약 스무 명의 참석자가 참여한 가운데, 피아노 앞에 앉아 건반을 치지 않고, 피아노 다리를 두드리거나 줄을 퉁기는 방식으로 연주했다. 다른 참석자들은 바이올린, 색소폰, 타악기를 들고 즉흥 연주에 참여했고, 트랜지스터 라디오에서는 잡음이 흘러나왔다. 폴은 라디에이터 위에 동전을 굴리고 맥주잔을 두드리며 소리를 냈다. 행사가 끝난 뒤, 그는 동행한 배리 마일즈에게 이렇게 말했다. "꼭 좋아해야만 영향을 받는 건 아니잖아."[7]

클리프 리처드 콘서트

스카치 오브 세인트 제임스 나이트클럽: 폴은 이곳에서 당시 열다섯 살이던 모타운의 신예 아티스트 스티비 원더Stevie Wonder의 공연을 관람했다.

스위스 클로스터스의 스키 산장: 제인과 함께 머물던 이곳에서 매카트니는 끝나 버린 사랑을 노래한 〈For No One〉을 썼다.

메이페어 레녹스 가든에 위치한 존 던바와 메리앤 페이스풀의 아파트: 폴은 이곳에 자주 들러 대마초를 피우고, 모던 재즈(앨버트 아일러Albert Ayler, 선 라Sun Ra, 오넷 콜먼Ornette Coleman)와 현대 클래식(존 케이지, 칼하인츠 슈톡하우젠Karlheinz Stockhausen)을 들으며 다른 음악가들과 즉흥 연주를 나누기도 했다.

런던 서쪽에 있는 기타리스트 존 메이올John Mayall의 아파트: 이곳에서 폴은 비비 킹B. B. King, 버디 가이Buddy Guy, 제이비 르누아르J. B. Lenoir 같은 이들의 미국 블루스 음악을 접했다.

폴의 자동차: 당시 대부분의 차량에는 카세트 플레이어가 없었지만, 폴은 따로 장착해 두고 웨이브릿지에 있는 존의 집으로 향할 때마다 자신이 만든 컴필레이션 테이프를 들었다.

벨그라비아의 이탈리아 문화원: 이탈리아의 전위적 작곡가 루치아노 베리오 Luciano Berio가 자신의 최신작 〈Laborintus II〉를 소개하는 강연을 열었다. 잘라 붙인 조각, 악기와 목소리를 결합한 콜라주 형식의 작품이었다. 강연이 끝난 뒤, 매카트니는 베리오에게 다가가 대화를 청했다.

몬테규 스퀘어의 아파트에 마련한 임시 스튜디오: 폴은 얼마 전까지 링고가 살던 이 공간을 데모 작업실로 사용했다. 당시 함께 작업했던 윌리엄 버로스 William Burroughs는 전자음악 테이프를 불규칙하게 잘라 다시 붙이는 컷업 기법을 실험 중이었다("잘생기고 성실한 청년이었다."[8] 버로스가 훗날 매카트니에 대해 회고한 말이다).

애셔 가족 집 꼭대기 층의 방: 폴은 이곳에서 릴 투 릴 테이프 기기를 사용해 음악과 주변 소리, 역재생한 테이프를 결합한 테이프 루프를 만들었다. 그렇게 완성한 결과물은 존에게 들려주거나, 존 던바가 여는 파티의 배경 음악으로 쓰곤 했다.

한편 폴은 새로운 집을 꾸미는 일에도 한창이었다. 세인트존스우드 캐번디시 애비뉴에 위치한 리젠시 양식의 타운하우스로, 애비로드 스튜디오에서 가까웠다. 폴은 이 집을 전년도 4월에 구입해 리모

델링을 진행했다. 그는 건축가에게 주방의 음식 냄새가 거실로 은은히 퍼지도록 1층 구조를 설계해 달라고 요청했다. 어릴 적에 살던 리버풀의 집처럼 만들고 싶었던 것이다. 저택 내부는 현대미술 작품과 고전 가구로 꾸몄다("편안한 게 좋다."[9] 폴이 그 이유를 설명했다).

DJ 앨런 프리먼 Alan Freeman**의 베이스워터 아파트:** 인터뷰를 위해 도착한 폴은 제일 먼저 프리먼의 피아노 앞에 앉았다. 그는 30분 가까이 피아노를 치며 곡 작업을 이어 갔다(아마도 〈Eleanor Rigby〉였을 것으로 보인다).

마침내 피아노에서 일어난 매카트니는 프리먼과 이야기를 나누었고, 호기심으로 들끓는 인상을 남겼다. 그는 비틀스의 '우리'와 '나'라는 주어를 자연스럽게 오갔다.

우리는 예전에는 전혀 생각하지 않았던 것들에 관심이 생겼어요.[10] 내게는 수천, 수백만 가지의 새로운 아이디어가 있어요. 요즘 내가 정말 해 보고 싶은 건, 영화 한 편의 음악을 내가 직접 작곡할 수 있을지를 알아보는 거예요… 책도 훨씬 더 많이 읽고 싶어요. 작년에만 책이 수백만 권이 나왔는데, 나는 겨우 스무 권밖에 못 읽었다니. 그게 너무 아쉬워요.

그는 자신이 현대 클래식 작곡가들을 좋아한다는 이야기도 꺼냈다.

그 음악들을 존에게 들려주면, 존은 이렇게 말해요. '정말 짜증 나! 이렇게 수많은 음반이 계속 쏟아지는데, 우린 전혀 접하지 못했잖아.' 그러면 우리는 부리나케 나가서 현대 작곡가들의 음반을 잔뜩 사요. 중요한 건 가리지 않고 전부 다 들어 본 다음에 스스로 판단하는 거예요.

이 시기 전후로 매카트니가 예술이나 음악에 대해 이처럼 깊이 있는 이야기를 나눈 일은 드물었다. 그는 대개 자신의 생각을 거의 방어적일 만큼 단순하게 표현하곤 했다.

이는 영국, 특히 리버풀 사람들에게서 흔히 보이는, 거만하게 보이지 않으려는 태도에서 비롯된 것이었다. 하지만 매카트니는 1966년 무렵부터는 더 이상 개의치 않았다. 배리 마일스와의 인터뷰에서 그는 이렇게 말했다.

나는 무엇이든 일단 왜곡하려는 경향이 있어요.[11] 음 하나를 가지고 그걸 망가뜨려서, 그 안에 어떤 가능성이 숨어 있는지를 찾아보는 거예요… 결국은 마법을 만들어 내려는 시도예요. 자기 자신조차도 어떻게 그런 일이 일어났는지 설명할 수 없는 일을 일으키려는 거죠.

또 다른 인터뷰에서 그는 이렇게 말했다. "코드 하나에서 노래 전체가 들려요.[12] 사실, 충분히 귀를 기울이면 단 하나의 음에서도 곡 전체를 들을 수 있다고 생각해요."

이런 말도 했다. "사실 멜로디가 풍부한 노래는 꽤 쓰기 쉬워요. 그런데 〈Long Tall Sally〉처럼 음 하나만으로 좋은 노래를 쓰는 건 정말 어려운 일이에요."

존

리버풀 시절에는 존이 문화적으로 가장 뛰어났다. 그는 스튜어트와 다른 예술학교 친구들과 함께 초현실주의나 실존주의 같은 주제를 이야기하곤 했다. 그러나 이제는 폴이 바쁘게 사교 활동을 펼치는 모습을 보며, 재미있어하면서도 어딘가 부러운 마음으로 지켜봤다.

존은 자신이 상대적으로 수동적이라는 사실을 의식하면서도, 묘하게 그 점을 자랑스럽게 여겼다. "나는 그냥 가만히 있는 채로 일이 나에게 다가오도록 둔다."[13] 폴이 영감을 찾아 런던 곳곳을 돌아다닐 때, 존은 LSD의 도움을 받아 자신의 내면으로 더 깊이 들어갔다. 1966년 초, 그는 켄우드 저택에서 혼자 세 번째로 LSD를 복용했다. LSD가 자아감에 미치는 영향, 자신이 천천히 해체되는 듯한 감각은 그를 매료시켰다. LSD는 대마초보다 효과적으로 존의 불안과 좌절감을―적어도 잠시 동안은―없애 주었다.

모린 클리브의 기사에서, 존의 삶은 몽상적이고 거의 아이 같은 모습으로 비춰진다. 그의 켄우드 저택은 투어 중에 모아 온 잡동사니와 진귀한 물건 들로 가득했다. 고릴라 의상부터 진짜 갑옷 한 벌까지 있었다. 존은 요일 감각이 없었고, 정해진 식사 시간 없이 배가 고프면 음식을 먹었다. 클리브와의 대화에서 그는 아들 줄리언에 대해서는 거의 언급하지 않았고, 기숙학교에 보낼지 생각 중이라는 말만 했다. 문화적 흐름에서 뒤처지고 있다는 생각에 그는 초조해했다. "나도 당장 시내로 이사하고 싶어요.[14] 일단 폴이 어떻게 해 나가는지 지켜보는 중이에요…." 사실 그는 1964년의 인터뷰에서 '마당 딸린 단독주택'을 갖고 싶다는 바람을 밝힌 적 있었다. "마음만 먹으면 누구에게서든 벗어날 수 있으니까요.[15] 방해받을 일도 전혀 없고요. 그러면 곡도 더 많이 쓸 수 있을 것 같아요." 켄우드는 그런 용도로 마련한 공간이었지만, 그곳에서도 마음이 잘 잡히지 않았다. 신시아의 말에 따르면, 존은 집에 있을 때 노트, 기타, 피아노, 텔레비전 사이를 끊임없이 오가며 안절부절못했다고 한다. 폴은 언제나 그런 존이 집중할 수 있도록 도와주는 존재였다. 하지만 이제는 폴이 예전만큼 자주 곁에 있지 않았고, 존은 스스로 정신을 자극하기 위해 LSD를 사용했다.

레넌은 칼 융이 편집하고 일부 집필한 글 모음집 《인간과 상징*Man and his Symbol*》을 소장하고 있었다. 이 책에서 융은 인간은 어린 시절에 사회에 적응하기 위해 '페르소나', 즉 가면을 만들어야 하지만, 성인이 된 후에는 온전한 자기 자신이 되기 위해 그 가면을 벗어야 한다고 주장했다. 진정한 자아는 환상이나 꿈속에서 드러나기도 하며, 삶의 진정한 목적에 대한 암시와 메시지를 발견하려면 이를 면밀히 들여다보아야 한다. 공저자 중 한 사람은 "무의식의 힘에 의식적으로 자신을 맡겨야 한다."[16]라고 썼다. 융은 이러한 과정을 '개성화'를 향한 여정이라 불렀다. 이 사상은 존에게 강한 울림을 주었다. 그는 비틀스로서의 정체성을 사랑하면서도, 동시에 조바심을 느꼈다. 그는 모린 클리브에게 말했다. "우린 지금껏 비틀스로 존재하는 것 말고는 아무것도 할 시간이 없었어요."[17] 항상 관중이나 카메라 앞에 서 있는 '비틀스'로만 존재하지 않아도 된다는 사실은 그에게 안도감을 주었다. 하지만 존은 '비틀'로서의 존재, 곧 친구이자 협업자 들로 이루어진 집단의 일원이자, 자신에게 가장 강한 자극을 주는 창작 파트너십의 일원으로 존재하는 것을 더 좋아했다. 클리브는 존과 폴에 대해 이렇게 썼다. "분명 두 사람이 그룹에서 가장 중요한 존재였다.[18] 내 생각에 그들은 서로를 정말, 정말 좋아했다." 두 사람은 항상 서로를 웃게 만들었고, 무언가 새로운 것을 발견하면 신이 나서 함께 나눴다. "폴과 나는 일렉트로닉 뮤직에 푹 빠졌어요."[19] 존은 또 다른 기자와의 인터뷰에서 말했다.

아이러니하게도, 비틀스 멤버들은 함께 있으면서도 각자 자신이 되는 법을 배우고 있었다. 그 네 사람 가운데서도 가장 절실히 그룹을 필요로 했던 인물은 어쩌면 레넌이었는지도 모른다. 그는 언제나 변덕스러웠다. 사진작가 로버트 프리먼의 표현을 빌리자면 이렇다. "경박함과 수줍음, 오만함과 겸손함이라는 극단 사이를 오갔다."[20] 그러한 감정 기복은 타인뿐만 아니라 그 자신에게조차 혼란스러운 것이었다. '비틀'로 존재하는 것은, 내면의 분열된 자아에 일종의 의미를 부여했고, 그를 통해 자신이 온전하다고 느끼게 했다. 1970년, 존은 LSD를 처음 복용한 밤을 떠올리며 이렇게 말했다. "그때 그림을 몇 장 그렸다.[21] 어딘가에 있을 텐데, 네 개의 얼굴이 '우린 다 네 말에 동의해.'라고 말하는 그림이었다."

1966년 초, 모린 클리브와의 대화를 보면, 존은 자신도 모르게 무언가를 찾고 있었다. "있잖아요, 내가 해야만 하는 다른 일이 있어요.[22] 뭔지는 모르지만, 반드시 해야만 하는 일이에요. 그래서 그림 그리고, 녹음하고, 드로잉하고, 글도 쓰고 그러는 거예요. 그중 하나일 수도 있으니까요. 내가 확실히 아는 건, 이건 내 길이 아니라는 거예요." 그는 자신의 미완성된 자아를, 자신이 살고 있는 집의 개념과 겹쳐 생각했다. "웨이브릿지는 아니에요. 그냥 잠시 머무는 곳일 뿐이죠. 마치 버스 정류장처럼요. 거긴 은행가와 주식 중개인 들이 사는 동네죠… 난 매일 생각해요. 헨젤과 그레텔이 찾았던 집에 있는 나를요. 서두르진 않을 거예요. 내가 진짜 원하는 게 뭔지 알게 되면, 그때 진짜 집을 마련할 거예요."

　다른 멤버들은 자신이 원하는 것이 무엇인지 알고, 그것을 향해 나아가고 있는 듯 보였다. 링고는 아버지로서의 삶과 가정을 돌보는 일에 큰 만족감을 느꼈고, 조지는 인도 음악과 철학을 점점 더 깊이 파고들었다. 폴은 런던 곳곳을 쉴 새 없이 누비고 다녔다. 존은 달랐다. 그는 링고처럼 부성애가 강하지 않았고, 조지처럼 한 가지에 몰두하는 집중력도 부족했으며, 폴처럼 에너지 넘치고 사교적인 성격도 아니었다. 그리하여 그는 켄우드에서 텔레비전과 LSD에 취한 채, 자신의 내면 속 깊은 심연을 탐험했다. 그리고 그 심연에서 자신을 끌어올리고, 자신이 거기서 무엇을 발견했는지 함께 알아봐 줄 사람으로 폴을 고르고 그에게 의지했다. 불확실함과 불안감은 그를 더욱 자극했고, 그 어떤 곡보다도 〈Tomorrow Never Knows〉를 만들 때 그러했다.

　4월 6일, 비틀스는 새 앨범 작업을 시작하기 위해 애비로드 스튜디오로 돌아왔다. 오랜 휴식 기간을 가졌지만, 존은 쓸 만한 곡이 그리 많지 않았다. 1966년 3월 초의 인터뷰에서 그는 이렇게 말했다. "폴이랑 나는 이제 새 앨범을 위한 곡을 좀 써야 한다…**23** 너무 빈둥거리기만 했다." 팝의 경계를 무너뜨리겠다는 의지는 분명했지만, 그에 걸맞은 결과물은 많지 않았다. 양은 적었지만, 그 이면에는 엄청난 에너지가 축적되어 있었다. 존은 폴의 신곡 중 하나를 들었다. 외로움과 삶의 끝에 관한 이야기를 담은 곡이었다. 존은 압박을 받을 때 폭발적인 행동력으로 돌파구를 만드는 재능이 있었다. 독일의 인드라

클럽에서 '마흐 샤우'를 외쳤을 때도, 〈Twist and Shout〉를 녹음할 때도 그랬다. 그리고 지금, 그는 막판에 비틀스가 지금껏 만든 곡 중 가장 대담한 음악적 선언이라 할 만한 노래를 만들었다.

일주일쯤 전, 런던에서 함께 시간을 보낸 존과 폴은 새로운 생각과 아이디어를 찾아 인디카 서점에 들렀다. 존은 배리 마일즈에게 "니츠-가 책 있어요?"라고 물었다. 마일즈는 한참을 생각한 끝에, 그가 니체를 말하는 것임을 알아차렸다. 독학하는 사람이 흔히 저지를 법한 실수였다. 마일즈는 그에게 《휴대용 니체*The Portable Nietzsche*》를 건넸다. 존은 어쩌면 약간 얼굴을 붉힌 채 서가를 둘러보다가, 티모시 리어리의 《사이키델릭 경험*The Psychedelic Experience*》을 집어 들고 소파에 앉아 책장을 넘기기 시작했다. 《사이키델릭 경험》은 융 심리학과 대중화된 동양철학을 결합해, LSD에 대한 심리적·영적 정당성을 제시한 책이었다. 저자 티모시 리어리는 하버드 대학교의 임상 심리학자로, 1960년대 초에 LSD를 접한 뒤 깊이 매료되어 열렬한 LSD 옹호자가 되었고, 결국 대학에서 해고당했다. 이후 그는 올더스 헉슬리와의 대화에서 영감을 받아, LSD가 세상을 바꿀 수 있는 가능성을 지닌 약물이라고 믿고 적극적으로 전파했다. 리어리는 《사이키델릭 경험》에서 죽음을 앞둔 사람들이 삶을 내려놓고 환생을 준비할 수 있도록 돕기 위해 쓰인 고대 문헌 《티베트 사자의 서*The Tibetan Book of the Dead*》를 재구성하고 해설했다.

리어리는 LSD를 자아 초월에 이르는 지름길이라고 보았다. 힌두교도와 불교도들이 명상을 통해 도달하고자 하는 자아 상실의 해양적 상태, 곧 자아가 사라지고 전체와 하나가 되는 감각을, LSD가 단번에 체험하게 만들어 준다고 주장했다. LSD 복용자들은 종종 자아나 개성이 사라지는 듯한 체험, 그리고 우주의 광활함 속에서 자신이 미미한 존재로 느껴지는 경험을 하곤 했다. 리어리의 표현에 따르면, LSD는 '공空'의 세계, 즉 일상의 지각과 감정 아래 존재하는 황홀한 무無의 상태를 엿볼 수 있게 해 주는 통로였다.[24] 존은 그 가능성에 깊이 매료되었다. 1965년 초에 처음으로 LSD를 경험한 이후, 그는 의식의 본질에 대해 끊임없이 사유했다. 첫 복용 직후 그는 〈Help!〉를 썼다(그 노래에서 그가 "I've changed my mind"라고 노래한 것은 단순히 생각이 바뀌었다는 의미만은 아니었다). 존은 어린 시절부터 분노, 질투, 수치심에 시달리며 살았다. 그는 병처럼 자신을 괴롭히는 그런 감정들에서 벗어나고 싶어 했다.

물론 부작용이 완전히 밝혀지지 않은 신경 활성 약물이, 수천 년에 걸쳐 이어져 온 수행과 명상의 전통과 같을 수는 없다.《사이키델릭 경험》은 사실상 동양철학처럼 들리는 상투적 문구들과 유사과학이 뒤섞인 혼합물에 가까웠다. 하지만 인디카 서점의 소파에 앉아 있던 존은 그 모든 것을 기꺼이 받아들일 준비가 되었다. 그는 원래 어떤 것에 마음이 열렸을 때, 언제나 전력을 다하는 사람이었다. 그리고 인디카를 다녀오고 나서 며칠 뒤, 그는 새로운 곡의 가사를 쓰기 시작했다.

존은 자신이 폴처럼 세련된 문화 전문가일 수는 없더라도, 당대 문화의 급진적인 흐름을 가장 잘 흡수하고 표현해 낼 수 있는 비틀스 멤버라는 사실을 입증할 기회라고 여겼다. 그는《사이키델릭 경험》의 화법에서 창조적인 영감을 얻었다. 리어리와 두 명의 공저자는 이 책을 환각 여행을 위한 안내서로 집필했으며,《사이키델릭 경험》은 차분하면서도 전도적인 어조로 독자에게 "다 괜찮을 것이다."라고 말해 주는 책이었다. 레넌은 이 목소리를 불안한 초심자에게 지혜를 전하는 교사이자 안내자의 목소리로 변용했다. 리어리는 책의 서문에 "의심이 들 때마다 생각을 끄고, 편안한 상태로 마음을 흘려보내라."라고 썼는데, 존은 이 문장을 거의 그대로 가져와 첫 줄 가사로 사용했다.

자신만의 색을 덧붙이기는 했다. 원래 문장 중간에 'and'를 삽입해 "and float downstream"으로 바꿨다. 사소한 변화처럼 보일 수 있지만, 비틀스 연구자이자 음악학자인 월터 에버렛Walter Everett의 해석에 따르면 이 삽입 덕분에 문장의 리듬은 영어 시와 희곡에서 가장 널리 쓰이는 운율 형식인 약강 5보격이 된다.[25] 존이 그걸 알고 의도했는지는 중요하지 않다. 그는 쿼리뱅크 고등학교 시절 셰익스피어와 밀턴을 읽었고, 미미 이모의 책장에서 책을 꺼내 읽으며 그런 운율감을 자연스럽게 익혔다. 그런 일상은 존의 언어 기억의 근력을 향상시켰다. 〈Tomorrow Never Knows〉의 가사는 일정한 패턴을 반복한다. 먼저 약강 5보격으로 구성된 가사가 나오고, 그에 응답하듯 동명사(being, knowing, believing)를 기반으로 만든 가사가 뒤따른다. 이 구조는 〈Yesterday〉와 닮았으면서도 정반대로 뒤집는다(제목부터가 그렇다. '어제'에서 '내일'로). 존의 손글씨로 적힌 가사 초안들을 보면, 그가 버린 구절들 역시 같은 패턴을 따르고 있음을 알 수 있다. 이 곡은 비틀스가 약강 5보격을 사용한 최초의 사례였으며, 아마 대중음악 전체를 통틀어도 처음이었을 것이다. 게다가 이 가사는 운을 맞추지 않았기 때문에 실제로는 무운시로 분류한다. 이는 그 자체로도 혁신적인 시도였다. 비틀스의 다른 곡들을 포함해 거의 모든 팝송이 일정한 운율 구조를 따랐기 때문이다.

리어리는 이렇게 썼다. "그 빛은 생명의 에너지다…[26] 두려워하지 말고 그 빛에 몸을 맡겨라… 끊임없이 흐르는 생명의 전류 너머에는 궁극의 실재, 즉 공空이 있다." 그는 공을 "빛나고 막힌 곳이 없다."라고 묘사했다. 레넌은 리어리의 표현 일부를 변형해 사용했고, '꿈의 색깔(the colour of your dreams)' 같은 새로운 표현을 직접 만들어 내기도 했다. '무지와 혐오감(ignorance and hate)'은 리어리의 책에 없는 표현으로, 킹 제임스 성경의 한 구절에서 가져온 것으로 보인다(실제로 이 시기의 어느 인터뷰에서 존은 미미 이모가 자신을 주일학교에 보내 준 데 대해 고마움을 표한 바 있다).

존은 아직 제목도 정하지 않은 곡을 폴과 조지 마틴에게 가져갔다. 엡스타인의 집에서 열린 새 앨범 기획회의 자리였다. 음악적으로는 아직 구상 단계에 머물렀고, 곡이라기보다는 하나의 아이디어에 가까웠다. 그러나 몇 가지 핵심 요소는 이미 갖춰져 있었다. 첫째는 탬부라(인도의 류트에 속하는 악기 —편집자주)의 저음처럼 하나의 코드에 머무는 구조였다(레넌은 이미 한동안 이런 방향을 추구해 오고 있었다. ⟨Ticket to Ride⟩, ⟨The Word⟩, ⟨Norwegian Wood⟩ 모두 기본 코드 위에 유난히 오래 머무는데, 이는 그가 바우하우스 양식처럼 불필요하고 장식적인 요소를 잘라 내고자 했기 때문인 듯하다). 둘째는 철학적인 가사였다. 비틀스가 그동안 써 온 가사와는 전혀 다른 성격이었다. 셋째는, 이 곡을 환각처럼 들리게 만들겠다는 목표였다.

레넌과 매카트니는 조지 마틴에게서 더 많은 것을 끌어내는 방법을 익혔다. 다만 접근 방식은 서로 달랐다. 폴은 머릿속에서 모든 소리를 들을 수 있는 능력과 기술적인 지식을 바탕으로 실행하거나 다듬을 수 있는 구체적인 계획을 가지고 마틴을 찾았다. 반면 레넌은 자신이 전달하고자 하는 감정을 기반으로 마틴에게 접근하는 경우가 많았다. 마틴의 말에 따르면, 레넌은 어떤 노래가 "오렌지처럼 들렸으면 좋겠다."[27]라고 말한 적도 있었다. 이처럼 레넌의 방식은 본질적으로 협업적인 성격을 띠고 있었다. 그가 이 곡에 대해 '달라이 라마가 높은 산꼭대기에서 노래하는 것처럼—육체를 초월한 듯한 신적인 느낌으로—' 들렸으면 좋겠다고 말했을 때, 마틴은 당황하기보다는 오히려 자극받았다. 레넌은 마이크 위에 매단 줄에 자기가 매달려 앞뒤로 흔들리면서 노래하면, 목소리의 선명함이나 음량이 바뀌는 효과가 나지 않겠느냐고 제안했다. 그 방법은 현실적으로는 실행 불가능했지만, 애비로드 스튜디오의 엔지니어들은 그의 목소리를 회전하며 진동 효과를 내는 레슬리 스피커 캐비닛—보통 오르간에 사용하는 장비—에 통과시켜, 그가 원했던 효과에 근접한 사운드를 만들어 냈다.

첫 녹음 시도에서 이들은 드럼과 기타 사운드를 강하게 가공한 루프를 기본 반주로 깔고, 그 위에 링고가 라이브로 연주한 드럼을 얹었다. 그 위로는 부드러운 여섯 음짜리 멜로디가 반복되었다. 하지만 이렇게 만든 사운드조차 너무 얌전하게 들렸다. 그래서 이들은 전체를 라이브로 연주하기로 했다. 이번에는 링고가 폴의 제안에 따라, 리듬 중심에서 약간 벗어난 드럼 패턴을 사용했는데, 이는 〈Ticket to Ride〉에서 들을 수 있는 스타일과 유사했다. 여기에 매카트니가 만든 일련의 테이프 루프도 사용했다. 루프에는 오케스트라 화음, 시타르 연주 구간, 그리고 악기 소리를 흉내 내는 원시적인 신시사이저인 멜로트론의 플루트 설정을 이용한 소리가 포함되었다.

가장 인상적인 루프는 매카트니가 자신의 웃음소리를 녹음해 만든 것이었다. 그는 이 소리를 왜곡시켜 갈매기 울음소리처럼 들리게 만들었다. 완성한 트랙은 마치 역사의 파편들이 몰아치는 강풍 속에서 있는 듯한 강렬한 인상을 준다. 레넌의 목소리는 이 세상 것이 아닌 듯한 연쇄적인 소리와, 링고의 더듬거리며 내리치는 듯한 드럼 비트 위로 고요하게, 파도를 타듯 흘러간다. 존은 그 혼돈을 지배하고, 공포를 잠재우면서 우리에게 "내면의 의미(The meaning of within)"를 생각해 보라고, 그리고 "시작의 끝(The end of the beginning)"까지 게임을 계속하자고 권유한다. '시작의 끝'이라는 표현은 레넌이 리어리에게서가 아니라, 이전 해에 세상을 떠난 윈스턴 처칠 총리에게서 빌려온 것이었다.

이렇게 해서, 비틀스는 물론이고 모든 팝 그룹을 통틀어 지금껏 녹음한 곡 가운데 가장 기이한 사운드를 지닌 트랙이 탄생했다. 녹음 당시 이 곡의 제목은 〈The Void〉였다. 남자도 여자도 등장하지 않고, 절이나 후렴도 없으며, 두 개의 코드 사이를 오가며 순환하는 흐름만이 이어진다. 그리고 마지막에는 '시작(beginning)'이라는 단어와 함께 서서히 끝난다. 이 곡은 사운드에 대한 매카트니의 실험 정신과, 삶의 의미를 전하고자 했던 레넌의 열망이 하나로 결합한 결과였다. 인도 음악과 슈토크하우젠, 환각과 영시, 그리고 코미디까지 섞였다. 비틀스는 이 노래를 《에드 설리번 쇼》에 처음 출연한 지 불과 2년 만에 만들었다.

곡의 끝부분에서는 매카트니가 낡은 피아노를 두드리며, 《군 쇼》 스타일의 엉뚱하고 유쾌한 즉흥 연주를 이어 간다. 레넌과 매카트니 모두 지나치게 진지한 분위기에는 불편함을 느꼈다. 레넌은 〈The Void〉라는 제목이 너무 무겁다고 판단했다.[28] 1964년, 링고는 텔레비전 기자회견에서 비틀스의 앞날을 예측할 수 없다는 뜻으로 "내일은 아무도 모른다(Tomorrow never knows)."라고 말한 적이 있다.[29] 그 장면 영상을 보면 링고의 말에 레넌이 뒤에서 웃음을 터뜨린다. 링고의 농담이 대부분 그렇듯, 이 말에도 나름의 지혜가 담겼고, 존은 그 표현을 마음속에 간직해 두었다. 〈Tomorrow Never Knows〉을 완성하자마자, 비틀스는 이 곡이 새 앨범의 마지막 트랙이 될 것임을 직감했다. 새 앨범은 그렇게 시작으로 끝났다.

16

ELEANOR RIGBY

ELEANOR RIGBY

1966년 초, 매카트니는 장소를 가리지 않고 피아노 앞에만 앉으면 〈Miss Daisy Hawkins〉라고 이름 붙인 곡을 만지작거리기 시작했다. 다섯 음절로 이루어진 첫 멜로디가 떠오른 순간부터, 이 노래는 외로움과 허무함, 삶의 끝이라는 주제를 자연스레 품은 것 같았다. 그때 매카트니의 나이는 스물셋이었다.

서로 의논한 것도 아닌데, 존과 폴은 휴식을 마치고 돌아온 뒤에 죽음을 주제로 만든 곡을 나란히 내놓았다. 두 곡 모두 한 걸음 떨어진 시점에서 삶을 조망하는 전지적 시점의 노래였다. 〈Tomorrow Never Knows〉에서 존은 산꼭대기에서 가르침을 전한다. 〈Eleanor Rigby〉는 단 2분 만에, 두 인물의 일생을 몇 개의 삭막한 이미지로 압축해 담아낸다. 음악적으로도 두 곡은 불필요한 요소를 걷어 내고, 최소한의 구성만으로 본질을 더욱 선명하게 드러냈다. 〈Eleanor Rigby〉는 좁은 멜로디 범위 안에서 움직이며, 화성 전개도 극도로 절제한다. 〈Tomorrow Never Knows〉와 마찬가지로 단 두 개의 코드만을 번갈아 사용한다. 단조로 설정된 이 곡의 숨 막히듯 촘촘한 도입부는, 조지 마틴이 편곡한 현악 반주 위에서 전개된다. 반주는 대부분 으뜸

화음에 머무는데, 첼로가 음계를 질주하듯 뛰어오른다. 이 구절은 후렴으로 이어지며, 화자는 세상의 모든 외로운 사람이 어디서 오는지 묻는다. 이때 첼로는 바흐풍의 하행 선율을 연주한다. 이어지는 두 번째 후렴에서는 존과 조지가 폴의 목소리에 합류하고("Ah, look at all the lonely people"), 멜로디가 한껏 솟구쳤다가 가라앉는다. 마지막 부분에서는 두 후렴구가 대위법적 화성으로 만난다. 곡 전체에 흐르는 분위기는 긴장감 있고 절제되었다.

십 대 시절, 폴은 이웃집 할머니의 심부름을 도맡아 하며 그녀의 삶이 어떤 느낌일지 자주 상상하곤 했다. 함부르크에서는 카이저켈러의 화장실을 관리하며 손님들에게 약을 팔던 노부인과 친구가 되었다. 그는 홀로 남겨진 사람들에게 관심이 많았다. 하지만 이런 개인적 배경만으로는 〈Eleanor Rigby〉를 온전히 설명할 수 없다. 그때까지 팝 음악에는 〈Eleanor Rigby〉 같은 곡이 존재하지 않았다. 이 노래는 너무도 널리 퍼져 문화 속에 깊이 스며든 나머지, 우리가 얼마나 낯설고 파격적인 곡이었는지를 잊을 정도다. 〈Eleanor Rigby〉는 적어도 〈Tomorrow Never Knows〉만큼이나 급진적인 작품이었다. 실제로 존이 〈Tomorrow Never Knows〉를 떠올린 것도, 폴의 〈Eleanor Rigby〉를 들은 직후였다. 존과 폴은 쇼펜하우어가 말한 천재의 정의에 부합하는 삶을 살고 있었다. 재능 있는 사람은 아무도 맞힐 수 없는 과녁을 맞히고, 천재는 아무도 보지 못하는 과녁을 맞힌다.

레넌이 '문학적인 비틀'로 알려진 탓에, 매카트니의 작사가로서의 재능은 종종 과소평가되었다. 그의 언어 감각은 의미보다는 음악적이고 감각적인 것에 더 가까웠다. 어린 시절의 매카트니는 〈The Honeymoon Song〉 같은 고전 음악에 담긴 황홀한 운율을 흠뻑 들이마셨다. 로큰롤 이전 시대의 이 노래는 그의 고집으로 비틀스 초기 레퍼토리에 꼭 포함하곤 했다. 비틀스가 BBC에서 이 곡을 라이브로 부른 녹음을 들어 보면, 매카트니가 "The skies are as bright as your eyes / The horizon is open" 같은 가사를 아주 즐겁게 부르는 것이 느껴진다. 그의 가사에는 내운율과 반운율이 곳곳에 스며서, 불쑥불쑥 솟아오르는 작은 즐거움을 안겨 준다.

보컬로서의 그는 마치 햇살 속을 뒹구는 고양이처럼 단어의 소리 속을 뒹군다. 〈Sgt. Pepper's Lonely Hearts Club Band〉 앨범에 실린 동명의 타이틀곡 리프라이즈(앨범의 오프닝을 재구성해 마지막에 다시 수록한 곡—역주)의 가사 "We're Sgt. Pepper's one and only lonely hearts club band"나 〈Mother Nature's Son〉의 "Swaying daisies sing a lazy song beneath the sun" 같은 가사가 그렇다. 매카트니가 〈Penny Lane〉에서 가장 좋아하는 구절은 소방관에 대한 부분이다. "He likes to keep his fire engine clean / It's a clean machine." (여기서 'machine'은 'clean' 과 두 번이나 운을 맞추며, 소리의 쾌감을 배가시킨다.) 월터 에버렛은 매카트니가 소리로 의미를 구현하는 문장을 쓰는 법을 본능적으로 깨우쳤다고 말한다. 〈She's Leaving Home〉의 "She goes downstairs to the kitchen / Clutching her handkerchief" 구절에는 흐느낌을 참으려 애쓰는 훌쩍임의 감정이 소리에 담겼다. 그 역시 존처럼 말장난을 즐겼다(〈What You're Doing〉에서는 'doin''과 'blue an'[d]', 'runnin''과 'fun in' 을 운율로 연결했다). 하지만 존처럼 세련된 어휘나 복잡하게 얽힌 초현

실적 이미지를 사용하는 경우는 드물었다. 매카트니는 겉보기에는 단순하지만, 하나의 음을 감싸며 퍼져 나가는 배음처럼 여러 의미가 진동하듯 울려 퍼지는 가사를 선호했다. 〈For No One〉의 "Your day breaks / Your mind aches"처럼, 때로는 냉정할 만큼 절제된 표현만으로도 깊은 메시지를 전달했다. 또 〈Lovely Rita〉의 "When it gets dark I tow your heart away"나 〈Back in the U.S.S.R.〉의 "Let me hear your balalaikas ringing out"처럼 재치 있는 문장을 즐겨 쓰기도 했다.

〈Eleanor Rigby〉에서 매카트니는 단어의 소리를 보이지 않는 실처럼 활용해 가사를 엮었다. 월터 에버렛은 "폴은 소리 하나를 붙잡고 놓치지 않는다."라고 평했다. 각 절의 같은 위치에 놓인 'rice'와 'face', 'church'와 'dirt' 같은 단어들은 완전한 압운이라기보다는 색감을 맞춘 듯이 짝을 이룬다. 이 노래의 가사에는 일정한 규율이 숨어 있다. 각 절의 첫 문장은 다섯 음절로 구성되며, 네 번째 음절에 강세가 놓인다. 이 구조는 〈Tomorrow Never Knows〉의 각 구절 마지막 문장들과도 닮았다. "It is not dying"이나 "It is believing" 같은 문장을 그대로 대입해도 전혀 어색하지 않을 정도다. 또한 폴은 〈Eleanor Rigby〉의 가사에서 앞줄의 내용을 반추하는 짧은 논평이나 의문을 덧붙인다. "Lives in a dream / Who is it for? / No one comes near"이는 〈Tomorrow Never Knows〉에 담긴 전지적 신의 시점과도 비슷하다. 두 곡은 서로 대화를 주고받는다.

〈Tomorrow Never Knows〉에서 레넌의 목소리가 아무리 멀리서 들려도, 그 노래가 전달하는 메시지는 결국 위로다. 반면 〈Eleanor Rigby〉는 어떤 위로도 건네지 않는다. 이 곡은 등장인물들을 향해 냉정하고, 때로는 신랄한 시선을 던진다. 첫 도입부에서는 한 여자가 결혼식이 끝난 자리를 홀로 정리하며 바닥에 떨어진 쌀을 줍는다(서양 결혼식에는 신랑과 신부가 교회를 나설 때 하객들이 다산과 풍요를 상징하는 쌀을 던지는 풍습이 있었다─역주). 그녀는 기쁨도 모르는 채로 꿈속에 사는 듯하고, 아무도 그녀에게 눈길을 주지 않는다. 이어지는 도입부에서는 매켄지 신부가 등장한다. 그는 아무도 듣지 않을 설교문을 쓴다. 세 번째이자 마지막 도입부에서 두 인물이 함께 등장하지만, 서로 이어지지는 않는다. 신부는 형식적으로 그녀의 장례를 치를 뿐이다. 이 노래는 간결하고 절제된 만큼 더욱 처절하다. 아무도 구원받지 못했다("No one was saved").

이 시기, 존과 폴은 모두 기독교의 쇠퇴에 대해 곱씹었다. 클리브와의 인터뷰에서 존은 기독교의 하락세를 비틀스의 인기가 높아지는 현상과 대조해 언급했는데, 이 발언은 비교적 온건했는데도 오랫동안 그를 따라다니며 괴롭혔다. 반면 〈Eleanor Rigby〉에서 폴은 뼛속까지 칼을 밀어 넣는다. 이는 반복되는 하나의 패턴처럼 보인다. 레넌이 직설적인 말을 하면 모든 이의 주목을 받았지만, 폴의 냉소와 공격성은 대체로 은밀히 감춰졌거나, 설령 노골적이라 해도 쉽게 간과되곤 했다. 클리브와의 인터뷰에서 폴은 미국의 인종차별을 지적하며 '엉망인 나라'라고 말했다. 1966년, 데이비드 프로스트 David Frost 와의 인터뷰에서는 "미국인들은 돈이 전부라고 믿는 것 같다."[1]라며 "그들은 항상 돈을 절대적으로 맹신한다… 무서울 정도로."라고 말했다. 그는 클리브에게 도덕적인 국가인 척하는 미국의 위선에 경멸감을 드러냈다.

미국에서는 어른이 되기 위한 훈련을 받는다.[2] 그 훈련의 절대적인 원칙은 남자는 짧은 머리, 여자는 긴 머리를 해야 한다는 것이다. 우리는 그 사소한 관습부터 없애 주었다. 지난 세대가 우리보다 더 도덕적이었다고 주장하지 말라. 그들은 단지 더 잘 숨겼을 뿐이다.

비틀스는 그해 말 미국 방문을 앞두고 있었다. 브라이언 엡스타인은 존이 베트남 전쟁에 대해 우려를 표하는 것을 지나치게 정치적인 발언이라며 걱정했다. 정작 매카트니는 아무렇지도 않게 미국과 미국인의 도덕성을 깎아내렸지만, 누구도 문제 삼지 않았다.

〈A Hard Day's Night〉 이후, 비틀스는 대중의 눈에 뚜렷한 개별 이미지를 갖게 되었다. 선명하지만 다소 조악한 만화 캐릭터 같은 모습이었다. 링고는 시무룩한 광대, 조지는 말수는 적지만 속이 깊은 비틀, 존은 독설과 신랄한 재치를 지닌 비틀, 폴은 귀엽고 매력적인 비틀이었다. 이 가면들은 비틀스가 함께 만들어 낸 것이었지만, 1966년에 이르러 그들은 그 가면에 지쳐 버렸다. 그 이전 해, 기자 레이 콜먼이 레넌에게 본인의 '냉소적인 비틀' 이미지에 대해 어떻게 생각하느냐고 묻자, 그는 이렇게 대답했다.

똑똑하고 세련된 사람을 만나면, 나에 대한 그들의 환상을 깨뜨리지 않으려고 늘 바짝 긴장한다.[3] 내 이미지나 홍보에 끌린 사람들은 결국 폴에게 마음을 주기 마련이다. 폴은 상황에 따라 나보다 훨씬 더 냉소적이고 날카롭기도 하다. 물론 인내심은 나보다 많지만, 한번 자극받기만 하면 가차 없이 몰아붙인다. 요점을 정확히 찌르고, 절대 에둘러 말하지 않는다.

매카트니의 날카로운 면이 눈에 잘 띄지 않았던 데에는 그의 외모가 크게 작용했다. 레넌의 매부리코와 가늘고 좁은 눈매(시력이 나빠 눈을 가늘게 뜨는 경우가 많았다)는 한층 더 예리하고 날카로운 인상을 주었다. 반면 매카트니는 사랑스러운 눈매와 균형 잡힌 이목구비 덕분에 아기나 순정 만화 속 캐릭터처럼 보였다. 그런 귀여운 외모는 냉정함과는 쉽게 연결되지 않았다. 폴은 대인관계에서도 훨씬 자연스럽게 행동했다. 이것은 단지 겉치레가 아니었다. 그는 순수하게 사람을 좋아했고, 늘 다른 사람들을 편안하게 만들고 싶어 했다. 하지만 사석에서는 함께 일하는 스태프나 관계자들에게 많은 요구를 했고, 무례하게 느껴질 만큼 직설적일 때도 있었다. 엡스타인은 자신의 회고록에서 폴을 이렇게 묘사했다. "변덕스럽고 까다로우며 다루기 어려운 성격…[4] 듣기 싫은 이야기는 절대 들으려 하지 않는다." 모린 클리브 역시 그의 '상대를 기죽게 만드는 재치'[5]와 '비판적인 지성'을 강조한 바 있다.

유명세를 얻기 전의 편지들과 1962년 11월에 있었던 비틀스의 첫 인터뷰에서 매카트니는 분명하게 레넌을 리더로 지목했다. 기자들 역시 관례처럼 레넌을 '대장 비틀'이라고 불렀다. 하지만 레넌이 그룹의 창립자이자 명목상의 리더였다면, 실질적으로 비틀스를 이끈 사람은 매카트니였다. 그는 레넌에게 기타를 제대로 가르쳐 주었고, 조지를 그룹에 끌어들였으며, 스튜어트를 내보내는 데 가장 적극적이었다. 공연기획자들을 쫓아다니며 끈질기게 설득해 어떻게든 무대에 오를 기회를 따낸 것도 그였다. 녹음 작업에서도 끊임없이 기준을 높였고, 그룹이 계속 발전해야 한다고 주장했다. 조지 해리슨은 토니 바로에게, 1958년에 자신이 쿼리멘에 들어갔을 때도 이미 폴이 결정권을 쥐고 있는 것처럼 보였다고 말했다. "이건 분명히 존의 밴드였고, 존은 제게 영웅이자 우상이었어요.[6] 하지만 폴이 말하는 걸 들어 보면, 진짜 리더는 그라는 느낌이 들었죠. 쿼리멘이 무엇을 하고 어디로 갈지를 결정하는 사람은 폴이었거든요." 모린 클리브는 레넌의 존재감을 헨리 8세 같은 왕에 비유했다. 그렇다면 매카트니는 울지나 크롬웰에 가까웠을 것이다. 왕 옆에서 국정을 조율하는 수석 외교관이자 책사 말이다.

영화 《비틀스: 하드 데이즈 나이트》에서 그려지는 캐릭터들은 어느 정도 멤버들의 실제 성격에 기반했다. 레넌의 재치는 예리하지만 가차 없었고, 매카트니는 언제 미소를 짓고 매력을 발휘해야 할지 잘 아는 사람이었으며, 진심 어린 사랑 노래를 썼다. 하지만 시선을 조금만 달리하면 전혀 다른 모습이 드러난다. 레넌은 한번 누군가에게 감정을 느끼면 마음이 벅차오르는 사람이었다. 그의 독설은 무언가에 몰입할 때의 격렬한 에너지와 연결되었다. 매카트니는 감정적으로 강렬한 사람이었다. 겉으로는 온화해 보였지만, 그 아래에는 분노와 질투, 원망이 끓고 있었다. 매카트니가 서정적인 발라드 가수로 명성을 얻는 데 기여한 〈Yesterday〉는 사실 절망의 노래다.

〈Eleanor Rigby〉는 종종 우울한 곡으로 묘사되지만, 그 안에는 차가운 분노 또한 담겼다. 어머니의 죽음이 남긴 허무함, 자신이 믿지도 않았던 종교가 건네는 공허한 위로에 대한 폴의 내면 깊은 곳의 분노다. 매카트니가 마틴에게 이 노래에 '가슴을 후비는 듯한' 현악 편곡을 넣어 달라고 요청했을 때, 그들이 참고한 모델은 1960년의 영화 《싸이코Psycho》의 바이올린 사운드였다.

〈Eleanor Rigby〉 역시 매카트니의 '느린 예감'에서 나온 곡이었다. 곡을 다 쓰기까지 최소 3개월이 걸렸다. 켄우드 저택에서 신시아와 존이 주최한 저녁 모임은 이 곡의 완성에 결정적인 역할을 했다. 저녁 식사 후, 매카트니는 기타를 들고 존의 친구 피트 쇼튼을 비롯한 비틀스의 몇몇 지인들 앞에서 이 곡을 연주했고, 어떻게 마무리할지 아이디어를 구했다.

엘리너 릭비와 매켄지 신부(당시에는 '매카트니 신부')가 등장하는 앞의 두 절은 완성한 상태였지만, 세 번째 절은 아직 구상 중이었다. 피트 쇼튼이(그의 회고록에 따르면) 이렇게 제안했다. "엘리너 릭비가 죽고, 매켄지 신부가 그녀의 장례식을 치러 주는 건 어때?"[7] 그러자 레넌이 "피트, 넌 우리가 뭘 하려는지 전혀 이해 못 하는 것 같아."라고 쏘아붙였다. 지나치게 날카로운 어조였고, 그 탓에 분위기가 깨지면서 모임도 흐지부지 끝나 버렸다.

쇼튼의 회고록에 실린 이 일화는 1980년에 레넌이 어느 인터뷰에서 비슷하게 언급한 일화를 통해 간접적으로 뒷받침된다. 다만 레넌은 그 일을 약간 다르게 기억했다.

그 무렵, 폴은 더 이상 내게 도움을 청하고 싶어 하지 않았다.[8] 우리는 맬 에번스Mal Evans(비틀스의 충직한 로드 매니저이자 비서), 닐 아스피날과 함께 앉아 있었는데, 폴이 우리에게 이렇게 말했다. "너희들이 이 가사 좀 마무리해 줘." 그 자리에 있던 맬은 원래 전화 설치 기사였고, 닐은 회계학을 공부하던 학생이었다. 나도 있는데, 폴이 아무 관련도 없는 둘한테 도움을 청하니 나는 기분이 상했고, 모욕감도 느꼈다. 사실 폴은 내가 도와주길 바란 거였다. 결국 두 사람이 낸 문장은 한 줄도 채택되지 않았다. 마지막엔 내가 폴과 함께 방에 들어가 가사를 완성했다.

레넌은 첫 번째 절은 폴이 쓴 것이고, 나머지는 기본적으로 자신이 쓴 것이라고 주장했다. 그는 뚜렷한 근거 없이 줄곧 이 노래의 절반 이상을 자신이 썼다고 주장했다. 1970년 한 인터뷰에서는 가사의 절반 정도, 어쩌면 그보다 더 많이 자신이 썼다고 말했고, 이 주장은 1971년 《멜로디 메이커*Melody Maker*》에 보낸 편지에서도 반복했다. 1972년에는 기자 레이 코놀리*Ray Connolly*에게 자신이 가사의 70%를 썼다고 했으며, 1980년에도 또 다른 기자에게 같은 주장을 했다. 하지만 레넌에게 우호적이었던 코놀리조차 그 말을 전혀 믿지 않았다. 존의 친구 피트 쇼튼은 이 노래에 대한 존의 기여가 '거의 없는 수준'이라고 평가했고, 매카트니 역시 그의 기여도를 약 20%로 보았다.

존이 과장하고 싶어 했던 마음은 충분히 이해할 수 있다. 〈Eleanor Rigby〉는 공개하자마자 걸작이라는 찬사를 받았고, 특히 시적인 가사를 높이 평가받았다. 알다시피 늘 '문학적인 비틀'로 불린 쪽은 존이었다. 그래서 비틀스 해체 직후처럼 그가 가장 불안정했던 시기나 수년간의 침묵을 깨고 다시 세상의 주목을 받은 1980년 무렵에는 〈Eleanor Rigby〉에 대한 기여도를 주장하는 일이 그에게 더욱 중요해졌다. 전화 설치 기사나 회계학도 같은 평범한 인물이 레넌-매카트니 자작곡에 기여할 수 있다는 생각 자체가 존에게는 무척 불쾌하게 느껴졌을 것이다. 매카트니가 다른 이들의 아이디어를 기꺼이 받아들이는 태도는, 존에게는 자신의 천재성이 부정당하는 일처럼 느꺼졌을 수도 있다.

수년 동안 매카트니는 〈Eleanor Rigby〉라는 제목이 어떻게 지어졌는지에 대해 비교적 자세히 설명해 왔다. 그는 먼저 '엘리너'라는 이름을 정했는데, 영화 《헬프!》에서 여주인공을 맡았던 배우 엘레너 브론Eleanor Bron에게서 따온 것이었다. 그다음에는 두 음절로 된 성을 찾기 시작했고, 1966년 2월, 제인 애셔가 출연하는 연극을 보기 위해 브리스톨을 방문했을 때 'Rigby & Evens Ltd'라는 간판을 내건 와인 상점을 보고 '릭비'라는 성을 떠올렸다고 한다. 그렇게 이름을 완성한 것이었다. 그런데 1980년대 초, 누군가 리버풀 울턴의 세인트피터 교회 옆 묘지에 '엘리너 릭비'라는 이름이 적힌 묘비가 실제로 존재한다는 사실을 지적했다. 폴은 그 교회를 잘 알았다. 바로 그곳에서 존 레넌을 처음 만났고, 이후에도 존과 함께 여러 차례 그 묘지를 지나쳤다. 매카트니는 처음에는 이 사실을 대수롭지 않게 넘겼지만, 나중에는 무의식적으로 그 묘비에서 이름을 떠올렸을 가능성을 인정했다. (사실 문제의 묘비는 엘리너 릭비 본인의 것이 아니라 그녀의 할아버지의 묘비이며, 그녀의 이름은 훨씬 아래쪽에 작게 적혔다.) 그가 처음에는 이를 대수롭지 않게 여긴 것도 무리는 아니다. 그 누구보다 이름을 떠올린 과정을 잘 알았기 때문이다. 하지만 공교롭게도 교회에 자신의 이름과 함께 묻힌 여성에 관한 노래의 제목으로 그 이름을 우연히 붙였다는 건 좀처럼 설득력이 없어 보인다. 어쩌면 그의 기억 깊숙한 곳에 묻혀 있던 그 이름이, 결국엔 구원받은 셈이다.

17

HERE, THERE AND EVERYWHERE

HERE, THERE AND EVERYWHERE

내가 가장 좋아하는 존과 폴의 투샷 사진은 영화 《헬프!》의 스키 장면을 촬영한 오스트리아 오버타우에른에서 찍은 것들이다. 1965년 3월 18일 저녁, 두 사람은 에델바이스 호텔 라운지 바에서 열린 즉흥적인 잼 세션에 참여했다.

이날 공연을 맡은 건 베를린 출신의 밴드 재키 앤 더 스트레인저스 Jacky and the Strangers 였다. 레넌과 매카트니는 함부르크에 있던 시절에 그 밴드의 재키 슈펠터 Jacky Spelter 를 만난 적이 있었던 것 같다. 대중에게 알려진 사실은 슈펠터가 공연 도중에 두 사람을 무대 위로 초대했다는 것 정도다. 사진 속에서 우리가 직접 확인할 수 있는 건, 존과 폴이 술이나 약에 약간 취한 듯하고, 땀에 흠뻑 젖은 채 열정적으로, 그리고 무엇보다 즐겁게 음악에 몰입하는 모습이다. 존은 재키의 일렉트릭 기타를 연주하고, 폴은 드럼을 친다.

조지와 링고는 잠을 자러 들어간 상태였다. 한마디로 이 사진 속의 존과 폴은 둘이 떠났던 여행지 캐버샴에서의 너크 트윈스 그 자체였다. 하지만 마리에타 호텔 라운지의 지배인은 그들의 즉흥 공연을 중단시켰다. 그는 나중에 기자들에게 자신이 섭외한 건 재키 슈펠터와 더 스트레인저스였지, 비틀스는 아니었다고 말했다.

1990년대에 매카트니는 바로 그날 밤을 가리키는 듯한 이야기를 한 적이 있다.

특별히 기억에 남는 일이 있다.[1] 《헬프!》 촬영을 위해 오스트리아 오버 타우에른에 머물 때였다. 존과 나는 같은 방을 썼는데, 그날 촬영을 마치고 무거운 스키 부츠를 벗었다. 이제 샤워를 하고, 좋은 시간을 즐길 준비를, 그러니까 저녁을 먹으며 한잔하는 시간을 즐길 준비를 하려던 참이었다. (두 사람이 같은 방을 쓰고, 함께하는 시간을 즐거워했다는 사실이 뭉클하게 느껴진다. 폴이 말한 '좋은 시간'이란 결국, 둘이 함께한 시간이었다.)

우리는 그날 녹음한 새 곡들을 담은 카세트테이프를 틀었는데, 거기에는 내가 만든 〈Here, There and Everywhere〉도 들어 있었다. 그때 존이 이렇게 말했다. "솔직히 내 테이프에 있는 그 어떤 노래보다 이게 더 좋은 것 같아."

매카트니는 이때가 레넌이 자신의 곡을 칭찬해 준 몇 안 되는 순간 중 하나였다고 회상했다. "존은 절대 그런 말을 하는 사람이 아니었어요. '야, 내 친구가 〈Here, There and Everywhere〉를 썼다니까!' 하고 자랑할 사람이 아니었죠. 그런 부드러운 면모를 드러내는 걸 꺼려했어요. 언제나 '로큰롤, 로큰롤, 로큰롤'뿐이었죠."

여기서 흥미로운 점은 매카트니의 기억이 매우 구체적이지만(호텔의 이름, 스키 부츠, 카세트테이프까지), 정작 사실과는 어긋난다는 것이다. 〈Here, There and Everywhere〉는 그 이듬해인 1966년에야 써서 녹음했기 때문이다. 폴은 오버타우에른에서의 그날 밤을 각별한 애정으로 기억했고, 존이 〈Here, There and Everywhere〉에 대해 좋은 말을 했던 것도 생생히 떠올랐다. 이 두 가지 기억이 그의 머릿속에서 하나로 합쳐졌을 가능성이 크다. 정확한 경위는 알 수 없지만, 결과적으로 폴은 이 노래를 친구의 다정하고 너그러운 면모와 연결 지어 기억한 셈이다.

〈Revolver〉 앨범은 프리즘이 햇빛을 무지개로 분해하듯, 하나의 앨범 안에서 놀라울 만큼 다양한 색깔을 펼쳐 보인다. 곡과 사운드, 아이디어의 폭넓은 스펙트럼도 인상적이지만, 무엇보다 그런 다채로운 요소들이 서로 어우러져 조화를 이루고 있다는 점이 경이롭다. 이 앨범이 하나의 통일된 예술적 표현처럼 느껴지는 것은 비틀스 멤버들 사이의 깊은 유대 덕분이다. 이들은 이제 라이브로 곡을 연주할 수 있을지 걱정할 필요도, 앨범 발매를 서두르지 않으면 팬들이 떠날지 모른다는 불안에 시달릴 필요도 없었다. 덕분에 자신을 탐색하고, 서로를 들여다볼 여유를 가질 수 있었다. 이전 앨범들에서는 네 명의 비틀스가 관객을 향해 시선을 보냈지만, 〈Revolver〉 앨범의 뒷면 커버에서는 서로를 바라본다. 존과 폴이 그 어느 때보다 서로의 관계에 불안감을 느꼈다면, 그것은 바로 두 사람의 관계가 어느 때보다도 서로에게 중요해졌기 때문이었다.

앨범에 수록한 사랑 노래들은 모두 매카트니의 곡이다. 하지만 그 중 〈For No One〉은 사랑의 끝을 다룬다. 감상주의를 철저히 배제한 이 노래는 침착하면서도 독특한 방식으로 이야기를 풀어 간다. 화자는 자신의 삶을 마치 자신이 주인공인 영화의 대본처럼 2인칭 시점으로 서술한다. "Your day breaks, your mind aches(너의 하루가 시작되고, 너는 머리가 아프다)" (마음이 아프다는 흔한 표현 대신 '머리가 아프다'고 한 점이 인상적이다.) 화자는 2인칭을 통해 감정을 객관화하려 하지만, 절망감은 여전히 바로 곁에 있다. 〈For No One〉은 아마 제인 애셔와의 관계에서 비롯된 갈등을 바탕으로 쓴 곡일 것이다. 두 사람은 1968년까지 연인 관계를 이어 갔지만, 이 시기부터 이미 균열이 있었던 것으로 보인다. 얼마 지나지 않아 매카트니는 〈Here, There and Everywhere〉를 썼는데, 마치 한 관계를 둘러싼 상반된 감정들 사이에서 흔들리던 그의 내면을 보여 주는 듯하다. 이 두 노래를 나란히 놓고 보면, 폴의 감정은 우리가 흔히 생각하는 것보다 훨씬 더 극단적이며, 오히려 존의 성향에 가까워 보이기까지 한다.

〈Here, There and Everywhere〉는 철저히 작곡가의 곡이다. 매카트니는 이 곡의 영감으로 어빙 벌린Irving Berlin이 작곡하고 프레드 아스테어Fred Astaire가 1935년에 개봉한 영화 《톱 햇Top Hat》에서 불러서 유명해진 〈Cheek to Cheek〉, 그리고 비치 보이스의 브라이언 윌슨Brian Wilson이 만든 〈God Only Knows〉를 언급한 바 있다.

두 곡 모두 천상의 별을 향해 한 걸음씩 올라간다. 〈Cheek to Cheek〉에서는 중간 부분의 끝과 도입부의 시작이 구분되지 않는데, 매카트니는 그 점을 무척 좋아했다. "그 노래는 스스로를 감싸안으며 정말 깔끔하게 이어져요.2 와, 정말 멋진 기법이라고 늘 생각했죠." (십대 시절, 매카트니가 포슬린 로드 20번지에서 텔레비전으로 《톱 햇》을 보며 머릿속으로 그 곡의 화성 구조를 분석하는 모습이 그려진다.) 〈Yesterday〉에서처럼, 폴은 〈Here, There and Everywhere〉에서도 각 절의 첫 단어를 활용해 도입부 사이를 자연스럽게 이었다. 하지만 이번에는 그 기법이 한층 정교해졌다. 노래 제목에서 따온 세 단어가 각 절의 첫머리에 등장하며, 이 문구 전체는 노래 마지막에 가서야 비로소 함께 불린다. 브리지의 마지막 단어가 세 번째 도입부의 첫 단어—everywhere—가 되어, 멜로디와 가사가 자연스럽게 되감기듯 코러스로 이어진다.

이처럼 정교하고 자기 안에서 완결된 구조를 지닌 팝송은, 어떤 면에서는 침범할 수 없는 완전함을 갖는다. 그 완결성이 혼란스럽고 불편한 감정들을 차단해 주는 듯하다. 미들에잇에서 매카트니는 희미하게나마 어두운 기운을 드러낸다. 마이너 코드 위를 반음계로 흐르며 위협적으로 맴도는 기타 라인을 통해서다. (어머니가 어린아이 곁을 지켜주듯) 연인이 늘 함께 있어 주기를 바라는 화자의 간절한 바람은 절박하다. 하지만 폴은 제인과의 관계에서 그런 행복을 누리지 못하고 있었다. 이 곡의 분위기는 스모키 로빈슨 앤 더 미라클스에 가깝다. 폴역시 스모키의 목소리에 담긴 천상의 아름다움을 사랑했다. 〈Here, There and Everywhere〉에서 매카트니의 리드 보컬은 너무나 부드럽고 가벼워 공중에 떠 있는 듯한 느낌을 준다. 그의 목소리는 존, 조지와 함께 만든 풍성한 두왑 하모니에 감싸인 채, 링고의 절제된 드럼 연주 위를 부유하듯 흘러간다. 구조적으로 볼 때 〈Here, There and Everywhere〉는 비틀스 곡 중 〈If I Fell〉과 가장 닮았다. 〈If I Fell〉처럼 이 곡에도 전쟁 이전 시기의 낭만적인 노래들에서 흔히 볼 수 있는 도입부 스타일이 들어 있다. 존은 아마도 〈Here, There and Everywhere〉의 코드 진행이 〈If I Fell〉과 유사하다는 점을 알아차렸을 것이다. 두 곡 모두 별을 향해 한 걸음씩 올라간다.

18

STRAWBERRY FIELDS FOREVER

STRAWBERRY FIELDS FOREVER

1966년 6월 22일, 비틀스는 〈Revolver〉 앨범의 녹음을 마친 다음 날부터 월드 투어를 시작하기 위해 서독으로 날아갔다. 하지만 다시 투어에 나서는 것은 누구에게도 내키지 않는 일이었다. 존은 모린 클리브에게 이렇게 말했다. "우린 비틀스로서 할 수 있는 건 다 했어요.[1] 네 명의 유쾌한 녀석들을 보여 줬죠. 하지만 이제 우린 더 이상 그때의 사람들이 아니에요. 늙었어요." 투어는 비틀스뿐만 아니라, 전 세계 공연기획자와 공연장 소유주, 굿즈 판매업자 들에게도 큰 수익원이었다. 브라이언 엡스타인 역시 그들이 투어를 계속하길 바랐다. 그들이 투어를 멈추면 자신이 설 자리가 사라질까 두려웠기 때문이다. 팬들 역시 마찬가지였다. 소리를 제대로 들을 수 없다는 걸 알면서도, 우상을 실물로 접할 수 있는 기회를 원했다. 하지만 이번 월드 투어는 존, 폴, 조지, 링고에게 끔찍하고 고통스러운 경험이 되었고, 투어 중단은 너무도 자연스러운 결말이었다.

뮌헨, 에센, 함부르크에서 비틀스는 새 앨범 수록곡을 단 한 곡도 부르지 않았다. 공연은 초창기 히트곡들과, 유명세를 얻기 전에 무대에서 자주 연주하던 로큰롤 넘버들로 채웠다. 그들답지 않게 연주는 들쭉날쭉했고, 음 이탈을 보이기도 했고, 가사를 잊어버리거나 틀리는 일도 잦았다. 어차피 관객들의 함성이 모든 소리를 집어삼켰다. 독일 경찰은 군중을 통제하기 위해 가혹한 수단을 동원했고, 비틀스는 팬들이 거칠게 다뤄지고 얻어맞는 모습을 직접 목격해야 했다. 언론의 어이없는 질문에도 가능한 한 정중하게 답하려 애썼지만, 점점 여유를 잃었다.

도쿄에서는 사실상 힐튼 호텔에 감금된 상태로 머물렀다. 호텔 안에는 경찰이 깔렸고, 모든 출입구는 빈틈없는 감시 아래에 놓였다. 공연장으로 향하는 차량을 탈 때만 객실 밖으로 나갈 수 있었다. 일본의 젊은 세대는 비틀스를 현대성의 상징으로 받아들이고 열렬히 환영했지만, 다른 이들에게는 사회의 전통적 가치를 위협하는 존재로 여겨졌다. 시위대는 "비틀스는 돌아가라"라고 적힌 현수막을 내걸고 군가가 흘러나오는 트럭을 타고 거리를 행진했다. 일본 다음으로 향한 필리핀에서는 본의 아니게 외교적 소동을 일으켰다. 마닐라에서 두 차례의 공연이 예정된 날, 페르디난드 마르코스 대통령과 영부인 이멜다는 대통령궁에서 환영 행사를 준비해 두었지만, 비틀스도 엡스타인도 그 사실을 전혀 전달받지 못했다. 군복을 입은 관계자들이 호텔로 찾아와 비틀스에게 대통령궁으로 오라고 통보했다. "이건 요청이 아닙니다. 우리는 명령을 받았습니다." 엡스타인은 이를 정중히 거부했다. 그러자 경찰 고위 간부들이 들이닥쳤다. 주마닐라 영국영사관이 중재를 시도했지만, 비틀스는 끝내 거절했다. 그들은 원래부터 공식적인 환영 행사 자체를 몹시 꺼려했다. 그러자 현지 언론에서 비틀스가 대통령과 영부인을 무시했다는 보도가 나오기 시작했다.

비틀스는 공연장인 축구 경기장에서 8만 명의 관중을 상대로 두 차례의 공연을 펼쳤다. 다음 날에는 델리를 경유해 귀국할 예정이었다. 이동 차량을 기다리며 신문을 펼친 그들은 대통령궁 방문 무산 관련 기사들이 대서특필된 것을 보고 충격을 받았다. 호텔 직원들의 태도는 차갑게 돌변했고, 경호 인력도 철수했다. 공항에 도착했을 때는 짐꾼들이 그들의 수하물 운반을 거부했다. 비틀스 일행은 들끓는 인파 속을 힘겹게 빠져나가야 했고, 그 과정에서 마르코스 지지자들이 그들을 마구 밀치고 때리기 시작했다. 끔찍한 경험이었다. 간신히 비행기에 올라타자, 비틀스는 좌석에 늘어졌다. 특히 엡스타인은 육체적으로도 정신적으로도 완전히 지쳐 버렸다. 그는 일정 관리에 더 신경을 쓰지 못해 비틀스를 곤경에 빠뜨렸다는 자책감에 시달렸고, 선열 초기 증상까지 보였다. 델리에서 영국으로 돌아오는 비행기 안에서 비틀스는 엡스타인에게 이번 미국 투어를 끝으로 투어 활동을 접고 싶다는 뜻을 밝혔다. 엡스타인은 큰 충격을 받았다.

공항에서 진행한 인터뷰에서 조지 해리슨은 이렇게 말했다. "며칠 쉬면서 기운을 좀 차린 다음, 이번엔 미국인들한테 두들겨 맞으러 가겠죠."[2] 이 말은 예언처럼 들어맞는다. 미국 투어를 진행하는 동안 비틀스는 직접적인 폭행을 당하진 않았지만, 언론과 대중으로부터 이제껏 겪어 보지 못한 거센 뭇매를 맞았다.

존 레넌은 모린 클리브와의 인터뷰에서 종교의 쇠퇴에 대해 언급하며, 지금은 비틀스가 예수보다 더 인기가 있을지도 모른다고 말했다. 그 어조는 자만과는 거리가 있었고, 오히려 약간의 안타까움이 배어났다. 레넌은 다소 일관성 없고 즉흥적인 방식이긴 했지만 종교에 관한 책을 많이 읽고 사유했다. 그는 신을 믿는 편이었지만, 제도나 관습에 순응하는 성격은 아니었고, 교회에 대해 어느 정도 애정은 있었지만 이미 지나간 과거의 일부로 여겼다. 레넌은《유월절 음모*The Passover Plot*》라는 베스트셀러를 읽었다. 논픽션 버전의 댄 브라운 소설 같은 이 책은, 예수의 부활이 사실은 제자들이 꾸민 음모였으며, 그로 인해 예수의 본래 메시지가 왜곡되었다는 음모론을 제기했다. "기독교는 사라질 거예요."[3] 레넌은 클리브에게 말했다. "기독교는 사라지고 위축될 겁니다… 지금은 우리 비틀스가 예수보다 더 인기가 많아요. 어느 쪽이 먼저 사라질지는 모르겠네요, 로큰롤일지 기독교일지. 예수는 괜찮았지만, 제자들은 멍청하고 별 볼 일 없었죠."

런던의《이브닝 스탠더드》에 이 인터뷰가 실렸을 때는, 이런 발언들이 거의 주목받지 않았다. 하지만 비틀스의 홍보 담당자 토니 바로의 제안으로, 인터뷰의 일부가 미국의 하이틴 잡지인《데이트북*Datebook*》에도 실렸다.《데이트북》은 정치적 사안에 대해 적극적으로 목소리를 내는 특집호를 준비해, 젊고 진보적인 성향의 독자층을 겨냥했다. 편집장 아트 엉거*Art Unger*는 잡지에 대한 관심을 끌기 위해 논란을 유도하고자 했고,《데이트북》을 미국 남부의 보수 성향 라디오 DJ들에게 우편으로 발송했다. 엉거는 매카트니가 미국의 인종차별을 두고 '엉망인 나라'라고 말한 부분에 DJ들이 반응할 것이라 예상했다. 그래서 그는 매카트니의 얼굴을 표지에 싣고 그 발언을 함께 배치했다. 하지만 앨라배마주의 DJ들이 잡지를 읽고 주목한 부분은 매카트니가 아니라 레넌의 발언이었다. 그들은 비틀스 음반을 불태우는 퍼포먼스를 제안했고, 이 행사는 곧 전국 언론에서 보도되며 일파만파로 번졌다. 지난 투어의 여파에서 간신히 회복 중이던 브라이언 엡스타인은 사태를 수습하기 위해 토니 바로와 함께 서둘러 미국으로 날아갔다. 엿새 뒤, 비틀스가 미국에 도착했을 때도 시위와 음반 판매 금지 조치는 여전히 이어졌다. 전국 곳곳의 비틀스 혐오자들이 마침내 하나로 뭉칠 명분을 얻은 셈이었다. 그들이 문제 삼은 것은 신성모독보다는 오만함과 자만심이었다. 이 시위는 단순히 종교적인 성격을 넘어, 정치적이고 문화적인 저항의 성격까지 띠고 있었다. 비틀스는 흑인과 백인을 분리해 앉히는 공연장에서는 절대 공연하지 않겠다고 일관적으로 거부해 왔기 때문에 백인 우월주의자들 사이에서 특히 강한 반감을 샀다. 살해 협박이 이어졌고, 공연장에 저격수가 숨어들 가능성까지 우려되는 상황이었다.

시카고에서 비틀스의 첫 기자회견을 앞두고, 엡스타인과 토니 바로는 레넌을 따로 불러 그가 무슨 말을 해야 할지를 일러 주었다. 그들은 레넌이 기독교를 공격하려던 의도가 없었고, 비틀스가 신이라는 뜻도 아니었음을 대중에게 분명히 해 주기를 바랐다. 레넌은 엄청난 심리적 압박을 느꼈다. 자신뿐만 아니라 친구들까지 공격에 노출시켰다는 자책감이 그를 짓눌렀다. 신시아 레넌은 2005년에 기자 스티브 터너Steve Turner에게 이렇게 말했다. "그는 몹시 겁에 질려 있었어요.4 그런 말을 입에서 꺼낸 사람이 바로 자기였잖아요… 정말 무서워했어요." 엡스타인과 바로가 말하는 동안, 레넌은 두 손에 얼굴을 묻고 조용히 울기 시작했다. 신체적인 위협도 걱정이었지만, 그는 무엇보다 그룹의 커리어가 위태로워질까 봐 두려웠다. 다른 멤버들, 특히 폴이 자신과 같은 그룹에 있으면서 얻는 이득보다 골칫거리만 더 많다고 생각하게 될까 봐 불안했다. 비틀스의 마지막 싱글 〈Yellow Submarine〉, 〈Eleanor Rigby〉는 미국 차트에서 느리게 순위가 올라갔고 최고 순위는 2위에 그쳤다. 투어 티켓은 아직 전부 팔리지도 않았다. 게다가 비틀스는 비치 보이스, 슈프림스the Supremes, 롤링 스톤스,

밥 딜런 등 그해 여름에 히트곡을 내놓은 쟁쟁한 아티스트들과 치열하게 경쟁하고 있었다. 링고는 그룹이 해체될 가능성에 대해 공개적으로 언급하기도 했다("다시는 친구들을 못 본다고 생각하면 견딜 수 없어요."[5]). 또 한편으로, 레넌은 남에게 인정받기 위해 마음에도 없는 말을 서슴지 않는, 자신이 가장 경멸하는 사람이 될까 봐 두려워했다. 그는 이전 해의 미국 투어 중에 한 기자에게 이렇게 말한 적이 있다. "이제는 솔직하다고 느끼는 말만 할 수 있는 시점에 이르렀어요.[6] 남들이 듣고 싶어 한다는 이유로 마음에도 없는 말을 할 순 없어요. 그런 자신은 제가 용납할 수 없어요."

(홍보 담당자 토니 바로의 호텔 스위트룸에서 열린) 기자회견 영상 속에서, 비틀스는 화려한 무늬의 벽지를 배경으로 소파에 다닥다닥 붙어 앉았다. 네 사람 모두 수수한 검은색 정장을 입었다. 레넌은 껌을 씹으며 말을 빠르게 이어 간다. 불편한 기색이 역력하지만, 어떻게든 회유적인 태도를 보이려 애쓴다. 동시에 반항적인 분위기도 풍긴다.

제 말은 모두가 생각하시는 그런 뜻이 아니었습니다.[7] 저는 반기독교도 아니고, 반종교적인 사람도 아니에요… 우리를 예수와 비교하거나, 우리가 더 낫다거나 위대하다고 말한 게 아닙니다… 그냥 그렇게 말한 게 잘못이었거나, 잘못 받아들여졌고, 그래서 지금 이렇게 된 거죠." (그는 모인 기자들을 고갯짓으로 가리켰다.) 만약 제가 "텔레비전이 예수보다 더 인기 있다."고 말했다면 이런 사태까지 벌어지지 않았을 겁니다.

이 말에 여기저기서 웃음이 터지지만, 정작 존은 웃지 않는다. 조지는 반가운 일이든 아니든 간에 기독교가 영국에서 쇠퇴하고 있다는 점을 조심스럽게 지적한다. 기독교 쇠퇴에 대해 어떻게 생각하느냐는 질문에 존은 "통탄스럽다."라고 답한다. 후회하느냐는 질문에는 이렇게 말한다. "사람들이 제 말을 오해한 것이라고는 해도, 어쨌든 입을 연 것 자체를 후회합니다." 레코드 소각 사태에 대해 질문을 받은 매카트니는 "좀 유치하죠. 그쪽에서 벌이는 일종의 홍보 수작처럼 보여요."라고 답한다. 비틀스 멤버들이 이번 사건에 대해 내놓은 발언 중 가장 무시하는 투였지만, 어쩐지 폴의 '동그란 민스 파이 같은 눈' 덕분에 그 말은 레넌을 달래는 것처럼 들렸고, 심지어 위로처럼 들리기까지 했다.

기자회견이 계속되자 비틀스가 하나의 주제로 모여드는 모습이 보인다. 마치 한 곡의 노래가 점차 형태를 갖춰가는 것처럼. 그 주제는 바로 진실에 대한 탐색이다. 폴은 이렇게 말한다. "우린 연예인답게 질문에 얼버무리거나 아주 모호하게 대답할 수도 있었어요. 솔직하지 못하게 말이죠. 하지만 우린 그냥 솔직하게 대답하려는 거예요." 마침내 기자들이 음악 이야기로 넘어가고, 비틀스가 지금 내놓는 〈Eleanor Rigby〉나 〈Tomorrow Never Knows〉 같은 곡들과 처음으로 그들을 유명하게 만든 초기 히트곡들 사이의 간극에 대해 질문한다. 폴은 음악에 대한 질문을 다시 이번 논란과 연결 지어 답한다.

우리는 그냥 앞으로 나아가려고 하는 거예요. 그래서 무슨 말을 해도 이런 식으로 문제가 되는 거고요. 우리가 항상 앞으로 나아가려고 하니까 사람들은 우리를 어떻게든 제자리에 붙잡아 두려는 것 같고, 조금이라도 자극적으로 들릴 만한 말은 하지 않길 바라는 것 같아요. 사람들이 그걸 원하지 않는다면 안 할게요. 그냥 우리끼리 있을 때만 하겠죠. 하지만 그냥 솔직한 게 모두에게 더 좋다고 생각해요.

존이 영국 성공회를 의문시한 것도, 폴의 말에 따르면 결국 그가 대중음악의 관습을 의문시한 것과 같은 맥락이었다. 그의 음악적 탐색과 영적 탐색은 서로 얽혀 있었다.

첫 번째 논란 이후의 기자회견을 무사히 넘긴 뒤, 비틀스는 이후 언론 앞에서 점점 더 자신감 있는 태도를 보이기 시작했다. 비틀스가 팝 음악에 어떤 영향을 주었느냐는 질문을 받았을 때, 폴은 특유의 무심한 말투로 비틀스는 팝을 더 진실되게 만들었다고 답했다. "예전에는 진정성이 없었던 경우가 많았다고 생각해요.[8] 불과 5년 전만 해도 마흔 살 먹은 남자들이 아무 의미도 없이 그저 히트곡 하나 만들겠다고 노래를 녹음하곤 했으니까요. 지금은 대부분의 아티스트가 자기가 하는 일을 진심으로 좋아하고, 음반에서도 그게 느껴진다고 생각해요." 두 번째 시카고 기자회견에서 존은 종교와 영성에 대한 생각을 보다 솔직하게 털어놓았다.

저는 열아홉 살쯤에 이미 종교에 대해 냉소적이었어요.[9] 기독교에서 벌어지는 일들에 관심조차 없었죠. 제가, 그러니까 비틀스 모두가 뭔가 다른 걸 찾아보기 시작한 건 불과 2년 정도밖에 안 됐어요. 우리는 움직이는 온실 속에서 살고 있어요. 버섯처럼 급속히 자랐달까. 너무 빨리 어른이 되어 버렸어요. 스무 살짜리의 몸에 서른 살이나 마흔 살짜리가 들어간 느낌이에요. 우린 더 많은 면모와 태도를 키워야만 했어요. 버스 기사라면 그냥 버스 기사다운 태도만 가지면 되겠지만, 우리는 무대 위에 선 네 명의 장발 청년으로만 남을 수 없었죠. 성장하지 않으면 집어

삼켜져 버리니까요.

존이 '나'에서 '비틀스 모두'로, 마치 그들이 네 개의 부분으로 이루어진 하나의 두뇌인 양 자연스럽게 말의 초점을 옮긴 것을 보라. 사전 준비 없이 즉석에서 내놓은 그의 문장들은 명석하고 리드미컬하며 놀라울 만큼 많은 통찰이 압축되었다. 복잡한 생각을 생생한 표현으로 포착하는 그의 능력이 잘 드러난다.

이 발언은 비틀스가 대중 앞에서 보여 주던 말투와는 확연히 다른 새로운 어조이기도 했다. 레넌은 자신도 모르게 떠맡은 역할, 즉 공개적인 지식인─적어도 공개적인 자리에서 철학적이거나 정치적 사고를 드러내는 사람의 역할에─점차 익숙해졌다. 그는 〈Tomorrow Never Knows〉 같은 노래에서 이런 면모를 어느 정도 드러낸 바 있지만, 그때는 노래 속 인물들을 통해 말하는 방식이었다. 이제는 직접 사람들 앞에 나서서 더 깊고 폭넓은 생각을 풀어놓았다. 한편 매카트니는 자기계발에 대한 자신의 신념을 좀 더 구체적으로 설명했다. 조지는 인도철학을 옹호했다. 미국에서 벌어진 소동은 사실상 비틀스를 반문화 세대의 정신적 안내자라는 새로운 역할로 떠밀었다.

미국에서의 공연은 큰 사고 없이 진행되긴 했지만, 전반적으로 긴장감이 감돌았고 대부분 매진에 실패했다. 그들이 미국에서 최고의 영광을 누렸던 셰이 스타디움조차 관중석의 5분의 1이 비었다. 특히 논란의 진원지였던 멤피스에서는 경찰과 사설 경호 인력을 100명 넘게 배치했다. 공연장 밖에서는 하얀 사제복을 입은 쿠 클럭스 클랜^{Ku Klux} ^{Klan, KKK} 단원들이 시위를 벌였다. 공연이 시작되고 세 번째 곡쯤 되었을 때, 누군가 무대 쪽으로 던진 폭죽이 링고의 드럼 키트 앞에서 터졌다. 비틀스는 서로를 바라보며 누가 총에 맞은 건 아닌지 확인한 뒤, 다시 연주를 이어 갔다. 훗날 조지 해리슨은 "비틀스는 대중을 위해 신경계를 희생했다."라고 말했는데, 바로 이런 순간을 두고 한 말이었다. 다저 스타디움에서는 공연이 끝난 뒤 7천여 명의 팬이 펜스를 넘어 무대로 몰려들었고, 비틀스는 장갑차를 타고 현장을 빠져나가야 했다. 항상 공포를 느낀 것은 아니었지만, 이런 경험은 그들을 지치게 만들었고 예술적으로는 언제나 공허했다. 폴은 어느 인터뷰에서 초창기 라이브 공연에 대해 회상하며 아련하게 말했다. "우리가 캐번 클럽에서 공연을 시작했을 땐 사람들이 귀 기울여 들어 줬고, 그 덕분에 우리는 발전하고 성장하고 창작할 수 있었다.[10] 그런데 비명과 함성이 터져 나오기 시작하면서 가장 먼저 사라진 건 우리가 무대 위에서 나눴던 유머였다. 그리고 지금 우리는 포로가 되었다."

그동안 투어 중단에 가장 소극적이었던 폴도 이제는 그만두어야 한다는 데 뜻을 모았다. 마지막 공연은 샌프란시스코의 캔들스틱 파크에서 열렸다. 관객석은 4분의 3만 찼다. LA행 비행기 안에서(거기서 런던행 비행기로 갈아탈 예정이었다) 조지 해리슨은 토니 바로에게 말했다. "이제 끝이야. 난 더 이상 비틀스가 아니에요."[11] 그 말은 그룹을 떠나겠다는 뜻이 아니었다. 더 이상 투어 공연을 다니는 비틀스로는 살지 않겠다는 의미였다. 지금까지 '비틀스'란 바로 그런 삶을 뜻했다. 그다음에 어떤 일이 이어질지는 아직 아무도 알 수 없었다. 비틀스는 또다시 아무도 가 보지 않은 길에 발을 내딛었다.

팝 스타란 무대에서 공연도 하고 음반도 내는 사람들이었고, 라이브 공연을 하지 않는 록 밴드는 말도 안 되는 것이었다. 아트 엉거는 비행기에서 레넌 옆자리에 앉아 있었다. 둘은 LSD, 음악, 인류학 등 여러 가지 이야기를 나눴다. 엉거는 존이 어딘가 우울해 보인다는 인상을 받았다. 여러 가지를 시도하고는 싶지만, 왜 시작해야 하는지 그 의미를 찾지 못하는 듯했다. "하고 싶은 게 정말 많은데, 시간이 없어."[12] 존이 그에게 말했다. "10년 안에 내가 파산하든가 미치든가, 아니면 세상이 망할 거야."

1966년 9월, 캔들스틱 파크에서 마지막 공연을 마치고 돌아온 지 얼마 지나지 않아 존 레넌은 머리를 짧게 잘랐다. 이로써 더벅머리 시절은 막을 내렸다. 이 일은 전 세계 언론의 주목을 받았다. 비틀스의 활동 내내 꿈에서나 가능할 법한 믿기 어려운 일들이 현실로 이루어졌듯, 마지막 투어를 마치고 불과 일주일 만에 존 레넌이 헤어스타일을 완전히 새롭게 바꿔야 할 이유가 생긴 것도 어쩐지 비틀스다운 사건이었다. 그는 자신이 로큰롤 말고도 잘할 수 있는 게 있을지 알아보기 위해 새로운 예술 활동을 모색했다. 마침 리처드 레스터 감독이 새 영화 《하우 아이 원 더 워How I Won the War》에 출연해 보지 않겠냐고 제안하자, 그는 이를 받아들였다. 영화는 코미디 장르였다. 레스터는 그에게 소총수 그립위드라는 이름의 제2차 세계대전 병사 역할을 맡겼다. 존은 두 달간의 촬영을 위해 스페인 알메리아로 떠났다.

레넌은 레스터의 촬영장에서 성실한 배우였다. 자신의 촬영이 없는 날에도 매일 현장에 나왔다. 스물여섯 살의 그는 비틀스로서의 삶을 제외하면 성인의 삶을 거의 경험해 보지 못한 상태였다. 그는 나중에 이렇게 회고했다. "너무 긴장해서 말도 제대로 안 나올 정도였다.[13] 카메라에 대고 말하는 건 괜찮은데, 사람들 앞에서는 정신이 없다." 그는 맡은 배역을 위해 둥근 철테 안경을 착용했다. 렌즈는 없었지만, 촬영이 없을 때도 계속 그 안경을 썼다. 그것은 단순한 영화 소품을 넘어, 그가 새롭게 만들어 가던 자아를 위한 소품이 되었다. 닐 아스피날도 알메리아에 와서 합류했고, 이후 신시아도 도착했다(줄리언은 레넌 부부의 집안일을 돕던 가정부의 가족과 함께 영국에 남았다). 레넌이 해야 할 일은 비교적 적었지만, 사색할 시간은 많았다. 그는 나중에 이렇게 말했다. "그때 처음으로 비틀스 없는 삶을 진지하게 생각해 보기 시작했다.[14] 그게 어떤 모습일까? 여섯 주 동안 그 생각을 했다." 그가 사색하는 방식은 곡을 쓰는 것이었다. 그는 어쿠스틱 기타를 들고 새로운 곡 작업에 들어갔다. 나중에 그는 〈Strawberry Fields Forever〉를 '음악으로 하는 정신 분석'[15]이라고 표현했다.

알다시피 레넌은 선구적인 예술가로 알려졌다. 우리는 흔히 선구자들은 아이디어를 이미 완전한 형태로, 마치 하늘에서 내리치는 번개처럼 불쑥 떠올릴 것이라고 생각한다. 하지만 〈Strawberry Fields Forever〉는 레넌이 묵묵히 문질러 반짝임을 만들어 낸, 기묘한 형태의 조약돌 같은 곡이었다. 알메리아에서 그는 휴대용 테이프 리코더로 데모를 여러 차례 녹음하며, 가사와 멜로디를 조금씩 다듬어 갔다. 그는 그렇게 더듬거리며 자신이 진정으로 하고 싶은 말에 다가섰다. 첫 번째 버전에서 그는 자신과 같은 "파장(wavelength)"에 있는 사람이 아무도 없다고 노래하며 시작한다. 그는 언제나 자신이 남들과 다르다고, 어딘가 분리됐다고 느꼈다. 파장이란 개념은 곧 사람들이 그와 "주파수를 맞추기(tune in)" 어려워한다는 가사로 이어졌다. 하지만 그는 그런 표현이 거만하게 들릴까 봐 걱정스러웠다. 그래서 이후 첫 문장을 "in my tree"라고 바꾸었다. 그는 가사에 맞추기 위해 어색하고 머뭇거리는 표현을 택했다. "No one I think is(내 생각엔 아무도)" 이제 '주파수를 맞춘다'라는 부분은 더 이상 말이 되지 않았다. 논리적 일관성을 중시하는 작곡가였다면 이 부분을 수정했을 것이다. 하지만 레넌은 그대로 뒀다. 그는 혼란에 대해 설명하는 노래가 아니라, 혼란 그 자체인 노래를 만들고 싶었다. 그것은 또 하나의 '제4의 벽'을 허무는 일이기도 했다. 어떤 주장을 단호하게 내세우기보다는, 자신이 느끼는 불확실함을 세상에 솔직하게 드러냈다. 자신에 대한 진실을 찾아가는 과정 속에서, 그는 '찾고 있는 감정' 자체를 음악에 담고자 했다. 그것이야말로 진실을 가장 온전히 전하는 방식이라고 느꼈다.

뮤지션 브라이언 이노Brian Eno는 카리스마 있는 사람의 특징을 설명해 달라는 질문에 이렇게 말했다. "카리스마란 그 사람이 남들과 다를 뿐만 아니라, 그 다름에 대해 스스로 확신을 갖고 몰두하며, 심지어 집착하고 있다는 인상을 줄 때 느껴지는 것이다."[16] 이 말은 존 레넌이라는 사람을 설명하는 데 꼭 들어맞는다. 이노는 이어서 이렇게 덧붙였다. "카리스마는 불확실함에서 느껴지지 않는다… 언론도 대체로 그런 사람들을 좋게 보지 않고. 하지만 나는 불확실성의 카리스마, 매 순간을 즉흥적으로 만들어 가고 있음을 인정하는 그런 카리스마를 키우고 싶다." 바로 그것이 레넌이 〈Strawberry Fields Forever〉에서(그 이전에는 〈Help!〉에서) 해낸 일이었다. 자신감 넘치는 모습과 혼란스러운 모습이라는 전혀 다른 두 자아를 결합하거나 동시에 드러낸 팝 스타는 드물다. 레넌이 유명세를 얻었을 당시에 그는 대단히 능수 능란하고, 무적으로 보이며, 온전히 자기 자신일 수 있는 사람처럼 보였다. 하지만 그는 마음속에서 의심이 소용돌이칠 때, 그것을 세상에 드러내기로 했다. 폴과 다른 비틀스 멤버들의 지지를 등에 업고, 그는 '취약함의 카리스마'를 만들어 냈다.

머지않아 레넌은 우리가 아는, 쉼표로 가득한 첫 도입부를 완성한다("That is, you can't, you know, tune in"). 그는 세상과 단절되었다는 느낌이 들더라도, 어쩌면 그래도 괜찮을지도 모른다는 결론에 이른다. 데모 버전에서 그는 마치 스스로를 위로하는 법을 배운 아이처럼 이 구절을 노래한다. 레넌은 자신이 어디에 서 있는지, 어디로 가야 할지 확신할 수 없는 상태에 몇 년째 머물렀다. 사실상 폴과 하루 종일 붙어 지내던 시절이 끝난 이후부터 그랬다. LSD는 그의 시야를 넓혀 주었지만, 동시에 세상 속에 존재하기보다는 그 위를 떠다니거나 통과하는 느낌을 받도록 만들었다. 기타를 들거나 피아노 앞에 앉아 곡을 쓸 때면 그는 어린 시절로 돌아가곤 했다. 행동과 생각이 멀리 떨어져 있지 않던 시절로. 〈In My Life〉, 〈She Said She Said〉, 〈Yellow Submarine〉 같은 곡들은 각자 다른 방식으로 그 시절과 다시 이어지려는 시도였다.

얼마 지나지 않아 그는 후렴구 아이디어를 떠올렸다. 원래 '스트로베리 필드(노래 부를 때 어감이 더 좋도록 's'를 붙였다)'는 미미 이모의 집 근처에 있던 구세군에서 운영하던 고아원으로, 넓은 공원 같은 부지가 딸려 있었다. 어린 시절에 그는 여름마다 미미 이모와 함께 그곳에서 열리는 축제에 가곤 했다. 그는 구세군 악단을 기억했다. 십 대 시절에는 친구들과 함께 담을 넘기도 했다. 그곳은 어른들의 간섭을 피해 놓 수 있는 그의 비밀 놀이터였다.

요즘에는 상상하기 어려운 일이지만, 1950년대의 영국 아이들이 노는 세계는 외부와 단절된, 자기들만의 자율적인 공간이었다. 아이들은 부모의 감독 없이 몇 시간씩 자기들끼리 놀곤 했다. 스트로베리 필드에서 존은 왕이었다. 꾸짖거나 배신할 어른은 한 명도 없었다. 그곳에서는 자신이 누구인지, 무엇을 원하는지 분명히 알았다. 이제 그는 머나먼 타국의 먼지 날리는 사막 도시에서, 가장 가까운 친구들과도 떨어진 채로 내면에 남은 이상향을 향한 갈망에 귀를 기울이고 있었다. 중간에 수정된 버전의 가사에서 그는 우리를 스트로베리 필드로 다시 데려가겠다고 제안하기도 했다(그는 언제나 우리를 데리고 가고 싶어 했다―혼자이고 싶지 않았기 때문이다). 하지만 결국 'down'이라는 표현을 선택함으로써, 이 노래는 단순한 향수를 넘어섰다. 〈Strawberry Fields Forever〉는 하나의 개념이자 감정으로 변한다. 누구나 언제든 접근할 수 있지만, 결코 쉽게 닿을 수 있는 건 아니다. 그곳은 덤불 사이로 어렴풋이 스치듯 보이는 장소이며, 겹겹이 쌓인 기억 아래에서 희미하게 느껴지지만 결코 다시 붙잡을 수는 없는 곳이다. 그것은 행복 그 자체가 아니라, 흐릿하게 번진 행복의 흔적 같은 것이다.

〈Strawberry Fields Forever〉는 절대로 청자가 예상하는 대로 흘러가지 않는다. 레넌은 청자가 본능적으로 방향을 잡는 기준점인 '집 같은 화음(으뜸화음)'과의 연결을 느슨하게 만드는 음들을 찾아낸다. 멜로디는 고정되지 않은 채 떠돌며, 몽환적이고 비현실적인 분위기를 만든다. 가사 "cos I'm going to" 구절의 'to' 부분에서 그는 마치 다른 세계로 통하는 토끼굴 같은 화음을 연주한다. 이어지는 두 구절은 반쯤 운율을 이루고 있는데, 그 사이에는 화성이 아래로 툭 떨어지는 듯한 급격한 전환이 있다. "Strawberry Fields… Nothing is real" 마지막 네 음은 이 비현실적인 평행 세계 안에서만 존재할 수 있을 법하다. 그다음 코드 진행은 다시 아래로 내려가지만, 멜로디는 위로 올라간다. 화자가 "그 무엇도 걱정하지 않아도 된다(nothing to get hung about)"는 사실을 깨닫는 순간이다. 현실 너머의 이곳에서는, 그가 두려워했던 일들이 실제로 일어나지 않는다.

제목과 똑같은 가사와 'real'이라는 단어의 소리 속에는 'feel'이라는 단어가 숨어 있다. 이 노래는 레넌의 머릿속에서 느껴지는 감각에 관한 이야기다. 비틀스 해체 후, 레넌은 이 노래를 자신이 마음속에 그린 그대로 녹음하지 못했고, 매카트니가 너무 많은 영향을 미치도록 뒀던 것을 후회한다고 말했다. 아마도 이 곡이 자신에게 너무나 개인적인 의미를 지닌 곡이었기 때문이라고 말이다. 하지만 만약 그가 스페인에서 연주했던 방식 그대로 녹음했더라면 〈Strawberry Fields Forever〉는 훌륭했을지는 몰라도 비틀스의 대표곡 중 하나로 남지는 못했을 것이다. 이 곡이 위대한 작품으로 거듭날 수 있었던 건, 멤버들과 함께 만들었기 때문이었다.

11월 2일, 존은 영국으로 돌아왔다. 그리고 11월 24일, 비틀스는 여름 투어 이후 처음으로 애비로드 스튜디오에 다시 모여 새 앨범 작업을 시작했다(〈Sgt. Pepper's Lonely Hearts Club Band〉 앨범이다). 〈Strawberry Fields Forever〉는 그들이 녹음한 첫 번째 곡이었고, 비틀스가 만든 어떤 트랙보다도 작업 시간이 길었다. 레넌은 기타 하나로 혼자 작업하던 때처럼, 스튜디오에서도 이 곡을 몇 주씩 붙잡고 끊임없이 다듬었다. 원하는 사운드가 계속 달라졌다. 폴은 멜로트론으로 애잔하고 축 늘어진 멜로디를 연주해 도입부에 더했다. 첫 번째 테이크는 간결하고 맑은 음색이었지만, 다소 불확실한 느낌이 풍겼다. 이후 여러 차례의 세션을 거쳐 비틀스는 편곡을 손보며 곡을 조금씩 다듬었다. 폴은 멜로트론을 다양한 방식으로 실험한 끝에 플루트 사운드를 선택했다. 익숙하면서도 이질적이고 묘한 분위기를 자아내는 소리였다. 그 버전이 완성되었을 때, 모두가 최종 테이크라 여겼다. 하지만 레넌은 곡을 다시 붙잡았다. 그는 더 어둡고 깊은 느낌을 원했고, 조지 마틴에게 오케스트라 반주를 요청했다.

비틀스는 12월 8일에 이 곡을 다시 녹음했다(마틴이 편곡한 오케스트라 파트는 일주일 뒤에 오버더빙했다). 이 세션의 첫 부분은 저녁 시간에 진행했는데, 그때 마틴은 극장에 갔기 때문에 자리에 없었다. 스튜디오 분위기는 마치 아이들이 자기들끼리 모여 제멋대로 노는 듯, 익살스럽고 창의적인 에너지로 가득했다. 폴은 링고와 함께 존이 의도적으로 만든 불규칙한 리듬에 밀도와 복잡성을 더했다. 그렇게 완성한 트랙은 더 빠르고, 더 광적이며, 더 강렬했다. 멜로트론으로 시작하는 인트로는 하나의 완전한 음악적 파노라마를 만들어 낸다. 어지럽고 불편한 목가적 이미지, 유령이 나올 것 같은 으스스한 숲을 떠오르게 한다. 굴러가듯 교차하는 리듬은 강박과 약박의 구분을 무너뜨리고, 화성과 공모해 청자의 방향 감각을 흐트러뜨린다. 링고의 드럼은 비틀거리며 둔탁하게 울리고, 거꾸로 재생된 심벌 소리는 쉬익 하고 살아난다. 날카롭게 찌르는 트럼펫과 음을 하나하나 강조하는 마르카토^Marcato로 연주하는 첼로는 이리저리 떠도는 멜로디에 광기 어린 목적성을 부여한다.

이리하여 〈Strawberry Fields Forever〉는 두 가지 버전으로 녹음했다. 하나는 원래의 밴드 중심적인 가벼운 버전, 다른 하나는 오케스트라가 가미된 어두운 버전이었다. 레넌은 두 버전 모두를 마음에 들어 했다. 그는 끝내 하나를 고르지 못했고, 조지 마틴에게 두 버전을 하나로 이어 달라고 요청했다. 마틴은 난색을 표했다. 두 트랙의 템포와 조성이 서로 달라 잇기 어렵다고 했다. 하지만 레넌과 매카트니는 늘 불가능한 걸 요구했고, 또 그것을 현실로 만들어 내는 사람들이었다. 마틴과 엔지니어 제프 에머릭^{Geoff Emerick}은 놀라운 우연을 발견했다. 두 트랙의 속도 차이가 조성 차이와 정확히 일치했던 것이다(테이프 속도를 조절하면 음정도 함께 변한다). 약간의 창의적인 기법을 더하자, 두 트랙은 마치 하나의 곡처럼 자연스럽게 이어졌다.

레넌의 직감은 옳았다. 처음에 밴드 버전으로 시작해, 그다음 오케스트라 사운드를 더하는 방식이 훨씬 더 효과적이었다. 마치 헨젤과 그레텔처럼 점점 더 숲속 깊은 곳으로 들어가는 듯한 느낌을 주었다. 뜻밖의 행운도 따랐다. 오케스트라 트랙의 속도를 늦춰야 했기 때문에 레넌의 목소리가 약간 몽롱한 느낌을 띠게 되었고, 그 덕분에 낯선 세계로 들어가는 듯한 분위기가 한층 더 짙어졌다. 또한 두 버전의 조성이 여전히 미세하게 다르기 때문에, 이 트랙은 한동안 이언 맥도널^{Ian McDonald}이 '미분음적 경계지대^{Microtonal Borderland}'¹⁷라 부른 영역 속에 머무르며 불확실한 정서를 한층 더 고조시킨다. 전체적으로 이 노래는 꿈과 악몽 사이의 절묘한 균형 위에 놓였다. 흐릿하고 모호한 정서가 전통적인 구성, 즉 도입부와 코러스의 구조 안에 담겼다. 청자는 완전히 길을 잃지는 않았기 때문에, 오히려 그 안에서 방황의 즐거움을 느낄 수 있다.

　지그문트 프로이트는 정신 분석의 목적을 인간의 비참함을 '보통 수준의 불행'으로 바꾸는 일이라고 설명했다. 레넌이 이 노래에 붙인 가제 역시 〈Not Too Bad〉였다. 그는 괴로움의 절규를 담은 노래 대신, 아무리 해롭고 위험한 생각이라도—비록 잠시일지라도—길들일 수 있다는 가능성을 노래했다. 우리가 기억이든, 기억 속의 기억이든, 친구든, 음악이든 어떤 것이든 묶어 둘 수만 있다면 가능하다고 말이다. 〈Strawberry Fields Forever〉에는 라이너 마리아 릴케의 통찰이 담겨 있다. "모든 일이 일어나게 하라.**18** 아름다움도, 공포도. 그냥 계속 나아가라. 어떤 감정도 끝이 아니니." 소리가 잦아들며 노래가 끝나는가 싶더니, 갑작스레 침묵을 뚫고 역재생된 음악이 울려 퍼졌다가 다시 사라진다. 마치 더 이상 우리가 두려워하지 않는 시끄러운 유령들이 잠시 우리 곁을 스쳐지나가는 듯한 느낌이다.

19

PENNY LANE

존이 영화 촬영을 위해 자리를 비운 동안, 폴은 여러 일로 분주히 움직였다. 그중 하나가 조지 마틴과 함께한 영화《패밀리 웨이*The Family Way*》의 사운드트랙 작업이었다. 폴은 이 작품으로 아이버 노벨로 상을 수상했다. 〈Eleanor Rigby〉 때와 마찬가지로, 이 일 역시 존의 불안을 더욱 부추겼다. 폴은 존이 그 일로 상처받았다는 사실을, 훗날 존이 세상을 떠난 뒤에 오노 요코에게서 듣고 나서야 알았다. "존은 영화를 찍었고…[1] 책도 썼다. 내가 마틴과 함께한《패밀리 웨이》사운드트랙 작업도 그런 거였다. 그런데 내가 미처 몰랐던 건, 그게 우리 둘 중 누군가가 작곡과 관련해 처음으로 밴드 밖에서 단독으로 한 작업이었다는 사실이었다." 폴은 이렇게 회상했다.

존이 영화 촬영 중 잠시 휴식을 가졌을 때, 폴은 닐 아스피날과 함께 그를 만나러 파리로 향했다. 폴의 비밀 연인, 더 정확히 말하자면 반쯤 비밀스러운 연인이었던 매기 매기번*Maggie McGivern*도 동행했다. 매기는 메리앤 페이스풀과 존 던바 부부의 보모였다. 1965년에 친구가 된 폴과 매기는 1966년 초부터 연인 관계를 맺었다. 매기는 제인의 자리를 차지할 생각은 없었고, 두 사람은 비교적 단순하고 불규칙적인 관계를 이어 갔다. 그들의 관계는 1968년까지 계속되었다. 훗날 그녀는 폴, 존과 함께 파리를 거닐며 에펠탑 앞 잔디밭에 누워 하늘을 올려다보았다고 말했다.

11월, 존이 스페인에서 돌아온 지 며칠 지나지 않아 폴은 프랑스로 휴가를 떠났다. 잠시 세상에서 사라지고 싶었던 그는 콧수염을 기르고 가짜 안경을 썼으며, 머리에는 바셀린을 발랐다. 폴은 새로 산 애스턴 마틴을 몰고 여유롭게 보르도로 향했다. 그곳에서 리버풀 시절부터 비틀스의 친구이자 든든한 조력자였던 맬 에번스를 만나기로 했다. 폴과 맬은 함께 스페인 마드리드로 이동했고, 그 자리에서 폴은 갑자기 케냐로 사파리 여행을 떠나자고 제안했다. 이유는 단순했다. "안 될 거 없잖아?" 그는 엡스타인의 사무실에 전화를 걸어 여행 준비를 부탁했고, 엡스타인은 사람을 보내 세비야에서 애스턴 마틴을 회수했다. 프랑스와 케냐에 머무는 동안 폴은 '비틀스 멤버 폴 매카트니'가 아닌 시간이 무척 즐겁다는 사실을 깨달았다. 돌아오는 비행기 안에서 그는 맬의 'salt and pepper(소금과 후추)'라는 말을 'Sergeant Pepper(서전트 페퍼)'로 잘못 듣고 어떤 아이디어를 떠올렸다. 만약 비틀스가 '비틀스'라는 이름을 버리고, '페퍼 상사의 론리 하츠 클럽 밴드'라는 전혀 다른 밴드가 된다면 어떨까? 일단은 막연한 생각에 불과했다.

휴가에서 돌아온 지 며칠 뒤, 폴은 존과 함께 다음 앨범 작업에 착수했다. 그때 존은 폴에게 〈Strawberry Fields Forever〉를 들려주었다. 물론 폴도 스트로베리 필드에 대해 알고 있었다. 그들이 〈In My Life〉를 만든 지 얼마 지나지 않은 시점이었기에, 폴은 존의 스트로베리 필드 노래를 듣고 강한 자극을 받았다. 그 역시 어린 시절에 관한,

일종의 응답처럼 느껴지는 노래를 쓰고 싶어졌다. 단지 자신의 유년 시절뿐만 아니라, 존과 함께 보낸 어린 시절을 노래하고 싶었다.

어린 시절에서 영감을 끌어온 것은 레넌과 매카트니만이 아니었다. 막 태동하던 사이키델릭 운동 역시 세상을 바라보는 어린아이의 시선을 루소처럼 이상화하는 경향이 있었다. LSD는 어른의 제약에서 벗어난 유아기의 정신 상태를 되살려 준다고 여겨졌다. (폴도 결국 LSD를 한 번은 해 봤지만, 다른 비틀스 멤버들과 함께한 것은 아니었다. 런던 친구들인 니키, 타라 브라운과 함께였다.) 하지만 사이키델릭 문화가 발전하는 과정에서 유년기의 순수함을 유치하게 불러내는 경향이 짙어지는 것과 다르게, 비틀스가 그것을 다루는 방식에는 좀 더 강하고 거친 면이 있다. 어딘가 음울한 기색마저 감돈다. 마치 아이들이 거실에서 춤추는 동안 창밖으로 괴물들이 다가와 창문에 얼굴을 바짝 들이미는 듯한 느낌이다.

존과 폴은 1958년에 처음으로 함께 곡을 쓰기 시작했을 때부터 리버풀을 배경으로 한 뮤지컬을 만들고 싶어 했다. 아이디어도 이미 있었다. 예수가 리버풀 빈민가에 사는 인물로 지상에 돌아온다는 이야기였다. 그들이 왜 이 아이디어에 끌렸는지는 짐작할 수 있다. 예수가 리버풀 출신이라는 어울리지 않는 설정은, 차세대 엘비스 프레슬리가 그곳에서 나온다는 발상과 크게 다르지 않았다. 그 야망은 계속 이어졌다. 1964년 초, 존은 한 인터뷰에서 "폴과 나는 뮤지컬을 쓰고 싶다.[2] 꼭 해 보고 싶은 일이다. 아마도 리버풀에 관한 내용이 될 것 같다."라고 말했다. 이듬해, 키이스 알섬과의 인터뷰에서 폴은 예수를 소재로 한 뮤지컬 아이디어를 언급하며, "우리는 비틀스 활동이 끝나기 전까지는 본격적인 뮤지컬 작업을 할 시간이 없다는 사실을 받아들였다."**3**라고 말했다.

〈Strawberry Fields Forever〉 작업을 마친 직후, 비틀스는 리버풀 유년 시절을 담은 폴의 노래 〈Penny Lane〉 작업에 들어갔다. 두 곡 모두 새 앨범에 수록할 예정이었지만, 거의 우연에 가까운 이유로(앨범 발매 일정에 공백이 생기는 바람에) 1967년 2월, 싱글의 양면에 실어서 발매했다. 〈Strawberry Fields Forever〉와 〈Penny Lane〉은 모두 변화한 의식의 시선으로 리버풀을 비춘다. 〈Strawberry Fields Forever〉가 무의식의 지하 세계로 우리를 끌어내린다면, 〈Penny Lane〉은 하늘 위로 데려갔다가 활강하듯 아래로 내려오게 만든다.

1966년 봄, 매카트니는 친구이자 미술상인 로버트 프레이저와 함께 파리를 방문했다. 그 여행에서 그는 벨기에의 초현실주의 화가 르네 마그리트의 그림 두 점을 가지고 돌아왔다. 마그리트는 사실주의의 도구를 이용해 현실을 해체하는 화가였다. 살바도르 달리가 환상적인 세계를 그려 냈다면, 마그리트는 일상적인 요소를 낯설게 만들었다. 중절모를 쓴 남자의 얼굴 앞에 떠 있는 사과, 푸른 하늘에서 떨어지는 양복 입은 신사들, 창문이란 무엇인지 되묻게 만드는 창문. 그의 그림은 누구나 흥미를 느낄 만큼 직관적이고 이해하기 쉬워 보이지만, 명확히 설명할 수 없는 수수께끼 같은 면모와 어딘가 모르게 불안을 자아내는 기묘함이 있다. 현실이 비현실로 은근하게 전환되는, 기묘함의 예술이다. 마그리트는 열세 살 때 어머니를 자살로 잃었다. 예술적 감수성 전체를 어린 시절의 경험, 특히 어린 시절의 상실로 환원하는 것은 지나치게 단순한 해석일 수 있다. 그러나 어린 나이에 부모를 잃는 경험은, 다른 사람들이 당연하게 여기는 것들에 의문을 품게 만들고, 일상적 현실이 언제든 사라질 수 있다는 사실을 일찍 깨닫게 만든다. 매카트니는 마그리트에게 일종의 동질감을 느낀 듯하다. 훗날 그는 마그리트의 이젤과 안경, 팔레트를 손에 넣기도 했다.

〈Penny Lane〉은 매카트니식 마그리트 그림이라 할 수 있다. 이 곡은 적어도 음악적으로는 일부분 비치 보이스에게서 영감을 받았다. 〈Pet Sounds〉를 통해 창작의 정점에 도달한 비치 보이스는, 매카트니에게 비틀스가 더 뛰어나다는 것을 입증하고 싶은 강한 자극을 안겼다(킹크스의 레이 데이비스[Ray Davies]는 이렇게 말했다. "폴 매카트니는 내가 만난 사람들 중 가장 경쟁심이 강한 사람이었다.[4] 레넌은 아니었다. 그는 그냥 다른 사람들은 다 별로라고 생각했다."). 1966년 10월에 발표한 비치 보이스의 싱글 〈Good Vibrations〉는 참신한 오케스트라 편곡(교회 오르간, 첼로, 테레민)과 순수한 팝의 즐거움이 결합한 놀라운 곡이었다. 그해 말비틀스가 스튜디오에 들어설 즈음엔 이미 〈Good Vibrations〉의 제작 과정이 팝 음악계에서 전설처럼 회자되고 있었다. 녹음에만 여섯 달이 걸렸고, 스튜디오 녹음 작업에 엄청나게 많은 시간을 투자했고, 막대한 비용이 들었으며, 곡의 각 파트에 어울리는 분위기를 위해 무려 네 군데의 스튜디오를 동원했다. 브라이언 윌슨은 다른 비치 보이스 멤버들이 이제 끝났다고 여겼을 때조차 처음부터 다시 만들어야 한다고 고집했다. 〈Good Vibrations〉의 성공은 레넌과 매카트니에게도 노래 한 곡을 완성하는 데 시간이 얼마나 걸리든 상관없다고 당당하게 밀어붙일 수 있다는 확신을 심어 주었다.

〈Good Vibrations〉처럼 〈Penny Lane〉도 도입부 없이 곧장 시작

한다. 마술사가 손수건을 펼치듯, 폴이 제목이 포함된 세 음절을 부르면서 곡이 바로 열린다. 매카트니는 경쾌하게 흐르는 베이스 라인을 따라 우리를 페니 레인의 이곳저곳으로 안내한다. 페니 레인은 리버풀에 있는 거리이자 작은 지역의 이름이다. 대부분의 리버풀 사람에게는 특별한 것 없는 평범한 동네였지만, 존과 폴에게는 가능성으로 빛나는 장소였다. 쿼리멘 시절에 페니 레인 로터리는 존, 폴, 조지가 시내로 향하는 통학길에서 자주 마주쳤던 곳으로, 자연스럽게 뜻이 모여 함께했던 장소이기도 하다. 이곳에서 그들은 각자의 학교로 향하는 버스를 탔다. 존은 예술학교로, 폴과 조지는 리버풀 인스티튜트로 향했다.

매카트니의 묘사 속에서 페니 레인은 장난감 마을 모형처럼 변모하고, 그 안에는 은행원, 이발사, 소방관 같은 전형적인 인물들이 살아간다. 곡의 기본 조성은 밝은 B장조지만, 도입부에서는 예상치 못한 B단조로 전조가 일어난다(첫 번째 도입부에서는 "Of every head he's had the pleasure to have known"라는 구절의 'known'에서 그 변화가 나타난다). 〈Strawberry Pleasure to Know〉에서 존이 사용한 노골적으로 기이한 코드 전환과 마찬가지로, 이 조성 변화 역시 듣는 이에게 미묘한 불편함을 안긴다. 페니 레인의 유쾌한 미장센 위로 그림자가 불쑥 드리우는 순간이다.★ 매카트니는 베이스가 한 음씩 내려가는 동안, 기묘한 분위기를 이어가다가 "say hello"에서 다시 장조로 돌아온다. 피

★ 비틀스 곡 중에는 겉보기에 유쾌해도 속으로 찬바람이 스치는 노래가 많다. 〈She Loves You〉의 "And you know you should be glad", 〈When I'm Sixty-Four〉의 브리지 "We shall scrimp and save", 〈Fool on the Hill〉의 후렴구 등이 그렇다. 심지어 〈Octopus's Garden〉에도 낙원에 스며든 불안감이 어렴풋이 느껴진다.

콜로가 쩍쩍 울고, 곡의 분위기는 다시 밝아진다. 하지만 남은 두 개의 도입부에서도 해당 부분은 점점 더 불길한 기운을 띠기 시작한다. 각 절의 끝에서 폴은 "very strange"를 반복해서 부르며, 그 의미에 깊이를 부여한다.

후렴에서 멜로디는 위로 도약하고, 화자는 페니 레인이 자신의 귀와 눈 속에 있다고 말한다. 하지만 동시에 자신은 그곳에 없다는 사실도 드러낸다. 그는 지금 페니 레인의 이발소 안에서 창밖을 바라보고 있는 것이 아니다. 햇살 좋은 교외 어딘가에서, 이제는 아득한 기억으로 남은 그곳을 마음속으로 떠올리는 것이다. 매카트니는 다시 조성의 변화를 통해 이야기를 전한다. 후렴에서 멜로디는 위로 상승하지만, 조성은 뜻밖에도 아래로 내려간다(B장조에서 A장조로). 그로 인해 활기찬 분위기 속에 그리움의 저류가 더해진다.

노래하는 화자는 아이의 순수한 열정과 어른의 통찰을 동시에 지녔다. 그는, 그리고 청자인 우리는 마음속으로 알고 있다. 〈Penny Lane〉은 실제로 존재했던 어린 시절이 아니라, 어린 시절에 대한 꿈이라는 것을. 이 점이 이 노래의 기묘함을 설명해 준다. 파란 하늘 아래에서 비가 쏟아지는데도 아랑곳하지 않는 은행원, 그 비를 두려워하는 소방관, 모든 것이 따뜻하고 익숙하면서도 어딘가 비틀린 풍경들. 이 노래의 마지막 반전은 그 모든 장면이 애초에 실제가 아니었을지도 모른다는 암시다.

〈Penny Lane〉은 피아노와 브라스 악기가 주도한다. 술집이나 거실에서 함께 부르는 합창곡들, 북부 지방의 브라스 밴드를 떠올리게 한다. 이 곡은 단지 화자의 과거로 데려가는 데 그치지 않고, 로큰롤이 등장하기 훨씬 이전의 시대까지 거슬러 올라간다. 〈Strawberry

Fields Forever〉에서 첼로가 그러했듯이. 마지막 도입부에서는 폴의 어머니를 연상시키는 예쁜 간호사가 등장한다. 그녀는 쟁반에 담긴 양귀비 꽃을 판다. 전사자를 기리기 위해 만들어진 모형 꽃이다. 이 이미지는 사적인 죽음과 공적인 죽음을 동시에 환기시킨다. 〈Penny Lane〉은 전쟁과 쇠퇴로 파괴되기 전의, 질서 있고 평온했던 에드워드 시대의 영국—그것이 실제로 존재했던 세계든, 상상 속의 풍경이든—의 깊은 문화적 기억을 암시하면서도 교묘하게 깨뜨린다.

〈Strawberry Fields Forever〉처럼 〈Penny Lane〉도 상반된 두 가지 생각을 동시에 들이밀며, 둘 다 진실처럼 보이도록 만든다. 〈Penny Lane〉은 현실이면서도 비현실이고, 허구이면서도 언제든 찾아갈 수 있는 실제 장소다. 매카트니는 셰익스피어의 《템페스트*The Tempest*》에서 프로스페로가 던진 것과 같은 질문을 제기한다.

우리가 견고하다고 믿는 이 세계는 환상, 실체 없는 행렬, 결국은 꿈에 불과한 것은 아닐까? 노래 속 유일한 여성인 간호사는 그 어떤 남성들보다 훨씬 예리하다. 남자들은 자신들이 비현실 속에 살고 있다는 사실조차 모른 채, 그 안에서 행복하게 살아간다. 마법의 원처럼 생긴 로터리 한가운데에 서 있는 그녀는, 겉으로 보이는 것 너머에 무언가 더 있다는 막연한 예감을 느낀다. 그녀가 자신이 연극 속에 있는 것 같다고 느끼는 순간, 바로 그 부분을 매카트니가 노래할 때, 브라스가 〈Strawberry Fields Forever〉를 연상시키는 날카로운 악센트를 넣는다. 이 짧은 뮤지컬 같은 곡 안에서, 브라스의 날카로운 악센트는 곡의 기묘함을 상징하는 모티프로 작용한다. 실제로 그녀는 연극 속에 있는 것이다.

가사와 멜로디가 그러하듯 〈Penny Lane〉의 맑고 투명한 사운드 역시 그 이면에 정교하고 복잡한 구조를 숨겼다. 매카트니는 음색이 서로 다른 피아노 네 대를 겹겹이 쌓아올렸고, 그의 베이스 라인은 멜로디와 분주한 대위법을 이룬다. 그는 어느 날 텔레비전에서 바흐의 브란덴부르크 협주곡 2번 연주 장면을 보고, 일반 트럼펫보다 한 옥타브 높은 음을 내는 피콜로 트럼펫의 음색에 매료되었다. 이후 매카트니는 스튜디오에서 트럼펫 연주자에게 가능한 최고 음역까지, 연주자가 감당할 수 있는 기술적 한계까지 요구하며 밀어붙였다. 그렇게 완성한 트럼펫 솔로는 익숙한 바흐풍의 느낌을 풍기면서도, 어딘가 초현실적인 분위기를 자아낸다.

노래가 끝을 향해 갈 무렵, 천둥이 요란하게 울리고 코러스를 다시 반복한다. 이번에는 조성이 한 단계 위로 전조한다. 마지막 코러스에서 조성을 위로 올리는 이 방식은, 팝 음악에서 곡의 클라이맥스를 더욱 강렬하게 만들기 위해 자주 쓰던 기법이다. 평소라면 비틀스가 진부하다며 기피했을 기법이지만, 〈Penny Lane〉에서는 노래 속 두 시점을 하나로 아우르는 데 사용한다. 도입부에 담긴 어린아이의 시선으로 본 페니 레인과, 코러스에 담긴 어른이 된 뒤의 회상이 겹쳐지는 것이다.

매카트니는 곡의 마지막에서 다시 처음의 조성으로 우리를 이끈다. 코러스와 도입부가 하나로 포개지고, 햇살이 구름을 밀어내듯 밝은 분위기가 퍼진다. 피콜로 트럼펫이 다시 등장해 결혼식 날의 새처럼 가볍게 날아올라 공중을 빙글빙글 돈다. 그리고 매카트니가 힘차게 "Penny Lane!"을 외친 뒤, 노래는 '삐~' 하는 전자음 속으로 조용히 사라진다.

〈Penny Lane〉과 〈Strawberry Fields Forever〉는 한 싱글의 양면에 담긴 곡이지만, 등을 지고 선 것이 아니라 마주 서서 깊은 대화를 나눈다고 상상해야 한다. 서로 근본적으로 다르면서도, 탯줄처럼 단단히 연결되어 하나의 작품을 이룬다(《더 뉴요커*The New Yorker*》의 평론가 애덤 고프닉*Adam Gopnik*은 이 싱글을 20세기 최고의 예술 작품 후보로 꼽은 바 있다).[5] 두 곡 모두 우리가 과거에서 얻는 위안과 그 시절로는 다시 돌아갈 수 없다는 사실을 이야기하지만, 접근 방식은 완전히 다르다. 〈Penny Lane〉만큼 매카트니스러운 곡은 없고, 〈Strawberry Fields Forever〉만큼 레넌스러운 곡도 없다. 폴은 마치 원래부터 존재해 온 것 같은 노래를 만들었고, 존은 마치 다른 행성에서 날아온 신호를 받아 완성한 듯한 노래를 썼다. 폴의 멜로디는 마치 음악이란 본래 그런 것이라고 말하는 것처럼 느껴진다. 반면 존은 화성과 조성의 경계를 끊임없이 밀어붙이며, 음악 너머에 있는 순수한 감정과 경험에 다가가려 한다.

〈Strawberry Fields Forever〉가 트라우마로부터의 일시적인 휴식을 제공한다면, 〈Penny Lane〉은 삶에 대한 사랑으로 눈부시게 빛난다. 페니 레인에 관한 곡을 쓰고 싶다는 레넌의 바람을 매카트니가 이어받았다는 점은 특히 뭉클하다. 페니 레인은 폴보다는 존에게 더 가까운 장소였다(그는 어린 시절, 미미 이모에게 보내지기 전까지 친모 줄리아와 함께 그곳에 살았다). 레넌은 〈Penny Lane〉의 가사 작업에 참여했다. 후렴에 나오는 푸른 하늘에 관한 가사를 "A four of fish and finger pies"로 바꾸자고 제안한 사람이 바로 그였다. 이는 십 대들이 즐겨 쓰는 외설적인 농담으로, 곡이 지닌 순수한 분위기를 살짝 비틀고 깨뜨리는 장치였다. 1966년 말, 존은 그 어느 때보다 방향을 잃은 상태였다. LSD를 좋아하지 않았던 신시아와는 점점 멀어졌고, 아들 줄리언의 양육에도 거의 관여하지 않았다. 그러던 중 11월, 그는 일본인 예술가 오노 요코를 처음 만났고, 그녀에게 강한 흥미를 느꼈다. 직전에는 가깝게 지냈던 여성 친구, 가수 알마 코간의 죽음이 존에게 깊은 상처를 남겼다. 존보다 연상이었던 그녀는 비틀스 멤버들 모두를 자신의 인맥으로 자연스럽게 끌어들일 만큼 매력적이고 사교적인 인물이었다. 존이 세상을 떠난 뒤, 신시아는 코간이 그의 연인 중 한 명이었을 것이리라 늘 의심해 왔다고 말했다. 알마가 단순히 가까운 친구였든, 그 이상의 존재였든, 그녀가 서른네 살에 난소암으로 갑작스럽게 세상을 떠난 일은 존에게 깊은 슬픔을 더했다.

나는 폴이 존을 위해 〈Penny Lane〉을 썼다고 생각한다. 푸른 교외의 하늘은 웨이브릿지를 가리키는 것이었다. 이 노래에서 폴은 존에게 상기시킨다. 지금 아무리 고립되었거나 외롭다 해도, 두 사람은 언제든지 그 로터리 한가운데에서 다시 만날 수 있을 거라고.

20

A DAY IN THE LIFE

A DAY IN THE LIFE

1967년 1월 중순, 비틀스는 〈Penny Lane〉 작업을 마무리했다. 며칠 전, 제인 애셔는 브리스톨 올드빅 극단과 함께 4개월간 북미 투어에 나서기 위해 보스턴으로 떠났다. 제인이 오랫동안 자리를 비우면서, 그해 상반기 동안 존과 폴은 오랜만에 예전보다 더 많은 시간을 함께 보냈다. 두 사람은 캐번디시 애비뉴와 켄우드의 집에서 곡을 쓰고, 마리화나를 피우고, 명상을 했다. 가끔은 링고와 조지도 함께했다. 5월 말, 영국으로 돌아온 제인은 연인에게서 어떤 변화를 느꼈다. "폴은 너무 많이 변해 있었어요…[1] 나는 하지 않는 LSD를 하고 있었죠. 존이 그와 함께한 영적인 체험이 부러웠어요."

제인이 미국으로 떠난 지 엿새 뒤, 비틀스는 애비로드 스튜디오에 모여 조지 마틴에게 폴의 집에서 함께 작업하던 곡을 들려주었다. 존이 〈In the Life of〉라는 제목을 붙인 노래였다. 당시 형태로는 세 개의 도입부와 후렴으로 이루어졌다. 첫 번째 도입부는 차 안에서 머리에 총을 쏴서 자살한 남자에 대한 뉴스를 언급하고, 후렴은 "I'd love to turn you on"이라는 문장 한 줄로 이루어졌다. 전반적인 분위기는 사색적이었다. 노래 중간에는 폴이 부르는 파트가 있었다. 경쾌한 피아노 연주에 맞춰, 한 남자가 아침에 일어나 버스를 타러 가는 이야기를 노래했는데, 앞뒤 내용과는 아무런 관련이 없어 보였다. 존과 폴이 왜 이 단편적인 이야기를 노래에 끼워 넣기로 했는지는 아무도 모른다. 마치 둘이 일부러 무모한 도전을 해 보자고 작정한 듯하다.

그날 그들은 기본 반주 트랙을 녹음했다. 존은 어쿠스틱 기타를, 폴은 피아노를, 링고는 콩가를, 해리슨은 마라카스를 연주했다. 존과 폴은 도입부와 이질적인 중간 파트 사이에 뭔가 흥미로운 요소를 넣고 싶어 했지만, 구체적으로 어떻게 할지는 아직 정하지 못한 상태였다. 그래서 그 구간에 24마디의 공백을 남겨 두고, 반복되는 피아노 코드 위에서 연주를 이어 갔다. 비틀스가 머릿속으로 따로 마디 수를 계산하지 않아도 되도록, 맬 에번스가 피아노 옆에 서서 큰 소리로 마디를 세는 역할을 맡았다. 그의 목소리는 밴드의 마이크에 그대로 녹음되어, 최종 믹스에서도 들을 수 있다. 맬은 24마디를 모두 센 뒤에 피아노 위에 놓인 태엽식 자명종을 치라는 지시를 받았다. 자명종이 울리면 그것이 신호가 되어, "Woke up"이라는 가사로 시작하는 폴의 파트가 이어졌다.

반주 트랙을 먼저 녹음한 뒤, 레넌은 자신의 리드 보컬을 녹음했고, 그의 목소리에는 에코 효과가 더해졌다. 그는 밤늦도록 여러 번 다시 불렀다. 애비로드 스튜디오의 엔지니어 제프 에머릭은 회고록에서, 존과 폴 모두 음정이 뛰어나 거의 모든 보컬 테이크가 사용할 수 있는 수준이었다고 회상했다. 하지만 존은 언제나 자신의 노래에 불안감을 느꼈다. 그는 자신의 보컬 테이크를 듣는 것을 몹시 싫어했고, 자신 목소리가 다른 사람의 것과 섞이는 것을 더 편안하게 여겼다. 폴과의 하모니든, 자신의 목소리를 이중 녹음한 것이든 말이다.

그는 에머릭에게 자주 이렇게 말했다. "내 목소리처럼 들리지 않게 해주세요."[2] 테이프 에코 효과도 자주 요청하곤 했다. 스튜디오에서는 헤드폰을 통해 들려오는 에코를 보컬 파트너로 삼아, 그 소리와 함께 혹은 그 소리에 맞춰 노래를 불렀다. 그날 밤, 그는 현장에 있던 모두를 매료시킬 만큼 인상적인 보컬을 완성했다. 다음 날 밤에는 폴의 보컬과 베이스, 그리고 링고의 드럼 파트를 녹음했다. 폴은 링고에게 이 트랙에서 존재감을 드러내라고 격려했고, 링고는 실제로 그렇게 했다. 그는 전체적으로 부드러운 리듬을 유지하면서도 정교하게 계산된 붓질 같은 드럼 필인을 더했다.

비틀스는 이 곡에서 잠시 손을 떼고 2주간 다른 곡들을 작업하는 데 집중했다. 다시 이 곡으로 돌아왔을 때는 제목을 〈A Day in the Life〉로 확정한 상태였지만, 여전히 폴의 파트로 넘어가는 24마디 전환부를 어떻게 구성할지, 또 그 부분에서 어떻게 본곡으로 되돌아올지 결정하지 못한 상황이었다. 왜 그렇게 긴 공백을 남겼는지도 분명하지 않았다. 다만 존에게는 아주 막연한 아이디어가 하나 있었다. 그는 그 구간이 아주 작게 시작해 점점 커지다가 거대해지는 느낌이었으면 한다고 말했다. 폴은 듣는 이의 머릿속이 산산조각날 만큼 격렬하고 충격적인 효과를 넣자고 주장했다. 비틀스가 한 번도 시도해 본 적 없는 풀 편성 교향악단을 활용하자고 제안한 것이다. 조지 마틴은 비용 문제로 난색을 표했지만, 결국 절반 규모의 오케스트라를 예약하기로 동의했다. 이제 문제는 그 오케스트라가 무엇을 연주하느냐였다. 폴은 실험적인 클래식 작곡가들, 특히 존 케이지와 슈톡하우젠의 아이디어에서 영향을 받아, 오케스트라 단원 각자가 자기 악기의 가장 낮은 음에서 가장 높은 음까지 연주하되, 모두가 똑같은 음을 연주하지 말고 각자 무작위로 도달하게 하자고 제안했다. 존은 그 아이디어를 무척 마음에 들어 했다. 폴은 이 효과를 두 번 사용하자고 제안했는데, 한 번은 자신의 파트로 넘어가는 전환부에서, 또 한 번은 곡의 마지막 파트에서 쓰자는 것이었다.

하지만 마틴은 늘 악보에 따라 연주하는 오케스트라 연주자들이 자율적으로 즉흥 연주를 해 달라는 요청을 기꺼이 받아들일지 의문이었다. 그러자 레넌은 모두가 우스꽝스러운 파티 모자와 고무로 만든 가짜 코를 쓰면 분위기가 누그러질지도 모른다고 제안했다. 그래서 2월 10일 저녁, 비틀스는 애비로드 스튜디오에서 가장 큰 1번 스튜디오에서 가장무도회를 열고, 롤링 스톤스를 비롯한 친구들을 초대했다. 맬은 오케스트라 단원을 포함해 현장에 있던 모두에게 파티 모자, 고무 코, 광대 날개, 고릴라 손, 집게식 가짜 젖꼭지 등을 나눠주었다. 그렇게 모두가 우스꽝스러운 분위기 속에 휩싸이자, 클래식 음악가와 팝 음악가 사이의 경계―계급적 경계이기도 했던―가 허물어졌다. 마틴과 매카트니는 교대로 지휘를 맡았고, 매카트니는 특히 강하게 오케스트라를 밀어붙였다. 그날 저녁, 연주자들은 대마초 연기와 풍선 터지는 소리 속에서 폴이 구상한 구조적인 불협화음을 구현했다.

녹음할 부분이 아직 하나 더 남아 있었다. 존과 폴은 오케스트라가 최고조로 울부짖은 뒤, 노래가 평온하게 끝나기를 원했다. 폴은 오랜 잔향을 남기며 울려 퍼지는 묵직한 피아노 코드를 넣자고 제안했다. 조지 마틴은 이렇게 말했다. "피아노의 배음을 자연스럽게 울리도록 두면 정말 멋진 소리가 난다."[3] 각 음이 다른 모든 음 안에 숨겨진 소리까지 끌어내면서 서로 다른 주파수가 반응하고 울림을 주고받는 가운데 소리는 증폭되고 확장된다. 2월 22일, 애비로드 스튜디오 건물 곳곳에 있던 피아노들이 2번 스튜디오로 옮겨졌다. 각각 다른 역사와 음색, 소리를 지닌 이 건반들은 폴이 〈Penny Lane〉에서 사용했던 조합을 떠올리게 했다. 맬은 링고, 존, 폴, 조지 마틴과 함께 피아노 앞에 섰다. 그들은 최대한 강한 소리를 내기 위해 서서 연주했고, 폴이 매번 시작 신호를 외치며 여러 번 녹음했다. 마침내 모든 연주가 정확히 맞아떨어지고, 불필요한 소음도 없으며, 소리가 천천히 사라지면서 페이드아웃이 깔끔하게 마무리되는 테이크를 얻을 수 있었다. 엔지니어들은 막대한 노력과 독창적인 기술을 동원해 곡의 모든 구성 요소를 하나로 이어 붙여 완성된 믹스를 만들었고, 그렇게 〈A Day in the Life〉가 완성되었다.

〈Revolver〉 앨범 때와 마찬가지로, 〈Sgt. Pepper's Lonely Hearts Club Band〉 앨범에서도 가장 경이로운 곡이 세션 초반에 녹음되었고, 자연스럽게 앨범의 마지막 자리를 차지했다. 〈A Day in the Life〉가 너무도 압도적이어서, 감히 그 뒤로 이어질 수 있는 곡은 없었다.

존과 폴은 말재주는 있었지만, 자기들 노래에 담긴 철학적이거나 미학적인 근거에 대해 서로 혹은 다른 사람과 토론하는 데는 별다른 관심이 없었다. 그들은 그냥 이것저것 시도해 보고, 또다시 시도하면서, 자기들이 뼛속 깊이 느끼는 바와 닮은 무언가가 테이프에 담길 때까지 선택을 거듭했을 뿐이다. 〈A Day in the Life〉가 어떻게 만들어졌는지 알면, 이 곡을 이해하는 데 도움이 된다. 최종 트랙에 이르기

I read
the news
today

I'd
love to
turn you

까지 얼마나 많은 선택과 우연이 쌓였는지 알 수 있으니까. 하지만 그 정보만으로는 이 곡이 어떻게 신비와 의미로 가득 찬 음악이 되었는 지는 설명할 수 없다. 그 부분은 그저 짐작할 수 있을 뿐이다.

〈A Day in the Life〉는 레넌 – 매카트니 자작곡 가운데 하나의 서 브 장르에 속하는 곡이다. 이 부류에는 〈A Hard Day's Night〉, 〈We Can Work It Out〉 같은 노래도 포함되는데, 두 사람이 각기 다른 부 분을 나눠 부름으로써, 노래 전체가 마치 이중 의식에서 흘러나오는 듯한 느낌을 준다. 하지만 〈A Day in the Life〉에서는 두 개의 파트 가 뚜렷하게 다른 느낌을 지녔다. 하나의 매끄러운 전체로 자연스럽 게 섞이기보다는, 일부러 불협화음처럼 서로 충돌하듯이 배치되었다. 존이 부르는 도입부에서는 뉴스에서 접하는 끔찍한 사건들에 무감각 한 듯한 화자의 모습이 드러난다("oh boy"를 부를 때는 약에 취한 버디 홀 리 같다). 이 화자는 사진, 뉴스 기사, 영화 같은 간접적인 경험으로 가 득한 세계에 살고 있으며, 그런 경험들은 그의 공감 능력을 무디게 하 고 신경을 지치게 만든다. 실제로 레넌 역시 매일같이 화면 속에 비춰 진 자신을 보고, 신문에 실린 자신의 사진을 보며 살았다. 그는 자기 인생의 관객이었다. 비틀 존이 비틀 존을 바라보는 삶. 하지만 그렇다 고 해서 감정을 느끼지 않는 것은 아니었다. 아직은 그랬다. 가사만 보면 인간의 비극에 무감각해진 사람처럼 보이지만, 그가 노래하는 목소리에는 깊은 애수가 담겼다. 존의 문장 구성과 억양은 말로는 다 전하지 못하는 감정을 전달한다. 폴의 베이스는 예측할 수 있는 패턴 에 안주하지 않으며 끊임없이 불안하게 흐르고, 링고의 불규칙한 드 럼은 멀리서 들려오는 천둥소리처럼 울려 퍼진다.

처음 두 번의 도입부 끝에서 "I'd love to turn you on"이라는 문장이 등장한다. 마지막 세 단어는 여러 목소리가 반음 간격으로 오르내리는 선율을 하나의 목소리처럼 동시에 부르며, 오케스트라의 현악기들이 메아리치듯 그 선율을 따라간다. 그러다 다른 목소리들이 서서히 사라지고, 존의 목소리만 남는다. 이때 메아리도 점점 줄어들어, 마치 그의 목소리에 아주 가까이 다가가는 듯한 느낌을 준다. 동시에 지금껏 당연하게 여겼던 배경이 무너지기 시작한다. 모든 것이 흐려지고 해체되는 것이다. 폴은 피아노를 마구 두드리며 틀린 음을 치고, 점점 광기에 가까운 소리를 내기 시작한다. 그리고 그 속에서 희미한 외침이 들린다(마디 수를 세는 맬의 목소리다). 링고는 하이햇으로 리듬감을 일정하게 유지한다. 나중에 덧입힌 폴의 베이스 라인은 한 음씩 위로 올라가다가 E에서 멈춰 그 음을 반복한다. 바로 그 지점에서 오케스트라가 들어오고, 불협화음의 글리산도로 위로 치솟기 시작하면서 불안이 점점 고조되는 듯한 긴장감을 만들어 낸다. 오케스트라가 음계를 타고 올라가 각 악기의 한계에 도달하는 순간, 우리는 그 혼란 속에서 갑작스레 밀쳐져 완전히 다른 세계로 떨어진다.

그렇게 폴의 파트를 시작한다. 누군가 잠에서 깨어나는 장면으로 시작해, 다시 꿈속으로 들어가는 장면으로 끝이 난다. 우리는 이 인물이 누구인지, 가사의 처음에 등장했던 사람과 동일한 인물인지조차 알 수 없다. 이 목소리는 더 밝고 또렷하며, 한 단어씩 힘 있게 발음한다. 이 구간은 오크 향이 스며든 듯한 그윽하고 따뜻한 음색을 띠며, 다 함께 따라 부르는 듯한 분위기를 자아낸다. 그런 다음 '아~' 하고 부르는 꿈결 같은 멜로디가 흘러나오고, 지금까지의 일상적인 분위기를 휩쓸며 순식간에 하늘로 날아오르는 듯한 전환이 일어난다. 오케스트라는 불안감을 자아내는 일련의 화음을 일제히 연주하고, 이

어지는 다섯 음짜리 짧은 구절이 곡을 본래의 조성으로 되돌린다.★
존이 다시 등장해, 폴의 파트에서 이어진 더 빠르고 활기찬 템포에 맞
춰 또 하나의 도입부를 이어 부른다. 두 개의 파트, 두 개의 분위기,
두 개의 의식이 하나로 합쳐진다. 이 시점에 이르면, 폴의 파트가 존
의 꿈이었는지, 아니면 존의 파트가 폴의 꿈이었는지조차 알 수 없다.
이어지는 두 번째 오케스트라 폭발은 마치 머리가 부서지는 듯한 소
리를 내고, 그 뒤를 잇는 거대한 피아노 코드는 영원 속으로 날아가는
듯한 감각을 선사한다.

1968년, 레넌은 《롤링스톤》 기자 조너선 코트Jonathan Cott에게 이렇
게 말했다.

〈A Day in the Life〉는 특별했다.⁴ 정말 마음에 들었다. 폴과 내가 함께
만든 멋진 작품이었다. "I read the news today" 부분은 내가 썼고, 그게
폴을 자극했다. 가끔 우리 둘은 노래 한 구절로 서로에게 자극을 주곤
한다. 그때도 폴이 바로 이어받아서 쾅쾅 터뜨렸다. 모든 게 자연스럽게
흘러갔다.

★ 　　조지 마틴은 〈Sgt Pepper's Lonely Hearts Club Band〉에 관한 책에서 어느 날 폴이 자
　　　신에게 베토벤을 듣고 있었다고 말한 일을 떠올렸다. "방금 깨달았어요. 5번 교향곡 시작
　　　부분 말이에요. 전부 같은 음이더라고요. 코드가 하나도 없고, 모든 악기가 똑같은 음을
　　　연주해요." 마틴이 그렇다고 고개를 끄덕이자, 폴은 말했다. "근데 정말 환상적이지 않아
　　　요? 진짜 멋진 소리예요!" (조지 마틴, 《사랑의 여름》, p.135)

'쾅쾅 터트렸다'는 레넌의 말에서는 매카트니가 그의 아이디어를 얼마나 빠르게 발전시켰는지가 잘 드러난다. 12년 뒤, 그는 이 부분을 좀 더 자세히 설명했다. "'I'd love to turn you on' 부분은 폴이 만든 건데, 머릿속에 오랫동안 담아만 두고 쓰지 못했던 멜로디였다.[5] 난 그게 정말 멋진 멜로디라고 생각했다." 존의 기억이 맞다고 가정하면, 그 가사와 마지막 세 단어에 실린 기묘하고 팽팽하게 물결치는 멜로디는 폴이 제안한 것이다. 그리고 존이 그 부분을 애틋하게 기억했을 만한 이유는 충분하다. 무엇보다도 폴은 그 가사에서 환각적인 언어를 구사하는데('turn on'이라는 표현은 이미 당시에 LSD와 마약 문화를 상징하는 말이었다), 폴은 실제로 약물에 대해서는 여전히 조심스러운 태도를 보였지만, 정신적인 차원에서는 존의 여정에 함께했다는 뜻이었다. 이것은 단지 LSD에 관한 이야기만은 아니었다. 폴은 마치 이상한 세계로 빨려 들어가는 토끼굴을 발견한 것처럼, 자신이 만든 짧고 아름다운 리프로 존의 도입부를 원래보다 훨씬 더 기묘하고 낯선 세계로 이끌었다. 이 시점에서 그 노래의 우주가 두 사람 앞에 활짝 열리고, 그 뒤의 모든 것이 저절로 따라왔을 것이다. 한가운데 전혀 다른 노래를 삽입하기로 한 결정부터 정신을 뒤흔드는 듯한 초현실적인 전환, 죽음의 그림자가 어른거리는 꿈속 같은 체험, 그리고 오직 사람들 사이의 창조적 연결만으로 구원할 수 있는 조각나고 분리된 듯한 상태까지 말이다.

존은 〈We Can Work It Out〉의 중간 파트에서 처음 보여 준 냉소적이고 지친 인물상을 다시 끌어왔다. 이번에는 그 안에 슬픔과 초현실적인 유머가 더해졌다. 한편 폴의 파트에는 그 자신의 에너지와 추진력이 그대로 담겼다. 하지만 이 구간들에서 그들이 단순히 '자기 자신'을 보여 준다고 결론짓는 것은 지나치게 단순한 해석이다. 〈A Day in the Life〉는 존과 폴이 서로의 성격 차이를 바탕으로, 우리 모두가 내면에 존재하는 다양한 본능과 삶의 태도를 대변하는 분신들을 창조해 내던 시기의 절정에 해당하는 곡이다. 프로이트는 인간이라면 누구나 지니고 있는 두 가지 근본적이고 상반된 충동, 에로스와 타나토스를 제시했다. 에로스는 세상 속에서, 그리고 세상을 향해 행동하려는 의지다. 무언가를 하고, 창조하고, 만들어 내고, 성취하려는 본능이다. 반면 타나토스는 세상에 몸을 맡기고, 그저 누운 채로 공허 속으로 사라지고자 하는 욕망이다. 인간은 삶에 대한 사랑을 품는 동시에, 편안한 죽음을 바라기도 한다. 〈A Day in the Life〉는 이 두 가지를 극적으로 표현한 곡이다. 폴이 늦어서 간신히 버스를 탔다고 노래할 때, 존은 그 노력을 비웃기라도 하듯 숨을 헐떡이는 소리를 낸다. 마치 폴이, 혹은 '폴'이라는 인물이 시간에 쫓겨 바쁘게 살아가는 모습에 몰두한 걸 조롱하는 것처럼 들린다. 그렇게 쉼 없이 달리는 모습은 고통을 피하려는 몸부림처럼 느껴진다.

　존의 마지막 도입부는 폴의 파트에 담긴 에너지를 이어받는다. 그 사이를 잇는 '아' 소리는 음이 내려갔다 올라가는 흐름을 가지고 있는데, 들을 때마다 느낌이 달라진다. 황홀함에 빠진 것처럼 들리기도 하고, 고통처럼 느껴지기도 하며, 혹은 그 둘이 뒤섞인 감정처럼 느껴지기도 한다. 비틀스 팬들 사이에서는 그 부분을 존과 폴 중 누가 불렀는지를 두고 오랜 논쟁이 이어져 왔다. 온라인에 검색해 보면 이 질문 하나에 집중된 수많은 토론 글, 투표, 댓글이 쏟아져 나온다. 유튜브에는 해당 구간에서 악기 소리를 모두 지우고 보컬만 분리한 버전도 올라왔다. '아' 소리만 고스란히 남고, 배경에서는 다른 비틀스 멤버

중 한 명이 슬프게 '우우' 소리를 내서 불안하고 으스스한 분위기를 자아낸다. 많은 이가 처음 들었을 때는 그 '아' 하는 보컬이 존의 목소리라고 생각한다. 존 특유의 비음이 약간 섞인, 비꼬는 듯한 어조처럼 들리기 때문이다. 녹음 세션에 참여했던 한 엔지니어도 그게 존이었다고 회상한 바 있다. 하지만 이 보컬은 마지막 반복 구간에서 인도음악풍의, 음을 꺾는 복잡한 멜리스마를 구사하는데, 그건 오히려 폴의 스타일에 가깝다. 어쩌면 그 '아' 하는 부분은 폴이 존을 흉내 내 부른 것일지도 모른다. 혹은 존과 폴이 같은 음을 동시에 불렀을 수도 있다. 확실히 알 수 없다. 두 사람의 목소리는 어떤 순간에는 서로에게 완전히 스며들어 하나가 되었다가, 또 어떤 순간에는 다시 각자의 색으로 분명하게 갈라지곤 했기 때문이다.

〈Strawberry Fields Forever〉와 〈Penny Lane〉을 새 앨범에 넣지 않고 싱글로 발표하기로 한 결정은 당시 존과 폴에게 어느 정도 불만의 원인이었고, 조지 마틴에게는 두고두고 아쉬움으로 남았다. 오늘날 팬들은 〈Sgt. Pepper's Lonely Hearts Club Band〉 앨범에 이 두 곡을 넣어 새롭게 구성하기도 한다. 하지만 이렇게 생각해 볼 수도 있다. 이 두 곡과 〈A Day in the Life〉가 하나의 미니 앨범을 이룬다고 보는 것이다. 1966년 11월부터 1967년 2월 사이에 녹음한 세 곡은 하나의 삼부작을 이루며, 각각 환각 체험, 유년 시절, 죽음을 주제로 삼는다. 이 세 가지 주제는 두 사람의 독특한 감수성을 통해 각기 다른 방식으로 표현된다. 〈Strawberry Fields Forever〉는 레넌이 레넌다움을 밀어붙인 곡이고, 〈Penny Lane〉은 매카트니가 매카트니다움을 밀어붙인 곡이다. 그리고 〈A Day in the Life〉는 이 둘을 나란히 배치함으로써, 지각을 흔드는 강렬한 효과를 일으킨다.

21

GETTING BETTER

GETTING BETTER

1967년 3월 21일 저녁, 비틀스 멤버 셋이 애비로드 스튜디오에서 〈Getting Better〉의 백업 보컬 녹음을 진행했다. 존, 폴, 조지는 하나의 마이크를 중심으로 둘러섰다. 몇 차례의 리허설을 반복한 끝에, 존이 늘 챙겨 다니는 알약을 보관하는 은제 코담배 상자를 꺼내서 안을 뒤적였다. 계속 버틸 수 있도록 도와줄 각성제를 찾으려는 것이었다. 곧 존의 목소리가 흔들리기 시작하더니, 한 소절을 채 부르기도 전에 멈춰 섰다. 그는 컨트롤 룸 쪽을 올려다보며 말했다. "조지, 나 몸이 좀 안 좋아요.[1] 집중이 안 돼요."

마틴은 녹음을 잠시 멈추고 존을 데리고 옥상으로 올라가 바깥 공기를 쐬게 했다. 나머지 비틀스 멤버들은 스튜디오에 남았다. 폴 매카트니와 조지 해리슨은 존이 왜 그런지 이야기를 나누다가, 그가 실수로 LSD를 한 알 삼킨 것 같다는 결론에 이르렀다. 그리고 그런 상태에서 건물 옥상에 있으면 위험할 수 있다는 생각이 들었다. 두 사람은 급히 계단을 올라갔다. 존이 하늘을 날 수 있는지 시험해 보기로 마음먹기 전에 도착하길 바라면서 말이다. 다행히 존에게는 별일 없었다. 그래도 그날 밤의 녹음은 중단했고, 멤버들은 각자 흩어졌다.

폴과 존은 함께 남았다. 약물이 뇌에 작용하기 시작하자, 존은 서리주에 있는 자기 집으로 돌아가고 싶어 하지 않았다. 그래서 두 사람은 스튜디오에서 가까운 캐번디시 애비뉴에 있는 폴의 집으로 향했다. 그곳에 도착한 뒤, 폴은 자신도 LSD를 복용해 보기로 결심했다. 폴은 1965년 말에 처음 LSD를 경험했지만, 그때는 다른 친구들과 함께였다. 나중에 조지 마틴에게 털어놓은 대로 이번에는 존과 함께하고 싶다는 마음이 들었다.[2]

마틴은 그것을 '존이 겪고 있는 고통과 두려움 속에 함께 있으려는 것'이라고 해석했다. 폴은 배리 마일스에게 이렇게 말했다. "이런 생각이 들었어… 결국 이 순간이 올 줄 알고 있었잖아? 지금이 바로 그 순간일지도 몰라."[3]

그날 밤, 존과 폴은 그 시기에 두 사람이 여러 차례 반복했던 어떤 행동을 했다. 서로의 눈을 깊이 들여다본 것이다. 둘은 얼굴을 바짝 맞댄 채 눈도 깜빡이지 않고 서로를 응시하길 좋아했다. 그러다 보면 서로가 내면에 스며드는 듯한 감각을 느꼈고, 마치 각각의 존재로서의 자아가 지워지는 듯했다. "약간 섬뜩한 일이기도 했다."[4] 훗날 매카트니는 특유의 절제된 말투로 이렇게 회상했다. "그런 경험을 하고 나면 스스로에게 묻는다. '어떻게 그 상태에서 돌아올 수 있지? 그 상태를 겪고 나서 어떻게 다시 평범한 삶을 살아갈 수 있지?' 그 답은 이거다. '그건 불가능해.'" 비틀스의 홍보 담당이자 친구였던 데렉 테일러Derek Taylor는 폴이 흥분해서 LSD에 대해 이렇게 말했다고 회고했다. "우리가 엄청난 걸 했어…[5] 믿기지 않을 정도였지. 그냥 서로의 눈을 들여다봤거든… 그냥 서로 응시하다가 '나도 알아, 인마.' 이러고는 막 웃었어."

존과 폴은 〈Sgt. Pepper's Lonely Hearts Club Band〉가 될 앨범의 막바지 작업에 접어들었다. 그 시점에 남은 곡들은 이른바 '쥐어 짜낸 노래들'이었다. "앨범의 마지막 네 곡쯤은 쥐어 짜낸 노래 그 자체야."[6] 당시 폴은 헌터 데이비스Hunter Davies에게 이렇게 말했다. "네 곡이 더 필요하면 어쩔 수 없이 만들어야 해. 상상력에서 나온 곡들보다 못한 것도 아니야. 오히려 더 나은 경우도 많아. 그쯤 되면 앨범에 어떤 노래들이 어울릴지 감이 잡히거든."

폴이 말한 상상력에서 나온 곡들이란, 앨범 녹음에 들어가기 전에 자신이나 존 중에 누군가가 이미 구상해 둔 노래를 뜻했다. 예를 들어 〈Eleanor Rigby〉, 〈Tomorrow Never Knows〉, 〈A Day in the Life〉 같은 곡들이 그랬다. 그런 노래들은 예고 없이 불쑥 떠오르기도 했고, 단편적이거나 미완성 상태일 때도 많았다. 스튜디오에서 그 노래들을 다듬고 완성하고 나면, 보통 몇 곡이 더 필요했고 마감일도 빠듯한 경우가 많았다. 그래서 존과 폴은 보통 오후 두 시쯤 만나, 모자란 곡들을 뚝딱 쥐어 짜냈다.

상상력에서 나온 곡과 쥐어 짜낸 곡의 차이는, 영감이 자연스럽게 떠오를 때와 새로운 아이디어를 억지로 짜내려 할 때의 차이에 비유할 수 있다. 그렇게 보면 '쥐어 짜낸 노래들'은 더 틀에 박히고 덜 흥미로울 것처럼 느껴질지도 모른다. 하지만 존과 폴은 함께 있을 때 무척 편안했고, 그 덕분에 서로의 무의식에까지 접근해 그 안에서 뜻밖의 것을 발견하곤 했다. 1967년, 기자인 헌터 데이비스는 외부인으로서는 드물게 그들의 작업 과정을 가까이에서 지켜볼 수 있었다. 그는 폴 매카트니의 집에 있었고, 그곳에서 존과 폴은 링고를 위한 노래를 작업 중이었다. 멜로디는 전날 만들어 두었고, 제목도 이미 정했다. 〈With a Little Help from My Friends〉였다. 데이비스는 당시 두 사람의 모습을 거의 무아지경 상태에 가까웠다고 묘사했다. 겉보기에는 아무런 목적도 없어 보였다. 둘은 아무렇게나 기타를 퉁기거나, 폴은 피아노 앞에 앉아 건반을 만지작거렸다. 그들은 멜로디나 가사를 던지듯 툭툭 내뱉다가, 그중 하나가 어느 한쪽의 귀에 걸리면 다른 쪽이 그것을 소음 더미 속에서 골라내 직접 시도해 보곤 했다. 짧은 멜로디나 가사를 이것저것 주고받다가, 둘 모두에게 탁 꽂히는 것이 생기면 그걸 기반으로 발전시켜 나갔다.[7]

데이비스가 지켜보는 가운데, 두 사람은 각 도입부의 시작 부분에 질문을 넣자는 아이디어에 도달한다. 바로 그때 신시아 레넌이 옛 리버풀 친구 중 한 명인 테리 도란Terry Doran과 함께 도착한다. 신시아와 테리는 자리에 앉아 조용히 잡담을 나누고, 요청이 들어오면 가사를 제안하기도 하고, 별자리 운세를 읽어 주기도 한다. 그 사이 폴과 존은 계속해서 멜로디를 만지작거린다. 갑자기 폴이 〈Can't Buy Me Love〉를 연주하기 시작한다. 그러자 존도 함께 따라 부르며 크게 웃고 노래하고 소리친다.[8] 이어서 폴이 피아노로 〈Tequila〉를 연주하자, 두 사람은 다시 신나게 웃고 떠들며 노래를 부른다. "기억나? 독일에서 말이야." 존이 말한다. "그땐 떠오르는 대로 소리를 질러댔잖아." 두 사람이 자신들의 노래를 연주할 때도 존은 중간중간 엉뚱한 단어들을 소리쳐 넣는다. '팬티', '히틀러', '젖', '에든버러 공작' 같은 단어다. 이는 《비틀스: 겟 백》을 본 사람이라면 익숙하게 느낄 만한 장면이다. 이렇게 시끌벅적한 장난은 시작만큼이나 갑작스럽게 끝난다.

곧바로 두 사람은 다시 작업으로 돌아가, 이제는 집중한 채 나직이 이야기를 주고받는다. 존이 운율을 맞추려 애쓰던 한 줄에 딱 맞는 단어를 찾아내자, 폴이 고개를 끄덕이며 말한다. "그래, 그거면 되겠어." 그리고 완성한 구절을 메모지에 적는다.

데이비스는 〈Getting Better〉가 탄생하는 순간도 곁에서 지켜봤다.[9] 그날 매카트니는 집에 있었고, 잠깐 시간이 비었다. 신곡 작업을 하러 오기로 한 존이 늦었고, 날씨도 좋아서 폴은 전해 여름에 입양한 목양견 마사와 함께 잠시 밖에 나가기로 했다. 폴은 마사를 미니 쿠퍼에 태우고 프림로즈힐로 향했다. 마사가 공원에서 뛰어놀고, 오랜만에 햇살이 따스하게 비치자, 폴은 문득 '나아지고 있어.'라고 생각하며 미소를 지었다. 그 말은 예전에 지미 니콜Jimmie Nicol이 자주 하던 말을 떠올리게 했다. 니콜은 1964년에 링고가 아파서 자리를 비웠을 때 몇 주 동안 비틀스와 함께한 드러머였다. 멤버 중 누군가 그에게 요즘 좀 어떠냐고 물으면, 그는 늘 "나아지고 있어."라고 대답하곤 했다. 비틀스는 그 말을 들을 때마다 무척 재미있어했다.

그날 오후 늦게 존이 도착하자, 폴이 말했다. "〈Getting Better〉라는 노래를 만들어 보자." 둘이 기타를 퉁기며 즉흥적으로 멜로디를 만들고 장난을 치는 과정에서 노래가 서서히 형태를 갖추기 시작했다. 잠시 후, 폴이 "인정해야지, 나아지고 있잖아."라고 말하자, 존은 그 말을 곧장 멜로디에 실어 노래하기 시작했다. 두 사람은 새벽 두 시까지 이런 식으로 작업을 이어 갔다. 중간에 잠깐 기름진 식사를 한 것 말고는 거의 쉬지 않았다. 폴과 약속이 있었던 손님들은 줄줄이 기다리거나, 아예 그냥 돌려보내졌다. 폴이 먼저 시작한 이 노래에, 존은 자신의 삶에 대한 많은 회상을 쏟아부었다. 십 대 시절과 그보다 더 어렸을 때 품었던 분노, 여성들에게 가했던 정서적·신체적 폭력에 대한 반성이었다. 노래의 분위기가 워낙 경쾌하다 보니, 마지막 도입부에 담긴 이 무거운 내용은 자주 간과된다.

이날 작업을 마친 뒤, 저녁에 존과 폴은 스튜디오로 향했다. 폴은 조지와 링고에게 피아노로 〈Getting Better〉를 들려주었다. 멤버들은 함께 둘러앉아 이 곡의 사운드를 어떻게 만들지 이야기를 나눈 뒤, 각자 악기를 만지작거리며 즉흥적으로 연주하고 떠오른 아이디어를 시도해 보기 시작했다. 폴은 링고 옆에 가서 드럼 파트를 도와주기도 했다. 두세 시간이 지나자, 반주 트랙을 녹음할 준비가 되었다. 조지 마틴은 컨트롤 룸에 자리를 잡았고, 비틀스는 총 일곱 번의 테이크를 녹음했다. 폴이 그 과정을 지휘했다("한 번 더", "드럼 더 세게", "베이스 좀 줄이고").**10** 자정 무렵, 마침내 만족할 만한 버전이 나왔다. 12일 뒤에는 메인 보컬과 코러스를 녹음했다(존이 LSD의 영향으로 정신적으로 불안정해져서 녹음을 중단했던 날이다). 이틀 뒤, 스튜디오로 돌아와 보컬을 다시 녹음했고, '적어도 불만스럽지 않을 정도'의 수준에 이르렀을 때 작업을 끝마쳤다.**11**

존을 잘 알던 사람들은 1966년과 1967년 사이, 그의 성격이 변했다고 입을 모았다. 이는 그가 마리화나와 LSD를 사용하기 시작한 시기와 대략적으로 겹친다. 1968년 초, 신시아는 헌터 데이비스에게 존이 예전보다 조용하고 너그러워졌다고 말했다. 피트 쇼튼 역시 존의 성격이 눈에 띄게 부드러워졌다는 점을 알아차렸다. '장애인' 흉내를 내던 버릇은 사라졌고, 냉소적인 태도도 줄어들었다. 술에 취해 자제력을 잃거나 분노를 터뜨리는 일도 더이상 없었다. 그가 만드는 노래도 달라졌다. 배신당하거나 상처받은 사랑에 대한 격정에서 벗어나기 시작한 것이다. 존은 한층 차분하고, 다정하고, 아이 같아졌다. 심지어 사람들을 안아 주기도 했다. 그는 오랜만에 만난 친구를 껴안으며 이렇게 말했다. "새로운 방식이야.[12] 친구를 만나면 안아 주고 반가운 마음을 보여 줘야지." 존은 폴이 그룹의 주도권을 쥐는 것에 대해서도 더이상 걱정하지 않았다. 그가 느긋해지자, 폴은 오히려 더 의욕적으로 변했다. 폴 역시 이제 존과 함께 LSD를 해 본 상태였지만, 〈Sgt. Pepper's Lonely Hearts Club Band〉 녹음 세션 동안 그가 주로 찾은 약물은 코카인이었다. 다른 멤버들이 퇴근한 뒤에도 스튜디오에 홀로 남아 밤새 작업하며 베이스 라인을 다듬고, 모든 곡 하나하나의 세부적인 부분까지 심혈을 기울였다.

한편, 약물 덕에 얻은 존의 평온함에는 대가가 있었다. 그는 이제 LSD를 자주 복용했고, 때로는 클럽에서 시간을 보낸 뒤에 유명인인 자신 주위에 몰려든 낯선 사람들을 켄우드의 집으로 데려와 함께 약을 하기도 했다. 신시아와 줄리언은 집 안에 낯선 사람들이 있는 상황에 점점 익숙해져 갔다. "그들은 초점 없는 눈으로 집안을 이리저리 돌아다니다가 소파나 침대, 바닥에 쓰러져 잠들었고, 일어나서는 부엌에서 눈에 보이는 건 뭐든 먹어 치웠다."[13] 신시아는 회고록에 이렇게 썼다. "존은 본래 사생활을 중요시하는 사람이었지만, 약에 취하면 자신을 이용하려는 이들에게 쉽게 휘둘렸다." 존의 약물 사용은 그와 신시아 사이를 점점 더 멀어지게 만들었다. 1967년 봄, 존은 피트 쇼튼에게 켄우드의 집으로 들어와 함께 살자고 제안했다. 가장 큰 이유는 함께 LSD를 할 상대가 필요했기 때문이었다. 그들이 처음 함께 약을 한 날은 줄리언의 네 번째 생일 파티 날이었다. 그날 이후, 존은 매일 아침에 찻잔과 LSD 한 알을 들고 쇼튼의 방으로 갔다.

당연히 그는 예전만큼 곡을 써내지 못했다. 새 곡을 만드는 일이 이렇게 힘들게 느껴진 적은 한 번도 없었다. 〈A Day in the Life〉를 제외하면, 〈Sgt. Pepper's Lonely Hearts Club Band〉 앨범 수록곡 중 존이 처음부터 구상한 곡은 〈Lucy in the Sky with Diamonds〉, 〈Being for the Benefit of Mr Kite!〉, 〈Good Morning Good Morning〉 단 세 곡뿐이었다. 그러나 이 곡들조차도 매카트니의 손을 거친 덕분에 세상에 나올 수 있었다. 존은 〈Being for the Benefit of Mr Kite!〉가 온전히 자신의 곡이라고 주장했지만, 매카트니는 당시 존의 집에 함께 있었다는 사실을 기억했다.[14] 그날 그는 존에게 영감을 준 서커스 포스터를 가리켰고, 그 문구들을 가사로 바꾸는 작업을 도왔다고 했다. 〈Lucy in the Sky with Diamonds〉 역시 폴이 공동으로 작곡했다. 〈Sgt. Pepper's Lonely Hearts Club Band〉 앨범에는 두 사람이 공동으로 작업한 곡이 최소 여섯 곡이나 된다. 이는 당시 두 사람의 친밀한 관계를 드러내는 증거이기도 하지만, 동시에 이제 폴이 존에게서 곡을 끌어내기 위해 애써야만 하는 상황이었다는 점도 시사한다.

폴만큼 존의 재능을 믿은 사람은 없었다. 어쩌면 존 자신보다도 더. 그 재능이 온전히 펼쳐지기를 그 누구보다 진심으로 바란 것도 폴이었다. 그리고 그는 친구가 행복하길 바랐다. 존이 전보다 한결 차분해졌고, 성격도 부드러워졌다는 걸 폴은 느낄 수 있었다. 그러나 동시에, 존이 방향을 잃고 흔들리고 있다는 사실도 분명하게 인지했다. 작업하지 않을 때면 존은 늘 환각 상태에 빠졌고, 그대로 내버려 두면 자신을 완전히 잃어버릴지도 몰랐다. 폴이 존과 함께 LSD를 하기로 한 건, 그들의 관계에서 적어도 한 가지 역할만큼은 존이 다시 주도권을 쥘 수 있게 해 주기 위한 선택이었다. 환각 여행의 안내자라는 역할을 존에게 맡김으로써 그 약의 인식 확장 효과가 창작으로 이어지길 바란 것이었다.

〈Getting Better〉에서 폴은 존이 자신의 삶을 되돌아보며 성찰적인 이야기를 담은 가사를 쓰도록 유도했다. 아이러니하게도 그 성장담을 노래하는 이는 폴이고, 존은 마치 고대 그리스 희곡의 합창대처럼 등장해 날카로운 코멘트를 한마디 던진다("Fool, you fool"). 노래 속 화자는 누군가의 도움 덕분에 젊은 시절의 자기혐오와 분노를 내려놓을 수 있었음을 고백한다. 다만 그 깨달음은 어쩔 수 없이 받아들이는 듯한 뉘앙스를 띤다. 자꾸 성가시게 굴지만 결국은 자신을 파멸에서 건져 주려 애쓰는 친구의 존재를 마지못해 인정하는 것처럼.

22

I AM THE WALRUS

1967년 4월 1일, 네 명의 비틀스가 〈Sgt. Pepper's Lonely Hearts Club Band〉 앨범 타이틀곡의 리프라이즈를 녹음하기 위해 스튜디오에 도착했다. 그들은 기운이 넘쳤다. 앨범 작업은 거의 마무리 단계에 접어들었고, 그날은 드물게도 토요일이었다. 평소 비틀스는 주말을 작업하지 않는 휴식일로 정했지만, 월요일에 폴이 제인 애셔를 만나기 위해 미국으로 떠날 예정이었다. 평소 작업하던 2번 스튜디오를 사용할 수 없었기 때문에, 그들은 어쩔 수 없이 1번 스튜디오에서 녹음해야 했다. 이곳은 〈A Day in the Life〉의 오케스트라 파트를 녹음했던 장소로, 넓고 울림이 큰 공간이었다. 엔지니어들은 비틀스가 서로 가까이 모여 앉을 수 있도록 장비를 설치하고, 소리가 퍼지는 것을 막기 위해 주위에 차음막을 세웠다. 네 친구는 서로의 얼굴을 보며 연주할 수 있도록 외부와 차단된 반원 형태로 자리를 잡았다. 폴이 카운트를 세자, 그들은 맹렬한 기세로 연주를 시작했다.

1967년 초, 〈Sgt. Pepper's Lonely Hearts Club Band〉가 새 앨범의 제목이자 타이틀곡으로 정해졌다. 훗날 폴은 이렇게 말했다. "우리 정체성을 잠시 내려놓고, 가상의 밴드라는 페르소나에 빠져 보는 것도 좋을 거라고 생각했다."[1] 그는 이런 말도 덧붙였다. "우리 모두 동의했다. 우린 이제 더 이상 비틀스가 아니고,[2] 이 트랙이나 저 트랙에서 노래 부르는 게 '존'이 아니라 다른 사람이라고. 존 스스로가 되고 싶은 사람이면 누구든 될 수 있다." 당시 캘리포니아에서는 새로운 밴드들이 속속 등장했고, 사이키델릭 음악과 히피 문화에 대한 수요도 커지고 있었다. 폴은 새롭게 떠오른 문화와 옛 뮤직홀 공연을 뒤섞은 개념으로 가상의 밴드를 구상했다. 만약 비틀스가 새로 떠오른 문화의 겉모습만 흉내 냈다면, 시대의 흐름을 따라가려 애쓰는 것처럼 보였을 것이다. 하지만 그들은 영국의 과거로부터 아이디어를 끌어와, 완전히 새로운 무언가를 만들어 냈다.

그렇게 탄생한 앨범은 현대적인 사운드와 과거의 사운드가 어우러진 작품이었다. 타이틀곡은 지미 헨드릭스 Jimi Hendrix를 연상시키는 기타 연주—헨드릭스의 공연을 자주 보러 갔던 폴이 직접 연주했다—를 바탕으로, 가사는 버라이어티 쇼 진행자를 익살스럽게 풍자한다("You're such a lovely audience"). 〈Lucy in the Sky with Diamonds〉의 사이키델릭한 이미지 옆에는 결혼 생활의 따뜻함을 전통적인 재즈 스타일로 담아낸 곡이 나란히 배치되었다. 〈When I'm Sixty-Four〉는 어쩌면 이 앨범에서 가장 파격적인 곡일지도 모른다.★ 매카트니는 〈Sgt. Pepper's Lonely Hearts Club Band〉가 여러 채널을 돌리면 각기 다른 세계를 엿보게 해 주는 라디오 같은 앨범이라고 말한

★ 비틀스와 지미 헨드릭스는 서로를 존경했다. 〈Sgt. Pepper's Lonely Hearts Club Band〉가 발매된 지 사흘 뒤, 매카트니와 해리슨은 런던 새빌 극장에서 열린 헨드릭스의 공연을 보러 갔다. 헨드릭스는 무대의 첫 곡으로 〈Sgt. Pepper's Lonely Hearts Club Band〉를 연주했다.

적이 있다. 존과 폴은 쇼 튠, 브라스 밴드, 댄스 밴드, 클래식, 코미디 공연이 BGM처럼 흐르는 환경에서 자랐다. 우리는 흔히 전자 미디어를 연속적인 변화의 흐름으로 이해한다. 라디오에서 텔레비전으로, 다시 인터넷으로, 레코드에서 CD로, 그리고 스트리밍으로. 그러나 더 장기적인 시각으로 보면, 오히려 각 미디어를 구분 짓는 차이점보다 공통점이 더 중요할지도 모른다. 전자 미디어는 시간 자체를 접어 버리는 효과를 낸다. 과거가 지나가지 않고, 현재에도 언제든 접근 가능한 상태로 남는다. 이것이 바로 비틀스가 〈Sgt. Pepper's Lonely Hearts Club Band〉 앨범에서 문화와 역사를 대하는 방식이다. 역사와 문화를 소리와 감각으로 가득한 거대한 도서관처럼 여기고, 원할 때마다 마음껏 쳐들어가서 꺼내 쓰는 것이다.

이 앨범은 과거의 음악을 다시 창조한다. 댄스 밴드, 오케스트라, 버라이어티 쇼, 하프시코드 같은 요소들을 새로운 시작을 위해 버려야 할 시대착오적인 것으로 보지 않고, 오히려 마법과 장난, 전복의 원천으로 바라본다. 매카트니가 구상한 콘셉트를 바탕으로 피터 블레이크Peter Blake와 잔 호워스Jann Haworth가 디자인한 앨범 커버는 이 같은 주제를 시각적으로 드러낸다. 표지에 등장하는 인물들은 〈Sgt. Pepper's Lonely Hearts Club Band〉 앨범의 정신을 대변하며, 그렇게 함으로써 새로운 존재로 변모한다. 비틀스의 천막 안에 들어선 순간, 마릴린 먼로는 다른 누군가가 된다. 셜리 템플도, 칼 마르크스도, 알리스터 크롤리도 마찬가지다. 〈She's Leaving Home〉에서 드러난 포용적인 시선은 보편적인 세계로 확장된다. 이 파티에는 젊은이뿐만 아니라 노인도, 살아 있는 사람뿐만 아니라 이미 세상을 떠난 이들도 함께한다. 다른 이들이 기성세대는 물러나야 한다고 외칠 때, 비틀스는 모두에게 이 문화 전쟁을 양쪽의 시선에서 동시에 바라보자고 제안했다. 그리고 그 과정을 통해 전쟁을 초월하자고 했다. 사이키델릭한 에드워드 시대의 밴드 복장을 한 비틀스는, 더벅머리에 양복을 입은 예전의 모습을 본뜬 밀랍 인형 곁에 나란히 서 있다.

〈Sgt. Pepper's Lonely Hearts Club Band〉는 비틀스가 처음으로 라이브 연주를 염두에 두지 않고 만든 앨범이었다. 비틀스 이전까지만 해도 대부분의 정규 앨범은 말 그대로 레코드, 즉 라이브 공연의 기록물로 여겨졌다. 매카트니의 주도 아래에 만들어진 이 앨범은, 그 자체가 하나의 기록물이라는 사실을 자랑스럽게 드러냈다.

우리는 처음으로 이런 사실을 자각했다.[3] 언젠가 누군가는 '비틀스의 새 앨범'이라는 물건을 실제로 손에 넣을 텐데, 일반적으로 그 앨범은 그냥 노래 몇 곡을 모아 예쁜 표지에 담은 것에 불과하다는 사실 말이다. 그래서 우리가 생각한 건, 사람들이 자기 방식대로 즐길 수 있는, 하나의 완성된 무언가를 만들어 보자는 것이었다. 말하자면 작은 마법 같은 연출이랄까.

〈Sgt. Pepper's Lonely Hearts Club Band〉는 미술평론가 클레멘트 그린버그가 말한 '매체 고유성Medium Specificity'을 구현한다. 이 앨범의 포장과 연출, 모든 요소들―표지와 의상, 접이식 디자인, 가사 수록, 오려서 쓸 수 있는 가면까지―모두가 이것이 '기록물'이라는 사실을 환기시키고, 그 기록물 자체가 곧 하나의 작품임을 일깨운다. 매카트니는 탁월한 감각으로, 이 앨범을 가상의 밴드가 선보이는 라이브 공연이라는 콘셉트 안에 담아냈다.

〈Sgt. Pepper's Lonely Hearts Club Band〉 앨범의 수록곡들은 일상적인 활동(집안일이나 자동차 주차)이나 평범한 감정(좋은 아침, 나아지고 있어, 난 내 친구들이 좋아)에서 출발해, 그것을 낯설고도 강렬한 무언가로 바꿔 놓는다. 〈Fixing a Hole〉은 폴이 투박한 베이스 라인 위에 경쾌한 멜로디를 얹으며 시작한다. 그러다 그의 목소리가 점점 높아지고, 마치 공중에 떠 있는 것처럼 변하면서 노래는 다른 차원으로 소용돌이치듯 빨려 들어간다. 노래하는 이는 자신이 구멍을 메우고 있다는 사실을 안다.

하지만 그 목적은 단순히 고치기 위해서가 아니다. 마음이 방황하지 않도록 자신을 붙들어 두기 위한 것이다. 일과 여러 활동에 몰두하는 것은 마음속 깊은 곳에 있는 무언가를 억누르기 위함이다. 그 순간, 멜로디가 연기처럼 위로 피어오르고, 폴은 정신의 공간을 떠다니는 존과 한층 더 닮아간다. 〈Sgt. Pepper's Lonely Hearts Club Band〉는 현실과 꿈의 경계를 반복해서 넘나드는 앨범이다. 그 특징은 〈A Day in the Life〉에서 폴의 파트가 끝나는 부분에서 특히 뚜렷하게 드러난다.

이 앨범에 실린 곡들이 페퍼 상사 밴드라는 설정이나 라이브 공연, 혹은 유년 시절이라는 개념에 일관적으로 기대는 건 아니다. 하지만 바로 그 점―안에 담긴 내용물이 제멋대로 흘러가는 듯한 유동성―이야말로 이 앨범의 핵심이다. 〈Sgt. Pepper's Lonely Hearts Club Band〉는 이성적인 사고보다 이리저리 떠도는 영감이 우선하는, 헐렁하고 제멋대로인 괴물이다. 예술과 창작이 언제나 다른 목적―상업, 정치, 정신 건강―의 수단으로 쓰이는 시대에, 오직 음악 그 자체만을 위한 음악을 고집하는 일은 지금도 여전히 급진적이고 저항적인 행위다. 비틀스는 이렇게 말하는 듯하다. 상상력은 어떤 목적을 위해 단순화할 수 있는 것이 아니며, 가둬 둘 수도 없다. 상상력은 기쁨을 줄 수도 있고, 공포를 불러올 수도 있다. 그저 가고 싶은 대로 흘러갈 뿐이다.

가장 길며 고도의 집중을 필요로 하는 앨범 녹음을 마친 비틀스는 새로운 작업에 착수했다. 〈Sgt. Pepper's Lonely Hearts Club Band〉를 바탕으로 TV 쇼를 만들어 보자는 제안도 나왔지만, 비틀스는 이미 끝낸 작업에 다시 발을 붙이고 싶어 하지 않았다. 캘리포니아에 머물던 폴은 켄 케시^{Ken Kesey}와 그가 이끈 반문화 공동체 메리 프랭크스터스^{Merry Pranksters}에 대한 이야기를 들었다. 1964년, 이 집단이 알록달록한 색으로 칠한 스쿨버스를 타고 약에 취한 채 미국 전역을 가로지르는 여행을 떠난 그 전설 같은 이야기는 히피 문화의 상징처럼 회자되었다.

매카트니는 비틀스도 비슷한 콘셉트를 이용해 TV 특집 프로그램을 만들면 어떨까 생각했다. 사이키델릭 감성과 바닷가로 떠나는 영국식 가족여행을 결합한, 자기들만의 방식으로 말이다. 그는 멤버들을 다시 불러 모았고, 모두가 그 새로운 콘셉트에 동의했다. 그렇게 해서 탄생한 것이 바로 〈Magical Mystery Tour〉였다.

4월 25일 저녁, 〈Sgt. Pepper's Lonely Hearts Club Band〉 앨범의 마지막 녹음 세션이 끝난 지 나흘째 되는 날, 비틀스는 새 앨범의 타이틀곡 작업에 착수했다. 폴에게는 아이디어가 있었지만, 그답지 않게 곡 전체를 써 오지는 않았다. 폴은 자기가 원하는 것이 무엇인지 분명히 알았다. 다리를 힘차게 차올리며 연주하는 금관악기와 함께 펼쳐지는 보드빌 쇼 같은 무대, 도저히 거부할 수 없는 초대처럼 느껴지는 무대를 구상했다. 그가 2번 스튜디오의 피아노에 앉아 〈Magical Mystery Tour〉의 후렴구를 부르기 시작했고, 다른 멤버들은 거기에 아이디어를 보탰다.

작업이 띄엄띄엄 이루어졌고, 11월이나 되어서 완성했다. 어찌 보면 평소처럼 집중해서 작업하지 못했던 게 당연했다. 이 시기에 비틀스가 작업한 곡들은 정규 앨범을 위한 것이 아니라 사운드트랙을 위한 것이었기 때문이다. 하나는 기획 중인 TV 특집을 위한 것이었고, 다른 하나는 그들이 제작을 승인하긴 했지만 거의 관여하지 않았던 애니메이션 영화 《노란 잠수함Yellow Submarine》을 위한 곡들이었다. 이 노래들은 즉흥적이고 느슨하게 들린다. 〈It's All Too Much〉, 〈All Together Now〉, 〈Baby You're a Rich Man〉 같은 곡들에는 어딘가 멍한 듯하면서도 거칠고 자유로운 매력이 담겼다. 9월에 작업을 시작한 폴의 곡 〈The Fool on the Hill〉과 〈Your Mother Should Know〉는 몽환적인 분위기 속에 쓸쓸함이 배어 있다(〈The Fool on the Hill〉은 장조로 시작하는 도입부에서 단조의 코러스로 넘어가고, 〈Your Mother Should Know〉에는 장송곡을 떠올리게 하는 교회 오르간이 등장한다). 비틀스는 휴식기 없이 계속해서 작업을 이어 갔지만, 음악에서는 서서히 긴장을 풀고 있는 듯한 분위기가 풍겼다.

〈Sgt. Pepper's Lonely Hearts Club Band〉는 6월 초에 공개되었고, 세상의 반응은 열광적이었다. 앨범의 성공과 영향력은 절대적이었다. 마치 비틀스가 전 세계에 보이지 않는 기쁨의 그물을 던진 것 같았다.

미국에서는 동부에서 서부까지 차를 몰고 가는 동안, 〈Sgt. Pepper's Lonely Hearts Club Band〉앨범의 노래들이 공기처럼 사방을 감쌌다. "차 안에서, 길을 걷다가 창밖으로 흘러나오는 소리로, 친구 집에서, 그리고 머릿속에서 항상 그 음악이 들렸다."⁴라고 평론가 엘렌 샌더Ellen Sander는 말했다. 철학자 랭던 위너Langdon Winner는 이렇게 회상했다.

유럽과 미국 모든 도시의 스테레오와 라디오에서 "What would you think if I sang out of tune… Woke up, fell out of bed… In a cap she looked much older, and the bag across her shoulder… Lucy in the sky with diamonds…" 같은 가사들이 흘러나왔고, 모두가 귀를 기울였다.⁵ 당시 나는 마침 I-80(미국의 주요 대륙 횡단 고속도로 중 하나로, 뉴욕에서 캘리포니아까지 이어진다 —역주)을 따라 미국을 가로지르고 있었다. 주유나 식사를 위해 들른 라라미, 오갈라라, 몰린, 사우스벤드 같은 도시마다 멀리서 트랜지스터 라디오나 휴대용 하이파이에서 하나같이 그 노래들이 흘러나왔다. 내가 평생 본 것 중 가장 놀라운 광경이었다.

〈Sgt. Pepper's Lonely Hearts Club Band〉앨범은 평단으로부터 하나의 예술 작품으로 인정받았다. 이 앨범을 통해 비틀스가 대중음악의 경계를 완전히 벗어났다는 평가였다. 그러나 요즘 들어서는 진정으로 뛰어난 곡이 상대적으로 적다는 지적과 함께, 그 명성이 다소 퇴색되기도 한다. 이 앨범이 세계에 미친 경이로운 영향력은 음악 자체뿐만 아니라, 앨범의 틀—콘셉트, 의상, 표지 디자인—덕분이었을까? 아마 그럴지도 모른다. 하지만 결국 그 틀도 앨범의 일부다. 〈Sgt.

Pepper's Lonely Hearts Club Band〉는 교향곡이나 오페라처럼 하나의 완성된 작품으로서 들어야 하는 앨범이다. 이 앨범에 담긴 곡들은 전체를 관통하는 환상이라는 맥락 안에서 비로소 온전히 살아난다. 지금 우리는 음악을 조각조각 스트리밍해서 듣는 데 익숙해졌다. 그래서 앨범이 의도했던 경험을 다시 온전히 느끼기는 어려워졌다. 어쩌면 문제는 이 앨범에 있는 것이 아니라, 달라진 우리 쪽에 있는 것인지도 모른다.

　어느 쪽이든 간에, 앨범의 즉각적이고 압도적인 성공은 비틀스에게 자신들이 지금 꿈을 꾸고 있다는 감각을 더욱 확고히 했다. 꿈속에서는 날겠다고 마음만 먹으면 실제로 날 수 있고, 날 수 있다는 사실이 전혀 이상하게 느껴지지 않는다. 비틀스는 함부르크에서 익살스러운 광대처럼 굴었고, 그래서 독일인들은 그들을 찬양했다. 캐번 클럽 무대에서는 하고 싶은 대로 했고, 리버풀에서 가장 성공한 밴드가 되었다. 자신들이 사랑하는 음악을 만들고 서로를 웃게 만들면서 영국에서 유명해졌고 이어서 전 세계적인 스타가 되었다. 존과 폴이 본격적으로 비틀스를 위한 곡을 쓰기 시작한 뒤로는 히트하지 않는 노래를 쓸 수가 없었다. 시타르와 테이프 루프, 동요 같은 요소가 들어간 앨범도 만들었고, 형광색 군복을 입고 분장한 채 다른 이름을 내걸고 LSD와 죽음에 대해서도 노래했다. 그런데도 그 모든 게 다 통했다. 자신들만의 상상의 세계로 깊이 들어갈수록, 사람들과의 연결은 더욱 강렬해지는 것 같았다. 비틀스는 자신들에게 벌어지는 놀라운 일들에 감탄하지 않았다. 그들은 길거리에서 동전을 줍듯 우연히 찾아오는 행운의 순간들을 그냥 자연스럽게 받아들였고, 그런 동전들은 어디에나 있었다.

이 시점에서 그들은 자신들이 사람들에게 얼마나 큰 의미를 지니
는지 잘 알았다. 하지만 아직 그 사실이 짐으로 느껴지지는 않았다.
비틀마니아의 광란이 가라앉으면서, 팬들에 대해서도 한결 느긋한
태도를 보이기 시작했다. 존은 켄우드 저택의 정원 안으로 팬들이 들
어오는 것을 허락하기도 했고, 폴은 캐번디시 애비뉴의 자택 밖에 항
상 진을 치고 있으면서 틈만 나면 창문 너머로 집 안을 들여다보려는
십 대 소녀 팬들도 다정하게 대했다. 1967년 7월, 폴이 팬들과 이야기
를 나누는 장면이 실제로 테이프에 녹음되어 남아 있다. 한 팬이 테이
프 리코더를 들고 있었던 것이다. 폴은 마치 시간이 무한정 있는 사람
처럼 느긋하게 말한다. 자리에 없는 친구들을 위한 메시지를 읽어 주
고, 팬들에게 애완견 마사를 소개하며, 변하고 있는 세상에 대해 두서
없는 이야기를 늘어놓는다("이제 애들을 때리는 시대는 지났죠, 아빠."[6] 같은
식으로). 1968년 초, 〈Across the Universe〉를 녹음하던 중 여성 보컬
이 필요해지자, 폴은 직접 애비로드 스튜디오 앞길로 나가 팬 두 명을
데려와 녹음에 참여시키기도 했다.

셰이 스타디움이 산의 정상이었을지도 모르지만, 투어를 중단한 이
후에도 비틀스의 상승세는 멈추지 않았다. 1967년 여름, 그들은 말 그
대로 성층권에 도달한 기분이었을 것이다. 6월, 〈Sgt. Pepper's Lonely
Hearts Club Band〉를 발표한 직후, 비틀스는 신곡을 TV 생방송으로
녹음해 전 세계에 송출했고, 이후에 싱글로 발매해서 1위에 올랐다.
바로 그 곡, 〈All You Need Is Love〉는 의뢰를 받고 만든 곡이었다.

비틀스는 《우리들의 세계Our World》라는 제목의 전 세계 TV 특집 프로 그램에 참여해 달라는 요청을 수락했다. BBC와 유럽방송연합이 공동 제작한 이 프로그램은 전 세계로 TV 신호를 송출할 수 있는 최초의 위성 네트워크를 통해 생중계되는, 그야말로 전 세계를 하나로 연결하는 획기적인 방송을 목표로 했다. 비틀스는 영국을 대표하는 스타로 선정되었고, 이들의 출연 장면은 애비로드 스튜디오에서 생중계할 예정이었다.

〈Sgt. Pepper's Lonely Hearts Club Band〉는 다양한 매력을 지닌 앨범이었지만, 모두가 함께 부를 수 있는 대표곡은 없었다. 그래서 이 프로그램을 위해 특별히 작곡한 〈All You Need Is Love〉가 1967년 여름에 일어난 사회적 현상인 '사랑의 여름Summer of Love'의 찬가가 되었다. 이 노래는 존이 작곡했는데, 이는 대중과의 커뮤니케이션이 지닌 가능성에 대한 그의 관심이 점점 커지고 있었음을 보여 준다. 〈Tomorrow Never Knows〉에서 그는 환각의 세계에서 건져 올린 지혜를 대중에게 전하려 했다. 1966년의 미국 투어는 고통스럽고 불쾌한 경험이었지만, 존에게는 자신을 정치적 영향력을 지닌 인물로, 그리고 비틀스를 전 세계에 긍정적인 메시지를 전달할 수 있는 존재로 인식하게 만든 계기이기도 했다. 그는 광고에 매료되었고, 〈All You Need Is Love〉에서는 모두가 기억하고 반복하며 따라 부를 수 있는 메시지를 하나의 슬로건으로 압축하는 기술을 완벽히 보여 주었다.

이 노래의 고양된 분위기에는 진지한 위트가 배어 있다. 반복되는 문장들("There's nothing you can do that can't be done")과 역설적인 표현들("There's nowhere you can be that isn't where you're meant to be")은 듣는 사람에 따라 심오할 수도 있고, 아무 의미 없는 말장난처럼 느껴질

수도 있다. 하지만 존은 가볍게 말한 것이 아니었다. 그는 사랑이 있다면 "언젠가는 진짜 자기 자신이 되는 법을 배울 수 있다(learn how to be you in time)"고 노래했고, 그 말이 진실이기를 바랐다. 그는 박자보다 느리게, 거의 말하듯이 무심하게 노래하며, 박자를 툭툭 끊는 방식으로 약간 술에 취한 듯한 느낌을 전체적으로 더한다. 후렴구, 혹은 슬로건을 노래라기보다는 구호처럼 외치고, 그 뒤를 이어 관악기들이 퇴폐적인 매력을 머금은 느긋한 멜로디를 흘려보낸다.

〈Sgt. Pepper's Lonely Hearts Club Band〉에서 그랬듯, 비틀스는 미래에 대한 자신들의 비전에 과거를 끌어들였다. 〈All You Need Is Love〉는 마치 무언가를 예고하듯 울려 퍼지는 드럼 롤로 시작하고, 곧 군악대가 프랑스 국가 라 마르세예즈를 연주한다. 그러다 이 연주가 술에 취한 듯 흐트러지고, 비틀스가 "Love, Love, Love"를 반복해서 부르며 본격적으로 노래를 시작한다. 바흐에서 영국 전통 민요 그린슬리브스, 트롬본 연주자 글렌 밀러Glenn Miller에 이르기까지 다양한 음악 인용이 흥겹게 흘러간다. 존이 갑작스럽게 〈She Loves You〉를 부르는 목소리도 튀어나오는데—불과 4년 전의 곡임에도 불구하고—전혀 다른 시대의 노래처럼 느껴진다.★

★　나는 존의 목소리라고 생각하지만, 〈A Day in the Life〉의 '아' 파트를 누가 불렀는지를 둘러싼 논쟁처럼, 이것도 오랫동안 비틀스 팬들 사이에서 갑론을박이 이어진 주제다. 적어도 처음 몇 음절은 폴처럼 들리기도 하지만, 당시의 방송 장면을 보면 존이 그 부분을 부르고 있는 모습이 분명히 잡혔다. 전날의 리허설 세션에서 존이 그 파트를 부르는 녹음도 남았다. 내 생각에 가장 그럴듯한 추측은, 실제 공연에서는 폴이 그 구절을 먼저 시작하고, 이어서 존이 받아 불렀다는 것이다. 이 두 가지 미스터리가 모두 1967에서 비롯된 것은 결코 우연이 아니다. 1967년, 그해는 존과 폴이 가장 완벽하게 호흡을 맞췄던 시기였으니까.

비틀스는 그 눈부신 성취에 만족하면서도, 다음에 무엇을 해야 할지 확신이 없었다. 예정된 투어도 없었고, 당장 새 앨범을 만들어야 할 필요도 없었다. 조지는 히피 문화와 사랑의 여름의 중심지였던 샌프란시스코 헤이트-애슈버리에서 시간을 보냈고, 링고는 도무지 어떻게 해야 할지 갈피를 잡지 못했다. 하지만 혼자 남겨졌을 때 가장 불안정했던 사람은 존이었다. 1967년 여름부터 1968년 초 사이, 이 시기의 존은 혼자서는 버틸 수 없을 만큼 절박하게 다른 멤버들에게 의지하고 있었다. 연기에 도전했지만 결과는 실망스러웠고, 그림이나 시 쓰기에서도 별다른 성과를 내지 못했다. 그는 폴과 함께 작업할 때만 자신이 천재처럼 느껴졌다. 그래야만 지금 전 세계의 찬사를 받고 있는 〈A Day in the Life〉 같은 곡도 만드는 사람이 될 수 있었다. 늘 불안했던 존의 자아감은 다량의 LSD를 복용하면서 거의 해체될 지경까지 희미해졌다. 오직 친구들과 함께 있을 때만 예외였다. 그에게는 폴의 자극이 필요했고, 문자 그대로 폴만이 존을 작동하도록 만들 수 있었다.

존은 뛰어난 재치로 유명했지만, 의외로 매우 내향적인 사람이었다. 스페인에서 영화 촬영장까지 그를 데려다준 운전기사는, 몇 시간에 걸친 이동 시간 내내 존이 단 한마디도 하지 않았다고 어느 잡지에 전했다. 이 이야기를 들은 존은 놀라워했는데, 자신이 말을 하지 않았다는 사실조차 기억하지 못했기 때문이다. 존은 헌터 데이비스와의 인터뷰에서, 투어를 중단한 뒤에는 오후 세 시까지 침대에서 나오지 않을 때가 많았다고 말했다.[7] 자신을 '무위의 달인'이라고 농담하며, 아무와도 말하지 않고 지낸 최고 기록이 사흘이라고 했다. 그는 아무것도 하지 않고 지낼 수 있는 자신을 자랑스럽게 여기기도 했지만, 그 자기 묘사에는 우울증을 겪는 사람, 혹은 약물로 인한 정신 착란 상태에 있는 사람의 모습이 겹쳐 보인다. 데이비스와의 인터뷰에서 존은 정신과 의사들이 '해리'라고 부르는 경험을 묘사했다. 자신의 몸과 분리된 듯한 느낌을 받은 것이다. "내 손이 움직이고 있는 걸 보면서도, 그걸 움직이는 건 로봇이라는 생각이 든다… 증상이 너무 심해지면 정말 무섭다."

존은 가족과의 교감에도 어려움을 겪었다. 줄리언과 시간을 보내는 것도 주로 폴이었다. 폴은 줄리언을 어깨에 들어 올려 태우거나, 함께 놀아 주고 장난을 치곤 했다. 존은 헌터 데이비스에게, 일상적인 대화를 기대하는 사람들과 함께 시간을 보내는 것이 힘들다고 말했는데, 거기에는 아내 신시아도 포함되는 듯했다. 존과 데이비스가 이야기를 나누는 자리에 신시아도 함께 있었고, 그녀는 자연스럽게 대화에 끼어들며 데이비스에게 말을 건넸지만, 그 말은 남편인 존을 향한 것처럼 들리기도 했다. 존이 드물게 마음을 열고 소통에 나선 이 기회를 신시아는 놓치지 않고, 평소 하지 못했던 말을 조심스레 꺼내려 했다. 덕분에 데이비스는 자신도 모르게 부부 상담사의 역할을 맡은 셈이었다. 신시아는 데이비스에게 이렇게 말했다. 자신이 임신하지 않았더라면 지금 존과 함께 있지 않았을 거라고. 존도 그 말에 동의했다. 신시아의 말에는 원망도, 씁쓸함도 담기지 않았다. 그냥 담담하게 말했을 뿐이다.

"우리 비틀스끼리는 서로 암호처럼 대화해요. 투어를 다닐 때도 그랬죠. 늘 낯선 사람들에게 둘러싸였으니까… 우린 서로를 이해해요."

(그는 다른 대목에서는 "우린 서로를 느껴요."라고 말했다.) 그는 네 사람이 마주 앉아 일반적인 방식으로 대화를 나눠야 할 때도 가끔 있지만, 대부분은 음악으로―곧 노래와 소리로―소통한다고 말했다. 자신이 누구인지 기억하려면 비틀스 멤버들과 함께 있어야 한다고도 했다. 스페인에서 돌아왔을 때 멤버들을 만나서 얼마나 반가웠는지도 이야기했다. 그들을 다시 보자 마치 정상으로 돌아온 것처럼 느껴졌기 때문이다. "나는 멤버들을 봐야만 나 자신을 볼 수 있어요."

　1967년 여름, 레넌은 비틀스 역사상 가장 기이하면서도 가장 시적인 사건 가운데 하나를 주도한다. 비틀스 멤버 모두가 함께 살 수 있는 섬을 구입할 수 있는지 알아보기 위해 그리스로 떠난 여행이었다. 브라이언 엡스타인의 개인 비서였던 앨리스터 테일러가 매물로 나온 섬을 찾아보는 임무를 맡았고, 그는 8만 9천 914파운드에 구입할 수 있는 섬을 찾아냈다. 그 섬에는 어부의 오두막 다섯 채가 있었다. 한 채는 공동 공간으로 쓰고, 나머지 네 채는 각 멤버가 하나씩 사용하는 식으로 계획을 세웠다. "우리 다 같이 거기서 살 거예요. 평생 살지도 몰라요. 집에는 어쩌다 잠깐 들르고." 레넌은 아이 같은 얼굴로 데이비스에게 그렇게 말했다. 그의 구상은 이랬다. 섬 한가운데에 보안이 유지되는 공동 거주 구역을 만들고, 비틀스 멤버들이 각자의 파트너, 스태프들과 함께 거주한다. 중앙에는 놀이 공간이 있고, 녹음 스튜디오도 마련한다. 이 중앙 공간에서부터는 아치형 넝쿨 터널이 바퀴살처럼 네 갈래로 뻗어나가 각 멤버의 집으로 이어진다. 브라이언 엡스타인, 닐 아스피날, 맬 에번스, 그 외 몇 명으로 구성된 스태프들은 섬의 바깥쪽 부지에서 따로 지내게 할 계획이었다.

　7월, 그들은 그리스로 출발했다. 네 명의 비틀스 멤버와 그들의 파트너들, 줄리언, 그리고 맬 에번스, 닐 아스피날, 앨리스터 테일러, 그리스인 친구 알렉시스 마르다스^Alexis Mardas^, 패티의 여동생 폴라 보이드^Paula Boyd^까지 함께였다. 일행은 아테네로 날아가, 일곱 명의 선원이 딸린 호화 요트를 전세 냈다. 에게해를 가로질러 항해하며 섬마다 들러 일광욕을 즐기고, 음악을 연주하고, 약을 하며 시간을 보냈다. 테일러는 이 여행에서 비틀스의 친밀한 관계를 엿볼 수 있었던 작은 일화를 하나 전해 주었다.

그 여행에서 가장 행복했던 기억은 어느 달 밝은 밤에 존, 조지, 맬, 그리고 내가 갑판에 나란히 앉아 그리스의 휘황찬란한 달을 바라보던 순간이었다.[8] 선장은 달빛이 잔잔하게 일렁이는 바다 표면에 드리운 빛의 띠를 향해 조용히 항로를 유지했다. 조지는 우쿨렐레로 하레 크리슈나 후렴구의 음을 하나씩 집어냈고, 존, 맬, 그리고 나는 조용히 찬송 구절을 읊조렸다… 우리는 연꽃 자세로 앉아, 찬란한 달빛 기둥을 함께 바라보며 세상과 완전히 하나된 듯한 평온함을 느꼈다.

일행은 오랫동안 말없이 앉아 있었다. 그러다 테일러가 이렇게 말했다. "저 달 좀 봐." 잠시 후, 존이 "저걸 용케 봤네, 앨리스터."라고 했다. 그러자 모두가 웃음을 터뜨리며 깔깔거렸다.

그 섬은 비틀스가 기대한 만큼 아름다웠다. 실제로 구입 절차도 추진했지만, 몇 가지 어려움에 부딪혔다. 영국의 수입 통제 때문에 오두막을 개조하고 공동 거주 구역을 짓는 데 필요한 자금을 그리스로 송금하는 일이 쉽지 않았던 것이다. 여러 차례 법률 자문을 받고, 영국 재무장관 제임스 캘러핸의 서명이 담긴 공식 서한까지 받은 끝에 자금 송금 문제는 해결했다. 하지만 결국 이 계획은 무산됐다. 필요한 허가를 받는 일이 지나치게 복잡하고 까다로웠기 때문이다. 사실 존은 그보다 앞서 같은 목적으로 아일랜드 해안 근처의 섬을 구입한 적도 있었지만, 그 일 역시 아무런 성과 없이 끝나고 말았다.★ 사실 이 모든 것은 존의 환상이었고, 폴은 그저 재미있어하며 맞장구를 친 것에 불과했다. 메리앤 페이스풀은 존이 그리스 섬 프로젝트에 얼마나 열정을 보였는지 회상하면서, 그 계획이 실패한 이유에 대해 웃으면서도 통찰력 있는 설명을 내놓았다. "폴은 세상이 두 쪽 나도 섬에서 살 생각은 절대로 없었다."**9**

헌터 데이비스와의 대화 중 신시아는 이렇게 말한다. "내가 바라는 건 우리끼리만 떠나는 휴가예요.**10** 비틀스 없이, 존하고 줄리언, 그리고 나, 이렇게 셋만요." 그러자 레넌은 웃으며 되묻는다. "뭐라고? 비틀스 친구들 안 데려가고?" 신시아는 고개를 젓는다. "그 사람들은 당신이 그들을 필요로 하는 것만큼, 당신을 필요로 하진 않아 보여요."

1967년 늦여름부터 초가을 사이, 비틀스의 세계에서는 일련의 사건들이 너무도 극적이고 결정적인 방식으로 한데 맞물려 일어났다. 마치 보이지 않는 손이 뒤에서 줄을 잡고 있었던 건 아닐까 싶을 정도였다. 8월, 그들은 다시 한번 '비틀스'라는 외피를 벗어던지고 새로

★ 링고는 《비틀스 앤솔로지》(p. 258)에서 또 다른 계획을 언급했다. "우린 잉글랜드의 마을 하나를 통째로 사서 살려고도 했어요. 마을 광장을 중심으로 사방에 집이 하나씩 있고, 넷이 하나씩 들어가 사는 거죠."

운 변신을 꾀했다. 이번에는 영적인 변화였다. 비틀스는 런던에서 북웨일스의 뱅거까지 기차를 타고 갔다. 그곳에서 마하리시 마헤시 요기Maharishi Mahesh Yogi라는 이름의, 사업가적 기질이 농후한 49세의 힌두교 스와미(힌두교에서 고행의 길을 선택했거나 비슈누파 수도단에 입문한 고행자―역주)가 이끄는 명상 수련회에 참가한 것이다. 조지의 아내 패티가 먼저 마하리시의 초월 명상법을 공부하기 시작했고, 곧 다른 멤버들에게도 열정적으로 소개했다.

마하리시는 이미 미국과 유럽에서 어느 정도 대중적인 인지도를 쌓고 있었다(폴도 몇 년 전에 TV에서 그의 수염 가득한 인자한 얼굴을 본 적이 있었다). 그는 동양의 지혜를 서구인들을 위한 자기계발의 형태로 포장할 수 있는 기회를 재빠르게 포착했다. 힌두철학 가운데 카스트 제도나 여성의 지위처럼 서구인들이 불쾌하게 여길 수 있는 부분은 과감히 제외하거나 부정하고, 명상의 효과에만 집중했다. '초월명상Transcendental Meditation'은 수행자에게 개별적으로 주어진 맞춤형 만트라를 반복하는 단순한 방식이었다. 이 만트라는 의미를 지닌 단어라기보다는, 마음을 훈련하기 위한 하나의 소리였다. 이 명상법은 즉각적인 효과를 본다고 알려졌다. 명상법이 왜 비틀스에게, 특히 존에게 매력적으로 느껴졌는지는 충분히 이해할 수 있다. 약물의 부작용 없이도 정신적 동요를 잠재울 수 있다고 약속하는 것 같았기 때문이다. 마하리시에게 유머 감각이 있었다는 점도 한몫했다. 그는 사제처럼 근엄한 권위자가 아니라, 작은 체구와 늘 웃는 얼굴로 주변 사람들까지 웃게 만드는 존재였다. 또한 그는 수행자들에게 사회적 관계나 감각적 쾌락을 버리라고 요구하지도 않았다. 그의 설명에 따르면, 목표는 금욕이 아니라 영적인 풍요였다.

8월 24일, 존, 폴, 조지는 파크 레인의 힐튼 호텔에서 열린 마하리시의 강연에 참석했다(링고는 둘째 아들의 탄생으로 바빠 함께하지 못했다). 강연이 끝난 뒤, 그들은 마하리시와 직접 인사를 나누었고, 그가 매력적이고 재치 있는 인물이라는 인상을 받았다. 마하리시는 이튿날 뱅거에서 열리는 명상 수련회에 비틀스를 초대했다. 비틀스는 매니지먼트 회사와 상의하지도 않은 채, 반항심 섞인 충동으로 그 제안을 받아들였다. 결과적으로 그 여정은 다소 어수선했다. 레넌 부부와 해리슨 부부, 그리고 링고는 기차 출발 시간 몇 분 전에야 자동차로 역에 도착했다. 존은 짐을 들어줄 NEMS 직원이 없다는 사실을 깜빡한 채 급히 차에서 내려서 뛰어갔다.

졸지에 짐을 전부 떠안은 신시아는 무거운 가방을 들고 기자와 사진작가들, 팬들 사이를 헤치며 나아가야 했다. 기차는 이미 출발하기 시작했고, 존은 창밖으로 고개를 내밀며 "태워 달라고 해!"[11]라고 외쳤지만, 이미 늦은 뒤였다. 신시아는 짐과 함께 혼자 남겨졌고, 그 순간 극심한 모욕감과 함께 자신의 결혼 생활이 무너지고 있다는 사실을 그 어느 때보다도 분명하게 느꼈다.

비틀스는 믹 재거와 메리앤 페이스풀을 비롯한 몇몇 친구들과 함께 기차에 탔다. 마하리시와 그의 수행원들도 같은 기차에 타고 있었다. (신시아는 닐 아스피날이 차를 몰아 뱅거까지 데려다주었다.) 비틀스는 명상 수련회가 열린 뱅거대학교에서 다른 참가자 약 300명과 함께 학생 기숙사에 머물렀고, 구내식당에서 나오는 형편없는 음식을 먹으며 명상의 기초를 성실히 배우기 시작했다. 보다 본격적인 체험을 위해, 조만간 마하리시를 찾아 직접 인도까지 가기로 결정했다. 그러던 중, 그들은 한 통의 전화를 받았다.

비틀스가 투어를 중단한 이후, 본래 불안정했던 브라이언 엡스타인의 정신은 심하게 흔들렸다. NEMS에서 그와 함께 일하던 이들은 1967년 한 해 동안 점점 더 불규칙하고 돌발적으로 변하는 그의 행동을 감당해야 했다. 엡스타인은 중요한 전화를 무시하고, 분노를 터뜨리고, 일에 집중하지 못했다. 엡스타인에게는 비틀스 외에도 관리하는 아티스트들이 있었지만, 자신이 가장 아끼던 그룹에서 점점 멀어지고 있다는 느낌을 지울 수 없었다. 비틀스는 〈Sgt Pepper's Lonely Hearts Club Band〉 앨범 작업에 몰두하고 있었고, 브라이언에게 기대거나 요청할 일이 거의 없었다. 그는 자신의 자리를 세계적인 규모의 사업을 관리할 수 있는 더 유능한 누군가로 대체할지도 모른다는 두려움을 품고 있었다. 전혀 근거 없는 걱정은 아니었다. 비틀스는 이미 자신들의 모든 활동을 하나의 법인 아래로 통합해 운영하는 방안에 대해 그와 논의한 적이 있었기 때문이다. 8월, 엡스타인은 《멜로디 메이커》와의 인터뷰에서 "비틀스가 다른 누군가의 관리를 받겠다고 동의할 일은 절대 없다고 확신한다."[12]라고 말했다. 전혀 확신이 없을 때나 할 법한 말이었다.

엡스타인은 〈Sgt Pepper's Lonely Hearts Club Band〉 앨범의 언론 발표회를 주관했고, 앨범의 성공은 잠시나마 그의 기운을 북돋아 주었다. 하지만 직전에 그는 중증 우울증 진단을 받고 프라이어리라는 사설 정신병원에 입원했다. 그는 깊은 심리적 고통과 사회적 압박 속에서 점차 무너졌다. 여전히 이중적인 생활을 이어 가야 했고, 강한 성욕과 극심한 자기혐오, 바르비투르산계 약물과 암페타민 중독에도 시달렸다.

이토록 혼란스러운 와중에 그의 아버지마저 세상을 떠났다. 엡스

타인이 사랑한 어머니 퀴니는 몇 주 동안 런던에 머물며 아들의 곁을
지켰고, 덕분에 그는 어느 정도 안정을 되찾는 듯 보였다. 그러나 어
머니가 리버풀로 돌아간 바로 그 주말, 엡스타인은 자택에서 숨진 채
발견되었다. 그의 몸에서는 진정제인 카르브리탈이 다량 검출되었다.
검시관은 사고사라는 결론을 내렸고, 좁은 의미에서 보자면 그 판단
은 아마도 타당했을 것이다.

뱅거에 머물던 비틀스는 소식을 듣고 불과 몇 시간 만에 언론 앞
에 서야 했다. 존, 조지, 링고는 마하리시와의 명상 수련을 마친 뒤 곧
바로 즉석 기자회견에 나섰다. 수련회에서 마하리시는 죽음이란 결
국 무의미한 것이라고 말했지만, 충격에 휩싸인 세 사람은 그저 상투
적인 말을 되풀이할 뿐이었다.

사적으로는 충격과 슬픔에 더해 불안과 혼란까지 뒤섞였다. 비록
예전만큼 중요한 역할을 하지는 않았지만, 비틀스 멤버들이 때로는
'에피'라고, 또 때로는 진정한 존경심을 담아 '엡스타인 씨'라고 불렀
던 브라이언은 비틀스가 느끼는 것 이상으로 늘 그들을 든든히 받쳐
주는 존재였다. 어떤 의미에서는 부모와도 같은 존재였다고 할 수 있
다. 훗날 존 레넌은 이때를 떠올리며 말했다. "우리가 곤경에 처했다
는 걸 알았다.[13] 나는 무서웠다." 그 순간, 그룹의 부모 역할을 자처한
이는 폴이었다. 그는 자신의 어머니라면 그렇게 했을 법한 일을 했다.
일을 하자고 제안한 것이다.

브라이언의 장례식이 치러진 지 이틀 뒤인 9월 1일, 매카트니는 비
틀스와 최측근 관계자들에게 자신의 집에 모여 앞으로 무엇을 할지 결
정하자고 강하게 주장했다. 다들 여전히 멍하고 마음의 준비가 되지
않은 상태였지만, 당시 그 자리에 있었던 애플 관계자 피터 브라운 Peter

Brown에 따르면, 폴은 계속 활동하지 않으면 〈Sgt Pepper's Lonely Hearts Club Band〉로 얻은 탄력을 잃을지도 모른다고 생각했다.★ 폴은 인도 여행을 미루고, 대신 《매지컬 미스터리 투어*Magical Mystery Tour*》 영화를 만들자고 제안했다. 다들 불안한 마음을 안은 채 그 제안에 동의했다. 당시 젊은 창작자들 사이에서는 영화 제작이 음악과 다르지 않은, 누구나 도전할 수 있는 예술 형식이라는 인식이 당연하게 자리 잡고 있었다. 게다가 비틀스는 자신들이 상상한 모든 것이 언제나 완벽하게 실현되는 데 익숙했다. "레코드는 소리고, 영화는 이미지라는 게 둘의 유일한 차이점이죠."**14** 매카트니는 언론에 이렇게 말했다.

이때 비틀스에게 '일'이란 사운드트랙용 곡을 더 녹음하는 것이었다. 엡스타인이 세상을 떠난 지 9일째 되던 날, 비틀스는 애비로드 스튜디오에 들어섰다. 엔지니어 제프 에머릭의 회상에 따르면, 멤버들은 모두 침울한 상태였다. 존은 여전히 충격에서 벗어나지 못한 듯했고, 링고는 금방이라도 눈물을 터뜨릴 것 같았다. 폴이 가장 침착해 보였다. 평소와 다름없이, 가장 먼저 작업한 건 존의 곡이었다. 다른 멤버들과 제프 에머릭, 조지 마틴은 존이 피아노를 치며 노래하는 모습을 조용히 지켜보았다. 그는 두 음으로 된 멜로디에 맞춰 이렇게 노래했다. "I am he as you are he / As you are me and we are all together (나는 그이고, 당신도 그이며, 당신은 나고, 우리는 모두 하나)" 이어서 반주 트랙 녹음을 시작했지만, 멤버들은 마음이 다른 데 가 있는 듯 좀처럼

★ 피터 브라운은 상사를 잃은 충격을 생생히 기억했다. 회의 도중 그는 창가로 걸어가 멍하니 거리를 바라보았고, 그때 누군가 다가와 자신을 끌어안는 것을 느꼈다. 레넌이었다. "괜찮아요?" 레넌이 물었고, 브라운은 "아뇨."라고 대답했다. 그러자 존이 말했다. "나도 안 괜찮아요, 피터. 나도 안 괜찮아요." (피터 브라운, 스티븐 게인스 공저, 《당신에게 필요한 것은 사랑이에요》, p.65)

집중하지 못했다.

제프 에머릭은 이렇게 말했다. "〈I Am the Walrus〉를 연주하던 멤버들의 공허한 표정을 나는 지금도 뚜렷하게 기억한다.[15] 그건 내가 비틀스와 함께했던 시간 중 가장 슬픈 기억이다." 평소와 달리 링고가 리듬을 안정적으로 유지하지 못하자, 폴은 친구 앞에 서서 탬버린을 치며 '치어리더이자 인간 클릭 트랙(녹음 작업 시 박자를 맞출 수 있도록 메트로놈 소리가 녹음된 트랙—역주)' 역할을 자처했다. 에머릭의 말에 따르면 폴은 링고에게 "걱정 마. 내가 박자 잡아 줄게."라고 말했다고 한다.

이 시기, 레넌의 어린 시절이 그의 삶 속으로 다시금 불안하게 침입해 들어왔다. 몇 년 전, 그의 친부 앨프 레넌이 느닷없이 모습을 드러낸 것이다. 한 연예계 관계자가 서리주의 어느 여관에서 접시를 닦던 앨프를 발견했고, 곧 '여관에서 설거지하는 비틀의 아버지'라는 제목의 기사가 쏟아졌다. 앨프는 기념 삼아 음반을 내자는 제안을 받았고, 그렇게 발표된 노래 〈That's My Life〉는 바다 위에서 보낸 삶을 회고하는 감상적인 곡이었다. 앨프는 이 일을 계기로 용기를 내어 존이 살고 있던 켄우드 저택을 찾아갔다. 하지만 존은 그를 만나려 하지 않았다. "난 그를 내쫓았다.[16] 집에 들일 생각은 절대 없었다." 대신 존은 아버지에게 약간의 돈을 보냈다.

그러나 앨프는 아들과의 관계를 회복할 수 있으리라는 희망을 놓지 않았다. 엡스타인이 세상을 떠난 뒤에는 존에게 애도의 메시지를 보내기도 했다. 존은 화해의 뜻이 담긴 어조로 답장을 보냈다("아버지께, 아니, 앨프, 프레디, 페이터에게, 뭐든 간에…").[17] 그리고 그의 운전기사가 앨프를 켄우드 저택으로 데려왔다. 이번에는 존도 한결 따뜻하게 그를 맞이했고, 안아 주기까지 했다.

그는 켄우드에서 함께 살자고 제안했고, 앨프도 이를 받아들였다. 존은 앨프와 그의 열아홉 살 여자친구를 저택 꼭대기 층의 하인용 거처에 머물게 했지만, 이후로는 거의 신경을 쓰지 않았다. 신시아 역시 그들과 마주치기를 꺼려했다. 앨프는 결국 집 안을 쓸쓸히 배회하며 외롭고 우울한 시간을 보냈다. 그러다 (신시아 어머니의 제안으로) 존의 지원을 받아 브라이턴에 아파트를 얻어 따로 살기 시작했다. 그런데 훗날 앨프는, 자신이 집을 떠난 일을 두고 존이 깊이 상심했다는 사실을 알게 되었다. 이 일화는 존이 어린 시절의 부자 관계를 되풀이하고 있다는 인상을 지우기 어렵게 만든다. 다만 이번에는 자신이 주도권을 쥔 채, 아버지를 하인처럼 대우하며 우위에 있음을 드러냈다. 하지만 결과적으로는 어린 시절에 느꼈던 버림받았다는 고통만 되살아났을 뿐이었다.

레넌은 비틀스 멤버들 가운데 엡스타인과 가장 가까운 사이였다. 단지 전략적인 이유 때문만은 아니었다. 존은 마음속에 괴물을 숨기고 살아가는 감정이 어떤 것인지 누구보다 잘 알고 있었다. 〈I Am the Walrus〉에서 그는 엡스타인의 죽음(그리고 그보다 앞서 겪었던 죽음들)에 대한 감정을 분노와 혼란이 뒤섞인 절규로, 그러나 매우 표현력 있게 쏟아 낸다. 이 곡의 가사는 루이스 캐럴의 《거울나라의 앨리스*Through the Looking-Glass*》를 떠올리게 한다.

이를테면, 바다코끼리와 목수가 순진한 굴들을 꾀어 저녁 식사로 삼는 부분이다. 바다코끼리와 목수는 우월하고, 교활한 매력을 지녔으며, 무자비하다. 앨리스는 둘 중 누가 더 나은지 결정을 내리지 못하고 이렇게 말한다. "둘 다 정말 불쾌해." 울러가 레넌과 매카트니를

'매력적인 사이코패스 한 쌍'이라고 표현한 것이 떠오른다. 1970년, 악명 높은 《롤링스톤》 인터뷰에서 레넌은 이렇게 말했다. "성공하려면 개자식이어야 한다.[18] 그건 사실이다. 비틀스는 지구상에서 제일가는 개자식들이다."

〈I Am the Walrus〉에서 존은 자신을 '에그맨'이라 부르는데, 이는 험프티 덤프티를 떠올리게 한다. 험프티는 말솜씨가 워낙 능란해서 어떤 말이든 자신을 정당화하는 데 쓸 수 있는 인물이다. 심지어 자신은 절대 무너지지 않는 존재라고 믿게 만들 수도 있다. 하지만 그는 높은 담벼락 위에 앉아 앨리스에게 자신은 안전하다고 말하면서도, 결국 그 벽에서 떨어지고 만다.

캐럴이나 또 다른 빅토리아 시대 넌센스 문학의 대가 에드워드 리어처럼, 레넌 역시 단어가 지닌 울림과 함의, 그리고 그 자체의 순수한 음악성에서 큰 즐거움을 느꼈다. 그는 깔끔하게 해독할 수 있는 암호처럼 글을 쓰는 데에는 전혀 관심이 없었다. 〈I Am the Walrus〉에서 그는 비틀스의 가사를 자신 있게 해석하려 드는 "전문가들(expert, textperts)"을 향해 분노를 터뜨린다.

하지만 암호 해독가들에게 가장 큰 문제는, 레넌의 언어는 그의 노래와 떼어놓고는 생각할 수 없다는 점이다(그의 시집들이 노래만큼의 수준에 이르지 못하는 이유이기도 하다). 그의 가사는 무의식의 샘에서 길어 올린 것이었다(〈I Am the Walrus〉에 관해 그는 "첫 번째 도입부는 아무 생각 없이 썼다."[19]라고 밝힌 바 있다). 동시에 그의 머릿속에 울리는 리듬과 음향에 맞춰 빚어진 것이기도 했다.

우리의 생각뿐만 아니라 감각까지 뒤흔들기 위해서. 레넌은 음악이라는 형식을 넘어 순수한 경험에 다가가려 했듯, 언어 또한 깨뜨리

고자 했다("goo-goo ga joob"). 〈I Am the Walrus〉에서는 이 넌센스 덕
분에 고통을 담은 담백하고 직설적인 한마디, "I'm crying"이 울려 퍼
지는 공간이 열린다.

도입부의 코드 진행은 마치 음악 바깥의 어딘가에서 흘러오는 것
처럼 들린다. 도입부의 집요하고 반복적인 멜로디는 멀리서 들려오
는 경찰 사이렌 소리에서 영감을 받았다. 이 곡에서 실질적인 흐름은
겉으로 드러난 멜로디가 아니라, 그 아래 숨은 화성 구조 안에서 전개
된다. 시작도 끝도 없는 듯한 장조 코드들이 반복적으로 이어지며, 우
리를 아래로, 옆으로, 다시 위로 올렸다가 또다시 끌어내린다. 비틀거
리는 현악기와 악몽처럼 불길한 금관악기, 그리고 주문을 읊조리고
낄낄대는 코러스가 혼란의 감각을 더욱 고조시킨다.

〈Strawberry Fields Forever〉에 담긴 안식의 약속은 이 곡에선 찾
을 수 없다. 페이드아웃 구간에서는 라디오가 주파수를 무작위로 넘
나들며 다양한 영국 문화의 파편들을 포착한다. 그중에는 《리어왕*King
Lear*》 연극의 대사도 있다("Sit you down father, rest you"). 하지만 〈I Am
the Walrus〉는 절망적이지도, 허무하지도 않다. 레넌은 고통과 분노
를 드러내지만, 가사의 첫 줄에서 출구도 제시한다.

타자기에 "I am he as you are he as we are all together(나는 그이고, 당신
도 그이며, 우리는 모두 하나)"[20]라는 두 줄만 써 놓은 상태였다. 2주쯤 지나
두 줄을 더 썼고, 그다음에는… 그냥 나머지를 한번에 쭉 써 버렸다.

노래의 절정에서 반복되는 후렴에는 환희에 찬 자기 선언―"나는
존재한다(I Am)"―이 나온다. 이 노래를 쓸 당시에 레넌이 자신의 정

체성에 대해 깊은 혼란을 겪었다는 점을 떠올리면, 이 선언은 다소 이상하게 느껴질 수도 있다. 하지만 노래의 첫 줄은 이렇게 말하고 있는 듯하다. 우리가 서로 뒤섞일 때만 비로소 진정한 자기 자신이 될 수 있다고. 바다코끼리는 '나'가 아니라 '우리'다.

23

LADY MADONNA

LADY MADONNA

1968년 초, 비틀스는 인도에 있는 마하리시의 아시람(힌두교도들이 수행하며 거주하는 곳—편집자주)에서 장기간 머물 준비를 했다. 그해 2월 3일 토요일, 그들은 자신들이 자리를 비운 사이에 발매할 싱글 작업을 위해 애비로드 스튜디오에 모였다. 굳이 싱글을 녹음할 필요는 없었다. 세상은 그들이 돌아올 때까지 얼마든지 기다려 줄 테니까. 하지만 그들은 신곡을 녹음하고자 했다. 먼저 폴의 신곡 〈Lady Madonna〉부터 시작했고, 이어서 존의 곡 〈Across the Universe〉로 넘어갔다. 이 곡을 싱글 후보로 고려했지만, 여러 편곡을 시도했어도 존이 만족하지 못해서 결국 보류했다(이 곡은 1970년에 발매한 비틀스의 정규 앨범 〈Let It Be〉에 수록했다). 이틀 뒤, 그들은 조지가 만든 〈The Inner Light〉의 녹음에 들어갔다. 조지가 봄베이에서 인도 음악가들과 함께 녹음한 라가(인도 전통 음악에 사용되는 음계—역주)를 바탕으로 한 곡이었다.

그날 저녁, 그들은 다시 〈Lady Madonna〉 작업으로 돌아갔고, 폴은 여기에 금관악기 파트를 추가하기로 결정했다. 닷새 뒤인 일요일, 비틀스는 다시 애비로드 스튜디오에 모여 이 곡의 프로모션 영상을 촬영했다. 영상의 목적은 작업 중인 비틀스의 모습을 보여 주는 것이었고, 그들은 〈Lady Madonna〉를 녹음하는 연기를 찍기로 했다. 하지만 스튜디오에 들어선 비틀스는 즉석에서 새로운 곡을 녹음하기로 결정했다. 존이 《노란 잠수함》 사운드트랙을 위해 쓴 〈Hey Bulldog〉이라는 곡이었다. 결과적으로 〈Lady Madonna〉는 새 싱글의 A면에 들어갔고, B면에는 〈The Inner Light〉를 수록했다.

그들은 9일 동안 네 곡을 완성했다. 놀라울 만큼 생산적인 시기였다. 비틀스는 새로운 사업 구상에서도 진전을 보였다. 12월 말, 그들은 베이커 스트리트에 애플 부티크 매장을 열었다. 훗날 애플 코어로 발전하게 되는 첫걸음이었다(이 이름은 폴이 소장하고 있던 마그리트의 사과 그림 「레 쥬 드 무어 Le Jeu de Mourre」에서 영감을 받은 것이다). 비틀스는 지쳐 있어야 마땅했다. 그들은 지난 5년 동안 거의 쉬지 않고 음반 작업을 이어 왔고, 〈Sgt. Pepper's Lonely Hearts Club Band〉로 절정의 성공을 거둔 직후에는 브라이언의 죽음이라는 충격을 겪었다. 그 뒤를 이은 〈Magical Mystery Tour〉는 영국과 미국 양쪽에서 혹평받으며, 그룹의 첫 공개적 실패로 기록되었다. 하지만 비틀스는 오히려 역경 속에서 새로운 에너지를 얻는 듯 보였다. 일어나는 모든 일들이 그들의 유대를 더욱 단단히 다져 주었다.

폴은 캐번디시 애비뉴 자택의 뒤뜰에 반구형의 조용한 공간을 만들었다. 멤버들과 함께 명상을 하거나, 대마초를 피우거나, 혹은 둘 다 할 수 있는 예배당 같은 공간이었다. 마하리시는 마약에 단호히 반대하는 입장이었지만, 비틀스는 이를 LSD를 끊으라는 뜻으로 받아들여서 마리화나는 계속 피운 것으로 보인다.

결국 명상은 이들에게 정신세계를 탐험하는 수단으로서 LSD를 대신했다. 심지어 존조차도 1967년 말 무렵에는 LSD 복용을 중단한 것으로 보인다.

애셔와 매카트니의 관계는 매카트니의 변화와 지속적인 외도에도 불구하고 이어졌다. 두 사람은 1967년 12월 중 열흘을 매카트니가 전년도에 구입한 스코틀랜드 농장에서 단둘이 보냈다. (이 은신처를 선택한 데에는 존의 영향도 있었다. 폴은 이렇게 말했다. "난 항상 스코틀랜드 고지 특유의 낭만적인 분위기에 끌렸다.[1] 존도 마찬가지였다. 그는 스코틀랜드 고지에 조그마한 농장을 가진 친척들을 방문하고 돌아와서 그곳에 대해 아주 낭만적으로 이야기했다. 그래서 내 머릿속에도 그런 이미지가 생겼다.") 두 사람은 크리스마스 무렵에 돌아와 약혼 소식을 발표했다. 그 여행과 약혼은, 열정적이면서 갈등도 많았던 그들의 관계에 새로운 방향을 잡아 보려는 시도였다.

폴과 제인이 갈등을 겪었다면, 존과 신시아의 결혼은 사실상 거의 끝난 상태였다. 존은 다른 여자들을 계속 만나고 있었지만, 그 누구와의 관계에도 얽매이지 않았다. 그의 삶에서 여전히 가장 크고 변함없는 중심축은 폴과의 창작 파트너십이었고, 그는 그 관계에 불안감을 느꼈다. 우리는 1969년의 한 사적인 대화가 담긴 녹음 테이프를 통해 이 시기의 존이 자신이 얼마나 상대적으로 위축되었는지를 폴에게 털어놓는 것을 들을 수 있다. 그는 영화 《매지컬 미스터리 투어》 사운드트랙을 언급하며 이렇게 말한다. "거기서 내가 작곡한 건 〈I Am the Walrus〉밖에 없어."[2] (다소 과장된 말이긴 하지만, 크게 틀린 말은 아니다.) 난 네가 가져온 곡들을 그냥 받기만 했지. 넌 이미 대여섯 곡이나 만들어 놓았고." 거기다 존은 폴이 제인과 약혼했다는 사실에 당황했을지도 모른다. 바로 이 시기에 그가 쓴 노래 〈Across the Universe〉가,

자신의 세계는 결코 흔들리지 않을 거라는 결의를 담고 있다는 점은 의미심장하다.

존과 폴은 점차 환각적인 사운드에서 벗어났다. 새로 나온 곡들에서는 복잡한 음향 효과나 몽환적인 가사가 두드러지지 않았다. 〈Lady Madonna〉의 작곡은 1956년에 발표된 부기우기 재즈 밴드의 히트곡에서 영감을 얻었다. 〈Hey Bulldog〉 역시 강렬한 피아노 리프를 바탕으로 한 에너지 넘치는 록으로, 녹음 당시의 즉흥성이 그대로 느껴진다. 아웃트로에서는 폴과 존이 같은 마이크에 대고 짖고 울부짖으며 서로를 웃게 만든다. 〈I Am the Walrus〉가 분노와 슬픔으로 진동한다면, 〈Hey Bulldog〉은 공감의 외침이다. 외롭다면 나에게 털어놓아도 된다고 말이다. 브라이언의 죽음에 대해 매카트니가 음악으로 보인 반응은 존보다 훨씬 더 우회적이었다. 〈Magical Mystery Tour〉의 첫 번째 싱글로 발표한 〈Hello Goodbye〉는 겉보기에는 눈부시도록 단순하지만, 그 경쾌한 분위기 아래 곡의 복잡성과 가사의 모호함이 숨어 있다. 가사는 사랑하는 사람이 세상에서 갑자기 사라지는 것에 대한, 어린아이의 어리둥절함을 표현한다. "왜 작별 인사를 하는 건지 모르겠어요(I don't know why you say goodbye)"

동시대의 뮤지션들이 마약과 성 해방을 노래할 때, 폴은 〈Your Mother Should Know〉와 〈Lady Madonna〉에서 어머니의 지혜에 대해 노래했다. 〈Lady Madonna〉의 가사는 문자 그대로는 큰 의미가 없어 보일 수도 있지만, 쉼 없이 밀려드는 의무와 책임에 짓눌리면서도 자기 자신을 잃지 않으려 애쓰는 여성의 모습을 인상주의적 터치로 섬세하게 포착한다. 이 노래는 폴이 이상화한 어머니의 이미지를 연상시킨다. 가정을 돌보면서도 생계를 책임지는, 인간적인 육체성을 지닌 성모 마리아 같은 존재다. 그렇다고 해서 이 곡이 그의 어머니를 다룬 노래라는 뜻은 아니다. 이 곡이 무언가를 말한다고 느껴진다면, 그건 아마도 양손으로 두드리는 피아노 리프 때문일 것이다. 그 리프는 생명력 그 자체처럼 우리를 슬픔에서 흔들어 깨우고, 침대 밖으로 끌어내며, 앞으로 다가올 일을 향해 힘차게 등을 떠민다.

24

YER BLUES

YER BLUES

다큐멘터리 《비틀스: 겟 백》에서 의미심장한 장면 중 하나는 녹음 세션이 한창일 때 펼쳐진다. 폴이 어쿠스틱 기타를 들고 앉아, 전날 밤 인도 방문 당시의 영상을 봤다고 존에게 들뜬 표정으로 이야기한다. 인도 여행이 불과 1년도 채 지나지 않은 시점의 일이었다. 네 사람 모두 그 여행에 슈퍼 8 필름 카메라를 가져갔고, 폴은 그 영상들을 모아 홈 무비로 편집했다. 그리고 완성한 영상을 이번에 처음으로 본 것이다. "우리 모습이 나오는 걸 보니까, 진짜 신기하더라고. 거기서 그랬던 게, 믿어지지 않아." 폴의 말이 잠시 공중에 맴돈다. 그러다 존이 불쑥 묻는다. "우리가 뭘 했는데?"

《비틀스: 겟 백》에 담긴 다른 비틀스 멤버들의 대화처럼, 이 대화 역시 변덕스럽고 모호하다. 많은 말을 주고받지만 실제로는 별 내용이 없는, 오직 친한 친구 사이에서만 가능한 대화 방식이다. 조지는 비교적 직설적인 편이지만, 존과 폴은 언제나 진지함과 유머 사이의 절묘한 균형 위에 서 있는 듯하다. 진지함은 웃음 속에 녹아들고, 농담에는 숨은 의미가 실렸다.

외부인이 이해하기는 어렵지만, 한 가지 분명한 점은 폴이 인도 이야기를 꺼내는 순간, 존과 조지의 신경이 곤두섰다는 것이다. 폴이 그 영상에 대해 열정적으로 이야기하는 동안, 존은 그의 말을 끊기도 하고 작게 중얼거리기도 한다. 마치 화제를 다른 쪽으로 돌리려 하거나, 조심스럽게 폴의 입을 막으려는 듯한 태도다. 폴은 멈추지 않는다. 존이 불편해한다는 사실을 개의치 않아서일 수도 있고, 그걸 눈치채지 못해서일 수도 있다.

폴: 나도 잘은 모르겠는데, 우리 전부 자기 성격을 억눌렀잖아. 그걸 위해서. 우리 전부 다 이렇게…. (영성 수련 자세를 흉내 내며)

존: (다소 날카롭게, 폴의 말을 끊으며) 그 노래들은 누가 다 쓴 거야?

조지도 살짝 날 선 목소리로 묻는다. "거기 간 걸 후회해?"

폴: 아니, 그건 아니야!

존: (거의 속삭이듯) 난 아무것도 후회 안 해. 밥 울러 일도.

폴: 거기서 우리가 그렇게 솔직하진 않았지. 몰래 뒤쪽으로 빠져나가선 '여기 학교야, 뭐야?' 그랬잖아. 영상 보면 진짜 학교 같아. 그때 말했어야….

존: (말을 끊으며) 그 영상 제목은 《우리가 휴가 동안 한 일》로 해야겠다.

폴: 너랑 그분(마하리시)이랑 같이 걷는 장면이 길게 나오는데, 웬지 너답지 않더라고.

존이 순종적인 학생 같은 표정을 짓자, 폴이 웃음을 터뜨린다. "똑같아!" 폴이 착한 학생인 척하는 모습을 흉내 낸다. "가르침을 주세요,

스승님⋯."

존이 그 말을 따라 하자, 폴이 웃으며 덧붙인다. "네가 그분이랑 헬리콥터 탔을 때 했던 말, 린다가 기억하더라고. 혹시 그분이 네게 '정답'을 슬쩍 알려 주지 않을까 생각했다는 거 말이야." 둘 다 이 말에 웃음을 터뜨린다. (마하리시가 헬리콥터를 타러 갔을 때, 존은 그와 함께하겠다고 나섰다. 돌아온 뒤 그는, 혹시라도 '모든 것의 비밀'을 전해 줄지도 모른다는 기대가 있었기 때문에 따라갔다고 털어놓았다.)

이제 조지가 입을 열고 쓴웃음을 지으며 말한다. "'자기 자신이 되어라'라니, 그런 웃긴 말이 어딨어? 애초에 우리가 거기 간 이유가 진짜 자신이 누구인지 찾기 위해서였는데⋯." 존이 부드럽게 응수한다. "그래도, 결국 알게 됐잖아, 안 그래?"

조지는 설교하듯 말을 잇는다. "⋯그리고 우리가 정말 자기 자신이 되었더라면, 지금 이런 모습일 리가 없지." 그 말과 함께 그는 자리에서 일어나 담배를 비벼 끈다. 어색한 침묵이 흐른다. 폴은 짧게 "흠." 하고 소리를 낸다. 그러자 존이 말한다. "그럼 자연스럽게 행동하자." 그러고는 기타로 〈Act Naturally〉를 연주하기 시작한다.

1968년 2월 중순, 존과 조지는 아내들과 함께 뉴델리로 날아갔고, 그곳에서 택시를 탔다가 도보로 히말라야 산기슭의 리시케시 근처에 있는 마하리시의 아시람으로 향했다. 폴과 링고는 나흘 뒤에 뒤따랐다. 이들은 4주간 머무를 예정이었고, 존과 조지는 두 달 동안 체류할 계획이었다. 고대 힌두교 순례지인 리시케시는 이제 전 세계 영적 관광의 중심지로 자리 잡았다. 마하리시 마헤시 요기의 아시람은 그곳에서 가장 큰 규모를 자랑했다. 갠지스강을 내려다보는 14에이커 부지에 들어선 여섯 채의 흰 콘크리트 방갈로와 여러 오두막에는 최대 75명의 손님이 머물 수 있었다. (링고는 이곳을 '버틀린스'—영국의 대중적인 휴양지 체인—에 비유하기도 했다.)

그곳에서는 세 달 과정의 수업이 진행 중이었고, 비틀스가 도착했을 때는 이미 다른 참가자들이 몇 주 전부터 머무르고 있었다. 참가자들은 세계 20개국에서 모여든 이들이었고, 그중에는 미국 여배우 미아 패로Mia Farrow도 있었다. 그녀는 여동생, 남동생과 함께 왔으며, 프랭크 시나트라와의 짧았던 결혼 생활을 마무리하고 마음을 추스르는 중이었다.

수업에 참여하려면 수강료를 내야 했지만, 마하리시는 비틀스에게 그 비용을 면제해 주었다. 아마도 그들의 막대한 홍보 효과 때문이었을 것이다. 뱅거 방문 이후, 마하리시는 전 세계 언론의 주목을 받았고, 《라이프Life》는 그를 다룬 기사에서 1968년을 '구루의 해'라고 선언하기도 했다.

비틀스 네 명은 각자의 파트너와 함께였다. 제인 애셔, 신시아 레넌, 패티 보이드, 그리고 링고의 아내 모린('모') 스타키가 동행했다. 맬 에번스도 동행했고, 닐 아스피날은 몇 주 뒤에 합류했다. 그들은 다른 수행자들과 식사와 수업은 함께했지만, 그 외에는 자기들끼리 따로 떨어져 지냈다. 다만 영국의 포크 가수 도노반Donovan이나 비치 보이스의 마이크 러브Mike Love처럼 안면이 있는 뮤지션들은 예외였다. 마하리시는 모든 수강생을 대상으로 하루 두 차례 강연을 진행했지만, 비틀스에게는 예외적으로 정기적인 개인 면담 시간을 따로 내주었다. 이 점은 다른 수행자들의 불만을 사기도 했다. 비틀스 멤버들은 낮 동안 몇 시간씩 명상에 몰두했고, 틈틈이 일광욕을 하거나 책을 읽고, 서로 대화를 나누며 시간을 보냈다.

쌀쌀한 저녁이면 서로의 방에서 음악을 듣고 연주하며 시간을 보냈다. 존과 폴은 기타를 가져왔고, 조지는 처음엔 이 점이 못마땅했다. 그는 이번 휴양을 평소의 자신들—즉, 비틀스로서의 정체성—에서 벗어날 기회로 여겼기 때문이다. 하지만 존과 폴의 생각은 달랐다. 해가 저물 무렵, 일행이 잡초 무성한 길을 따라 걸어가던 중 (너무나 당연하게도) 폴이 기타를 꺼내 모두에게 노래를 불러 주었다. 그가 부른 노래는 "오블라디, 오블라다, 삶은 계속돼(Ob-La-Di, Ob-La-Da, life goes on)"라는 후렴을 반복하는 곡이었다.

사람들은 미아 패로의 여동생 프루던스를 걱정했다. 그녀는 매일 방에 틀어박혀 공동 수련 시간에도 거의 나오지 않았다. 조지와 존은 저녁에 기타를 들고 그녀의 방갈로로 찾아가 위로의 뜻으로 폴의 노래를 불러주었다. 얼마 지나지 않아, 존은 그녀를 떠올리며 〈Dear Prudence〉라는 곡을 썼다. 같은 수련생이었던 폴 솔츠만Paul Saltzman은 비틀스가 함께 즐겁게 연주하는 모습을 직접 목격했다. 그는 "그들은 정말 끈끈했다."[1]라며, 비틀스가 다른 친구들, 심지어 연인들보다도 서로 더 가까워 보였다고 말했다.

고요한 그곳에서, 존과 폴은 시간이 있었고, 맑은 정신도 있었다. 그리고 무엇보다도 그들에겐 서로가 있었다. 그 결과 신곡들이 놀라울 정도로 많이 쏟아져 나왔다. 단지 곡 수가 많다는 점만으로도 인상적이었지만, 이미 숱한 곡들을 써낸 이후였다는 사실을 생각하면 더욱 놀라운 일이었다.

리시케시에서 작곡하거나 처음 구상한 곡들은 그해 말에 발표된 비틀스의 첫 더블 앨범에 다수 수록했고, 이후 발표한 앨범들과 1970년대에 발표한 멤버들의 솔로 앨범에도 들어갔다.

가장 뚜렷한 변화는 존에게서 나타났다. 그는 다시 폴과 비슷한 속도로 곡을 써내기 시작했다. 어떤 곡들은 고요함을 머금었다(⟨Julia⟩나 ⟨Child of Nature⟩처럼, 리시케시에서 꿈이 이루어지는 순간을 노래한 곡들이다). 반면 ⟨Yer Blues⟩나 ⟨I'm So Tired⟩ 같은 곡들은 어둡고 번민에 찬 분위기를 담았다. 어느 시점에 어떤 곡이 쓰였는지 정확히 특정하긴 어렵지만, 존의 공책을 보면 ⟨Julia⟩와 ⟨Child of Nature⟩는 리시케시에 머무르기 시작한 초기에, ⟨Yer Blues⟩와 ⟨I'm So Tired⟩는 후반부에 폴이 떠난 뒤에 쓰인 것으로 보인다.[2]

열흘이 지나, 링고는 집으로 돌아가기로 했다. 어릴 적부터 말썽이던 민감한 위장이 현지 음식을 버거워했고, 아내 모는 벌레를 견디지 못했으며, 두 사람 모두 아이들을 몹시 보고 싶어 했다. 폴과 제인은 예정대로 4주 뒤인 3월 23일에 떠났다. 폴은 그곳에서 즐겁게 지내긴 했어도 '엄청난 영적 비상'[3]을 경험한 것은 아니었다. 머릿속을 비우기 어려워 명상에 어려움을 겪었다. "머릿속을 비우는 순간, 곧바로 떠오르는 생각이 하나 있었다. '다음 앨범은 어떻게 하지?'" 런던에 돌아온 뒤, 폴은 존과 조지가 돌아오지 않을지도 모른다는 걱정에 사로잡혔다. "일주일 정도는 정말로 다시 만날 수나 있을지, 비틀스가 다시 존재할 수 있을지조차 알 수 없었다."

다행히 그들은 돌아왔지만, 존은 전과는 전혀 다른 사람이 되었다. 처음 리시케시에 머무를 때만 해도 그는 행복해 보였다. 평소에는 오래 집중하는 걸 어려워하던 그가 하루에도 몇 시간씩 명상에 몰두할 만큼 놀라운 집중력을 보였다. 하지만 시간이 흐르면서, 신시아는 그가 점점 내면에 틀어박히는 것을 느꼈다. "그는 모두와 거리를 두었고, 마하리시와 며칠씩 시간을 보내곤 했어요.[4] 게슴츠레한 눈으로 나타나서는 나와도, 다른 누구와도 이야기하려 하지 않았죠."

결국 존은 신시아와 함께 쓰던 방갈로를 떠나 혼자 지낼 수 있는 방갈로로 옮겼다. 겉으로는 명상에 집중하기 위해서라고 했지만, 그 배경에는 다른 이유가 있었을지도 모른다. 그는 약 1년 반 전에 만난 일본인 예술가 오노 요코와 계속 연락을 주고받았고, 요코는 리시케시로도 엽서를 꾸준히 보냈다. 존은 아침마다 일찍 일어나 엽서를 챙겨 받았다. 엽서에는 시 구절이나 수수께끼 같은 격언이 적혀 있었다.[5] 어느 엽서에는 이렇게 적혀 있었다. "나는 구름이야. 하늘에서 나를 찾아 봐."

폴이 떠날 무렵, 존은 안절부절못하고 마음이 불안정한 상태였다. 그의 제안으로 친구 알렉시스 마르다스가 리시케시에 도착해, 존과 조지와 합류했다. 마르다스는 그리스 출신의 전기 기술자이자 발명가로, 존은 그를 '매직 알렉스'라는 별명으로 불렀다. 마르다스는 한 젊은 미국인 여성 수련생의 말을 전했다. 그녀는 마하리시가 자신에게 성적인 접근을 했다고 주장했다. 그날 밤 내내 이어진 긴 논의 끝에 조지는 그것이 그저 소문일 뿐이라고 주장했지만, 결국 존과 조지는 다음 날 아침에 떠나기로 결정했다. 4월 10일, 그들은 귀국길에 올랐다.

그 결정은 조지에게 가슴 아픈 일이었다. 그는 곧 존의 강한 확신에 휩쓸린 것을 후회했다. 마하리시의 부적절한 행동에 관한 소문이 사실이라 하더라도(훗날 몇몇 여성들의 증언이 뒷받침했다), 조지는 존이 그 문제를 지나치게 심각하게 받아들이는 것 같다고 느꼈다. 비틀스는 애초에 청교도적인 성향과는 거리가 먼 사람들이었기 때문이다. 폴 역시 이해할 수 없었다. "그 일 하나만 가지고 명상 센터를 떠날 이유는 없다고 생각했다."[6] 훗날 그가 회상했다. "그게 무슨 문제야? … 추파를 던지는 게 뭐가 잘못됐다는 거지? 내 생각엔 전혀 문제 될 게 없었다." 마다스가 도착했을 무렵, 존은 이미 폭발할 구실을 찾고 있었던 듯하다. 훗날 조지는 이렇게 말했다. "존은 애초에 돌아가고 싶어 했다."[7]

존은 왜 그렇게 극단적인 반응을 보였을까? 확실히 단정할 수는 없지만, 그는 마하리시를 지나칠 정도로 열렬히 이상화했다. 그런 집착은 그의 성장기를 고려하지 않고서는 쉽게 이해할 수 없는 일이었다. 한번 상상해 보자. 당신은 어머니와 아버지 모두에게 애정을 받지 못한 채 자란다. 아버지는 바다에 나가 있고, 언젠가는 돌아올 거라 믿었던 어머니는 끝내 돌아오지 않는다. 그리고 당신에게 사랑과 관심을 보여 준 사람들은, 도무지 이해할 수 없는 이유로 갑작스레 떠나 버린다.

주일학교에서 배웠고, 어렴풋이 믿었던 예수는 더 이상 진짜처럼 느껴지지 않는다. 당신은 누군가가 자신을 바라봐 주고, 인정해 주었으면 하는 간절한 바람으로 명성을 좇는다. 그리고 상상했던 것보다 훨씬 더 큰 명성을 얻는다. 그런데 이상하게도, 진정으로 이해받았다는 느낌은 들지 않고 외롭기만 하다. 그러다 당신은 마리화나를, 그리고 이어서 LSD를 접한다. 그것들은 당신의 정신에 놀라운 변화를 일으키고, 잠시나마 고통을 느끼지 않게 해 준다. 하지만 시간이 지나면 다시 허무함이 밀려온다. 그러던 중, 당신의 매니저이자 친구였던 사람이 절망 속에서 세상을 떠난다. 어쩌면 당신의 성공 탓에, 그리고 어쩌면 당신이 그를 밀어낸 탓에 절망을 느껴서 죽었을지도 모른다.

그런데 바로 그 순간, 인도에서 온 한 현자가 당신 앞에 나타나 말한다. 당신이 겪은 고통은 헛되지 않았고, 죽음은 환상일 뿐이며, 노력하면 누구나 우주의 진리라는 환희에 다다를 수 있다고. 그래서 당신은 아내와 친구들뿐만 아니라 전 세계 사람들에게까지 선언한다. 이제부터는 이 길을 따르겠노라고. 그리고 정말로 노력한다. 필사적으로, 진심으로 애쓴다. 하지만 도달하지 못한다. 명상은 당신의 모든 고통을 없애 주지 않는다. 그리고 이제 더 이상 LSD를 하지 않는 당신에게는, 그 고통을 무디게 해 줄 어떤 방법도 남지 않았다. 당신은 깨닫는다. 그 현자 또한 당신처럼 욕망을 지닌, 평범한 남자였다는 사실을. 당신은 속았다는 느낌에 치욕감마저 느낀다. 그런데 가장 친한 친구는 그것조차 눈치채지 못한다. 애초에 그 현자를 믿지도 않았던 친구는 산산이 부서진 당신의 꿈만 남겨둔 채 당신을 외면하고 떠나 버린다. 당신은 자신이 어리석게 느껴지고, 방향을 잃은 기분이며, 말로 다할 수 없을 만큼 외롭다.

'화이트 앨범'에서 〈Yer Blues〉는 폴의 두 곡 사이에 자리한다. 하나는 축하 분위기의 〈Birthday〉, 다른 하나는 고요한 〈Mother Nature's Son〉이다. 약간은 자조적인 뉘앙스가 엿보이긴 하지만, 이 곡은 레넌이 비틀스와 함께한 녹음 중 가장 암울한 곡이라 할 수 있다. 반복적으로 강조하는 'lonely'라는 단어에서부터, 자살 충동을 노골적으로 드러내는 구절까지.

1970년 《롤링스톤》 인터뷰에서 레넌은 〈Yer Blues〉와 〈I'm So

Tired〉를 자신에게 매우 개인적인 곡들이라고 언급하며 말했다. "큰 고통이 담긴 노래들이었다···**8** 전부 내 진심이었다." 〈I'm So Tired〉는 어디에서도 안식과 피난처를 찾지 못한 채 스스로를 갉아먹는 고통스러운 정신 상태를 그린다. 그는 노래 속에서 이렇게 말한다. "장난이 아냐(But it's no joke)" 평소라면 웃고 떠들며 장난을 많이 쳤을지도 모르지만, 이 순간만큼은 자신이 절박하고 진지하다는 것을, 듣는 이가 누구든 알아 주기를 바라는 듯하다.

존은 큰 기대를 품고 마하리시의 영성 수련회로 향했고, 처음 몇 주 동안은 더없이 행복했다. 그러나 결국엔 분노와 환멸을 안고 그곳을 떠났고, 그 감정은 쉽게 가시지 않았다. 훗날 조지 해리슨은 이렇게 회상했다. "존은 거기 다녀와서 180도 변했다.**9** 긍정적인 성격이 완전히 부정적으로 바뀌었다."

레넌이 그렇게 씁쓸하게 떠난 이유는 마하리시에 대한 환멸 때문이라고 알려졌지만, 그게 전부는 아니었다. 1968년 말, 존은 이렇게 말했다. "그냥 몇 가지 일이 있었고, 혹은 없었거나···**10** 잘 모르겠지만, 어쨌든 뭔가 있긴 했고 (손가락을 튕기며) 우린 그렇게 떠났다. 정확히 무슨 일이었는지는 잘 모르겠다. 아직 얼마 안 된 일이라··· 뭐가 어떻게 된 건지 잘 모르겠다."

리시케시에서 돌아오는 길에 레넌은 '마하리시'를 신랄하게 조롱하는 노래를 부르기 시작했고, 그 곡은 조지 해리슨의 권유로 나중에 〈Sexy Sadie〉라는 제목으로 바뀌었다.**11** 비행기 안에서 그는 신시아에게 함께했던 시간 동안 저질렀던 모든 외도를 털어놓기로 결심했다. 신시아는 몇몇 외도에 대해서는 알고 있었지만, 전부 알지는 못했을 것이다. 어쨌든 그 순간은 그녀에게 매우 고통스러웠다. 레넌은 아내를 더 멀리 밀어내며, 최악의 상황에 대비시키고 있었다. 런던에 돌아온 뒤, 그가 가장 먼저 한 일 중 하나는 캐번디시 애비뉴에 있는 폴의 집을 찾아간 것이었다. 훗날 폴은, 존이 마하리시에 대해 거칠게 불평을 쏟아냈고 자신은 그들의 옛 스승을 변호했다고 회상했다. 존은 참담한 기분이 들었을지도 모른다. 마하리시가 정말 여자를 밝히는 사기꾼이었는지는 그다지 중요한 문제가 아니었다. 진짜 중요한 건, 존이 친구와 다시 친밀한 관계가 되기를 원했다는 점이었다. 둘 사이의 유대를 회복하고, 자신들이 여전히 같은 파장을 공유하고 있다는 것을 확인하고 싶었던 것이다. 하지만 폴은 또다시, 의도치 않게 그를 밀어냈다.

친구들의 말에 따르면, 그 여행 이후 존은 그들이 본 것 중 가장 심각한 상태의 우울증에 빠져들었다. 조지가 이렇게 회상했다. "존은 신이 자신을 버렸다고 분노했다(물론 실제로는 신과 아무 상관도 없는 일이었지만)."[12] 존은 신시아가 친구들과 함께 그리스로 휴가를 떠나도록 하고, 피트 쇼튼을 켄우드 저택으로 불러 함께 지냈다. 쇼튼은 이렇게 말했다. "그때 존은 내가 지금껏 본 것 중 가장 엉망이었다."[13] 그가 말하길, 그 시기의 존에게 가장 강하게 드리워졌던 감정은 굴욕감이었다. 존은 다시 LSD를 복용했고, 다른 약물들도 함께 복용했다. 어떤 날은 눈물을 쏟으며 울었고, 또 어떤 날은 미친 사람처럼 웃었다. 그는 몇 년 만에 다시 과음하기 시작했다. 4월 18일에 열린 음악계 인사들이 모인 파티에서는 샴페인을 마시고 눈에 띄게 취한 모습을 보였다. 약물 복용은 그를 망상에 빠뜨렸다. 이 시기 어느 날, 그는 애플 회의실에 비틀스 멤버들을 긴급 소집해 자신이 예수 그리스도라고 선언했다. 다른 멤버들은 그의 말을 듣고 나서 아무 일 없다는 듯이 "점심이나 먹자."라고 제안했다.

레넌은 서리주 시골에 있는 데릭 테일러의 집에서 보낸 주말 동안, 조금씩 회복의 기미를 보이기 시작했다. 테일러는 결혼해 어린 자녀들을 여럿 두고 있었는데, 그 다정하고 평온한 가정의 분위기가 레넌에게 진정 효과를 준 듯했다. 존의 오랜 친구 닐 아스피날과 피트 쇼튼도 함께였다. 아이들을 재운 뒤, 그들은 밤새도록 LSD를 복용하고 마리화나를 피웠다.

테일러는 당시의 레넌을 스스로에 대한 의심에 사로잡혀 완전히 무너진 모습이었다고 회상했다. 그는 의도적으로 존의 자존감을 살려 주려고 애썼다. 몇 시간에 걸쳐 존이 자신의 놀라운 인생 이야기를 들려주도록 유도했고, 그동안 얼마나 많은 것을 이뤘는지를 하나하나 짚어 주었다. 수년 뒤, 레넌은 그 밤을 인생의 전환점으로 기억했다. "데릭이 '이 노래도 네가 썼고, 이 말도 네가 한 거야. 넌 똑똑한 사람이야. 두려워하지 마.' 그렇게 말해 줬다."[14]

결국 존은 인도에서 빠졌던 우울감의 늪에서 빠져나오긴 했지만, 1967년에 가졌던 평정심을 완전히 되찾지는 못했다. 그는 자신의 삶을 완전히 부수고 새롭게 시작할 방법을 모색하기 시작했고, 그것은 곧 폴과의 관계에 거리를 두는 것을 의미했다. 존은 점점 더 불안정하고 예측하기 어려운 성격으로 변해 갔다. 여전히 웃고, 애정을 표현하며, 생기 있는 모습을 보이기도 했지만, 예전보다 날카롭고 의심이 많아졌으며, 냉소적인 태도가 두드러졌다. 비틀스가 해체되기 전, 존의 내면이 먼저 무너졌다.

25

LOOK AT ME

〈Look at Me〉는 비틀스 해체 직후 발매한 존 레넌의 첫 솔로 앨범 〈John Lennon/Plastic Ono Band〉에 수록한 곡이다. 하지만 이 곡이 처음 작곡된 시점은 1968년, 인도에서 돌아온 직후였다. 〈Julia〉나 〈Dear Prudence〉처럼 핑거피킹 주법으로 연주한 이 곡은, 앞의 두 곡과 마찬가지로 고요하고 사색적인 분위기를 지니면서도, 그보다 훨씬 우울하고 쓸쓸한 정서를 담았다. 레넌은 이 곡의 데모 버전을 녹음했지만, 끝내 비틀스 앨범에 싣지는 않았다. 아마도 그는 이 곡을 완성된 형태로 발전시키지 못했을 것이다. 이 노래는 뚜렷한 출구 없이 같은 자리를 맴돈다. 그는 "날 봐줘(Look at me)"라고 애원한다. "나는 누구여야 하지? 나는 무엇을 해야 하지?(Who am I supposed to be? What am I supposed to do?)"라고 되묻는 목소리에는 애처로움과 피로, 슬픔이 배어 난다.

인도에서의 경험을 떠올리면 의외일 정도로, 존은 그 시기에 매우 생산적이었다. 그는 이렇게 말했다. "내가 느낀 감정에 대한 노래를 600곡은 썼다.[1] 죽고 싶고, 울고 싶고, 자살하고 싶었지만, 노래도 만들고 싶었다."《비틀스: 겟 백》다큐멘터리에서 마이클 린제이 호그 감독은 1969년 초, 존에게 가해졌던 '상처'에 관해 묻는다. 이는 분명 존이 직접 썼던 표현을 인용한 것이며, 인도 여행 전후의 시기를 가리켰다. 이 시기에 폴과 존 사이에 심한 말다툼이 있었다는 기록은 없으며, 존 역시 훗날 어떤 구체적인 사건을 언급한 적은 없다. 그러나 우리는 그가 상처받았다는 사실을 안다. 요코가 전기 작가 필립 노먼 Philip Norman에게 이렇게 말했기 때문이다. "존은 폴만큼 자신을 아프게 한 사람은 없었다고 했어요."[2]

매카트니는 1960년대 후반부터 1970년대 초반까지 존이 자신에게 드러낸 분노를 이해하지 못했다. 그 감정은 단순히 공동 작업자로서 느끼는 좌절감이나 친구 사이에 흔히 생길 수 있는 불만을 넘어선 것처럼 보였다. 심지어 요코조차도 존이 폴에게 품은 적개심을 완전히 이해하지 못했다. 요코는 노먼에게 존이 폴과의 관계를 연애 감정의 관점에서 진지하게 생각해 본 적이 있거나, 폴이 그런 성적인 접근을 거절했을지도 모른다고 조심스럽게 추측했다. 그녀는 이렇게 말했다. "뭔가 있다는 걸 느낄 수 있었어요.[3] 폴 쪽이 아니라, 존 쪽에서요. 그는 폴에게 화가 많이 나 있었죠. 도대체 진짜로 뭐 때문인지 나도 계속 궁금할 수밖에 없었어요." 요코는 1968년에 오디오 일기를 남겼다. 존과 연인 관계를 시작한 지 한 달쯤 지난 6월 4일, 그녀는 테이프 리코더에 이렇게 말했다. "만약 폴이 여자였거나 여자와 비슷했더라면 정말 큰 위협이 됐을 거라고 확신한다.[4] 왜냐하면 존과 폴 사이에는 확실히 뭔가 강렬한 게 있기 때문이다."

존이 기본적으로 이성애자였다는 데에는 크게 의심의 여지가 없지만, 앞서 살펴본 바와 같이 그는 동성 간의 욕망에 대해서도 일정 수준의 호기심을 품었다. 요코는 2015년에 이렇게 말했다. "그에겐

'남성과 성관계를 갖고 싶다.'라는 욕망이 있었던 것 같아요.[5] 하지만 그는 너무 억눌려 있었죠." 그러고는 곧 말을 고쳤다. "아니, 억눌렀다기보다는 '엄청 매력적인 남자라면 상관없어.'라고 말했어요. 정말 까다로운 조건이었죠. 외모만 매력적인 게 아니라 정신적으로도 굉장히 뛰어나야 하니까요. 그런 사람은 좀처럼 보기 힘들죠." 적어도 1968년 초, 존은 그런 사람을 만났다고 느꼈을 가능성이 있다. 어쩌면 그는 오늘날의 의미에서 퀴어일지도 모른다. 성적 취향에 일정한 유동성이 있었고, 그런 점에서는 폴보다 더 그랬을 수도 있다. 그는 음악과 섹스, 사랑이 하나로 뒤섞인 총체적인 관계를 꿈꿨던 듯하다. 그게 사실이든 아니든, 중요한 것은 인도 방문 이후로 존이 폴에게 거절당하고 버림받았다고 느꼈다는 점이다. 그 상처는 어쩌면 그의 머릿속에서 혼자 만들어 낸 것일지도 모르지만, 그렇다고 해서 고통이 덜한 것은 아니었다. 오히려 그래서 더 아팠을지도 모른다.

《비틀스: 겟 백》을 보는 이들은 레넌과 매카트니가 〈Two of Us〉를 수많은 버전으로 반복해서 연주하며 서로를 응시하는 그 강렬한 아이컨택에서 깊은 인상을 받는다. 두 사람은 평범하지 않을 만큼 오랜 세월, 서로의 눈을 들여다보며 살아왔다. 투어 버스 안에서, 호텔 방에서, 분장실에서, 그들은 늘 새로운 아이디어―노래든, 문구든, 가사든, 코드든―에 대한 서로의 반응을 살폈다. 느낌이 괜찮은가? 별로인가? 내가 잘하고 있는 걸까? 1963년부터는 세상도 그들이 서로를 바라보는 모습을 지켜보기 시작했다. 유튜브와 텀블러 같은 곳에는 팬들이 기자회견, 인터뷰, 무대, 파티 등에서 존과 폴이 서로를 바라보는 장면만 따로 모아 긴 이미지 시퀀스를 만들어 올려놓곤 한다. 모든 비틀스 멤버가 자주 시선을 교환하긴 했지만, 레넌과 매카트니의 시선 교류는 빈도와 강도 면에서 유독 강렬했다.

특히 매카트니는 눈을 통해 영혼을 들여다볼 수 있다고 믿는 듯하다. 인터뷰어에게 무언가 의미 있는 말을 전하고 싶을 때면, 그는 눈썹을 치켜올리며 눈을 크게 뜬다. 누군가의 이야기를 들을 때는 마치 그 말 너머의 의미를 읽어내려는 듯, 혹은 말없이 논쟁에서 이기려는 사람처럼 시선을 고정한 채 상대를 집중해서 바라본다. 리틀 리처드는 독일에서 비틀스와 함께 공연한 일을 회상하며 이렇게 말했다. "폴은 방에 들어와 앉더니 나를 쳐다봤다.[6] 눈을 떼지 않고 계속." 토니 바로는 "폴이 브라이언 엡스타인에게 무언가를 원할 때마다 눈을 똑바로 바라보면, 엡스타인의 방어는 순식간에 무너졌다."[7]라고 회상했다. 밴드 채스 앤 데이브 Chas & Dave 의 뮤지션 채스 호지스 Chas Hodges 는 1966년에 폴이 자신에게 〈Revolver〉의 테스트 음반을 들려줬던 일을 떠올리며, 음반이 재생되는 내내 폴이 자신을 뚫어지게 바라본 것이 가장 인상 깊었다고 말했다.[8] 1967년, 존과 폴은 LSD를 함께 복용한 뒤 개별적인 자아의 감각이 사라질 때까지 눈을 마주쳤다.

존에게 시선을 통한 친밀감은 근시로 인해 더욱 강렬하게 다가왔다. 그는 누군가를 제대로 보기 위해선 아주 가까이 다가가야 했고, 자기 자신을 진짜로 보여 주기 위해서는 안경을 벗어야 했다. 매카트니는 레넌과의 격렬한 말다툼 중, 존이 안경을 벗으며 이렇게 말했던 일을 떠올렸다. "나야, 나라고. 다른 사람이 아니고."[9] 오노 요코 역시 존과의 연애 초기를 회상하며 말했다. "그는 늘 '무슨 생각해? 왜 나안 쳐다봐?'라고 말했어요.[10] 나는 항상 그를 제대로, 정확히 눈 한가운데를 바라봐야 했어요. 안 그러면 금세 불안해하곤 했죠."

신시아도 그런 말을 하지 않았던가. 존은 비틀스 멤버들을, 그들이 그를 필요로 하는 것보다 더 많이 필요로 했다. 그는 폴이 자신보다 먼저 인도를 떠날 예정이라는 사실을 알고 있었지만, 누군가가 자신을 떠나는 상황 자체를 견디기 어려워했다. 1968년이 지나면서, 존은 자신과 동등한 존재로 여겼던 단 한 사람, 가장 친한 친구이자 창작의 소울메이트로 여겼던 사람이 더 이상 자신을 같은 마음으로 바라보지 않는다는 사실을 받아들이는 고통스러운 과정을 겪기 시작했다. 폴이 자신을 바라봐주지 않으면, 존은 자신이 누구여야 하는지조차 알 수 없었다.

26

HEY JUDE

HEY JUDE

4월 19일, 영국 신문에 "이 남자에겐 재능이 있다This man has talent"라는 제목의 광고가 실렸다. 광고에는 등에 드럼을 메고 하모니카를 입에 문 채, 기타를 비롯한 온갖 악기를 연주하는 원맨 밴드 남성의 모습이 담겨 있었다. 광고 문구는 이렇게 설명했다. 어느 날 이 남자가 녹음 테이프를 만들어 런던 베이커 스트리트 94번지에 있는 애플 뮤직에 보냈고 "지금 그는 벤틀리를 타고 다닌다!"고. 이 광고는 매카트니가 고안한 것으로, 누구든지 자신처럼 할 수 있다는─단지 스스로에게 그것을 허락하기만 하면 된다는─그의 본능적인 믿음을 보여주었다. 이제 폴은 사실상 비틀스의 총괄 기획자 역할을 맡고 있었다. 그는 다 같이 함부르크로 떠나기 직전인 것처럼 새로운 기획을 끊임없이 구상했다. 《매지컬 미스터리 투어》 쇼에 대한 비판도, 비틀스가 의지만 있으면 어떤 일이든 해낼 수 있다는 폴의 확신을 흔들지 못했다. 그의 열정적인 기획 활동에는 어딘가 광적인 기운이 감돌았다. 마치 폴은 존이 다음 일에 흥미를 느끼지 않으면 모든 걸 포기해 버릴까 봐 두려워하는 사람처럼 보였다.

폴은 인도에서 돌아오자마자 애플 창립 구상에 착수했다. 이 계획은 필요에서 비롯되었다. 비틀스가 1962년에 엡스타인의 회사 NEMS 와 맺은 계약은 1967년 9월에 만료되었고, 멤버들은 새로운 선택지를 고민하느라 그 계약을 연장하지 않았다(이 시점에서 그들은 NEMS가 여전히 자신들의 수입 중 4분의 1을 받을 권리가 있다는 사실을 알지 못했다). 이제 그들은 직접 회사를 차리기로 했다. 창의적인 사람들이 이끌고, 창작을 원하는 누구에게나 열린 회사를 만드는 것이 그들이 품은 이상이었다. 공인회계사 자격이 있는 닐 아스피널에게 재무 이사를, 데릭 테일러에게는 홍보 책임자를 맡아 달라고 부탁했다. 애플 코어 산하에는 애플 레코드, 애플 일렉트로닉스(매직 알렉스가 관할), 애플 뮤직 퍼블리싱, 애플 테일러링, 애플 필름스 등 여러 자회사를 빠르게 설립했다. 이 계획은 주로 존과 폴이 주도했다. 링고는 별다른 이견 없이 기꺼이 동참했고, 인도에서 긴 체류를 마치고 돌아온 조지는 방대하게 확장 중인 사업에 경계심을 드러냈다(하지만 애플 레코드에는 관여했다). 존은 의욕은 있었지만, 실질적인 경영에는 간헐적으로만 참여했다. 비틀스의 측근이었던 피터 브라운은 이렇게 회상했다. "오랫동안 애플은 사실상 폴이었다.[1] 그는 매일 출근했다… 사무실 인테리어부터 레이아웃 디자인까지 모든 것을 직접 챙겼다."

5월 중순, 존과 폴은 링고와 조지 없이 단둘이 뉴욕으로 날아가 미국 언론을 상대로 애플 레코드 론칭을 알렸다. 이들은 이틀 동안 언론 인터뷰를 진행했고, 《더 투나잇 쇼*The Tonight Show*》에도 출연했다. 기자들 앞에서 폴은 평소답지 않게 조용한 모습을 보였고, 대부분의 질문은 존이 도맡아 답했다. 어쩌면 자신들이 감당하기 어려운 일을 벌였다는 사실을 어느 정도 의식했는지도 모른다(나중에 폴은 당시에 긴장했다고 회상했다). 존의 말투는 거칠고 비꼬는 것을 넘어서 무례하게까지 느껴졌으며, 전반적으로 진지하게 생각해 본 적도 없다는 태도를 보였다. 그는 향후 계획에 관한 질문을 받자 이렇게 말했다. "우린 계획 같은 거 안 해요…[2] 계획에 대해 생각하지도 않고요… 지금은 매니저도 없으니까, 계획이 전혀 없죠." 그러자 폴이 웃으며 덧붙였다. "혼돈 뿐이죠." TV 앵커 래리 케인Larry Kane과의 공동 인터뷰에서 두 사람은 태평하면서도 매우 모호한 태도를 보였다. "음반도 하고, 영화 쪽도 하고, 어… 그거 뭐라더라, 제조업?"[3] 하고 존이 말하자, 폴은 이렇게 덧붙였다. "친구(알렉시스 마르다스)가 전자 기술 부문을 맡았어요. 그리스 친구인데, 아주 놀라운 것들을 발명했죠. 어… 크게 될 거예요."

조지 해리슨은 훗날 애플을 두고 '혼돈'이라는 단어를 썼다. 그는 이렇게 말했다. "결국 그건 존과 폴의 광기였던 것 같다.[4] 서로의 자아에 휘둘려 감당할 수 없이 커져 버렸던 거다." 존과 폴은 여전히 함께 잘 지낼 수 있을지를 확인해 보기 위해 뉴욕으로 떠났다. 그들은 공식 석상에서 여전히 호흡이 잘 맞았다. 폴은 존의 농담과 빈정거림, 즉흥적인 말장난에 웃음을 터뜨렸다. 그해 초, 폴은 멤버들 가운데 처음으로 LSD 복용 사실을 언론에 털어놓았다. 그 일로 존은 기분이 상했지만, 래리 케인이 그 문제를 언급하자 재빨리 끼어들어 폴을 감쌌다. 이는 2년 전에 폴이 존을 감싸 주었던 모습과 닮아 보였다. 베트남 전쟁, 학생들의 점거 시위, 민권운동, 마틴 루터 킹 목사 암살 같은 정치적 혼란에 대해 질문을 받자, 그들은 마치 세상 돌아가는 일에 전혀 관심이 없는 사람처럼 반응했다. 그들은 여전히 함께 있으면 누구도 자신들을 건드릴 수 없다고 믿었다. 비록 이제는 그룹으로서도, 사업 파트너로서도, 친구로서도 어디로 향하고 있는지에 대한 막연한 불안감이 마음속에 깔렸지만 말이다.

아메리카나 호텔에서 열린 기자회견 도중, 폴은 익숙한 얼굴을 발견했다. 린다라는 이름의 미국인 사진작가였다. 두 사람은 약 1년 전에 런던의 한 클럽에서 처음 만났고, 며칠 뒤에는 브라이언 엡스타인의 집에서 열린 〈Sgt. Pepper's Lonely Hearts Club Band〉 언론 발표회에서 다시 마주친 사이였다. 그날 린다는 초청받은 사진작가 중한 명이었다. 난롯가의 안락의자에 편하게 기대앉아 샴페인을 마시고 있는 폴에게, 린다가 무릎을 꿇고 다가가 이야기를 나누는 장면이 사진으로 남았다.

린다 이스트먼Linda Eastman은 폴보다 거의 1년 앞선 1941년에 태어났다. 어머니 루이즈는 백화점 상속녀였고, 아버지는 예술과 엔터테인먼트 분야를 전문으로 하는 저작권 변호사였다. 그녀의 아버지 리 엡스타인Lee Epstein은 러시아계 유대인 이민자의 아들로, 1933년 하버드대학을 졸업한 뒤 성을 이스트먼으로 바꿨다. 린다는 뉴욕주 웨스트체스터군의 부유한 교외 지역인 스카스데일에서 예술을 중요하게 여기는 분위기의 가정에서 자랐다. 웨스트체스터와 이스트햄프턴에 있는 이스트먼 가족의 집에는 마티스와 피카소는 물론, 윌렘 드 쿠닝, 로버트 라우센버그, 마크 로스코 같은 현대미술 작가들의 작품이 걸려 있었다. 이들 모두가 리 엡스타인의 고객이었다. 린다가 스무 살이 되던 해, 어머니 루이즈는 비행기 사고로 갑작스럽게 세상을 떠났다.

린다는 버몬트칼리지에서 미술 준학사 학위를 받은 뒤 애리조나 대학교에 진학해 미술사를 전공했다. 대학 시절에 동급생과 결혼해 스물한 살에 딸 헤더를 낳았고, 딸을 돌보기 위해 학업을 중단했다. 하지만 결혼 생활은 순탄치 않았다(남편은 정신질환을 앓았고, 훗날 스스로 생을 마감했다). 1965년, 린다는 어린 딸 헤더를 데리고 뉴욕으로 돌아

왔다. 《타운 앤 컨트리*Town and Country*》 잡지사에서 안내데스크 일을 하
는 것과 동시에 사진작가로서의 경력도 쌓아 가기 시작했다. 특히 그
녀는 록 스타들을 주로 촬영했으며, 그들과는 성향이 자연스럽게 잘
맞았다.

린다가 사진작가로 성공할 수 있었던 이유로 흔히 거론되는 것은
그녀의 외모와 문란한 성생활이다. 이 말은 부분적으로는 사실일 수
있지만, 동시에 여성혐오적인 고정관념이기도 하다. 린다는 매력적인
외모를 지녔고, 성적으로도 당당한 사람이었다(고등학교 졸업 앨범에 실
린 그녀의 별명 중 하나는 '남자 밝히는 여자'였다). 물론 이런 점들이 사진
계에 발을 들이는 데 어느 정도 도움이 되었을 수는 있다. 하지만 그
녀가 그 분야에서 성공을 거둘 수 있었던 진짜 이유는, 그녀가 정말로
뛰어난 사진작가였기 때문이다. 그 증거는 그녀가 찍은 롤링 스톤스,
재니스 조플린*Janis Joplin*, 아레사 프랭클린*Aretha Franklin* 등 수많은 아티스
트의 사진에 고스란히 담겼다. 1968년, 뉴욕에서 폴을 다시 만났을
무렵에 그녀가 찍은 에릭 클랩튼*Eric Clapton*의 사진이 《롤링스톤》 표지
를 장식했다. 여성 사진작가로서는 처음 있는 일이었다. 매카트니는
성적으로 순진한 사람이 아니었고, 린다가 조신한 여성이라고 믿지
도 않았다. 실제로 그는 나중에 린다가 성적으로 경험이 많은 점이 마
음에 들었다고 말했다("우리 둘 다 놀만큼 놀아 봤다."[5]). 선수는 선수를
알아보는 법이다.

당시 폴은 여전히 제인 애셔와 교제 중이었지만, 동시에 여러 여성
과의 관계를 이어 갔고, 그런 점에서 보면 린다도 그중 한 명에 불과
했다고 해도 무리는 아니다. 하지만 뉴욕에서 다시 마주한 그 주말,
두 사람 사이에는 일시적인 끌림을 넘어서는 무언가가 싹텄다. 린다

는 사진 촬영 업무차 기자회견 현장에 나왔고, 행사가 끝난 뒤 폴이 전화번호를 묻자, 공수표 뒷면에 번호를 적어 주었다. 린다가 집에 도착했을 무렵에는 이미 메시지가 와 있었다. 그와 존은 다음 날 영국으로 돌아갈 예정이라 따로 만날 시간은 없지만, 공항까지 가는 리무진을 함께 타고 갈 생각이 있느냐는 내용이었다. 그리하여 린다는 폴, 존, 매직 알렉스, 그리고 비틀스의 변호사 냇 와이스^{Nat Weiss}와 함께 리무진에 올랐다. 와이스는 이 여자가 단순히 폴이 지나쳐 가는 많은 여자 중 하나가 아니라는 느낌을 받았다. "폴이 항상 갑옷처럼 두르던 잘난 척과 방어적인 태도가 스르르 풀려 버렸고, 그 순간만큼은 꽤 인간적으로 보였다."⁶ 와이스가 그런 기운을 느꼈다면, 존 역시 눈치채지 못했을 리 없다. 한 시간 남짓 밀폐된 공간에 함께 있었으니, 분명 린다가 단순히 정복하고 말 상대는 아님을 직감했을 것이다. 두 사람의 관계를 회복할 기회가 되었어야 할 그 주말은, 결국 폴의 관심이 엉뚱한 쪽으로 향하면서 끝나 갔다. 하지만 존도 폴을 나무랄 처지는 아니었다. 그의 관심 역시 새로운 여성에게 옮겨갔기 때문이다.

1970년대에 들어서 존 레넌과 오노 요코는 자신들의 관계를 이야기할 때, 1966년 말에 처음 만난 순간부터 사랑에 빠졌다는 식으로 말하곤 했다. 연인들이 이런 식으로 자신들의 관계를 신화화하는 건 자연스러운 일이지만, 이 두 사람에게는 그렇게 말할 만한 특별한 동기가 있었다. 요코는 존과의 관계가 자신의 커리어를 위한 선택이었다는 끈질긴 소문을 불식시키고 싶어 했다. 그리고 존은 폴과 거리를 두게 된 것이 요코에 대한 사랑 때문이었다는 점을 강조할 필요가 있었다. 폴과 문제가 있어서 요코에게 간 것이 아니라, 요코와의 사랑이 그만큼 강렬했다는 것을 보여 주고 싶었던 것이다.

오노 요코는 존보다 일곱 살 연상이었으며, 1933년 일본 도쿄에서 태어나 자랐다. 어머니 쪽 집안은 일본 최대 규모의 재벌 가문 중 하나였고, 아버지는 은행가였다. 오노 가족은 약 서른 명의 하인을 두고 살았다. 요코는 상류층 자제들만 다니는 명문 학교들을 거치며 서양과 동양의 문학, 철학, 음악을 두루 익혔다. 그녀는 자신이 다니던 대학에서 철학과에 입학한 첫 번째 여학생이었지만, 두 학기 만에 자퇴했다. 요코는 평생 제도와 조직을 싫어했다. "나는 집단주의를 믿지 않아요."[7] 그녀는 그렇게 말한 적이 있다. 같은 학교를 다녔던 한 학생은 이렇게 회상했다. "요코는 여왕 대접을 받아야 만족하는 사람이었다."[8] 이후 아버지가 뉴욕의 은행으로 발령을 받으면서 오노 가족은 린다 이스트먼이 자란 스카스데일로 이주했다. 요코는 그곳의 사라로렌스칼리지에 다니며 음악과 미술 수업을 들었다. 한 교수는 그녀를 학업에 매우 몰두하고, 늘 긴장하던 학생으로 기억했다. "한 번도 편안해 보인 적이 없었다."[9]

오노는 사라로렌스칼리지를 마음에 들어 하지 않았다. "마치 맞서 싸워야 하는 체제 같았다."[10] 그녀는 대학과 가족이라는 두 체제에 동시에 반기를 들었다. 부모의 뜻을 거스르고 자퇴한 뒤, 맨해튼으로 건너간 것이다. 그녀는 아방가르드 음악계에 깊이 발을 담그고 있던 줄리아드 음대생 이치야나기 토시Ichiyanagi Toshi와 결혼했다. 오노와 이치야나기는 작곡가 존 케이지, 라 몬테 영La Monte Young과도 가까운 사이가 되었고(라 몬테 영은 훗날 벨벳 언더그라운드The Velvet Underground에 큰 영향을 끼친 인물이다), 오노는 소호의 허름한 로프트에서 공연과 콘서트를 열기 시작했다. 행사에는 뉴욕의 전위예술가와 실험음악가 수백 명이 몰려들었다. 그녀는 행위예술을 통해 점차 명성을 얻었다. 1961년에는 카네기홀 메인 콘서트홀에 딸린 리사이틀홀에서 공연을 열었다. 무대 위에서는 스무 명의 미술가와 음악가 들이 각기 다른 퍼포먼스를 펼쳤다. 누군가는 음식을 먹었고, 누군가는 접시를 깼고, 누군가는 신문 조각을 던졌다. 공연은 오노의 '한숨, 숨소리, 헐떡임, 구역질, 비명 같은 소리'가 증폭되어 울려 퍼지는 것으로 끝났다. 이 소리들은 '고통과 쾌락이 뒤섞인 다양한 음색에, 뜻을 알 수 없는 외국어처럼 들리는 말소리'가 뒤섞였다.[11] 당시에는 플럭서스^{Fluxus}라는 예술가 집단이 있었는데, 오노는 이들과 관계를 맺었으나 중심에는 서지 않고 주변에 머물렀다.

1962년, 오노는 일본으로 돌아가 전위예술 활동에 참여했다. 첫 번째 결혼은 끝났고, 그녀는 미국인 미술기획자 토니 콕스^{Tony Cox}와 재혼해 1963년에 딸을 낳았다. 이 결혼 역시 오래가지 못했지만, 그녀는 계속 콕스와 함께 작업했다. 도쿄와 교토를 거쳐 다시 뉴욕으로 돌아온 오노는, 자신의 개념미술 작품 가운데 가장 널리 알려질 퍼포먼스를 선보였다. 「컷 피스^{Cut Piece}」라는 제목의 이 작품에서, 그녀는 무대에 앉아 있고, 관객들이 한 명씩 무대로 올라와 커다란 가위로 그녀의 옷을 잘라 냈다. 이 퍼포먼스는 극적이고 예측 불가능했으며, 지배와 취약성, 여성혐오, 그리고 서구와 일본의 관계 같은 주제를 강하게 드러냈다(어린 시절 오노와 그녀의 가족은 연합군의 폭격을 피해 도쿄를 탈출한 경험이 있었다).

1966년, 오노는 한 미술 심포지엄에 참석하기 위해 런던을 방문했고, 이후 그곳에 계속 머물기로 결정했다. 그녀와 토니 콕스는 미술계 인사들과 일반인들의 엉덩이를 촬영한《바텀스^{Bottoms}》라는 예술 영화를 발표했다. 이 영화는 영국 영화검열위원회로부터 상영 금지 처분을 받았고, 이 일로 인해 오노는 런던 예술가들 사이에서 단번에 주목받았다. 오노가 존 레넌을 만나게 된 데에는 폴 매카트니의 기여도 있었다. 오노가 작업을 위해 악보를 요청하자, 그가 레넌에게 이야기해 보라고 한 것이다. 당시 오노는 폴의 친구들이 운영하던 전위예술의 중심지, 인디카 갤러리에서 전시회를 열고 있었다. 그녀는 비틀스의 친구 존 던바의 소개로 레넌을 만났다. 레넌이 그녀의 작업에 자금을 후원할지도 모른다는 전제 아래에 이루어진 만남이었다. 그 무렵에는 존과 폴 모두 언더그라운드 예술가들을 종종 후원했기 때문이다. 오노는 처음 만났을 때 레넌이 누구인지 몰랐다고 말했다가 세간의 냉소적인 반응을 불러일으켰다. 사실 문자 그대로 믿기 어려운 말이긴 하지만, 그녀가 비틀스에 대해 잘 알지 못했고 관심도 없었다는 뜻이라면 충분히 가능한 이야기다. 그녀의 예술 세계와 커리어는 대중문화에 무관심하거나 의도적으로 거리를 두는 태도가 특징이었으니까 말이다. 그리고 당시 그녀는 서른세 살의 성숙한 예술가였고, 비틀마니아처럼 비틀스에 열광할 나이도 아니었다.

던바와 오노는 레넌에게 전시장을 안내했다. 전시된 작품 중에는 받침대 위에 사과 하나가 놓인 작품이 있었다. 레넌은 그 사과를 집어 들어 한 입 베어 물었다. 또 다른 작품은 사다리였고, 관람객이 그 사다리를 올라가도록 되어 있었다. 사다리 꼭대기에 돋보기가 있고, 그 위 천장에는 아주 작은 글씨로 'Yes'라고 적힌 종이 한 장이 붙어 있었다. 레넌은 이 작품을 무척 마음에 들어 했다. 우리는 레넌이 긴장한 상태로 그 사다리를 오르는 모습을 상상할 수 있다. 작품의 의미를 이해하지 못해 당황하게 될까 봐, '니체'를 똑바로 발음하지 못하는 얼간이처럼 보일까 봐, 또다시 폴의 친구들 앞에서 창피를 당할까 봐 걱정하는 모습 말이다. 레넌은 나중에 이렇게 말했다. "사다리를 올라가서 돋보기로 들여다보고 'No'나 '엿 먹어'라고 쓰인 게 아니라는 걸 알았을 때 정말 안도감이 들었다."[12] 'Yes'는 전위예술 특유의 난해한 메시지가 아니었다. 그것은 살아 있음에 대한 순수하고 아이 같은 긍정이었다. 또 다른 작품에서는 관람객들이 널빤지에 못을 박게 되어 있었다. 레넌이 못을 박아도 되느냐고 묻자, 오노는 5실링을 내면 된다고 말했다. 그러자 레넌은 상상의 5실링을 주고 상상의 못을 박겠다고 했다. "순간 우리의 눈이 마주쳤다.[13] 그녀도 느꼈고 나도 느꼈다. 그때부터 시작되었다."

꼭 그런 건 아니었다. 이때부터 1968년, 즉 두 사람이 연인이 되기까지의 열일곱 달 동안 존이 요코에게 어떤 감정을 품었는지 단정하기는 어렵다. 분명한 것은, 그 기간에 본격적으로 연애를 시작한 것은 아니었으며, 존이 그녀에게 특별한 감정을 품었다는 뚜렷한 증거도 거의 없다는 점이다. 다만 두 사람은 분명 우호적인 관계였다. 오노는 켄우드 저택을 방문해 신시아가 준비한 점심 식사를 함께 먹었으며(이 자리에는 비틀스의 사이키델릭 프로젝트에 참여했던 네덜란드 예술가 집단 '풀The Fool'의 멤버들도 함께 있었다), 존은 그녀의 전시회를 후원하기도 했다. 전시회 오프닝이 끝난 뒤, 그는 그녀를 애비로드 스튜디오에서 열리는 녹음 세션에 초대했고, 형식적으로 추파를 던졌다. 요코는 존과 함께 차를 타고 애비로드 스튜디오에서 런던의 한 아파트로 향했다. 도착하자 닐 아스피널이 침대를 펼쳤고, 그녀는 적당한 핑계를 대고 자리를 피했다. 요코는 존과의 관계에 관심이 있었다 하더라도, 대등한 관계가 아니라면 시작하지 않겠다는 태도가 확고했다. 요코의 말에 따르면, 1968년 초에 존은 답장이 없는데도 그녀에게 여러 차례 편지를 보냈다(편지는 그녀의 런던 아파트로 도착했지만, 당시 요코는 잠시 파리에 머물고 있었다). 존은 인도에 머무는 동안에도 그녀의 엽서를 기다렸지만, 귀국한 뒤 곧바로 그녀를 찾지는 않았다. 그가 실제로 행동에 나선 것은 3주가 지난 뒤였고, 그와 폴이 뉴욕으로 떠나기 일주일 전이었다.

이제 그는 전면적으로 행동에 나섰다. 뉴욕행에 함께하겠다는 신시아를 거절하고, 대신 친구들과 함께 그리스로 휴가를 다녀오라고 권했다. 그 무렵, 그는 사실상 신시아와의 소통을 단절한 상태였다. 신시아는 여행을 떠나면서 그와 작별 인사를 나누던 순간을 이렇게 기억했다. "존은 침대에 누운 채 멍하니 허공을 바라보며 고개조차 돌리지 않고 인사를 건넸다."[14] 그 후 존은 피트 쇼튼을 집으로 불렀다. 쇼튼은 그가 다시 망가진 모습을 보았다. 존은 알약을 삼키고 있었고, 감정이 북받쳐 울음을 터뜨리기 일쑤였다. 어느 날 밤(존이 자기가 그리스도라고 선언했던 바로 그날이었다), 두 사람이 함께 TV를 보고 있었는데, 존이 여자를 집에 불러도 되겠느냐고 물었다. 부르려는 사람이 누구인지 듣고 피트는 놀랐다. "그래서, 그 여자가 마음에 드는 거야?"[15] 피트가 묻자, 존은 "글쎄, 잘 모르겠어. 근데 뭔가 있어. 그냥 좀 더 알아 가고 싶어…."라고 대답했다.

존은 런던에 있는 오노에게 전화를 걸었고, 오노는 택시를 타고 켄우드 저택으로 향했다(택시비는 존이 대문 앞에서 지불했다). 두 사람은 그의 집에 있는 녹음실로 올라가 테이프 장비를 만지작거리고 존이 만

The
movement
you need

is

on your
shoulder

You're
waiting for
someone
to

perform
with

든 실험적인 전자음악도 들었다. 요코가 함께 음악을 만들어 보자고 제안했고, 두 사람은 실제로 그렇게 했다. 존은 나중에 이렇게 회상했다. "시작한 건 자정쯤이었다…[16] 우린 해가 뜰 무렵에 사랑을 나눴다. 정말 아름다웠다." 신시아가 그리스 여행을 마치고 집에 돌아왔을 때, 저택은 이상할 정도로 조용했다(줄리언은 가정부와 함께 다른 곳으로 보낸 상태였다). 신시아는 집을 이리저리 둘러보다가 안쪽 거실로 들어섰고, 그곳에서 존과 요코가 똑같은 목욕 가운을 입고 앉아 있는 모습을 봤다. "아, 왔어."[17] 존이 무심하게 말했다. 위층 손님방 앞에는 여성용 슬리퍼 한 켤레가 놓여 있었다.

신시아는 황급히 집을 나왔다. 며칠 뒤 다시 돌아왔고, 두 사람 사이에는 잠시나마 화해의 시간이 생겼다. 존은 별일 아니었다고 주장했다. 하지만 곧 그는 다시 차갑고 무심한 태도로 돌아갔다. 신시아는 이제 모든 게 끝났다는 걸 알아차렸을 것이다. 그녀는 줄리언과 친정 어머니와 함께 이탈리아로 떠났다. 그녀가 떠나자마자 요코는 딸 교코를 콕스에게 맡기고 켄우드로 들어왔다. 요코와 존은 곧바로 함께 창작 작업을 시작했다. 집 안에서 직접 만든 영화, 실험적인 조각, 개념미술 같은 것들이었다. 두 사람은 신시아가 머물 수 있도록 켄우드 저택을 비웠고, 존은 신시아를 상대로 이혼 소송을 제기했다. 신시아도 맞소송을 냈다. 켄우드에서 어색한 만남이 이루어졌다. 요코와 신시아의 어머니도 함께 있었다. 신시아의 어머니는 존에게 욕설을 퍼부었다.

레넌의 새로운 연애는 곧 세상에 알려졌고, 사람들은 격분했다. 이 낯선 동양인 여자는 도대체 누구이며, 존은 왜 아내를 버리고 그 여자에게 간 거지? 레넌과 오노는 전 세계 언론의 추적을 받으며 임시 숙소를 전전했다. 두 사람이 처음 몸을 숨긴 곳은 캐번디시 애비뉴에 있는 폴의 집이었다. 피터 브라운은 "폴은 늘 그렇듯 친절하게 대해 줬고, 존의 기이한 선택에 대해서도 이해해 보려 했다."[18]라고 회고했다 (요코에게는 다소 인색한 평가지만, 존의 친구들과 지인들 사이에서는 흔한 반응이었던 듯하다). "하지만 문제는 요코가 별로 다정한 사람이 아니었다는 거다. 폴이 뭘 해 줘도 고맙다는 말 한마디 없었으니까." 존과 요코는 이후에 폴의 집에서 나간 뒤 헤로인을 포함한 여러 약물을 복용하기 시작했고, 그런 모습을 지켜보는 폴은 점점 불안해졌다.

일과 삶이 모두 혼란스러운 가운데, 비틀스는 새로운 앨범 작업에 들어갔다. 삶의 혼란 때문이었는지, 혹은 그 혼란을 뛰어넘고 그런 건지는 몰라도 존의 창작열에는 다시 불이 붙었다. 광기 어린 자극적인 에너지가 불꽃처럼 튀었다. 모든 시선이 그에게 쏠렸다. 다시 한번 비틀스라는 드라마의 주인공 자리를 차지한 그는 주목받는 기분을 느꼈다.

5월 30일, 비틀스는 다음 정규 앨범 녹음을 시작하기 위해 애비로드 스튜디오에 다시 모였다. 훗날 '화이트 앨범'으로 알려질 이 앨범의 제작에서 중심적인 역할을 한 제프 에머릭은 레넌과 매카트니의 관계에서 새로운 긴장감을 감지했다. 존은 더 화가 난 듯했고, 폴은 회피적인 태도를 보였다. 앞선 다섯 장의 앨범과 마찬가지로, 이번에도 비틀스가 가장 먼저 작업한 건 존의 곡이었다. 〈Revolution〉은 존이 당시의 혼란스러운 정치적 분위기를 담아낸 곡이었다. 뉴욕에서 미국의 청년운동과 민권운동에 대해 모호한 태도를 보인 그였지만, 이 곡은 비틀스가 지금까지 발표한 노래 중 가장 직접적인 정치적 메시지를 담고 있었다. 존은 점점 자신을 버클리, 뉴욕, 파리를 휩쓸던 시위에 영감을 주는 지도자로 인식하기 시작했다. 하지만 그는 늘 그렇듯, 자신이 어떤 리더십을 발휘하고자 하는지에 대해서는 애매한 태도를 보였다. 노래 가사에서 폭력시위에 동참하겠다고 할지, 빠지겠다고 할지를 두고 갈팡질팡하던 그는, 결국 앨범에 그 두 입장을 모두 담는 방식으로 정리했다.

오후부터 밤까지 이어진 세션 동안, 비틀스는 총 10시간에 걸쳐 〈Revolution〉을 열여덟 번 녹음했고, 존이 작업을 주도했다. 녹음 막바지에는 디스토션과 피드백이 뒤엉킨 자유로운 즉흥 연주로 멤버들을 이끌었다. 요코는 계속 스튜디오에 함께 있었고, 존 옆에 앉아 있었다. 이런 일은 처음이었다. 그전까지 비틀스 멤버들 중 누구도 녹음실에 연인을 데려온 적이 없었다. 조지 해리슨은 훗날 "그냥 그렇게 들어와 있더라."[19]라고 말했다. 링고는 "아무렇지 않은 척하면서 (요코에 대해) 언급하지 않으려고 했지만, 속으로는 다들 불편함을 느꼈고, 구석에 모여 수군거렸다."라고 회상했다. 한 엔지니어는 녹음을 시작하고 몇 주쯤 지난 어느 날, 폴이 존과 심하게 언쟁을 벌였다고 기억했다. "폴이 완전히 격분해서 존에게 무모하고, 유치하고, 비틀스를 망치고 있다고 비난했다."[20]

폴이 정확히 어떤 말을 했는지는 알 수 없다. 단순히 요코에 대한 불만이 전부는 아니었을 것이다. 폴은 요코에게 잘해 주려고 애썼기 때문이다. 요코는 1968년 6월에 "폴은 내게 아주 친절하게 대해 줬다."[21]라고 자신의 테이프 리코더에 녹음해 두었다. 하지만 그녀가 녹음실에 있는 것이 비틀스의 분위기를 흐트러뜨리고 있다는 건 분명했다. 존이 그녀를 스튜디오에 데려온 이유는, 물론 그녀와 사랑에 빠졌고 크게 의존했기 때문일 수도 있다. 하지만 커플 치료에서 말하는 '삼각 구도'를 의도한 행동이었을 수도 있다. 의도적이든 아니든 제삼자를 가까이 끌어들여 상대에게 불안감을 조성하는 행동을 뜻한다. 어쩌면 존은, 폴이 자신을 떠나기 전에 자신이 먼저 이 파트너십에서 벗어날 수 있다는 걸 보여 주고 싶었는지도 모른다. 폴 역시 존이 연인을 바꾼 것에 대해 복잡한 감정을 품었던 것으로 보인다. 한편으로는 존이 요코를 끌어들여 두 사람의 관계를 갈라놓고, 비틀스의 작업을 위태롭게 만드는 것처럼 보였다. 그러나 다른 한편으로는, 오랜만에 존의 창작 의욕이 되살아난 상태이기도 했다. 《비틀스: 겟 백》 다큐멘터리에서 폴은 존과 요코의 행동에 대해 다른 멤버들과 대화를 나누던 중 이렇게 말한다. "걔네가 좀 지나치긴 해. 근데 존은 원래 늘 그랬고, 아마 요코도 원래 그런 스타일일 거야. 그냥 그들만의 방식인 거지." 비틀스의 존 레넌은 고분고분하게 따르기만 하는 사람이 아니었다. 그는 혼돈 속에서 생기를 얻는 사람이었고, 어쩌면 지금의 혼란이야말로 그가 필요로 했던 것인지도 몰랐다.

폴 역시 큰 변화를 겪는 중이었다. 6월 20일, '화이트 앨범' 녹음이 시작된 지 약 3주가 지난 시점에 그는 일주일간의 일정 때문에 로스앤젤레스를 방문했다. 애플 레코드를 비틀스의 미국 음반사인 캐피틀 레코드에 소개하기 위해서였다. 캐피틀 레코드는 앞으로도 비틀스의 유통사로 남을 예정이었다. 폴은 캐피틀 레코드의 연례 총회에서 영업팀을 상대로 자신감 넘치는 연설을 했고, 임원들은 그의 말 한 마디 한 마디에 귀를 기울였다. 사람들이 사인과 사진을 요청하며 몰려들기도 했다. 그 뒤 폴은 베벌리힐스 호텔 부지 안에 있는 방갈로로 들어갔고, 주말 내내 미리 만나기로 약속해 둔 두 젊은 여성의 방을 오가며 시간을 보냈다. 비틀스 멤버들은 링고를 제외하고 대체로 성적으로 문란한 편이었지만, 폴의 바람기는 그 규모와 치밀한 실행력 면에서 단연 돋보였다. 그는 준비와 실행에 심혈을 기울였다. 그런데 이번 일탈은 세 번째 여성이 등장하면서 막을 내렸다. 바로 린다 이스트먼이었다.

폴은 린다에게 자신이 베벌리힐스 호텔에 머무를 예정이라고 말하며, 혹시 서부 해안을 여행할 생각이 있다면 들러도 좋다고 했다(일부러 별일 아니라는 듯 무심하게 말했다). "린다가 도착하는 순간, 다른 여자들과의 관계는 끝났다."[22] 그 여행에 폴과 동행했던 애플 관계자 토니 브램웰Tony Bramwell은 이렇게 회상했다. "폴은 그녀에게 아주 자연스럽고 편안하게 끌렸다. 그런 분위기의 폴은 한 번도 본 적이 없었다." 폴과 린다는 그 뒤 이틀을 함께 보냈다. 소규모 일행과 함께 요트를 타고 산타 카탈리나 섬으로 향했다. 맑고 푸른 바다 위에서 일광욕을 하고, 요트 옆으로 뛰어들어 수영하고, 마리화나를 피웠다. 다음 날, 일행은 함께 공항으로 향했고, 폴과 린다는 샴쌍둥이처럼 꼭 붙어 있었다.[23] 폴은 런던으로, 린다는 뉴욕으로 가는 비행기에 올랐다. 둘 중 누구도 다시 만나자는 말을 하지도, 상대에게 요구하지도 않았다. 폴은 여전히 공식적으로 제인 애셔와 약혼 관계였고, 제인은 당시 옥스퍼드에서 공연 중이었다. 게다가 폴은 런던에도 또 다른 여자친구가 있었다. 그녀의 이름은 프랜시 슈워츠Francie Schwartz였다. 캐번디시 애비뉴의 집으로 돌아온 제인은 폴이 프랜시와 함께 침대에 있는 장면을 목격했다. 그 일은 제인에게 결정타였던 것으로 보인다. 그녀는 한

TV 인터뷰에서 두 사람의 관계가 끝났음을 공식적으로 밝혔다. "폴은 엄청난 충격을 받았다."[24]라고 애플의 동료 앨리스터 테일러는 회상했다. "그렇게 넋이 나가 말문이 막힌 폴을 본 건 그때가 처음이자 마지막이었다. 그는 완전히 제정신이 아니었다." 깊은 불안과 혼란의 시기에, 매카트니는 오히려 분명한 목적의식을 주제로 한 노래를 썼다.

캘리포니아에서 돌아온 직후, 폴은 켄우드로 차를 몰았다. 이전에도 수없이 찾아갔지만, 그때는 늘 존을 만나기 위해서였다. 하지만 지금은 존이 폴의 집에서 지내는 만큼, 이번엔 신시아와 줄리언을 만나기 위해 그곳을 찾은 것이었다. 신시아는 비틀스와 거의 단절된 상태였다. 폴은 훗날 이렇게 회상했다. "신시아와 줄리언이 갑자기 내 인생에서 기피 인물처럼 여겨지고 밀려나 버리는 건 너무한 일이라고 생각했다."[25] 세상에는 폴 매카트니처럼 시간을 쓰는 방식에 대해 근사한 선택지가 많은 사람도 드물었고, 여기저기서 찾는 이가 넘쳐나는 사람도 많지 않았을 것이다. 그런 그가 그날만큼은 모든 걸 제쳐두고 애스턴 마틴에 올라타 웨이브릿지로 향했다. 그는 신시아에게 빨간 장미 한 송이를 건넸다. "그 순간만큼은 내가 버려지고 쓸모없어진 존재가 아니라, 소중하고 사랑받는 존재라는 기분이 들었다."[26] 신시아는 회고록에 그렇게 적었다. 매카트니는 다섯 살이던 줄리언에 대해서도 생각했다. 지금 상황이 아이에게 얼마나 상처가 될지를 그는 잘 알았다. 폴은 줄리언에게 삼촌 같은 존재였다. 줄리언은 2002년에 이렇게 말했다. "폴하고는 자주 함께 시간을 보냈다.[27] 아버지보다 더 많이. 그때 우린 좋은 관계를 유지했다." 켄우드로 가는 길, 폴은 노래한 소절을 흥얼거리기 시작했다. 첫 두 음은 한숨 같기도 하고, 포옹 같기도 했다. "헤이 줄스(Hey Jules)"

〈Hey Jude〉는 우리에게 너무 익숙한 나머지, 그 노래를 제대로 듣기 위해서는 의식적인 노력이 필요하다. 이 노래는 모든 공감을 시작하는 지점, 다시 말해 한 사람이 다른 사람에게 손을 내미는 순간에서 출발한다. 그리고 마침내 자아를 기꺼이 내려놓고 공동체에 자신을 맡기는 환희 속에서 끝을 맺는다. 사람들은 이 노래를 후반부의 거친 모습으로만 기억한다. 〈Hey Jude〉는 스타디움 공연이나 축구 경기장에서 목청껏 부르는 응원가가 되어 버렸다. 그러나 이 노래는 합창으로 끝날지언정, 시작은 매우 사적인 친밀함 안에서 이루어진다. 이 노래가 감동적이고 장엄한 이유는 바로 그 친밀함에서 공동체의 환희로 데려가는 여정에 있다.

매카트니는 켄우드에서 돌아온 뒤 며칠 동안 곡을 완성했다. '줄스'에서 '주드'로 바뀌면서, 이 노래는 초기의 사적인 영감에서 벗어나 더 넓은 의미를 담을 수 있었다. 〈Hey Jude〉는 단지 한 아이에게 부르는 노래가 아니다. 이 곡은 팝 음악 역사에서 거의 유일하게, 한 남성이 친한 남성 친구에게 부르는 노래라는 점에서도 특별하다. '거의'라고 한 이유는, 분명한 선례가 하나 있기 때문이다. 그 노래 역시 매카트니가 썼거나 처음 구상한 〈She Loves You〉다. 〈Hey Jude〉는 깊은 상처를 입고 성숙해진, 그 노래의 후속작이라 할 수 있다. 폴은 가장 아끼는 피아노가 있는 캐번디시 애비뉴 자택의 음악실에서 〈Hey Jude〉를 존에게 연주해 주었다. 그가 노래를 부르는 동안, 존과 요코는 그의 뒤에 서 있었다. 폴은 "The movement you need is on your shoulder"라는 구절에 이르자, 그 부분은 바꿀 생각이라고 말했다. 그러자 존은 이렇게 말했다. "아냐, 바꾸지 마. 그게 이 노래 가사에서 제일 좋은 부분이야."[28] 그 가사가 옳다고, 아니, 딱 맞지는 않기에 오히려 완벽하다는 말이었다.

12년 뒤, 존은 이렇게 말했다. "잘 생각해 보면… 그때가 요코가 막 등장한 시점이었다.[29] '헤이 주드'는 사실 '헤이 존'이다. 이렇게 말하면 억지로 의미를 부여하는 팬처럼 보일 수 있지만, 그래도 나한테 부르는 노래처럼 들리는 건 사실이다." 실제로 그렇게 들린다. 하지만 이 노래는 존만을 위한 것이 아니다. 폴 자신에게 부르는 노래이기도 하다. 존이 '헤이 존'이라고 받아들였다는 얘기를 꺼냈을 때, 직접 그에게 했던 말이다. 그러자 존은 이렇게 말했다. "그래. 우리 둘 다 지금 같은 시기를 겪고 있는 거야.[30] 사실 우리뿐만 아니라 다들 그렇지. 지금 이 순간, 우리랑 비슷한 시기를 겪고 있는 사람이라면, 다 느낄 거야. 음악이란 그런 거지."

레넌은 이렇게 말했다. "〈Hey Jude〉 가사는 기막히게 훌륭한데, 거기에 나는 아무런 기여도 하지 않았다." 그는 〈Hey Jude〉를 정말 좋아했고, 폴의 노래로서 진심으로 아꼈다. 하지만 1970년대에 들어서 폴이 주도한 곡들에 대한 질문을 받으면, 그는 종종 콧방귀를 뀌거나 시큰둥한 반응을 보였다. 폴의 곡을 높이 평가할 때도 자신이 그 곡에 얼마나 관여했는지를 강조하거나, 심지어 부풀리기도 했다. 〈Eleanor Rigby〉가 대표적이다. 그러나 〈Hey Jude〉에 대해서만큼은 어떤 비판도 없이 아낌없는 찬사를 보냈다. 그는 이 곡을 '폴의 걸작 중 하나'[31]라고 말했고, 오히려 자신의 역할은 축소하려 했다. 존이 〈Hey Jude〉에 관여했다고 밝힌 유일한 내용은, 처음 그 곡을 들은 뒤 폴에게 "이미 완벽한 곡이야."라고 말한 것뿐이다.

존의 말대로 가사는 정말 훌륭하다. 모든 구절이 강렬하고 빛을 발하며, 개인적인 동시에 열린 의미를 지니고 있어 누구나 자신을 투영할 수 있다. "넌 함께 무대에 설 누군가를 기다리고 있어(You're waiting for someone to perform with)"라는 구절은, 존과 폴의 첫 만남을 떠올리게 한다. 하지만 누구나 살아 있음을 느끼게 해 주는 사람을 기다린다는 뜻으로도 받아들일 수 있다. 가사는 음악에 형태를 부여하는 동시에, 음악의 흐름에 영향을 받는다('re-mem-ber'의 삼박자 리듬과 그 뒤를 잇는 'the minute'의 미묘하게 다른 리듬이 그 예시다). 그리고 'fool'과 'cool', 'pain'과 'refrain'처럼, 매카트니 특유의 내적 운율이 곳곳에 배치되어 노래가 입에 착 붙고 따라 부르기도 쉽다. 〈Hey Jude〉는 사랑을 받아들이는 것, 그리고 자기 자신을 받아들이는 것에 대한 노래다. 그 담담하게 툭 던지는 듯한 한마디, "너로 충분해(you'll do)"는 들을 때마다 감동을 준다.

1966년, 한 기자가 존에게 본인의 '냉소적인' 이미지에 대해 어떻게 생각하느냐고 묻자, 그는 이렇게 답했다. "나는 사회, 정치, 신문, 정부에 대해서는 냉소적이에요.[32] 하지만 인생, 사랑, 선함, 죽음에 대해서는 냉소적이지 않습니다." 감상적이거나 억지스럽지 않으면서도 진심이 느껴지는 표현을 하는 것, 그것이야말로 존이 추구했던 가장 높은 이상이었다. 폴도 마찬가지였다. 〈Hey Jude〉를 녹음하기 직전, 매카트니는 원래 가사였던 "She has found you, now go and get her(그녀가 널 찾았으니 지금 그녀에게로 가)"를 "You have found her…(네가 그녀를 찾았으니…)"로 바꿔 역설과 아이러니를 걷어냈다.

존과 폴은 〈Hey Jude〉를 싱글로 내기로 뜻을 모았다. 그 노래는 개인적으로나 사회적으로 혼란스러웠던 한여름을 마무리하기에 완벽한 방법처럼 느껴졌다. 바깥 세상에서는 작년의 '사랑의 여름'이 끝나고 파업과 시위, 암살 사건들이 이어졌고, 그중에서도 가장 충격적인 사건은 마틴 루터 킹 목사의 암살이었다. 전 세계의 정신적 지도자라는 역할을 진지하게 받아들던 비틀스는 모두의 기운을 북돋울 수 있는 기회를 발견했다. 기이하게도 그들의 내부 사정은 당시 세상에서 벌어지고 있던 커다란 분열과 변화의 축소판 같았다. 두 달째 이어지던 '화이트 앨범' 녹음 세션은 〈Revolver〉 작업 때처럼 술술 풀리거나 유쾌하게 흘러가지 않았다. 존과 폴도 〈Sgt. Pepper's Lonely Hearts Club Band〉 때만큼 긴밀하게 협업하지 않고 있었다. 그룹이 완전히 기능을 잃은 것은 아니었다. 완성하는 곡들도 꽤 많았다. 하지만 예전보다 훨씬 고되게 느껴졌고, 말다툼도 잦아졌다(〈Hey Jude〉가 발매되기 나흘 전에는 링고가 잠시 그룹을 박차고 나가기도 했다).

트라이던트 스튜디오에서 녹음하기 전에(그곳의 8트랙 장비를 사용하고자 했다), 비틀스는 애비로드 스튜디오에서 이틀 정도 이 곡을 리허설했다. 그 과정의 일부는 단편 다큐멘터리 촬영팀의 카메라에 담겼다. 영상에는 주변이 소란스러운 가운데서도 존과 폴이 함께 노래에 깊이 빠져들어 즐겁게 집중하는 모습이 담겼다. 기본 트랙은 트라이던트 스튜디오에서 라이브로 녹음했다. TV에서 방영된 홍보용 영상에서는 비틀스가 초대받은 팬들 앞에서 녹음한 음원에 맞춰 연주하는 퍼포먼스를 선보였다. 산만하게 느껴질 수도 있었던 상황은 오히려 비틀스에게 활력을 불어넣었다. 그들은 소규모 관객 앞에서 연주하는 즐거움을 다시 떠올렸다. 도입부를 과감히 생략하고, 반주 없이 폴의 목소리로 곧바로 시작한다는 결정을 리허설 도중에 내렸다. 영상 속에서는 정면을 응시하는 폴의 얼굴이 클로즈업된다. 그의 보컬은 마치 바로 곁에서 노래하는 듯한 느낌이 들도록 녹음했고, 그는 자신이 낼 수 있는 가장 풍부한 음역대에서, 어머니의 사랑을 떠올리듯 다정함이 가득 담긴 목소리로 노래한다. 이 시기의 매카트니를 알고 지냈거나 마주쳤던 사람 대부분은, 그를 약간 잘난 체하는 구석은 있더라도 매력적이고 사려 깊은 인물로 기억했다. 하지만 그가 다정한 사람으로 묘사되는 일은 드물었고, 실제로 차갑고 거리감이 느껴질 때가 많았다. 그러나 〈Hey Jude〉에서 그는 사랑으로 빛난다. 〈Hey Jude〉를 비롯해 비틀스 후반기의 매카트니 곡 다수에서 피아노는 핵심적인 역할을 한다. 매카트니에게 피아노는 가족과 친구들의 소리, 혹은 북적이는 펍의 소리를 의미했다. 〈Hey Jude〉의 첫 공개 연주는, 그가 곡을 쓴 지 몇 주가 지난 시점이었지만 정식 녹음에 들어가기도 전에 이뤄졌다. 당시 그는 데릭 테일러와 함께 차를 타고 요크셔로 향하던 중 즉흥적으로 방향을 틀어, 베드퍼드셔주에 있는 해롤드라는 마을에 들렀다. 그곳에서 폴은 펍에 있는 피아노로 사람들에게 〈Hey Jude〉를 즉석에서 들려주었다.

완성 트랙에서 가장 인상적인 요소 중 하나는 존의 백업 보컬이다. 평소보다 가느다란 음색은 폴의 리드 보컬과 주목도를 두고 경쟁하지 않으면서도, 곡에 은은한 색채를 더한다. 그 목소리는 뭉클할 만큼 가냘프고 연약하게 들린다. 〈If I Fell〉에서처럼, 두 사람은 섬세한 화성의 춤을 펼친다. 존은 폴의 멜로디 아래에서 위로 오르내리며 화음을 쌓고, 그 변화는 때로 한 구절 안에서도 이루어진다. 그는 모든 가사를 빠짐없이 부르기보다는, 신중히 타이밍을 골라 들어와 더 특별한 인상을 남긴다. 마지막 도입부에 이르러서야 이 곡은 완전한 듀엣이 된다. 바로 그 순간, 노랫말이 서로에게 마음을 활짝 열 때 우리는 비로소 진정한 자기 자신이 된다는 보편적인 명제로 확장된다.

이 곡에는 마치 매카트니가 자신의 모든 음악적 뮤즈를 불러 모은 듯한 느낌이 있다. 그만큼 〈Hey Jude〉는 여러 음악 전통을 한데 아우른다. 바흐("And anytime you feel the pain⋯"과 대조를 이루는 브리지 구간의 하행 베이스 라인), 두왑(드리프터즈The Drifters의 〈Save the Last Dance for Me〉의 메아리), 브로드웨이(노래 제목과 같은 가사로 시작하는 〈Somewhere Over the Rainbow〉 같은 고전적인 형식), 그리고 매카트니가 소년 시절에 성가대에서 불렀을 법한 존 아일랜드John Ireland의 전례곡 〈Te Deum〉을 닮은 도입부, 흑인 가스펠까지. 가사 없는 마지막 코러스는 변격 종지 또는 '아멘' 종지로 마무리하며, 매카트니는 마치 신앙을 고백하듯 열정적인 목소리를 쏟아낸다.

〈Hey Jude〉의 멜로디는 예기치 않은 방향으로 우리를 이끄는데, 이상하리만치 필연적으로 느껴진다. 도입부에서 'song'이라는 단어에 이르러, 마치 새를 본 것처럼 음이 갑작스레 위로 솟구친다. 그 음은 해당 구절의 반주 코드에 속하지 않는다. 그래서 어긋난 듯하지만, 오히려 완벽하게 들어맞는다. 멜로디는 그 음에서 잠시 머물다가 우아하게 내려오고, 이어지는 "Remember, to let her into your heart(다음 도입부에서는 "under your skin")" 구절에서는 한층 더 높이 솟아오른다. 그것이 훗날 어른이 될 소년에게 전하는 조언이든, 친구에게 건네는 말이든, 혹은 스스로에게 하는 말이든, 또는 이 모두이든 간에, 〈Hey Jude〉는 우리에게 취약해질 용기를 권한다. 갑옷을 벗어도 괜찮다고 말한다. 매카트니는 자신을 분석하는 데 능한 사람은 아니었지만, 노래에서는 스물여섯이라는 나이가 믿기지 않을 만큼 놀라운 통찰력을 드러내곤 했다.

만약 〈Hey Jude〉가 앞부분만으로 끝났다면, 그저 아름다운 곡에 그쳤을 것이다. 이 노래를 위대한 작품으로 만든 것은 바로 종결부(코다)였다. 가사 없는 합창으로 이루어진 이 부분은 〈Hey Jude〉를 당시까지 발표된 팝 싱글 가운데 가장 긴 곡으로 만들었다. 이 코다는 끝부분에 억지로 덧붙인 것이 아니라, 브리지를 마무리하는 "by making his world a little colder" 다음에 등장하는 "na na na" 구절에서 이미 예고했다. 사실상 노래 전체가 이 종결부를 향해 한 층씩 쌓여 올라간다. 노래의 시작 부분에서 들리는 것은 폴의 목소리뿐이고, 그다음에는 피아노가 폴과 함께한다. 이어서 조지와 존이 기타로 합류하고, 존은 화음을 더한다. 링고는 두 번째 도입부에서 들어와 정확히 필요한 만큼의 리듬감을 불어넣는다. 탬버린 소리도 들리기 시작한다. 폴과 존, 조지는 함께 "아" 하고 노래한다. 연주와 보컬이 흠잡을 데 없이 완벽한 것은 아니다. 곳곳에 작은 실수들이 들리지만, 모든 요소가 마치 계산한 것처럼 절묘하게 어우러진다. 〈Hey Jude〉는 솔로 퍼포먼스처럼 들리지 않는다. 서로를 위하는 가까운 친구들이 함께 노래하는 것처럼 들린다. 아무리 여러 번 들어봤더라도, 폴이 "na na na" 코러스를 시작할 때 다른 멤버들이 합류하는 그 순간을 다시 들어 보라. 그 직전에 나오는 "Better, better, better, better"는 매카트니의 세계관을 한 단어로 압축한 표현처럼 들린다. 이 파도는 처음에는 어딘가 연약하게 느껴지지만, 점점 부풀어 오르며 관객이 함께하고, 오케스트라가 더해지고, 마침내 온 세상이 합류한다. 우리가 미처 깨닫지 못한 채 줄곧 기다려왔던 순간, 사랑과 기쁨이 끊임없이 흘러넘치는 순간이다. 한 사람이 또 다른 사람에게 다가가 말을 건네며 시작한 이 노래는, 결국 세상 모두가 함께하는 찬란한 환희로 이어진다.

우리는 〈Hey Jude〉를 너무 잘 알기 때문에, 이 후렴구를 단순하게 반복하는 방식이 당시에 얼마나 파격적인 결정이었는지 실감하기 어렵다. 이런 구성은 인도에서의 체험이 없었다면 나올 수 없었을 것이다. 그것은 지속음이고, 만트라이며, 모두가 함께 노래하는 매카트니만의 명상이다. 비틀스는 함부르크 시절 〈What'd I Say〉를 연주하면서도 이와 비슷한 시도를 한 적이 있다. 그때도 곡이 끝나는 지점에서 멈추지 않고, 무한한 공간으로 나아갔다. 그들은 끝없는 반복에 끝없는 변주를 더하는 방법을 알고 있었다. 매카트니의 블루스와 가스펠이 어우러진 반복 연주는 듣는 이를 끝까지 사로잡는다. 무언가에 빙의된 듯한 그의 절규와 외침은 음악적이면서도 원초적이다. 누군가를 위로하려 손을 내미는 것으로 시작한 이 노래는, 결국 매카트니가 자신의 슬픔을 퇴마하며 끝을 맺는다. 노래의 처음 3분은 이후의 전개를 통해 전혀 다른 차원으로 끌어올려진다. 결국, 〈Hey Jude〉의 앞부분과 뒷부분은 서로를 더 나은 것으로—better—만들어 준다.

27

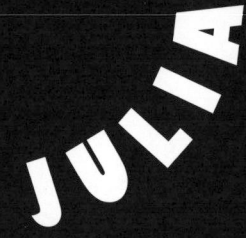

JULIA

1968년 여름, 비틀스가 새 앨범 작업에 착수할 무렵, 레넌은 진지하게 오노와의 공동 작업을 추진했다. 두 사람은 켄우드에서 함께한 첫날 밤에 만든 실험적인 전자음악을 애플 레코드에서 앨범으로 발표했다. 〈Two Virgins〉 앨범 재킷에는 두 사람의 나체 사진이 실렸다. 충격적인 이미지였기에 LP는 종이봉투에 싸서 판매해야 했다. 이 앨범은 비틀스에게 해가 될 수 있는 문제작으로 여겨졌다. EMI 회장 조지프 록우드 경 ^{Sir Joseph Lockwood}은 불쾌해하며 비아냥조로 "비틀스 중 누가 벗어야 한다면 그건 폴이어야 한다."라고 말했다. 매카트니도 그 사진을 탐탁지 않아 했다. 도덕적인 이유 때문도, 상업성에 대한 우려 때문도 아니었다. 단순히 감각이 별로 세련되지 못하다고 생각했을 뿐이었다. 그럼에도 그는 앨범 속지에 짧은 글을 써 주었다. "두 위대한 성인의 만남은 우리를 숙연하게 만든다. 그가 성인임을 증명하기 위해 얼마나 오랜 싸움을 벌였는지를 생각하면 그렇다." 이 문장은 당시 존과 폴의 관계가 얼마나 위태로운 균형 위에 놓였는지를 단적으로 보여 준다. 폴은 존에게 라이너 노트를 써 달라는 부탁을 받아서 리버풀 특유의 빈정대는 말투로 한마디를 남겼으며, 존은 그걸 그대로 앨범에 실었으니까 말이다.

레넌은 이제 자신에게 새로운 관심이 생겼다는 것을 반드시 매카트니에게 알리고 싶었던 것 같다. 〈Hey Jude〉 홍보 영상을 만든 젊은 감독 마이클 린제이 호그는 어느 날 애플의 이사회실로 불려갔다. 그 자리에는 비틀스 네 명 모두가 있었다. 업무 이야기가 끝난 뒤, 레넌은 모두에게 보여 줄 것이 하나 있다고 했다. 그는 카세트를 테이프 기기에 넣었다. 모두가 앉아 조용히 듣는 가운데, 처음에는 희미한 속삭임이 들리더니 점차 쾌락에 젖은 신음으로 바뀌었다. 곧 그것이 존과 요코의 성관계를 녹음한 테이프라는 사실이 분명해졌다. 다 듣고 나서 폴이 말했다. "흠, 흥미롭네."[1] 그리고 회의는 그대로 끝났다.

레넌이 왜 그런 행동을 했는지는 1980년 《플레이보이*Playboy*》와의 인터뷰에서 데이비드 셰프*David Sheff*와 나눈 대화를 통해 그 단서를 엿볼 수 있다. 셰프가 '화이트 앨범' 수록곡인 〈Why Don't We Do It in the Road〉에 대해 묻자, 존은 이렇게 답했다.

그건 폴의 노래다.[2] 심지어 혼자 다른 방에서 녹음했다. 그땐 점점 그런 식으로 흘러갔다. 우리가 스튜디오에 왔을 때 그가 혼자서 노래를 다 만들어 놓았더라. 자기가 드럼도 치고(실제로는 링고가 드럼을 쳤다), 피아노도 치고, 노래도 부르고. 하지만 그러면서도… 비틀스에서 나갈 결심은 하지 못했던 거다… 폴이 우리를 빼놓고 혼자 곡을 뚝딱 만들 때마다 난 상처받았다.

존은 단지 폴이 자신 없이도 음악을 만들 수 있다는 사실에 상처받은 것이 아니라, 혼자서 모든 걸 해내는 1인 밴드로 변한 폴이 더 이상 자신을 필요로 하지 않는 건 아닐까 하는 두려움에 사로잡혔다. 만약 폴이 떠날 수 있는 상황이라면, 존은 그보다 먼저 자신이 떠날 수 있다는 걸 보여 주고 싶었던 것이다.

녹음 작업이 진행되는 동안, 애플 코어에 관한 회의도 끝없이 이어 졌다. 비틀스는 새로 마련한 새빌 로 본사에 거금을 투자했고, 다양한 프로젝트에 자금을 쏟아부었지만, 그 방식은 혼란스럽기 짝이 없었 다. 1968년 가을, 애플의 수석 회계사 두 명이 사임했다. 그중 한 명은 비틀스에게 이런 내용의 편지를 남겼다. "당신들의 개인 재정은 엉망 입니다.³ 애플 역시 엉망입니다." 그 무렵, 그룹 내 관계도 팽팽한 긴 장 속에 놓였다. 조지 해리슨은 인도 여행이 그렇게 끝나버린 데 실망 했고, 요코의 존재에도 불쾌함을 느꼈으며, 존과 폴의 자기중심적인 태도에도 답답함을 느꼈다. 참을성이 대단한 링고조차 폴이 드럼 파 트를 두고 잔소리를 하자 그룹을 나가 버렸다가 설득 끝에 일주일 뒤 다시 돌아왔다(그 사이 〈Back in the U.S.S.R.〉에서는 폴이 드럼을 쳤다). 한 편 비틀스는 새 앨범을 〈Sgt. Pepper's Lonely Hearts Club Band〉처 럼 정교하게 만들고 싶어 하지 않았다. 어쩌면 스스로 품위 있게 굴고 싶지 않았던 것인지, 비틀스 안에서 질서를 잡아 주는 존재였던 조지 마틴도 점점 주변부로 밀려났다.

1969년 1월에 촬영된 《비틀스: 겟 백》 다큐멘터리에서, 해리슨은 침울한 표정으로 비틀스가 "적어도 1년 동안 침체 상태였다."라고 말 한다. 하지만 그 시기를 단순한 침체기로만 보면, 비틀스 안에서 여전히 넘쳐흐르던 웃음과 활기를 놓칠 것이다. 그 에너지는 최근 공개된 '화이트 앨범' 세션의 아웃테이크와 즉흥 연주 테이프들에 고스란히 담겼다. 그들은 믿을 수 없을 만큼 열심히 일했다. 여름 내내 주5일 밤마다 스튜디오에 있었고, 한 번 들어가면 8시간에서 12시간씩 머물렀다. 다섯 달에 걸친 대장정의 마지막 두 주 동안에만, 무려 여덟 곡의 신곡을 처음부터 완성했다. 동시에 서로 다른 스튜디오에서 따로 작업하기도 했는데, 그만큼 처리해야 할 곡이 많았기 때문이다. 서로의 곡에 중요한 기여를 한 사례도 적지 않았다. 예컨대 존의 〈Sexy Sadie〉에 들어간 폴의 반복적인 피아노 파트나, 폴의 〈Honey Pie〉에 담긴 존의 재즈풍 기타 솔로 같은 것들이다. 이들은 여전히 함께 연주하는 법도, 함께 즐기는 법도 잊지 않았다.

린다와의 관계가 점점 진지해졌지만, 폴은 여전히 다른 여성들과 만나고 있었다. 9월에는 매기 맥기번과 함께 사르데냐로 짧은 휴가를 떠났다. 어느 날 해변에 나란히 누워 있다가, 폴은 매기에게 결혼에 대해 어떻게 생각하느냐고 물었다. 매기는 확답을 피했고, 나중에 그것을 후회했다. 자신이 그를 밀어낸 것 같았기 때문이다("폴은 언제나 약간 불안한 사람이었어요."⁴). 폴이 결혼에 대해 물었던 그 순간, 그가 무슨 생각을 했는지, 누구를 마음에 뒀는지는 분명하지 않다. 하지만 그는 점점 한 사람과의 진지한 관계에 마음을 열고 있었다. 이는 한편으로 폴이 존과 요코의 결속에 반응한 것이었고, 애초에 존이 요코에게 의지하기 시작한 것도 폴이 린다와 가까워진 데 대한 반응이었다.

1986년, 매카트니는 이렇게 회고했다. "(존과 요코는) 아주 강하게 결속되었고, 나는 그 그림에서 빠졌다.[5] 하지만 나도 린다와 함께하면서 우리도 우리만의 강한 유대를 맺었다." 두 사람이 각각 한 여성에게 정착하게 된 데에는 단순하지 않은 동기가 있었다. 존과 폴은 '운명의 상대'를 만났기 때문에 결별한 것이 아니라, 어쩌면 서로 결별하기 위해 '운명의 상대'를 만난 것인지도 모른다.

폴이 사르데냐에서 돌아온 직후, 린다는 뉴욕에서 런던으로 날아와 그와 함께 머물렀다. 9월 23일경, 그녀는 캐번디시 애비뉴에 있는 폴의 집에 도착했지만, 가정부로부터 폴이 지금 스튜디오에 있다는 말을 들었다. 린다는 곧장 애비로드 스튜디오로 향했다. 그곳에서는 폴과 다른 비틀스 멤버들이 존의 곡 〈Happiness Is a Warm Gun〉을 녹음 중이었다. 이 곡의 작업은 다음 날 새벽 2시까지 이어졌고, 완성되었을 때 비틀스는 그 결과물이 매우 훌륭하다는 것을 직감했다. 세 개의 구간으로 나뉜 이 곡은 멤버들 사이의 호흡이 완벽히 맞아떨어지는 합주의 진수를 보여 준다. 마지막 구간에서는 존, 폴, 조지가 존의 리드 보컬에 맞춰 광기 어린 두왑 백업 보컬을 쏟아낸다.

가을 문턱의 포근한 밤, 폴과 린다는 그의 집으로 향했다. 평소처럼 대문 앞에는 팬들이 모여 있었다. 폴은 위층 창문을 열고 그들에게 〈Blackbird〉를 들려주었다. 이 노래가 사람들 앞에서 처음으로 공개된 순간이었다.

일생을 일부일처로 살아간 남성 록 스타는 드물다. 그도 그럴 것이, 이 직업에는 한 사람에게만 충실해지는 것을 방해하는 요소가 너무 많다. 넘쳐나는 성적 유혹, 떠돌이 같은 생활 방식, 그리고 그 과정에서 형성하거나 요구되는 강한 자아 말이다. 하지만 1968년 말부터

린다가 세상을 떠난 1997년까지, 폴 매카트니는 오직 한 여자만을 사랑했고, 그녀와 떨어져 지낸 날도 손에 꼽을 정도였다. 매카트니가 오랜 결혼 생활을 유지했다는 사실은 종종 그의 무난하고 온건한 성향을 보여 주는 증거처럼 여겨지지만, 실은 그가 얼마나 극단적인 성향을 지닌 사람인지를 보여 준다. 스물여섯 살 때, 갑작스럽게 극도로 자유분방한 연애에서 충실한 일부일처로 방향을 틀었으니까.

그런데 왜 그 대상이 린다였을까? 린다가 세상을 떠난 직후, 그녀의 오랜 친구인 크리시 하인드Chrissie Hynde가 폴을 인터뷰했다. 폴은 애틋한 기억을 떠올리듯, 1968년 10월에 있었던 일을 자세히 들려주었다(당시 그는 '화이트 앨범' 작업을 마친 직후였고, 린다와 그녀의 다섯 살배기 딸 헤더와 함께 시간을 보내기 위해 뉴욕을 방문한 참이었다).

우리가 사귀기 시작했던 해에, 누군가 린다에 대해 별로 칭찬이라고 할 수 없는 말을 한 적이 있었어요.[6] 정확히 뭐였는지는 기억나지 않지만, 그날 밤 우리는 뉴욕의 파크 애비뉴를 걸었고, 꽤 늦은 시간이었죠. 아마 그녀의 아버지를 뵙고 오는 길이었을 거예요. 우리는 팔짱을 끼고 걸었고, 내가 그 얘기를 꺼냈죠. "아, 누구누구가 뭐라고 했지."라는 식으로요. 그러자 린다는 길 한복판에서 걸음을 멈췄어요. 다행히 지나가는 차가 없었죠. 그녀가 허리에 손을 얹고 섰는데 얼굴이 붉었죠. 홍당무처럼 빨간 게 아니라 밝은 딸기색에 가까운 색이었어요. 그러고는 내 눈을 똑바로 바라보며 말했어요. "앞으로 다시는 그 얘기 꺼내지 마. 비슷한 얘기도 하지 마." 그리고 나를 엄청 호되게 나무랐죠. 나는 그 일을 절대 잊지 못해요. 그런데 말이에요, 난 정말이지 그런 그녀가 너무 좋았어요.

이 일로부터 몇 년 뒤, 폴은 황홀한 사랑 노래 〈Long Haired Lady〉
에서 린다의 '반짝이는 눈'에 대해 노래했다. 폴은 고집이 센 사람이
었지만, 자신의 뜻대로 휘어지는 여자를 원하지는 않았다. 그는 맞서
싸울 줄 아는 여자를 원했다. 물론 그런 면모는 제인에게도 있었다.
하지만 그 관계가 결국 무너진 이유는, 적어도 부분적으로는 제인이
그가 원했던 또 하나의 것을 기꺼이 주지 않았거나 줄 수 없었기 때
문이다. 그것은 서로의 삶과 영혼이 하나로 녹아드는 완전한 헌신과
깊은 일체감이었다(그는 이 시기에 만든 노래 〈I Will〉에서 간절하게 노래한
다. "Make it easy to be near you") 린다는 그것을 줄 수 있는 사람이었다.
많은 남자는 여자에게 전 남편 사이에서 낳은 아이가 있다는 사실을
부담스럽게 느낀다. 하지만 오히려 매카트니에게 그 사실은 결심을
굳히게 만든 요소였다.

스물여섯 살의 록 스타는 집에 가족이 있는 삶을 꿈꿨다. 단지 그
게 옳은 일이라고 생각해서가 아니라, 그런 관계에 기꺼이 속박되고
싶었고 아이들을 진심으로 좋아했기 때문이다. 1968년 말, 도노반과
함께한 어쿠스틱 기타 즉흥 연주의 비공식 녹음에서, 폴은 린다의 딸
헤더를 위해 만든 노래를 부른다. 《비틀스: 겟 백》에서는 만난 지 몇
달밖에 되지 않은 사이임에도 헤더가 마치 따개비처럼 폴에게 달라
붙어 편안하게 어울리는 모습을 볼 수 있다.

이 무렵, 폴은 프랜시 슈워츠와의 관계를 정리했고, 프랜시는 8월
에 런던을 떠나 고향으로 돌아갔다. 그녀는 폴이 마지막으로 한 말이
"울지 마? 난 쓰레기야."였다고 회고했다. 프랜시는 자신의 회고록에
서 그를 이렇게 묘사했다. "투정 많고, 터무니없고, 십 대 청소년 같고,
분칠하고 새틴 베개 위에 누워서 자란 메디치 가문의 어린 왕자 같았

다." 폴도 그 말에 어느 정도는 동의했을지도 모른다. 자신감이 엄청난 사람이었지만, 마음속 깊은 곳에서는 자신이 진짜 어떤 사람인지 의문을 품었고, 때로는 자신에게 진심이라는 게 존재하기나 하는지조차 혼란스러워했다.

리버풀에서 지내던 시절의 여자친구였던 아이리스 콜드웰Iris Caldwell의 회상에 따르면, 그녀의 어머니는 폴이 차갑고 정 없는 성격이라고 말했다.[8] 그 말은 오래도록 폴의 마음속에 남아 있었다. 몇 년 뒤 〈Yesterday〉가 발표되기 직전, 폴은 아이리스에게 전화를 걸어 "네 어머니가 이 노래를 들으시면 생각이 달라질지도 몰라."라고 말했다.

1980년대 한 인터뷰에서, 그는 어머니의 죽음을 처음 들었을 때 "그럼 우리 이제 뭐 먹고 살아?"라는 말이 가장 먼저 튀어나왔던 일을 떠올리며 이렇게 말했다. "그런 나를 아직도 용서하지 못했다.[9] 정말이지, 마음 깊은 곳에서는 아직도 완전히 용서하지 못했다." 비틀스로서 그의 삶은 손만 대면 문이 열리는 탄탄대로였지만, 마음속에는 십대 시절 그렸던 어두운 자화상이 여전히 자리했다. 그 얼굴은 웃는 게 아니라 찡그린 표정이었다.

그는 사람들에게 드러내는 자신의 모습을 '진정성 없는 유쾌함'[10]이라고 표현한 적이 있다. 폴은 자신의 가면을 꿰뚫어 보면서도 변함없이 자신을 좋아해 주는 사람들에게 끌렸다. 존이 자신을 받아주었다는 사실은 그에게 자신이 특별하다는 확신을 주었고, 린다와 헤더에게 사랑받는다는 사실은 자신이 괜찮은 사람이라는 믿음을 주었다.

10월, 녹음 세션이 끝난 뒤 링고는 휴가를 떠났고, 조지는 로스앤젤레스로 향했다. 애플 레코드와 계약한 재키 로맥스Jackie Lomax의 앨범을 프로듀싱하기 위해서였고, 그 후에는 뉴욕 우드스톡으로 가서 밥 딜런과 시간을 보낼 계획이었다. 한편 존과 폴은 앨범 수록곡 목록과 최종 믹스를 마무리하기 위해 남아서 작업을 이어 갔다.

10월 18일, 24시간에 걸친 대장정의 마지막 믹싱 세션이 끝난 바로 다음 날, 경찰이 존과 요코가 머물던 몬태규 스퀘어의 아파트로 들이닥쳤다. 경찰은 쌍안경 케이스 안에서 큼직한 대마초 덩어리를 발견했다. 사실 두 사람은 미리 제보를 받고 헤로인을 포함해 더 강한 약물은 치워 둔 상태였다. 존은 모든 책임을 혼자 떠안고 비교적 가벼운 벌금형을 받았지만, 이 사건은 두 사람 모두에게 큰 충격이었다. 요코는 임신 중이었고, 사건 직후 합병증으로 병원에 입원했다. 그들은 11월 중에 20일 가까이 병원에서 보냈고, 요코는 유산했다. 그 시기를 제외하면 두 사람은 줄곧 대중 앞에 모습을 드러냈다. 로열 알버트 홀 무대 위에서는 자루에 들어가는 퍼포먼스를 벌이기도 했다. 병원에 있는 동안에도 테이프 리코더를 사용해 두 번째 전자음악 앨범을 제작했다.

요코가 존에게 미친 영향 중 특히 중요한 두 가지가 있었다. 그중 하나는 그의 친구 피트 쇼튼이 이렇게 요약했다. "(요코는) 존에게 강렬한 자극을 줬다…[11] 무엇보다도, 그녀는 그가 늘 가장 되고 싶어 했던 존재—진지한 예술가—로 자신을 인식할 수 있도록 해 주었다. 요코가 존을 다시 살아나게 했다고 해도 과언이 아니다." 요코와의 파트너십은 인도 체류 이후러 무너졌던 존이 창작의 활력을 되찾는 데 중요한 역할을 했다. 요코는 존과 함께할 수 있는 예술 프로젝트, 퍼포먼스, 선언문 같은 작업 아이디어를 끊임없이 내놓고 기획했다.

두 번째는 그녀의 강한 개성이었다. 요코를 만난 사람들은 하나같이 그녀의 부드러운 말투에 깃든 강한 카리스마를 언급했다. 회의 자리에서도 요코는 말을 많이 하지 않으면서도 자연스럽게 존재감을 드러냈고, 언제나 자신이 원하는 바가 무엇인지 확실히 아는 사람처럼 보였다. 그녀는 존보다 일곱 살 많았고, 린다처럼 이미 아이를 낳은 엄마였다. 하지만 자신을 존의 요구에 순응하는 존재로 보지 않았다. 오히려 그 반대였다. 1980년, 존은 반쯤 농담조로 "요코는 남자를 조수쯤으로 여긴다."[12]라고 말한 적이 있다. 그는 관계에서 요코가 주도권을 쥐는 것을 기꺼이 받아들였다. 부와 명성의 차이가 분명했음에도, 요코는 존이 자신에게 기대는 만큼 그에게 의지하지 않는 듯 보였고, 존은 그 점을 높이 평가했다. 물론 그만큼 불안감도 자극되었다. 그는 요코의 전 남편이나 과거의 남자친구들에게 질투심을 느꼈고, 요코가 일본어로 말하거나 일본 신문을 읽는 것조차 달가워하지 않았다. 그녀가 스튜디오는 물론 어디든 늘 함께 있었던 건, 그녀의 의지라기보다 존의 의존적인 성향 때문이었다. 피트 쇼튼은 "요코는 존 안에 있던 아이를 밖으로 끄집어냈다."라고 말했다.[13] 이 말은 여러모로 사실이었다. 요코와 함께 있을 때 존은 장난기 많고 너그러운 모습으로 바뀌었고, 그녀가 하자는 대로 따랐다. 신시아는 요코를 존의 이모 미미에 빗대어 이렇게 말했다. "존은 지배적인 여성의 그늘 아래에서 자랐어요…[14] 요코는 언제나 정답을 알고 있는 어머니 같은 존재로서 그에게 안정감을 줬던 거죠." 미미가 존을 어린 시절의 불안정한 환경에서 지켜 줬다면, 요코는—적어도 존의 눈에는—폴이 점점 더 독립적인 존재로 성장하면서 생겨난 불안감을 막아 주는 방패막이었다. 그런 의미에서 요코는 여러모로 폴을 대신하는 존재였다. 오노가 훗날 전기 작가 필립 노먼에게 전한 바에 따르면, 존은 그녀에게 이렇게 말했다.[15] "내가 왜 당신을 좋아하는지 알아? 당신이 여장한 남자처럼 생겨서 그래. 꼭 친구 같잖아."

'화이트 앨범'에서 네 명의 비틀스는 각자의 음악적 개성을 극단으로 밀어붙인다. 존과 폴이 이 앨범의 제목을 〈The Beatles〉라고 지은 것도 그래서인지 모른다(결국 이 공식 앨범명은 팬들이 붙인 '화이트 앨범'이라는 이름에 밀려나고 말았지만). 그 제목은 이전 앨범에 대한 응답이자, 비틀스라는 집단 정체성을 다시금 확인하는 선언이었다. 비틀스는 다시 본래의 자신들이 된 것이다. 1984년, 매카트니는 이 시기를 회상하며—겉으로는 그룹 전체를 대변하는 말이었지만, 사실상 자신에 관한 이야기였다—이렇게 말했다. "우리는 결국 (존과 요코의 사랑을) 인정했지만, 그렇다고 뒷전으로 밀려났다는 사실이 남긴 상처가 줄어든 건 아니었다."[16] 하지만 앞에서 보았듯 '화이트 앨범' 작업 당시에도 존과 폴은 여전히 긴밀한 관계를 유지했다. 존은 전년도에 발표한 비틀스 노래 다섯 곡을 인용하는(그중 세 곡은 폴의 곡이다) 〈Glass Onion〉에서, 자신과 폴이 "이보다 더 가까울 수는 없다(as close as can be)"라고 노래한다.

〈Julia〉는 존이 자신의 어머니에 대한 기억을 처음으로 직접 다룬 노래였다. 그는 인도에서 이 곡을 썼는데, 영화 촬영차 스페인에 머물렀을 때처럼, 인도에서도 그의 생각은 자연스레 어린 시절로 흘러갔다. 그에게 그 시절은 모든 마법과 고통의 근원이었다. 이 노래의 선율은 특유의 평이한 흐름을 보이는데, 이는 그가 무엇보다도 관객과 직접 소통하고, 자신의 생각을 그들의 머릿속에 전달하고자 했다는 뜻이다. 부드럽게 손가락으로 뜯듯 연주하는 기타와 존 특유의 언어적 리듬 감각("When I cannot sing my heart / I can only speak my mind")이 노래를 이끈다. 그는 'Julia'를 반복하며 부를 때, 낯설고 기묘한 세계로 통하는 '토끼굴' 같은 화성으로 이동한다. 〈Strawberry Fields Forever〉에서 그가 다른 세계로 들어갈 때 사용했던 바로 그 코드다. 존이 인도에서 끄적였던 가사 초안에는 〈Julia〉를 그곳에서 작곡하기 시작했음을 보여 주는 흔적이 남아 있다. 영국으로 돌아와 데모를 녹음할 무렵, 그는 어머니와 새로운 연인을 연결 짓는 가사를 덧붙였다(가사 속 '바다의 아이'는 '요코'라는 이름이 가진 일본어 뜻이다). 존은 이미 요코와의 사랑을 자신의 자전적 이야기에 포함하기 시작했다. 그것은 그가 폴과 함께 리버풀에서 빚은 꿈에 맞설 새로운 꿈이었다.

〈Julia〉는 '화이트 앨범'에서 마지막으로 녹음한 곡으로, 10월 13일에 녹음했다. 존이 이 곡의 녹음 작업을 마지막까지 미뤄 둔 이유는, 음악적으로나 감정적으로 자신을 지나치게 드러내는 곡이라 부담스러웠기 때문일지도 모른다. 2018년에 공개된 리허설 테이프를 들어 보면, 그가 얼마나 긴장했는지 생생히 느껴진다. 그는 컨트롤 룸과 소통하며, 농담조의 리버풀 억양으로 이렇게 말한다. "진짜 부르기 어려운 노래라니까요." 그러자 조지 마틴이 "그래. 정말 어려운 노래야, 존."이라며 그를 다독인다. 그 순간, 조지 마틴 말고도 곁에 있어 주는 것만으로 존에게 위안이 된 사람이 또 있었다. 조지 마틴의 아들 자일스는 2018년 '화이트 앨범' 재발매 작업을 하면서, 폴도 그 녹음 세션에 함께 있었다는 사실을 확인시켜 줬다.[17] 폴이 거기 있었던 건 존에게 〈Julia〉를 어떻게 부르라고 조언하기 위해서가 아니었다. 녹음 테이프 어디에서도 그의 목소리는 들리지 않는다. 하지만 존이 어머니를 향한 사랑의 노래를 부르려 할 때, 그 불안하고 나약한 마음을 가장 깊이 이해하고 있었던 사람은 바로 폴이었다.

28

MARTHA MY DEAR

MARTHA MY DEAR

성인기의 매카트니가 사랑한 이들을 꼽자면, 린다 이스트먼과 제인 애셔, 2011년에 결혼한 낸시 셰벨^{Nancy Shevell}, 그리고 존이 있다. 하지만 마사도 빼놓을 수 없다. 마사는 1966년 7월, 폴이 하이위컴의 한 브리더에게서 데려온 강아지였다. 그는 오래전부터 개를 키우고 싶어 했는데, 마침내 자기 집도 생겼고, 자신이 집을 비우는 동안 강아지를 돌볼 가정부도 있었다. 폴은 듀럭스 페인트 광고에서 본 올드 잉글리시 쉽독이 마음에 들어 그 품종을 선택했다. 마사는 폴의 연인들이 오가는 모습을 곁에서 지켜봤다. 제인도 알았고, 프랜시도 만났다. 린다와 그녀의 딸 헤더는 물론, 나중에는 매카트니의 친자녀들과도 함께 지냈고 스코틀랜드와 서식스에 있는 폴의 농장에서 뛰어놀았다. 폴은 집을 비울 때마다 마사를 보고 싶어 했다. 1971년, 로스앤젤레스에서 〈Ram〉을 녹음하던 당시에는 마사의 빈자리를 견디지 못해 스튜디오 엔지니어에게 강아지를 빌리기도 했다.

내가 가장 좋아하는 폴과 비틀스 멤버들의 사진에도 마사가 등장한다. 마사는 어딜 가든 폴과 함께였던 것처럼 보인다. 예를 들어, 폴이 브래드포드에서 블랙 다이크 밀스^{Black Dyke Mills} 브라스 밴드를 지휘하는 사진에서도(애플 레코드에서 발매할 곡을 녹음 중이었다) 마사는 바로 옆에서 폴을 지켜보고 있다. 1968년, 폴의 자택에 명상용으로 설치된 반구형 공간에서도 마사는 다른 비틀스 멤버들과 함께 느긋하게 앉아 있다(마사도 '다섯 번째 비틀' 유력 후보였다). 마사는 폴과 린다의 결혼식에도 신부 들러리처럼 함께했다. 〈Sgt. Pepper's Lonely Hearts Club Band〉 마지막 트랙에는 개들만 들을 수 있다는 고주파음이 들어가 있는데, 폴이 앨범에 마사를 위해 특별한 무언가를 담고 싶어서 넣은 소리였다.

개에 관한 노래, 아니 개를 위한 노래를 쓴다는 건 참 폴다운 일이었다. 당시만 해도 존을 비롯한 많은 가수는 혁명과 유토피아, 섹스와 약물에 대해 노래하고 있었다. 하지만 폴은 사랑하는 반려견에 대한 노래를 부르면 안 될 이유가 없다고 생각했다. 1997년, 배리 마일스가 이 노래에 관해 묻자 그는 "개에 관한 노래야."[1]라고만 답했다. 하지만 보통 그의 노래가 한 가지 의미만 담고 있지 않듯, 이 노래에서 '개'는 단순히 개만을 뜻하지 않는다. 〈Martha My Dear〉는 창조적 영감에 관한 노래이기도 하다. 마사는 폴의 뮤즈들 중 하나였다. 헌터 데이비스가 전한 〈Getting Better〉의 작곡 과정은 마사가 공원에서 폴짝폴짝 뛰어다니는 장면으로 시작한다.[2] 그 모습은 매카트니의 상상력이 자유롭게 뛰어노는 모습과도 겹쳐 보인다. 래그타임풍 Ragtime(19세기 말~20세기 초 미국에서 유행한 피아노 중심의 리듬감 강한 음악 장르로, 재즈의 기원이 되기도 했다—역주)의 경쾌함과 노엘 카워드 Noel Coward(20세기 초중반 영국의 극작가이자 배우로, 재치 있는 대사와 유쾌한 분위기로 유명함—역주)식 유머가 어우러진 〈Martha My Dear〉의 마지막 절에서, 폴은 자신의 뮤즈에게 "나한테 잘해 줘(Be good to me)"라고 부탁한다. 창작 파트너로서의 폴은 어쩐지 개를 닮았다. 늘 뭔가를 하고 싶어 안달하고 "공 좀 던져 줘!" 하며 졸라대는 것 같다.

존은 아이들이나 동물을 어색해하는 사람이었고, 그런 상황에서 자연스럽게 어울리는 폴을 부러워했다. 〈Sgt. Pepper's Lonely Hearts Club Band〉 앨범 시절인 1967년 2월에 찍힌 비틀스 사진 중에는, 폴이 마사를 어깨에 올려놓고, 존이 마사의 앞발을 붙잡은 장면이 있다. 그 사진 속의 존은 정말 행복해 보인다! 거의 자랑스러워하는 표정이다. 폴에 따르면, 마사는 존이 마음을 여는 데에도 도움을 주었다. 매카트니는 2021년에 이렇게 회고했다.

예상치 못한 효과 중 하나는, 존이 나에게 한결 다정해졌다는 점이었다.[3] 어느 날 우리 집에 들른 존이 내가 마사와 노는 모습을 봤는데, 마사가 마음에 들었던 모양이었다… 내가 경계심 없이 마사와 함께 있는 모습을 보고, 그도 갑자기 내게 마음을 열기 시작했다. 결국 존도 경계를 풀었다.

존과 폴이 함께 찍힌 흐릿한 신문 사진이 한 장 있다. 1967년 4월 13일, 런던 리젠츠파크 인근 거리에서 촬영한 것으로, 폴이 짧은 미국 여행을 마치고 돌아온 직후이자, 레넌-매카트니의 관계가 평온했던 시기였다. 사진 속에서 폴은 도로를 걷고, 화려한 케이프를 걸친 존은 인도를 따라 걷고 있다. 존의 손에는 마사의 목줄이 들렸다. 마사를 산책시키는 중이었다. 마사는 1981년에 세상을 떠났는데, 존이 떠난 지 1년도 채 지나지 않았을 때였다.

29

GET BACK

GET BACK

1969년 1월 2일, 비틀스 멤버들은 각자의 집에서 평소보다 훨씬 이른 시각에 눈을 뜨고, 운전기사가 모는 차를 타고 웨스트 런던 외곽에 있는 트위크넘 스튜디오로 향한다. 조지는 오전 10시 30분쯤 도착하고, 요코와 링고와 함께 온 존도 비슷한 시간에 도착한다. 폴은 조금 늦는다. 겨울 코트를 입은 세 명의 비틀스가 1번 스튜디오로 들어선다. 아무런 특징도 없고 냉기만 감도는 커다란 격납고 같은 공간이다. 마이클 린제이 호그 감독의 지휘 아래 촬영팀이 카메라와 조명, 마이크 장비를 설치한다. 존과 조지는 기타를 들고 자리에 앉는다. 둘은 크리스마스를 어떻게 보냈는지 이야기를 나눈다. 요코는 존 옆에 앉아 책을 읽는다. 마침내 폴이 도착한다.

그는 멤버들 사이에 감도는 무기력을 감지하고, 조금이나마 분위기를 띄워 보려 애쓴다. "우리 너무 나쁘게만 생각하진 말자."[1] 그가 휑뎅그렁한 공간과 벽에 세워진 비계를 가리키며 말한다. 그들은 존이 가져온 〈Don't Let Me Down〉을 포함해 새로운 곡들을 연주하기 시작한다.

그들은 지금 이곳에서 뭘 하고 있는 걸까? 그 이유는 계속 움직이지 않으면 비틀스는 해체될 것이라는 사실을 모두가 잘 알기 때문이다. 그걸 가장 잘 아는 사람은 폴이다. '화이트 앨범'은 엄청난 판매고를 기록했다. 아무 장식 없이 순백의 커버로 이루어진 이 더블 앨범은 〈Revolution #9〉 같은 7분짜리 사운드 콜라주를 포함해 기묘하고 실험적인 음악들로 가득했지만, 지금까지 그들이 발표한 앨범 중 상업적으로 가장 큰 성공을 거두었다.

여러 갈등과 혼란 속에서도―존과 폴 사이의 마찰, 요코와 관련된 일에 푹 빠진 존, 불만이 쌓여 가는 조지와 답답함을 느끼는 링고, 그리고 에너지를 갉아먹는 애플의 혼란스러운 상황―그들은 활동을 멈추지 않았다. 크리스마스 다음 주, 존과 폴(그리고 요코)은 폴의 집에서 시간을 보내며 앞으로 무엇을 할지 이야기하고, 곡 작업도 했다. 그들은 작곡 파트너십을 계속 유지하려 애썼고, 비틀스라는 그룹도 이어 가려 했다. 그 두 가지 모두가 끝날 수도 있다는 가능성을 마주한 채로 말이다.

그들이 세운 계획은 만만치 않았다. 2주 안에 신곡 열네 곡을 완성하고, 그 곡들을 연주하는 TV 프로그램까지 제작한다는 것이었다. 프로그램의 구체적인 형태는 아직 정해지지 않았지만, 그들은 믿고 좋아하는 린제이 호그 감독에게 아이디어를 내 달라고 부탁했다. 연초부터 서둘러 시작하고, (비틀스답지 않게) 정오 전에 움직이는 성실한 일정에 동의한 데에는 그만한 이유가 있었다.

영화 촬영장인 트위크넘 스튜디오를 사용할 수 있는 시간이 한정적이었고, 드러머의 일정도 여유롭지 않았기 때문이다. 링고는 이미 일정이 잡혀 있었다. 애플 필름의 전 대표 데니스 오델^{Denis O'Dell}이 제작하는 영화《매직 크리스찬^{The Magic Christian}》에 출연하기로 했던 것이다. 트위크넘 스튜디오의 1번 세트장을 해당 영화 촬영을 위해 예약해 둔 오델은, 준비를 끝내기 전까지 비틀스에게 그 공간을 TV 프로그램 촬영 장소로 사용하라고 제안했다. 이에 따라 곡 작업이든 프로그램 촬영이든, 전부 1월 20일까지 마무리해야 했다.

비틀스는 신곡들을 '화이트 앨범'보다도 더 절제되고 간결한 스타일로 만들고자 했다. 지난 한 해 동안, 비틀스를 제외하고 가장 많은 판매고를 올린 아레사 프랭클린, 사이먼 앤 가펑클Simon and Garfunkel, 밥 딜런, 롤링 스톤스, 지미 헨드릭스, 그리고 밴드The Band 같은 아티스트들은 전부 저마다 다른 방식으로 '음악의 뿌리로 돌아가자'는 발상에서 영감을 받았다. 비틀스는 언제나처럼 시대의 흐름을 읽으면서도 자신들만의 방식으로 나아갔다. 그들에게 '뿌리로 돌아간다'는 것은 곧 자신들의 출발점으로 돌아가는 것이었다. 스타 클럽과 캐번 클럽에서처럼, 그저 밴드였던 시절로 말이다. 그들은 어떤 기술이나 속임수에도 기대지 않는다는 것을 세상에 보여 주고 싶었다. 네 사람이 함께 박자를 맞춰 가며 노래를 만들 때, 진짜 마법이 만들어진다는 것을 말이다.

잠깐 지난 상황을 되짚어 보자. '화이트 앨범'의 녹음 작업은 길고 격렬했으며, 감정적으로도 매우 지치는 과정이었다. 잠시 녹음실과 '비틀스'라는 이름에서 벗어나 휴식을 취한다고 해도 누구 하나 뭐라 할 수 없는 상황이었다. 그런데도 멤버들은 '화이트 앨범' 작업을 마친 지 두 달도 채 지나지 않아 작업에 복귀했다.

예정된 TV 프로그램을 '화이트 앨범' 수록곡들로 채워도 됐지만, 존과 폴은 한층 더 헌신적인 태도를 보였다. 신곡을 만드는 과정을 카메라에 담아서 보여 주기로 한 것이다. 그런 결정을 내린 이유는 미리 준비한 곡이 많아서가 아니었다. 전혀 그렇지 않았다. 폴에게는 고작 몇 곡이 있었고, 존도 두세 곡 정도가 전부였다. 조지는 우드스톡에서 밥 딜런과 밴드와 함께 시간을 보내며 제법 많은 곡을 써 두었지만, 그중 어떤 곡을 존과 폴이 받아들일지, 또 어떤 곡을 자신의 솔로 앨범을 위해 아껴 둘지는 확신할 수 없었다. 게다가 마감일 자체도 터무니없었다. 링고에게는 이미 정해진 일정이 있었고, 스튜디오도 곧 비워 줘야 하는 상황이었다.

하지만 그들은 전 세계에서 가장 인기 있는 그룹이었다. 그에 따르는 상업적 위상과 명성은 이루 말할 수 없었다. 비틀스의 막강한 영향력과 상업성을 감안하면 일정 문제쯤은 충분히 조율할 수도 있었을 것이다.

비틀스는 자신들이 곧 해체될지도 모른다는 사실을 알고 있었고, 그 가능성에 대해 서로 솔직하게 이야기하기도 했다. 하지만 아직 정말로 끝낼 준비가 되지는 않았다. 조지는 자신에게 주어진 제한적인 조연 역할에 점점 답답함을 느끼기 시작했지만, 여전히 비틀스에 애정을 느꼈고, 그룹 활동과 병행할 수 있는 솔로 프로젝트를 제안하기도 했다. 링고는 다른 멤버들만 원한다면 계속해서 연주할 생각이었다. 폴은 비틀스라는 이름에, 그리고 존과의 파트너십에 여전히 강한 믿음을 가지고 있었다. 그리고 존은… 지쳤다. 그는 정신적으로 완전히 무너진 시기를 지나는 중이었다. '화이트 앨범' 작업도 고됐고, 이혼을 겪었으며, 요코의 유산이라는 충격적인 일도 있었다. 존은 지금 안팎으로 크게 흔들리고 있었다. 그는 비틀스에서 마음이 조금씩 떠나는 듯하지만, 여전히 비틀스로 남고 싶다고 린제이 호그 감독에게 말한다.

훗날 〈Get Back〉 프로젝트라 불리는 이 세션은 비틀스가 리버풀과 함부르크, 그리고 밴 안에서 한 팀으로 똘똘 뭉쳤던 시절의 끈끈한 팀워크를 되살리려는 시도였다. 무대에 설 때마다 관객의 마음을 사로잡으려 애쓰고, 세상의 무관심에 맞서 싸워야 했던 시절이었다. 무엇보다도 이 프로젝트는 존의 열정에 다시 불을 붙이려는 폴의 노력이었다. 존이 아무리 무기력해 보여도, 모든 시선은 여전히 그를 향한다. 존이 의욕을 보이면, 다른 멤버들도 덩달아 의욕적인 태도를 보인다. 폴이 생각하는 존, 그리고 존 스스로 생각하는 자신의 모습은 이렇다. 압박감을 느껴야만 시동이 걸린다는 것.

폴은 존을 다시 영웅으로 만들기 위해 현실성 없는 마감 일정을 세웠다. 하지만 트위크넘 스튜디오에서의 존은 무기력과 약물에 너무 깊이 빠져서 다시 불타오르기엔 이미 늦은 듯 보인다. 그가 준비한 주요 신곡 〈Don't Let Me Down〉조차 아직 완성도가 부족했다. 다큐멘터리 《비틀스: 겟 백》에는 점점 불안감이 커지는 폴의 모습이 담겼다. 그는 존에게 다가가 신곡이 없는 것에 대해 조심스럽지만 단호하게 지적하기도 한다.

또 다른 장면에서는 피아노로 〈Strawberry Fields Forever〉를 연주한다. 존은 등을 돌린 채 기타를 만지작거리며 듣지 않는 척하지만, 폴은 마치 이렇게 말하고 있는 듯하다. "봐, 존. 네가 얼마나 대단했는지 기억나?"

널찍한 1번 스테이지 안에서, 비틀스는 리놀륨 바다 위에 떠 있는 작은 보트에 탄 것처럼 서로 바짝 붙어서 원을 이루고 앉는다. 요코는 앉아서 책을 읽는다. 존은 그녀에게 별다른 관심도 두지 않고 멍하니 초점을 잃은 얼굴로 있고, 조지는 우울해 보이며, 링고는 지루하거나 슬프거나, 어쩌면 둘 다인 듯하다.

그들은 신곡들을 연주하면서 편곡도 하고 백업 보컬과 기타 연주를 시도한다. 조용하지만 날카로운 의견 충돌도 일어난다. 폴과 조지는 폴의 곡 〈Two of Us〉의 연주 방식을 두고 짜증 섞인 언쟁을 벌인다. 조지가 말한다. "그냥 네가 치라는 대로 칠게." 폴이 답한다. "난 그냥 도와주려는 건데, 내가 무슨 말을 해도 널 짜증 나게 하는 것 같네." 조지는 무심하고 차가운 어조로 대꾸한다. "짜증 안 나. 이젠 짜증도 안 나."

매카트니는 다른 멤버들이 그냥 밴에 앉아 있는 동안 자기 혼자 밴을 언덕 위로 밀어 올리는 기분일 것이다.

그 주 내내 그는 멤버들을 달래고, 재촉하며, 겨우 움직이게 만든다. "앞으로 12일밖에 안 남았으니까, 정말 체계적으로 해야 해." 그가 말한다. "그런데 이런 말을 하는 사람이 나밖에 없는 것 같아. 도와주는 사람이 하나도 없네." 폴은 소극적이고 회의적인 분위기를 깨 보려 애쓴다. "다들 여기 왜 온 건지 모르겠어. 이유가 뭐야? 돈 때문은 아닐 테고. 왜 여기에 있는 건데? 난 프로그램을 만들고 싶어서 있는 거야." 그러고는 지난 앨범 작업이 힘들었던 이유를 꺼낸다. 서로 제대로 소통하지 못했기 때문이라는 것이다.

"우리, 그냥 털어놓고 다 말해야 해… 이번에도 저번처럼('화이트 앨범'처럼) 되어 버리면, 그냥 끝내는 게 맞아. 더는 의미가 없잖아… 내가 지금 바라는 건 열정뿐이라고!" 그러나 멤버들은 그의 말에 동조하지도, 반박하지도 않는다. 그들은 비틀스 해체라는 침울한 가능성을 정면으로 마주한다.

조지: 비틀스는 적어도 1년 전부터 침체 상태였어. 그냥 해체하는
  게 나을지도 몰라.

폴: 내가 지난번 회의에서 그 얘기를 했잖아. 근데 이제 점점 가
  까워지고 있어, 알지?

존: 이혼하면 애들은 누가 맡지?

폴: 딕 제임스.

매카트니가 명확한 진단을 내놓는다. "엡스타인 씨가 세상을 떠난 뒤로 우리는 계속 부정적이었어. 그러다 보니 모두가 돌아가며 그룹에 질려 버린 거고… 좀 지겹게 느껴지는 거지. 하지만 지루함을 없애는 유일한 방법은 우리 넷이 머리를 맞대고 함께 생각하는 거야. 어떻게 하면 다시 긍정적으로 바뀔 수 있을까? 하고 말이야."

대화 내내 별다른 말이 없던 존이 긍정적으로 반응한다. "동기 부여가 됐어. 이제 결심했어… 이 모든 일의 핵심은 소통이잖아. TV에 나가는 것도 결국 사람들과 소통하는 거고, 우리가 누군가에게 미소를 지을 기회가 되는 거니까. 〈All You Need Is Love〉처럼 말이야." 폴도 고개를 끄덕이며 덧붙인다. "지금은 '이렇게 해.'라고 말해 줄 사람이 아무도 없어. 예전엔 항상 있었는데… 하지만 그건 우리가 성장했다는 뜻이야. 이제 아빠는 떠났고, 우린 캠프에 혼자 남겨진 거지."

매카트니가 이래라저래라하는 건, 우두머리가 되고 싶어서가 아니다. 비틀스는 어른들 없는 곳에서 자기들끼리 노는 아이들의 자유를 사랑했지만, 결국 누군가는 어른 노릇을 해야 했다. 《비틀스: 겟 백》의 자막만 보면 알기 어렵지만, 영상에서 명확하게 드러나는 것이 있다. 바로 아무 말 없이 있어도 뚜렷하게 느껴지는 레넌의 존재감이다.

다른 멤버들이 서로에게 말할 때조차, 존에게 말하는 것처럼 보인다. 곡에 관한 논쟁에서 존이 침묵으로 일관하자, 결국 조지와 폴만 끝없이 티격태격한다. 그러던 중, 매카트니는 그룹 전체에 —특히 존을 향해— 말한다. 정당한 권한 없이 리더의 책임을 짊어진다는 게 얼마나 힘든 일인지 털어놓는다. "난 무서워, '네가 보스 해.'라는 말이."

해체 이야기를 나눈 뒤, 비틀스는 〈I've Got a Feeling〉을 리허설한다. 이 곡은 크리스마스 이전에 함께 만든, 진정한 레넌 – 매카트니 공동작이었다. 폴이 리프와 후렴을 가져왔고, 존에게는 자신이 〈Everybody's Had a Hard Year〉라고 이름 붙인 짧은 구절이 있었다. 결국 그 사색적인 가사는 〈I've Got a Feeling〉의 미들에잇으로 들어가, 폴의 멈출 줄 모르는 낙관적인 후렴과 뚜렷한 대조를 이룬다. 폴과 존은 많은 옛 노래도 함께 가볍게 연주한다. 〈Love Me Do〉 같은 초기 비틀스 곡들도 있고, 칼 퍼킨스Carl Perkins, 엘비스, 리틀 리처드 등 공연 레퍼토리로 즐겨 연주하던 로큰롤 명곡들도 있다. 이는 TV 프로그램에 예전 노래를 넣으려는 계획 때문이기도 했지만, 무엇보다도 함께 연주하는 즐거움을 되찾을 필요가 있었기 때문이었다.

멤버들이 티격태격하는 모습은 형제자매가 있는 사람이라면 누구나 익숙하게 느껴질 것이다. 가족 관계에서 흔히 볼 수 있는 풍경이다. 제대로 이루어지지 않는 소통에 대한 답답함, 입 밖으로 꺼내지 못한 채 쌓여온 감정의 무게, 그리고 사랑과 뒤엉킨 좌절감이 느껴진다. 훗날 전해지는 트위크넘 세션에 관한 이야기들은 주로 멤버들 사이의 불화와 적대감에 초점을 맞췄지만, 피터 잭슨 감독의 다큐멘터리는 기쁨과 웃음이 터져 나오는 순간들을 보여 준다.

물론 멤버들은 때때로 직설적이다(예컨대 폴이 존의 곡에서 어떤 부분을 두고 "그건 좀 약한데."라고 말할 때처럼). 하지만 그들은 오히려 서로를 약간 지나칠 만큼 부드럽게 대한다. 우리는 오래된 노래들이 다시 뜨겁게 살아나고 새로운 곡들이 점점 힘을 얻어 가는 모습을 목격한다. 폴은 음악에 대해 자신만의 확고한 견해를 갖고 있지만, 대개는 고집 보다는 설득을 택한다. 존은 냉소적이거나 신랄하기보다는 조용하고 생기가 없다. 하지만 멤버들과 함께 연주할 때면 종종 고요하던 얼굴에 환한 미소가 피어난다.

이 불안한 교착 상태 한가운데서, 폴은 이 프로젝트의 제목이자 훗날 피터 잭슨 다큐멘터리의 제목이 되는 곡을 만들어 낸다. 그 순간은 단숨에 《비틀스: 겟 백》의 가장 상징적인 장면이 된다. 카나리아 빛깔의 스웨터를 입은 폴이 베이스 기타를 안고 자신의 내면 깊숙이 잠수해 들어가 진주를 건져 올린다.

폴과 다른 멤버들은 출근이 늦은 존을 기다리는 중이다. 폴은 무릎에 올려둔 베이스 기타로 코드를 연주한다(베이스 기타는 일반 기타와 달리 줄이 네 개뿐이고, 코드 연주에 쓰는 경우는 드물다). 그저 지금 손에 잡히는 악기가 그것뿐이기에 그걸로 연주하는 중이다. 처음에는 소리로 낙서하듯 의미 없는 음절들을 흥얼댄다. 하지만 계속 흥얼거리다 보니, 어느새 멜로디가 생기고, 단어가 붙고, "Get back… get back…" 하는 후렴구가 튀어나온다. 의식적으로든 아니든—아마도 무의식적으로—매카트니는 이 프로젝트의 의미를 정확히 담은 아이디어에 도달한 것이다.

이 장면은 매카트니의 천재성을 실시간으로 보여 주는 전설적인 순간이 되었지만, 작가 애덤 고프닉의 지적처럼 그것은 결코 혼자만의 노력으로 가능한 일이 아니었다. "폴이 한 건 맞지만, 그룹을 위해 해낸 것이다."[2] 매카트니는 노래가 완성되기도 전에, 누구를 위해 이 노래를 부를 것인지 이미 마음속으로 관객을 정해 뒀다.

그가 베이스 기타를 두드리며 곡을 다듬는 동안, 맞은편엔 조지와 링고가 앉아 있다. 둘 다 지루함을 숨기지 않는다. 조지는 하품까지 하지만 듣고는 있다. 잠시 후, 조지가 누구에게라기보다 혼잣말처럼 중얼거린다. "좋다. 멜로디도 그렇고, 정말 좋아." 그러고는 자신의 기타로 후렴마다 툭툭 끊기는 리프를 얹는다. 링고도 손뼉을 치며 리듬을 타기 시작한다. 마침내 기타를 메고 도착한 존이 곧바로 정확한 코드를 찾아낸다.

그 뒤 며칠, 그리고 비틀스는 몇 주에 걸쳐 〈Get Back〉을 공들여 다듬고, 고치고, 반복해서 리허설한다. 여러 버전을 시도해 보는데, 장난스럽게 변주하기도 하고, 좀 더 진지하게 접근하기도 한다. 그중 하나가 이민자 문제를 다룬 버전인데, 최근 극우 정치인 이넉 파월 Enoch Powell이 내뱉은 선동적인 연설에 대한 반박의 의미가 담겼다 (〈Ob-La-Di, Ob-La-Da〉 역시 그런 정신에서 쓰인 곡이었다.)★ 비틀스는 전환부, 리듬, 편곡의 모든 요소에 걸쳐 세심하게 손을 본다. 존은 가

★ 지금은 아티스트들이 이민자들에게 우호적인 태도를 보이는 것이 전혀 놀랍지 않은 일처럼 여겨지지만, 당시에는 그렇지 않았다. 지금 우리가 너무도 당연하게 받아들이는 일들 가운데 상당수가, 사실은 비틀스가 처음 만들어 낸 문화적 규범이었던 경우가 많다. 예컨대 1968년 봄, 믹 재거는 이민자들이 영국 사회를 '붕괴시킬 것'이라 경고했다. "그들은 우리와 다르고, 실제로 다르게 행동하며, 삶의 방식도 다르기 때문이다. 설령 여기서 태어났다고 해도 그들은 우리와 같지 않다." (도미닉 샌드브룩, 《화이트 히트》, p.675에서 인용)

사 작업에서도 폴을 도와준다. 그렇게 길고 고되고 복잡한 과정을 돌고 돌아, 마침내 그들은 우리가 아는, 숨 쉬듯 자연스럽게 들리는 바로 그 버전의 〈Get Back〉에 도달한다.

30

TWO OF US

비틀스 팬들은 트위크넘 세션 도중 조지 해리슨이 밴드를 그만두겠다고 말했다는 사실을 오래전부터 알고 있었다. 오디오 테이프에 녹음되었기 때문이다. 금요일 점심 직전, 조지는 조용히 말한다. "나… 비틀스 그만둘 거야."[1] 존이 별다른 감정이 느껴지지 않는 목소리로 묻는다. "언제?" "지금." 조지가 그만둔 뒤 존은 갑자기 활기를 얻은 듯 그룹의 리더처럼 말하기 시작한다. "조지가 월요일이나 화요일까지 돌아오지 않으면, 에릭 클랩튼한테 연주해 달라고 하자… 중요한 건, 조지가 나가더라도 우리가 비틀스를 계속하고 싶은지 아닌지야. 나는 계속하고 싶어." 피터 잭슨의 《비틀스: 겟 백》 다큐멘터리는 조지의 탈퇴를 둘러싼 맥락을 보다 자세히 보여 준다. 조지가 직접 작곡한 곡을 제시할 때마다, 폴과 존의 반응은 아무리 좋게 봐도 무관심에 가깝다. 어떤 곡을 들은 후, 존은 이렇게 묻는다. "이거 해리송스Harrissong야?" '해리송스'는 조지가 1966년에 설립한 음악 출판사 이름이었다. 그는 자신이 쓴 곡의 저작권 수익을, 레넌-매카트니 곡들을 출판하던 노던 송스Northern Songs와 분리하기 위해 따로 회사를 차렸다. 레넌의 이 한 마디는, 그룹 내부의 수익 구조가 분열되었다는 사실을 드러낸다.

　11년 전, 조지가 쿼리멘에 합류했을 때 그는 '작은 조지'였다. 형들과 함께 연주하는 것을 허락받은 꼬맹이였다. 하지만 그는 곧 그룹에서 가장 뛰어난 기타리스트이자 가장 담대한 연주자임을 스스로 증명해 보였다. 존과 폴이 둘이서만 함께 곡을 쓰기로 원칙을 정한 뒤, 조지는 혼자 작곡을 시작했다. 처음부터 뛰어난 곡을 쓰진 못했다. 성격이 여린 사람이라면 세상에서 가장 성공한 작곡가들에게 자신의 곡을 들려준다는 사실만으로도 충분히 위축될 것이다. 하지만 조지는 포기하지 않았고, 꾸준히 발전해 나갔다. 작곡은 차치하더라도, 그는 레넌-매카트니 자작곡에 중요한 기여를 수없이 많이 했지만, 정식으로 인정받지 못했다. 예를 들어, 폴이 커버한 〈Till There Was You〉의 선율적인 재즈 스타일 솔로, 〈And I Love Her〉의 인상적인 기타 리프, 〈She Loves You〉와 〈I Want to Hold Your Hand〉에서의 기타 필 인, 그리고 〈Nowhere Man〉에서의 초월적인 기타 솔로가 있다.

　무엇보다도 조지가 비틀스에게 인도 음악과 철학을 소개한 일은 그룹의 진화에 결정적인 전환점이었다. 조지는 단순한 흥미나 흉내에 그치지 않고, 인도 음악을 깊이 파고들었다. 시타르의 대가에게 직접 시타르를 배웠고(만약 라비 샹카^{Ravi Shankar}가 이 영국 청년이 진지하다고 느끼지 않았다면, 시간을 내주지도 않았을 것이다) 라가의 구조와 선법을 흡수해 나갔다. 존과 폴의 압도적인 존재감은 그를 위축시키기보다 오히려 더 노력하도록 만들었다. 대가족에서는 막내나 동생들이 스스로를 증명하기 위해 더 큰 노력을 기울여야만 하는 경우가 많다. 조지가 인도 음악이라는 자신만의 전문 영역을 개척한 것은 음악에 대한 진심 어린 사랑 때문이었지만, 동시에 그룹의 핵심 멤버가 아닌 자신의 위치에 대한 창의적이고도 당당한 응답이기도 했다. 1969년 초, 해리슨은 곡을 더 많이, 그리고 더 잘 쓰고 있었다. 다른 어떤 밴드였더라도 선뜻 받아들였을 법한 곡들이었다. 얼마 전 그는 친구 밥 딜런을 만나고 왔고, 딜런은 그를 동등한 동료로 대했다. 그런데 지금 그는 트위크넘 스튜디오의 싸늘한 창고에서 자신을 여전히 형들을 따라다니는 어린애 취급하는 두 친구와 함께 앉아 있었다. 그 모든 세월이 조지의 언짢은 표정 속에 고스란히 드러난다.

존과 폴이 자신들에 관한 내용인 듯한 노래를 몇 시간씩 붙잡고 있었다는 점은 상황을 더욱 악화시켰다. 《비틀스: 겟 백》에서 우리는 조지가 그런 두 사람을 지켜보는 모습을 볼 수 있다. 존과 폴은 각자 어쿠스틱 기타를 들고 서로를 바라보며 〈Two of Us〉를 반복해서 연주하고, 화음을 맞추고, 문장을 다듬는다. 짓궂은 목소리로 장난을 치다가 웃음을 터뜨리며 멈추는 일도 여러 번이다.

폴은 린다와 함께 자동차로 시골길을 달리던 중 〈Two of Us〉의 아이디어를 떠올렸다. "린다의 정말 멋진 점은, 내가 운전하다가 '어쩌지, 길을 잃은 것 같아.'라고 말하면 '오히려 좋아!'라고 대답하는 거였다."[2] 늘 어딘가를 향해 나아가야 한다는 압박감을 느끼던 폴에게 린다는 때로는 아무 목적지도 없이 떠나는 것도 괜찮다는 걸 가르쳐 주었다. 하지만 실제로 〈Two of Us〉는 미래에 대한 설렘으로 가득한 새로운 연인에 관한 노래처럼 들리지 않는다. (트위크넘 세션 당시, 린다는 임신 중이었다.) 이 노래는 오히려 쓸쓸하고 아련한 감정을 자아낸다. 린다에게서 영감을 받았을지도 모르지만, 동시에 〈Two of Us〉는 폴이 존과 함께 걸어온 여정에 관한 노래이기도 하다. 매카트니 역시 그런 뉘앙스를 내비친 적이 있다. "'우리는 집으로 돌아가는 중이야(We're on our way home)'라는 가사는 문자 그대로 런던의 집으로 돌아간다는 뜻이라기보다는, 예전의 우리를 되찾으려 한다는 의미다."³ 그는 여기서 '우리'가 누구를 뜻하는지는 명확히 밝히지 않지만, 〈Two of Us〉의 가사를 보면 그가 마음속에 떠올린 사람이 누구였는지 짐작할 수 있다. 폴과 린다에게는 두 사람 앞에 펼쳐진 길이 훨씬 더 길었기에 그보다 긴 추억이 있을 수 없다("You and I have memories / Longer than the road that stretches out ahead"). 또한, 그들은 서류를 주고받는 사이도 아니었다("You and me chasing paper"). (그해 말 발표된 또 다른 곡에서 매카트니는 비틀스가 휘말린 복잡한 사업 분쟁을 'funny paper'라는 표현으로 빗댄 바 있다.) 〈Two of Us〉는 폴과 존의 예전 모습을 떠오르게 만든다. 기타를 들고 에벌리 브라더스 스타일의 화음을 맞추며 함께 노래하던 십 대 시절 말이다. 〈Two of Us〉를 리허설할 때, 그들은 마이크 하나를 사이에 두고 얼굴을 맞댄 채 노래를 부른다.

1968년 말부터 1970년 초까지, 매카트니는 집에 대한 갈망이 짙은 노래들을 여럿 썼다. 〈Two of Us〉, 〈The Long and Winding Road〉, 〈Let It Be〉, 〈Get Back〉, 〈Golden Slumbers〉 등 여정의 끝에 관한 곡들이다. 여기에는 그와 존이 리버풀에서 함께 이룬 꿈이 끝났다는 암시가 담겼다. 하지만 폴은 아직 비틀스를 포기할 준비가 되지 않았다. 조지가 그만둔 뒤에도 그는 계획과 체계, 그리고 분명한 방식이 필요하다고 계속 강조한다.

폴: 아무 목적 없이 떠도는 건 정말 멋도 없고, 촌스러워.

존: 널 만지면 내면에서 행복한 기분이 들어. 숨길 수가 없어. 숨길 수가 없어. (잠시 침묵) '왜냐고 물으면, 사랑한다고 말할 거야.'

폴: 우리한테 필요한 건 스케줄이야.

존: 정원 스케줄.★

이 대화에서 존의 말은 농담 같기도 하고, 격언처럼 함축적으로 느껴지기도 하며, 수수께끼처럼 모호하기도 하다. 그는 예전 비틀스 노래의 가사를 가져와 '비틀스식' 언어로 이야기한다. 존은 주변 사람들과 카메라를 의식해서 보여 주기 식의 말과 행동을 하면서도, 동시에 폴과 자신들만 아는 방식으로 소통을 시도하는 것이다. 과연 폴은 존의 의도를 알아차렸을까? 단정하기는 어렵지만, 존은 폴이 자신을 이해해 줄 거라고 기대한다. 세션 도중 있었던 다른 대화에서 폴이 언급한, 서로의 마음을 읽는 '고양된 감각'을 공유했다고 믿었기 때문이다.

매카트니는 자신과 존이 십 대 시절에 꾼 꿈에 관해 이야기한 적이 있다. 정원에서 금화를 파내는 꿈이었다.[4] 그가 이 꿈 이야기를 들려주자, 존이 자신도 똑같은 꿈을 꿨다고 말했다는 것이다. 서로의 생각이 하나로 연결됐다는 사실은 두 사람에게 의심의 여지조차 없는 확고한 믿음이었다.★★ 하지만 적어도 1969년 무렵의 폴은 자신과 존 사이에서 벌어지는 일을 직접적으로 말하지 않으려는 태도 자체가 문제라는 사실을 인식하고 있었다. 트위크넘 스튜디오에서 존과 요코가 자리를 비운 사이, 그는 닐 아스피날에게 소통에 무관심한 존

★ 영국에서 'schedule'은 '셰듈(shed-dule)'이라고 발음한다(발음이 비슷한 shed(창고)를 이용해 정원 스케줄(garden schedule)이라는 유머를 구사한 것— 역주).

★★ 1969년 1월 26일에 촬영된 영상에는 존이 촬영장에 도착하는 장면이 담겼다. 그는 한껏 들뜬 목소리로 말한다. "폴! 혹시 어젯밤에 내 꿈 꿨어?" 폴은 "기억 안 나."라고 답한다. 존은 이어서 말한다. "엄청 강렬한 꿈이었는데… 분명 네가 나왔단 말이야. 세 시간 동안 내가 널 만졌거든." 하지만 폴은 달갑지 않다는 듯, 거의 아무런 반응을 보이지 않는다.

의 태도를 언급한다. "우린 서로 고양된 감각이 있으니까, 아무 말도 하지 않는 게 정답처럼 느껴지잖아.5 근데 사실 그건 정답이 아니야. 대화를 하지 않으면 결국 서로를 완전히 망가뜨려… 지금은 서로 무슨 말을 하는 건지 정말 하나도 모르겠어."

조지가 떠난 그 주의 일요일, 멤버들은 링고의 집에 모여 화해의 자리를 마련했다. 하지만 상황은 순조롭게 풀리지 않았다. 요코가 존보다 말을 더 많이 했다는 것도 이유 중 하나였다. 화가 난 조지는 자리를 박차고 나가 리버풀로 가 버렸다. 그다음 주, 나머지 멤버는 다시 트위크넘 스튜디오에 모였다. 마이클 린제이 호그 감독은 스튜디오 곳곳에 마이크를 설치해 두었고, 구내식당의 화분 속에도 하나를 숨겨 놓았다. (이 사실은 비틀스에게 미리 알렸지만, 정확히 어디에 설치했는지는 말하지 않았다.) 그 화분 속 마이크를 통해 존과 폴이 비틀스의 미래에 대해 나누는 대화를 녹음했다. (요코, 린다, 링고도 함께 있었지만, 피터 잭슨의 편집본에서는 그들의 목소리가 편집됐다.) 이 대화는 암시와 비유가 많아 해석이 쉽지 않지만, 진심이 명확히 드러나는 순간들이 간간이 있다.6 "상처가 곪은 거야." 존은 조지와의 관계를 그렇게 표현한다. "어제 우리는 그 상처를 더 깊이 후벼팠어. 붕대도 감아 주지 않고." 존은 자신이 조지를 제대로 배려하지 못했음을 인정하며 학교에 다닐 때부터 늘 그랬다고 털어놓는다. "우리 모두 서로의 관계에 죄책감을 느끼고 있어."라는 말도 덧붙인다. 하지만 조지의 탈퇴와 그것이 비틀스에게 어떤 의미인지에 대해서는 마음이 복잡한 듯하다. "조지가 돌아오는 걸 내가 원하고 있을까, 폴? 그냥 묻는 거야. 내가 정말 간절히 원하긴 하는 걸까? 그게 뭐든 간에."

그들은 조지에 대한 이야기보다 서로에 관한 이야기를 더 많이 나눈다. 존은 자신이 만든 신곡을 폴에게 들려줄 때, 폴의 반응이 어떨 지 너무 긴장한 나머지 취한 척을 해야 한다고 말한다. 또 자신에겐 폴처럼 노래 전체의 편곡을 머릿속으로 듣는 능력이 없다고도 한다. "나는 기타랑 드럼 말고는 그렇게까지 멀리 못 봐… 플루트 소리 같 은 건 안 들린다고." 그는 때때로 너무 겁이 나서, 폴이 자신의 곡을 나중에 후회하게 될 방향으로 발전시키게 놔둔 적도 있다고 털어놓 는다. "그럴 때 내가 할 수 있는 일이라고는 조지에게 대신 맡기거나 조지가 흥미를 갖게 만드는 거였어. 왜냐하면 조지가…" 그러자 폴이 끼어든다. "〈She Said She Said〉가 그랬잖아."

〈Revolver〉 앨범에 수록된 존의 곡 〈She Said She Said〉는 처음엔 단편적인 아이디어에서 출발했다. 1965년, 비틀스가 LA에서 연 수영 장 파티에서 존과 조지가 LSD를 복용한 상태로 나눈 기이한 대화에 서 영감을 받았다. 당시 존은 이 곡을 어떻게 발전시켜야 할지 확신이 없었다. 그러다 조지가 존의 켄우드 저택을 찾아왔고, 존이 생각해 둔 'she said'라는 문구에 'When I was a boy…'로 시작하는 또 다른 구 절을 붙이자고 제안했다. 이후 〈She Said She Said〉를 애비로드 스튜 디오에서 녹음하던 중 언쟁이 벌어졌는데, 그 원인은 아마도 작업을 주도하려 했던 매카트니의 태도였을 것이다. 화가 난 폴은 자리를 박 차고 나갔고, 남은 멤버들이 곡을 완성했다. 이 사건은 작곡 파트너와 의 관계에서 폴 역시 질투심으로부터 완전히 자유롭지 않았다는 것 을 보여 준다. 당시 그가 예민해졌던 이유는, 녹음 중이던 이 곡이 존 과 조지가 함께 만든 것이었기 때문이다. 자신은 함께하지 않은, 둘만 의 경험에서 나온 노래였던 것이다. 그러나 1969년에 이르러 폴은 이 사건을 새롭게 해석했다. 존이 스튜디오에서 자기(폴) 의견을 받아들이는 일이 그만큼 어려워졌다는 증거라고 말이다. 화분에 숨겨진 마이크에 녹음된 대화에서 폴은 존에게 암묵적으로 동의하지만, 때때로 다른 멤버들이 자기 말에 귀 기울이지 않는다 느낀다고 말한다.

요코는 대화를 본래의 주제로 되돌리려 한다. "다시 조지 얘기로… 돌아가자." 하지만 존과 폴은 그룹의 문제가 결국 자신들의 관계에서 비롯되었다는 사실을 안다. 폴은 존에게, 그가 여전히 리더라는 점을 상기시킨다. "넌 항상 보스였잖아. 나는 두 번째 보스 같은 거였고, 조지는 세 번째 보스였고." 그리고 존이 스스로를 가로막았다고 말한다. "넌 어떤 문제에서 왼쪽으로 가야 할지, 오른쪽으로 가야 할지 확신이 없잖아." 그러면서 존에게 마음껏 미치거나, 극단적으로 행동해도 된다고 '공중전화 박스를 걷어차 버리라'고 격려한다. 밴드를 해체하는 한이 있더라도, 뭔가 결단을 내려야 한다는 뜻이었다. 아무것도 하지 않는 것만큼은 피하라는 얘기다.

다큐멘터리 《비틀스: 겟 백》은 여러 주제를 담았지만, 그중 하나는 '소통의 실패'다. 서로를 너무 잘 알 때 혹은 잘 안다고 생각할 때, 오히려 문제가 생기기 쉬운 법이다. 연인들은 초기에 서로에 대한 인식의 틀을 형성해 나간다. 그 틀은 지나치게 정밀하고 섬세해서, 마치 두 개의 몸에 하나의 마음이 있는 듯한 느낌마저 준다. 하지만 시간이 흐르면서 각자 변화하고 성장해도, 서로에 대한 인식은 변하지 않은 채 예전 그대로 머무른다. 그러다 보니 어느 순간부터 서로를 오해하기 시작하고, 그 오해는 당혹감과 좌절, 원망으로 이어진다. 결국엔 자신들도 모르게 서서히 멀어진다. 존과 폴 역시 리버풀과 함부르크 시절, 서로에 대한 인식의 틀을 형성했고, 서로의 마음을 읽는 능력에 있어서는 거의 최고 수준까지 도달했다. 하지만 1968년 말에 이르러 두 사람은 많이 달라졌고, 서로 그 변화를 제대로 인식하지 못했다. 밤새 룩셈부르크 라디오의 해적 방송에 귀를 기울이던 아이들이, 신호가 잡음 속에 묻혀 이제는 아무것도 들을 수 없게 된 셈이다. 존은 자신이 느끼는 불안, 특히 폴과의 관계에서 느끼는 불안을 폴이 이해했다고 믿었고 그에게 직접 확신과 위안을 얻고 싶어 했다. 반면 폴은 존이 그룹에서 여전히 가장 중요한 존재라고 느끼길 바란다고 생각했다. 구내식당에서 굳이 존을 '보스'라고 강조한 것도 그런 맥락이었다. 하지만 존이 진정으로 원했던 것은 더 이상 권력이 아니었다. 그가 원한 것은 '사랑'이었다.

서로 마주 보며 〈Two of Us〉를 여러 번 맞춰 보던 중, 어느 순간 폴이 연주를 멈추고 존에게 이 노래들이 어쩐지 더 큰 이야기를 들려주고 있는 것 같다고 말한다. 〈Get Back〉과 〈Two of Us〉, 〈Don't Let Me Down〉과 〈Oh! Darling〉이 그렇다는 것이다. 그러자 존이 웃으며 말한다. "우리 둘은 연인 같잖아." 폴은 갑자기 말문이 막혀 웅얼거리듯 동의하고, 두 사람은 동시에 머리를 획 넘긴다. 그들은 〈Two of Us〉를 연습하며 엘비스를 흉내 낸다. 스코틀랜드 억양으로도 불러 보고, 복화술사처럼 이를 악문 채 노래해 보기도 한다. 온갖 장난을 다 쳐 보지만, 절대로 진지하게 부르지는 않는다. 그렇게 농담 섞인 버전을 수도 없이 반복한 뒤에야, 마침내 곡의 최종 형태가 정해진다. 어쿠스틱하고, 부드러우며, 진심이 담긴 스타일이다. 음악은 여전히 존과 폴이 서로를 받아들일 수 있는 공간이었다.

31

DON'T LET ME DOWN

DON'T LET ME DOWN

조지는 트위크넘 스튜디오에서 철수한다는 조건으로 돌아오기로 했다. 비틀스는 애플 빌딩 지하에 새로 마련한 자신들의 스튜디오로 자리를 옮겼다. 더 작고 아늑한 이 공간에서, 그들은 호흡을 되찾았다. 레넌은 활기를 되찾았고, 빌리 프레스턴^{Billy Preston}이 합류하면서 분위기 역시 한층 밝아졌다. 프레스턴은 가수이자 키보드 연주자로, 열여섯 살 때 리틀 리처드의 투어 밴드 멤버로 함부르크에 왔다가 처음 비틀스를 만났다. 런던에 머물고 있던 그는 우연히 해리슨과 마주쳤고, 해리슨이 함께 연주하자고 그를 애플 스튜디오로 초대했다. 프레스턴은 실력 있는 뮤지션이자 함께 있으면 기분 좋은 사람이었다. 그의 키보드 연주는 몇 주째 답을 찾지 못하던 곡들에 생기를 불어넣었다. 다큐멘터리에는 〈I've Got a Feeling〉을 처음 맞춰 보던 중 프레스턴이 단번에 딱 맞는 리프를 찾아내자, 폴이 놀람과 고마움이 뒤섞인 얼굴로 환하게 웃는 장면이 담겨 있다. 프레스턴은 비틀스에게 웃음을 안겨 주었고, 음악적인 완성도도 끌어올렸다. 그는 이후 넉 달 동안 비틀스의 비공식 멤버로 함께했다.

한편 비틀스는 TV 프로그램의 마지막을 어떻게 장식할지를 두고 몇 주 동안이나 우왕좌왕한다. 마이클 린제이 호그 감독은 비틀스의 명성과 당대 문화 아이콘으로서의 위상에 걸맞은 아이디어를 제안했다. 리비아의 원형 극장에서의 공연이나 바다 위 크루즈 공연이었다. 존과 폴은 화려한 연출에 긍정적인 반응을 보였지만, 링고는 해외에 나가는 걸 꺼렸고, 조지는 대규모 라이브 공연 자체를 내켜 하지 않았다. 결국 누군가가 애플 빌딩 옥상에서 공연을 하자는 제안을 했다. 나쁘지 않은 절충안처럼 보였지만, 이마저도 쉽게 합의되지는 않았다. 해리슨은 여전히 내켜 하지 않았고, 레넌도 전면적으로 밀어붙이지 않았다. 심지어 폴마저 자칫 김빠지는 결말이 될까 봐 걱정하며 루프탑 공연에 반대했다. 사실 비틀스는 체면을 구기지는 않을지, 과연 지금도 예전처럼 해낼 수 있을지 자신이 없었다. 린제이 호그 감독은 며칠을 들여 촬영 준비를 마쳐 놓고도, 비틀스가 공연을 할지 말지를 좀처럼 결정하지 못해 기다려야 했다고 회상했다. 그들은 직전까지도 망설였다. 하지만 결국 그들은 옥상으로 나갔다.

그들은 옥상에서 다섯 곡을 연주했다. 〈Get Back〉, 〈Don't Let Me Down〉, 〈I've Got a Feeling〉, 〈One After 909〉, 〈Dig a Pony〉였다. 그중 세 곡은 두 번씩 연주했다. 〈Get Back〉을 처음 연주할 때, 인접한 건물 옥상에 설치한 카메라로 촬영한 장면이 나온다. 다큐멘터리에는 트위크넘 스튜디오에서 그들을 위에서 내려다본 장면들도 나온다. 1번 스튜디오 한가운데서 마치 외딴섬처럼 고립된 모습이다. 카메라가 위에서 비추는 가운데 연주가 시작되고, 빌리 프레스턴이 리프를 치기 시작하자 그들은 춤을 춘다. 마치 예전 캐번 클럽과 카이저켈러에서 그랬던 것처럼. 바로 그 순간, 존은 자신이 그렇게 찾아 헤매던 인정과 수용의 확신을 얻는다. 공연이 이어지는 동안, 네 사람

모두 자신들의 연주가 너무 멋지게 들려서 놀라는 듯하다. 폴은 내내
존을 힐끔거리다 활짝 웃는다. 행복해 보이는 존의 얼굴을 확인하고
폴 역시 기쁨에 젖는다.

〈Don't Let Me Down〉은 존이 이 세션에 가져온 단 두 곡의 신곡
중 하나였다. 이 곡은 두 개의 파트로 이루어졌고, 존은 둘을 어떻게
이어야 할지 확신하지 못했다. 가사는 의도적으로 단순하게 썼다. 다
른 멤버들은 "진부하다."라고 표현했고, 존은 "기교 부린 표현은 하나
도 없어."[1]라고 말했다. 그는 어떠한 기교도 배제한 채, 가슴에 곧장
파고드는 노래를 만들고자 했다. 처음에는 그리 대단한 곡이 될 것 같
지 않았다. 비틀스는 1월 내내 이 곡을 끊임없이 다듬었다. 쪼갰다가
다시 붙이고, 보컬 편곡을 두고 다투고, 전환 부분을 하나하나 다듬으
며 손끝과 몸으로 곡을 흡수해 갔다. 옥상에서 연주할 무렵엔, 〈Don't
Let Me Down〉은 순수한 감정이 거대한 물결처럼 밀려오는 노래가
되었다.

　비틀스의 노래가 단 하나의 주제만 다루는 경우는 드물지만,
〈Don't Let Me Down〉은 요코와 함께 새로운 삶으로 뛰어드는 존의
도약에 관한 노래다. 1970년, 존은 (다른 곡에 대해 이야기하며) 이런 말
을 했다. "물에 빠져 허우적댈 때 '내가 빠져 죽고 있다는 걸 누군가
미리 알아차리고 도와주러 오면 정말 기쁠 텐데.'라고 말하진 않아.[2]
그냥 비명을 지를 뿐이지." 〈Don't Let Me Down〉은 가사가 연인에
게 직접 말하는 방식이 아니라는 점에서 특이한 러브송이다. 화자는

지금 자신이 처음으로 사랑에 빠졌다고 누군가에게 털어놓는다. 그리고는 비명을 지른다. 〈Don't Let Me Down〉은 사랑에 빠진 존에 관한 노래다. 사랑이라는 추락이 두렵고, 그 순간 친구가 손을 내밀어주기를 바라는 마음이 담겼다. 이처럼 개인적인 감정을 표현하기 위해 존은 자신이 사랑한 드리프터즈, 아서 알렉산더^{Arthur Alexander}, 샘쿡^{Sam Cooke} 같은 1950년대 스타일의 로큰롤에 기댔다. 존이 추구하는 사운드와 감정을 직감적으로 이해한 폴은 그 사운드에 어울리는 드럼 파트를 링고에게 제안했다.

폴의 입장에서 보면 〈Don't Let Me Down〉은 한편으로는 그저 새 앨범에 들어갈 신곡 중 하나일 뿐이다. 조각가의 끌을 기다리는 거친 나무 덩어리처럼, 깎아서 완성해야 할 곡일 뿐이다. 하지만 한편으로는 가장 친한 친구가 자신이 아닌 다른 사람을 선택하는 내용이 담긴 노래이기도 하다. 그 선택은 두 사람이 처음 만난 이후 줄곧 삶의 중심이 되어 온 그룹을 무너뜨릴 수도 있었다. 다큐멘터리 《비틀스: 겟 백》에서 우리는 폴이 갑작스레 요코에게 절대적으로 의존하려는 존을 이해하려고 애쓰는 모습을 볼 수 있다. 한때 주도적이고 거침없던 친구가 이렇게까지 조용하고 순응적인 태도로 바뀐 것을 보며 폴은 분명 당황했다. 그는 존이 전위예술에 심취한 모습을 못마땅해하는 것 같다. (린제이 호그 감독이 "존은 어디 있어?"라고 묻자, 폴은 이렇게 대답한다. "분장실에서 요코랑 자루 속에 들어가 있겠지.³ 자루를 가져온 것 같던데.") 런던의 언더그라운드 문화를 수년간 파고든 사람은 오히려 폴이었다. 그는 무엇이 허세고, 무엇이 진짜인지 알고 있었다. 폴이 인도 이야기를 꺼낸 것도 모든 구루에게 배울 점은 있지만 그 누구에게도 자아를 온전히 내맡기는 건 현명하지 않다는 사실을 존에게 일깨워 주고 싶었기 때문일 것이다.

하지만 폴은 존과의 관계에 일어나는 변화를 거부하기보다는 받아들이려 애썼다. 이제는 더 이상 '우리 둘(two of us)'만은 아니라는 사실을 인정하려는 것이다. 링고와 다른 이들과의 대화에서, 폴은 쑥스러운 듯이 인정한다. 요코에게 잘 보이려 일부러 그녀가 마음에 들어 할 만한 아이디어를 내기도 했다고. 예를 들면, 새하얀 벽에 관한 노래 같은 것 말이다. 폴은 존이 비틀스와 요코 중에서 하나만 선택하기를 강요받는다면, 요코를 선택할 거라는 사실도 인정한다. 그러면서도 그는 웃으며 말한다. 만약 50년 뒤에 사람들이 "요코가 앰프 위에 앉아서 비틀스가 해체됐다."라고 말한다면 얼마나 우스운 일이겠냐고. 매카트니가 〈Don't Let Me Down〉의 리허설과 공연에 쏟아붓는 에너지는 단순히 창작에 대한 완벽주의에서 비롯된 것이 아니다. 그는 존이 새로운 사랑에 얼마나 많은 것을 걸었는지 알기에 〈Hey Jude〉에서 약속했던 바로 그런 친구가 되어 주고 싶어 한다.

루프탑 공연에서는 이 모든 것이 들린다. 폴의 열정적인 베이스 연주는 존의 강렬한 리드 보컬에 맞서면서도 조화를 이룬다. 그 결과 〈Don't Let Me Down〉은 마치 보컬과 베이스의 듀엣처럼 느껴진다. 조지 마틴은 이렇게 말한 적이 있다. 폴은 무언가를 전하고 싶을 때, 베이스로 가장 잘 표현했다고. "폴은 베이스가 노래하도록 만들고 싶어 했다."[4] 폴의 화음 또한 뛰어난 표현력을 보여 준다. 그의 보컬은 "Don't let me down"의 네 단어로 이루어진 코러스를 뜨겁게 쏟아 내는 존의 열정과 완벽하게 어우러진다. 곡이 끝나갈 무렵, 존이 제목 구절을 즉흥적으로 변주할 때, 폴의 목소리는 더 높은 음역으로 솟아올라서 가사 없이 가성으로 노래하며 깃털처럼 허공을 맴돈다.

32

THE BALLAD OF JOHN AND YOKO

THE BALLAD OF JOHN AND YOKO

애플 수석 회계사들의 사임은 레넌과 매카트니에게 큰 충격을 안겼고, 뭔가 과감한 조치를 취해야 한다는 깨달음을 주었다. 트위크넘 세션 기간에 존은 한 기자에게 말했다. "현재 애플은 매주 적자가 난다.[1] 유능한 사업가가 밀착해서 운영해야 하는데, 그렇지 못했기 때문이다. 이런 식으로 가다간 우리 모두 여섯 달 안에 파산할 거다." 그 사이 문제는 계속 불어났다. 1968년 12월, 브라이언 엡스타인의 동생 클라이브는 비틀스에게 NEMS를 매각할 예정이라고 알렸다. NEMS는 비틀스 저작권 수익의 4분의 1에 해당하는 권리를 보유하고 있었다. 클라이브는 한 상업투자은행으로부터 NEMS 매각 제안을 받아서 그 제안을 긍정적으로 검토 중이었지만, 의리를 지키기 위해 먼저 비틀스에게 알렸다.

폴은 존의 지나치게 솔직한 발언에 짜증을 냈다. 그 이유는 자신이 이미 계획을 세웠기 때문이기도 했다. 린다의 아버지 리 이스트먼은 음악 및 엔터테인먼트 업계에서 수많은 고객을 대리해 온 저명한 변호사였다. 폴은 클라이브의 NEMS 매각 소식을 듣고 곧바로 장인에게 도움을 요청했다. 처음에 리 이스트먼은 직접 런던에 오지 않았고,

나이와 감성 면에서 비틀스와 더 친근한 아들 존 이스트먼^{John Eastman}
을 보냈다. 세련되면서도 거침없는 성격의 존 이스트먼은 클라이브
엡스타인에게 더 경쟁력 있는 조건으로 NEMS 인수 제안을 했고, 클
라이브는 이를 받아들였다. 존 이스트먼은 첫 임무를 마친 뒤 뉴욕으
로 돌아갔다. 겉보기에는 성공처럼 보였지만, 이 일이야말로 레넌과
매카트니 사이에 사업 문제로 균열이 생기기 시작한 계기였다. 그들
이 작곡 수익을 공동으로 갖기로 합의한 이후로, 이런 갈등은 처음이
었다. 존(그리고 다른 멤버들)도 처음에는 이스트먼 일가에 법률 자문을
맡기는 데 동의했지만, 곧 마음을 바꾸었다. 폴에게는 그리 놀라운 일
이 아니었을 것이다. 이스트먼 일가는 린다 덕분에 폴과 개인적으로
가까웠지만, 존, 조지, 링고와는 그렇지 않았다. 요코의 입장에서도
자기 파트너의 재정을 폴이나 그의 여자친구 가족에게 맡겨야 할 특
별한 이유는 없었다. 그리고 결정적으로, 존과 요코에게도 믿고 맡길
사람이 따로 있었다.

앨런 클라인^{Allen Klein}은 이스트먼 일가처럼 뉴욕 출신이지만 배경
은 전혀 달랐다. 뉴어크에서 정육점 주인의 아들로 태어난 그는 하층
계급 출신이라는 사실을 오히려 자랑스럽게 여겼다. 어머니를 아주
어린 나이에 잃었고, 한동안은 고아원에서 유년기를 보내기도 했다.
그는 회계학 학위를 받은 뒤, 1957년에 음반 업계에 발을 들였다. 그
는 음악가들을 대신해 업계의 양복쟁이들과 싸워서 이기는 인물로
이름을 알렸다. 클라인은 키가 작고 통통한 체격에 후줄근한 옷차림
을 했고, 갱스터처럼 거침없이 욕설을 섞어 빠르게 쏟아 내듯 말했다.
고객들과 금세 친분을 쌓았고, 번드르르한 말솜씨의 기업 중역들이
세상 물정에 어두운 아티스트를 속이려고 회계 장부에 교묘하게 숨

겨 둔 온갖 꼼수를 단박에 간파했다. 1960년대 후반까지 그는 바비 다린Bobby Darin, 샘 쿡, 그리고 애니멀스The Animals, 킹크스, 롤링 스톤스를 비롯한 여러 영국 밴드의 대리인을 맡았다. 사회 밑바닥에서 출발해 상류층의 문을 억지로 비집고 들어온 이들이 으레 그렇듯, 클라인 역시 인간의 약점을 꿰뚫어 보는 눈과 권력의 흐름을 읽는 감각이 탁월했다. 동시에 자신의 이익을 위해서라면 수단과 방법을 가리지 않는 냉혹한 면도 있었다.

클라인은 수년 동안 비틀스의 환심을 사려고 공개적으로 애썼지만, 실제로 비틀스 멤버와 만난 것은 1969년 1월 27일이 되어서였다. 그날 존과 요코는 작업을 마친 뒤 도체스터 호텔에서 클라인을 만났다. 클라인은 철저히 준비하고 그 자리에 나왔다. 헌터 데이비스가 쓴 비틀스의 최신 전기까지 읽고 온 데다 자신의 고단한 성장 배경을 존에게 들려주는 것도 잊지 않았다. 요코의 환심을 사는 데도 공을 들여 영화 계약을 성사시켜 줄 수도 있다는 말을 넌지시 흘렸다. 존은 클라인에게 매료되었다. 자신의 작업을 놀라울 만큼 잘 이해했다는 점이 인상 깊었고, 세상과 맞서 싸우는 듯한 거침없는 배짱에도 마음을 빼앗겼다. 그날 저녁 곧바로 존은 EMI와 NEMS, 비틀스의 음악 출판사 대표 딕 제임스 앞으로 보낼 편지를 불러 주며, 클라인을 자신의 공식 대리인으로 지정했다.《비틀스: 겟 백》에서는 그가 조지와 링고에게 이렇게 말하는 장면이 나온다(당시 폴은 회의 때문에 자리를 비운 상태였다.) "(클라인 얘기를) 너희들이 다 있는 자리에서 하고 싶었는데. 내 생각엔 그 사람, 진짜 대단해." 존은 폴이 클라인을 경계할 것이라는 걸 알고 있었다. 더 이상 예전처럼 폴과 한편이 되어 그룹에 영향력을 행사할 수 없다는 사실을 깨달은 것이다. 이제는 조지와 링고가 자기 편이 되어 주어야 했다. 《비틀스: 겟 백》에는 당시 프로듀서였던 글린 존스Glyn Johns가 클라인을 경계하라고 조심스럽게 충고하지만 레넌이 무시하는 장면도 나온다.

　존은 처음부터 이스트먼 일가를 경계했고, 그들의 특권 의식에 경멸감을 품었다. 그 반감은 린다에 대한 감정과도 관련이 있었다. 존은 폴이 제인과 사귀던 시절에는 비교적 느긋한 태도를 보였다. 적어도 폴이 그 관계에 얽매이지 않고 다른 여자들도 자유롭게 만난다는 걸 알고 있었기 때문이다. 하지만 린다와는 처음부터 삐걱거렸다. 존은 린다가 '부유층' 출신이고 아버지의 뜻에 따라 움직이는 꼭두각시라고 생각했다. 폴이 그런 여자에게 헌신하는 것을 이해할 수 없었다. 1971년 9월, 한 인터뷰에서 그는 이렇게 털어놓았다. "폴이 린다와 결혼한 건 정말 의외였다.[2] 상대가 제인 애셔였다면 놀라지 않았을 거다. 둘이 오랫동안 만나기도 했고, 전형적인 연애 과정을 거쳤으니까. 그런데 린다는 갑자기 짠! 하고 등장해서는 순식간에 그렇게 됐다." 린다의 갑작스러운 등장이 그룹에 혼란을 줬느냐는 질문에, 존은 마치 배신당한 연인처럼 대답했다. "폴이 사귀기 전에도 린다를 만난 적이 있었다. 그러니까, 내가 전혀 몰랐던 여자들이 꽤 있었던 거다. 도대체 언제 그런 일이 일어났는지 모르겠지만, 분명히 여러 여자를 만나고 다녔던 거다." 폴을 차지한 여자의 가족에게 자신의 재정까지 맡긴다는 생각 자체가 존에게는 본능적으로 거부감을 일으켰다. 요코 역시 이스트먼 가족에게서, 자신을 포함한 아방가르드 예술가들이 뉴욕에서 봤고, 혐오해 온 전형적인 기득권층의 모습을 떠올렸다. 진정으로 파격적이거나 체제에 도전하는 예술에는 눈살을 찌푸리는 사람들이었다.

폴에게는 클라인이 믿을 수 없는 사람이고 멤버들이 믿어야 할 사람은 자신이라는 사실이 너무도 명백했다. 그는 존의 완강한 태도를 이해할 수 없었고, 큰 상처로 다가왔다. 하지만 비틀스 중에서 자신만 다른 쪽에 서 있다는 사실이 곧 분명해졌다. 레넌의 제안으로 폴과 조지, 링고는 루프탑 콘서트 이틀 전, 레넌이 클라인을 처음 만난 다음 날 저녁에 그와 직접 만났다. 그 자리에서 클라인은 존 이스트먼이 클라이브 엡스타인 쪽과 협의한 NEMS 인수 금액이 터무니없이 높다고 말했다. 폴은 이스트먼 부자가 없는 자리에서 논의하는 건 의미가 없다고 느껴 다른 이들보다 먼저 자리를 떴다. 링고와 조지는 계속 남아 있었고, 클라인을 대리인으로 삼는 데 비공식적으로 동의했다.

이 사실이 이스트먼 부자에게 전해지자, 존 이스트먼이 런던으로 날아왔다. 그는 비틀스와의 회의 자리에서 클라인과 날카롭게 맞섰다. 당분간은 양측 모두가 비틀스를 대리하기로 합의했다. 법률 문제는 이스트먼 부자가, 재정 문제는 클라인이 맡기로 한 것이다. 클라인은 비틀스의 회계 장부를 감사하는 동안 클라이브 엡스타인과의 거래를 보류할 수 있는 권한도 위임받았다. 하지만 이런 지연 과정과 이스트먼 부자가 보낸 어설픈 문구의 편지에 격분한 클라이브는 결국 거래를 철회했고, 2월 17일에 처음 NEMS 지분 70%를 인수를 제안한 상업투자회사 트라이엄프 인베스트먼트 트러스트에 넘겼다. 이스트먼 부자는 어설프고 무능한 인상만 남겼다. 클라인은 런던으로 돌아와 EMI와 회의를 열고 저작권 수익을 애플로 돌리도록 조치했으며, 트라이엄프 측과도 접촉해 NEMS를 되찾으려 했으나 그 시도는 실패로 끝났다. 결과적으로, 비틀스가 EMI로부터 받아야 할 수입은 양측의 합의가 이루어질 때까지 동결되었다. 클라인은 감사를 계속하기 위해 3월 중순 뉴욕으로 돌아갔다.

한편 폴과 린다는 3월 12일, 런던 메릴본 등기소에서 결혼식을 올렸다. 결혼식은 조촐하게 치러졌고, 다른 비틀스 멤버들은 아무도 참석하지 않았다. 하지만 등기소 주변은 팬들과 언론으로 북새통을 이뤘다. 사실 결혼식 전날 밤까지만 해도 예정대로 진행할지 불투명한 분위기였다. 폴과 린다가 크게 다퉜기 때문이다. 당시 린다는 임신 4개월째였고, 폴은 그녀를 사랑했지만, 결혼이라는 중대한 행사 앞에서 불안감을 느끼고 있었다. 게다가 친구들과의 갈등에 예비 처가까지 얽혀 버린 상황이 그에게 큰 스트레스로 작용했다. 맬 에번스는 3월 초쯤, 폴이 자신에게 이렇게 물었다고 회상했다. "맬, 나 결혼해야 할까?[3] 어떻게 생각해?" 매기 맥기번 역시 비슷한 시기, 불안해하던 매카트니의 전화를 받았다. 당시는 린다에게도 쉽지 않은 시간이었다. 린다는 훗날 이렇게 말했다. "폴은 많이 힘들어했어요.[4] 사업이며 법적인 일들이 한꺼번에 터져서 모두가 그 일에 많은 에너지를 쏟고 있었죠. 난 그게 정말 싫었어요. 평화와 사랑과 음악뿐인 삶일 줄 알았는데, 전쟁통이었거든요." 그럼에도 두 사람은 예정대로 결혼식을 올렸다. 결혼 후, 매카트니 부부는 리버풀로 가서 폴의 가족과 며칠을 보낸 뒤 뉴욕으로 향했다.

일주일쯤 지나 존과 요코도 결혼했다. 요코는 이미 1월에 토니 콕스와의 이혼을 마무리 지은 상태였다(《비틀스: 겟 백》에는 레넌이 이혼 서류를 받고 다른 멤버들이 함께 축하해 주는 인상적인 장면 담겼다). 외국인인 요코의 신분 문제가 해결된 뒤에 영국에서 결혼할 수도 있었지만, 폴이 결혼하자 존도 곧바로 결혼하길 원했다. 존과 요코는 먼저 파리로 갔지만, 법적으로 결혼할 방법을 찾지 못했다. 그러다 애플 임원이었던 피터 브라운이 영국령 지브롤터에서는 곧바로 결혼이 가능하다는 사실을 알아냈다. 결혼식 당일, 두 사람은 머리부터 발끝까지 흰색으로 맞춰 입었다. 요코는 미니드레스를, 존은 재킷과 터틀넥을 입고 둘 다 운동화를 신었다(존은 루프탑 콘서트 이후로 기른 수염이 제법 덥수룩한 상태였다). 레넌은 기자들에게 이렇게 말했다. "앞으로 우리는 무슨 일이든 함께할 겁니다.[5] 비틀스를 해체하겠다는 뜻은 아니고요. 다만 모든 것을 함께 나누고 싶다는 말입니다."

지브롤터에서 결혼식을 올린 두 사람은 다시 파리로 갔다가 암스테르담으로 향했다. 힐튼 호텔 스위트룸에 머물며 일주일 동안 '평화를 위한 침대시위Bed-In for Peace'를 벌였다. 손 글씨로 'Hair Peace', 'Bed Peace'라고 쓴 문구를 벽에 붙이고, 꽃으로 둘러싸인 침대 위에 하얀 잠옷을 입고 기대 누운 채로 진행한 이 퍼포먼스는 전 세계 언론의 이목을 집중시켰다. 그다음 두 사람은 비엔나에서 하얀 자루 속에 들어가 인터뷰를 진행했다. 이후 1년 동안 수백 건의 인터뷰를 이어 가며 같은 메시지를 반복하고 더 자세히 설명했다. 폴과 린다가 둘만의 시간을 갈망했던 것과 달리, 존과 요코는 자신들을 세상에 드러내길 원했다.

<Get Back> 세션이 끝난 지 삼 주 만에, 비틀스는 스튜디오로 돌아왔다. 누가 등을 떠민 것도 아니었다. 발매된 지 겨우 여섯 달밖에 지나지 않은 '화이트 앨범'이 EMI에 상당한 수익을 안겨 줬지만, 그들은 일하고 싶어 했다. 사실 조지가 편도선 제거 수술을 받지 않았다

면, 더 일찍 녹음을 시작했을지도 모른다(건강상의 문제 역시 조지가 트위크넘 스튜디오에서 느낀 좌절감에 한몫했을 수도 있다). 〈Hey Jude〉를 녹음했던 트라이던트 스튜디오에서, 비틀스는 빌리 프레스턴과 함께 레넌의 신곡 〈I Want You (She's So Heavy)〉 작업에 착수했다. 이 곡은 훗날 〈Abbey Road〉 앨범에 실리지만, 당시만 해도 그들은 〈Get Back〉 앨범에 수록할 곡을 추가로 녹음하고 있다고 생각했다. 아직 곡 수가 충분하지 않았기 때문이다.

이 시기의 녹음 일정에는 어딘가 강박적인 기운이 감돈다. 해체가 가까워질수록 작업 속도는 오히려 빨라졌다. 1968년에는 더블 앨범을 만들었고, 1969년에는 두 장의 앨범을 낼 만큼의 곡을 녹음했으며, 솔로 앨범에 사용할 곡들까지 작업했다. 함께 음악을 만드는 것은 비틀스가 감정적 혼란을 해소하는 방식이었다. 혼란이 클수록, 그것을 풀기 위해 더 열심히 작업해야 했다.

3월 말, 새로운 문제가 불거졌다. 딕 제임스가 레넌-매카트니의 음악 출판사인 노던 송스 지분을 ATV에 매각하기로 한 것이다. ATV는 시가를 입에 문 엔터테인먼트 업계의 거물 루 그레이드^{Lew Grade}가 운영하는 TV 기업이었다. 이로써 존과 폴은 자신들의 곡에 대한 권리를 모두 잃을 위기에 처했다. 그것도 그들이 늘 반감을 품어 온 기득권 세력의 손에 넘어갈 판이었다. 암스테르담에 머무르던 중, 이 일에 대해 질문을 받은 레넌은 이렇게 말했다. "폴에게 전화할 필요도 없어요.[6] 나랑 똑같이 느끼고 있을 테니까요." 존의 귀국 후, 존과 폴은 딕 제임스를 폴의 집으로 불러서 자신들을 팔아넘긴 일에 대해 거세게 몰아세웠다. 레넌과 매카트니는 이제 NEMS(매니지먼트)와 노던 송스(퍼블리싱)의 지배권을 두고, 두 갈래 전선에서 동시에 싸움을 벌이기 시작했다. 둘이 완전히 한마음이었다 해도 벅찼을 일이지만, 실제로는 불안정한 휴전 상태만 이어졌다. 매카트니 역시 레넌과 마찬가지로 클라인에게 전화를 걸어, ATV 거래를 막아 달라고 요청했다. 그는 클라인이 자신들을 법적으로 대리하고, 사실상 애플의 경영권을 넘겨받는 데에도 동의했다. 그 모든 노력에도 불구하고 사업 회의와 소송은 끝없이 번지고 꼬여만 갔다.

이런 혼란 속에서, 존이 신혼여행에서 돌아온 지 몇 주 뒤, 존과 폴은 애비로드 스튜디오에서 당당하고 활기찬 팝송 한 곡을 녹음했다.

존은 노래를 일종의 르포처럼 활용하는 데 흥미를 느끼기 시작했다. 여행 중 겪은 일을 즉각 전달하는 일종의 현장 보도 말이다. 〈The Ballad of John and Yoko〉에는 그와 요코가 영국, 파리, 암스테르담, 비엔나를 오가다 피터 브라운을 통해 지브롤터에서 결혼할 수 있다는 사실을 알게 된 것까지가 도입부마다 빠짐없이 담겼다. 훗날 존은 이렇게 말했다. "그 노래는 저널리즘이다."[7] 표면적으로는 담담한 보도 형식을 띠지만, 그 안에는 놀라운 재치와 기지가 들어 있다. 중간 부분에는 죽음과 영혼에 대한 사색이 슬쩍 끼어들고, 요코와의 사적인 대화를 흘리듯 들려준 뒤에 다시 자연스럽게 현장 보도로 돌아간다. 후렴에서 예수 그리스도를 노골적으로 언급한 것도 의도적인 도발이었다(이는 그가 멤버들을 불러놓고 자신이 예수라고 선언했던 일이 단순한 돌발 행동은 아니었음을 시사한다). 마치 이제 와서 1966년 투어를 되돌아보며, 그때는 너무 방어적이었으니 이번에는 정면으로 맞서겠다는 결심이라도 한 듯하다. 그는 더 이상 1월의 풀죽은 모습이 아니었다. 특유의 광기 어린 열정이 되살아난 것이었다.

4월 14일, 레넌은 캐번디시 애비뉴에 있는 폴의 집으로 찾아가 미완성된 곡을 들려주었다. 조지는 그 주말 동안 자리를 비웠고, 링고는 영화 촬영 중이었다. 하지만 존은 마음이 급했다. 그는 그 곡을 당장, 그 자리에서 완성하고 싶어 했다. 요코에 대한 감정이 어떻든 간에, 폴도 망설임 없이 뛰어들었다. 두 사람은 곧바로 폴의 집에서 애비로드 스튜디오로 향했고, 조지 마틴의 도움을 받아 녹음을 진행했다. 폴이 드럼과 베이스, 피아노를 맡았고, 존은 기타를 연주했다. 현장에 있었던 이들의 말에 따르면 분위기는 유쾌하고 활기가 넘쳤다. 드럼을 치는 폴을 향해 존이 "링고."라고 부르자, 폴이 웃으며 "왜, 조지?"라고 받아치는 대화가 녹음 테이프에 남았다. 〈The Ballad of John and Yoko〉는 비틀스 곡 가운데 유일하게 존과 폴, 단 두 사람만이 참여한 곡이다. 이 곡은 빠르게 싱글로 발매했다. 훗날 폴은 이렇게 회상했다. "우리 둘만 참여했는데도 어떻게 그렇게 비틀스다운 사운드가 나왔는지, 매번 놀란다."[8]

이 곡은 그들이 캐번 클럽 시절에 즐겨 연주하던 〈The Honeymoon Song〉이나 〈Besame Mucho〉 같은 낭만적인 1950년대풍 라틴 스타일 팝송에 대한 애정 어린 오마주다. 두 곡 모두 폴이 보컬을 맡아 자신의 베이스 라인에 맞춰 리듬을 타듯 노래했다. 〈The Ballad of John and Yoko〉는 존과 폴의 탁월한 편곡 능력을 다시금 보여 준다. 레넌의 리드 기타 리프는 노랫말에 도발적이고 풍자적인 색채를 더하고, 매카트니의 피아노는 처음엔 한 마디 정도만 살짝 등장해 후렴 끝에 은은하게 색을 입힌다. 마지막 도입부에 이르러서야 피아노 코드가 본격적으로 더해지면서, 노래는 마지막 구간에서 탄력을 얻는다. 무엇보다 인상적인 것은 보컬 하모니다. 이 부분에서도 절제미가 돋보인다. 폴은 끝에서 두 번째 도입부에 이르러서야 노래에 합류해, 'head', 'said', 'drag' 같은 단어들을 마치 형광펜으로 그어 강조하듯 노래한다. 마지막 도입부에서는 폴도 전 구절을 함께 부르며 존이 노래를 마무리하는 데 힘을 보탠다. 가사는 존과 요코의 이야기지만, 곡만큼은 철저히 존과 폴의 것이다.

33

OH! DARLING

OH! DARLING

1969년 4월과 5월, 존과 폴은 점점 더 복잡하고 커져만 가는 일련의 갈등 속으로 깊숙이 휩쓸려 들어간다. 애플 본사의 운영을 맡기 시작한 클라인은 무차별적으로 예산을 삭감하고, 오랫동안 비틀스와 함께해 온 이들을 포함해 직원을 해고했지만, 멤버들은 이를 모른 척 외면했다. 그 시기는 애플에서 일하던 모두에게 비참한 시간이었지만, 데렉 테일러는 이렇게 표현했다. "애플은 걷잡을 수 없이 소용돌이치는 혼돈 그 자체였고, 그것을 잠재울 방법 같은 건 존재하지 않았다."[1] 한편, 비틀스 관련 사안에 대해 자신이 쥐었던 영향력을 잃고 있다는 위기감을 느낀 리 이스트먼은 회의 참석을 위해 직접 런던으로 날아왔다. 당시 쉰아홉 살이었던 이스트먼은 레넌이나 매카트니보다 나이가 두 배 이상 많았고, 클라인보다도 스물한 살이나 많았으며, 다소 거만한 성격의 소유자였다. 두 차례에 걸친 회의에서 그는 클라인에 대한 개인적인 반감을 억누르지 못했고, 결국 한순간 이렇게 소리치고 말았다. "넌 쥐새끼야?[2] 세상에서 가장 천한 쓰레기라고!" 이런 언행은 오히려 클라인에게 가장 이성적인 어른처럼 행동할 기회를 안겨 주었다. 레넌은 이스트먼의 원래 성이 엡스타인이라는 사실을 알고, 그를 일부러 '엡스타인 씨'라고 불렀다. 자극하려는 의도였고, 실제로 먹혀들었다. 이스트먼은 결국 레넌에게도 화를 냈다. 매카트니는 회의 내내 비교적 말을 아꼈다. 클라인과 레넌에게 분노를 느끼면서도 동시에 장인의 언행에 당혹감을 느꼈기 때문이었을 것이다.

4월, 〈The Ballad of John and Yoko〉를 녹음한 지 일주일도 채 되지 않아, 레넌과 매카트니는 격렬한 언쟁을 벌였다. 노던 송스의 지배권을 둘러싸고 열린 애플 내부 회의에서 레넌은 매카트니가 이스트먼 일가의 조언으로 다른 멤버들에게 알리지 않은 채 회사 지분을 추가로 매입했다는 사실을 알게 되었다. 매카트니는 그 일을 단순한 사업상의 결정으로 여겼지만, 레넌에게는 밴드 내의 민주적 절차를 어기고 우정마저 배신한 행위였다. 애플 임원이었던 피터 브라운은 "존이 폴에게 주먹을 날리는 건 아닐까 싶기까지 했다."[3]라고 회상했다. 점심 식사 후 폴은 회의장을 떠났고, 존은 그날 저녁까지 녹음 세션에 남았다. 그날 존, 조지, 링고는 이스트먼과의 관계를 완전히 끊기로 결정했다. 세 사람은 이스트먼이 더 이상 비틀스를 대표할 수 없음을 통보하는 서한에 서명했다. 이 일은 폴과 나머지 세 멤버 사이에 법적 갈등이 본격화되는 출발점이 되었고, 그들의 관계를 망가뜨리는 독으로 작용했다.

새빌 로와 애비로드, 그리고 폴의 캐번디시 애비뉴의 집 앞에는 '애플 스크럽스Apple scruffs'라 불린 열성적인 여성 팬들이 매일 모여들었다. 그들은 멤버들에게 무슨 일이 생기면 곧바로 알 수 있었다. 그중 한 명이었던 질 프리차드는 어느 날 밤, 폴이 울면서 애비로드 스튜디오에서 나왔고, 다음 날은 모습을 드러내지 않았다고 말했다. 또 다른 팬은 1996년에 당시 상황을 이렇게 회상했다.

존은 화가 많이 나 있었어요.[4] 팬들이 밖에서 기다렸는데, 그는 스튜디오를 뛰쳐나와 곧장 폴의 집으로 향했죠… 도착하자마자 대문을 쾅쾅 두드리며 폴에게 문을 열라고 소리쳤고, 아무 반응이 없자 대문을 넘어 현관까지 가서 또다시 문을 쾅쾅 두드렸어요. 둘 사이엔 고성이 오가며 말싸움이 벌어졌고, 존은 조지와 링고가 일부러 시골에서까지 올라왔는데도 폴이 세션에 못 온다는 말조차 하지 않았다고 소리쳤어요.

4월 말, 클라인은 정식으로 비틀스의 매니지먼트 계약을 제안했다. 5월 7일, 비틀스는 그들의 변호사들과 함께 그 제안을 검토하기 위해 모였다. 몇 가지 사소한 수정 사항을 논의한 뒤, 사실상 모든 멤버가 계약에 동의했다. 이후 며칠에 걸친 우여곡절 끝에, 애플 측 변호사는 조지, 존, 링고의 서명을 받아 냈다. 하지만 폴은 서명하지 않았다. 이제 계약은 애플 이사회의 승인만 남겨 둔 상태였고, 그 이사회에는 비틀스 네 명 모두가 포함되었다. 5월 9일 오후, 비틀스는 런던 남서부 반즈에 있는 올림픽 스튜디오에 모였다. 1월에 녹음해 둔 곡들로 앨범 작업을 진행하던 프로듀서 글린 존스를 만나기 위한 자리였다. 그러나 그날은 클라인과의 계약을 두고 폴과 다른 멤버들 사이의 긴 논쟁으로 벌어지는 하루로 바뀌고 말았다. 클라인은 자신이 소속된 이사회에 계약 체결 사실을 보고하려면 그날 안에 서명이 필요하다고 주장했다. 폴은 클라인이 매니저가 되는 것 자체는 직접적으로 반대하지 않았지만, 그가 요구한 수수료에 20%에 대해서는 그룹 차원의 이의 제기를 원했다. 또한 그날 당장 결정을 내려야 할 필요는 없다고 보았다. 훗날 1990년대에 그는 이렇게 회상했다.

멤버들이 "빨리 계약서에 서명해. 클라인이 자기 이사회에 제출해야 하거든."이라고 말했을 때, 나는 이렇게 답했다. "지금은 금요일 밤이잖아. 클라인은 토요일에 일 안 해. 그리고 앨런 클라인은 규칙을 따지는 사람이 아니야. 뭐든 자기 마음대로 하지. 보고할 이사회 같은 건 애초에 없다고. 걱정하지 마, 월요일에 해도 아무 문제 없어. 우리 작업이나 하자. 서명하라는 말 좀 그만해."[5]

매카트니는 누가 억지로 뭘 하게 만드는 걸 극도로 싫어했다. 아니, 혐오했다.

멤버들은 "너 괜히 시간 끄는 거잖아."라고 했고, 나는 이렇게 말했다. "아니야, 난 우릴 생각해서 이러는 거야. 우린 대단한 팀이잖아. 비틀스라고. 클라인은 수수료를 15%만 받아도 충분해." 그런데 이상하게도 멤버들이 이렇게 말하는 거다(내 생각엔 그때 다들 클라인에게 홀렸던 것 같다). "아니, 꼭 20%여야 해. 그리고… 지금 서명 안 하면 안 돼." 그래서 내가 말했다. "좋아, 결정했어. 나 지금 서명 안 할 거야."

수수료 문제와 클라인이 제시한 억지스러운 마감 기한에 대한 매카트니의 반대는, 어떤 면에서 보더라도 충분히 이성적인 판단이었다. 계약 협상에서 비틀스는 분명한 우위에 있었기 때문이다. 하지만 레넌은 이제 그룹의 문제에 관한 결정에서 자신의 리더십을 본격적으로 밀어붙이기로 마음먹은 상태였다. 사실 매카트니가 이런 상황에 놓인 건 이번이 처음은 아니었다. 리버풀 시절부터 그는 레넌의 강한 영향력에 굴하지 않고 종종 혼자만 다른 입장을 고수했다. 그러나

이번에는 상황이 심각했다. 훗날 폴은 1969년 5월 9일을, 비틀스의 결속이 돌이킬 수 없이 깨진 날로 기억했다. 나머지 멤버들은 이 일을 더 이상 미루고 싶어 하지 않았고, 결국 폴의 서명 없이 계약을 진행하기로 결정했다. 그날 저녁 8시경, 존, 조지, 그리고 닐 아스피날은 애플의 이사 자격으로 계약을 승인했다. 그리고 마지막으로 폴과 신랄한 말다툼을 벌인 뒤 올림픽 스튜디오를 떠났다. 남겨진 폴은 분노와 허탈감에 사로잡혀 스튜디오를 혼자 서성이던 중, 우연히 익숙한 얼굴을 마주쳤다. 미국 록 뮤지션 스티브 밀러^{Steve Miller}였다. 폴은 상황이 무너지고 있다고 느낄 때마다 늘 그랬듯, 이번에도 음악에 몰두했다. 그는 밀러의 곡 〈My Dark Hour〉에 참여해 힘차게 드럼을 연주했다.

4월과 5월, 관계가 점점 틀어져 가는 와중에도 두 사람이 여전히 함께 음악 작업을 이어 갔다는 복잡한 상황을 보여 주는 가장 기묘한 사례 중 하나는, 4월 30일에 애비로드 스튜디오에서 진행한 〈You Know My Name (Look Up the Number)〉 녹음 세션이다. 당사자들만 웃을 수 있는 사적인 농담 같은 이 노래는 익살맞은 라디오 코미디와 실험적 예술을 뒤섞어 놓은 듯한 작품이다. 존과 폴은 1967년에 이 곡을 만들기 시작했지만, 오랫동안 손대지 않다가 이번에 다시 꺼내 들었다(조지와 링고는 이 세션에 참여하지 않았다). 당시 폴과 존의 관계를 복잡하게 옭아맨 음악과 비즈니스라는 두 측면이 가장 극적으로 맞물리는 곡은 바로 폴의 〈You Never Give Me Your Money〉다. 이 곡은

5월 9일의 충돌 사태가 벌어지기 사흘 전, 올림픽 스튜디오에서 밤샘 녹음을 거쳐 다음 날 새벽 4시쯤에야 마무리했고, 덕분에 녹음에는 새벽 특유의 분위기가 스며 들었다.

　제목부터 세 부분으로 나뉜 구성까지, 이 곡은 비틀스가 발표한 그 어떤 노래보다 낯설고 다층적인 분위기를 풍긴다. 도입부에서는 재정적, 법적 갈등이 어쩐지 매우 개인적이고 감정적인 문제처럼 느껴지는데, 이는 매카트니의 순수하고 다정한 보컬, 섬세한 피아노 연주, 그리고 해리슨의 공감 어린 기타 연주를 통해 전달한다. 첫 번째 도입부는 노래를 부르는 화자가 노래를 건네는 대상의 감정이 폭발하면서 끝나고 두 번째 도입부는 화자의 감정이 폭발하면서 끝난다. 하지만 곧이어 빠르게 들썩이는 피아노 연주가 등장하며 자유로운 소리를 선사한다. 가사는 거의 허무맹랑한 수준이지만, 학교와 직장을 내던지고 로큰롤을 선택하는 아찔한 해방감을 어렴풋이 포착한다. 그러다 음악이 느려지면서 매카트니가 아무 데도 갈 곳이 없다는 건 마법 같은 느낌이라고 노래하기 시작한다. 여기에는 엄청나게 깊은 감정이 담겼다. 도전적이고 낙관적인 동시에 아련한 슬픔이 느껴진다. 세 번째 파트—"One sweet dream"—는 분명 비틀스라는 그룹이 품었던 꿈이자 그 비틀스로부터 벗어나고자 하는 꿈이기도 하다. 마지막 후렴을 두 기타가 맞붙듯 이어지는 연주 위에 구호처럼 반복하며, 존과 폴의 노래에서 자주 등장하는 유년의 정서를 불러낸다. 이 구호("One, two, three, four, five, six, seven, All good children go to heaven")가 전위적인 사운드 콜라주 속으로 녹아들며 노래는 막을 내린다. 그들은 정말로 천국에 도달했다. 비록 이제는 그곳을 떠나야 할 때지만.

여름 초입, 클라인이 비틀스를 NEMS에서 빼내려 하면서 또다시 법적 서류가 와르르 쏟아졌다. 그는 〈Get Back〉 앨범과 영화의 공개도 보류시켰다. 한편, 존과 요코는 북미의 청년 시위운동에 가까이 다가가고자 영국을 떠나 캐나다 몬트리올로 향했다(레넌은 약물 전과로 미국 입국이 불가능했다). 그곳에서 다시 한번 전 세계 언론을 상대로 침대 시위를 벌였다. 그들은 〈Give Peace a Chance〉라는 싱글을 만들어 플라스틱 오노 밴드라는 이름으로 발표했는데, 짧고 강렬한 문구를 만드는 레넌 특유의 감각이 또다시 빛난 순간이었다. 6월 말, 두 사람은 캠페인을 잠시 멈추고 휴가를 떠났다. 레넌은 요코, 줄리언, 교코를 데리고 자신의 어린 시절을 되짚는 여행에 나섰다. 웨일스의 해변 휴양지를 시작으로 리버풀을 거쳐 스코틀랜드까지, 전부 자동차로 이동했다. 스코틀랜드에서는 고지대의 외딴 마을 더네스에 머물렀는데, 이곳은 그가 어린 시절 가장 행복한 시간을 보냈던 여행지였다.

매카트니 가족은 프랑스와 그리스에서 휴가를 보냈다. 매카트니는 돌아온 뒤에 조지 마틴에게 전화를 걸어 새 앨범 전체의 프로듀싱을 맡아 달라고 요청했다. 그 추진력에는 상업적인 이유도 어느 정도 작용했다. EMI와의 협상에서 유리한 입지를 확보하려면 비틀스가 여전히 활동 중인 그룹이라는 점을 보여 줄 필요가 있다고 클라인이 조언했기 때문이다. 물론 멤버들은 원한다면 얼마든지 협조를 거부할 수 있는 상황이었다. 그런데도 함께 음악을 만들고자 하는 열망은 여전히 남아 있었다. 마틴은 애비로드 스튜디오에서 녹음한다는 조건으로 기꺼이 수락했다. 결국 봄에 미리 녹음해 둔 곡들도 일부 포함했지만, 새 앨범을 완성하려면 해야 할 일이 많았다. 이 앨범은 훗날 〈Abbey Road〉라는 이름으로 발표한다.

7월 1일, 폴은 다른 멤버들 없이 혼자 스튜디오에 나가 〈You Never Give Me Your Money〉의 보컬을 녹음했다. 그룹 내에서 벌어지는 일들에 대한 고통스럽고 복잡한 심정을 담아내려면 혼자 있어야 했던 것처럼 보인다. 같은 시각, 존 레넌은 스코틀랜드 고지대에서 차를 몰다가 도랑으로 추락하는 사고를 당했다. 악천후 속에서 좁고 구불구불한 시골길을 운전하다가 마주 오던 차에 놀라서 도로를 벗어나 버린 것이다. 조수석에는 요코, 뒷좌석에는 줄리언과 교코가 타고 있었다. 일행은 곧 구급차에 실려 인근 골스피 병원으로 이송되었고, 다행히 아이들은 다치지 않았다. 레넌은 두부 외상을 입어 머리를 꿰매야 했고, 임신 중이던 요코는 허리와 이마에 가벼운 상처를 입었다. 두 사람은 병원에서 일주일을 보낸 뒤 헬리콥터를 타고 런던으로 복귀했다. 이 사고로 레넌은 애비로드 스튜디오에서의 녹음 작업에 초반 3주 동안 참여하지 못했고, 마침내 복귀했을 때는 아직 회복 중이던 요코가 함께 있을 수 있도록 스튜디오에 침대를 들여놓을 것을 요청했다.

그동안 다른 멤버들은 앨범 작업을 상당히 진척시켜 놓은 상태였고, 조지의 신곡 〈Here Comes the Sun〉도 그중 하나였다. 뒤늦게 작업에 합류한 존은 〈Come Together〉라는 곡을 가져왔다. 이 노래의 가사는 〈I Am the Walrus〉의 연장선처럼 보였다. 얼핏 보면 의미 없는 말들이 이어지지만, 암시가 풍부하고 리듬감 넘치는 문장들로 구성되었다. 그는 척 베리의 노래 〈You Can't Catch Me〉의 가사를 가져와 일부러 틀리게 사용했다. 오래전 〈Come Go with Me〉를 부를 때 그랬던 것처럼 말이다.

조지 마틴은 〈Come Together〉에 대해 '사실상 존의 애드리브 보컬 사운드를 중심으로 만들어진 곡'이라고 말했다.[6] 레넌은 단어를 고를 때 의미뿐 아니라, 발음할 때 느껴지는 감각도 중요하게 여겼다. 예컨대 'joo joo', 'Mojo', 'toe-jam' 같은 단어들은 혀가 입천장에 닿으며 경쾌하게 터지는 소리를 낸다(〈I Am the Walrus〉의 'goo goo g'joob'를 연상시킨다). 레넌은 수수께끼 같은 가사에 직설적인 문장을 섞는 데 놀라울 만큼 뛰어났다. 〈Come Together〉에서는 코러스 직전에 핵심적인 문장들이 등장한다. "One thing I can tell you is you got to be free(내가 네게 말해 줄 수 있는 게 있다면, 넌 자유로워 한다는 거야)"는 다른 맥락에서라면 평범하게 들리겠지만, 이 곡 안에서는 마치 하늘에 새겨진 문장처럼 의미심장하다. 또 다른 문장은 폴을 겨냥한 듯하다. "Got to be good-looking cos he's so hard to see(그는 보기 힘드니까 잘 보여야 해)"

이걸 녹음하는 동안 존은 그룹과 일정한 거리를 뒀지만, 그에게는 여전히 멤버들에게 활기를 불어넣고 다시 하나로 뭉치게 하는 힘이 있었다. 그가 처음 폴에게 들려준 〈Come Together〉는 보 디들리[Bo Diddley] 스타일의 로큰롤이었다. 그러나 매카트니는 베이스가 강조된 투박하고 펑키한 스타일로 바꾸었고, 그 결과 비틀스가 이전에 만든 그 어떤 곡과도 다른 독특한 사운드가 탄생했다. 전체적인 연주, 특히 링고의 드럼은 더없이 탁월하다. 공간과 침묵을 활용해 긴장감과 에너지를 극대화하는 방식에서 비틀스의 역량이 뚜렷하게 드러난다. 이를테면, 후렴 직전에 연주가 갑자기 멈추는 순간이 그렇다. 전 세계 사람들을 하나로 모으는, 정치적으로 영향력 있는 인물이 되고자 했던 존의 꿈은 어쩌면 실현되지 못한 환상이었는지도 모르지만, 적어도 스튜디오 안에서만큼은 그의 영향력이 여전히 건재했다.

네 명의 비틀스가 모두 함께 스튜디오에서 작업한 마지막 신곡 역시 존의 곡이었다. 바로 〈Because〉였다. 8월 1일, 존과 폴, 조지는 그 곡의 복잡한 삼부 화음을 만들고 연습하는 데 몇 시간을 들였고, 이어 마이크 하나를 사이에 두고 서로의 얼굴을 바라보며 그 화음을 녹음하는 데 또 몇 시간을 들였다. 그러나 스튜디오 밖에서 두 사람은 여전히 서로를 경계하며 움직였다. 애플 관계자였던 토니 브램웰은 당시를 이렇게 회상했다. "어느 주에는 폴이 사무실을 장악했다가, 그다음 주에는 존과 요코가 주도권을 쥐었죠.[7] 수년 동안 비틀스를 성실하게 도우며 함께해 온 사람으로서, 멤버들이 서로를 견제하게 만들고 편을 나누는 역할까지 해야 했던 상황은 정말 고통스러웠습니다."

이제 새 앨범의 기본 트랙 녹음은 모두 마무리한 상태였다. 남은 작업은 오버더빙, 즉 보컬과 악기 등 추가 트랙을 덧입히는 일이었다. 비틀스는 4월 20일 〈Oh! Darling〉의 녹음을 시작했다. 존과 폴이 〈The Ballad of John and Yoko〉를 함께 만든 지 엿새 뒤였고, 애플 사무실에서 두 사람이 몸싸움을 벌일 뻔했던 날로부터 이틀 뒤였다. 7월에는 폴이 리드 보컬을 녹음했다. 〈Oh! Darling〉은 1월 트위크넘과 애플 스튜디오 세션에서 흘러나오던 매카트니의 신곡 가운데 하나였다. 이 노래는 존이 특히 좋아하던 1950년대 발라드를 떠올리게 하는데, 규칙적으로 둥둥거리는 12/8 박자에 맞추어 피아노로 연주되는 두왑 스타일의 코드 진행을 바탕으로 한다.

폴은 보컬 녹음에 앞서 오랜 준비 기간을 거쳤다. 매끄럽고 절제된 목소리를 원하지 않았기 때문이었다. 감정에 압도당한 채 벼랑 끝에 선 사람처럼 고통스럽고 절박하게 들리는 목소리를 원했다. 그런 음색을 내기 위해 그는 일주일에 걸쳐 네 차례나 애비로드 스튜디오를 찾아가 일부러 목소리를 거칠게 만드는 준비 과정을 거쳤다. 완성한 곡에서 폴의 보컬은 아주 멋지게 무너져 내린다. 덕분에 〈Oh! Darling〉은 단순히 로큰롤을 흉내 내는 곡에 그치지 않는다.

레넌은 이 곡을 무척 좋아했다. 그는 〈Oh! Darling〉이 "폴보다 내 스타일에 더 가깝다."[8]라고 생각했고 "폴이 센스가 있었으면 나더러 이 노래를 부르라고 했어야 한다."라고도 말했다. 심지 다소 엉뚱하게도 "폴이 그리 잘 부른 건 아니다."라고 주장하기도 했다. 어쩌면 존은 이 곡에 대해 자신이 느끼는 감정을 정확히 알지 못했을지도 모른다. 그는 이 노래가 자신에 관한 이야기이거나, 자신을 위한 노래라고 느꼈을까? 설령 그렇다 해도 전혀 터무니없는 생각은 아니다. 〈Oh! Darling〉은 끝나기 직전의 관계와, 상대방 없이 살아가야 한다는 두려움을 노래하고 있으니까. 존은 분명 눈치챘을 것이다. 자신이 〈Don't Let Me Down〉에서 "날 실망시키지 마(Don't let me down)"라고 외쳤듯, 폴이 〈Oh! Darling〉에서는 "절대로 당신을 실망시키지 않겠어요(I'll never you let you down)"라고 노래했다는 사실을(실제로 그는 "우리 둘은 연인 같잖아."라고 말했을 때 이 두 곡을 연결 지었다.). 《비틀스: 겟 백》에서 〈Oh! Darling〉을 리허설하던 중, 존은 폴의 가사를 받아친다.

폴: 내 말 믿어줘— ("Believe me when I tell you—")
존: 당연히 믿지!

비틀스는 8월 11일에 〈Oh! Darling〉의 백업 보컬을 녹음했다. 그날은 존과 폴이 비틀스로서 함께 노래한 마지막 날이었다.

34

THE END

비틀스의 마지막 앨범 제목이 그들이 대부분의 음반을 만든 장소의 이름에서 따왔다는 점, 그리고 그 앨범을 장대한 피날레처럼 들리는 교향곡 같은 메들리로 마무리한다는 점은 참으로 적절하다. 그러나 당시만 해도, 이것이 비틀스의 마지막 앨범이 될 것이라는 사실을 멤버들조차 확신하지 못했다.

매카트니는 늘 말해 왔다. 〈The End〉라는 마지막 곡을 쓸 때조차, 그것이 진짜 끝을 의미한다고는 전혀 생각하지 않았다고. 하지만 이 점은 오히려 존과 폴의 음악이 얼마나 깊은 무의식에서 나왔는지를 보여 주는 증거이기도 하다. 폴은 이 12년에 걸친 여정을 가장 아름다운 카덴차로 마무리하려 애쓰는 순간에도 존, 그리고 다른 멤버들과의 파트너십이 정말로 끝나는 중이라는 사실을 믿고 싶지 않았다.

비틀스는 8월 20일에 〈Abbey Road〉 앨범의 최종 믹스를 승인했다.★ 그리고 9월 9일 화요일, 존과 폴, 조지는 애플 사무실에 모여 다음 앨범에 대해 논의했다. 이들은 크리스마스 싱글에 대해서도 이야기를 나눴는데, 이는 1966년을 제외하고 1963년부터 이어져 온 전통이었다. 당시 링고는 장 질환으로 병원에 입원 중이었기에, 나머지 멤버들은 애플 직원 앤서니 포셋^Anthony Fawcett^에게 병실로 녹음기를 가져다 달라고 부탁했다. 그렇게 녹음한 테이프는 존의 목소리로 시작한다. "링고, 지금 넌 이 자리에 있을 수 없으니까 우리가 무슨 얘기를 나눴는지 들을 수 있도록 녹음하는 거야."[1] 레넌은 다음 앨범에서 세 사람이 각각 네 곡씩 맡고, 링고를 위한 자리는 두 곡 비워 두자고 제안한다. 그는 감정을 철저히 배제한, 차갑고 냉정한 말투로 '레넌과 매카트니 신화'라는 표현을 사용하면서 폴에게 〈Maxwell's Silver Hammer〉나 〈Ob-La-Di, Ob-La-Da〉 같은 곡은 비틀스가 아니라 애플 소속의 다른 아티스트에게 주는 편이 낫겠다고 한다. 폴은 비교적 조용히 말을 아낀다. 폴은 모든 상황에 지쳤다. 그에게는 지칠 만한 이유가 충분했다. 12일 전, 린다가 딸 메리를 낳은 것이다. 한편 존은 그룹 내 조지의 입지를 강화하려는 듯 보인다(어쩌면 폴에 맞서 조지와의 동맹을 다지려는 의도일지도 모른다). 그는 "'우리 ─즉 자신과 폴─' 가 항상 싱글을 둘이서 나눠 가졌다."라고 말한다. 여기에는 예술적인 의미뿐만 아니라 경제적인 의미도 포함된다. 존은 조지에게 더 많은 수익을 보장하자는 뜻을 내비친 것이다. 이에 폴은 담담하게 말한다. "내 생각엔 지금까지는, 올해까지는 우리가 쓴 곡들이 조지의 곡들보

★   이후 며칠 동안 몇 가지 수정 작업이 더 이루어졌고, 1969년 8월 25일에 최종 마스터 음반을 완성했다.

다 더 나았다고 봐. 그런데 올해는 최소한 우리 곡들과 비슷한 수준이
야." 앞부분은 다소 냉정하게 들릴 수 있지만, 그다음 말은 주목할 만
하다.

조지는 자신이 더 많은 곡을 넣고 싶은 이유가 자존심 때문이 아
니라, 자신의 곡들을 세상에 알리고 싶고, 돈도 더 많이 벌고 싶어서
라고 말한다. 그리고 이렇게 덧붙인다. "난 너희들하고 비슷하게 돈을
쓰고 있는데, 버는 건 너희들만큼 못 벌잖아." 그러고는 존과 폴이 자
신의 곡에는 단 한 번도 진지하게 공을 들인 적이 없었다며 불만을 토
로한다. 이에 존은 목소리를 높이며 강하게 반박한다. 조지는 '화이트
앨범'을 언급하며 맞받아친다. "넌 내 노래에 참여한 적도 없으면서.
뭐, 상관없지만." 그러자 존은 이렇게 말한다. "넌 에릭(클랩튼) 같은
사람들이랑 같이 작업했잖아." 긴 침묵이 흐른다. 이들은 고모와 이모
의 집에서 열린 생일 파티에서 함께 연주했고, 얼어붙은 밴 안에서 서
로 바짝 붙어 잠을 잤고, 서로가 섹스하고 자위하고 토하고 우는 모습
을 지켜봤고, 처음으로 함께 마약을 경험했고, 비명을 지르는 관중 6만
명 앞에서 무대에 올랐던 사이였다. 그런 그들이 지금, 침묵 속에서
도대체 무슨 일이 벌어지는 건지 의아해하고 있다. 폴은 아주 천천히,
아주 조용히 입을 연다. "아무리 최악의 날이어도 스튜디오에 들어가
면 난 여전히 베이스를 치고, 링고는 드럼을 치고, 우린 여전히 거기
함께 있어."

며칠 뒤, 존과 요코는 한 인터뷰를 진행했고, 그 자리에서 레넌은

이렇게 말했다. "비틀스는 늘 고민해요.² '계속해야 할까, 말아야 할까? 지금 우리가 함께 있는 이유는 뭘까?' 하고요. 결국 나는 로큰롤을 연주하는 게 좋고, 로큰롤 음반을 만드는 게 좋아요." 이 말은 사실이다. 비틀스는 함부르크에서 돌아온 이후로 활동을 계속 이어 갈 것인지 그만둘 것인지를 두고 줄곧 고민해 왔다. 이어서 존은 이렇게 덧붙인다. 다른 뮤지션들과 함께 연주하는 건 얼마든지 가능하지만, 비틀스 멤버들과 나누는 교감, 말없이도 통하는 그 소통만큼은 어디서도 얻을 수 없을 거라고. "난 비틀스 말고는 누구와도 같이 하지 않을 거예요."라고 말한 뒤, 거의 구호처럼 외친다. "제일 잘 팔리는 건 누구? 비틀스! 제일 친한 친구는? 비틀스! 제일 많이 싸우는 상대는? 비틀스! 그러니까, 답은 비틀스야!" 요코와의 관계를 시작한 이후 줄곧 쉼 없이 달린 존의 활동은 점점 더 과열되어 정점에 이르렀고, 그의 판단은 평소보다도 훨씬 더 변덕스러워졌다. 그날 저녁, 인터뷰가 끝난 뒤, 그는 캐나다의 한 공연기획자로부터 전화를 받았다. 다음 날 열리는 토론토 로큰롤 페스티벌에 리틀 리처드와 도어스The Doors와 함께 무대에 올라 달라는 요청이었다. 레넌은 출연을 승낙했지만, 다음 날 아침에 마음을 바꿔 거절했다가 다시 설득을 받아 결국 비행기에 올랐다.

다음 주 금요일, 매카트니는 새 앨범에서 가장 좋아하는 곡이 무엇이냐는 질문을 받았다.³ 그는 〈Come Together〉(존의 곡), 〈Something〉(조지의 곡), 〈Because〉(존의 곡)를 꼽았다. 그러면서 비틀스가 다시 라이브 공연을 하길 바란다고 했지만, 소규모 공연에 한해서만이라는 단서를 덧붙였다. "개인적으로 우리가 공연을 한다면 작은 클럽으로 돌아가는 게 좋을 것 같다. 한 50명 정도만 들여보내고, 그 사람들 앞에서 노래하는 거다. 관객들과 함께 합창도 하고." 매카트니 특유의 공상 같았지만, 어딘가 쓸쓸함이 배어났다. 그는 이렇게 말했다. "존이 토론토에서 공연을 했는데 정말 즐거웠던 것 같다… 난 그렇게 많은 사람 앞에서 공연하는 건 별로 내키진 않지만, 그렇다고 존까지 못하게 막고 싶진 않다. 그건 존이 정말 좋아하는 거니까!"

다음 날인 9월 20일, 앨런 클라인은 존, 폴, 링고를 애플로 불러 모아 자신이 EMI와 캐피틀 레코드와 협상한 계약서에 서명하게 했다 (조지는 어머니를 만나는 중이었다).★ 이 계약은 비틀스에게 인상된 저작권 수익률을 보장하는 대신, 1976년까지 매년 두 장의 앨범과 세 장의 싱글을 발표해야 한다는 의무를 부과하는 내용이었다. 각각의 멤버가 이 의무를 얼마나 현실적으로 받아들였는지는 분명하지 않다. 서명 후, 세 사람은 그룹의 미래에 대해 이야기를 나눴다. 폴이 작은 공연장에서 공연하자는 이야기를 꺼냈고, 그때 존의 반응은… 그 순간에 대해 폴은 아주 생생하게 묘사한 바 있다. "존이 내 눈을 똑바로 보면서 말했다.[4] '너 진짜 바보 같아. 원래는 캐피틀 레코드 계약서에 서명할 때까진 말 안 하려고 했는데, 나 비틀스 그만둘 거야!'" 1년 뒤, 레넌은 당시를 이렇게 회상했다. "폴이 앞으로 뭐 할 거냐고 계속 끈질기게 물어대길래, 결국 이렇게 말했다.[5] '너 진짜 바보 같아. 나 관두고 싶어.'" 1995년, 매카트니는 이렇게 말했다. "우린 존의 결정에 따르는 수밖에 없었다.[6] 상황의 주도권은 그가 쥐고 있었으니까. 내가 기억하기로는 존이 이렇게 말했다. '비틀스를 그만두겠다고 너한테

★ 이 미팅의 날짜는 다소 불확실하다. 9월 16일이었을 가능성도 있다는데, 매카트니의 그날 일기에 "THE END(끝)"라고 적혀 있다(《더 리릭》 111쪽에 해당 일기 수록).

말하니까 이상한 기분이 드네. 근데 한편으론 흥분되기도 해.' 그는 신시아에게 이혼하겠다고 말했을 때랑 비슷하게 붕 떴다." 2021년, 폴은 당시 존의 행동을 이렇게 회상했다. "엄청난 상처였다.[7] 그건 결정타였다. 난 링에 쓰러져 있는데, 존은 막 웃으면서 방금 나를 쓰러뜨려서 기분이 좋다고 말하는 거나 마찬가지였으니까." 어쩌면 존은 그저 폴의 난처한 표정을 보고 싶었는지도 모른다. 폴의 눈에 비친 자신의 영향력을 확인하고 싶었을 수도 있다. 가까운 이들의 배신으로 얼룩진 어린 시절을 보낸 그는, 성인이 된 후에는 같은 상처를 다시 겪지 않기 위해 스스로를 지키고자 했다. 만약 폴이 자신에게 무조건적인 헌신을 보여 주지 않는다면, 그보다 먼저 등을 돌려야만 자신을 안전하게 지킬 수 있을 터였다. 매카트니가 쓴 '붕 떴다'라는 표현은 적절하다. '가라앉지 않으려면' 떠 있어야 하니까.

1975년, 맬 에번스는 그 미팅 도중과 직후를 이렇게 회상했다. "정말이지, 가슴이 미어지는 일이었다.[8] 내가 폴을 집까지 태워다 줬는데, 그는 집 안으로 들어가 한 시간 동안 엉엉 울었다." 폴이 전혀 예상하지 못한 존의 선언에 충격을 받은 이유는, 아직 자신과 존의 파트너십, 더 나아가 비틀스가 무너질 거라는 현실을 받아들이고 싶지 않았기 때문이다. 마음에 큰 상처를 입고 길도 잃은 채 런던에서 몇 주를 멍하니 보낸 그는 결국 가족과 함께 스코틀랜드의 농장으로 떠났다. 〈Abbey Road〉가 발매된 뒤 폴이 좀처럼 모습을 드러내지 않자, 그가 이미 1966년에 죽었고 비슷하게 생긴 사람으로 대체되었다는 기괴한 소문이 퍼지기 시작했다. 오늘날의 음모론을 떠올리게 하는 이 이야기는 터무니없지만, 한편으로는 당시 매카트니의 심리 상태와도 묘하게 닿아 있었다. 그는 자신이 여전히 아티스트로서 존재하는지, 아니면 그저 '비틀'의 그림자에 불과한지 확신할 수 없었다. 《라이프》의 기자와 사진작가가 스코틀랜드까지 매카트니를 찾아갔다. 그가 살아 있다는 사실을 세상에 보여 주기 위해서였다. 처음에는 쫓아내려 했지만, 매카트니는 결국 인터뷰에 응했다. 그는 이렇게 말했다. "비틀스는 끝났다.[9] 비틀스가 부서진 이유는 우리 때문이기도 하고, 다른 사람들 때문이기도 하다. 우리는 똑같은 사람이 아니라, 서로 다른 사람이다. 존은 요코와 결혼했고, 나는 린다와 결혼했다. 같은 여자와 결혼한 게 아니다."

존은 여러 매체를 통해 훨씬 더 상세하게 자신의 입장을 밝혔다. '이혼 회의' 직후, 그는 매카트니의 친구 배리 마일스와의 인터뷰에서 이렇게 말했다. "나는 비틀스를 위해 곡을 쓰지 않는다.[10] 나 자신을 위해 쓴다." 1968년 이후 자신의 삶이 어떻게 달라졌는지에 대해서는 이렇게 말했다. "그때보다 지금이 훨씬 더 나답다. 요코 덕분에 안정감을 얻었다. 마치 '엄마'가 생긴 것 같은 느낌이다." 《NME》와의 인터뷰에서는 자신과 폴 사이에 '방향성에 대한 의견 차이'[11]가 있었다고 언급했고, 11월에는 《멜로디 메이커》와의 인터뷰에서 이렇게 말했다. "비틀스는 〈Abbey Road〉처럼 괜찮은 앨범을 계속 내는 한, 대중에게 계속 어필할 수 있을 것이다.[12] 〈Maxwell's Silver Hammer〉처럼 할머니들이 좋아할 만한 포크송도 있으니까." 존은 폴을 대중적인 취향을 좇는 귀여운 인물로, 자신은 두려움 없는 예술가로 부각시키는 서사를 퍼뜨렸다.

하지만 존은 자신이 비틀스를 탈퇴했다고 공개적으로 선언하지는 않았다. 그는 같은 《NME》 인터뷰에서 이렇게 말했다. "비틀스가 해체됐냐고? 상황에 따라 다르다… 다시 같이 녹음하고 싶은지 모르겠다. 정말로 생각이 왔다 갔다 한다." 클라인이 그에게 입장을 밝히지 말라고 했기 때문일 수도 있지만, 그보다는 존 자신도 무엇을 원하는지 확신이 없었기 때문일 가능성이 크다. 수년 뒤, 조지는 (그가 자리에 없었던) '해체 회의'에 대한 질문을 받자 대수롭지 않게 말했다. "멤버들 모두 한 번쯤은 비틀스를 탈퇴하려고 했다.[13] 그래서 새삼스러울 것도 없었다." 실제로 다른 멤버들 모두 그만뒀다가 다시 돌아온 적이 있었고, 존 역시 그럴 가능성이 있었다. 매카트니는 자신과 조지, 링고 모두 "그만두겠다는 게 존 특유의 잠깐 욱하는 행동일지 확신이 없었다."[14]라고 회상했다. "확실히 존이 여지를 남겨 두긴 했던 것 같다."

이제 비틀스는 일종의 공백기에 들어갔다. 1970년 1월, 폴과 조지, 링고는 애비로드 스튜디오로 돌아와 오랫동안 미뤘던 〈Get Back〉 앨범의 마무리 작업에 나섰다(결국 그 앨범은 몇 달 후 〈Let It Be〉라는 제목으로 발매한다). 한편, 존과 요코는 아방가르드 프로젝트와 정치적 발언을 쉴 새 없이 이어 갔다. 그들은 〈Cold Turkey〉라는 싱글을 발표했는데, 이 곡은 폴과 다른 멤버들이 거절했던 곡이었다. 1970년 초, 존과 요코는 몇 주 동안 덴마크에서 지냈다. 요코의 전 남편 토니 콕스가 그들의 어린 딸 교코와 그곳에 있다는 소식을 듣고 찾아간 것이었다. 레넌은 수염을 깎고 머리도 짧게 잘랐다. 과거의 자신과 결별하겠다는 상징적인 행위였다. 덴마크에서 그는 기자들에게 말했다. "우리는 비틀스를 해체하는 게 아니라, 그 이미지를 깨뜨리는 거예요."[15] 그와 요코는 폴에게 1월 15일자로 된 엽서를 보내기도 했다. 거기엔 이렇게 적혀 있었다. "우린 너를 사랑해. 곧 보자."

존은 계속 오락가락했다. 지난 1년 반 동안 그는 폴에게 두 사람이 여전히 친구라는 사실을 증명함으로써 안심시키려는 태도와, 반대로 그를 자극하려는 태도 사이를 오갔다. 존이 자신의 행동에 폴이 얼마나 상처를 받았는지 제대로 인식했는지는 의문이다. 아마도 괜찮을 거라고 생각했을 것이다. 폴은 언제나 괜찮아 보였으니까. 그도 그럴 것이 폴은 언제나 일이 잘 풀렸다. 비틀스가 유명해지기 전에도 한 여자를 임신시켜 문제가 될 뻔했지만, 저절로 해결되었다. 이후 린다와의 사이에서 아이를 갖고 싶어 했을 때도 아무런 어려움 없이 아이가 생겼다(요코는 1969년 10월에 또다시 유산했다). 린다와 결혼하며 의붓딸 헤더를 가족으로 맞이했고, 곧이어 친딸 메리까지 태어나자, 폴은 순식간에 가정을 완성했다며 '인스턴트 가족'을 갖게 됐다고 농담하곤 했다.[16] 그런 말이 레넌의 머릿속에 남아 곪아 갔으리라는 건 어렵지 않게 상상할 수 있다. 폴이 스코틀랜드로 떠난 일은, 존에게는 자신에게서 관심을 거두려는 의도적인 거리 두기로 느껴졌을지도 모른다. 그에겐 받아들일 수 없는 일이었다.

영국으로 돌아온 지 며칠 뒤, 레넌은 아침에 눈을 떴을 때 머릿속에 떠오른 표현을 곡으로 만들었다. 〈Instant Karma〉는 '인스턴트 카르마'라는 모순적인 개념을 내세운 곡으로, 레넌이 매료되어 있던 대중 마케팅—특히 상반된 개념을 결합해 사람들의 관심을 *끄는* 방식—과 관련이 있다. 행동의 결과가 오랜 세월에 걸쳐 이어진다는 고대 개념인 '카르마'를, 지금 이 순간에 당장 우리에게 도움이 되거나 해가 되는 무언가로 새롭게 포장한다면 어떨까? 훗날 존은 이렇게 말했다. "인스턴트 카르마는 인스턴트 커피와 비슷한 개념이었다."[17] 노래는 마치 그에게서 콸콸 쏟아지듯 순식간에 만들어졌다. 그는 조지 해리슨과 프로듀서 필 스펙터Phil Spector를 불러 녹음을 진행했고, 〈Instant Karma〉는 존이 그 문구를 떠올린 지 열흘 만에 매장에 진열되었다.

Are you
going to be
in my dreams,
tonight?

love you

Love you, 'love you,

발매에 맞춰 진행한 인터뷰에서 레넌은 비틀스의 현재 휴지기에 대해 이렇게 말했다. "재탄생이 될 수도 있고, 죽음이 될 수도 있다."**18**

〈Instant Karma〉는 〈Some Other Guy〉의 도입 부분에서 가져온 코드 진행으로 시작한다. 강하게 울리는 베이스 드럼 비트 위에서, 존은 거칠고 쉰 목소리로 특정한 누군가에게 말을 건넨다. 그가 노래하는 카르마는 결코 좋은 쪽이 아닌 듯하다. 당신을 덮쳐 머리를 후려칠 것이니까(마치 맥스웰의 은빛 망치처럼). 죽고 싶지 않다면 사랑을 비웃는 짓은 그만두는 게 좋을 것이다. 인스턴트 카르마가 '네 얼굴'을 바라볼 것이다. 눈을 똑바로 쳐다볼 것이다. 그러니 달링, 정신 차리고 "인간 세계에 합류해(Join the human race)"라고 말할 것이다. 사실상 존은 폴에게 말하는 것이다. 초인적인 영역에서 내려오라고. 스코틀랜드에서의 화려한 고립 상태를 벗어나, 타협과 혼란으로 가득한 이 비즈니스의 세계로 돌아오라고. 와서 형제들과 함께하라고. 맡은 일을 하라고. 도대체 네가 뭐라고 생각하는 거야? 우리는 모두 슈퍼스타야. 우리는 '모두' 빛이 나.

〈Instant Karma〉는 비틀스 해체 후 레넌의 첫 대형 히트곡이 되었고, 비틀스 멤버들 가운데 가장 먼저 솔로 아티스트로서 성공을 거둔 곡이기도 했다. 한편 매카트니는 캐번디시 애비뉴의 집에서 4트랙 녹음기로 실험적인 녹음을 이어 갔다. 그리고 이제 그 음악들을 모아 솔로 앨범을 만들기로 결심했다. 그 앨범에 'Paul McCartney'라는 제목을 붙일 수도 있었고, 어떤 제목이든 선택할 수 있었지만, 그가 선택한 건 〈McCartney〉였다. 이제 그 이름은 더 이상 누구의 뒤에 붙는 이름이 아니었다.

그는 이 앨범이 집에서 만든 것처럼 조금은 엉성하게 들리는 데도 만족했다. 하지만 레넌이 대중성을 노린 싱글을 발표했다는 소식을 듣고 나자, 그는 애비로드 스튜디오로 돌아가 훨씬 더 완성도 높은 두 곡을 제작했다. 하나는 〈Maybe I'm Amazed〉로, 성인이 된 이후 맞이한 가장 힘든 시기를 버틸 수 있게 해 준 린다에게 바치는 절절한 감사의 노래였다. 또 하나는 〈Every Night〉으로, 역시나 사랑을 통해 우울함에서 벗어날 수 있었다는 내용을 담았다. 매카트니는 이 알짜배기 곡들을 다음 비틀스 앨범을 위해 아껴 뒀는지도 모른다. 하지만 그럴 필요가 없어졌다.

비틀스라는 집은 한순간에 무너진 것이 아니었다. 굴뚝 하나, 천장하나씩 서서히 내려앉았다. 가끔은 무너진 구조물이 다시 설 수도 있을 것처럼 보이기도 했다. 한 멤버가 인터뷰에서 다시 함께 녹음할 수도 있다고 말했다가, 며칠 뒤에는 그 가능성에 스스로 의문을 던지곤 했다. 몇 달 동안은 네 사람 모두 상황이 어떻게 돌아가는지 정확히 알지 못하는 것 같았다. 1970년 3월 17일, 조지가 새로운 집에서 아내 패티를 위한 파티를 열었을 때, 비틀스 멤버 전원이 파트너들과 함께 참석했다. 보도에 따르면 분위기는 꽤 괜찮았다. 네 사람이 한자리에 모인 것은 그때가 마지막이었다.

그로부터 몇 주 안에, 폴이 존과 다른 멤버들과 결정적으로 멀어진 사건 두 가지가 일어났다. 첫 번째는 앨범 발매일을 둘러싼 갈등이었다. 폴의 첫 솔로 앨범 〈McCartney〉는 애플을 통해 4월 17일 발매할 예정이었는데, 이는 〈Get Back〉 세션에서 건져 올린 비틀스 앨범

〈Let It Be〉의 발매 예정일과 겹쳤다. 매카트니가 없는 자리에서 애플과 나머지 세 멤버는 단체 작업을 우선시해야 한다고 판단했고, 〈McCartney〉의 발매를 6월로 연기하기로 결정했다. 존은 그 결정에 대해 설명하는 자필 편지를 폴에게 보냈고, 편지에 적힌 날짜는 3월 31일이었다. 편지 말미에는 이렇게 써 있었다. "이렇게 돼서 유감이야.[19] 개인적인 감정은 아니야. 사랑을 담아, 존과 조지." 하지만 정작 직접 나설 용기는 없었던 그들은 링고를 시켜 편지를 전달하게 했다. 'From us to you'라고 적힌 봉투에 담긴 편지는 그렇게 캐번디시 애비뉴에 있는 폴의 집으로 전해졌다. 1971년, 링고는 그날의 일을 이렇게 회상했다. "폴이 나더러 당장 집에서 나가라고 했다.[20] 미친 사람 같았다. 진짜 미쳐 버린 줄 알았다. 난 그냥 편지를 전하러 갔을 뿐인데, 그런 대접을 받다니. 너무 충격적이었고 믿기지 않았다."

이 싸움에서는 매카트니가 이겼다. 〈McCartney〉는 예정일대로 발매했다. 앨범 홍보를 위해 그는 4월 9일, 《롤링스톤》 창립자인 얀 웨너와 인터뷰를 했다. 애플과 비틀스에 대한 이야기가 나오자, 매카트니는 다시 한번 클라인에 대한 반감을 드러냈다. 반면 존에 대한 질문이 나왔을 때는 어조가 한결 누그러졌다. "보게 된다면 볼 것이다.[21] 난 여전히 그를 사랑한다." 인터뷰 직후, 폴은 존에게 전화를 걸었고 두 사람은 진심 어린 대화를 나눴다. 몇 주 뒤, 폴은 이렇게 말했다. "며칠 전 존과의 전화 통화에서 나는 그에게 작년 초에 화가 났다고 말했다.[22] 요코에게 질투도 났고, 훌륭한 작곡 파트너십이 무너질까 봐 두려웠다고. 그 두 사람이 나와 린다처럼 서로 사랑한다는 걸 깨닫는 데 일 년이 걸렸다."

그러나 우호적인 분위기를 산산이 깨뜨리는 일이 벌어진다. 폴은 인터뷰를 할 기분이 아니었기 때문에 새 앨범 〈McCartney〉의 홍보 자료로 사용할 문답 형식의 글을 준비하고자 애플 홍보팀에 도움을 요청했다. 애플은 기자들에게서 나올 법한 질문 리스트를 그에게 보냈고, 폴은 그 질문들에 대한 답을 준비하면서 자기가 몇 가지 질문을 직접 추가하기도 했다. 다음은 그 일부다.

Q: 비틀스와 함께 새 앨범이나 싱글을 낼 계획이 있나요?[23]

A: 없다.

Q: 이번 앨범은 비틀스로부터 잠시 떨어져 휴식을 취하려는 건가요, 아니면 솔로 커리어의 시작인가요?

A: 시간이 말해 줄 것이다. 솔로 앨범을 냈으니 '솔로 커리어의 시작'을 뜻하고, 아직 비틀스와 완전히 끝난 게 아니니 잠깐 쉬는 거다. 그러니 둘 다라고 할 수 있다.

Q: 비틀스와의 결별은 일시적인 건가요, 아니면 영구적인 건가요? 개인적인 이유인가요, 음악적인 이유인가요?

A: 개인적 차이, 사업적 차이, 음악적 차이 때문이다. 하지만 무엇보다도 가족과 함께 있는 시간이 더 좋기 때문이다. 일시적인지, 영구적인지? 나도 잘 모르겠다.

Q: 레넌-매카트니 작곡 파트너십이 다시 가동될 시점이 올 거라고 보시나요?

A: 아니다.

매카트니의 답변은 딱 잘라 말하는 듯한 인상을 주었고, 언론은 이 문답을 비틀스 해체의 결정적인 선언으로 받아들였다. 그것도 폴이 탈퇴해서 비틀스가 해체되는 것이라고 보도했다. 4월 10일, 《데일리 미러Daily Mirror》 1면에는 이렇게 적혀 있었다. "폴, 비틀스 탈퇴"

그 전날 오후, 폴은 존에게 전화를 걸었다. 아마도 사전에 이야기해 두기 위해서였을 것이다. 당시 존은 한 사설 클리닉에서 치료받고 있었다. 두 사람이 나눈 대화에 대해서는 오직 존의 말만이 전해진다. "폴이 나한테 그러더라.[24] '나 지금 너랑 요코가 작년에 했던 일을 하고 있어. 이제야 너희들이 뭘 하려 했는지 알겠어.' 뭐 그런 헛소리를 하더라고. 그래서 난 그냥 '행운을 빈다.'라고 했지."

폴이 발표한 문답 내용을 전혀 예상하지 못했던 존은 분노를 느꼈다. 누군가 비틀스를 탈퇴해 그룹을 해체시킬 거라면, 그건 자신이어야 한다고 생각했다. 애초에 비틀스를 처음 결성한 사람은 바로 자신이었기 때문이다. "폴이 우리에게 아무 말도 없이 앞으로의 계획을 밝히는 바람에 우리 모두 상처를 입었다.[25] 폴은 그런 결과를 예상하지 못했다고 주장하지만, 말도 안 되는 소리다." 존은 폴을 두고 "훌륭한 홍보맨이지…[26] 진짜 일 한번 제대로 한다."라고 말하며, 자신을 향한 자책도 숨기지 않았다. "나도 폴처럼 할걸. 내가 멍청했어. 비틀스 탈퇴를 이용해서 음반을 팔았잖아." 이 점에서만큼은 존이 옳았던 듯하다. 1986년, 매카트니는 홍보 효과를 의식했다는 사실을 인정했다.[27] 하지만 실제로 폴의 선택은 끔찍한 홍보 효과를 만들고 말았다. 전 세계가 사랑한 밴드를 끝장낸 인물이라는 낙인이 찍힌 것이다. 일이 벌어진 뒤에야 그는 상황의 심각성을 실감했다. "신문에 실린 기사를 보니 굉장히 냉정해 보이더라.[28] 제정신이 아닌 것처럼 보이기도 했고… 그리고 존도 상처를 받았고.”

존은 간단하게 공개 입장을 밝혔다. 한 기자에게 이렇게 말한 것이다. “폴한테서 소식이 들려와 반갑더라.[29] 그래도 살아는 있었구나 싶었다. 내가 농담 삼아 이렇게 말했다고 기사 써도 된다. ‘걔가 나간 게 아니라, 내가 자른 거야!’” 한편 앨런 클라인은 비틀스가 끝났다는 사실을 인정하지 않았다. 기자들에게는 ‘영원히 불확실한 상태’가 매카트니의 입장이라고 전했다.[30] 매카트니는 몇 달 동안 불안과 우울에 시달려야 했다.

정말 힘든 시기였다.[31] 거의 신경쇠약 직전까지 갔다. 밤새 뒤척이며 온몸을 떨었던 기억이 난다. 그런 일은 처음이었다. 어느 날 밤엔 자다가 눈을 떴는데, 몸이 말을 듣지 않는 거다… 이러다 질식하겠구나 싶었다. 간신히, 정말 간신히 몸을 일으켰다… 정말 아무것도 할 수가 없었다.

4월 말, 매카트니는 기자 레이 코놀리와의 인터뷰에서 이렇게 말했다.

비틀스를 떠난 건 내가 아니다.[32] 비틀스가 스스로 떠난 거다. 파티는 끝났는데, 아무도 나서서 그걸 인정하려 하지 않았던 거다. 존은 작년에 결별하고 싶다고 했다. 나도 같은 마음이다. 나도 그가 원하는 결별을 해 주고 싶다. 지금처럼 시험 삼아 별거하고 있는 상태가 정말 싫다. 아무런 도움도 되지 않으니까… 존은 요코와 사랑에 빠졌고, 더 이상 우리 셋을 사랑하지 않게 된 거다.

폴은 이제야 끝났음을 받아들인 것처럼 보였지만, 사실은 그동안 알면서도 외면해 오던 진실을 뒤늦게 인정한 것에 불과했다. 마음 깊은 곳에서는 이미 1969년에 그 사실을 알아차렸고, 이 사실은 음악에서도 드러난다. 〈The End〉는 불과 2분 남짓한 시간 동안 거친 로큰롤에서 시작해 웅장한 오케스트라로 나아가면서 비틀스의 경력을 아우르는 곡이다. 존과 폴이 끝내 완성하지 못한 뮤지컬의 커튼콜처럼 느껴지기도 한다. 노래는 두 번의 감탄사와 함께 "그대, 오늘 밤 내 꿈에 나올 건가요?(Are you going to be in my dreams, tonight?)"라는 질문으로 시작한다.

멜로디가 기타 선율과 반대로 낮게 내려간 뒤, 링고의 드럼이 주도하는 리듬이 시작된다. 일렉트릭 기타는 로큰롤의 근간을 이루는 루트 코드와 4도 코드를 쨍하게 울린다. 이 코드들은 비틀스가 함부르크 시절에 익힌 블루스풍의 변형인 7도 코드다. 매카트니는 자신의 목소리를 겹쳐 녹음한 오버더빙으로 이 코드 위에서 "Love you, love you"를 반복해 노래한다. 이렇게 〈The End〉는 비틀스의 시작에서 출발한다. 존과 폴이 로큰롤에, 그리고 서로에게 빠지고 함께 꿈을 꾸기 시작했던 그 처음에서. 그다음에는 드럼 솔로가 이어진다(링고는 그다지 내켜 하지 않았다). 이어 세 대의 기타가 서로 대화를 주고받는다. 비틀스의 원조 3인방인 폴, 조지, 존이 각자 단 여섯 마디씩을 맡아(비틀스는 언제나 아쉬움을 남기니까) 마지막 인사를 건넨다. 로큰롤 연주가 멈추고, 빠르고 정교한 피아노 솔로가 흐른다. 피아노와 함께 잔잔히 울려 퍼지는 기타 선율 속에서, 매카트니는 운율에 맞춘 두 줄의 가사를 노래한다. 더는 어떤 말도 필요 없다. 마지막 가사를 부르는 순간, 오케스트라가 합류한다. 처음에는 계단을 내려가듯 낮게 흐르다가, 이내 구름 위로 떠오르는 듯한 신비로운 코드 진행을 따라 하늘로 솟구친다. 그리고 마침내, 조지의 유려하고 애절한 기타가 〈The End〉를 진짜 끝으로 이끈다.★

★ 물론 〈The End〉는 〈Abbey Road〉의 진짜 마지막 곡이 아니다. 20초간의 침묵이 흐른 뒤, 크리스마스 양말 속에 담긴 깜짝 선물처럼, 앨범 자켓에도 적혀 있지 않은 아주 짧은 곡 〈Her Majesty〉가 이어진다. 존과 폴은 ─ 이 곡을 앨범에 넣는 데 둘 다 동의했다 ─ 왜 여왕을 소재로 한 장난스러운 곡으로 굳이 〈The End〉의 장엄한 마무리를 깨뜨린 걸까? 첫 번째 이유는 그들이 언제나 장엄함을 경계해 왔기 때문이고, 두 번째 이유는 비틀스가 정말 끝났다는 사실을 도저히 받아들일 수 없었기 때문이다.

35

GOD

비틀스가 해체된 뒤에도 관련 사업은 계속 굴러갔다. 1970년 5월에는 〈Let It Be〉 앨범을 발매했다. 〈Get Back〉 세션에서 녹음한 노래들을 프로듀서 필 스펙터가 이어 붙이고, 여기에 현악기를 덧씌워 완성한 것이었다. 앨범 제목을 폴의 노래에서 따온 건 클라인의 아이디어였지만, 그렇다고 완성된 앨범에 대한 폴의 불만이 누그러진 건 아니었다. 비슷한 시기, 마이클 린제이 호그가 감독한 동명의 영화 《렛 잇 비*Let It Be*》도 개봉했다. 이 영화의 암울한 분위기는 1969년 당시 비틀스 멤버들이 한 공간에 있는 것조차 불편해했다는 오해를 더욱 굳히는 데 일조했다.

이제 매카트니는 애플 내에서 거의 아무런 권한도 갖고 있지 않았고, 다른 레이블을 통해 음반을 낼 수도 없는 처지였다. 그에게는 악몽 같은 상황이었다. 그는 4월에 한 인터뷰를 통해 자신의 입장을 공개적으로 밝히고, 나머지 멤버들에게 공식적인 해체에 동의해 달라고 강하게 요구했다. "우리가 마땅히 누려야 할 자유를 달라."[1] 이 발언은 존과 다른 멤버들, 그리고 클라인을 겨냥한 것이었고, 어조는 회유에 가까웠다. "누구의 잘못도 아니다. 애초에 이런 상황에 빠진 우리가 바보다."

클라인과 나머지 비틀스 멤버들은 비틀스가 하나의 공동 사업체로서 해체할 경우에 발생할 세금 문제를 걱정했다. 그들은 매카트니가 이스트먼 일가에게 휘둘렸다고 보았다. 조지 해리슨은 이 상황을 단도직입적으로 정리했다. "현실은 폴이 다수결에서 밀렸다는 거다.² 우리는 공동 운영 체제고… 비틀스라는 그룹 전체를 위해서, 혹은 애플이라는 회사를 위해서 가장 이로운 방향을 찾으려는 거다. 폴 한 사람, 혹은 그의 처가 식구들에게 가장 유리한 방향을 찾으려는 게 아니다."

1970년 3월, 매카트니가 Q&A 형식의 인터뷰를 내보내기 전에 존과 요코는 평화 캠페인을 잠시 중단하고 새로 구입한 저택 티튼허스트 파크로 들어갔다. 헤로인을 끊기 위해서였다. (기자 레이 코놀리는 두 사람과 할리 스트리트에 있는 클리닉에 동행했는데, 그곳에서 요코는 임신 관련 진료를 받았다. 레넌은 간호사에게 이렇게 말했다. "이 사람은 마약 중독이에요."³)
같은 달, 레넌은 막 출간한 어느 자기계발서의 선 인쇄본을 받았다. 제목은 《원초적 절규*The Primal Scream*》였다. 그는 단번에 이 책이 자신이 오랫동안 찾아 헤매던 '답'이라고 확신했다. 억압된 어린 시절의 트라우마를 절규와 함께 다시 체험함으로써 심리적 고통에서 벗어날 수 있다는 매혹적인 주장을 내세우는 책이었다. 저자인 심리치료사 아서 야노프*Arthur Janov*는 자신의 치료법이 "모든 질환의 80%를 치료할 수 있다."⁴라고 말했다. 존은 당시 캘리포니아에 살고 있던 야노프에게 연락해 영국으로 건너와 자신을 치료해 달라고 설득했다. 처음에는 티튼허스트 파크에서 치료를 시작했지만, 공사로 인해 중단했고 결국 런던의 한 호텔로 자리를 옮겨 치료를 지속했다. 4주가 지나자 야노프는 가족에게 돌아가야 했고, 존과 요코는 그를 따라 미국으로 건

너가 벨에어에 집을 빌렸다. 이후 존은 4개월 동안 야노프의 클리닉에서 계속 치료를 받았다. 야노프는 환자들에게 어린 시절의 트라우마에 관해 이야기하게 했고, 가장 아픈 부분을 건드려 감정이 북받치면 소리를 지르도록 유도했다. 레넌은 일주일에 여러 차례 치료를 받으며 울고, 소리를 지르며, 고통을 분출했다.

야노프는 자신의 책에서 이 치료법을 '정신신체적' 접근이라 설명했다.[5] 그는 여성 환자들은 가슴이 커지는 효과를 경험하고, 수염이 나지 않던 남성들은 얼굴에 털이 나고 남성적인 체취가 풍기기 시작했다고 주장했다. 야노프는 여자는 여자다워야 하고, 남자는 남자다워야 한다는 신념을 가졌으며, 동성애를 어린 시절의 트라우마에서 비롯된 정신질환으로 여겼다. 당시 정신건강의학계에서는 드물지 않던 시각이긴 했지만, 그는 유난히 그 생각을 열정적으로 신봉했다. 레넌이 야노프에게 자신의 성 정체성에 대해 어느 정도까지 이야기했는지는 알려지지 않았다. 다만, 엡스타인과의 관계에 대해서는 이야기를 나눴으며, 스페인 여행과 관련된 내용도 있었다.

당시 대부분의 정신건강의학과 의사들은 '원초요법'을 매우 의심스러운 방식으로 보았고, 오늘날까지도 그 효과를 입증할 만한 설득력 있는 근거는 없다. 2022년, 감정의 발성 표현을 연구하는 한 신경과학자는 원초요법에 대해 이렇게 평했다. "분노를 지속적으로 표출하는 방식을 치료 요법으로 사용하는 것은 아무런 효과가 없거나 오히려 해로울 수 있다고 밝혀졌다.[6] 우리의 연구에 따르면, 기쁨이나 즐거움처럼 긍정적인 감정에서 비롯된 비명이야말로 본질적으로 더 중요하며, 사회적 유대감을 형성하는 긍정적인 효과를 준다." 다시 말해, 폴이 음악을 통해 터뜨린 비명은 유익했을지 몰라도, 존이 치료 과정에서 지른 비명은 오히려 고통을 증폭시켰을 가능성이 크다. 야노프는 레넌에 대해 이렇게 말했다. "그가 느끼는 고통의 수준은 엄청났습니다…**7** 그는 거의 정상적인 생활이 불가능한 상태였죠. 집 밖은 커녕, 방 밖으로 나가는 것도 힘들어했어요." 다만 그는 자신이 존의 고통을 덜어 주었다고 주장하지는 않았다. 어디까지나 환자가 치료 과정을 마치기 전에 스스로 중단하고 떠난 것이 문제였다고 탓했을 뿐이다.

9월, 레넌 부부는 영국으로 돌아왔다. 요코는 세 번째 유산을 겪은 후였다. 얼마 지나지 않아, 존은 1년 넘게 연락이 끊겼던 아버지로부터 소식을 들었다. 앨프는 자서전을 쓰려 한다며 존의 동의를 구하고자 했다. 존은 자신의 서른 번째 생일인 10월 9일, 아버지를 티튼허스트 파크로 초대했다. 쉰일곱 살이 된 앨프는 다시 아버지가 되어 있었다. 한참 어린 아내 폴린과 갓난아기인 아들을 데리고 나타난 것이다. 그러나 전혀 즐거운 만남이 아니었다. 폴린은 훗날 존이 매우 창백하고 초췌했으며, 정신이 온전하지 않아 보였다고 기억했다. 존은 이성을 잃은 듯 아버지에게 한참 독설을 퍼부었고, 노골적인 위협도 서슴지 않았다. 앨프는 이 대화를 반드시 기록으로 남겨야겠다고 생각했고, 네 장 분량의 자필 진술서를 작성해 자신의 변호사에게 맡겼다. 만약 자신이 '실종되거나 부자연스러운 죽음을 맞이할 경우' 공개해 달라는 당부와 함께였다. (훗날 폴린도 이 진술 내용이 사실이라고 증언했다.) 앨프의 말에 따르면, 존은 "세상을 떠난 어머니를 차마 입에 담기 힘든 말로 모욕했고, 자신을 키워 준 이모에 대해서도 경멸적인 표현을 썼으며, 가장 가까운 친구 한두 명도 욕했다."**8** "해치워 버리겠다." 라며 바다로 끌고 가 "스무 길, 쉰 길, 아니면 백 길쯤 깊은 바다에 던져 버리겠다."라는 협박도 했다. 앨프는 '악의적인 기쁨'에 찬 말투였다고 말했다. 그날 이후, 앨프와 존은 다시는 만나지 않았다.

레넌이 첫 솔로 앨범 〈John Lennon/Plastic Ono Band〉 작업에 착수한 것은 바로 이 무렵이었다. 야노프의 치료를 받고, 요코가 다시 유산을 겪고, 아버지를 향해 살의를 드러내는 격렬한 시간을 보낸 뒤였다. 그는 애비로드 스튜디오를 예약하고, 링고와 클라우스 부어만(베이스)을 주요 협업자로 불렀다. 빌리 프레스턴이 피아노를 맡았고, 필 스펙터는 가끔씩 모습을 드러냈다. 요코도 〈Yoko Ono/Plastic Ono Band〉를 위해 별도로 녹음을 진행했다. 두 앨범은 한 달 조금 넘는 기간에 걸쳐 완성했다. 존은 야노프에게 치료를 받는 동안 이 앨범의 곡들을 썼다. 요코와의 신혼여행을 노래로 기록했던 과거처럼, 이번에는 지난 몇 달 동안 자신을 휩쓸고 지나간 감정과 생각들을 담았다.

앨범 발매를 사흘 앞둔 12월 8일, 존과 요코는 《롤링스톤》의 얀 웨너와 마주 앉아 폭넓은 주제를 아우르는 인터뷰를 진행했다. 이 인터뷰를 공개하자마자, 비틀스의 재결합을 기대하던 대중의 마지막 희망마저 산산이 부서졌다. 레넌은 비틀스라는 '신화'를 정면으로 공격하기 시작했다. 비틀스의 일원으로 지낸 시간은 "끔찍했고, 빌어먹을 정도로 굴욕적이었다."[9]라고 했다. 비틀스의 이미지는 거짓일 뿐이며, 좋은 사람들인 것처럼 포장한 것이지 실제로는 전혀 그렇지 않다고 말했다. 자신은 상업주의의 압력에 맞서는 고통받는 예술가로 묘사했다. "예술가로 산다는 건 전혀 즐거운 일이 아니다… 반 고흐나 베토벤만 봐도 알 수 있다… 이 인간들(대중)은 우리를 죽어라 착취한다." 조지 마틴에 대해서는 단순히 편곡자에 불과하다고 깎아내렸고,

호평을 받고 있던 조지 해리슨의 새 솔로 앨범에 대해서도 이렇게 말했다. "솔직히 집에 틀어 놓고 싶은 음악은 아니다… 그는 훌륭한 작곡가 두 명이랑 같이 일하면서 어깨 너머로 많이 배웠다. 뭐, 폴과 내가 워낙 자아도취적인 놈들이라 좀 힘들었을 수도 있겠지만, 원래 이 바닥이 그런 거다." 그는 글린 존스, 닐 아스피날, 데릭 테일러를 비롯해 링고와 요코를 제외한 거의 모든 사람에게 불만을 드러냈다.

폴에 대해서는 '두 명의 훌륭한 작곡가 중 하나'라며 어느 정도의 존중을 표하기도 했다. 하지만 거칠고 자유분방한 천재 예술가인 자신과는 다르게 얄팍하고 말재주만 번드르르하며, 홍보에 집착하는 상업적이고 계산적인 인물로 묘사했다. 그는 두 사람이 했던 협업을 계속 깎아내렸다. 자신의 곡에 대한 폴의 기여는 거의 무시하면서, 폴의 곡에 대한 자신의 기여는 과장했다. 폴의 솔로 앨범 〈McCartney〉를 두고는 '폴과 린다의 앨범'이라고 부르며 '쓰레기'라는 혹평을 내놓았다. 그리고 의미심장하게 이런 말을 했다. "좀 더 나은 결과물을 기대했다. 우리 둘이 서로 대립하는 상황에서 내가 약하다고 느낄수록, 폴은 강해질 거라고 생각했기 때문이다." 왜 매카트니의 반대를 무릅쓰고 클라인을 고용했느냐는 질문에는 이렇게 답했다. "그게 리더가 하는 일이니까… 수 싸움이다. 굳이 숨길 필요도 없고… 세상사가 다 그런 거 아니겠나?" 존은 상처받았을 때 모든 것을 권력 다툼의 문제로 환원하는 경향이 있었다. 그러나 비록 서로 멀어지긴 했어도, 자신과 폴이 여전히 일종의 파트너 관계라고 느꼈던 듯하다. 그는 이렇게 말했다. "폴이 〈John Lennon/Plastic Ono Band〉 앨범을 보고 놀라서 좀 괜찮은 음반을 냈으면 좋겠네. (웃음) 폴이 또 날 놀라게 해서 나도 괜찮은 음악을 내놓고… 뭐 그런 식으로."

　　나중에 레넌은 그 인터뷰에서 모욕하거나 불쾌하게 만든 대부분의 사람에게 사과했다. 조지 마틴에게는 인터뷰 당시 자신이 헤로인에 취해 "제정신이 아니었다."[10]라고 고백했다. 몇 년 뒤에는 매카트니와의 협업에 대해 거짓말을 했다고 가볍게 인정했다. "그땐 서운하고 억울한 마음에 우리가 모든 곡을 따로 만들었다고 느꼈다.[11] 하지만 실제로는 대부분의 곡을 얼굴을 맞대고 함께 만들었다." 그 인터뷰는 지면으로 보면 녹취록보다 훨씬 더 악의적으로 느껴진다. 하지만 지금은 그 녹음본이 공개되었다. 존이 실제로 했던 말을 직접 들어 보면 훨씬 더 복합적인 의미로 다가온다. 분노와 경멸뿐 아니라, 그 안에 담긴 양가감정과 유머까지 고스란히 전해지기 때문이다. 내가 그 인터뷰의 녹음본을 듣고 가장 크게 느낀 것은, 존이 우울증에 걸린 사람처럼 보인다는 점이었다.

　　존과 요코가 얀 웨너를 처음 만나기 몇 달 전에 샌프란시스코에서였다. 그때 웨너 부부는 그들을 차에 태우고 시내를 함께 돌아다녔는데, 마침 막 개봉한《렛 잇 비》다큐멘터리를 상영 중인 영화관 앞을 지나갔다.[12] 그들은 함께 들어가 영화를 보기로 했다. 존은 아직 그 영화를 보지 않은 상태였다. 애플 옥상에서 폴이 노래하는 장면이 나오자, 그는 결국 눈물을 터뜨렸다. 극장을 나온 뒤, 네 사람은 서로를 꼭 껴안았다.

　　〈Lennon/Plastic Ono Band〉 앨범은 장례식 종소리로 시작한 뒤에 첫 곡 〈Mother〉가 나온다. 이 앨범은 레넌이 은유나 말장난 없이 어린 시절의 트라우마를 정면으로 마주한 곡을 여럿 수록했는데, 그 첫 번째가 바로 〈Mother〉다. 어쩌면 레넌은 이 앨범을 통해 오랜 시간 자신을 괴롭혀온 것들을 몰아내고자 했는지도 모른다. 그러나 이 앨범에서 느껴지는 감정은 카타르시스가 아니라, 지친 기색과 환멸이다. 이를 단적으로 보여주는 곡이 〈I Found Out〉이다. 레넌은 으르렁거리듯 거친 목소리로 자신이 깨달은 바를 노래한다. 하늘에서 내려올 예수도, '당신의 머릿속을 꿰뚫어 보는' 구루도 존재하지 않는다는 것이다. 예수는 가사에서 두 번 언급하는데, 두 번째 언급에서는 "나는 예수부터 폴까지 종교를 다 겪어 봤다(I seen religion from Jesus to Paul)"라고 말장난을 섞어 예전의 파트너를 암시한다(여기서 'Paul'은 사도 바울을 뜻하기도 하고, 폴 매카트니를 의미하기도 한다—역주). 〈Isolation〉에서는 '우리'가 세상을 바꾸기 위해 애쓰는 동안, "모두 우리를 끌어 내리려고 한다(Everybody trying to put us down)"고 노래한다. 그러다 갑자기 1인칭으로 전환해, 마치 전혀 다른 노래에서 튀어나온 듯한 거친 비난조로 누군가 특정한 인물, '너'에게 말을 건넨다. "I don't expect you to understand, After you've caused so much pain(그토록 많은 상처를 준 너이기에, 난 이해를 기대하지 않아)"

이 앨범의 끝에서 두 번째이자 가장 핵심적인 곡이라 할 수 있는 〈God〉는 레넌의 보컬이 압도적인 힘을 발휘하는 곡이다. 그는 이 노래에서 마음속 모든 것을 쏟아 내듯 노래하며, 감정을 실체처럼 느끼게 만드는 놀라운 표현력을 보여 준다. 〈God〉는 세 부분으로 구성되었다. 첫 번째 도입부는 "God is a concept by which we measure our pain(신은 우리가 고통을 측정하기 위해 만든 개념이다)"라는 문장으로 시작하는데, 레넌이 야노프와의 대화 중 떠올린 표현이다. 이어지는 두 번째 도입부에서는 자신이 믿지 않는 온갖 개념과 우상을 줄줄이 나열한다. 마술, 주역, 성경, 히틀러, 예수, 케네디, 만트라 등 다양한 단어가 등장한다. 레넌은 "I don't believe in"라는 문장을 반복하며 강렬한 긴장감을 형성한다. 빌리 프레스턴의 불꽃이 튀는 듯한 피아노와 링고의 섬세한 드럼이 극적인 분위기를 한층 더 끌어올린다. 이 도입부의 마지막 부분에서는 모든 걸 꿰뚫어 보는 듯한 목소리로 "I don't believe in Beatles(나는 비틀스를 믿지 않아)"라고 노래하고 곧바로 음악을 멈춘다. 그리고 잠깐의 정적 끝에, 레넌은 음악 없이 떨리는 목소리로 "I just believe in me(내가 믿는 건 나 자신뿐)"이라고 노래한다. 밴드가 연주를 다시 시작하자 "Yoko and me(요코와 나뿐)"이라고 덧붙인다. "그것이 현실(And that's reality)"이라고.

마지막 도입부에서 그의 어조는 아련하고 부드러워진다. 그는 "The dream is over(꿈은 끝났어)"라고 노래하고, 그 구절을 한 번 더 반복한 뒤, 매카트니를 상징하는 〈Yesterday〉를 언급한다. 하지만 이 노래 안에 존과 폴을 떠올리게 하는 상징적인 단어가 그것뿐만은 아니다. 존은 비틀스 시절의 노래에서 '바다코끼리(walrus)'라는 단어를 자신과 폴 모두를 가리키는 표현으로 쓴 바 있다. 어느 순간부터 그 단어는 두 사람을 함께 상징하게 된 듯하다. 그는 마지막 도입부에서 "I was the walrus but now I'm John(나는 바다코끼리였지만, 이제는 존이야)"라고 노래한다. 일종의 독립 선언이다. 그리고 "dear friends(친애하는 친구들이여)"라는 말로 옛 밴드 동료들과 세상을 부른 뒤, "You'll just have to carry on, The dream is over(계속 나아가야 해, 꿈은 끝났어)"라는 말을 남기며 노래를 마친다.

어떤 면에서 보면 〈Lennon/Plastic Ono Band〉 앨범은 〈McCartney〉

와 닮은 구석이 있다. 두 앨범 모두 다소 미완성작이라는 느낌이고 배우자의 이름을 직접 언급한다. 하지만 차이점은 훨씬 더 확연하다. 〈McCartney〉는 의연할 만큼 밝은 분위기 속에 사랑스럽고 엉뚱한 곡, 기발한 기악곡 들로 가득하다. 〈Maybe I'm Amazed〉나 〈Every Night〉처럼 우울함을 노래하는 곡조차도 일종의 구원 서사를 담았다. 반면 〈Lennon/Plastic Ono Band〉는 수록곡들의 제목만 봐도 알 수 있듯, '어머니', '사랑', '신' 같은 묵직한 주제들을 정면으로 마주하며 어둡고 장엄한 풍경을 그린다. 〈McCartney〉는 새로운 사랑의 기쁨을 담은 〈Lovely Linda〉로 시작한다. 반면 존의 노래에서 '요코와 나'는 마치 난파선에서 살아남은 최후의 생존자들처럼 서로에게 의지하며 버티는 모습으로 그려진다.

1970년 봄과 여름, 매카트니는 스코틀랜드 별장에서 시간을 보냈다. 그는 그곳에서 집을 손보고 새 노래를 만들며, 사업상의 복잡한 문제들과 쓸쓸한 감정에 휘둘리지 않으려 애썼다. 8월, 매카트니는 레넌에게 편지를 보내 "서로를 이 덫에서 풀어 주자."라고 제안했다.[13] 레넌은 자신과 요코의 사진에 말풍선을 달아 "어떻게, 왜?"라고 적은 답장을 보냈다. 이에 매카트니는 이렇게 답했다. "어떻게? 파트너십을 해체한다고 명시한 서류에 서명하면 돼. 왜냐고? 더 이상 파트너십이 없으니까." 레넌은 카드 한 장을 보내 짧게 답했다. "빨리 회복하기나 해. 다른 멤버들의 서명을 받아 오면, 그때 생각해 볼게."

1970년이 지나갈수록, 매카트니는 존 이스트먼의 설득에 따라 자

유로워질 수 있는 유일한 방법은 소송뿐이라는 결론에 이른다. 하지
만 그렇게 하려면, 그는 자신의 가장 가까운 세 친구들과 공개적으로
싸워야 했고, 대중의 눈에 비틀스를 해체시킨 장본인으로 확실하게
각인될 위험도 감수해야 했다. 1971년, 그는 이렇게 회상했다. "스코
틀랜드에서 여름 내내 소송을 해야 할지 말아야 할지 스스로와 싸웠
다.[14] 정말이지 끔찍한 시간이었다." 결국 스코틀랜드 시골에서 존 이
스트먼과 하이킹을 하던 중, 그는 소송을 진행하기로 마음을 굳혔다.
런던의 법률팀에 소송 준비를 지시했고, 8월 말에는《멜로디 메이커》
에 다음과 같은 내용의 편지를 보냈다.

"비틀스 재결합설이라는 절뚝거리는 늙은 개의 고통을 끝내 주기 위
해…[15] '비틀스가 다시 뭉칠 가능성이 있느냐?'는 질문에 대해 답하자
면… '없다.'라고 하겠다.

36

HOW DO YOU SLEEP?

HOW DO YOU SLEEP?

1970년 12월 31일, 매카트니의 변호인단은 고등법원에 레넌, 해리슨, 스타키, 그리고 애플 코어 주식회사를 상대로 '비틀스 앤 컴퍼니'의 해산을 요구하는 소장을 접수했다. 그는 함께 제출한 개인 진술서에서 자신이 왜 '이 신청을 할 수밖에 없었는지'에 관한 이유를 밝혔다.[1] 비틀스는 이미 오래전에 그룹으로서의 기능을 상실했고, 도저히 받아들일 수 없는 매니저를 다른 멤버들이 일방적으로 밀어붙이고 있으며, 자신의 예술적 자유 역시 부당하게 억압받았다고 주장했다. 당시 매카트니는 두 번째 솔로 앨범 작업에 한창 몰두하는 중이었다. 첫 솔로 앨범 〈McCartney〉는 상업적으로는 어느 정도 성과를 냈지만, 비평가들과 레넌 모두에게 외면당했다. 특히 조지 해리슨의 첫 솔로 앨범 〈All Things Must Pass〉가 열광적인 찬사를 받은 터라 더욱 뼈아프게 다가오는 결과였다. 평론가들은 〈McCartney〉 앨범의 소박하고 단편적인 느낌에 당혹감을 감추지 못했다. 이에 폴은 흠잡을 데 없이 완성도 높고 정교하게 다듬은 곡들로, 모두를 사로잡을 앨범을 만들겠다고 결심했다. 그는 미국에서 앨범을 만들어 보라는 존 이스트먼의 제안에 끌렸다. 애비로드 스튜디오로 돌아가고 싶지 않았다.

폴은 뉴욕에서 오디션을 통해 세션 연주자들을 선발해 앨범 작업을 함께할 소규모 그룹을 꾸렸다. 이들과 함께 작업한 곡 중 하나가 〈The Back Seat of My Car〉다.《비틀스: 겟 백》다큐멘터리에서 폴이 피아노 앞에 앉아 이 곡을 연주하는 모습을 볼 수 있다. 이 곡은 자동차, 탁 트인 도로, 그리고 여자를 등장시켜 캘리포니아 감성으로 현실 도피의 꿈을 그린다. 폴은 이 곡을 세 부분으로 구성된 메들리 형식으로 발전시켰다. 마지막 종결부에는 "We believe that we can't be wrong(우리가 틀릴 리 없다고 믿어)"라는 힘찬 메시지를 담았다. 이 종결부는 매카트니가 녹음한 본능적인 절규로 시작한다.

1970년 여름, 매카트니는 앨범 세 장 분량에 해당하는 곡을 최소 서른 곡 썼고, 이 가운데 스물아홉 곡의 데모를 녹음했다. 뉴욕에서 〈Ram〉 앨범 작업에 참여했던 연주자와 엔지니어 들은 그가 작업에 쏟아부은 엄청난 열정에 경이로움과 놀라움을 표했다. 그는 자신의 수석 엔지니어였던 아이릭 방베르그Eirik Wangberg에게 사용 중인 스튜디오 옆에 스튜디오를 하나 더 마련해 달라고 요청했다.[2] 하나는 〈Ram〉 녹음을 위한 공간이었고, 다른 하나는 그 작업 도중 떠오른 아이디어들을 실험하기 위한 공간이었다. 매카트니는 〈Ram〉에 수록할 곡을 녹음하다가도 헤드폰을 확 벗어 던지고 옆 스튜디오로 가서 전혀 다른 곡을 연주하곤 했다. 마치 지난 18개월 동안의 소란과 뒤엉킨 감정을 음악으로 풀어내는 것 같았다. 실제로 〈Ram〉에 실린 몇몇 곡들은 제정신과 광기 사이의 아슬아슬한 경계를 넘나드는 듯한 인상을 준다. 〈Monkberry Moon Delight〉에서는 괴물처럼 쉰 목소리로 광기에 찬 가사를 쏟아 내는데, 톰 웨이츠Tom Waits를 떠올리게 한다. 앨범의 첫 곡 〈Too Many People〉에서 폴은 감추려 하지만, 누구나 알아챌 수 있을 만큼 분명하게 존과 요코를 비판한다. "You took your lucky break and broke it in two(넌 네게 찾아온 행운을 스스로 걸어찼지)"라는 가사는 비틀스 해체의 책임을 레넌에게 돌리는 것과 동시에, 두 사람의 만남이 서로에게 얼마나 특별했는지를 일깨우려는 뉘앙스도 담겼다. 폴에게 존이 행운이었듯, 존에게도 폴은 행운이었다는 뜻이다.

〈Ram〉 앨범은 전반적으로 어둡게 느껴지지 않는다. 장난기 어린 유머와 황홀한 전원적 분위기가 곳곳에 넘쳐나기 때문이다. 〈Long Haired Lady〉에서 "Bees are buzzing about my sweet delectable baby(꿀벌들이 내 사랑스러운 그대 주위에서 윙윙거리네)"라고 노래하는 폴의 목소리에는 애정이 흘러넘친다. 린다도 그의 달콤한 노랫말에 응답하듯 노래한다. 프로와는 거리가 있는 그녀의 소박한 창법은 당시에는 조롱의 대상이 되기도 했지만, 지금 들으면 오히려 뭉클할 만큼 진실하게 다가온다. 이제 린다는 폴의 창작 파트너가 되었다. 폴은 망설이던 린다를 설득해 자신과 함께 노래하고 피아노를 연주하며 앨범 작업에 참여하게 만들었다. 두 사람의 목소리는 자연스럽게 어우러졌다. 방베르그에 따르면 〈Long Haired Lady〉의 완성본을 스튜디오에서 처음 재생하던 순간, 그 노래를 듣는 매카트니의 양 뺨 위로 눈물이 흘렀다고 한다.

12월 1일, 존과 요코는 〈John Lennon/Plastic Ono Band〉 앨범을 홍보하기 위해 뉴욕에 도착했다. 이때 존은 《롤링스톤》의 얀 웨너와 인터뷰를 진행했다. 며칠 뒤, 아직 그 인터뷰를 공개하기 전이었지만, 그는 당시 뉴욕에 머물던 폴에게 전화를 걸었다. 두 사람은 정중하게 대화를 나눴고, 함께 저녁 식사를 하기로 약속했지만 결국 만남은 성사되지 않았다. 매카트니는 영국으로 돌아가 스코틀랜드의 농장으로 향했다. 농장에 도착한 지 얼마 지나지 않아, 런던에서 《롤링스톤》 최신 호가 배달되었다. 식탁에 앉아 잡지를 펼친 그는, 레넌의 인터뷰를 훑으며 자신의 이름을 언급한 부분을 찾기 시작했다. 폴은 존이 자신을 '쓰레기'라고 부른 대목을 발견하고 나서야 나머지 내용을 읽을 수 있었다.[3] 1971년, 그 인터뷰에 대한 질문을 받았을 때 폴은 담담한 태도로 말했다. "그런 노골적인 적대감에 상처받지 않았다.[4] 괜찮다. 존은 원래 그러니까." 하지만 그것은 사실이 아니었다. 그는 1974년에 이렇게 털어놓았다. "정말 싫었다.[5] 앉아서 그 인터뷰를 한 문단, 한 문장씩 꼼꼼히 읽었다… 이런 생각이 들더라. '그래, 이게 나지. 난 정말 그런 인간이야. 존이 나를 정말 잘 본 거지. 난 진짜 형편없는 놈이야, 맞아.'"

린다는 그 인터뷰에 항의하고 남편을 변호하기 위해 존에게 편지를 쓰기로 결심했다. 2001년에 존이 린다와 폴 앞으로 보낸 두 장 분량의 답장이 공개되면서 이 사실이 알려졌다. 그 답장의 일부는 다음과 같다.

내가 요코와 연인 관계가 된 뒤, 너희 둘이랑 다른 '친절하고 이타적인' 친구들이 우리한테 무슨 짓을 해 왔는지 이제 좀 알았으면 좋겠네…[6] 우린 몇 번이고 '쿨하게' 넘어갔고 너희 둘도 용서했어. 그러니까 고결하신 너희도 그 정도는 해 줘야지. 린다, 내 말이 마음에 안 들면 넌 그냥 닥치고 폴더러 직접 편지를 쓰든 말든 하라고 해. '5년 뒤에 돌아보면 후회하게 될 거야'처럼 진 고모 같은 잔소리는 집어치워. 난 지금 후회하고 있다고! 지금 아는 걸 예전에 알았더라면!

레넌은 폴보다 린다에게 훨씬 더 적대적인 태도를 보였다. 그는 린다에게 "네 그 하찮고 비뚤어진 머릿속에 잘 새겨 두시길, 매카트니 부인."이라고 공격했고, 폴에게는 그들의 결혼이 오래가지 못할 것이라는 암시도 남겼다("2년 뒤에 보자. 그때쯤이면 너도 거기서 벗어날 테니까."). 편지 말미에서 그는 "그래도 우리 둘은 너희 둘에게 사랑을 보낸다."라고 적었고, 추신에서는 린다가 편지 수신인에 요코를 함께 넣지 않은 데 대한 분노를 드러냈다.

이듬해 1월, 매카트니는 고등법원에 소장을 제출한 뒤, 〈Ram〉 앨범 작업을 이어 가기 위해 다시 린다와 함께 뉴욕으로 향했다. 그는 런던에서 열린 첫 재판 기일인 2월 19일에 맞춰 첫 솔로 싱글 〈Another Day〉를 발표했다. 겉으로는 발랄해 보이지만, 가벼운 우울감에 시달리는 한 여성의 이야기를 담은 곡이다. 그날 재판에 직접 참석한 비틀스 멤버는 폴뿐이었다. 다른 멤버들은 법정에서 낭독한 진술서를 통해 입장을 전달했다. 존의 진술서는 클라인의 애플 경영을 옹호하고, 그룹 내 불화를 비교적 온화하게 묘사했다(매카트니를 비합리적인 사람으로 보이게 하면서도, 동시에 비틀스가 여전히 그룹으로서 활동할 수 있다는 점을 판사에게 설득해야 했기에, 그의 입장은 신중히 조율할 수밖에 없었다). 그 진술서에는 터무니없이 각색된 주장도 포함되었다.

리버풀에서 활동하던 초창기부터 조지와 나는 함께, 폴은 다른 쪽에 서 있었다.[7] 서로 음악적 취향이 달랐기 때문이다. 폴은 '팝 스타일'을 선호했고, 우리는 지금은 '언더그라운드'라 불리는 음악을 더 좋아했다. 이런 차이는 특히 폴과 조지 사이에 갈등을 일으키기도 했지만, 장담하건대 음악적으로 보자면 이러한 취향의 차이는 해가 된다기보다는 오히려 더 많은 이득을 가져왔고, 비틀스의 성공에 기여했다.

실제로 음악적 견해 차이는 비틀스 해체에 거의 영향을 미치지 않았다. 매카트니는 자신의 진술서에서 최근 발표한 존과 조지의 솔로 앨범들을 근거로, 더 이상 파트너십을 유지할 수 없다고 주장했다. "존이나 조지의 최근 음반만 봐도, 그들이 자신을 비틀스의 일원으로 여기지 않는다는 것을 알 수 있다."[8] 그는 존의 곡 〈God〉의 가사 중 "난 비틀스를 믿지 않아"라는 구절도 인용했다.

진술서 제출이 끝난 뒤, 매카트니 부부는 다시 미국으로 돌아가 뉴욕과 로스앤젤레스에서 〈Ram〉 작업을 이어 갔다. 3월 12일, 사건을 맡은 스탬프 판사는 모든 쟁점에서 매카트니의 손을 들어 주는 판결을 내렸다. 애플에는 법정 관리인을 임명했고, 판결문에는 클라인의 진정성에 대한 통렬한 비판도 담겼다. 다른 비틀스 멤버들은 항소를 제기했지만, 4월 26일에 철회했다. 변호인은 자신의 의뢰인들이 '원고가 합의에 따라 파트너십에서 벗어날 수 있는 방안을 모색하는 것이 공동의 이익에 부합한다.'[9]라는 결론에 이르렀다고 밝혔다. 폴은 이제 자유의 몸이었다.

〈Ram〉은 5월에 발매되었고, 혹평에도 불구하고 영국에서는 1위, 미국에서는 2위를 기록하며 좋은 판매 성과를 거두었다. 존은 이 앨범의 〈Too Many People〉을 듣고 자신을 향한 비난이라는 사실을 곧바로 알아차렸다. 그는 〈Back Seat of My Car〉의 후렴을 비롯해 앨범 전반에 걸쳐 자신을 겨냥한 메시지가 들어갔다고 느꼈다. 닷새 뒤, 그는 자택 티튼허스트 파크의 스튜디오에서 〈How Do You Sleep?〉을 녹음했다.

당시 존은 두 번째 앨범 〈Imagine〉 작업 중이었고, 이 앨범은 1971년 9월에 발매했다. 그는 자신의 첫 번째 앨범이 편하게 들을 수 있는 음악은 아니라는 점을 인정했고, 다음 앨범은 폴처럼 좀 더 대중적인 방향으로 나가고자 했다. 현악기를 적극적으로 활용하고 피아니스트 니키 홉킨스^{Nicky Hopkins}를 영입해 〈How?〉나 〈Jealous Guy〉처럼 명상적이고 내면을 탐색하는 발라드로 이루어진 부드러운 음악 세계를 창조했다. 또한 앨범에 매카트니의 곡만큼이나 감상적인 〈Oh Yoko!〉도 수록했다. 반면 〈Gimme Some Truth〉는 강렬하고 거침없는 정치적 메시지를 담은 곡으로, 거의 랩에 가까운 존의 언어적 리듬 감각이 드러난다(이 곡은 1969년 1월부터 구상했으며, 《비틀스: 겟 백》 다큐멘터리에서 매카트니가 그 작업을 도와주는 장면도 확인할 수 있다. 두 사람이 그 전부터 이 곡을 함께 작업했음이 분명하다). 앨범의 타이틀곡은 존이 티튼허스트 파크의 그랜드 피아노 앞에서 작곡했다. 존의 친구였던 라디오 DJ 하워드 스미스^{Howard Smith}는 그가 자신을 찾아왔던 일을 기억한다. 당시 존은 무척 들떠 있었다. "드디어 〈Yesterday〉만큼 멜로디가 좋은 곡을 하나 쓴 것 같아."¹⁰ 그는 그렇게 말하며 〈Imagine〉을 처음부터 끝까지 들려주고는 스미스에게 의견을 물었다. "아름다운데." 스미스가 대답하자, 존은 다시 물었다. "〈Yesterday〉만큼 좋아?"

〈Imagine〉 앨범의 B면에는 두 곡의 발라드 사이에 폭탄이 자리 잡았다. 바로 〈How Do You Sleep?〉이다. 폴이 〈Ram〉에서 에둘러 던진 조롱에 대해, 레넌은 일부러 도가 지나칠 정도로 격렬하게 반응한다. 그는 거칠고 짜증 섞인 목소리로, 일부러 미국식 억양을 흉내 내며 이 노래를 부른다. 레넌은 매카트니의 '가짜 사망설'을 끌어와, 그가 창작자로서 이미 죽었다고 주장한다. "네가 죽었다는 그 괴소문이 진짜였어(Those freaks was right when they said you was dead)"라고. 이어 "너는 왕처럼 떠받드는 순응자들 틈에서 살고 있잖아(You live with straights who tell you, you was king)", "너희 엄마가 뭐라고 하면 재롱이라도 부려 봐(Jump when your momma tell you anything)"라며 조롱한다. 아니나 다를까, 존은 늘 집착하던 그 주제도 빠뜨리지 않는다. "The only thing you done was yesterday(네가 제대로 한 건 〈Yesterday〉 하나뿐이었지)" 이어지는 가사에서는 매카트니의 새 싱글을 겨냥한다. "Since you're gone you're just another day(네가 떠난 뒤로, 넌 그냥 또 하나의 〈Another Day〉일 뿐이지)" 세 번째이자 마지막 도입부는 '예쁘다'라는 여성적인 단어를 중심으로 매카트니를 비하하는 데 초점을 맞춘다. 레넌은 매카트니가 그저 "예쁜 얼굴(A pretty face)"이 전부이며, 그가 만드는 음악은 "무의미한 배경음(muzak)"에 불과하고, 솔로 경력도 고작 "1~2년(a year or two)"밖에 못 갈 것이라고 조롱한다. 도입부의 마지막 줄에서는 거만하게 깔아뭉개듯 말한다. "You must have learned something in all those years(그렇게 오랫동안 음악을 했으면 배운 게 있어야지)" 끊임없이 신경을 긁는 후렴 "How do you sleep at night?(잠은 잘 오냐?)"는 마지막에 음산한 휫 소리로 마무리한다.

이 곡은 섬뜩하고 충격적이다. 동시에 어처구니없기도 하다. 폴이 쓴 좋은 노래가 〈Yesterday〉 하나뿐이라고? 매카트니가 그저 얼굴만 잘생긴, 미래가 없는 뮤지션이라고? (이 시점에 〈Ram〉은 1위를 눈앞에 뒀다는 사실을 상기할 필요가 있다.) 레넌은 이 곡의 가사를 티튼허스트 파크에서 완성했다. 그 자리에는 요코, 앨런 클라인, 클라우스 부어만, 조지 해리슨, 그리고 잠깐이지만 링고 스타까지 함께 있었다. 요코를 비롯한 이들이 가사 아이디어를 던지며 웃음을 터뜨렸다. 그 자리에 있었던 언더그라운드 저널리스트 펠릭스 데니스^{Felix Dennis}는 이렇게 회고했다. "정말 유치한 가사까지 나왔죠…[11] 폴은 존의 삶에서 어떤 형태로든 권위 있는 존재였음이 분명해요. 권위가 없는 사람을 그렇게까지 조롱하는 일은 없으니까요. 분위기가 악의로만 가득 찬 건 아니었어요. 제가 보기에는 마치 교장 선생님을 놀리는 것 같았죠." 데니스의 말에 따르면 그 자리에서 유일하게 링고만이 "이제 그만해, 존."이라고 말했다고 한다.

레넌의 가장 든든한 미디어 후원자였던 《롤링스톤》조차도 〈How Do You Sleep?〉에 불쾌감을 드러냈다. 이 곡에 대해 "섬뜩하고 변명의 여지가 없는 인격 살해"[12]라고 평했다. 존은 〈Imagine〉의 홍보 인터뷰마다 이 문제에 관한 해명에 많은 시간을 들였다. 한 인터뷰에서는 "진지한 내용은 아니다.[13] 만약 폴이 정말 상처를 받았다면… 내가 그에게 설명하겠다… 정말 진지하게 받아들였다면 말이다."라고 했고, 또 다른 인터뷰에서는 이 노래를 '감정의 폭발'[14]이라고 표현하며 "우리 사이는 예전과 똑같다. 그는 예전에도, 지금도 요코를 제외하면 내 가장 가까운 친구다."라고 말했다. 이 노래에 대한 질문은 수년간 이어졌고, 존의 해명은 그때그때 달랐다. 1972년에는 "폴을 격려해주고 싶었다.[15] 그래서 그에게 자극이 될 만한 말들을 써서 노래로 만든 거다."라고 말했고, 1975년에는 "폴에 관한 노래가 아니다.[16] 나 자신에 대한 노래다."라고 했다.

존은 어째서 오랜 친구를 향해 그렇게까지 잔인한 공격을 퍼부었을까? 그리고 왜 다른 이들은 그를 말리지 않았을까? 그 답을 찾으려면 얀 웨너와의 인터뷰에서 존이 했던 말을 떠올릴 필요가 있다. "우리 둘이 서로 대립하는 상황에서 내가 약하다고 느낄수록, 폴은 강해질 거라고 생각했다." 당시 매카트니는 법정에서 막 승소한 참이었다. 〈Another Day〉는 영국 차트 2위를 기록했고, 그보다 앞서 〈McCartney〉는 미국 차트에서 1위에 올랐다. 첫 앨범이 상업적으로 큰 성과를 내지 못했고, 마약 중독에 시달리는 가운데 요코가 딸을 찾도록 도와야 했고, 유산의 고통을 겪는 그녀를 돌보고 있던 존에게, 폴은 강해 보일 수밖에 없었다. 폴이 비틀스 해체에 깊은 고통을 느꼈다는 사실을 존은 알지 못했을 뿐만 아니라, 애초에 폴이 힘들어 할 것이라고는 상상조차 하지 않았다.

존과 조지에게 폴은 절대로 상처받지 않는 사람처럼 보였을 것이다. 폴은 늘 여자들의 마음을 얻고, 카드 게임에서도 이기고, 선반도 척척 달 줄 알고, 어떤 노래든 부를 수 있고, 어떤 악기든 연주할 수 있고, 항상 새로운 곡을 가져오고, 좀처럼 지치는 법이 없는 사람이었다. 애플 레코드의 미국 지사 관리자였던 켄 맨스필드Ken Mansfield는 1968년 당시 매카트니에 대한 인상을 이렇게 회고했다. "폴은 단연 그룹의 리더였고, 아이디어가 넘치고 추진력도 대단했어요.[17] 마치 고등학교에서 늘 주목받는, 가만있지를 못하는 과잉 활동성을 지닌 아이 같았죠." 맨스필드는 이어서 이렇게 말했다. "솔직히 말해서 그는 나를 지치게 했어요. 함께 시간을 보내거나 일할 때는 즐거웠지만, 그의 속도는 정신이 아찔할 정도였고, 에너지는 바닥을 모를 만큼 넘쳤죠." 10년이 넘는 세월 동안 그런 사람과, 한 번에 며칠이 아니라 거의 매일 함께 일했다고 상상해 보라. 왜 다른 비틀스 멤버들이 때때로 그를 못마땅하게 여겼는지, 그리고 자신들이 무슨 말을 하든, 무슨 행동을 하든 폴은 상처받지 않을 거라고 여겼는지도 이해할 수 있을 것이다.

어쩌면 〈How Do You Sleep?〉은 일종의 퍼포먼스였을지도 모른다. 폴을 완전히 떨쳐 냈다는 것을 요코에게, 그리고 자기 자신에게도 납득시키기 위한 잔혹함의 과시였던 셈이다. 실제로 매카트니는 결국 그 곡을 그런 식으로 받아들였다. 1980년, 매카트니는 (비공식적인 대화라고 생각하며) 헌터 데이비스에게 이렇게 말했다. "존이 처음 요코와 시작할 때 왜 그랬는지 알아요.¹⁸ 예전 감정들을 정리할 필요가 있었던 거죠… 사람들은 연인에게 사랑을 증명하기 위해 과거를 다 고백하곤 하잖아요. 그런데 존의 방식은 나를 헐뜯는 거였죠." 이유가 무엇이든, 친구나 연인을 향해 격렬한 공격을 퍼붓는다고 해서 그 관계가 완전히 끝났다는 뜻은 아니다. 〈How Do You Sleep?〉에 대한 질문을 받았을 때 존이 방어적으로 답한 또 다른 인터뷰에서는, 거의 억울하다는 듯 이렇게 말하기도 했다. "가장 친한 친구랑도 싸울 수 없다면, 도대체 누구랑 싸우겠어?"¹⁹

10월, 요코와 존은 요코의 전시가 열리던 뉴욕 시러큐스에서 친구들을 호텔 방에 초대해 존의 서른한 번째 생일 파티를 열었다. 그 자리에는 링고도 참석했다. 음이 맞지 않는 기타를 들고 존이 주도한 떠들썩한 합창 장면이 녹음으로 남았다. 그 안에는 약간 술에 취해 감상에 젖은 목소리로 부른 〈Yesterday〉도 포함되었다. 존은 가사를 틀리기도 하고("Now it looks as though I've lost my way"), 'she'를 'he'로 바꿔 부르기도 한다. "Why he had to go? I don't know, he wouldn't say…(그가 왜 떠나야 했는지, 난 몰라, 그는 말해 주지 않았지…)"

37

DEAR FRIEND

DEAR FRIEND

1970년과 1971년, 존과 폴은 자신의 약점을 모조리 꿰뚫었으며, 어떤 수단도 가리지 않고 그 약점을 파고드는 적과 싸운다고 느꼈을 것이다. 존의 눈에 비친 폴은 늘 성공을 거두고, 행복한 가정 안에서 아무런 걱정 없이 편안하고 자기만족에 젖어 사는 사람이었다. 반면 폴은, 존이 자신의 작곡 능력을 깎아내리는 걸 즐긴다고 느꼈다. 존은 폴이 자신을 두려워하고 있으리라고는 상상조차 못 했겠지만, 매카트니에게 레넌과 맞서는 일은 분명 고통스러웠을 것이다. 그는 훗날 이렇게 말했다. "난 서로 막말을 주고받는 싸움을 하고 싶지 않았다."[1] 매카트니는 갈등의 수위가 점점 높아지고 있다는 걸 잘 알았다. "처음엔 악의 없는 작은 경쟁이었는데, 어느새 레넌이라는 인물과 목숨을 건 결투를 벌이는 지경이 됐다." 여기서 그가 말한 '레넌이라는 인물'은, 친구였던 존이 서로 거리가 벌어진 상태에서 보여 준 냉정하고 타협 없는 적의 모습이었다. 폴은 그런 레넌과 말싸움을 벌이는 건 끔찍한 일이라는 걸 누구보다 잘 알았다. "싸우고 싶지 않았던 데는 겁이 난다는 이유도 있었다.[2] 존은 재치가 대단했으니까."

〈Dear Friend〉는 적어도 표면적으로는 휴전을 제안하는 노래였다.

이 곡은 〈Imagine〉에 수록한 〈How Do You Sleep?〉를 발표한 지 두 달 뒤인 연말에 공개했지만, 실제로는 그보다 앞선 7월에 이미 녹음한 것이었다. 훗날 폴은 이렇게 회고했다.

〈Dear Friend〉는 존에 관한 노래가 맞다…**3** 존이 나를 공개적으로 헐뜯은 뒤에, 나도 뭔가 반응을 해야 했다. 나 역시 공개적으로 그를 헐뜯거나, 혹은 다른 방식으로 반응하거나 둘 중 하나였다. 그런데 전자는 내 본능이 막았다. 지금 생각해 보면 정말 다행스러운 일이다. 그래서 난 마음을 다잡고 〈Dear Friend〉를 썼다. 말하자면, 이제 총은 내려놓자고, 권투 글러브를 벗자고 한 거다.

편지 형식을 띤 이 노래에서 화자는 친구에게 우리의 우정이 정말 끝난 것인지, 잠시 멈춰서 생각해 보라고 청한다("Is this really the borderline?"). 이 곡은 각각 네 줄로 이루어진 두 개의 도입부를 반복하는 구조로 이루어졌다. 두 번째 도입부에서 화자는 자신의 기쁨을 친구와 나눈다. "난 내 친구와 사랑에 빠졌고(I'm in love with a friend of mine)", "젊은 신혼부부처럼(young and newly wed)"이라고 노래하며, 특히 'newly wed'의 마지막 단어는 고음의 팔세토(가성)로 길게 끈다.★

★ 이 노래에서 폴이 존과 린다를 똑같이 '친구'라고 지칭하는 점은 주목할 만하다. 1968년, 존은 인터뷰어 조너선 코트에게 비틀스 노래에 자주 등장하는 '친구'라는 단어에 대한 질문을 받은 적이 있다. 존은 이렇게 답했다. "맞다, 왜 그런지는 잘 모르겠다. 이를테면 "Buy you a diamond ring, my friend"에서 'baby' 대신 쓴 표현인데, 폴이 쓴 가사다." 이렇게 '친구'와 '연인'을 겹쳐 쓰는 방식은 비틀스, 특히 폴의 가사에서 반복적으로 나타나며, 대중음악에서는 드문 사례였다. 〈I'll Follow the Sun〉, 〈I'll Get You〉, 〈We Can Work It Out〉 같은 곡들에서도 그 예를 찾아볼 수 있다. (《롤링스톤》, 1968년 11월 23일)

다르게 보면, 〈Dear Friend〉는 날카로운 메시지를 담아냈다. 각 도입부 끝마다 등장하는 "당신은 두려운 건가요, 진심인가요?(Are you afraid or is it true?)"라는 질문은, 존의 공격적인 허세 이면에 자리한 불안감을 정조준하는 듯하다. 중간 전개 없이 이 질문을 반복하면서, 마치 종소리처럼 냉담하고도 집요하게 울려 퍼지게 만든다.

〈Dear Friend〉는 매카트니가 새 밴드 윙스Wings와 함께 발표한 첫 앨범 〈Wild Life〉에 수록했다. 앨범의 다른 곡들이 대체로 자연스럽고 즉흥적인 분위기를 지닌 반면, 이 곡만큼은 매카트니가 편곡에 특별히 공을 들였다. 〈Dear Friend〉는 그의 단출한 피아노 반주로 시작하지만, 후반부에는 현악기, 플루트, 금관악기, 그리고 (관악기 가운데에서도 가장 외로운 느낌을 주는) 오보에가 더해진다. 자신의 음역대 중 높은 영역에서 노래하는 매카트니의 목소리는 한층 연약하게 들리며, 곡 전반부에서는 머뭇거리듯 조심스럽게 느껴진다. 몇 마디에 걸쳐 그는 가사 없이 흐느끼는 듯한 소리만 내며 노래한다. 그러다 오케스트라 악기들이 더해지면서 긴장감이 고조되고, 매카트니의 목소리에도 미묘한 변화가 일어난다. 처음 도입부에서는 슬픔과 후회의 감정이 묻어나지만, 후반부에 이르러 같은 구절을 반복해서 부를 때는 어딘가 날이 서 있다. "두려운 건가요?(Are you afraid?)"라는 날카로운 질문에는 조급한 기색에 거의 조롱에 가까운 뉘앙스까지 배어 있고, 마지막 도입부에서는 그 질문이 "어리석은 건가요?(Are you a fool?)"로 바뀐다. 이 가사는 부드러움과 날카로움, 휴전 제안과 최후통첩의 두 가지 방향 모두로 읽을 수 있다. 〈Dear Friend〉에는 여전히 마음 깊이 아끼는 사람과의 이별에서 느끼는 복잡한 감정이 서렸다.

38

JEALOUS GUY

JEALOUS GUY

〈Ram〉은 비틀스 이후의 폴 매카트니가 어떤 사람인지 분명히 보여 주기 위한 일종의 선언 같은 앨범이었다. 그 작업을 마치고 나서, 폴은 다시 한번 그룹의 일원으로서 무대에 서고 싶다는 생각을 했다. 그렇다면 누구와 함께할 수 있을까? 그는 린다에게 함께하자고 제안했다. 하지만 린다는 무대에 서 본 경험이 전무했기 때문에 처음에는 망설였다. 폴은 괜찮을 거라고 그녀를 설득했고, 린다는 백업 보컬과 키보드를 맡았다. 폴은 〈Ram〉에 참여했던 드러머 데니 시웰^{Denny Seiwell}, 그리고 무디 블루스^{Moody Blues}의 전 기타리스트였던 데니 레인^{Denny Laine}을 영입했다. 폴은 남성 보컬이 한 명 더 필요하다고 생각했는데, 레인이 노래도 부를 수 있었다. 겉으로는 구성원 모두가 동등한 밴드를 지향했지만, 현실적으로 불가능한 일이었다. 이들은 스코틀랜드에서 새로운 곡들을 연습한 뒤, 7월 말에 애비로드 스튜디오에서 〈Wild Life〉에 수록된 곡 대부분을 일주일 만에 녹음했다(밴드 이름은 더 나중인 9월에 정해졌다).

〈Ram〉이 공들여 만들고 정교하게 프로듀싱한 앨범이었다면, 〈Wild Life〉는 거의 도발적으로 느껴질 만큼 거칠고 즉흥적인 방식으로 만들어졌다. 매카트니가 이렇게 극단적으로 다른 음악 제작 방식을 오간 이유 중 하나는, 커리어에서 처음으로 확신을 갖기 어려웠으며 자신의 직감을 확신하지 못했기 때문이었다. 〈McCartney〉 앨범이 대충 만든 작품이라는 비판을 받자, 그는 수개월 동안 스튜디오에 틀어박혀 〈Ram〉을 완성했다. 매카트니는 이 앨범에 큰 자부심을 느꼈지만, 평론가들의 반응은 냉담했다. 1970년대는 음악평론가들의 영향력이 어느 때보다도 강력했던 시기였고, 그들이 내린 혹평에는 존 레넌의 영향도 크게 작용했다.

1968년에 존이 과격한 혁명에 직접 나서지 않았던 일은 급진 좌파들 사이에서의 평판에 적잖은 타격을 입혔다. 이후 그와 요코는 급진적 운동에 자금을 대고, 혁명적인 수사를 채택하며, 아방가르드 세계의 선도자처럼 행동함으로써 신뢰를 회복하려 했다. "난 늘 정치적인 성향이 있었고, 기존 체제에 반대해 왔다."[1] 그는 영국의 《레드몰Red Mole》과의 인터뷰에서 이렇게 말했다. "나 같은 환경에서 자란 사람이 경찰을 적으로 여기고 두려워하며, 군대를 경멸하는 건 아주 기본적인 태도다… 그러니까, 그건 그냥 노동자 계급의 본능 같은 거다." 비틀스 이야기로 넘어가면, 존은 멜로디 중심의 음악을 좋아하는 폴의 성향과 진정한 로큰롤에 대한 자신의 열정을 대비시키곤 했다. ("비틀스를 비틀스로 만든 건, 내가 로큰롤을 할 수 있었고, 폴이 예쁜 음악을 할 수 있었던 덕분이었다."[2])

비틀스를 거론할 때면 음악 산업과 폴 매카트니의 거센 반대 속에서도 자신의 예술적 비전을 지키기 위해 싸워야만 했다고 주장했다. 록 전문 매체들은 이 서사에 완전히 매료되었고, 레넌과 매카트니를 문화 전쟁의 양쪽 진영을 대표하는 인물로 내세웠다. 구도가 둘로 갈려 버린 것이다. 존의 편이거나, 폴의 편이거나. 중산층 '순응자(매카트니와 이스트먼 집안)'를 지지하거나, 노동자 계급의 '반항자(존, 요코, 클라인)'를 지지하거나. 이 서사는 워낙 강력해서 비틀스의 이야기를 해석하는 틀로 굳어져 버렸다.

존이 붙인 '홍보를 잘하는 사람'이라는 꼬리표는 계속 폴을 따라다녔다. 하지만 비틀스 연구자 에린 토켈슨 웨버Erin Torkelson Weber의 지적대로, 그 호칭은 본래 레넌에게 더 어울리는 것이었다.[3] 1969년부터 1971년 말까지, 존과 요코는 열 건이 넘는 주요 매체의 인터뷰와 쉰다섯 건 이상의 라디오 인터뷰를 진행했고, 딕 캐벗Dick Cavett의 TV 쇼에도 여러 차례 출연했다. 그 외에도 셀 수 없이 많은 소규모 인터뷰에 응했으며, 인터뷰를 하루에 열 건 가까이 소화한 날도 있었다. 앨런 클라인 역시 언론을 통해 그들의 입장을 적극적으로 알리는 데 힘을 보탰다.

반면 매카트니는 스코틀랜드에서 조용히 지내거나 녹음실에서 작업에 몰두했고, 대부분의 인터뷰 요청을 거절했다. 반박 서사를 펼치기보다는 간간이 법적 입장문이나 짤막한 자기변호를 내놓을 뿐, 침묵을 이어 갔다.

존의 인터뷰는 사람들이 눈을 떼지 못하게 만드는 힘이 있었다. 놀라울 만큼 거리낌 없고, 감정적으로도 생생했다. 그는 불편한 진실마저 솔직하게 드러내는 '진실의 전달자'처럼 보였다. 그의 열정적인 태도는 사실과 어긋난 주장이나 과장, 자기모순까지도 덮어 버렸다. 반면 폴이 드물게 언론과 마주할 때는 그와 정반대였다. 말수가 적고, 무심하며, 이성적인 태도였다. 그래서 밋밋하고 재미없게 느껴졌다. 그는 감정을 거의 드러내지 않았다. 우울감에 대해서도, 레넌의 공개

발언이 자신에게 얼마나 상처였는지도 말하지 않았다. 이런 신중한 태도는 오히려 음악 전문 기자들의 의심을 더 키웠다. 폴이 받은 조롱은, 사실은 어린 시절의 꿈이 끝나버린 데 대한 사람들의 분노가 그를 향한 것이었다. 록 평론가들은 스스로를 냉철한 급진주의자처럼 포장했지만, 그들 역시 대부분 1960년대에 비틀스를 사랑한 젊은이들이었고 ― 대부분 남성이었으며 ― 비틀스 해체에 깊은 상처를 입은 사람들이었다.

〈How Do You Sleep?〉은 그들에게도 충격적이었지만, 그들은 레넌의 서사를 통해 이 곡을 이해하려 했다. 《롤링스톤》은 이 곡의 독설에 "전통적인 보헤미안의 부르주아에 대한 경멸"[4]이 담겨 있다고 평했다. 결국 이 노래는, 존이 폴을 경멸했다는 결정적인 증거로 받아들여졌다.

〈Wild Life〉 앨범 홍보 인터뷰에서 매카트니는 〈How Do You Sleep?〉에 관한 질문에 담담하게 답했다. "유치하다고 생각해요.[5] 내가 순응자들이랑 사는 게 뭐가 어때서요? 난 평범한 사람들이 좋아요. 우리 애들도 평범하고요." 이 인터뷰는 애비로드 스튜디오의 2번 컨트롤 룸에서 진행했다. 폴은 아래쪽 스튜디오를 가리키며 말했다. "내가 저 아래서 연주하면, 존이 여기 위에서 지켜보곤 했죠. 내가 들려준 음악을 정말 좋아했어요. 내가 한 거라곤 〈Yesterday〉밖에 없었다고 말하면 안 되죠. 그게 사실이 아니란 걸 그도 알고, 나도 알아요." 이어서 그는 약하게나마 칭찬을 보냈다. "존은 요즘 아주 정직하고 솔직한 이미지죠. 괜찮은 사람이에요. 〈Imagine〉 앨범은 마음에 들어요. 하지만 다른 앨범들은 별로였어요… 〈Imagine〉은 존의 진짜 모습이 담긴 앨범인데, 다른 앨범들엔 정치적인 내용이 너무 많았어요." 비틀스의 법적 분쟁 이야기가 나오자, 매카트니는 방어적이고 짜증 섞인 어조로 말했다. "다들 내가 비틀스를 공격했다고 생각하지만, 난 아니에요. 알잖아요."

매카트니는 소송에서 승소했음에도, 여전히 비틀스의 사업을 정리하기 위해 해야 할 일이 많았다. 각 당사자와 그들의 대리인들 사이의 대립도 여전했다. "그냥 우리 넷이 어딘가에서 만나서 모든 게 끝났다는 내용과 돈을 4등분 하겠다는 내용이 적힌 종이에 서명하면 좋겠어요." 매카트니는 이렇게 말했다. "그 자리에 다른 사람은 있으면 안 돼요. 린다도, 요코도, 앨런 클라인도요. 우리 넷만 모여서 그 종이에 서명하고, 그다음은 사업하는 사람들한테 맡기는 거죠. 나머지는 그들이 알아서 정리하면 돼요. 지금 내가 바라는 건 그것뿐이에요. 그런데 존이 하려고 들지 않아요."

레넌은 매카트니의 인터뷰를 읽고 난 뒤, 타자기로 세 쪽짜리 편지를 써서 《멜로디 메이커》에 보냈다. 매카트니에 대한 비판으로 가득한 내용이었다. "(네 말대로) 네가 공격한 게 아니라면, 대체 누가 우리를 상대로 소송을 걸고 공개적으로 우리한테 똥물을 끼얹었지?[6] 예전에도 말했지만, 혹시 네가 틀렸을 수도 있다는 생각을 해 본 적 있어?" 레넌은 매카트니의 발언을 하나하나 짚어가며 반박했다. "〈Imagine〉이 정치적이지 않다고? 그건 〈Working Class Hero〉에 설탕을 뿌려 놓은 거야, 너 같은 보수주의자들이 듣기 좋으라고!" 그러나 편지 말미에 이르러 갑작스럽게 바뀐 어조로 이렇게 덧붙인다 "나도 너한테 악감정은 없어. 기본적으로 우리 둘 다 원하는 것이 같다는 사실을 알아. 전화로도 말했고, 이 편지에서도 말하지만, 만나고 싶으면 그냥 전화만 하면 돼." ("그냥 전화만 하면 돼."라는 말은 비틀스의 〈Any Time at All〉 가사를 떠올리게 한다). 하지만 추신에서는 다시 십 대처럼 독설을 퍼붓는다. "왜 린다랑 요코는 빼고 만나자는 건지 진짜 이해가 안 돼. 네가 동성애자인 건 알지만, 선을 넘지는 말자!" 성 정체성에 관한 존의 이 불편한 농담은, 야노프와의 치료 과정에서 드러난 폴에 대한 애정이 마주하게 만든 불안감을 반영했을 수도 있다.★

불과 1년여 전만 해도 새 앨범을 발표했던, 전 세계에서 가장 사랑받는 그룹은―오늘날로 치면 SNS상에서 벌어지는 싸움처럼―보기 민망할 정도의 공개 설전을 벌이는 상황으로 전락하고 말았다.

존과 폴은 아마도 이 다툼이 점점 처참한 볼거리로 변해 간다는 사실을 깨달았기 때문인지, 조용히 관계를 회복하기 시작했다. 먼저 손을 내민 쪽은 존이었다. 그는 당시에 자신이 폴보다 강하다고 느꼈다. 실제로 그의 앨범은 호평을 받았고, 〈Imagine〉도 큰 인기를 끌었다. 그는 요코와 함께 그리니치 빌리지의 아파트에 살고 있었다. 8월 중순에 뉴욕을 방문했을 때는 거의 충동적으로 그곳에 정착하기로 결정했다(이후로도 영국에 돌아가지 않았다).

《멜로디 메이커》에서의 설전이 벌어지기 전, 존은 친분이 있는 기자 레이 코놀리에게 화해의 메신저 역할을 부탁했다. 코놀리는 폴이

★   몇 년 뒤, 레넌은 《인터뷰》지를 위해 '셀프 인터뷰'를 작성했다. 여러 주제를 무작위로 골라 스스로에게 질문을 던졌는데, 그중 하나는 다음과 같았다. "남자와 자 본 적 있습니까?" 그의 대답은 "아직은 없는데…"였다. 이어서 그는 자신에게 또 다른 질문을 던졌다. "당신과 폴에 대한 소문이 있었는데…." 이에 대한 대답은 "아, 그 소문은 브라이언 엡스타인이랑 나에 대한 건 줄 알았는데…."였다. (《인터뷰》, 1974년 11월호, pp. 11~12)

I'm

just

a

jealous
guy

신뢰하는 기자이기도 했다. 존은 편지 한 통을 써서 코놀리에게 건넸고, 런던의 폴에게 전해 달라고 부탁했다. 코놀리는 "변호사들을 통하지 않고 폴에게 직접 전하고 싶은 말이 있었던 거죠."[7]라고 말했다. 그는 편지를 매카트니의 우편함에 넣은 뒤, 나중에 폴의 아버지 짐 매카트니에게 전화를 걸어 편지가 잘 전달됐는지 확인했다.

12월, 폴은 존에게 전화를 걸어 화기애애한 분위기에서 대화를 나눴다. 며칠 뒤, 존은 폴에게 엽서 한 장을 보냈다. 거기에는 이렇게 적혀 있었다. "행복한 크리스마스![8] (전쟁은 네가 원하면 끝나는 거야)" 존은 엽서와 함께 녹음 테이프도 동봉했다. 그는 이것이 1962년, 비틀스가 떨어졌던 데카 레코드 오디션의 부틀렉 음원이라 생각하고 보냈지만, 실제로는 비틀스의 초기 BBC 방송 공연을 모은 녹음이었다. 엽서에는 또 이렇게 적혀 있었다. "폴, 린다, 그리고 다른 사람들에게. 이게 바로 그 데카 오디션이야! 이렇게 대단한 밴드를 퇴짜 놓다니, 참 용감하네! 사랑을 담아, 존＋요코."

1971년 12월, 매카트니 부부는 레넌과 오노를 만나 공개적인 갈등을 잠시 멈추기로 비공식 합의를 했다. 이후 존과 폴은 언론과 노래를 통해 서로를 비난하는 일을 중단했고, 조심스럽긴 했지만, 개인적인 관계도 조금씩 회복하기 시작했다. 이 만남에서 존은 자신의 새 앨범에 수록된 〈Jealous Guy〉에 대해 폴에게 이야기했던 것으로 보인다. 존이 세상을 떠나고 몇 년 뒤에 매카트니는 한 인터뷰에서 비틀스 해체 이후를 이렇게 회상했다.

참 이상한 시기였다.[9] 우리를 관리하던 사람들이 우리 귀에 대고 이간질했고, 우리는 서로에게 등을 돌렸다. 마치 싸우는 가족 같았다. 결국 존은 힘든 시기를 겪었던 것 같다. 그는 늘 이렇게 말했기 때문이다. "세상 사람들은 다 매카트니 편이야." 존은 〈Jealous Guy〉가 나에 관한 노래라고 말했다.

〈Jealous Guy〉는 록 음악에서 보기 드물게 사과를 담은 곡이다. 그것도 과장하거나 극적인 방식이 아니라, 진심에서 우러나온 듯한 사과다. 〈If I Fell〉처럼 이 노래 역시 남성의 연약함을 표현하지만, 동시에 자신의 결점을 과장하지 않고 인정할 줄 아는 겸손함에 대한 노래이기도 하다. "I'm just a jealous guy(난 그냥 질투 많은 남자일 뿐이야)" 진실은 그만큼 단순하고, 또 그만큼 허망하다. 존은 이 곡에 대해 이렇게 말했다.

가사가 모든 걸 설명한다.[10] 나는 정말 질투 많고 소유욕 강한 사람이었다. 모든 것에 대해 그랬다. 아주 불안정한 남자였다. 여자를 작은 상자에 가두고, 자기가 원할 때만 꺼내서 같이 노는 그런 남자 말이다. 그녀가 나 외의 세상과는 아무런 소통도 하지 못하게 만들고. 그게 나를 불안하게 만드니까 그렇다.

1971년, 존은 자신의 질투심에 대해 이렇게 말했다. "나는 요코를 사랑한다.[11] 그녀를 완전히 소유하고 싶다… 그게 위험한 거다. 죽을 때까지 소유하고 싶으니까. 하지만…… 그건 내 개인적인 문제다." 두 사람이 연인이 되고 난 초기에, 그는 요코에게 과거 남자친구들에 대해 모조리 말해 달라고 요구했다. 신시아는 존이 자신과 사귀던 시절에도 지배적이고 질투심이 많은 사람이었다고 말했다. 1970년대 후반에 그와 교제했던 메이 팡^{May Pang} 역시 회고록에서, 때때로 드러났던 존의 질투심이 매우 격렬하고 두려울 정도였다고 묘사했다. 질투심이 존의 문제였던 것은 분명하지만, 동시에 그것은 그에게 영감을 주기도 했다. 질투는 그가 살아 있음을 느끼게 해 주는 감정이었다. 초기에 쓴 〈No Reply〉나 〈I'll Get You〉 같은 곡들에는 바로 그 질투 덕분에 생동감 넘치는 에너지가 깃들었다.

문학평론가 파룰 세갈은 질투가 창조의 원천이 될 수 있다고 말한다. 때로는 우리 안에서 '광적으로 창의적인' 상상력을 불러일으킨다는 것이다. "질투를 느낄 때, 우리는 다른 사람들의 삶에 대한 이야기를 만들어 내고, 그 이야기가 우리를 끔찍한 감정으로 몰아넣는다."¹² 세갈은 질투의 본질은 무엇보다도 "진실, 그것도 고통스러운 진실을 찾아가는 과정"이라고 말한다.

존의 질투심이 가장 자주, 그리고 가장 오랫동안 향했던 대상은 아마도 폴 매카트니였을 것이다. 그는 폴의 카리스마, 여성들과의 관계, 음악적 재능에 불안감을 느꼈다. 단순히 폴의 성공을 부러워한 것이 아니라, 그를 소유하고 싶어 하기도 했다.

비틀스 시절, 존은 폴이 다른 사람들과 곡 작업을 하면 불쾌해했고, 폴의 연인들에 대해서도 경계심을 드러냈다. (더 심한 일도 있었다. 1962년 함부르크에서 어느 날 밤, 존은 폴이 한 여자와 침대에 있는 장면을 목격하고는 그 여자의 옷을 잘라 버리기도 했다.) 그로부터 9년이 지난 지금, 존은 〈The Beatles from Apple〉이라는 홍보 책자를 우연히 봤고, 거기에 온갖 신랄한 낙서를 해댔다(이 책자는 그가 세상을 떠난 뒤 발견되었다).**13** 폴과 린다의 결혼을 다룬 항목에서 '결혼'이라는 단어에 줄을 긋고, 그 위에 '장례식'이라 적었고, 1962년에 찍힌 폴의 사진 옆에는 말풍선을 그려 "난 언제나 완벽해."라고 썼다. 그러나 이런 독설에는 애틋함과 아쉬움도 배어났다. 두 사람이 함께 찍힌 사진 아래에는 이렇게 적혀 있었다. "시간이 산산이 부서졌다."

1961년에는 폴이 비틀스가 아닌 자신의 가족을 선택할까 봐 두려워했던 존은, 1971년에는 이미 그 싸움에서 자신이 졌다는 사실을 알아차렸다. 그 깨달음은 그가 분노하도록 만들었고, 동시에 슬픔에 빠뜨렸다.

〈How Do You Sleep?〉에서는 분노가, 〈Jealous Guy〉에서는 슬픔이 느껴진다. 특히 〈Jealous Guy〉의 편곡 버전에는 존과 폴의 오랜 역사를 떠올리게 만드는 요소가 하나 담겼다. 바로 휘파람이다. 이 노래에서 휘파람은 원래라면 피아노나 기타가 담당했을지도 모를 연주 구간을 아름답고 내밀하고 아련한 느낌으로 채운다. 존이 노래 속에서 휘파람을 부는 일은 드물었다.

그가 휘파람을 넣은 대표적인 곡이 〈Two of Us〉다. 1964년 한 인터뷰에서 폴은 자신과 존의 작곡 방식을 이렇게 설명했다. "우리의 작업 방식은, 말하자면 그냥 휘파람을 부는 거다.**14** 존이 나한테 휘파람을 불면, 내가 다시 존한테 휘파람을 분다."

39

LET ME ROLL IT

LET ME ROLL IT

1973년, 존과 요코는 보헤미안 분위기의 웨스트빌리지 아파트를 떠나 좀 더 웅장한 곳으로 거처를 옮기기로 했다. 그들은 센트럴파크가 내려다 보이는 어퍼웨스트사이드의 다코타 아파트에 집을 마련했다. 넓은 거실과 주방, 여러 개의 침실과 욕실을 갖춘 이 아파트는 두 사람의 사업 활동을 위한 본부 역할도 겸했다. 그들의 비서였던 메이 팡은 이곳에서 전임으로 근무했다. 이사하던 날, 오노 요코는 메이 팡에게 집 내부를 안내해 주었다. "정말 아름다운 아파트네요."[1] 팡이 말했다. "여기서 행복하게 지내실 거예요." 요코는 곧바로 대답하지 않고, 창밖의 공원을 한참 바라보다가 조용히 입을 열었다. "우리가 여기서 사는 시간은 결국 끝날 거야." 그리고는 담배에 불을 붙인 뒤, 메이 팡에게 어떤 이야기를 들려주기 시작했다.

그 전해 11월, 요코와 존은 반전 운동의 대표 인사인 제리 루빈Jerry Rubin의 프린스 스트리트 아파트에서 열린 파티에 참석했다. 앨런 긴즈버그Allen Ginsberg를 비롯한 여러 좌파 지식인들도 함께한 자리였다. 당시 존과 요코의 상황은 좋지 않았다. 1972년에 발표한 두 사람의 합작 앨범 〈Some Time in New York City〉는 평단의 혹평을 받았고,

차트 성적도 저조했다. 상처를 받은 레넌은 창작의 방향을 잃었고, 피해망상에 시달렸다(그는 닉슨 행정부가 자신을 추방하기 위해 전화를 도청한다고 의심했는데, 나중에 그의 의심은 사실로 드러났다). 그는 또 금전 문제로도 스트레스를 받았다. 비틀스 해체 이후 이어진 기나긴 법적 분쟁으로 인해, 존을 비롯한 멤버 모두 자금을 자유롭게 쓸 수 없는 상황이었다. 한편 요코는 그 어느 때보다 창작에 몰두하며, 더블 앨범 분량의 신곡을 녹음할 정도였다("조지 해리슨이 트리플 앨범을 낼 수 있다면, 나도 낼 수 있지 않을까 생각했어요.[2] 그렇지만 결국 22곡에서 멈추기로 했죠."라고 요코는 말했다).

두 사람은 더 이상 예전만큼 가까운 사이가 아니었다. 레넌은 친구에게 '존 앤드 요코'의 나날은 끝났다고 털어놓았다. 훗날 요코는 전기작가 필립 노먼에게, 이 시기의 자신과 존은 성적인 관계를 갖지 않았다고 밝혔다. "그와 육체적인 관계를 맺고 싶다는 생각이 별로 들지 않기 시작했어요."[3] 존은 폭음에 빠졌다. 루빈의 파티에서 그는 이성을 잃고 손님들에게 욕설을 퍼부었다. 요코는 그를 진정시키지 못했지만, 루빈의 여자 룸메이트가 그를 달래는 데 성공했다. 그녀와 이야기를 나눈 뒤 존은 그녀를 침실로 데려갔고, 그곳에서 두 사람은 큰 소리를 내며 성관계를 맺었다. 손님들은 아무 소리도 들리지 않는 척해야 했다. 훗날 오노는 그저 존이 안쓰러울 뿐이었다고 말했지만, 그녀가 굴욕감을 느끼지 않았다고 보기는 어렵다.

메이 팡의 말에 따르면, 요코는 이 사건에 대해 메이에게 이야기했는데, 그것은 몇 달 뒤에 꺼낼 제안을 위한 사전 포석이었다. 그 제안이란 바로 레넌과 불륜 관계가 되어 달라는 것이었다. 요코는 존과 잠시 떨어져 지내고 싶었지만, 존이 돌봐 줄 사람이 없으면 금세 통제불능 상태에 빠지는 성격이라는 걸 알고 있었다. 팡은 1970년에 앨런 클라인의 회사 ABKCO ABKCO Music & Records, Inc.에서 일하던 중 요코와 레넌을 만나서 그때부터 두 사람을 위해 일했다. 성실하고 체계적인 성격의 그녀는 20대 초반의 록 음악 팬으로, 특히 비틀스와 존, 요코 가까이에서 근무하는 것에 무척 기뻐했다. 그녀는 상사들에게 깊이 매료되었다. 존은 다정하고 수다스러우며 유쾌했고, 요코는 카리스마 넘치고 별나면서도 의지가 강한 사람이었다. 팡은 요코가 주변 사람들에게 얼마나 강력한 영향력을 행사하는지 두 눈으로 직접 확인했다. 요코는 무슨 일이든 해내겠다고 마음먹으면, 아무리 터무니없거나 실현 가능성이 낮아 보여도 끝내 주변의 반대를 꺾고 밀어붙였다. 존과 요코는 다코타 아파트의 침실에서 대부분의 일을 처리했고, 팡은 그런 두 사람의 관계에 깊이 빠져들었다.

> 나는 두 사람이 서로를 사랑했다고 믿어요.[4] 하지만 그 사랑은 내가 알고 있거나 읽어 본 그 어떤 사랑의 개념과도 달랐어요. 침대에서 함께 보내는 시간이 엄청나게 많았지만, 서로 키스를 하거나 스킨십을 하는 일은 거의 없었죠…. 그들은 마치 밤에 나타나는 악령을 막으려고 서로에게 바짝 달라붙는 아이들 같았어요.

8월 어느 날 아침, 요코는 팡의 사무실로 들어와 조심스럽지만 단호한 말투로 불륜 제안에 대해 설명했다. 존은 이미 동의한 일이라고 그녀는 말했다. 팡은 최근 새 앨범 녹음을 시작한 존과 스튜디오에 동행했는데, 요코는 팡더러 그날 저녁 녹음 세션이 끝난 뒤 존을 집에 데려다주라고 했다. 팡은 충격을 받아 거의 아무 말도 하지 못했다.

대화가 끝난 뒤, 그녀는 메스꺼움을 느꼈다. 일을 그만둘지 고민했지만, 항상 극단적인 오노가 자신을 음악계에서 매장시킬지도 모른다는 두려움이 앞섰다.[5] 그날 오후, 엘리베이터에서 존이 키스하려 하자 팡은 피했다. 그가 그날 밤에 함께 집에 가자고 제안했을 때도 그녀는 거절했다. 하지만 며칠에 걸쳐 존이 거듭 요구하자, 결국 팡은 받아들였다. 머지않아 존은 다코타 아파트를 떠나 팡의 아파트로 들어갔고, 두 사람은 본격적인 관계를 맺기 시작했다. 불륜은 18개월간 이어졌지만, 언제나 존과 요코의 복잡한 관계의 그림자 아래에 놓였다.

레넌이 작업 중이던 앨범의 제목은 〈Mind Games〉였고, 당시 상황을 생각하면 꽤 절묘한 제목이었다. 요코는 레넌이 자신의 앞길에서 비켜 주기를 원했지만(당시 그녀는 레넌의 밴드에서 활동하던 젊은 기타리스트와 관계를 맺었다), 동시에 그가 자신의 영향권 밖으로 완전히 벗어나는 것은 원치 않았다. 요코는 자주 레넌에게 전화를 걸었고, 종종 팡과도 통화하며 존의 기분을 어떻게 다뤄야 할지 조언했다. 1973년 9월, 존과 메이는 요코와 어느 정도 거리를 두기 위한 목적을 포함해 로스앤젤레스로 이사했고, 존은 옛 로큰롤 명곡들의 커버곡으로 채워질 새 앨범의 작업을 시작했다. 하지만 요코는 하루에 열다섯 번 넘게 전화를 걸었고, 존은 팡이 답답하게 느낄 정도로 요코의 원격 감시를 반기는 것처럼 굴었다. 요코가 둘 사이를 은근슬쩍 이간질한 탓에 존은 술에 취하면 팡에게 분노를 터뜨리곤 했다.

존이 요코를 두려워했다고 볼 수도 있다. 분명한 것은, 팡이 알게 되었듯 존이 요코의 비위를 거스르거나 그녀를 화나게 할까 봐 몹시 걱정했다는 점이다. 하지만 어쩌면 존이 그녀를 두려워했다기보다는, 그녀에게 사로잡혔다고 말하는 편이 더 정확할 것이다. 육체적으로

든 감정적으로든 두 사람 사이가 아무리 멀어졌어도 존은 1970년대 내내 그녀의 정신세계에 깊이 매혹되었고, 그 매혹은 그를 붙잡아 두는 족쇄와 같았다. 요코가 다른 사람들에 대해 무슨 말을 하면 존은 귀 기울여 들었고, 그녀가 예언을 하면 그대로 믿었으며, 결정을 내리면 순순히 따랐다. 팡의 회고록은 1970년대 초반, 그리고 이후 어느 정도까지 이어진 매카트니에 대한 존의 적대감과 불신을 드러낸다. 침대에서든, 전화 통화 중이든, 속삭이며 주고받는 대화 속에서든 존과 요코는 마치 둘만의 고치 속에 들어앉아, 그 밖의 사람들에 대한 서로의 의심과 불안을 점점 더 부풀렸다. 일종의 편집증적 공동 망상이었다.

메이는 여러모로 존에게 좋은 사람이었다. 그녀는 차분하고 다정했으며, 술이나 약물도 하지 않았다. 존과 메이가 함께한 기간 동안, 레넌의 행동에는 세 가지 중요한 변화가 나타났다. 첫째, 그는 사람들과의 관계에서 한결 여유로워졌다. 요코는 존 주변에 누가 있어야 하고 누가 없어야 하는지에 대해 분명한 기준을 가졌지만, 메이는 훨씬 느긋한 태도로 그가 옛 친구들, 이를테면 폴, 링고, 믹 재거와 시간을 보내도록 격려했고, 엘튼 존Elton John이나 데이비드 보위David Bowie 같은 새로운 친구들과도 어울리게 했다. 요코는 존이 줄리언이나 신시아를 만나는 것을 달가워하지 않았고, 존은 죄책감과 불안 속에서 그녀의 뜻을 따를 뿐이었다. 하지만 메이는 그를 설득해, 2년 넘게 만나지 않았던 줄리언과 다시 시간을 보내게 했고, 전처와도 우호적인 관계를 회복하도록 이끌었다. 둘째, 존은 다시 창작의 활력을 되찾았다. 그는 〈Mind Games〉를 완성했고, 로큰롤 명곡들로 이루어진 앨범 작업에도 착수했다. (메이 역시 존처럼 로큰롤을 사랑했지만, 요코는 존이 집에서 로큰롤을 틀면 꺼 달라고 하곤 했다.) 가수 해리 닐슨$^{\text{Harry Nilsson}}$의 새 앨범도 프로듀싱하고 자신의 〈Walls and Bridges〉 앨범도 만들었다. 이 앨범은 상업적으로 성공을 거두었으며, 엘튼 존이 참여한 곡 〈Whatever Gets You thru the Night〉는 그의 첫 솔로 넘버원 히트곡이 되었다. 그는 데이비드 보위와 협업하는 한편, 링고의 솔로 앨범 작업에도 힘을 보탰다.

세 번째 변화는 덜 긍정적인 것이었다. 레넌은 대부분의 시간 동안 술을 멀리하고 성실하게 작업에 몰두하며 보냈지만, 때때로 폭음에 빠지곤 했다. LA에서 함께 어울리던 친구들과 음악계 동료들이 그런 분위기를 부추겼기 때문이다. 그들 중에는 필 스펙터, 해리 닐슨, 그리고 후$^{\text{The Who}}$의 드러머 키스 문$^{\text{Keith Moon}}$도 있었다. 이들은 모두 술과 약물에 대해 탐욕스럽다고 할 만큼 집착이 강한 사람들이었다. 〈Rock 'n' Roll〉 앨범 세션의 수석 엔지니어는 당시를 이렇게 회상했다. "각성제, 코카인 등 없는 게 없었어요.[6] 다들 도를 넘을 만큼 막 나갔죠." 웨스트할리우드의 트루바두어 클럽에서 팽, 닐슨과 함께한 며칠 밤 동안, 레넌은 무대에 야유를 퍼붓고 직원들에게 욕설을 하는 등 눈 뜨고 보기 힘들 정도로 심한 행패를 부렸다. 어느 날 밤에는 결국 매니저가 그를 강제로 건물 밖으로 끌어냈다. 레넌은 경비원들에게 거칠게 주먹을 휘두르며 저항했지만, 결국 거리로 쫓겨났고, 그 모습은 사진기자들의 카메라에 고스란히 담겼다. 이런 공개적인 추태도 수치스럽긴 했지만, 최악은 아니었다. 팽은 존이 만취해 이성을 잃었을 때 어떤 모습이었는지를 끔찍할 만큼 생생하게 묘사했다. 그는 울고, 화를 내고, 언어적으로나 신체적으로나 폭력적이었으며, 팽은 물론 주변 사람 누구에게든 위협적인 존재였다. 하지만 다음 날이 되면 전날 있

었던 일을 전혀 기억하지 못했다. 팡에게는 끔찍한 경험이었지만, 그
무렵 그녀는 이미 존에게 깊이 빠졌다. 그리고 존은 술에 취해 있지
않을 때는 다정하고 사랑스러운 사람이었다.

　1972년 2월, 매카트니는 1969년에 비틀스 멤버들에게 제안했던
일을 직접 실행에 옮겼다. 그는 슈퍼스타의 외피를 벗어던지고 다시
무대에 올랐다. 어느 날 아침, 윙스 멤버들은 폴의 아이들, 그리고 애
완견 마사와 함께 런던에 있는 그의 집 앞으로 모였다. 그들은 밴에
올라타 전국을 돌며 공연할 장소를 찾아 나섰다. 대학 도시로 차를 몰
고 가서 값싼 숙소에 짐을 푼 뒤, 대학의 행사 담당자를 찾아가 그날
저녁 공연을 하자고 제안했다. 요구한 출연료는 형식적인 수준에 불
과했다. 어리둥절한 학생들은 비틀스 멤버가 이끄는 새로운 밴드가
옛 로큰롤 명곡들과 비틀스 해체 이후의 곡들을 즉흥적이면서도 에
너지 넘치게 연주하는 모습을 지켜봤다(비틀스 곡은 단 한 곡도 연주하지
않았다). 언론이 그의 행보를 금세 눈치챘지만, 폴은 아직 대중의 스포
트라이트를 받을 준비가 되지 않았다고 느꼈다. "난 처음부터 다시 시
작해 한 걸음씩 올라가는 중이다."7 그는 대중이 알고 있는 이미지 뒤
에 있는, 진짜 뮤지션으로서의 자신을 다시 찾아보려 했다. "1년 전만
해도 아침에 눈을 뜨면 '나는 폴 매카트니야. 나는 신화야.'라는 생각
이 들었고, 그럴 때마다 숨이 턱 막히고 두려웠다."

　폴의 그런 행보는 존에게 자극받은 결과이기도 했다. 1971년 11월,
존은 폴에게 보낸 독설 가득한 편지에서 예전에 폴이 비틀스 멤버들

에게 작은 공연장에서 연주하자고 제안했던 일을 들먹이며, 자신이 섰던 비교적 작은 규모의 무대들을 경쟁적으로 나열했다.

"난 네가 3년 동안 말만 했던 걸 실제로 했어…⁸ 그러니까 어디 해봐! 해! 해 보라고!" 폴은 그 편지를 읽고 반드시 자신도 해내겠다고 마음먹었을 것이다. 아니, 존이라면 감히 시도하지도 못할 만큼 더 파격적인 일을 해 보겠다고 결심했을지도 모른다. 그렇게 해서 이 세계적인 록 스타는 잉글랜드 전역을 정처 없이 떠돌며 민박집에 머물고, 아마추어 키보드 연주자가 있는 밴드와 함께 수백 명 앞에서 1인당 50펜스를 받고 공연을 했다. 완전히 말도 안 되는 일이었지만, 사실이 시기에 매카트니가 한 일들 대부분이 그런 식으로 말도 안 되는 일이었다. 예술가라기보다 사업가라는 평판을 얻은 그로서는 꽤 이례적인 행보였다. 그는 재즈 밴드에 〈Ram〉의 기악 앨범을 의뢰했고, 나중에는 이를 '퍼시 스릴링턴Percy Thrillington'이라는 가명으로 발표했다. 또 새 밴드의 첫 두 싱글을 각각 투쟁가와 동요로 내기로 결정했다. 바로 〈Give Ireland Back to the Irish〉와 〈Mary Had a Little Lamb〉이었다. 물론 매카트니는 당시에 마리화나를 많이 피웠지만, 사실 언제나 본질적으로 괴짜 예술가였다. 다만 존 레넌이 벌이는 더 화려하고 극단적인 기행에 가려져 그 면모가 잘 드러나지 않았을 뿐이다. 이시기 윙스의 멤버였던 헨리 맥컬러Henry McCullough는 매카트니가 세간에 알려진 소탈한 이미지와 달리 실제로는 상당히 엉뚱한 사람이었다고 회상했다. "그에겐 자기만의 세계가 있었고 주변 모두를 그 안으로 끌어들였죠."⁹

한편 레넌은 점점 더 자유롭게 사람들을 만나고 다니기 시작하면서 폴에게도 이전보다 한결 열린 태도를 보였다. 사실 두 사람의 관계는 이미 서서히 풀리는 중이었다. 1972년 초, 존은 폴과 린다에게 친근한 메모를 보내, 뉴욕에서 윙스와 플라스틱 오노 밴드가 함께 아일랜드 민권을 위한 자선 공연을 하자고 제안했다.★ 그 계획은 결국 성사되지 않았지만, 그해 두 사람은 수시로 전화 통화를 주고받았다. 특별한 용건이 있다기보다는, 서로의 근황을 묻거나 요즘 무슨 음악을 듣고 있는지 이야기하는 정도였다(매카트니의 말에 따르면 서로에게 전화로 노래를 들려주기도 했다). 1972년 한 해 동안 존의 백업 밴드 엘리펀츠 메모리 Elephant's Memory에서 활동했던 게리 반 시옥 Gary van Syoc은 존이 예전 파트너와 그렇게 친근한 관계를 유지하고 있다는 사실에 놀랐던 기억을 떠올렸다.

언론에서는 레넌과 매카트니 사이의 심각한 불화를 계속 보도했죠…[10] 그런데 우리가 〈Some Time in New York City〉를 녹음할 때, 폴이 존에게 두세 번 전화를 걸었어요. 그가 전화하면 모든 작업이 멈춰 버렸죠. 두 사람은 깔깔대며 웃고 떠들었고, 한번 통화하면 한 시간이 넘었어요… 누가 봐도 절친한 친구 사이였죠.

8월, 존은 폴에게 자선 공연 무대에 함께 오르자고 제안했다. 그러나 폴은 앨런 클라인이 관여되었다는 이유로 거절했다. 결국 존은 엘리펀츠 메모리와 함께 무대에 올랐다. 그는 그 공연에 대해 이렇게 말

★ 두 사람 모두 관심을 기울이던 문제였다. 폴의 〈Give Ireland Back to the Irish〉는 화해 분위기 속에서 이루어진 뉴욕에서의 만남 직후에 쓴 곡으로, 부분적으로는 존의 저항곡 〈The Luck of the Irish〉에서 영감을 받은 것으로 보인다. 폴의 곡에 직접적인 계기를 준 것은 1972년 1월 30일 발생한 '피의 일요일' 사건이었다.

했다. "이상했다. 왼쪽을 보고, 오른쪽을 봐도 낯선 얼굴뿐이었다…[11] 아, 비틀스 멤버들이 아니구나." 한편 매카트니는 〈Best Friend〉라는 곡을 라이브로 녹음했다. 다음 앨범에 수록할 예정으로 썼지만, 결국 제외했다. 장난기 어린 로큰롤 부기 멜로디 위에서 그는 자신의 가장 친한 친구에게 이렇게 묻는다. "Why do you treat me so bad?(대체 왜 나한테 그렇게 모질게 굴어?)"

1973년 3월에 이르러, 네 명의 비틀스 모두 사이가 한결 원만해졌다. 존, 조지, 링고는 로스앤젤레스에 머무는 동안 링고의 새 앨범 수록곡 작업에 기꺼이 함께했다. "폴도 가까이에 있었으면 같이 작업했을 텐데, 멀리 있었다."[12] 존은 한 기자에게 말했다. 이처럼 화해 분위기가 조성된 데에는 중요한 이유가 있었다. 레넌과 다른 멤버들이 앨런 클라인과 갈등을 빚기 시작한 것이다. 존은 자신의 정치적 발언권을 두고 클라인과 언쟁을 벌였고, 그와 해리슨은 클라인이 해리슨 주도로 열린 자선 공연 '방글라데시를 위한 콘서트 Concert for Bangladesh'의 수익금을 부당하게 사용한 것이 아닌지 의심했다. 1973년 4월, 존과 조지, 링고는 클라인과 공식적으로 결별했다. 레넌은 "폴의 의심이 맞았다고 해야겠지."[13]라고 말했다.

레넌이 요코와 헤어지고 메이 팡과 함께할 무렵, 존과 폴의 관계는 그런 상태였다. 서로 조금씩 가까워졌지만, 지난 몇 년간의 일들로 인해 두 사람 모두 깊은 상처를 입었고, 자신들이 진정으로 무엇을 원하는지도 확신하지 못한 채, 더 분명한 행동을 취하는 것은 주저했다. 1973년 여름, 두 사람은 각자 곡을 녹음했다. 그 노래들은 그들이 공개적으로 한 말은 물론이고, 어쩌면 사적으로 주고받은 어떤 말보다도 그들의 감정을 더 솔직하게 드러냈다.

1980년 《플레이보이》 인터뷰에서 〈Mind Games〉 앨범 수록곡 〈I Know (I Know)〉에 대한 질문을 받았을 때, 존은 "그냥 별거 아닌 곡일 뿐."**14**이라며 가볍게 넘겼다. 누가 봐도 진심 어린 감정이 담긴 곡이건만, 다소 의아한 반응이었다. 레넌은 이 곡에서 그의 다정한 사랑 노래들에서만 들을 수 있는, 가볍고 부드러운 목소리로 노래한다. 〈I Know (I Know)〉는 또 하나의 사과다. 이 곡이 폴을 떠올리며 쓴 것임을 암시하는 첫 번째 단서는 도입부 기타 리프에서 드러난다. 레넌 – 매카트니가 마지막으로 절반씩 협업한 곡인 〈I've Got a Feeling〉과 뚜렷하게 닮았기 때문이다. 그리고 이어지는 가사들. 화자는 미안하다고 말하며 자신의 잘못을 인정한다. 자신이 무슨 짓을 했는지 이제야 깨달았고, "네 마음을 읽지 못했다(I never could read your mind)"고 고백한다. 이제는 "내 눈에도 보인다(But now my eyes can see)"면서 "어제보다 오늘 너를 더 사랑해(Today, I love you more than yesterday)"라고 노래한다.

비틀스 시절을 떠올리게 하는 구절도 있다. "항상 점점 나아진다는 걸 알아(I know it's getting better all the time)"라고도 노래한다. 이 노래가 요코를 향한 것일 가능성은 낮다. 이 시기에 존이 그녀와의 관계 회복을 원했다는 증거는 없다. 무엇보다 제목부터 가사까지 반복적으로 등장하는 이 묘한 말, "I know(알아)"가 그렇다. 폴은 자신과 존이 처음 LSD를 함께 했던 날을 떠올리며 이렇게 말한 적이 있다. "그냥 서로를 바라보다가 '알아, 인마(I know, man)'라고 말한 다음, 둘이 한참 웃었다…"**15**

1973년 말 무렵, 폴은 자신을 완전히 무너뜨렸다가 다시 일으켜 세우는 데 성공했다. 그해 초 그는 〈Red Rose Speedway〉를 발표했는데, 흥미롭지만 다소 미완성처럼 느껴지는 곡들로 구성한 앨범이었다(린다는 이 앨범을 두고 자신 없어 보이는 작품이라고 표현했다).**16** 폴은 그 앨범을 내고 거의 곧바로 스튜디오로 돌아가, 자신과 린다, 데니 레인을 중심으로 모인 간소한 구성의 밴드와 함께 작업에 들어갔다. 이 작업은 비틀스 해체 이후 그가 거둔 가장 큰 성공으로 이어진다. 〈Band on the Run〉은 주로 나이지리아 라고스에서 녹음했으며, 그 과정에는 꽤나 큰 스트레스가 뒤따랐다. 폴과 린다는 강도를 당했고, 마스터 테이프를 잃어버렸으며, 나이지리아의 전설적인 뮤지션 펠라 쿠티*Fela Kuti*의 적대적인 반응에 직면했다. 서양인이 아프리카 음악을 멋대로 가져다 쓰는 게 아닌지 우려했던 것이다(폴은 그와 곧바로 친구가 되었다.) 이런 위태로운 상황은 오히려 매카트니의 진가를 끌어냈다. 〈Band on the Run〉은 분명한 방향성을 지닌 자신감 넘치는 앨범으로, 웅장하고 멜로디가 풍성한 곡들로 가득하다. 타이틀곡은 비틀스 해체라는 복잡한 상황에서 벗어나 자유를 되찾은 듯한 해방감을 뿜어낸다. 이와 별개로, 폴이 《007 죽느냐 사느냐*Live and Let Die*》를 위해 만든 제임스 본드 테마곡도 대중적으로 큰 성공을 거두었다. 3년의 시간이 흐른 뒤, 매카트니는 다시 완전히 날아올랐다.

　존은 〈Let Me Roll It〉의 사운드 전반에 본능적으로 반응했을 것이다. 고전적인 로큰롤을 연상시키는 베이스와 흐르듯 이어지는 오르간 인트로, 들어오는 순간 노래를 장악해 버리는 거칠고 일그러진 기타 리프. 이 리프는 존이 〈Cold Turkey〉에서 사용했던 것과도 닮았다. 그리고 폴의 보컬은 존이 즐겨 쓰던 테이프 에코 효과를 사용했다. 이처럼 레넌을 떠올리게 만드는 음악적 요소들이 너무도 뚜렷했던 탓에, 당시 평론가들은 〈Let Me Roll It〉을 '레넌을 흉내 낸 모방작'이라고 표현하기도 했다. 1979년, 이 노래에 대한 질문을 받은 매카트니는 이렇게 말했다. "난 지금도 그 노래가 존의 곡과 비슷하다고 생각하지 않지만, 다른 의견이 있을 수도 있다."[17] 하지만 시간이 흐르자, 그는 유사성을 인정했다. 2021년에는 이렇게 말했다. "〈Let Me Roll It〉을 처음 불렀을 때 '존의 노래랑 느낌이 많이 비슷하네.'라고 생각했던 게 기억난다."[18]

같은 인터뷰에서 그는 이렇게 말했다. "누군가에게 마음을 주거나 애정을 드러낼 때 사람이 얼마나 무방비한 상태가 되는지는 누구나 알 것이다. 쉬운 일이 아니다. 그런 상황에서 우리가 느끼는 망설임, 다가가고는 싶지만 완전히 마음을 여는 것을 주저하는 그 감정을 기타 리프의 갑작스러운 시작과 멈춤을 통해 표현했다." 매카트니는 〈Let Me Roll It〉이 '레넌에 관한' 노래라고 단정하지 않는다. 그렇게 말하면 곡의 의미를 축소할 수 있기 때문이다. 하지만 이 노래가 존에 대한 그의 감정에서 비롯된 것임은 거의 확실하다. 그는 그 감정을 바탕으로 모두가 공감할 수 있는 무언가를 만들어 냈다. 기타 리프는 은근히 타오르고, 후렴은 사랑을 부끄러워하지 않으며 뜨겁게 불붙는다. 페이드아웃 직전, 매카트니는 기이할 정도로 날카롭고 비현실적인 비명을 터뜨린다. 신시사이저와 사람의 목소리가 융합된 듯한 소리지만, 그것은 폴 자신의 목소리다. 몸에서 고통이 빠져나가는 순간을 소리로 표현했다.

40

I SAW HER STANDING THERE

I SAW HER STANDING THERE

　　1974년 3월, 폴과 린다 매카트니는 〈Live and Let Die〉가 아카데미 주제가상 후보에 오르면서 시상식 참석을 위해 로스앤젤레스로 향했다. 그들이 출발하기 직전, 오노 요코가 런던으로 찾아왔다. 검은 옷을 입은 그녀는 초췌한 얼굴에 깊은 생각에 잠긴 듯한 모습이었다. 오노는 존이 메이 팡과 함께 지내는 상황을 이야기하며, 자신의 결혼이 끝난 것인지도 모르겠다고 털어놓았다. 매카트니는 레넌이 LA에서 방탕하게 지낸다는 이야기를 이미 전해 들은 상태였고, 친구가 지금 어떤 상태인지 단번에 알아차렸다. 그는 요코에게 조심스레 물었다. "존을 아직 사랑하나요?[1] 내가 그에게 '그녀는 아직도 널 사랑해. 다시 시작할 수 있어.'라고 전한다면, 지나친 참견이 될까요?" 오노는 여전히 존을 사랑한다고 말했지만, 그를 다시 받아들이려면 몇 가지 조건이 따른다고 덧붙였다. 존이 뉴욕으로 돌아올 것. 돌아온 즉시 다시 함께 살 수 있으리라고 기대하지 말 것. 그리고 처음부터 다시 그녀의 마음을 얻기 위해 구애할 것.

　　3월 28일, LA에서 폴은 레코드 플랜트 녹음 스튜디오에서 존, 스티비 원더를 비롯한 여러 뮤지션과 함께 산만하고 자유분방한 잼 세

선에 참여했다. 당시 현장에는 온갖 약물과 술이 난무했다. 존과 폴은 잠시 옛 R&B 곡 〈Stand by Me〉를 함께 불렀지만, 두 사람뿐만 아니라 그 자리에 있던 누구도 제정신이 아니었다. 폴은 다음 날 존이 임대한 집에서 다시 만나기로 약속했다. 레넌과 메이 팡이 머물던 산타 모니카 해변의 집은 방탕한 록 스타들과 그 주변 인물들이 드나드는 대학 클럽하우스처럼 변했다. 링고 스타와 키스 문은 아예 그 집에 들어와 지냈다. 그들은 수영장 옆에서 파티를 벌이고, 오전 내내 자다가 일어나서는 돌아가며 약물을 했다. 매카트니가 그 집에 도착했을 때, 존은 아직 침대에 누워 있었다. 해리 닐슨은 폴에게 무언가를 건네며 코로 들이켜 보라고 했다. 폴이 물었다. "이게 뭐야?"[2] 닐슨이 대답했다. "코끼리 마취제야." 폴이 다시 물었다. "재미있어?" 닐슨은 잠시 생각하더니 "아니."라고 했다. 폴은 거절했다.

집 안에는 피아노가 있었다. 폴은 피아노를 발견하면 어김없이 연주하곤 했다. 그가 비틀스 노래들을 치기 시작하자, 링고 스타와 키스 문이 함께 노래를 불렀다. 얼마 지나지 않아 존도 모습을 드러냈다. 안뜰에서 마주친 존과 폴은 잠시 서로 어떻게 반응해야 할지 몰라 어색해했지만, 존이—어쩌면 아서 야노프의 말을 인용하며—"스킨십은 좋은 거야!"[3]라고 말했고, 두 사람은 포옹했다. 가볍게 이야기를 나누던 중, 폴이 따로 할 말이 있다는 신호를 보냈다. 다른 방으로 자리를 옮긴 뒤, 그는 요코의 메시지를 전했다.

이 일화는 마치 현실에서 벌어진 〈She Loves You〉 같다고 할 만큼 인상 깊다. 이 일이 존과 요코의 관계에 얼마나 영향을 미쳤는지는 단정할 수 없다. 두 사람이 재결합한 건 거의 1년 가까이 지난 뒤의 일이었다. 그렇다 해도, 폴은 왜 굳이 두 사람의 사이에 끼어들었을까? 어쩌면 그는 여전히 존과의 파트너십을 되살릴 희망을 품고 있었고, 그러기 위해서는 존이 안정적이고 평온한 상태여야 한다고 생각했는지도 모른다. 메이의 노력에도 불구하고 LA에서의 생활은 이미 통제불능 상태였다. 여러모로 까다로운 면이 있긴 했지만, 요코는 존에게 어떤 식으로든 질서를 제공하는 사람처럼 보였다. 만약 폴이 요코가 존을 되찾는 데 도움을 준다면, 그녀는 그를 더 이상 위협적인 존재로 여기지 않고, 둘이 다시 함께 작업하는 일에도 동의할지 몰랐다. 〈Hey Jude〉를 썼던 이 남자는 여전히 친구를 행복하게 해 주고 싶었고, 적어도 덜 불행하게라도 해 주고 싶어 했다.

이 시기의 레넌이 늘 정신을 놓고 지냈다는 건 아니었다. 그는 요코와 함께했던 마지막 해보다 오히려 더 활발히 작업했고, 때때로 찾아오는 우울 속에서 기분 좋은 상태일 때도 많았다. 언론 앞에서 보인 태도에서도 그 사실이 드러났다. 그의 노래들에서도 이전의 냉소와 쓸쓸함은 따뜻함과 향수로 바뀌었는데, 그런 변화가 가장 뚜렷하게 나타난 곡이 바로 〈Walls and Bridges〉에 수록된 〈#9 Dream〉이었다. 1980년, 요코와 함께한 인터뷰에서 레넌은 이 곡을 대수롭지 않게 여겼다. "그냥 앉아서 아무 생각 없이 썼다… 별다른 영감 없이, 꿈으로 꾼 내용을 바탕으로 했을 뿐이다."[4] 하지만 실제로 이 노래를 살펴보면 그의 말과는 전혀 다르다. 아무 의미 없는 음절로 구성한 후렴을 중심으로, 레넌은 몽환적이고 흐릿한 과거의 꿈을 떠올리게 하는 섬세하고 애정 어린 곡을 정성스럽게 완성했다. 제목은 그가 '화이트 앨범'에서 실험적인 사운드 콜라주로 선보였던 〈Revolution #9〉을 떠올리게 한다. 레넌은 〈#9 Dream〉의 몽환적이고 사이키델릭한 현악 편곡을 직접 지휘했다. 그 결과, 이 곡은 비틀스 해체 이후 그가 만든 작품들 가운데 가장 '비틀스다운' 느낌을 지닌다. 만약 〈God〉와 〈John Lennon/Plastic Ono Band〉 앨범이 그가 비틀스와 1960년대를 냉정하게 거부한 종교 개혁이었다면, 〈#9 Dream〉은 그에 대한 반종교 개혁이라 할 수 있다. 이 곡은 마치 이렇게 말하는 듯하다. 비틀스는 정말로 마법 같은 존재였다고. 존은 다시 비틀스를 믿기 시작했다.

〈#9 Dream〉의 원래 제목은 〈Walls and Bridges〉였지만, 그 제목은 결국 앨범 제목으로 사용했다. 그에게 '벽과 다리'라는 표현은, 다른 사람들과 단절되거나 혹은 연결될 수 있는 방식을 상징했다("벽은 당신을 지키기 위해서든 아니든 안에 가두고, 다리는 다른 곳으로 데려다준다."[5] 라고 그는 말했다). 존은 폴을 직접 만난 지 며칠 지나지 않아 이 곡의 작업에 착수했다. 1974년 여름, 존과 메이는 뉴욕으로 돌아와 새 아파트로 이사했고, 그곳을 처음 찾아온 손님 중 하나가 폴, 린다, 그리고 아이들이었다. 그날 저녁, 존과 폴은 리버풀과 함부르크 시절의 이야기를 나누며 함께 시간을 보냈다.

9월, 존은 뉴욕의 라디오 DJ 데니스 엘사스Dennis Elsas가 진행하는 토요일 오후 라디오 프로그램에 게스트로 출연했다. 최근 다른 비틀스 멤버들을 만난 적이 있느냐는 질문에, 그는 폴과 "보졸레 와인을 곁들인 저녁 시간"[6]을 몇 번 보내며 "우리가 겨우… 서른여덟이던 시절을 추억했다."라고 답했다. 엘사스가 "비틀스 멤버들과의 관계가 원만한 것 같다."라고 하자, 존은 "오, 다정하죠! 아주 다정하죠."라고 대답했다. 1971년에 뚜렷하게 드러났던 신랄함은 사라졌고(1980년에 어느 정도 되살아나긴 하지만), 더 이상 정치적인 제스처도 보이지 않았다. 이 시기의 존은 목소리부터가 낙관적이고 장난스러웠으며, 자기 자신과의 관계에서도 한층 편안해 보였다. 그 무렵 그는 메이 팡에게 이렇게 물었다. "내가 다시 폴과 함께 곡을 쓰는 거, 어떻게 생각해?"[7]

　존이 비틀스라는 과거에 대해 한결 여유로운 태도를 보이기 시작했다는 징후는, 엘튼 존의 〈Lucy in the Sky with Diamonds〉 커버에 참여한 것에서도 드러난다. 엘튼은 1974년 11월 28일 추수감사절 밤, 뉴욕 매디슨 스퀘어 가든 공연을 끝으로 미국 투어를 마무리할 예정이었다. 그보다 앞서 그는 존의 〈Whatever Gets You Thru the Night〉에서 키보드를 맡아 주면서 만약 이 곡이 1위를 하면 무대에 함께 서 달라는 약속을 받아 냈다. 존은 그럴 가능성은 없다고 생각하며 흔쾌히 동의했지만, 실제로 곡은 1위를 기록했고 약속을 지키기 위해 엘튼과 함께 무대에 섰다. 리허설에서 그들은 〈Whatever Gets You Thru the Night〉와 〈Lucy in the Sky with Diamonds〉을 포함한 세 곡을 함께 부르기로 했다. 엘튼은 세 번째 곡으로 〈Imagine〉을 제안했지만, 존은 망설였다.[8] 그는 비틀스 곡, 그것도 특히 폴의 곡을 부르고 싶다며 〈I Saw Her Standing There〉를 꼽았다. 생각만으로도 들뜬 표정이었다. 당시 존은 2년 동안 무대에 선 적이 없었다. 공연 당일, 그는 두려움에 구토까지 했지만 무대 옆까지 나갔고, 엘튼이 그를 소개하자 천천히 걸어 나왔다. 그러자 믿을 수 없을 만큼 뜨거운 환호와 박수갈채가 쏟아졌고, 그 애정 어린 쓰나미는 좀처럼 멈추지 않았다. 존은 엘튼의 밴드를 돌아보며 '이게 도대체 뭐야?'라는 표정을 지었고, 밴드 멤버들은 입 모양으로 말했다. "당신을 위한 거예요, 존." 그는 두 곡을 열창한 뒤, 〈I Saw Her Standing There〉를 소개했다. "이제 이 곡으로 마무리하고 무대에서 내려가 토를 좀 하려고요. 마지막 곡을 뭐로 할까 하다가, 지금은 멀어진 제 약혼자였던 폴이라는 친구의 노래를 골랐습니다."

당시 존을 위해 일하고 있던 음악계의 해결사 토니 킹^{Tony King}은, 존이 매디슨 스퀘어 가든 공연 무대에 서는 데 결정적인 역할을 했다. 그는 요코와 그녀의 친구를 위한 좌석을 마련해 주었고, 요코는 백스테이지로 치자꽃 두 송이를 보냈다. 하나는 존에게, 하나는 엘튼에게였다. 존은 무대에 그 꽃을 달고 나왔다. 요코는 공연 후 열린 파티에도 모습을 드러냈다. 훗날 존과 요코는 그날 밤이 두 사람의 재결합으로 이어졌다고 회고했지만, 그것은 다소 과장된 기억이었다. 실제로 두 사람이 재결합한 건 몇 달이 더 지난 뒤였다. 하지만 토니 킹의 생각에, 스스로 알고 있었든 아니든 그 무렵의 존은 이미 요코에게로 마음이 기울었다. 존은 메이를 사랑했지만, 그녀는 요코처럼 그를 매혹하지는 못했다. 요코만이 그에게 마치 모든 것을 꿰뚫어 보는 존재의 손안에 있는 듯한 감각을 안겨 주었다. 그는 보헤미안처럼 사는 삶에도 지쳤다. 다코타 아파트의 웅장함이 마음에 들었고, 그곳에 있으면 마치 자신이 왕이라도 된 듯한 기분이 들었다. 유명세를 즐기던 요코는, 어쩌면 자신의 위상이 결국엔 여전히 사랑하는 존에게 달렸다는 사실을 깨달았을지도 모른다. 그녀는 이미 결심을 내린 상태였다. "있잖아, 메이."[9] 그녀는 메이 팡에게 냉정하게 말했다. "나는 그를 다시 돌려받으려고 생각 중이야." 마치 잠시 빌려준 그림을 돌려받는 듯한 말투였다. 팡은 상심했지만, 결국 일어날 일이었기에 받아들일 수밖에 없었다. 요코는 늘 자기가 원하는 것을 손에 넣는 사람이었기 때문이다.

하지만 요코에게도 이 모든 상황은 결코 가벼운 일은 아니었다. 매디슨 스퀘어 가든 공연이 있기 얼마 전, 토니 킹은 존의 제안으로 다코타 아파트 근처에서 요코와 커피를 마셨다. 그는 요코가 거만하고 냉정한 태도로 나올 줄 알았지만, 존에 대한 이야기가 나오자마자 그녀는 갑자기 흐느껴 울었다.[10]

11월, 폴과 윙스는 새 앨범 〈Venus and Mars〉 작업을 시작하기 위해 애비로드 스튜디오로 들어갔다. 폴과 린다는 앨범의 일부를 해외에서 작업하길 원했고, 흑인 R&B의 리듬과 사운드가 살아 숨 쉬는 도시, 뉴올리언스로의 여행을 계획했다. 존과의 대화 중, 폴은 새해에 자신을 보러 뉴올리언스로 오라고 말했다. 메이 팡의 회고에 따르면, 1월에 매카트니 부부가 출발하기 직전에 폴이 전화를 걸어 초대 계획을 확정하려 했다. 전화를 끊고 나서 존은 뉴올리언스에서 폴과 어울릴 생각에 한껏 들뜬 모습이었다. 메이 팡은 폴이 분명 존을 설득해 함께 노래를 녹음할 거라고 거의 확신했고, 마음 깊은 곳에서는 존도 그것을 원한다고 느꼈다.[11] 존은 데릭 테일러에게 보낸 메모에서 특유의 엉뚱한 말투로 이렇게 적었다. "1월엔 데이비드 보위랑 녹음 세션하나 하고, 그다음엔 매카트니 가족을 보러 뉴올리언스에 갈 수도."[12]

크리스마스를 앞두고, 비틀스는 최종적으로 해산하기 위한 회의를 열기로 했다. 거의 4년에 걸친 법적 다툼 끝에 서류를 준비했고, 마침 존과 폴, 조지가 모두 뉴욕에 있었기 때문에 플라자 호텔에 모여 서명하기로 합의했다. 하지만 다코타 아파트에 머물던 존은 결국 나타나지 않았다. 조지가 전화로 다그쳐도 소용없었다. 대신 존은 '이 풍선을 들으시오'[13]라는 문구가 붙은 풍선을 보냈다. 점성술사가 오늘은 좋은 날이 아니라고 했기 때문이라는 것이 이유였다. 당시 요코는 점성술과 수비학에 심취했다. 결국 존은 그로부터 얼마 지나지 않아 플로리다 디즈니월드 여행 중에 서류에 서명했다. 그 여행에는 메이, 신시아, 줄리언이 함께했는데, 이는 존이 아들과 다시 가까워지도록 하려는 메이 팡의 노력이 절반 정도 성공한 결과였다. 세 달 뒤, 존은 한 인터뷰에서 가슴 아픈 농담 한마디를 남겼다("줄리언은 나보다 폴을 더 좋아하는 것 같아…[14] 얘가 폴이 아빠였으면 하고 바라는 눈치야. 안타깝게도 진짜 아빠는 나지만.").

그리하여 1월의 존은 인생의 갈림길에 서 있었다. 비틀스와의 법적 분쟁은 마침내 마무리되었고, 솔로 아티스트로서의 그는 그 어느 때보다 성공과 찬사를 누렸다. 싱글과 앨범 모두 1위를 기록했고(〈Whatever Gets You Thru the Night〉가 히트한 덕분에 〈Walls and Bridges〉 앨범도 1위에 올랐다), 전 세계에서 가장 주목받는 젊은 팝 스타 두 명과 협업했으며, 매디슨 스퀘어 가든 공연은 자신이 얼마나 큰 사랑을 받고 있는지를 다시금 실감하게 했다. 게다가 그는 오랜 친구 겸 창작 파트너와 다시 협업할 기회를 눈앞에 두고 있었다. 수많은 가능성이 눈앞에 펼쳐졌지만, 그는 결국 그 모든 것을 등지고 돌아섰다.

요코는 존과 메이 팡이 함께 지내던 아파트로 전화를 걸어, 담배를 끊을 수 있는 방법을 찾았다고 알렸다. 최면 요법이었다. 그녀는 존이 이 치료를 받아 보길 원했고, 그러려면 며칠간 다코타 아파트에 머물러야 한다고 했다. 존은 동의했다. 요코는 일정을 잡았다가, 별자리 운세가 맞지 않는다는 이유로 몇 차례나 막판에 취소했다. 팡의 눈에는 요코가 존을 가지고 노는 것이 뻔히 보였다. 더 안타까운 것은, 존이 그 상황을 즐긴다는 사실이었다. 폴은 그가 점점 자신에게서 멀어 진다는 걸 느꼈다. 2월 초, 요코는 드디어 별자리 운세가 맞는다고 말 했다. 존은 다코타 아파트로 가서 최면 치료를 받기로 했다. 뉴올리언 스에는 끝내 가지 못했다.

매디슨 스퀘어 가든 무대에서 존은 자신을 위한 그 특별한 순간을 폴과 함께 나누기로 했다. 마치 수년 전, 자신의 밴드를 폴과 함께하 기로 마음먹었던 것처럼. 자신의 곡도 수없이 많은데, 왜 하필 폴의 곡을 불렀을까? 비틀스 노래인데 굳이 관중에게 폴의 이름을 언급한 이유는 또 무엇일까?

〈I Saw Her Standing There〉는 단지 비틀스의 시작을 떠올리게 하는 노래가 아니다. 그것은 어떤 관계의 시작을 노래한다. 오로지 서 로만을 바라보는, 운명적인 관계 말이다. "How could I dance with another?(내가 어떻게 다른 사람과 춤출 수 있겠어?)" 어쩌면 존은 오랜만 에 무대에 선 그 순간, 눈앞에 놓인 현실을 혼자 마주하고 싶지 않아 서 폴을 자기 쪽으로 끌어당겼는지도 모른다. 관중의 열광은 짜릿했 지만, 그들의 갈망은 그가 두려움을 느끼게 만들었다. 솔로 활동의 성 공이 기쁘면서도 성공을 이어 갈 수 있을지 자신 없었다. 모든 것이 짜릿하면서도 압도적이었다. 같은 무대에서 친구의 얼굴을 볼 수는 없었지만, 이름이라도 부르고 싶었던 것이다.

41

COMING UP

존은 메이와 함께 사는 아파트로 돌아왔지만 잠시뿐이었다. 그는 어딘가 쑥스러운 얼굴로 "요코가 집에 돌아와도 된대."[1]라고 말하며 짐을 싸기 시작했다. 이후 팡과 레넌은 몇 달간 몰래 만나 사랑을 나눴고, 수년 동안 우호적인 관계를 유지했다. 하지만 적어도 그녀의 말에 따르면, 존의 내면에서는 무언가 꺼져 버린 듯했다. "생기, 재치, 통찰력이 사라진 것처럼 보였고, 전혀 기운이 없어 보였어요."[2] 레넌은 녹음을 중단했고, 사교 활동도 멀리했다. 그는 메이에게 요코가 더 이상 음악을 만들지 않아도 된다고 했으며, 자신도 이제 증명할 것이 없다고 말했다고 한다. 그 시절은 이미 지나간 과거일 뿐이라는 것이었다.

언제나 그랬듯, 존은 과거를 부정함으로써 스스로를 새로운 시대로 밀어넣었다. 공식 석상에서 그는 메이와 함께한 시간을 '전생'이라고 표현했다.[3] 결정적인 전환점은 요코의 임신이었다(존은 아이가 생긴 날을 1975년 2월 6일로 기억했는데, 이는 그가 메이의 아파트를 완전히 떠난 시기와 겹친다). 요코는 마흔두 살이었고, 여러 차례 유산을 겪은 뒤였기에 임신은 예상치 못한 일이자, 특히 존에게는 더없이 반가운 소식이었다. 요코는 오히려 존이 자신보다 더 기뻐했다고 회상했다. 그녀는 아이를 돌보는 일 대부분을 존이 맡아야 한다는 점을 강조했고, 존은 기꺼이 동의했다. 요코의 지시에 따라 그는 술을 끊고 설탕도 멀리했으며, 다시 자연식으로 돌아갔다. 〈Rock 'n' Roll〉 앨범의 홍보 활동을 마친 뒤에는 언론과의 접촉도 끊었고, 이후 거의 4년 가까이 인터뷰를 하지 않았다. 10월 9일, 존의 서른다섯 번째 생일에 션 오노 레넌^{Sean Ono Lennon}이 제왕절개로 태어났다. "난 아기에게서 눈을 뗄 수가 없었다."**4** 존은 이렇게 회상했다. "밤새 아기를 바라보면서 '와, 믿을 수가 없어, 와!' 이랬다. 정말, 밤새도록 그랬다."

그때부터 존은 션을 돌보거나(직원들과 육아를 분담했다), 다코타 아파트의 침실에 틀어박혀 지냈다. 그는 텔레비전을 보거나 친척들, 혹은 뉴스에서 본 사람들에게 편지나 엽서를 썼다. 그날 떠오른 생각을 일기장에 적기도 했다. 션과 함께 공원에 산책 나가거나, 동네 단골 카페에 들르기도 했다. 한동안은 빵을 굽는 데 몰두했지만, 곧 싫증을 느꼈다. 비서들에게 책과 음반을 사 오게 하거나, 고양이 세 마리를 위해 값비싼 간을 사 오라고 시키기도 했다. 그는 책임감 있고 자상한 아버지였지만, 욱하는 성격은 여전했다. 어린 션은 고막에 손상이 가지 않았는지 병원에서 검사를 받아야 했던 적도 있었다. 요코는 아들을 자주 보지는 않았지만, 볼 때마다 다정하게 대했다. 존이 작곡을 완전히 그만둔 것은 아니었다. 가사가 떠오를 때마다 메모해 두었고, 피아노 앞에서 노래 전곡이나 일부를 데모로 녹음하기도 했다.

요코는 부부의 사업을 흔들림 없는 자신감으로 주도했다. 그녀는 존과 외부 세계를 잇는 창구 역할을 맡았고, 존이 누구를 만나고 어떤 전화를 받을지 결정했다. 드물게 떠나는 해외여행조차도 그녀는 타로 카드에 따라 계획했고, 존은 그녀의 말에 따랐다. 부부는 션과 함께 석 달 동안 일본을 여행하며 요코의 가족과 친척들을 만났다. 귀국할 때가 되자, 요코의 타로 카드는 그녀에게 존과 션, 그리고 수행원들과 비행기를 따로 타고 돌아가라고 알려 주었다. 존은 훗날 이 시기를 가정에서의 평온하고 행복한 시간으로 회고했지만 무기력하게 시간과 재능을 허비하는 듯한 허탈감도 자리했다. 그의 삶은 요코의 의지에 따라 움직이고 있었다. 1978년 말, 메이 팡이 그에게 다시 녹음할 생각은 없느냐고 물었다. "당연히 하고 싶지. 음악을 만들고 싶지 않았던 적은 단 한 순간도 없어."[5] 그는 그렇게 말했지만, 세월은 그저 흘러가고 있을 뿐이었다. 그 사이, 그는 자신의 가장 친한 친구가 다시 세상을 정복하는 모습을 지켜봤다.

〈Band on the Run〉은 1973년 말에 발매한 이후 점점 인기를 끌며, 마침내 엄청난 성공을 거두었다. 히트 싱글 〈Jet〉의 힘을 받아 1974년 미국에서 차트 1위를 기록했고, 영국에서는 그해 가장 많이 팔린 앨범이 되었다. 작은 공연장에서의 어색한 무대로 시작해 멤버 교체까지 겪었던 매카트니의 새로운 밴드는 마침내 세계적인 도약을 이루었다. 윙스는 뉴올리언스에서 녹음한 〈Venus and Mars〉의 발매에 맞춰 1년에 걸친 대규모 월드 투어를 계획하고 네 달에 걸쳐 그 준비와 리허설에 몰두했다. 1975년 가을, 윙스는 전석 매진 행진 속에 영국 투어를 마친 뒤 호주로 향했다. 공항에서는 비틀마니아 시절을 떠올리게 할 만큼 뜨거운 환영을 받았다. 이번에는 비명을 지르는 팬들과 악수를 나누는 폴의 품에 네 살 난 딸 스텔라가 안겨 있었다. 비틀스는 기존에 따를 수 있는 모델이 없었기에, 언제나 스스로 길을 개척해야 했던 선구자였다. 1970년대에 들어서는, 유명 밴드 출신의 솔로 아티스트라는 전례 없는 길을 처음으로 걸어야 했고, 나이를 먹고 있는 록 스타라는 점에서도 최초였다. 투어 중 매카트니는 로큰롤을 하기엔 나이가 너무 많지 않느냐, 이제 한물간 것 아니냐는 질문을 계속해서 받았다. 그때 그의 나이는 서른셋이었다. 그는 "글쎄요, 다른 시대 사람인 것 같긴 하네요."[6]라는 말로 인정했다.

겨울에 휴식을 취하고 짧은 유럽 투어를 마친 뒤, 이번 월드 투어의 하이라이트를 시작했다. 텍사스 포트워스를 시작으로, 윙스는 미국과 캐나다 주요 도시 21곳에서 총 31회의 콘서트를 열었다. 규모만 보자면 비틀스 시절의 투어에 맞먹었고, 실제로는 그보다 훨씬 더 컸다. 윙스는 레이저와 드라이아이스 효과까지 동원해 화려한 무대를 선보였다. 밴드의 장비와 수행 인원을 실은 32톤짜리 트럭 다섯 대가 행렬을 이루었고, 매카트니 부부는 전용기를 타고 이동했다. 투어는 전 공연 매진을 기록했고, 평단의 호평도 이어졌다. 매카트니가 자신의 과거를 점점 더 편안하게 받아들이기 시작했음을 말해 주듯 세트리스트에는 〈Yesterday〉와 〈Lady Madonna〉 같은 비틀스 곡들도 있었다. 시애틀의 킹돔에서는 6만 7천 명의 관객 앞에서 공연을 펼쳤는데, 이는 비틀스가 셰이 스타디움에서 세운 사상 최대 규모의 록 공연 기록을 넘어선 규모였다. 매카트니는 "우리는 내가 떠났던 바로 그 수준까지 다시 올라왔다."[7]라고 말했다. 1976년 3월, 윙스는 다섯 번째 스튜디오 앨범 〈Wings at the Speed of Sound〉를 발표했고, 이 앨범은 미국에서 차트 1위에 올랐다. 싱글 〈Silly Love Songs〉 역시 1위를

peace

understanding

and

차지했는데, 이 곡에서 폴은 자신을 감상적이기만 하고 깊이는 없다
고 비판하던 평론가들—어쩌면 존까지 포함해—을 가볍게 되받아
쳤다. 매카트니 부부는 베네딕트 캐니언의 렌트 하우스에서 성대한
파티를 열었고, 그 자리는 밥 딜런, 이글스^{The Eagles}, 워렌 비티^{Warren}
^{Beatty}, 스티브 맥퀸^{Steve McQueen} 등이 참석했다. 린다는 폴에 대해 이렇
게 말했다. "그는 완전히 예전의 모습으로 돌아왔어요."[8] 의미심장한
말이었다. 매카트니는 다시금 자신만만하고 유쾌하며, 끝없이 창의적
인 쇼맨의 모습으로 돌아왔다. 린다가 1968년에 사랑에 빠졌던 바로
그 사람이었다. 그가 비틀스 해체의 충격에서 회복하는 데 거의 10년
이라는 시간이 걸렸다.

1975년 크리스마스를 앞두고, 존과 요코는 다코타 아파트의 침실
에서 친구인 사진작가 밥 그루엔^{Bob Gruen}과 함께 시간을 보내는 중이
었다. 그때 아파트 문밖에서 말소리가 들려왔다. 건물의 컨시어지가
사전 허락 없이는 누구도 그곳까지 올라오게 하지 않았기에, 그루엔
이 누가 온 건지 확인하러 나갔다. 현관에 다가서니 노랫소리가 들렸
다. 문을 열자 그곳에는 〈We Wish You a Merry Christmas〉를 부르
고 있는 매카트니 부부가 서 있었다. 그루엔은 그들을 안으로 들였고,
존과 요코와 마주했을 때 "오랜 친구들이 우연히 만나 진심으로 반가
워하는" 듯한 모습이었다.[9] 그들은 차를 마시며 담소를 나눴다. 매카
트니는 투어 이야기를 들려주었고, 일본 공연이 취소된 일을 두고 불
평을 털어놓았다. 1972년, 매카트니 부부는 영국 당국에 의해 마리화

나 소지로 적발된 적이 있었고, 그 전력 때문에 일본 정부에 입국을 거부당했다.

그로부터 몇 달 뒤, 비틀스에게 재결합을 고려해 달라는 요청이 들어왔다. 미국의 어느 공연기획자가 단 한 번의 공연에 5천만 달러를 제안한 사실이 공개적으로 보도되었다. 예전 비틀스 멤버들 가운데 누구도 그 가능성을 완전히 부정하지는 않았지만, 그렇다고 적극적으로 움직이지도 않았다. 이 시기 동안 존과 폴은 자주 통화했다. 두 사람의 아버지가 1976년 3월 말에 불과 2주 간격으로 세상을 떠나기도 했다. 존은 끝내 앨프와 화해하지 못했다. 폴은 아버지 짐과 가까운 사이였지만, 투어 중 잠시 일정을 멈추고 장례식에 참석하지는 않았다. 그의 동생 마이크는 "형은 그런 일을 절대 마주하려 하지 않아요."[10]라고 말했다. 데니 레인의 말에 따르면, 폴은 윙스 멤버들에게조차 아버지의 죽음을 언급하지 않았고, 마치 아무 일도 없었던 것처럼 행동했다고 한다.

큰 성공으로 이어진 북미 투어를 앞둔 4월 말, 폴과 린다는 다시 한 번 다코타 아파트를 방문했다. 그들은 《새터데이 나이트 라이브 Saturday Night Live》 진행자 론 마이클스 Lorne Michaels가 방송에서 했던 제안을 두고 함께 웃었다. 비틀스가 게스트로 출연해 준다면 3천 달러를 지급하겠다는 내용이었다. "세 곡만 부르면 됩니다.[11] 〈She Loves You〉의 'She loves you, yeah, yeah, yeah'만 불러도 천 달러죠." 존과 폴은 남쪽으로 스물두 블록 떨어져 있는 록펠러 플라자의 《새터데이 나이트 라이브》 스튜디오까지 차를 타고 가서 사람들을 깜짝 놀라게 만들까 잠시 고민하기도 했다. 하지만 시간이 늦었고, 모두 피곤한 상태였다. 매카트니 부부는 돌아갔고, 존과 요코는 자리에 앉아 영화를 보기 시작했다. 그다음 날인 일요일 저녁, 매카트니는 혼자 다시 다코타 아파트를 찾았다. 이번엔 기타를 들고 왔다. 존에게 미리 알리지 않고 온 거였다. 하루 종일 션을 돌보고 있던 존은 폴을 반갑게 맞을 기분이 아니었다. "지금은 1956년이 아니야."[12] 그는 퉁명스럽게 말했다. "예전처럼 그냥 불쑥 찾아와도 되는 게 아니라고." 어쩌면 존은 이제 폴의 얼굴을 보는 것 자체가 지겨웠는지도 모른다. 〈Wings at the Speed of Sound〉는 차트 1위를 기록했고, 존은 매카트니 부부가 얼마나 많은 돈을 벌고 있는지에 대한 기사들을 계속해서 봤다. 어쩌면 그저 피곤했을 수도 있다. 육아는 워낙 고되니까. 어찌 되었든 매카트니는 기타를 챙겨 돌아갔고, 다음 날 텍사스로 날아가 투어를 시작했다.

그들은 계속해서 전화 통화를 이어 갔지만, 대화는 어딘가 어색했고 긴장감이 감돌았다. 존은 때때로 화를 내거나 감정이 격해지기도 했다. 훗날 폴은 이렇게 회상했다. "그와 정말 무서울 정도로 격하게 통화한 적도 있었다."[13] 1977년, 마지막으로 얼굴을 마주한 지 1년쯤 지난 어느 날, 폴과 린다는 우연히 공원을 사이에 두고 존의 다코타 아파트 맞은편에 있는 호텔에 머물렀다. 폴은 긴장한 채 존에게 전화를 걸어 만나고 싶다고 말했다. 그러자 레넌은 이렇게 말했다. "왜?[14] 도대체 뭘 원하는 건데, 친구?" 폴이 그날 저녁에 한 일—아이들과 피자를 먹고 동화를 읽어 준 이야기—을 들려주자, 존은 비꼬듯 말했다. "그래, 넌 피자나 먹고 동화책이나 읽어라." 그 말에 화가 난 폴은 수화기를 세게 내리치며 전화를 끊었다.

매카트니의 투어는 세 장짜리 앨범 〈Wings over America〉로 발매했고, 다시 한 번 빌보드 차트 1위를 기록했다. 이 앨범은 윙스가 거둔 상업적 성공의 정점이었다. 이후 발표된 앨범들도 나쁘지 않은 판매고를 올리긴 했지만, 그만큼의 성과를 다시 내지는 못했다. 그래도 윙스는 꾸준히 히트곡을 냈고, 〈Mull of Kintyre〉는 영국에서 역대 최고 판매량을 기록한 싱글 가운데 하나가 되었다. 하지만 윙스는 또다시 멤버 교체를 겪었고, 음악계가 록에서 디스코, 펑크, 뉴웨이브로 빠르게 변화하면서 점점 동력을 잃었다. 1979년 7월, 매카트니는 스스로도 그다지 만족하지 못한 윙스의 새 앨범 〈Back to the Egg〉을 발표했다. 결과적으로 그것은 윙스의 마지막 앨범이 되었다. 조금은 지루하고 답답한 마음에, 그는 다시 1970년대 초반의 방식으로 돌아갔다. 자신이 그동안 쌓아 온 것을 허물고, 새로운 무언가를 시작하려한 것이다. 그는 다른 이들과의 협업 없이 혼자서 음악을 만들어 보기로 결심했고, 집에 신시사이저와 드럼 머신, 시퀀서를 들여 임시 스튜디오를 꾸몄다. 그가 만든 음악은 윙스를 위해 만들던 곡들과는 완전히 달랐다. 미니멀하고, 불협화음이 많았으며, 기묘했다. 이 음악을 정말 발표할 수 있을지, 그 자신도 확신이 서지 않았다.

1980년 1월, 윙스는 13일 동안 11회의 전석 매진 공연이 예정된 일본 투어를 위해 출국했다. 입국을 거부당한 지 5년 만에 마침내 일본 땅을 밟은 것이었다. 그러나 도쿄 공항에 도착하자마자, 매카트니의 짐에서 대량의 마리화나가 발견되었다. 그는 곧바로 체포되어 구금당했고, 투어는 전면 취소되었다. 매카트니의 망신은 전 세계 언론의 1면을 장식했다. 그는 9일 동안 유치장에 갇혔다. 이후 스코틀랜드에서 조용히 몸과 마음을 추스르던 그는 실험적으로 만든 음악들을 앨범으로 내기로 결심했고, 〈McCartney II〉라는 제목을 붙였다. 그 앨범이 나오기까지의 과정을 이야기하던 중, 그는 의미심장한 말실수를 했다. "그냥… 내 정신 이상 때문에 했던 거예요."[15] 〈McCartney II〉

는 5월에 발매되었고, 첫 수록곡 〈Coming Up〉을 싱글로 먼저 공개했다. 이 곡은 빠른 기타 리프를 반복하며 드럼과 베이스 위에 겹겹이 쌓이는 구조로, 모든 요소가 톱니바퀴처럼 정교하게 맞물린다. 매카트니는 짧은 문답 형식의 가사를 노래하며, 목소리의 속도를 높여 녹음해 다소 만화적인 효과를 연출했다. 그가 제목 부분이 들어간 가사를 부르고, 베이스가 음계를 따라 위로 올라가기 시작하면, 기분이 조금은 좋아지지 않을 수가 없다. 〈Coming Up〉은 긍정의 에너지를 만드는 엔진 같은 곡이다.

존은 유치장에 있는 폴에게 행운을 비는 카드를 보냈다. 그는 이 소식을 듣고 무척 재미있어했다. 둘이 마지막으로 만났을 때, 폴은 일본에 입국할 수 없었던 일을 두고 불평을 늘어놓던 참이었다. 그런데 마침내 입국 허가를 받자마자 그가 한 일이 무엇이었을까? 여행 가방에 마리화나 한 봉지를 넣은 것이었다. 존의 추측은 이랬다. 비틀스 시절, 세계 곳곳을 다니면서도 세관 검사를 제대로 받아 본 적이 한 번도 없다 보니 폴이 방심했다는 것이다. 또 다른 해석도 있었다. 일부러 일을 그르치려는 자기 파괴적인 행동이라는 분석이었고, 이 점에 대해서는 폴 자신도 어느 정도 동의했다.

존은 최근에 새로 마련한 해변가의 별장에서 시간을 보냈다. 그곳은 예전에는 고래잡이 마을이었으나 지금은 롱아일랜드의 통근자들이 거주하는 교외 지역으로 바뀐, 콜드스프링하버라는 작은 마을이었다. 그는 요코가 타로 카드의 조언에 따라 그렇게 하라고 해서 그곳에 머물기 시작했다. 요코는 오컬트를 진심으로 믿었지만, 동시에 여러 가지 이유로★ 존을 이리저리 움직이기 위해 타로 카드나 별자리를 활용했다. 존 역시 암묵적으로 이에 동조했다. 이번 경우에는, 요코가 다시 헤로인에 손을 댄 상태였고, 혼자 힘으로 끊을 시간을 가지려는 것이 이유였다. 존은 그녀가 약물을 다시 복용한다는 사실을 알지 못했던 것으로 보인다. 공교롭게도 존은 바닷가에서 보내는 시간을 무척 좋아했다. 그의 아버지와 할아버지 모두 선원이었고, 그는 어릴 적부터 바다를 누비는 낭만적인 삶에 매료되었다. 다코타 아파트에서도 항해와 해양 모험에 관한 책들을 즐겨 읽으며 시간을 보냈다. 콜드스프링하버에는 그의 조수인 프레드 시먼Fred Seaman이 함께 있었다(존은 그의 이름을 재밌어했다). 그는 프레드에게 자신이 항해를 배울 수 있는 작은 보트를 알아봐 달라고 부탁했다.

그 무렵 존의 기분 상태는 꽤 좋았다. 프레드는 존을 메르세데스에 태우고 동네를 돌아다니곤 했고, 차 안에서는 늘 라디오를 켜 뒀다. 그렇게 뚜렷한 목적지 없이 드라이브를 하던 어느 날, 라디오에서 기묘한 보컬이 실린 박진감 넘치는 전자음악이 흘러나왔다. 순간 존은 몸을 벌떡 일으키며 말했다. "미친…16 폴이잖아!" 다음 날 아침에도 그 곡은 여전히 그의 머릿속을 맴돌았다. 그가 시먼에게 말했다. "미치겠네." 이후 그는 시먼에게 매카트니의 최신 앨범을 구해 오라고 했다. 결국 그는 그 노래에 두 가지 버전이 있다는 사실을 알게 됐다. 하나는 원곡인 전자음악 버전이었고, 다른 하나는 윙스와 함께한 라이

★ 링고가 제안한 한 가지 이유는 이렇다. "요코는 존이 성장할 수 있도록 일부러 그를 멀리 보내곤 했다." (링고 스타, 《소년들의 엽서》, p. 81)

브 공연 버전으로, 보다 전통적인 팝송에 가까웠다. 당연히 존은 첫 번째 버전을 더 좋아했다. 그해 말, 그는 한 기자에게 이렇게 말했다. "〈Coming Up〉이 정말 마음에 들었다.[17] 그가 창고에서 만든 괴짜 버전이 좋더라고… 내가 옆에 있었더라면, '그래, 바로 이거야.'라고 말했을 거다."

〈Coming Up〉은 수년 동안 그 어떤 곡보다도 존에게 강렬한 자극을 주었다. 그는 갑자기 요즘 음악계에서 무슨 일이 벌어지는지 알고 싶어졌고, 다시 그 일부가 되고 싶다는 열망을 느꼈다. 그래서 시면에게 차 안에서 들을 카세트 테이프들을 모아 달라고 부탁했다. 존은 프리텐더스Pretenders, B-52s, 매드니스Madness 같은 뉴웨이브 음악을 무척 마음에 들어 했다.

며칠 뒤, 그는 오래전부터 꿈꿔 왔던 일을 실행에 옮겼다. 요트를 산 것이다. 돛대 하나가 달린, 길이 14피트짜리 소형 요트였다. 요트 주인 타일러 코니스가 그 배를 존의 집 아래에 있는 작은 선착장까지 직접 몰고 왔다. 존은 배에 올라타자마자 완전히 들떴다. "평생 내 배를 갖는 게 꿈이었어!"[18] 그는 코니스에게 그렇게 말하며 "빨리 항해를 배우고 싶어!"라고 덧붙였다. 몇 달 만에 면도도 했다.

존이 〈Coming Up〉의 가사에 대해 언급한 적은 없지만, 그 노래를 들었음은 물론이고, 아마도 다른 누구보다 더 유심히 들었을 것이다. 그 가사는 지극히 폴답다. 노래 속 화자는 더 나은 사람이 되길 바라는 누군가에게 말을 건다. "네 문제를 해결하는 데 도움이 되고 싶어(I want to help you with your problem)"라고 말한다. 처음에는 연인에게 건네는 말처럼 들리지만, 곧 이렇게 말한다. "넌 기댈 수 있는 친구를 원하지, 절대 사라지지 않을 그런 친구를(You want a friend you can rely on, One who will never fade away)" 폴은 자기 옆에 있으라고 노래한다. 그러면 곧 너도 꽃처럼 피어날 거라고 말한다. 그렇다면 폴이 돕고자 하는 사람은 대체 누구일까? 가사를 통해 알 수 있는 사실은 그 사람이 "평화와 이해(peace and understanding)"를 바라는 사람이라는 것이다. 언제나 "해답을 찾아 헤매는(searching for an answer)" 사람이기도 하다. 화자는 우린 거의 다 왔다고. 이제 곧, 드러날 거라고 말한다.

42

(JUST LIKE) STARTING OVER

(JUST LIKE) STARTING OVER

존은 타일러 코니스에게 항해술 수업을 받았고, 기초를 익힌 뒤에는 직접 바다로 나가 보기로 결심했다. 이에 요코는 자신의 '방위 상담가'와 상의했다. 그는 여행이 업보에 어떤 영향을 미치는지를 조언해 주는 일본인 점성가였다. 상담 결과, 존은 버뮤다로 항해를 떠나기로 결정했다. 로드아일랜드주 뉴포트에서 대서양을 건너는, 약 635마일(약 1,022km) 거리의 여정이었다. 이를 위해 존은 길이 43피트(약 13m)짜리 스쿠너선, 메건 제이호를 전세 냈다. 하지만 존이 항해를 위해 출발하기 전, 요코의 방위 상담가는 그가 먼저 남아프리카를 여행하며 정신적 균형을 되찾을 것을 권했다. 그렇게 해서 존은 5월 23일에 케이프타운행 비행기에 올랐다. 현지에서 그는 테이블 마운틴을 몇 차례 올랐고, 마사지 숍에도 들렀다. 여행을 시작한 지 며칠 지나지 않아, 그는 메이 팡에게 전화를 걸어 잠시 이야기를 나눴다. 다시 곡을 쓰기 시작했다며, 곧 녹음실로 돌아갈지도 모른다는 사실을 넌지시 비췄다. 존은 여행을 떠난 지 불과 닷새 만에 지시를 어기고 예정보다 일찍 뉴욕으로 돌아가 버렸다.

6월 4일, 해가 지기 직전 메건 제이호는 뉴포트를 떠나 남동쪽에 있는 버뮤다를 향해 항해를 시작했다. 선원은 모두 다섯 명이었다. 존, 타일러 코니스, 항해에 익숙한 그의 사촌 두 명, 그리고 이번 항해를 위해 고용된 선장 행크 홀스테드였다. 서른 살의 거칠고 노련한 인상의 행크 선장은 존과 잘 통했다. 다른 선원들이 뱃멀미로 고생하는 동안, 존과 행크가 함께 조타기를 잡고 이야기를 나누며 보내는 시간이 많아졌다. 홀스테드는 이번 항해가 존 레넌에게 얼마나 큰 의미를 지니는지, 그리고 그가 얼마나 진지하게 배우고자 하는지를 이해할 수 있었다. "그 사람은 새로운 경험과 성장을 향해 자신을 완전히 열어뒀어요.[1] 마치 6차선 고속도로 한복판에 서서 '자, 덤벼 봐!'라고 말하는 것 같았죠… 그는 정말 그런 마음가짐으로 항해에 도전했어요."

6월 7일 토요일, 메건 제이호는 폭풍을 만났다. "정말 끔찍했어요."[2] 코니스가 말했다. "빌딩처럼 거대한 파도가 뒤에서 솟아오르고, 우리는 그 거대한 물의 산을 미끄러지듯 내려갔어요. 속으로 '세상에, 제발 살아남게 해 줘!'라고 생각했죠." 하지만 레넌은 전혀 두려워하지 않았다. "그는 집에 있을걸 그랬다고 후회하지도 않았어요. 오히려 그 순간에 가장 빛났죠." 폭풍은 하루 종일 잦아들지 않았고, 다른 이들이 모두 뱃멀미에 시달리는 상황에서 홀스테드는 무려 30시간 동안 조타기를 붙들었다. "그 상태로 계속 가면 오히려 내가 배에 위험을 초래할 수 있는 상황이었어요." 그는 잠시 눈을 붙이기 위해 조타기를 존에게 맡겼다. 존은 긴장했다. "난 기타 칠 때나 쓰는 가냘픈 근육밖에 없는데…." 하지만 다른 선택지는 없었다. "나침반 말고 수평선을 보세요." 홀스테드는 그렇게 말한 뒤 선실로 향했다. 존은 조타기를 붙잡는 순간, 비틀스 시절의 자신으로 돌아갔다. 위기 상황에서도 믿고 의지할 수 있는 사람, 언제나 누구보다도 멀리 나아갈 방법을 찾아

내던 사람, 어떤 두려움 앞에서도 물러서지 않던 사람, 경험의 극한을 향해 나아가던 바로 그 사람이었다. 그는 나중에 이렇게 말했다.

거기서 여섯 시간 동안 배를 조종했다.[3] 항로를 놓치지 않으려고 애쓰면서 바닷물에 파묻혔고, 여섯 시간 내내 파도가 얼굴을 때렸다. 파도가 좀처럼 물러서질 않았다. 바다에선 마음을 바꿀 수 없다. 무대에 오르는 거랑 똑같다. 한번 올라가면 끝까지 가야 한다. 몇 번이나 파도에 무릎 꿇었지만, 그냥 두 손으로 조타기를 꽉 붙잡고 버텼다. 정말 엄청난 날씨였다. 하지만 내 인생 최고의 순간이었다! 뱃노래를 고래고래 부르고, 신들한테 소리쳤다. 바이킹이 된 기분이었다니까. 알지? 황금 양털을 찾으러 간 이아손.

조타기로 돌아온 홀스테드는 동료 선원의 달라진 모습을 보고 깜짝 놀랐다. "존은 완전히 다른 사람이 되었어요. 온몸이 흠뻑 젖어 있었고, 생기 넘치고, 황홀해 보였죠. '완전한 정화'를 겪은 사람 같았어요."

메건 제이호는 7일간의 항해 끝에 버뮤다에 도착해 정박했다. 며칠 뒤, 존은 유모와 프레드 시먼과 함께 도착한 선과 재회했다. 프레드는 존의 기타와 함께, 지난 10년 동안 다코타 아파트에서 존이 녹음해 둔 노래가 담긴 카세트테이프 가방을 가져왔다. 그들은 코니스의 사촌들과 함께 렌트한 별장으로 향했다. 존은 한껏 들떴고, 모두에게 뱃노래와 자신의 곡들을 들려주었다. 하지만 마음은 점점 안절부절못했고, 무엇보다도 일을 하고 싶어 안달이 난 상태였다. 존은 프레드에게 코니스와 그 사촌들과 떨어져 지낼 수 있는 좀 더 외딴 숙소를 알아보라고 지시했다. 프레드는 시내로 가서 대형 휴대용 카세트 플레이어와 봉고, 탬버린을 사 왔다. 새로 빌린 집에는 피아노도 있었다. 6월 18일, 폴의 생일에 존은 그 집으로 들어가 본격적으로 작업을 시작했다.

공식적인 해체 발표는 없었지만, 일본에서의 사건은 사실상 윙스의 와해로 이어졌다. 투어가 취소되면서 금전적으로 큰 손해를 본 다른 멤버들은 매카트니가 사과 한마디 하지 않은 데에 실망했다. 한편, 폴은 조지 마틴에게 신곡 작업을 함께하자고 제안했다. 마치 방향 감각을 되찾기 위해 마틴의 도움을 구한 것처럼 보였다. 실제로 1980년 후반기는 지난 10년간 이어졌던 흐름이 뒤집힌 시기였다. 이제는 폴보다 존이 더 분명한 창작의 방향성을 가지고 있었다.

존은 7월 말까지 버뮤다에 머물렀다. 아침이면 션과 함께 해변에서 놀았고, 그 뒤에는 신곡 작업에 몰두했다. 요코는 그가 다시 녹음을 하겠다는 계획에 적극 찬성했다. 자신도 함께 곡을 녹음할 수 있으리라 기대했기 때문이다. 뉴욕에 있던 요코는 예전에 함께 작업했던 프로듀서 잭 더글러스Jack Douglas에게 연락해, 존이 앨범을 만들고 싶어 한다고 전했다. 그러곤 이렇게 덧붙였다. "아직 존은 모르지만 나도 몇 곡 넣을 거예요."⁴ 더글러스는 비밀리에 세션 연주자들을 모으기 시작했다. 존은 이 소식이 언론에 새어 나가는 것을 원하지 않았다. 더글러스의 말에 따르면, "존은 녹음 작업에 대해 굉장히 불안해했다. 이제는 감을 완전히 잃었다고 생각했다. 자기는 너무 나이가 많고, 더 이상 작곡도 못 하고, 노래도 못 하고, 연주도 못 하고, 아무것도 안 된다고 생각했다."

레넌은 7월 말에 뉴욕으로 돌아왔고, 약 일주일 뒤에 녹음을 시작했다. 앨범은 존의 노래 하나, 요코의 노래 하나가 번갈아 나오는 공동 앨범 형태로 진행하기로 했다. 존은 앨범 전체를 혼자 책임지지 않아도 된다는 점에서 부담을 덜었다. 앨범 제목은 〈Double Fantasy〉로 정해졌다. 이 이름은 존이 버뮤다 식물원에서 우연히 본 꽃의 이름에서 따온 것이었다. "더블 판타지라니, 앨범 제목으로 정말 멋지다고 생각했다![5] 정말 많은 의미가 담겨 있는 표현이다… 어떻게 생각하느냐에 따라 어떤 의미든 될 수 있다. 두 겹의 짝이라는 뜻도 되니까."

존의 신곡들은 완성도가 높았다. 그중에는 〈Watching the Wheels〉도 있었는데, 이 곡은 〈I'm Only Sleeping〉, 〈Nowhere Man〉으로 거슬러 올라가는 그의 노래들과 맥을 같이한다. 이번에는 다코타 아파트에서의 삶을 배경으로, 야망과 분주함에 맞서 무위와 수동적인 삶의 가치를 옹호했다.

〈Beautiful Boy (Darling Boy)〉는 아이에 대한 부모의 사랑을 노래한 황홀한 곡으로, 매카트니가 쓴 감성적인 노래 못지않게 뭉클하고 거부할 수 없는 매력을 지녔다. 가사에는 'getting better'라는 표현이 등장하는데, 존은 더글러스와의 대화에서 이 표현을 명확히 비틀스 시절과 연결 지어 언급했다. 실제로 1970년대를 〈God〉로 시작했던 존은, 그 끝자락에 이르러서는 폴보다도 더 '폴다운' 사운드를 들려줬다. 〈Woman〉은 섬세하고 유려한 발라드로, 이 곡에 참여한 기타리스트 얼 슬릭 Earl Slick은 〈Here, There and Everywhere〉가 떠올랐다고 말했다. 존 자신도 이 곡이 비틀스 시절의 노래를 연상시킨다고 했다.[6] 〈(Just Like) Starting Over〉는 가볍지만 감동적인 러브송으로, 존과 폴이 십 대 시절 사랑에 빠졌던 두왑과 로큰롤까지 거슬러 올라 간다.

모든 증언에 따르면 〈Double Fantasy〉 녹음 세션은 즐거운 분위기 속에서 진행됐다. 존은 에너지 넘치고 유쾌하고 집중력 있는 모습으로 작업에 임했다. 녹음 중간중간 연주자와 엔지니어 들이 넋을 놓고 들을 만큼 흥미진진한 비틀스 시절 이야기를 즐겁게 들려주기도 했다. 더글러스가 놀랄 정도로, 존은 조언과 지시에 기꺼이 귀를 기울였다. "존은 '그게 더 낫다고 생각하면 그렇게 할게요.'라는 식으로 흔쾌히 받아들였다."[7]라고 더글러스는 말했다. 한편, 좀 더 실험적인 요코의 곡들은 오히려 존의 곡들보다 당대의 시대감을 더 강하게 풍겼다. 토킹 헤즈^{Talking Heads}나 다른 뉴웨이브 그룹들의 정신이 느껴지면서도 전적으로 그녀만의 개성을 담아냈다.★

레넌이 다시 음악 작업을 시작했다는 소식이 퍼지자, 전 세계에서 축하 메시지가 쏟아졌다. 매카트니는 스튜디오로 꽃다발을 보냈다. 9월, 아직 앨범 작업이 한창일 때 레넌은 5년 만에 처음으로 언론 인터뷰에 나섰다. 그는 예전의 민첩함을 되찾은 듯 인터뷰에 몰두했고, 한 번에 몇 시간씩 인터뷰어들과 시간을 보내며 길고도 솔직해 보이는 답변을 쏟아 냈다. 그러면서도 그는 다시 한 번, 의도적으로 자신의 서사를 만들고 이미지를 구축했다. 1971년에는 기성 체제에 맞서는 혁명가의 이미지를 내세웠던 그는 이제 가정을 돌보는 주부로서

★ 한 번은 존이 컨트롤 룸에서 "엄마, 한번 이렇게 해 보면 어때….'라고 제안하자, 요코는 "정말 고마워 존. 엿이나 먹어."라고 받아쳐 스튜디오가 웃음바다가 되었다. (출처: 팀 라일리, 《레넌》, p. 632)

의 삶에 만족하는 남편의 모습을 보여 줬다. 그는 그런 삶 또한 나름 대로 급진적인 것이라 주장했고, 그 말에는 일리가 있었다. 그는 마약 이나 외도 이야기는 빼고 요코와의 결혼 생활을 미화했다. 메이 팡은 회고록에서 자신과의 관계를 '길 잃은 주말' 정도로 일축해 버린 그의 왜곡된 묘사에 충격을 받았다고 적었다.[8]

레넌은 가장 오랜 시간 진행된 《플레이보이》의 데이비드 셰프와의 인터뷰에서 비틀스에 대해 깊이 있는 이야기를 나눴다. 매카트니 이 야기가 나오자 그의 목소리에는 아련한 그리움이 묻어났다. 그는 두 사람이 마주 앉아 눈을 마주치고 곡을 쓰던 작업 방식을 회상했다. 하 지만 60년대 중반쯤에는 "폴과 나에게서 창의성은 사라지고…[9] 작곡 은 그저 기계적인 작업이 되어 버렸다."라고 말했다. 이 말은 비틀스 음악의 발전 과정과 너무도 명백히 어긋나는 이야기였기에 셰프는 "조금 믿기 어렵다."라고 했다. 레넌은 이에 대한 답을 결혼에 빗대어 설명했다. "부부 관계가 8년, 10년쯤 지나면 더 깊어지고 풍요로워지 는 것처럼, 우리도 그랬지만… 우리는 달라졌다. 나이도 들었고. 십 대 시절과 다르게 서로의 다양한 모습을 알게 됐다." 이 말은 단순히 작곡이 기계적인 작업으로 변해 버렸다는 차원의 이야기가 아니라, 훨씬 더 내밀하고 복잡한 무언가처럼 들렸다. 존은 그 비유에 탄력을 받은 듯, 같은 주제를 계속 이어 갔다.

초기의 작업들 — 내가 '〈A Hard Day's Night〉 시기'라고 부르는 곡 들 — 은 연애 초기에 느끼는 뜨거운 열정과 성적 흥분에 가까웠다. 그 리고 〈Sgt. Pepper's Lonely Hearts Club Band〉부터 〈Abbey Road〉까 지의 시기는, 관계가 성숙해진 단계라고 할 수 있었다. 만약 우리가 계속 함께했다면, 어쩌면 정말 흥미로운 작업물이 나왔을지도 모른다. 예전 같지는 않았겠지만. 하지만 어쩌면, 그건 끝나야만 했던 결혼이었는지도 모른다.

존은 1970년대 초반에 비해 폴과 비틀스에 대해 전반적으로 훨씬 더 다정한 태도를 보였다. 한때 그는 멤버들이 요코에게 지나치게 적대적으로 굴었던 탓에, 그녀가 결국 헤로인에 손을 댈 수밖에 없었다고 비난한 바 있었다. 하지만 지금 그는 데이비드 셰프에게 그들은 요코에게 잘해줬다고 말했고, 요코 역시 이에 동의했다. "그들은 나에게 정말 예의 바르고 친절했어요." 존은 또 다른 인터뷰어 조너선 코트에게도 이렇게 말했다. "난 그 친구들을 사랑한다.[10] 비틀스를 사랑하고, 우리가 만든 음악이 자랑스럽다."

기자 로버트 힐번Robert Hilburn은 〈Double Fantasy〉 녹음 세션 중 쉬는 시간에 레넌을 인터뷰했는데, 그가 비틀스 멤버들에 대해 매우 애정 어린 태도로 이야기하는 모습을 보고 놀랐다. 힐번이 매카트니를 언급하자, 존은 이렇게 말했다. "폴? 내가 사랑하는 친구죠."[11] 힐번이 비틀스 시절, 폴의 노래가 뜻밖이거나 예상치 못하게 다가온 적이 있었느냐고 묻자, 존은 이렇게 답했다. "아뇨, 폴의 노래가 날 예상치 못하게 놀라게 한 적은 없어요. 형제가 형제한테 놀랄 수 있을까요? 열다섯 때부터 함께했는데."

11월 말과 12월 초, 앨범이 발매된 뒤 존과 요코는 몇 차례 더 인터뷰에 응했다. 12월 8일, 존은 라디오 DJ 데이브 숄린Dave Sholin과 로리 케이Laurie Kay와의 인터뷰를 진행했다. 그는 이제 더 이상 누구와 경쟁하지 않으며, 멋져 보이려 애쓰지도 않고, 그저 십 대 시절처럼 음악을 즐기고 싶을 뿐이라고 말했다. 그러고 나서 이렇게 덧붙였다. "며칠 전에 누군가에게도 말했지만, 내가 하룻밤 장난이 아니라 진짜로 오래 함께 작업한 아티스트는 두 사람뿐이다.[12] 폴 매카트니와 오노 요코, 아주 탁월한 선택이라고 생각한다." 그는 거기서 멈추지 않고 계속해서 폴에 대해 이야기했다. 처음 만났던 일, 쿼리멘에 들어오라고 권했던 일, 그리고 폴이 처음엔 쉽게 응하지 않고 튕겼던 일까지. "조지는 폴을 통해 들어왔고, 링고는 조지를 통해 들어왔다… 하지만 내가 직접 파트너로 선택한 사람은 폴이 유일했다. 그리고 12년쯤 뒤에 요코를 만났을 때, 똑같은 느낌이 들었다. 물론 다른 종류의 감정이긴 했지만, 느낌은 같았다."

인터뷰가 끝난 뒤, 숄린은 존과 요코를 레코드 플랜트 녹음실까지 차로 데려다주었다. 그곳에서 요코의 신곡 〈Walking on Thin Ice〉 녹음이 진행 중이었다. 차 안에서 존은 기운이 넘쳤고, 로이 오비슨과 리틀 리처드의 흉내를 내며 흥에 겨워했다. 숄린이 폴과의 관계가 어떤지 묻자, 존은 이렇게 말했다. "난 그를 사랑해요.[13] 가족이라는 게 다 그렇잖아요. 좋을 때도 있고 나쁠 때도 있고, 싸울 때도 있고. 하지만 뭐가 어쨌든, 난 폴을 위해서라면 뭐든 할 수 있어요. 그리고 폴도 나를 위해서라면 뭐든 할 거라고 생각해요."

그날 밤, 존과 요코는 밤 10시 30분쯤 녹음실을 나와 대기 중이던 리무진에 올랐다. 다코타 아파트에 도착하자, 요코가 먼저 차에서 내려 입구를 향해 걸어갔다. 존은 카세트테이프 여러 개를 두 팔로 안듯이 들고, 몇 걸음 뒤에서 그녀를 따라갔다. 그가 입구로 다가갈 때, 네 발의 총알이 그의 가슴을 꿰뚫었다. 존은 비틀거리며 다코타 아파트 안쪽으로 걸음을 옮기다가, 안고 있던 카세트테이프를 떨어뜨리고 쓰러졌다. 인도 위로 피가 쏟아졌다. 경찰관들이 그를 순찰차에 태워 근처 병원으로 급히 이송했지만, 도착하자마자 사망 판정을 받았다.

작가 로버트 로젠Robert Rosen은 레넌이 다코타 아파트에서 기록한 일기를 읽어 본 유일한 사람이다(존이 사망한 뒤, 프레드 시먼이 이 일기를 훔쳐 1981년에 로젠에게 보여 주었다). 로젠의 말에 따르면, 레넌은 일기에서 폴에 대해 자주, 거의 매일 언급했다. 2010년, 일기장에서 가장 충격적인 부분이 무엇이었냐는 질문을 받자 로젠은 존의 폴에 대한 질투("꽤 충격적이었다."), 돈에 대한 집착, 그리고 오컬트에 대한 집착이라고 답했다.

처음 두 가지는 물론 연결되었다. 존과 폴은 함께 성공해 부자가 되었지만, 1970년대 중반 폴의 수입이 자기보다 훨씬 더 많아지는 모습을 지켜보는 건 존에게 꽤나 뼈아픈 일이었다. 매카트니의 수입이 정점에 달한 것은 1978년이었다. 그는 컬럼비아 레코드와 계약을 맺으며, 세계에서 가장 많은 돈을 받는 리코딩 아티스트가 되었다. 그러나 1980년 무렵에는 매카트니의 최고 전성기가 지나고, 예전만큼 잘 나가지 않게 되자 레넌의 질투도 한결 누그러졌다. 레넌이 계속 공개석상에서 매카트니를 깎아내리는 듯한 태도를 보였던 건, 자신이 복귀하는 상황에서 폴이 경쟁자로 비칠까 봐 느끼는 불안감 때문이었다. 레넌에게 '폴'이라는 존재는 내면의 불안을 가늠하는 척도와도 같았다.

〈(Just Like) Starting Over〉는 레넌이 〈Double Fantasy〉 작업을 시

작하며 가장 먼저 녹음한 곡 가운데 하나였다. 이 곡을 앨범의 첫 트랙이자 첫 번째 싱글로 선정했고, 그의 복귀 서사와도 완벽하게 맞아떨어졌다. 노래는 종소리로 시작한다. 즉, 앨범은 종소리로 문을 연다. 이는 〈Mother〉의 시작을 장식했던 불길한 종소리를 떠올리게 하려는 의도로, 지난 10년 동안 레넌이 감정적으로 얼마나 먼 여정을 지나왔는지를 암시한다.

존은 이 곡의 가사에 대해 자세히 설명한 적은 없지만, 〈(Just Like) Starting Over〉는 〈Double Fantasy〉의 공동 창작자인 요코를 위한 곡이라고 밝힌 바 있다. 이 곡은 오래된 사랑에 대한 노래다. 한 남자가 자신의 파트너에게, 처음 만났을 때 함께 시간을 보내며 느꼈던 기쁨을 다시 찾아 보자고 호소하는 내용이다. 하지만 이 노래는 단지 두 사람만의 이야기를 넘어, 두 쌍의 커플에 대한 이야기처럼 들리기도 한다.

이 곡은 두왑 스타일인데, 존과 마찬가지로 두왑을 사랑한 사람은 요코가 아니었다. 이 곡은 'darling'이라는 단어를 중심축으로 삼아 전개된다. 이 단어는 프리코러스와 브리지에서 특히 중요한 역할을 하며 반복적으로 나온다. 존과 폴은 모두 그 단어를 —'darling'— 노래하는 걸 무척 좋아했다. 노래 속 화자는 예전처럼 파트너와 단둘이 멀리 떠나고 싶어 한다. 하지만 그런 식의 도피는 존과 요코가 하던 일이 아니었다. 오히려 정반대였다. 어딘가로 훌쩍 떠나는 걸 좋아했던 건 바로 존과 폴이었다. 캐버샴으로, 파리로, 마리에타 호텔 라운지로, 포슬린 로드의 20번지로.

그리고 이 노래에는 마치 매카트니에게 보내는 암호 같은 메시지도 담겼다. 〈How Do You Sleep?〉에서 그랬던 것처럼 그리 미묘하지도 않다. 두 줄의 가사에 윙스를 떠올리게 하는 표현이 세 번이나 등장한다. 'spread our wings', 'my love'(윙스의 히트곡 〈My Love〉), 그리고 'another day'(〈How Do You Sleep?〉에서도 언급된 폴의 솔로곡 제목)이다. 이 곡의 초기 버전에는 'walrus'가 들어간 가사가 있었지만, 그 부분은 삭제했다. 아마도 너무 노골적이라고 판단했기 때문일 것이다. 〈(Just Like) Starting Over〉는 두 개의 사랑 노래다. 하나의 사랑을 찾으면 그 속에 다른 사랑이 하나 숨어 있다.

1980년 여름, 존과 폴이 각각 팬들과 함께 길거리에서 찍은 사진이 있다. 존은 뉴욕에서, 폴은 런던에서 촬영한 이 두 장의 사진은 종종 온라인에서 나란히 소개되곤 한다. 놀라운 점은, 서로 다른 장소에서 찍혔음에도 두 사람의 옷차림이 무척이나 비슷하다는 것이다. 둘 다 스포츠 재킷에 목이 드러난 셔츠를 입었고, 머리 모양까지 닮았다. 깔끔하게 면도한 얼굴에, 앞머리를 둥글게 내린 더벅머리 스타일은 비틀스 초기의 모습을 떠올리게 한다.

물론 둘이 스타일을 맞추기로 한 것은 아니다. 실제로 그해 두 사람은 직접 만난 적이 없고 전화 통화만 한 것으로 보인다. 하지만 돌이켜보면, 이들은 애초부터 뭔가를 의도적으로 맞추려 한 적이 없었다. 다만 물리적으로 가까이 있을 때, 유기적인 상호작용 속에서 자연스럽게 공명하고 조화를 이루었을 뿐이다.

1970년대에 두 사람은 양자물리학에서 말하는 '양자 얽힘' 같았다. 멀리 떨어졌어도 어떤 방식으로든 연결된 한 쌍의 양자를 뜻한다. 어떤 때는 한쪽이 위로 회전하면 다른 쪽은 아래로 회전하고, 또 어떤 때는 둘 다 위로 혹은 아래로 회전하지만, 언제나 서로 밀접한 상관관계를 유지한다.

존의 친구 해리 닐슨은 이렇게 회상했다. "어느 날 누가 길에서 존을 봤다고 하더라고.[14] 'I LOVE PAUL'이라고 적힌 배지를 달고 있었대. 나한테 그 얘기를 해 준 여자가 존한테 왜 그런 배지를 달고 있냐고 물었더니, 존이 그러더래. '왜냐하면 난 폴을 사랑하니까.'"

43

HERE TODAY

폴이 서식스 자택에 혼자 있을 때 전화벨이 울렸다. 린다는 아이들을 학교에 데려다주러 나간 참이었다. 그날 폴은 런던 중심가에 있는 조지 마틴의 녹음실에서 마틴의 지휘 아래 신곡을 작업할 예정이었다. 전화를 건 사람은 폴의 매니저였고, 비보를 전했다. 린다가 집으로 돌아와 차를 세우는 순간, 남편이 마중 나오는 모습이 눈에 들어왔다. 그녀는 그 모습을 보는 순간, 무언가 크게 잘못됐다는 걸 직감했다. 폴의 얼굴에는 절박함이 가득했다.

조지 마틴이 전화를 걸었다. 폴과 함께 충격적인 소식을 나눈 뒤, 그가 물었다. "오늘 작업을 취소할까?" 폴은 취소하고 싶지 않았다. 그럴 리 없었다. 음악을 만드는 건 언제나 그에게 정답이었으니까. 게다가 조지 마틴과 함께 있다는 사실도 분명 위안이 되었을 것이다. 그날 녹음 세션에 함께 있었던 데니 레인은 이렇게 회상했다. "폴은 정말 조용했고, 몹시 상심했어요."[1] 그날은 매카트니의 곡 〈Rainclouds〉를 녹음하는 날이었다. 레인은 폴이 이렇게 말했던 걸 기억한다. "나는 이제 다시는 그 누구와도 사이가 틀어지는 일이 없을 거야." 잠시 뒤, 비서가 들어와 오노 요코에게서 전화가 왔다고 전했다(요코는 린다에게서 스튜디오 전화번호를 알아냈다). 폴은 전화를 받기 위해 사무실로 향했고, 비서가 문을 닫고 나올 때쯤 그는 울음을 터뜨리기 시작했다.

옥스퍼드 스트리트에 있는 스튜디오 입구 앞에는 이미 기자들과 사진기자들이 몰려와 있었다. 매카트니가 모습을 드러냈을 때는 이미 어둠이 내려앉은 뒤였다. 기자들이 그를 에워쌌고, 플래시가 터졌다. 지나가던 사람들도 걸음을 멈추고 바라보았다. 요즘이라면 과연 어떤 일이 벌어졌을까? 아마 매카트니는 기자들의 질문을 받지 않은 채 곧장 차로 이동했을 것이다. 소속사는 뉴스가 전해진 지 불과 몇 시간 만에, 그의 확인을 거친 공식 입장문을 발표했을 것이다. 어느 정도 마음을 추스른 뒤에는 TV 인터뷰 일정도 잡을 것이고, 소속사에서는 인스타그램에 올릴 글 또한 발 빠르게 준비할 것이다. 이번에도 매카트니는 아무도 가 보지 않은 길을 걸어갔다. 어린 시절, 어머니의 죽음을 전해 들었을 때 그는 지나치게 현실적인 반응을 보였다. 그리고 지금, 가장 가까운 친구의 죽음을 맞이한 순간에도 그의 반응은 크게 다르지 않았다. 다만 이번에는 전 세계가 그를 지켜보았다. 녹음실 건물 밖으로 나서는 순간, 폴은 자동적으로 대중 앞에서의 가면을 썼다. 언제나 기자들 앞에 멈춰 서서 말을 건네는 친근한 스타. 하지만 마음속이 거세게 요동쳤고, 그 가면은 제대로 작동하지 않았다. 평소 같으면 인터뷰어의 시선을 정면으로 마주했겠지만, 이번에는 고개를 돌렸다. 시선을 애써 피하려는 듯, 당장이라도 사라지고 싶은 것처럼. 언뜻 보기엔 무심하고, 퉁명스럽고, 사무적인 태도로 비칠 수 있다. 하지만 다시 보면, 슬픔에 잠긴 아이가 보인다. 분노에 차 있고, 길을 잃었으며, 두려움에 사로잡힌 아이가.

존 레넌의 피살 소식이 전해지자 전 세계에서 애도의 물결이 일었다. 여러 나라에서 추모 집회가 열렸고, 라디오에서는 비틀스 노래와 레넌의 솔로곡이 끊임없이 흘러나왔다. 생전에도 꽤 팔렸던 〈Double Fantasy〉는 그의 사망 이후로 차트 1위에 올랐다. 얀 웨너는 레넌을 추모하는 《롤링스톤》 특별 호를 발행했다. 표지에는 애니 레보비츠 ^{Annie Leibovitz}가 촬영한 사진이 실렸다. 레넌이 사망한 날 찍은 사진으로, 벌거벗은 그가 아기처럼 몸을 웅크린 채, 옷을 입은 요코의 옆에 바짝 붙은 모습이었다. 이 이미지는 전 세계 곳곳에서 사용했다. 사람들이 레넌의 죽음을 슬퍼한 이유 중 하나는 그가 1960년대의 낙관주의와 해방을 상징하는 인물이었기 때문이었다. 비록 짧은 기간에 집중되었지만, 그가 펼쳤던 평화 운동과 정치적 활동은 사람들이 그의 음악에 품었던 애정과 죽음을 둘러싼 상실감과 뒤섞여 그를 신화적 존재로 만들었다. 레넌을 잘 알고, 또 좋아하기도 했던 기자 레이 코놀리는 이렇게 말했다. "대중이 막 순교한 성인을 추앙하기 시작하는 그 순간, 이미 어딘가에서 수상쩍은 향냄새가 피어오르고 있었다."[2] 레넌은 비틀스를 이끈 위대한 천재이자, 더 나은 세상을 꿈꾼 이상주의자, 평화를 조용히 전파한 온화한 전도자, 그리고 오노 요코의 다정한 동반자로 추앙받기 시작했다. 그의 결점과 나약함, 모순은 지워지거나 미화되었다. 그리고 레넌의 위상이 높아지기 위해 매카트니의 위상은 그만큼 낮아져야 했다. 당시 미국에서 가장 영향력 있는 록 평론가였던 로버트 크리스트가우 ^{Robert Christgau}는 아내의 말에 깊이 공감하며 이렇게 말했다. "왜 항상 죽는 건 케네디나 존 레넌일까? 왜 리처드 닉슨이나 폴 매카트니가 아닌 거야?"**3**

레넌을 신격화하는 분위기는 아마도 비보가 전해진 날에 매카트니 역시 강하게 체감했을 것이고, 그가 극심한 혼란에 빠진 데에도 한몫했을 것이다. 그러나 그 분위기는 생각보다 오래 지속되지 않았을 수도 있었다. 필립 노먼이 책《샤우트! (비틀스의 실화) *Shout! (The True Story of the Beatles)*》을 출간하지 않았더라면 말이다. 이 책은 레넌의 사망 이후 불과 석 달 만에 출간되었으며, 그 시점까지 나온 비틀스 관련 서적 가운데 가장 포괄적이고 정교하게 쓰인 책이었다.《샤우트!》는 엄청난 베스트셀러가 되었고, 이후 수십 년간 이어질 비틀스 서사의 틀을 형성했다. 저자 필립 노먼은 훗날 스스로 인정했듯, 레넌을 편애하는 인물이었고 매카트니를 좋아하지 않았다. 그가 책에서 풀어낸 이야기는, 1970년대 초반에 레넌이 여러 인터뷰를 통해 구축한 서사와 거의 일치했다. 책 홍보를 위해 TV 방송에 출연한 노먼은 이렇게 단언했다. "비틀스의 4분의 3은 존 레넌이었다."**4**

그해 1월, 매카트니는 다시 스튜디오로 돌아갔다. 그는 새 앨범을 솔로 앨범으로 만들기로 결심한 상태였다(그해 말, 윙스의 해체를 공식적으로 발표했다). 프로듀싱은 조지 마틴에게 맡겼다. 녹음의 대부분은 마틴이 카리브해 몬세라트 섬에 지어 놓은 스튜디오 단지에서 이뤄졌다. 폴은 비틀스 시절 함께했던 인물들을 다시 불러들였다. 링고는 몇몇 곡에서 드럼을 연주했고, 조지 해리슨도 한 곡에 기타로 참여할 예정이었으나 결국 함께 작업하지는 못했다. 이제 독립적인 프로듀서로 활동하던 제프 에머릭도 참여했다. 매카트니는 자신이 존경하지만, 아직 함께 작업해 본 적 없는 아티스트들도 초대했다. 스티비 원더가 몇 곡에 참여했고, 10cc의 에릭 스튜어트 Eric Stewart는 백업 보컬을 맡았다. 또 다른 초대 손님은 칼 퍼킨스 Carl Perkins였다. 칼 퍼킨스는 로큰롤의 개척자로, 엘비스 프레슬리와 함께 선 스튜디오에서 활동을 시작해 비틀스 멤버 모두가 좋아한 컨트리풍의 로커빌리 음악을 선보인 인물이었다. 비틀스는 그의 곡 〈Matchbox〉, 〈Honey Don't〉, 〈Everybody's Trying to Be My Baby〉 등을 커버하기도 했다. 퍼킨스는 매카트니보다 겨우 열 살 많았지만, 완전히 다른 세대처럼 느껴졌다. 다정하고 인자한 성정의 그는 몬세라트 섬에서 매카트니에게 든든한 의지가 되어 주었다.

퍼킨스는 그 섬에서 8일을 머물며 매카트니와 함께 〈Get It〉이라는 곡을 쓰고 녹음했다. 그는 린다를 비롯해 매카트니의 가족 모두와도 만났고 함께 저녁을 먹으며 즐겁게 이야기를 나눴다. 떠나기 전날 밤, 그는 기타를 들고 혼자 파티오에 앉아 그곳에서 지낸 시간이 얼마나 아름다웠는지를 곱씹으며 어떻게 고마운 마음을 전할 수 있을지를 생각했다. 훗날 그는 이렇게 말했다. "난 좀 감상적인 편이라 어떤 말은 입 밖으로 쉽게 내지 못한다.[5] 하지만 노래로는 할 수 있다." 그렇게 그는 파티오에서 〈My Old Friend〉라는 곡을 썼다. 다음 날 아침, 퍼킨스는 평소처럼 매카트니 가족과 함께 식사했다. 이 자리에 기타를 들고 온 그는 그동안의 따뜻한 환대에 고마운 마음을 담아 노래를 만들었다고 말했다. 매카트니 가족은 무척 기뻐했다. 퍼킨스가 부른 노래는 컨트리 음악 특유의 솔직하고 꾸밈없는 감정이 가득 담긴 곡이었다. 그런데 그 노래는 단순히 새로운 친구들과 함께한 즐거운

한 주를 노래하는 데 그치지 않았다. 그 이상을 말하고 있는 듯했다. 노래 중간, 퍼킨스는 혹시 이 생에서 다시 만나지 못하더라도 '저 너머 어딘가에서' 다시 만날 거라고 약속하며 이렇게 물었다. "가끔이라도 나를 떠올려 줄 수 있겠니?(Won't you think about me every now and then?)" 퍼킨스가 그 대목을 부르자, 매카트니는 자리에서 일어나 눈물을 흘리며 자리를 떴다. 퍼킨스는 깜짝 놀라 노래를 멈췄고, 자신이 뭔가 잘못한 건 아닐까 싶어 걱정했다. 그때 린다가 자리에서 일어나 퍼킨스를 안아 주며, 폴이 슬픔과 마주할 수 있도록 도와줘서 고맙다고 말했다. "폴에겐 슬퍼할 시간이 꼭 필요했어요." 도대체 그 노래의 무엇이 폴의 눈물을 터뜨리게 만든 걸까? 린다는 존이 폴에게 마지막으로 남긴 말이 "가끔이라도 내 생각을 해 줘, 오랜 친구야."였다고 설명했다.

몬세라트 섬에서 돌아온 뒤, 매카트니는 영국에서 앨범 작업을 이어 갔다. 에릭 스튜어트는 그가 이렇게 말했던 걸 기억한다. "존이 떠난 게 이제야 실감이 나.[6] 그는 죽었고, 다시는 돌아오지 않아." 스튜어트의 말에 따르면, 매카트니는 마치 그 사실을 이제야 비로소 받아들인 듯, 완전히 낙담한 표정이었다. 그는 매카트니가 레넌에게 하고 싶었지만, 이제는 영영 전할 수 없어진 말들을 끝없이 곱씹는 것 같다는 인상을 받았다.

폴은 서식스에서 〈Here Today〉를 썼다. 그 작업은 누구라도 감당하기 힘들었을, 세상에서 가장 두렵고 막막한 과업처럼 느껴졌을 것이다. 전 세계가 존을 위한 추모곡을 기대하지만, 그 모든 기대조차도 함께 음악을 만들었던 존의 유령 같은 존재감보다는 덜 위협적으로 느껴졌을지도 모른다. 평소 가사를 쓸 때 지나치게 고민하는 걸 좋아하지 않던 매카트니였지만, 이번만큼은 단어 하나하나를 힘겹게 떠올려야 했다. 그럼에도 떠난 이를 가슴에 품고 살아가는 심정을 우아하고 감동적으로 담아낸 결과물이 나왔다. 〈Here Today〉는 존 레넌이나 존과 폴, 혹은 비틀스의 모든 것을 담아내려 하지 않는다. 그저 여운을 남기는 열린화음 위에서 이렇게 묻는다. "만약 네가 이 노래를 듣고 있다면 어땠을까?" 폴은 존이 이 노래를 들으면 어떻게 생각할지를 계속 조심스럽게 짐작한다. 그 속에는 불안함이 묻어나지만, 동시에 씁쓸한 유머와 잔잔한 위안도 담겼다.

〈Here Today〉는 기타로 연주한다. 어머니가 세상을 떠난 뒤, 폴이 꼭 껴안았던 악기 역시 기타였다. 곡의 제목은 〈Yesterday〉를 떠올리게 하고, 조지 마틴이 편곡한 현악 사중주는 〈Yesterday〉뿐만 아니라 〈Here, There and Everywhere〉를 연상시킨다. 이 곡은 구조가 독특하다. 두 개의 도입부에 이어 두 개의 브리지가 이어지는 형식이다. 첫 번째 브리지에서 화자는 도입부의 긴장감을 이겨내며 점차 자신감을 얻고, 이제는 "내 심정(for me)"에 대해 말하기 시작한다. "예전(before)"이 어땠는지 아직도 기억한다고, 더 이상 눈물을 참지 않겠다고 말한다. "tears no more"라는 세 단어로 이루어진 가사가 길게 이어진 뒤, 그다음으로 세 단어가 조용히 다가온다. "I love you" 이어지는 두 번째 브리지는 더 길고 복잡하다. 여기서 그는 첫 만남을 회상한다. 서로를 의식하며 밀고 당기던 순간들을 떠올리고, 그 기억 아래에 불협화음의 단조 코드를 깔아 어딘가 씁쓸한 분위기를 자아낸다. "우린 아무엇도 이해하지 못했지만, 언제나 노래할 수 있었지(Didn't understand a thing, but we could always sing)"라고 말한 뒤 무언가를 향해 헤엄치듯 계속 나아가며 더 깊은 곳으로 들어가려 한다. 그리고 '우리가 함께 울었던 밤'에 대해 노래한다. 훗날 매카트니는 이 대목이 1964년 두 번째 미국 투어 중 플로리다주 키웨스트에서의 밤을 말하는 것이라고 설명했다. 당시 그들은 허리케인 때문에 경로를 변경해야 했고, 그날 밤 폴과 존은 함께 술에 취해서 결국 울고 말았다. "우리가 얼마나 멋진 팀이었고, 서로를 얼마나 아꼈는지를 느꼈다.[7] 비록 그런 말을 입 밖으로 꺼낸 적은 없지만." 화자는 이렇게 노래한다. "Never understood á word, but you were always there with a smile(전혀 이해하지 못했지만, 넌 언제나 웃는 얼굴로 곁에 있었지)"

언제나 웃는 얼굴로 곁에 있었다는 것은, 어쩌면 별로 대단한 표현이 아닐지도 모른다. 하지만 모두가 레넌을 선지자처럼 추모하던 그 시기에, 이 담백한 말 속에는 오히려 더 깊은 진심과 감동이 담겼다. 언제나 웃음을 주는 친구. 친구에게 그것보다 더 소중한 것이 과연 있을까.★ 〈Here Today〉의 마지막 도입부에도 '만약'이라는 단어가 조심스럽게 등장한다. 하지만 이번에는 사랑을 고백하는 폴의 목소리에 한층 더 강한 확신이 실렸다. 그는 이렇게 끝맺는다. "If you were here today, for you were in my song(네가 지금 여기에 있다면, 내 노래 속에 있

★　함께 웃는 일이 두 사람에게 얼마나 중요한 의미였는지를 설명하는 건 쉽지 않다. 아마도 그걸 가장 잘 보여 줄 수 있는 것은, 웃음이 넘쳐흐르던 순간이 그대로 담긴 실제 녹음이나 영상뿐일 것이다. 예를 들어 〈And Your Bird Can Sing〉의 아웃테이크에서는, 두 사람이 연신 웃음을 터뜨린다. 〈We Can Work It Out〉의 홍보 영상에서는 립싱크를 해야 하는 순간, 존이 일부러 폴을 웃게 만들고, 《비틀스: 겟 백》에서는 스카우트와 자위에 관한 존의 말장난에 진지하게 굴려던 폴이 결국 웃음을 참지 못하고 무너진다.

을 거야)" 〈Here Today〉는 폴이 빚은 조그마한 수정 구슬 같은 이 노래 안에 존이 살아 있다는 선언으로 아름답게 끝난다.

존 레넌이 세상을 떠난 지 다섯 달 뒤, 매카트니는 1968년에 출간한 비틀스 전기의 저자이자 친분 있는 언론인이었던 헌터 데이비스에게 전화를 걸었다. 그는 최근 존에 대해 공개적으로 이야기하며 사실과 다르게 말하는 사람들이 많다며 불만을 털어놓기 시작했다. 그중에는 데이비스도 포함되었다. 그를 정말로 속상하게 만든 건 요코의 인터뷰였다. 그 인터뷰에는 요코가 "폴이 존에게 누구보다 큰 상처를 줬다."라는 말을 했다고 적혀 있었다. 매카트니는 그것이 자신이 읽은 것들 중 가장 잔인한 표현이었다고 말했다. "요코가 왜 그런 말을 하는지 도무지 이해할 수 없어."[8] 정작 존이 자신에게 상처를 줬던 일에 대해서는 아무도 말하지 않는다는 것이었다. "사람들은 계속 내가 존에게 상처를 줬다고 말하는데, 근거가 뭐야? 내가 언제 그랬다는 건데?" 그는 머리를 쥐어짜며 곰곰이 생각해 봤지만, 떠오르는 일이라고는 〈Why Don't We Do It in the Road〉를 존 없이 녹음한 것뿐이었다(이 곡에는 폴과 링고만 참여했다). "나중에 (존이) 그 노래를 부르는 걸 들은 적이 있어. 존은 그 노래를 정말 좋아했고, 나랑 같이 부르고 싶었나 보더라고. 굉장히 존 스타일인 노래지… 내가 존에게 영감을 받아서 쓴 노래였으니까."

매카트니는 데이비스와의 통화에서 이런 이야기를 한 시간 넘게 이어 갔다. 그는 레넌이 자신을 어떻게 보고 있었는지를 계속 파고들었다. "존은 항상 내가 약삭빠르고 교활하다고 생각했어… 난 절대 그를 곤란하게 만들려고 한 적 없어, 단 한 번도. 오히려 존이 꼼수를 부리곤 했지… 그런데 죽고 나서 마틴 루터 레넌이 된 거야." 그는 자신과 존은 어디까지나 창작의 영역에서 라이벌 관계였을 뿐이라고 말했다. "내가 〈Penny Lane〉을 쓰면, 존은 〈Strawberry Fields Forever〉를 썼어. (참고로, 실제로는 순서가 반대다.) 늘 그런 식이었어. 하지만 그건 작곡의 영역에서 그랬던 거야." 그는 1970년대 내내 자신의 노래에 담긴 모욕적인 암시로 인해 두 사람 사이에 다툼이 있었다고 말했다. "우린 고래고래 소리를 지르며 싸웠어… 가끔 존은 질투심에 완전히 돌아 버리기도 했어." 그러곤 비틀스 시절의 일화를 꺼냈다. 그가 자주 회상하던 이야기였다. "정말 심하게 말싸움하던 중이었어. 존이 갑자기 할머니 같은 안경을 벗는 거야. 아직도 그 장면이 생생해. 존은 안경을 내려놓고 이렇게 말했어. '나야, 폴. 나라고.' …그 말이 자꾸 떠올라. '나라고. 다른 사람이 아니고.' 그게 내 마음속에 주문처럼 남았어."

1982년, 매카트니는 BBC 라디오 프로그램 《데저트 아일랜드 디스크》의 40주년 특집에 출연했다(공교롭게도 그는 그해에 마흔 살이 되었다). 이 프로그램에서는 출연자가 무인도에 표류했을 때 가져가고 싶은 여덟 개의 음반을 고르게 한다. 이번 회차는 특집 방송이었기에 매카트니의 출연 분량은 다큐멘터리로 촬영했다. 프로그램의 원년 진행자였던 로이 플롬리Roy Plomley가 특집 방송의 진행을 맡았다. 그는 온화하고 배려 깊은 사람이었고, 어떤 면에서는 조지 마틴을 떠올리게 했다. 매카트니는 척 베리, 엘비스, 진 빈센트의 음반을 골랐다. 코스터스The Coasters의 〈Searching〉이 흘러나오자, 그는 환한 표정으로 노래를 따라 부르며 캐번 클럽에서 이 곡을 연주하던 기억을 떠올렸다. 마지막 여덟 번째 곡을 고를 시간이 되자 매카트니는 이렇게 말했다. "마지막 곡은 존 레넌의 앨범 〈Double Fantasy〉에 실린 곡을 골랐어요." 그가 선택한 곡은 〈Beautiful Boy (Darling Boy)〉였다. 명랑하게 말하려 애썼지만, 매카트니는 이 곡을 소개할 때 플롬리를 제대로 바라보지도 못했다. "저한텐… 정말 울컥해지는 곡이에요." 이윽고 음악이 흐르기 시작하고, 이제는 아버지를 잃은 소년을 향한 애정이 가득 담긴 존의 다정한 목소리가 방 안을 채운다. 매카트니는 입술을 꾹 깨문다. 그의 눈동자가 이리저리 흔들리고, 그는 얼굴을 카메라에서 돌려 거의 플롬리에게 등을 돌리다시피 한다. 멜로디를 조용히 흥얼거리긴 했지만, 울지 않으려 애쓰는 모습이 역력하다.

1982년, 매카트니는 조지 마틴과 함께 작업한 솔로 앨범을 발표했다. 앨범 제목은 첫 번째 트랙에서 따온 〈Tug of War〉였다. 싱글로도 발표한 이 곡은 싸움의 덧없음을 노래한다. 매카트니는 1981년 한 해 동안 왕성한 창작 활동을 펼쳐 두 장의 앨범을 낼 만큼의 곡을 썼다. 그다음 앨범은 〈Pipes of Peace〉였다. 그는 〈Tug of War〉에서 존과 가장 깊이 관련된 평화라는 주제를 이어 가지만, 레넌이 세상을 떠난 뒤 처음 나온 이 앨범을 들으면 지친 듯하고 아쉬움이 스며든 목소리에서 더욱 개인적인 감정이 느껴지지 않을 수 없다. 존의 갑작스러운 죽음은 누구에게나 감당하기 어려운 일이었겠지만, 끝내 완전히 화해하지 못한 채 이별했다는 사실은 매카트니를 수년 동안 괴롭혔다. 의외로 그를 가장 크게 위로해 준 사람은 요코였다. AIR 스튜디오에 처음 걸려 온 전화에서부터, 요코는 주저 없이 말했다. 존이 늘 그에 대해 애정을 담아 이야기했다고. 그녀는 존이 총에 맞기 불과 얼마

전, 폴의 노래를 틀어 놓고 울었다고 전했다. 1984년, 매카트니는 마지막으로 존과 나눈 다정한 전화 통화의 기억을 얼마나 필사적으로 붙잡고 있었는지에 대해 이야기했다. "가라앉지 않으려고 산산이 부서진 조각이라도 겨우 붙잡았던 거다."[9] 1986년, 그는 《Q》 잡지에 실린 크리스 살레비츠Chris Salewicz와의 인터뷰에서 있는 그대로의 솔직한 모습을 드러냈다. 훗날 살레비츠가 온라인에 공개한 녹음본을 들어 보면, 매카트니의 밝고 쾌활한 대중적 이미지와는 극명한 대비를 이룬다. 그 녹음본 속의 그는 집요하게 파고들고, 깊은 고통에 괴로워하며 끊임없이 자신에게 의문을 던지는 모습이다. 인터뷰 도중 매카트니는 자신과 다른 비틀스 멤버들을 두고 이렇게 말했다. "우린 깨어나는 중이다." 그들은 16년이 지난 그때까지도 여전히 비틀스라는 꿈에서 완전히 깨어나지 못한 상태였다.

이후 몇십 년 동안, 조지 해리슨과 린다의 죽음을 겪으며 매카트니는 존에 대한 기억을 이전보다 편안하게 마주할 수 있었다. 그는 존의 모순적인 예측 불가능한 면들에 대해 애정을 담아 이야기했고, 여전히 그를 자신의 협력자로 여긴다고 말했다. "난 지금도 내가 만드는 노래들을 존과 함께 확인한다."[10] 1995년의 한 인터뷰에서는 특히 인상적인 표현을 쓰기도 했다. 그는 존을 'A delicious broth of a boy'라고 불렀다.[11] 나는 그 말이 무슨 뜻인지 찾아봐야 했다. 'Broth of a boy'는 억누를 수 없는 열정과 에너지가 펄펄 끓어넘치는 젊은이를 가리키는 옛 아일랜드식 표현이다. 시인 바이런도 《돈 주앙Don Juan》에서 이 표현을 썼다. 주앙은 에너지가 넘치는 젊은이, 노래에서 태어난 아이였다.

2020년대에 접어들 무렵, 매카트니의 인터뷰에서 느껴지던 날것 그대로의 감정이나 괴로움의 흔적은 거의 자취를 감췄다. 2021년에 공개한 다큐멘터리 《비틀스: 겟 백》은 매카트니 자신은 물론 수많은 사람에게, 1969년 당시에도 그와 존, 그리고 다른 비틀스 멤버들이 여전히 서로를 좋아한다는 사실을 다시금 상기시켜 주었다. 그리고 2023년, 매카트니는 비틀스의 신곡 〈Now and Then〉의 발매를 주도했다. 이 곡은 존이 다코타 아파트에서 은둔하던 시절에 남긴 데모를 바탕으로 만들어졌으며, 칼 퍼킨스의 말에 따르면 제목은 존이 폴에게 남긴 마지막 말에서 따온 것이었다. 이 프로젝트는 매카트니가 거의 30년에 걸쳐 집요하게 추진해 온 일이었다. 누군가를 그리워하고, 곁에 있어 주길 바라는 마음이 담긴 이 노래의 가사에서 그가 무엇을 느꼈을지, 우리는 어렵지 않게 짐작할 수 있다.

폴은 존과의 관계에 대해 수없이 이야기하고, 또 반복해 왔다. 그래서 그 이야기는 마치 흐르는 물에 닳아 매끄러워진 돌처럼, 처음 담겨 있던 거친 감정의 결을 잃어버렸다. 그는 1970년대 말에 두 사람이 얼마나 잘 지내고 있었는지를 강조하곤 한다. 내게는 늘, 그가 우리를 ―아니면 어쩌면 자기 자신을― 납득시키려 애쓰는 것처럼 들린다. 존이 세상을 떠나기 불과 몇 주 전, 그는 피터 브라운과의 반공식적인 인터뷰에서 존과 요코를 '매우 의심이 많은 사람들'[12]이라고 표현했고, 아무리 애를 써도 존이 자신을 믿어 주지 않아 답답하다고 털어놓았다. 그때의 당혹감과 상처는 완전히 사라지지 않은 듯하다. 마치 자신의 일부를 잃어버린 듯한 느낌 역시 마찬가지일 것이다.

매카트니가 여든 번째 생일을 맞은 2022년, 나는 그가 뉴저지의 한 스타디움에서 6만 명의 관객 앞에서 공연하는 모습을 지켜보았다. 그는 비틀스 시절의 곡들과 윙스, 솔로 시절의 곡들로 무대를 가득 채운 3시간짜리 초대형 공연을 선보였다. 감동의 절정은 〈I've Got a Feeling〉 무대였다. 매카트니는 이 곡을 레넌과 가상의 듀엣 형식으로 불렀다. 피터 잭슨 감독에게 부탁해 루프탑 콘서트 영상을 자신의 라이브 공연에 맞춰 편집해 달라고 요청한 것이다. 매카트니가 등을 관객 쪽으로 돌린 채, 거대한 화면 속에서 1969년의 모습 그대로 노래하는 친구를 올려다보는 장면은 무척 뭉클했다. 하지만 테이프를 재생한 듯 어딘가 지나치게 깔끔한 인상도 남았다. 폴이 존을 사랑했던 이유는, 그가 결코 예측 가능한 사람이 아니었기 때문일 것이다.

　우리가 종종 레넌과 매카트니를 오해하는 데에는 여러 이유가 있겠지만, 그중 하나는 아마도 남성 간의 친밀한 우정을 제대로 이해하지 못하기 때문일 것이다. 우리는 남성들이 좋은 친구가 되거나, 치열한 경쟁자가 되거나, 혹은 동시에 그 둘 다일 수 있다는 생각에는 익숙하다. 요즘에는 동성애 관계일 수도 있다는 가정에도 익숙해졌다. 하지만 성적인 관계는 아니면서도 낭만적인 요소가 있는 우정, 에로틱하거나 육체적인 측면이 있을 수도 있지만 섹스는 개입하지 않는 두 남성의 관계에 대해서는 당황스러움을 느낀다. 우리 조상들은 이런 관계를 지금보다 더 잘 이해했다. 플라톤의 《향연Symposium》에서 아리스토파네스는 '강한 그리움Intense Yearning' 13에 대해 설명한다. 두 사람이 서로에게 품는 성적 결합에 대한 욕망이 아니라, 두 영혼이 분명하게 갈망하지만 그것이 정확히 무엇인지 알 수 없는 열망이다. 아리스토파네스가 말하듯, 이런 관계는 그 비정형적인 성격 때문에 지켜보는 사람들은 물론이고, 당사자들조차 이해하기 어려울 수 있다.

프랑스 철학자 미셸 드 몽테뉴도 젊은 시절, 작가이자 법률가였던 에티엔 드 라 보에시와 그런 형태의 우정을 나눈 적이 있다. 두 사람은 1563년, 라 보에시가 서른두 살의 나이로 세상을 떠나기까지 6년 동안 친구로 지냈다. 그들은 서로를 사랑했다. 함께하는 시간을 즐거워했고, 정신과 영혼은 깊이 이어졌다. 몽테뉴는 그들의 우정이 탄생한 순간을 이렇게 묘사했다.

우리는 만나기 전부터 서로를 찾았다… **14** 서로에 대해 들은 이야기들 때문이었다… 그리고 어느 날, 성대한 축제와 마을 잔치에서 우연히 처음 마주쳤을 때, 우리는 서로에게 강하게 이끌렸고, 마치 오래전부터 알고 지낸 사이처럼 친밀했으며, 깊이 연결되었다. 그 순간부터 우리는 그 누구보다도 가까운 사이가 되었다.

라 보에시가 세상을 떠났을 때, 몽테뉴는 깊은 상실감에 빠졌다. 몽테뉴는 그를 잃은 슬픔에서 결코 벗어나지 못했고, 나이가 들수록 고통은 오히려 더 깊어졌다. 몽테뉴는 《우정에 관하여*On Friendship*》라는 수필에서 라 보에시의 이름을 직접 언급하지 않은 채, 그에 대한 자신의 감정을 적었고, 지극히 개인적인 감정을 보편적인 이야기로 승화시켰다. 그는 왜 친구를 그렇게까지 사랑했는지, 무엇이 자신과 친구를 영혼의 짝으로 만들었는지를 설명하는 데 애를 먹었다. 여러 번 글을 고쳐 쓴 끝에, 결국 그는 이렇게 단순한 문장에 이르렀다. "그가 그였기 때문에, 내가 나였기 때문에."

1981년, 헌터 데이비스와의 대화에서 매카트니는 쓸쓸한 어조로 이렇게 말했다. "지금 와서 보니, 우리는 서로의 영혼 깊은 곳까지는 닿지 못했다."[15] 결국 매카트니는 끝내 레넌을 알지 못한 채, 이해하지 못한 채 남아야 했다. 우리도 마찬가지다. 하지만 한 가지는 분명히 말할 수 있다. 그들은 서로를 사랑했고, 음악을 통해 전 세계 사람들과 그 사랑을 나누는 방법을 찾았다. 그리고 그 과정에서 세상을 헤아릴 수 없을 만큼 더 나은 곳으로 만들었다. 그가 존이었기 때문에. 그가 폴이었기 때문에.

감사의 말

이 책은 2020년, 코로나19 팬데믹 기간에 싹텄다. 그 시기에 나는 내가 발행하는 뉴스레터를 통해 《폴 매카트니를 기념할 64가지 이유》라는 만 단어 분량의 글을 발표했다. 많은 이가 읽을 거라 기대하지는 않았다. 그냥 내가 꼭 써야만 했던 글이었다. 하지만 예상과 다르게 정말 많은 사람이 읽어 주었다. 예상치 못한 반응의 크기와 열기에 놀란 나는, 어린 시절부터 사랑해 온 그룹, 비틀스에 대한 책을 쓸 수도 있을까 하는 생각을 하기 시작했다. 그리고 만약 책을 쓴다면, 비틀스의 이야기에서 내가 가장 깊이 관심을 두는 부분이 무엇인지 스스로에게 물었고, 답은 금세 분명해졌다. 이 주제를 나보다 먼저 다루지 않은 모든 비틀스 작가에게 감사드린다.

하지만 이 책은 수많은 비틀스 관련 서적에 큰 빚을 지고 있다. 이 자리에서는 지면상 그중 극히 일부만을 언급할 수 있을 뿐이다. 조너선 굴드의 《Can't Buy Me Love》는 지금까지 나온 단권짜리 비틀스 전기 가운데 가장 뛰어난 책으로, 비틀스의 성공 배경과 음악에 대해 매우 예리한 통찰을 담았다. 마크 루이손의 《Tune In》은 비틀스의 유년기부터 명성을 얻기 전까지의 경력을 가장 포괄적으로 다룬 책이다. 모든 비틀스 작가가 그렇듯, 나 역시 루이손의 심층적인 1차 자료 조사에 큰 도움을 받았다. 스티브 터너의 《Beatles '66》은 비틀스 역사에서 가장 결정적인 해였던 1966년을 다루는 데 훌륭한 길잡이가 되어 주었다. 헌터 데이비스의 《The Beatles》는 1968년 초판 출간 이후 지금까지도 비틀스 작가들에게 가장 중요한 자료로 꼽힌다. 특히 당시 비틀스와 가족들과의 인터뷰가 담겼다는 점에서 큰 가치를 지닌다. 필립 노먼의 《Lennon》 역시 매우 유용했으며, 특히 오노 요코와의 인터뷰에서 많은 도움을 받았다. 피터 도겟의 《You Never Give Me Your Money》는 비틀스의 해체와 그 여파를 명쾌하게 풀어낸 뛰어난 안내서다. 제임스 캠피언의 《Take a Sad Song》은 〈Hey Jude〉를 둘러싼 이야기와 통찰을 담은 훌륭한 자료집이다. 롭 셰필드의 《Dreaming the Beatles》는 비틀스의 감정 세계를 그들의 음악과 연결해 탐색해 보는 아이디어에 눈뜨게 해 주었다. 특히 존 레넌이 매디슨 스퀘어 가든에서 엘튼 존과 함께 선 무대에 관한 셰필드의 서술은 큰 도움이 되었다. 루이스 메넌드가 《뉴요커》에 기고한 오노 요코의 초기 예술 활동에 관한 글은 그녀를 바라보는 새롭고도 중요한 관점을 제공했다. 켄 워맥의 《John Lennon 1980》은 존의 생애에서 마지막 해를 다루는 데 유용한 참고 자료였다.

　최근 몇 년간 급속히 성장한 비틀스 관련 팟캐스트들은, 내가 이 그룹에 품어 온 오랜 애정과 관심을 되살려 주었다. 모두 언급할 수는 없지만, 이 자리를 빌려 감사의 마음을 전하고 싶다. 《Screw It We're Just Going to Talk about the Beatles》, 《Something about the Beatles》, 《My Favourite Beatles Song》, 《Your Own Personal Beatles》, 《I Am the Eggpod》, 《Beatles Books》, 그리고 (이 책의 사

실 확인을 맡아 준 오바다이아 존스가 진행하는)《Gimme Some Truth》에 특별한 감사를 전한다. 한편《Weird Studies》팟캐스트는 비틀스를 전문적으로 다루는 프로그램은 아니지만, 〈Sgt. Pepper's Lonely Hearts Club Band〉에 대한 논의는 내가 이 앨범을 바라보는 시각에 중요한 영향을 주었다.

팟캐스트 문화가 가져온 가장 중요한 변화는, 비틀스를 둘러싼 담론에 훨씬 더 많은 여성의 목소리가 참여함으로써 통찰과 감성 지능의 깊이가 한층 높아졌다는 점이다. 나 역시 팟캐스트를 통해 오랫동안 남성 중심으로 형성되어 온 비틀스 서사를 새롭게 재구성하는 두 명의 중요한 전문가를 발견했다. 역사기술가이자《The Beatles and the Historians》의 저자인 에린 토켈슨 웨버, 그리고《A Women's History of the Beatles》의 저자 크리스틴 펠드먼-바렛이다. 비틀스의 관계를 날카롭게 탐구한 전원 여성 제작진의 팟캐스트《Another Kind of Mind》에도 감사의 뜻을 전한다. 특히《One Sweet Dream》의 제작자이자 진행자인 다이애나 에릭슨에게는 특별한 감사를 전하고 싶다. 그녀의 팟캐스트에 담긴 깊은 통찰과, 대화 속에서 보여 준 너그러움은 이 책에 결정적인 역할을 했다.

이 책의 가능성을 알아봐 주고, 최종적인 형태로 완성될 수 있도록 도와준 페이버의 로라 하산과 셀라돈의 제이미 라브에게도 감사드린다. 이 책은 로라를 포함해 여러 뛰어난 편집자들의 손을 거쳐 만들어 졌다. 귀중한 의견을 들려준 프레드 베이티, 세심하게 편집을 맡아 준 로버트 데이비스에게 감사의 뜻을 전한다. 또한 현명한 조언과 변함 없는 열정으로 내내 큰 힘이 되어 준 나의 에이전트, 토비 먼디에게도 진심으로 감사드린다. 초고 집필에 큰 도움을 준 로린 스타인, 초고를 읽고 중요한 조언을 건넨 루크 메딩스, 그리고 지치지 않는 정밀함으로 사실 확인과 자료 조사를 맡아 준 오바다이아 존스에게도 감사드린다. 모든 오류는 전적으로 내 책임이다. 열정과 창의성으로 힘을 보태 준 페이버의 훌륭한 홍보 및 마케팅 팀에게도 감사를 전한다. 그 밖에도 이 여정에서 많은 이가 질문에 답해 주거나 귀중한 제안을 건넸고, 무엇보다 내가 가장 필요로 할 때 따뜻한 격려와 지지를 보내 주었다. 스티븐 브라운, 로나 콜먼, P. B. 콘테, 타일러 코웬, 에이드리언 다나트, 에드 독스, 크리스틴 펠드먼-바렛 박사, 베리티 하딩, 사샤 호어, 톰 홀랜드, 스티븐 레슬리, 케이티 마틴, 사샤 닐, 팀 라일리, 줄리엣 로젠펠드, 에이드리언 싱클레어, 제시 테데스키, 조 위스비에게 감사의 뜻을 전한다. 기대 이상으로 큰 도움을 준 로빈 앨런더, 던컨 드라이버, 마이클 린제이 호그, 스튜어트 우드에게도 감사드린다. 실수로 이름을 빠뜨린 모든 분께도 고마운 마음을 전한다. 마지막으로, 앨리스에게 가장 큰 감사를 보낸다.

이 책을 쓰는 동안 폴 매카트니와 인터뷰를 해 봤느냐는 질문을 자주 받았다. 하지 않았다. 두 주인공 가운데 단 한 사람만 인터뷰가 가능한 상황에서, 매카트니와의 인터뷰는 책의 균형을 무너뜨릴 수 있다고 느꼈기 때문이다. 사실 주요 인물과 주변 인물 들이 남긴 수많은 기존 인터뷰 자료를 참고하긴 했지만, 직접 인터뷰를 진행한 적은 없다(마이클 린제이 호그 감독과의 인터뷰 1건을 제외하면). 비틀스는 삶의 많은 부분을 대중의 시선 속에서 살았고, 오랜 세월 동안 끊임없는 관심을 받았다. 레넌과 매카트니에 대한 정보는 그만큼 방대하게 존재하지만, 그에 상응하는 깊이 있는 통찰은 드물다. 문헌 속 공백은 이제 '무슨 일이 있었는가?'보다는 '왜 그런 일이 있었는가?'에 더 가까워졌고, 바로 그 지점에서 내가 새로운 무언가를 보탤 수 있을지도 모른다고 생각했다. 아무래도 존과 폴에 집중하다 보니 불가피하게 생긴 안타까운 결과는, 조지와 링고가 이야기에서 밀려났다는 점이다. 그들에게 폐를 끼쳤다는 사실은 잘 안다. 다만 그 폐가 지나치지 않기를 바랄 뿐이다. 나는 조지와 링고가 비틀스에 없어서는 안 될 기여를 했다는 점을, 몇몇 지점에서라도 분명히 전하려 노력했다.

PROLOGUE

1. https://www.youtube.com/watch?v=s6_62zKxOr0.
2. Quoted in Philip Norman, *Shout!: The Beatles in Their Generation* (1981; repr. New York, 2005), pp.331–2.
3. George Martin, *All You Need Is Ears* (1979; repr. New York, 1994), p.259.
4. Hunter Davies, *The Beatles* (1968; repr. London, 2009), p.412.
5. https://www.youtube.com/watch?v=s6_62zKxOr0.

1. COME GO WITH ME

1. Interview in Ray Coleman, *McCartney: Yesterday – and Today* (London, 1995), p.28.
2. The Beatles, *The Beatles Anthology* (San Francisco, 2000), p.19.
3. McCartney interview with Ricky Ross for BBC Radio Scotland, broadcast 4 July 2019.
4. 'Portrait of Paul', *Woman* magazine, 21 August 1965.
5. Davies, *The Beatles*, p.105.
6. Mark Lewisohn, *The Beatles: All These Years: Tune In, extended Special edition* (London, 2013), p.108.
7. Described in Julia Baird, *Imagine This: Growing Up with My Brother, John Lennon* (London, 2006), p.31.
8. Davies, *The Beatles*, p.89.
9. Lester quoted in Philip Norman, *John Lennon: The Life* (London and New York, 2008), p.353.
10. Lennon, 'Mother': 'Mother, you had me but I never had you.'
11. Davies, The Beatles, p.98.
12. Davies, *The Beatles*, p.110.
13. Davies, *The Beatles*, p.113.
14. Davies, *The Beatles*, p.113.
15. Davies, *The Beatles*, p.98.

2. I LOST MY LITTLE GIRL

1. Davies, *The Beatles*, p.110.
2. Quoted in Pete Shotton and Nicholas Schaffner, *John Lennon: In My Life* (New York, 1983), p.58.
3. Barry Miles, *Paul McCartney: Many Years from Now* (London, 1997), p.46.
4. From an interview with Mike Read for BBC Radio 1, 13 October 1987, quoted in Lewisohn, *Tune In*, p.9.
5. McCartney interviewed by Julia Baird, 1988, quoted in *Imagine* This, p.145.
6. Miles, *Paul McCartney*, p.48.
7. Interview with Hunter Davies, *Sunday Times*, 18 September, 1966.

8. Interview with Mark Lewisohn and Kevin Howlett, 6 June, 1990, quoted in Lewisohn, *Tune In*, p.7.

9. Brian Epstein, *A Cellarful of Noise: The Autobiography of the Man Who Made the Beatles* (1964; repr. London, 1984), p.98.

10. McCartney interview with Anthony Cherry, BBC Radio 2, 28 June, 1992.

11. Quoted in Lewisohn, *Tune In*, p.178.

12. Interview with Paul Drew, April 1975, quoted in Lewisohn, *Tune In*, p.445.

13. Helen Anderson, quoted in Lewisohn, *Tune In*, p.282.

14. Quoted in Lewisohn, *Tune In*, p.182.

15. Davies, *The Beatles*, p.131.

16. Lewisohn, *Tune In*, p.188.

3. WHAT'D I SAY

1. Koschmider quoted in Lewisohn, *Tune In*, p.701.

2. Lennon quoted in Davies, *The Beatles*, p.162.

3. Reinhard "Dicky" Terrach, quoted in Lewisohn, *Tune In*, p.1,199.

4. Hans-Walther "Icke" Braun, in Braun and Volker Neumann, *Icke, Evelyn Hamann und die Beatles: Eine Art Biografie* (self-published, 2018). Translation courtesy of Jesse Tedesci.

5. *The Beatles Anthology*, p.46.

6. *The Beatles Anthology*, p.46.

7. Letter to Arthur Kelly, 18 October 1960. https://entertainment.ha.com/itm/music-memorabilia/autographs-and-signed-items/1960-george-harrisonletter-from-hamburg-incredible-content-this-three-page-letter-on-lined-paper-isnot-dated-but-almost-c/a/612-23505.s.

8. Shotton and Schaffner, *John Lennon: In My Life*, p.34.

9. As recalled by Johnny Byrne, guitarist for Rory Storm and the Hurricanes, quoted in Bob Spitz, *The Beatles: The Biography* (London, 2005), p.217.

10. Johnny Byrne, quoted in Spitz, *The Beatles*, p.216.

11. Craig Brown, *One Two Three Four: The Beatles in Time* (London, 2020), p.46.

12. Braun and Neumann, *Icke*, p.67.

13. Thorsten Knublauch, *The Beatles: Mach Schau in Hamburg* (Doorwerth, 2021), p.105.

14. Quoted in David Pritchard and Alan Lysaght, *The Beatles: An Oral History* (New York, 1998), p.48.

4. WILL YOU LOVE ME TOMORROW

1. Spitz, *The Beatles*, p.9.

2. Chris Salewicz, *McCartney*, p.105; Spitz, *The Beatles*, p.864.

3. Lewisohn, *Tune In*, p.411.

4. Dave Foreshaw, quoted in Spitz, *The Beatles*, p.11.

5. Spitz, *The Beatles*, p.234.

6. Neil Aspinall, quoted in Lewisohn, *Tune In*, p.413.

7. Lewisohn, *Tune In*, p.418.

8. Lewisohn, *Tune In*, p.410.

9. Davies, *The Beatles*, p.178.

10. Lennon interviewed by Peter McCabe and Robert D. Schonfeld, 5 September, 1971, at the St Regis Hotel. http://www.beatlesinterviews.org/db1971.0905.beatles.html.

11. McCartney, interviewed by Janice Long for *Listen to What the Man Says*, BBC Radio 1, 22 December 1985.

12. Lewisohn, *Tune In*, p.429.

13. Neil Aspinall quoted in Lewisohn, *Tune In*, p.429.

14. Lennon, interviewed by Peter McCabe and Robert D. Schonfeld, 5 September, 1971, at the St Regis Hotel.

15. Lindy Ness quoted in Lewisohn, *Tune In*, p.539.

5. BESAME MUCHO

1. Anonymous source in Spitz, *The Beatles*, p.247.

2. Astrid Kirchherr, quoted in *Beatles Book Monthly*, May 1994.

3. McCartney, interviewed in Bass Player magazine, July/August 1995.

4. Documents quoted in Lewisohn, *Tune In*, p.466.

5. Peter Mackey, quoted in Lewisohn, *Tune In*, p.496.

6. *Mersey Beat*, 31 August–14 September, 1961, p.22.

7. Muggeridge's diaries, quoted in Brown, *One Two Three Four*, pp.38–9.

8. Lennon, interviewed by Elliot Mintz, 1 January, 1976, quoted in Lewisohn, *Tune In*, p.965.

9. Bob Wooler, quoted in Lewisohn, *Tune In*, p.988.

10. Wooler, interviewed by Johnny Beerling, BBC Radio 1, 13 January, 1972.

11. The Beatles, *The Beatles Anthology*, p.64.

12. Quoted in Lewisohn, *Tune In*, p.500.

13. Bessel van der Kolk, *The Body Keeps the Score* (London, 2014), p.20.

14. Quoted in Spencer Leigh, *The Best of Fellas: The Story of Bob Wooler, Liverpool's First DJ* (Liverpool, 2002), p.67.

15. Quoted in Lewisohn, *Tune In*, p.500.

16. Lennon interviewed by David Sheff, September 1980, published in *Playboy*, January 1981.

17. Quoted in Lewisohn, *Tune In*, p.486.

18. Epstein, *A Cellarful of Noise*, p.20.

19. Quoted in Debbie Geller, *The Brian Epstein Story* (London, 2000), p.13.

20. Epstein's journal, 1960, quoted in Geller, *The Brian Epstein Story*, p.35.

21. Epstein, *A Cellarful of Noise*, p.39.
22. Brian Epstein, interviewed by Kenneth Harris, Observer, 17 May 1964.
23. Lennon, interviewed by Peter McCabe and Robert D. Schonfeld, 5 September, 1971 at the St Regis Hotel.
24. McCartney: 'We'd heard that Brian was queer, as we would have called him, nobody used the word "gay" then.' Miles, *Paul McCartney*, p.88.
25. Harrison, quoted by Epstein in an interview with Bill Grundy for the BBC's Frankly Speaking, broadcast 23 March 1964.
26. Epstein, quoted by Harrison in *I Me Mine: The Extended Edition* (Guildford, 2017), p.33.
27. Lennon, quoted in *Rolling Stone*, 4 February, 1971.
28. McCartney, quoted in *The Beatles Anthology*, p.266.
29. Lennon, quoted in *Rolling Stone*, 21 January, 1971.
30. Alistair Taylor, *A Secret History* (London, 2001), p.29.
31. Epstein, *A Cellarful of Noise*, p.46.
32. Lennon, quoted in Lewisohn, *Tune In*, p.1,053.
33. Epstein, quoted in Davies, *The Beatles*, p.220.
34. Lennon, quoted in *Rolling Stone*, 21 January, 1970.
35. Astrid Kirchherr, *Hamburg Days* (Guildford, 1999), p.140.

6. TILL THERE WAS YOU

1. Quoted in Lewisohn, *Tune In*, p.432.
2. Quoted in *The Beatles Anthology*, p.68.
3. Quoted in *The Beatles Anthology*, p.68.
4. Quoted in *The Beatles Anthology*, p.68.
5. Cilla Black, *What's It All About?* (London, 2003), p.250.

7. PLEASE PLEASE ME

1. Epstein, *A Cellarful of Noise*, p.12.
2. Quoted in Lewisohn, *Tune In*, p.666.
3. Quoted in Mark Lewisohn, *The Complete Beatles Recording Sessions* (London, 1988), p.6.
4. Chris Neal, quoted in Lewisohn, *Tune In*, p.669.
5. Quoted in Lewisohn, *Tune In*, p.671.
6. Quoted in Lewisohn, *Tune In*, p.672.
7. Lindy Ness, quoted in Lewisohn, *Tune In*, p.675.
8. Quoted in Lewisohn, *Tune In*, p.678.
9. Lewisohn, *Tune In*, p. 677. His source for Harrison's quote is evidence given at the Royal Courts of Justice, 6 May, 1998.
10. Cynthia Lennon, *A Twist of Lennon* (London, 1978), p.73.
11. Quoted in Lewisohn, *Tune In*, p.698.

12. Quoted in Lewisohn, *Tune In*, p.698.
13. McCartney, interviewed by Nicky Campbell, BBC Radio 1, 19 November, 1991.
14. Lennon, interviewed by Paul Drew, US radio, 1975 (via Lewisohn, Tune In, p.727).
15. Quoted in *The Beatles Anthology*, p.96.
16. Harrison, interviewed by Alan Freeman, BBC Radio 1, 6 December, 1974.
17. George Martin, *All You Need Is Ears* (London, 1979), p.130.
18. Pat Dawson (née Hodgetts), quoted by Mike Evans, 'Polythene Pat Remembers' (1974), http://www.meetthebeatlesforreal.com/2022/06/polythene-pat-remembers.html.

8. SHE LOVES YOU

1. Quoted in Lewisohn, *Tune In,*, p.781.
2. McCartney, quoted in *The Beatles Anthology*, p.23.
3. Lennon, quoted in *The Beatles Anthology*, p.93.
4. Maureen Cleave, 'Why the Beatles Create All That Frenzy', *Evening Standard*, 2 February, 1963, p.6.
5. *PAUL: Cliff and the Shadows*: Braun, *Love Me Do: The Beatles' Progress* (Harmondsworth, 1964), p.38.
6. McCartney, quoted in Cleave, 'All That Frenzy', p.8.
7. Lennon, quoted in *Life*, 21 February, 1964, p.34B.
8. Interview with Dibbs Mather, *Dateline London*, BBC, 10 December, 1963.
9. Braun, *Love Me Do*, p.63.
10. Lennon, *A Twist of Lennon*, p.94.
11. Miles, *Paul McCartney*, p.121.
12. McCartney, interview in Lewisohn, *Complete Recording Sessions*, p.10.

9. IF I FELL

1. *Jack Paar Show*, 3 January, 1964.
2. Geoffrey Giuliano, *Blackbird: The Life and Times of Paul McCartney* (New York, 1991), p.82.
3. https://www.youtube.com/watch?v=hgU6foVr-wY.
4. *The Beatles: The First U.S. Visit*, directed by Albert and David Maysles.
5. Jonathan Gould, *Can't Buy Me Love* (London, 2007), p.231.
6. Gould, *Can't Buy Me Love*, p. 235.
7. William Mann, 'What Songs the Beatles Sing', *The Times*, 23 December 1963.
8. Miles, *Paul McCartney*, p.175.

10. I DON'T WANT TO SPOIL THE PARTY

1. Lennon, quoted in *Melody Maker*, 17 October, 1964.
2. Bob Dylan, quoted in *Rolling Stone*, 16 March, 1972.

3.   Lennon in 1974, quoted in Keith Badman, *The Beatles: Off the Record* (2000; repr. London, 2007), p.135.

4.   Lennon, interviewed by Jann Wenner, *Rolling Stone*, 21 January, 1971.

5.   McCartney, quoted in *The Beatles Anthology*, p.98.

6.   Lennon, interviewed by David Sheff, September 1980, published in *Playboy*, January 1981.

7.   Quoted in Shotton and Schaffner, *John Lennon: In My Life*, p.73.

8.   Lennon, interviewed by Jann Wenner, *Rolling Stone*, 21 January, 1971.

9.   Quoted in Spitz, *The Beatles*, p.416.

10. Norman, *John Lennon*, p.310.

11. Lennon, interviewed by Peter McCabe and Robert D. Schonfeld, 5 September, 1971 at the St Regis Hotel.

11. TICKET TO RIDE

1.   Lennon, quoted in Jann Wenner, *Lennon Remembers* (London, 1972), p.115.

2.   Lennon, interviewed by David Sheff, September 1980, published in *Playboy*, January 1981.

3.   Phyllis Battelle, 'Can't Judge Beatles by Their Reputations', *Lebanon Daily News* (Lebanon, PA), 28 April, 1965.

4.   Lennon, interview with Brian Matthews, BBC, 30 November, 1965.

5.   McCartney, interview with Ken Douglas, WKLO Philadelphia, 16 August, 1966.

12. YESTERDAY

1.   Quoted in Coleman, *Yesterday – and Today*, p.6.

2.   Quoted in Coleman, *Yesterday – and Today*, p.16.

3.   Steven Johnson, *Where Good Ideas Come From: The Natural History of Innovation* (London, 2010).

4.   Quoted in Liverpool Echo, 28 April, 1964, p.4.

5.   Quoted in Coleman, *Yesterday – and Today*, p.43.

6.   Quoted in Coleman, *Yesterday – and Today*, p.46.

7.   Wilfrid Mellers, *Twilight of the Gods: The Music of the Beatles* (New York, 1973), p.57.

8.   Mellers, *Twilight of the Gods*, p.57.

9.   Sid Bernstein, quoted in *New York Times*, 15 August, 2000.

10. Quoted in Coleman, *Yesterday – and Today*, p.60.

11. Quoted in Coleman, *Yesterday – and Today*, p.61.

12. Quoted in Davies, *The Beatles*, p.512.

13. Interview with David Sheff, *Playboy*, January 1981.

14. Coleman, *Yesterday – and Today*, p.98.

13. WE CAN WORK IT OUT

1. *The Beatle: The Celebrity Game*, originally aired 19 June, 1964 in the UK. Quoted in *Miami News*, 21 June 1964, p.10.
2. Interview with David Sheff, *Playboy*, January 1981.
3. Quoted in *The Beatles Anthology*, p.179.
4. Quoted in *The Beatles Anthology*, p.190.
5. Quoted in *The Beatles Anthology*, p.255.
6. Barrow, interviewed for the *Daily Telegraph*, quoted in Salewicz, *Paul McCartney*, p.166.
7. Cynthia Lennon, *John* (London, 2005), p.154.
8. Smith, quoted in Salewicz, *Paul McCartney*, p.175.
9. *New Musical Express*, 3 December, 1965, p.8.
10. Interview with Howard Smith, WABC FM New York, 9 September, 1971. https://www.youtube.com/watch?v=3TFpZE98OAM.

14. IN MY LIFE

1. Mark Glickman, Jason Brown and Ryan Song, '(A) Data in the Life: Authorship Attribution in Lennon–McCartney Songs', Harvard Data Science Review, 2 July, 2019.
2. Quoted in Miles, *Paul McCartney*, pp.277–8.
3. Quoted in Steve Turner, *Beatles '66: The Revolutionary Year* (New York, 2016), p.47.
4. *London Life*, 4–10 December, 1965, p.26.
5. McCartney, quoted in an unpublished *Newsweek* article by Michael Lydon (intended for March 1966 publication). Interview circa December 1965. https://shrout.co.uk/L&MSongwriters%201966.htm.
6. *New Musical Express*, 12 November, 1965, p.10.
7. *Flip* magazine, May 1966.
8. Leo Tolstoy, 'What Is Art?' (1897).
9. Quoted in Coleman, *Yesterday – and Today*, pp.98–9.
10. Quoted in Tom Doyle, *Man on the Run: Paul McCartney in the 1970s* (Edinburgh, 2013), p.289.

15. TOMORROW NEVER KNOWS

1. Quoted in Turner, *Beatles '66*, p.41.
2. Interview with Alan Walsh, *Melody Maker*, 9 September, 1967, p.13.
3. Quoted in Turner, *Beatles '66*, p.41.
4. *Evening Standard*, 25 March, 1966, p.8.
5. Interview with Barry Miles, 23–4 September, 1969, partially published later in *Fusion, Oz and Mojo* (November 1995) magazines.
6. From transcript of *Get Back* sessions, January 1969, in *The Beatles: Get Back* (London

and New York, 2021).

7. Quoted in Miles, *Paul McCartney*, pp.236–7.

8. Quoted in Miles, *Paul McCartney*, p.241.

9. Quoted in *New Musical Express*, 24 June, 1966.

10. Interview conducted in February 1966; published in *Rave*, April 1966.

11. Interview with Barry Miles, published in the *International Times*, 16–29 January 1967, p.8.

12. Interview with Hunter Davies, *Sunday Times*, 18 September, 1966.

13. *New Musical Express*, 11 March, 1966.

14. *New Musical Express*, 11 March 1966.

15. *Rave* magazine, February 1964.

16. Dr Marie-Louise von Franz in Carl Jung (ed.), *Man and His Symbols* (New York, 1964), p.163.

17. Interview with Maureen Cleave, *Evening Standard*, 4 March, 1966, p.10.

18. https://youtu.be/Io_AYbcsntE?si=2A3iy4eNzvT2SvhM&t=20.

19. *New Musical Express*, 11 March, 1966.

20. Robert Freeman, *Yesterday: The Beatles 1963–1965* (New York, 1983), p.10.

21. Interview with Jann Wenner, *Rolling Stone*, 21 January, 1971.

22. Interview with Maureen Cleave, *Evening Standard*, 4 March, 1966, p.10.

23. *New Musical Express*, 11 March, 1966.

24. Timothy Leary, Ralph Metzner and Richard Alpert, *The Psychedelic Experience* (1964; repr. New York, 2007), p.116.

25. Here and in the subsequent chapter I'm drawing on Walter Everett's analysis of 'Tomorrow Never Knows' and 'Eleanor Rigby', as given in the *Something About the Beatles* podcast, episode 251: '*Revolver*: Art and Music'.

26. Leary, Metzner and Alpert, *The Psychedelic Experience*, p.116.

27. Quoted in Lewisohn, *Complete Recording Sessions*, p.99.

28. David Sheff, *All We Are Saying: The Last Interview with John Lennon & Yoko Ono* (London, 2020), p.181.

29. London Airport press conference, 22 February, 1964.

16. ELEANOR RIGBY

1. *David Frost at the Phonograph*, interview recorded 1 August, 1966.

2. McCartney ,interviewed by Maureen Cleave, *Evening Standard*, 25 March, 1966, p.8.

3. *Melody Maker*, 10 April, 1965.

4. Epstein, *A Cellarful of Noise*, p.95.

5. Maureen Cleave in *Evening Standard*, 25 March, 1966, p.8.

6. Tony Barrow, *John, Paul, George, Ringo and Me: The Real Beatles Story* (London, 2005), p.49.

7. Shotton and Schaffner, *John Lennon: In My Life*, p.124.

8. Lennon, interviewed by David Sheff, September 1980, published in *Playboy*, January 1981.

17. HERE, THERE AND EVERYWHERE

1. Coleman, *Yesterday – and Today*, pp.98–9.
2. McCartney, interview with Terry Gross, *Fresh Air*, NPR, 3 November, 2021.

18. STRAWBERRY FIELDS FOREVER

1. Quoted in 'Old Beatles: A Study in Paradox', *New York Times Magazine*, 3 July, 1966.
2. Harrison, interviewed in the *Daily Mirror*, 9 July, 1966, p.5.
3. Lennon, interview with Maureen Cleave, *Evening Standard*, 4 March, 1966, p.10.
4. Quoted in Turner, *Beatles '66*, p.283.
5. Starr, interview with Art Unger for *Datebook*, August 1966, quoted in Turner, *Beatles '66*, p.300.
6. Lennon, interview with Art Unger, 1965, quoted in Turner, *Beatles '66*, p.283.
7. Astor Towers press conference, Chicago, 11 August, 1966. https://youtu.be/5ZaI7m1xpAg?si=KizdUDzngF6wq-cN.
8. McCartney, quoted in *Detroit Free Press*, 19 August, 1966, p.26.
9. Second press conference, Chicago, 11 August, 1966.
10. McCartney, quoted in the *Daily Express*, 27 August 1966.
11. Barrow, *John, Paul, George, Ringo and Me*, p.208.
12. Quoted in Turner, *Beatles '66*, p.312.
13. Lennon, interview with Leonard Gross, *Look*, 13 December, 1966, p.59.
14. Lennon, quoted in *The Beatles Anthology*, p.231.
15. Lennon, quoted in *The Beatles Anthology*, p.231.
16. Brian Eno, interview with David Marchese, *New York Times*, 20 November, 2022.
17. Ian MacDonald, *Revolution in the Head: The Beatles' Records and the Sixties* (1998; rev. edn London, 2008), p.219.
18. Rainer Maria Rilke, 'Go to the Limits of Your Longing', in *Rilke's Book of Hours*: Love Poems to God, trans. Joanna Macy and Anita Barrows (New York, 1997).

19. PENNY LANE

1. McCartney, quoted in Coleman, *Yesterday – and Today*, p.102.
2. Lennon, quoted in *Rave*, February 1964, p.10.
3. McCartney, interview with Keith Altham, *New Musical Express*, 12 November, 1965, p.10.
4. Quoted in Thomas Kitts, *Ray Davies: Not Like Everybody Else* (New York, 2008), p.104.
5. Adam Gopnik, 'Strawberry Fields Forever/ Penny Lane', in Andrew Blaumer (ed.), *In*

Their Lives: Great Writers on Beatles Songs (New York, 2017).

20. A DAY IN THE LIFE

1. Jane Asher, quoted in Davies, *The Beatles*, p.434.
2. McCartney, quoted in Geoff Emerick, *Here, There, and Everywhere: My Life Recording the Music of the Beatles* (New York, 2006), p.147.
3. George Martin, *Summer of Love: The Making of Sgt Pepper* (London, 1995), p.61.
4. Lennon, quoted in *Rolling Stone*, 23 November, 1968.
5. Lennon, interviewed by David Sheff, September 1980, published in *Playboy*, January 1981.

21. GETTING BETTER

1. Quoted in Martin, *Summer of Love*, p.109.
2. Quoted in Martin, *Summer of Love*, p. 110.
3. Quoted in Miles, *Paul McCartney*, p.382.
4. Quoted in Miles, *Paul McCartney*, p.383.
5. Quoted in Derek Taylor, *It Was Twenty Years Ago Today* (London and New York, 1987), p.21.
6. Quoted in Davies, *The Beatles*, p.391.
7. Davies, *The Beatles*, p.380.
8. Davies, *The Beatles*, p.381.
9. This passage draws on Davies, *The Beatles*, esp. p.384.
10. Davies, *The Beatles*, p.385.
11. Davies, *The Beatles*, p.388.
12. Lennon, quoted in Derek Taylor, *Fifty Years Adrift* (Guildford, 1984), p.296.
13. Cynthia Lennon, *John*, p.183.
14. Interview in *Rolling Stone*, 25 July, 2013.

22. I AM THE WALRUS

1. McCartney, quoted in *Playboy*, December 1984.
2. McCartney, quoted in Joe Smith, *Off the Record: An Oral History of Popular Music* (New York, 1988), p.201.
3. Interview with Alan Aldridge, *Observer* magazine, 26 November, 1967.
4. Ellen Sander, *Trips: Rock Life in the Sixties* (1973; repr. Mineola, NY, 2019), p.95.
5. Langdon Winner, quoted in *The Rolling Stone Illustrated History of Rock & Roll* (New York, 1976), p.183.
6. Recording made 12 July, 1967 by fans Leslie Samuels, Donna Stark and Beverly Sayers. https://www.youtube.com/watch?v=2p-JGoORkx0.

7. Quotations in this section are from Davies, *The Beatles*, pp. 290, 418, 422.
8. Alistair Taylor, *With the Beatles* (2003; repr. London, 2012), p.177.
9. Marianne Faithfull, quoted in Miles, *Paul McCartney*, p.377.
10. Cynthia Lennon, quoted in Davies, *The Beatles*, p.298.
11. Quoted in Cynthia Lennon, John, p.197.
12. *Melody Maker*, 19 August, 1967, p.14.
13. Lennon, interview with Jann Wenner, *Rolling Stone*, 21 January, 1971.
14. Quoted in Barry Miles, *Beatles in Their Own Words* (London, 1978), p.111.
15. Emerick, *Here, There and Everywhere*, p.214.
16. Lennon, quoted in *Evening Standard*, 4 March, 1966, p.10.
17. Letter from John Lennon to Alfred Lennon, 1 September, 1967, reproduced in Davies (ed.), *The John Lennon Letters*, p.102.
18. Lennon, interview with Jann Wenner, *Rolling Stone*, 21 January, 1971.
19. Lennon, quoted in *Rolling Stone*, 23 November, 1968.
20. Lennon, quoted in *Rolling Stone*, 23 November 1968.

23. LADY MADONNA

1. McCartney, quoted on paulmccartney.com, 'You Gave Me the Answer: Life on the Farm in Scotland', 30 November, 2021.
2. Comment at a private 9 September 1969 meeting, taped because Ringo could not attend. Quoted in Anthony Fawcett, *John Lennon: One Day at a Time* (New York, 1976), p.92.

24. YER BLUES

1. Paul Saltzman, interviewed by Nikhila Natarajan, *Firstpost*, 18 December, 2015.
2. Lennon's notebook is reproduced in the booklet from the fiftieth anniversary deluxe reissue of the White Album, pp.42, 44, 58.
3. McCartney, quoted in Miles, *Paul McCartney*, pp.409, 414, 428.
4. Cynthia Lennon, quoted in Ray Coleman, *John Lennon* (London, 1984), p.341.
5. Interview with Lennon in *Look* magazine, 18 March, 1969.
6. McCartney, quoted in Miles, *Paul McCartney*, p.429.
7. Harrison, quoted in *The Beatles Anthology*, p.286.
8. Lennon, interviewed by Jann Wenner, *Rolling Stone*, 21 January, 1971.
9. Harrison, quoted in Taylor, *Fifty Years Adrift*, p.330.
10. Interview with Jonathan Cott, *Rolling Stone*, 23 November, 1968.
11. Miles, *Paul McCartney*, pp.428–9.
12. Harrison, quoted in Taylor, *Fifty Years Adrift*, p.330.
13. Pete Shotton, quoted in Spitz, *The Beatles*, p. 760.
14. Lennon, interviewed by Jann Wenner, *Rolling Stone*, 21 January, 1971.

25. LOOK AT ME

1. Unreleased home recording of 'Maharishi Song', c.1969. https://youtu.be/IF76fXSpdSI?si=L9tKKIt4LC26jHWQ.
2. Yoko Ono, interview with Philip Norman, *New York* magazine, 25 May 1981, p.40.
3. Yoko Ono, quoted in Norman, *John Lennon*, p.669.
4. Audio and transcript of Yoko Ono audio diary at https://amoralto.tumblr.com/post/40350502633/june-4th-1968-emistudios-while-the-beatles#40350502633.
5. Yoko Ono, interview with Tim Teeman, *Daily Beast*, 13 October, 2015.
6. Little Richard, quoted in Philip Norman, *Paul McCartney: The Life* (London and New York, 2016), p.231.
7. Barrow, *John, Paul, George, Ringo and Me*, p.49.
8. As told to Pete Paphides, 'Listen to What the Man Said: The Tao of Paul McCartney in Ten Songs', *Medium*, 17 June, 2022.
9. Miles, *Paul McCartney*, p.588.
10. Yoko Ono, quoted in Norman, *John Lennon*, p.549.

26. HEY JUDE

1. Peter Brown, quoted in Spitz, *The Beatles*, p.759.
2. Press conference at the Americana Hotel, New York, 14 May, 1968. https://www.youtube.com/watch?v=lC5bUE2d_c0&t=605s.
3. Interview with Larry Kane, 13 May, 1968. https://www.youtube.com/watch?v=rkegOnIj_rU.
4. Harrison, quoted in *The Beatles Anthology*, p.287.
5. McCartney, interview with Chrissie Hynde, *USA Weekend*, 30 October, 1998.
6. Nat Weiss, quoted in Spitz, *The Beatles*, p.761.
7. Yoko Ono, 'To the Wesleyan People', 23 January, 1966, reproduced in *Yoko Ono: One Woman Show*, 1960–1971 (New York, 2015), p.147.
8. Quoted in Louis Menand, 'Yoko Ono's Art of Defiance', *New Yorker*, 13 June, 2022.
9. Quoted in Menand, 'Yoko Ono's Art of Defiance'.
10. Quoted in Menand, 'Yoko Ono's Art of Defiance'.
11. Jill Johnston, 'Life and Art', *Village Voice*, 7 December, 1961, reproduced in *Yoko Ono: One Woman Show*, p.77.
12. Lennon, interviewed by Jann Wenner, *Rolling Stone*, 21 January, 1971.
13. Lennon, interviewed by David Sheff, September 1980, published in *Playboy*, January 1981.
14. Cynthia Lennon, *John*, p.212.
15. Quoted in Shotton and Schaffner, *John Lennon: In My Life*, p.168.
16. Lennon, interviewed by Jann Wenner, *Rolling Stone*, 21 January, 1971.
17. Quoted in Cynthia Lennon, *A Twist of Lennon*, p.183.

18. Peter Brown quoted in Spitz, *The Beatles*, p.774.
19. Harrison and Starr, quoted in *The Beatles Anthology*, p.308.
20. Alan Brown quoted in Spitz, *The Beatles*, p.779.
21. Audio and transcript of Yoko Ono audio diary at https://amoralto.tumblr.com/post/40350502633/june-4th-1968-emi-studioswhile-the-beatles#40350502633.
22. 250 The moment Linda arrived: Tony Bramwell quoted in Spitz, The Beatles, p. 781.
23. Tony Bramwell with Rosemary Kingsland, *Magical Mystery Tours: My Life with the Beatles* (London, 2005), Kindle edition, p.270.
24. Alistair Taylor, *With the Beatles*, Kindle edition, p.217.
25. McCartney, quoted in Miles, *Paul McCartney*, p.465.
26. Cynthia Lennon, *A Twist of Lennon*, p.189.
27. Julian Lennon, quoted in *Mojo*, February 2002.
28. Quoted in Miles, *Paul McCartney*, p.465.
29. Lennon, interviewed by David Sheff, September 1980, published in *Playboy*, January 1981.
30. Interview with Jonathan Cott, *Rolling Stone*, 23 November, 1968.
31. Lennon, interviewed by David Sheff, September 1980, published in *Playboy*, January 1981.
32. Lennon, quoted in *Look* magazine, 13 December, 1966.

27. JULIA

1. McCartney, quoted in Michael Lindsay-Hogg, *Luck and Circumstance: A Coming of Age in Hollywood, New York, and Points Beyond* (New York, 2011), Kindle edition, p.132.
2. Lennon, interviewed by David Sheff, September 1980, published in *Playboy*, January 1981.
3. Stephen Maltz, *The Beatles Apple and Me* (Kindle e-book, 2015).
4. Maggie McGivern, interviewed in 1997, quoted at https://sentstarr.tripod.com/beatgirls/mcgiv.html.
5. McCartney, interview with Chris Salewicz, *Q*, October 1986.
6. McCartney, interview with Chrissie Hynde, *USA Weekend*, 30 October, 1998.
7. Quoted in Francie Schwartz, *Body Count* (San Francisco, 1972), p.89.
8. Norman, *Paul McCartney*, p.213.
9. McCartney, interview with Joan Goodman, *Playboy*, December 1984.
10. *New Musical Express*, 17 August, 1968.
11. Shotton and Schaffner, *John Lennon: In My Life*, p.171.
12. Lennon, interviewed by David Sheff, September 1980, published in *Playboy*, January 1981.
13. Shotton and Schaffner, *John Lennon: In My Life*, p.171.
14. Cynthia Lennon, *John*, p.256.
15. Norman, *John Lennon*, p.552.

16. McCartney, quoted in *Playboy*, December 1984.
17. Giles Martin interviewed in *Rock Cellar*, 6 November, 2018.

28. MARTHA MY DEAR

1. Miles, *Paul McCartney*, p.498.
2. Davies, *The Beatles*, p.383.
3. Paul McCartney, *The Lyrics: 1956 to the Present*, ed. Paul Muldoon (London, 2021).

29. GET BACK

1. McCartney, quoted in Doggett, *You Never Give Me Your Money: The Battle for the Soul of the Beatles* (London, 2009), p.58.
2. 'A Close Read of the Beatles in Get Back', *New Yorker*, 16 December, 2021.

30. TWO OF US

1. *The Beatles: Get Back*, p.91.
2. McCartney, *The Lyrics*, p.737.
3. McCartney, *The Lyrics*, p.737.
4. McCartney, interview with Jane Graham in *Big Issue*, 16 February, 2012.
5. Audio of recording session, 13 January, 1969, https://amoralto.tumblr.com/post/50727836802/january-13th-1969-as-everyonewaits-for-john-and.
6. A full transcript of the flowerpot conversation by Dan Rivkin is available at theymaybeparted.com.

31. DON'T LET ME DOWN

1. *Get Back* documentary, 6 January, 1969.
2. Lennon, interviewed by Jann Wenner, *Rolling Stone*, 21 January, 1971.
3. Audio of recording session, 10 January, 1969. https://theymaybeparted.com/2021/03/15/jan-10-et-cetera.
4. George Martin, *Summer of Love*, p.85.

32. THE BALLAD OF JOHN AND YOKO

1. Lennon, interview with Ray Coleman, *Disc*, 18 January, 1969, p.8.
2. Lennon, interview with McCabe and Schonfeld at St Regis Hotel, August–September 1971.
3. Unpublished memoir by Mal Evans, quoted in Kenneth Womack, *Living the Beatles Legend: The Untold Story of Mal Evans* (New York, 2023), Kindle edition, p.328.

4. Linda McCartney as told to Danny Fields, quoted in Doggett, *You Never Give Me Your Money*, p.73.
5. Lennon, quoted in *Liverpool Daily Post*, 22 March, 1969, p.1.
6. Lennon, quoted in *Daily Telegraph*, 31 March, 1969, p.2.
7. Lennon, interviewed by David Sheff, September 1980, published in *Playboy*, January 1981.
8. McCartney, quoted in Miles, *Paul McCartney*, p.551.

33. OH! DARLING

1. Derek Taylor quoted in Doggett, *You Never Give Me Your Money*, p.81.
2. Court testimony from 1971, quoted in Doggett, *You Never Give Me Your Money*, p.78.
3. Peter Brown, quoted in Doggett, *You Never Give Me Your Money*, p.78.
4. Wendy Sutcliffe, interviewed for *Mojo*, 1996, quoted in Doggett, *You Never Give Me Your Money*, p.80.
5. McCartney, quoted in *The Beatles Anthology*, p.326.
6. Martin, *Summer of Love*, p. 97.
7. Tony Bramwell, quoted in Doggett, *You Never Give Me Your Money*, p.97.
8. Lennon interviewed by David Sheff, September 1980, published in *Playboy*, January 1981.

34. THE END

1. Quotations from this conversation are from Fawcett, *One Day at a Time*, pp.96–7, and Richard Williams, 'This Tape Rewrites Everything We Knew about the Beatles', *Guardian*, 11 September, 2019.
2. Recording of interview from 12 September, 1969. https://thecoleopterawithana.tumblr.com/post/667147033648447488/johnlennon-and-yoko-ono-give-a-series-of.
3. Interview with David Wigg for BBC Radio 1, Scene and Heard, taped 19 September 1969, broadcast 21/28 September 1969.
4. McCartney, quoted in *The Beatles Anthology*, p.347.
5. Ray Connolly, 'John Lennon: The Lost Interviews', *Sunday Times*, 25 July, 2014.
6. McCartney, quoted in *The Beatles Anthology*, p.347.
7. McCartney, *The Lyrics*, p.193.
8. Mal Evans, interview with Laura Gross, KCSN, 29 November 1975. https://thecoleopterawithana.tumblr.com/post/180256532730/amoralto-november-29th-1975-beatles-roadie.
9. McCartney, quoted in *Life*, 7 November, 1969.
10. Lennon, interview with Barry Miles, 23–4 September, 1969, quoted in Doggett, *You Never Give Me Your Money*, p.104.
11. Lennon, interview in *New Musical Express*, 13 December, 1969, p.3.

12. Lennon, interview in *Melody Maker*, 6 December 1969, p.21. Interview conducted on 25 November, 1969.

13. Harrison, quoted in *The Beatles Anthology*, p.348.

14. McCartney, quoted in *The Beatles Anthology*, p.349.

15. New Experimental College press conference, 5 January, 1970. https://www.hs.fi/paivanlehti/09012020/art-2000006366438.html.

16. Interview with David Wigg for BBC Radio 1, *Scene and Heard*, taped 19 September 1969, broadcast 21/28 September 1969.

17. Lennon, interviewed by David Sheff, September 1980, published in *Playboy*, January 1981.

18. Interview with David Wigg for BBC Radio 1, *Scene and Heard*, 5 February, 1970, broadcast 15 February, 1970.

19. Letter dated 31 March, 1970, reproduced in *The Beatles Anthology*, p.351.

20. Starr, quoted in *Melody Maker*, 31 July, 1971, p.15.

21. McCartney, interview with Jann Wenner, *Rolling Stone*, 30 April, 1970.

22. McCartney, interview with Ray Connolly, *Evening Standard*, 21 April, 1970, p.24.

23. Apple press release for McCartney, 10 April, 1970.

24. Lennon, quoted in Keith Badman, *The Beatles Diary*, vol. 2: *After the Break-Up, 1970–2001* (1999; new edn London, 2009), Kindle location 201.

25. Quoted in Badman, *Off the Record*, p.494.

26. Lennon, interviewed by Jann Wenner, *Rolling Stone*, 21 January, 1971.

27. McCartney, interview in *Rolling Stone*, 11 September, 1986.

28. McCartney, interview in *Playboy*, April 1984.

29. Lennon, quoted in *Disc and Music Echo*, 18 April, 1970.

30. Allen Klein, quoted in Disc and *Music Echo*, 18 April, 1970.

31. McCartney, quoted in Miles, *Paul McCartney*, p.570.

32. McCartney, interview with Ray Connolly, *Evening Standard*, 21 April, 1970, p.24.

35. GOD

1. McCartney, interview with Ray Connolly, *Evening Standard*, 21 April, 1970, p.24.

2. Harrison, quoted in Doggett, *You Never Give Me Your Money*, p. 35.

3. Quoted in Ray Connolly, *Being John Lennon: A Restless Life* (London and New York, 2018), p.322.

4. Arthur Janov, *The Primal Scream* (New York, 1970).

5. Janov, *The Primal Scream*, p.154.

6. 3Sascha Frühholz, quoted in Nicola Davis, 'Little Evidence Screaming Helps Mental Health, Say Psychologists', *Guardian*, 23 September, 2022.

7. Arthur Janov, quoted in Norman, *John Lennon*, pp. 639–40.

8. Quoted in Norman, *John Lennon*, p.654.

9. Lennon, interviewed by Jann Wenner, *Rolling Stone*, 21 January, 1971.

10. Martin, quoted in Goldmine, 12 November, 1993.

11. Lennon, quoted in Sheff, *All We Are Saying*, p.137.

12. This story is related in Joe Hagan, *Sticky Fingers: The Life and Times of Jann Wenner* (Edinburgh and New York, 2017), p.6.

13. Letters from McCartney and Lennon, quoted in Doggett, *You Never Give Me Your Money*, pp.136–7.

14. McCartney, interviewed in *Life*, 16 April, 1971.

15. McCartney, quoted in *Melody Maker*, 29 August, 1970.

36. HOW DO YOU SLEEP?

1. Quoted in Doggett, *You Never Give Me Your Money*, p.154.

2. Related in an interview with Wangberg for the *One Sweet Dream* podcast, hosted by Diane Erickson, 3 May, 2023.

3. *Rolling Stone*, 21 January, 1971, p.35.

4. McCartney, interviewed in *Life*, 16 April, 1971.

5. McCartney, interviewed in *Rolling Stone*, 31 January, 1974.

6. https://www.rrauction.com/auctions/lotdetail/348280907074043-john-lennon-typed-and-hand-annotated-letter-to-pauland-linda-mccartney-an-intense-letter-discussing-yoko-art-the-media-and-hisexit-from-the-beatles.

7. Quoted in Doggett, *You Never Give Me Your Money*, p.158.

8. Quoted in Doggett, *You Never Give Me Your Money*, p.161.

9. Quoted in *Birmingham Post*, 27 April, 1971, p.7.

10. Lennon, quoted by Howard Smith, interviewed for *Mojo*, 6 July, 2013.

11. Quoted in Miles, *Paul McCartney*, p.585.

12. *Rolling Stone*, 28 October, 1971.

13. Interview with Howard Smith, 9 September, 1971. https://youtu.be/HEWEDhHthzA?si=ixJBCdOyXFflpky1.

14. Lennon, interviewed in *Washington Post*, 9 October, 1971.

15. Lennon, interview with Ray Connolly, *Radio Times*, May 1972.

16. Interview with Bob Harris for *The Old Grey Whistle Test*, BBC2, 18 April, 1975.

17. Ken Mansfield, interviewed in *Daytrippin' Beatles Magazine*, 2 February, 2013.

18. McCartney, quoted in Davies, *The Beatles*, p.512.

19. Lennon, interviewed on the *Mike Douglas Show*, February 1972.

37. DEAR FRIEND

1. McCartney, quoted in Miles, *Paul McCartney*, pp.586–7.

2. McCartney, quoted in Miles, *Paul McCartney*, p.586.

3. McCartney, interviewed for *Club Sandwich*, 1994.

38. JEALOUS GUY

1. Lennon, interviewed in *Red Mole*, 12 February, 1971.
2. Lennon, interviewed in *Cash Box*, 11 December, 1971, p.25.
3. Erin Torkelson Weber, *The Beatles and the Historians: An Analysis of Writings about the Fab Four* (Jefferson, NC, 2016), Kindle location 1,797.
4. *Rolling Stone*, 28 October, 1971.
5. McCartney, interview with Chris Charlesworth, *Melody Maker*, 20 November, 1971.
6. Lennon's letter published in *Melody Maker*, 4 December, 1971.
7. Ray Connolly, quoted in Doggett, *You Never Give Me Your Money*, p.184.
8. Postcard reproduced in *The John Lennon Letters*, ed. Hunter Davies (London, 2012), p.233.
9. McCartney, interview with Diane de Dubovay, *Playgirl*, February 1985.
10. Lennon, interviewed by David Sheff, September 1980, published in *Playboy*, January 1981.
11. Lennon, interviewed on *Woman's Hour*, BBC radio, 28 May, 1971.
12. Parul Sehgal, 'An Ode to Envy', TED talk, 2013.
13. Excerpts from the annotations were quoted in the *Observer*, 20 July, 1986, p.1.
14. McCartney, quoted in Alfred G. Aronowitz, 'Yeah! Yeah! Yeah! Music's Gold Bugs: The Beatles', *Saturday Evening Post*, 21 March, 1964, p.33.

39. LET ME ROLL IT

1. May Pang and Henry Edwards, *Loving John* (London and New York, 1983), p.56.
2. Yoko Ono, interviewed in *Rolling Stone*, 1 March, 1973.
3. Yoko Ono, quoted in Norman, *Lennon: The Life*, p.705.
4. Pang and Edwards, *Loving John*, p.49.
5. Pang and Edwards, *Loving John*, p.62.
6. Roy Cicala, quoted in Doyle, *Man on the Run*, p.138.
7. McCartney, quoted in David Bennahaum, *The Beatles . . . After the Break-Up: In Their Own Words* (London and New York, 1991), p.28.
8. Lennon's letter published in *Melody Maker*, 4 December, 1971.
9. Henry McCullough, quoted in Doyle, *Man on the Run*, p.87.
10. Gary van Syoc, interview with Bob Wilson for *Live for Live Music*, 18 December, 2015.
11. Lennon, quoted in Doggett, *You Never Give Me Your Money*, p.196.
12. Lennon, interview with Chris Charlesworth, *Melody Maker*, 3 Novembe,r 1973.
13. Lennon, quoted in Badman, *The Beatles Diary*, vol. 2, p.95.
14. Lennon, interviewed by David Sheff, September 1980, published in *Playboy*, January 1981.
15. McCartney quoted in Taylor, *It Was Twenty Years Ago Today*, p.21.
16. Linda McCartney, quoted in *Sounds*, 3 April, 1976.

17. McCartney, quoted in Paul Gambaccini, *Paul McCartney in His Own Words* (London and New York, 1976), p.83.
18. McCartney, *The Lyrics*, p.421.

40. I SAW HER STANDING THERE

1. McCartney's recollections, from an interview with Chris Salewicz, *Q*, October 1986.
2. Quoted in Hagan, *Sticky Fingers*, p.372.
3. Story told by Hagan on the *Beatles Books* podcast, November 2021, based on his interview with McCartney. In 2016, McCartney, interviewed by *Rolling Stone*, used a slightly different version of the phrase: '[John] hugged me. It was great, because we didn't normally do that. He said, "It's good to touch." I always remembered that – it's good to touch.' David Frick, 'Paul McCartney Looks Back', *Rolling Stone*, 10 August, 2016.
4. Lennon, interview with Andy Peebles for BBC Radio 1, 6 December, 1980.
5. Lennon, quoted in Nicholas Schaffner, *The Beatles Forever* (New York, 1992), p.174.
6. Lennon, interview with Dennis Elsas, WNEW-FM, 28 September, 1974, https://www.youtube.com/watch?v=hfU_b5nsvrU.
7. Pang, quoted in Danny Fields, *Linda McCartney* (Los Angeles, 2000), p.209.
8. Tony King, *The Tastemaker: My Life with the Legends and Geniuses of Rock Music* (London, 2023), p.7.
9. Yoko Ono, quoted in Pang and Edwards, *Loving John*, p.267.
10. King, *The Tastemaker*, p.106.
11. Pang and Edwards, *Loving John*, p.286.
12. Rreproduced in Davies (ed.), *The John Lennon Letters*, p.324.
13. Chip Madinger and Scott Raile, *Lennonology*, e-book via lennonology.com, p.435.
14. Lennon, interview with Francis Schoenberger for *Bravo*, 28 March, 1975.

41. COMING UP

1. Lennon, quoted in Pang and Edwards, *Loving John*, p.291.
2. Pang and Edwards, *Loving John*, p.318.
3. Lennon, *Skywriting by Word of Mouth, and Other Writings* (New York, 1986), p.14.
4. Interview with Eliot Mintz, Earth News Radio, January 1976. https://youtu.be/o4tAmScwAQ4?si=CUILKZSe_XWelf0M.
5. Lennon quoted in Pang and Edwards, *Loving John*, p.325.
6. McCartney, interview with Chris Welch, *Melody Maker*, 20 September, 1975.
7. McCartney, quoted in Doyle, *Man on the Run*, p.201.
8. Linda McCartney, quoted in Doyle, *Man on the Run*, p.204.
9. Doyle, *Man on the Run*, p.183.
10. Mike McCartney, *Thank U Very Much: Mike McCartney's Photo Album* (London, 1981),

p.186.

11. https://www.youtube.com/watch?v=ZHA3W416zSc.

12. David Sheff, *All We Are Saying*, p.82.

13. Miles, *Paul McCartney*, p.588.

14. Lennon, quoted in Doggett, *You Never Give Me Your Money*, p.247.

15. Interview with Tim Rice, 1980. https://www.youtube.com/watch?v=xm5Hs2MhzOk&t =680s.

16. Lennon, quoted in Fred Seaman, *The Last Days of John Lennon: A Personal Memoir* (New York, 1991), p.122.

17. Lennon, interview with Robert Hilburn, *Los Angeles Times*, 10 October, 1980.

18. Lennon, quoted in Seaman, *The Last Days*, p.130.

42. (JUST LIKE) STARTING OVER

1. Hank Halsted, quoted in Womack, *John Lennon 1980*, p.117.

2. Tyler Coneys, quoted in Womack, John Lennon 1980, p. 117.

3. Lennon, quoted in Sheff, *All We Are Saying*, p.78.

4. Jack Douglas's recollections of Yoko Ono, quoted in *Beatlefan*, 1999.

5. Lennon, interview with Laurie Kaye and Dave Sholin, 8 December, 1980.

6. Jonathan Cott, *Days That I'll Remember: Spending Time with John Lennon and Yoko Ono* (London and New York, 2013), p.204.

7. Jack Douglas, quoted in *Beatlefan*, 1999.

8. Pang and Edwards, *Loving John*, p.315.

9. Lennon, interviewed by David Sheff, September 1980, published in *Playboy*, January 1981.

10. Lennon, quoted in Cott, *Days That I'll Remember*, p.198.

11. Lennon, interview with Robert Hilburn, *Los Angeles Times*, 10 October, 1980.

12. http://www.beatlesarchive.net/john-lennons-lastinterview-december-8-1980.html.

13. Lennon, quoted by Dave Sholin, *Daily Express*, 8 December, 2021.

14. Harry Nilsson to Geoffrey Giuliano, 1984. https://www.youtube.com/ watch?v=NqQ21dMsfys.

43. HERE TODAY

1. Denny Laine, quoted in Howard Sounes, *Fab: An Intimate Life of Paul McCartney* (London and Cambridge, MA, 2010), Kindle edition, p.367.

2. Ray Connolly, *Daily Mail*, 3 December, 2005.

3. Robert Christgau, 'John Lennon 1940–80', *Village Voice*, 22 December, 1980.

4. Philip Norman, *Shout!*, p.xxviii.

5. Carl Perkins, interview for *Goldmine*, 1995, and TV, 1997. https://youtu.be/oDcpnle0H nY?si=0TkciAfNDXnkFV0m.

6. McCartney, quoted by Eric Stewart, in Sounes, *Fab*, p.373.

7. McCartney, quoted in John Harris, 'I'm Still Standing', *Guardian*, 11 June, 2004.

8. McCartney, quoted in Davies, *The Beatles*, pp.508–9.

9. McCartney, interview for *CBS Morning News*, 15 October, 1984.

10. McCartney, interview with Sarah Ferguson for *ABC News 7:30*, August 2023.

11. McCartney, interview in *Mojo*, November 1995.

12. McCartney, quoted in Peter Brown and Steven Gaines, *All You Need Is Love: The End of the Beatles* (London, 2024), p.30.

13. Translation from the *Symposium* based on that by Benjamin Jowett.

14. Montaigne translation from Saul Frampton, *When I Am Playing with My Cat, How Do I Know She Is Not Playing with Me?: Montaigne and Being In Touch with Life* (London, 2011).

15. McCartney, quoted in Davies, The Beatles, p.513.

Badman, Keith, *The Beatles off the Record* (2000; repr. London: Omnibus, 2007)

Baird, Julia, *Imagine This: Growing Up with My Brother, John Lennon* (2006; repr. London: Hodder & Stoughton, 2017)

Barrow, Tony, *John, Paul, George, Ringo and Me: The Real Beatles Story* (London: André Deutsch, 2005)

The Beatles, *The Beatles Anthology* (London: Cassell, 2000)

Blaumer, Andrew (ed.), *In Their Lives: Great Writers on Great Beatles Songs* (New York: Blue Rider Press, 2017)

Bose, Ajoy, *Across the Universe: The Beatles in India* (London: Penguin, 2021)

Bramwell, Tony, *Magical Mystery Tours: My Life with the Beatles* (London: Robson Books, 2005)

Braun, Michael, L*ove Me Do!: The Beatles' Progress* (1964; repr. London: Graymalkin Media, 2019)

Brown, Craig, *One Two Three Four* (London: 4th Estate, 2020)

Brown, Peter, *The Love You Make: An Insider's Story of the Beatles* (1983; repr. New York: New American Library, 2002)

Campion, James, *Take a Sad Song* (Guilford: Backbeat Books, 2022)

Coleman, Ray, *Lennon* (1984; repr. London: Pan Books, 2000)

Coleman, Ray, *McCartney: Yesterday – and Today* (London: Boxtree, 1995)

Connolly, Ray, *Being John Lennon* (London: Weidenfeld & Nicolson, 2018)

Cott, Jonathan, *Days That I'll Remember: Spending Time with John Lennon and Yoko Ono* (New York: Knopf Doubleday, 2013)

Davies, Hunter, *The Beatles* (1968; repr. London: Ebury Press, 2009)

Davies, Hunter (ed.), *The John Lennon Letters* (London: Weidenfeld & Nicolson, 2016)

Doggett, Peter, *You Never Give Me Your Money: The Battle for the Soul of the Beatles* (London: Vintage, 2009)

Doyle, Tom, *Man on the Run: Paul McCartney in the 1970s* (London: Polygon, 2014)

Elson, Howard, *McCartney – Songwriter* (London: Comet, 1986)

Epstein, Brian, *A Cellarful of Noise: The Man Who Made the Beatles* (1964; repr. London: Souvenir Press, 2021)

Evans, Mike, *The Beatles: Paperback Writer* (London: Plexus, 2012)

Fawcett, Anthony, *John Lennon: One Day at a Time* (New York: Grove Press, 1981)

Feldman-Barrett, Christine, *A Women's History of the Beatles* (New York: Bloomsbury Academic, 2022)

Garry, Len, *John, Paul & Me Before the Beatles* (Peterborough: FastPrint Publishing, 2014)

Gooden, Joe, *Riding So High: The Beatles and Drugs* (London: Pepper & Pearl, 2017)

Gould, Jonathan, *Can't Buy Me Love* (London: Piatkus, 2007)

Hagan, Joe, *Sticky Fingers: The Life and Times of Jann Wenner* (Edinburgh: Canongate, 2017)

Harris, John, et al., *The Beatles: Get Back: By the Beatles* (London: Callaway Arts & Entertainment, 2021)

Inglis, Ian, *The Beatles in Hamburg* (London: Reaktion, 2012)

King, Tony, *The Tastemaker: My Life with the Legends and Geniuses of Rock Music* (London: Faber and Faber, 2023)

Kozinn, Alan and Adrian Sinclair, *The McCartney Legacy Volume 1: 1969–73* (London: Dey Street Books, 2022)

Kozinn, Alan and Adrian Sinclair, *The McCartney Legacy Volume 2: 1974–80* (London: Dey Street Books, 2024)

Lennon, Cynthia, *A Twist of Lennon* (London: Star, 1978)

Lennon, Cynthia, *John* (London: Hodder & Stoughton, 2005)

Lewisohn, Mark, *The Beatles – All These Years – Volume 1: Tune In* (London: Little, Brown, 2013)

Lewisohn, Mark, *The Beatles – All These Years – Extended Special Edition – Volume 1: Tune In* (London: Little, Brown, 2013)

Lewisohn, Mark, *The Complete Beatles Recording Sessions* (London: Bounty, 2013)

Lindsay-Hogg, Michael, *Luck and Circumstance: A Coming of Age in Hollywood, New York, and Points Beyond* (New York: Knopf, 2011)

Macdonald, Ian, *Revolution in the Head: The Beatles' Records and the Sixties* (1998; rev. edn London: Vintage, 2008)

Madinger, Chip and Scott Raile, *Lennonology*, e-book via Lennonology.com

Mansfield, Ken, *The White Book* (Nashville, TN: Thomas Nelson, 2007)

Martin, George, *All You Need Is Ears* (1979; repr. New York: St Martin's Griffin, 2021)

Martin, George, *Summer of Love: The Making of "Sgt Pepper"* (London: Pan, 1995)

McCartney, Mike, *Thank U Very Much: Mike McCartney's Family Album* (London: Arthur Barker, 1981).

McCartney, Paul, *The Lyrics: 1956 to the Present*, ed. Paul Muldoon (London: Allen Lane, 2021)

Meddings, Luke, *What They Heard: How the Beatles, the Beach Boys and Bob Dylan Listened to Each Other and Changed Music Forever* (London: Weatherglass Books, 2021)

Miles, Barry, *Paul McCartney: Many Years from Now* (London: Secker & Warburg, 1998)

Norman, Philip, *John Lennon: The Life* (London: HarperCollins, 2008)

Norman, Philip, *Paul McCartney: The Life* (London: Weidenfeld & Nicolson, 2016)

Norman, Philip, *Shout!: The Beatles in Their Generation* (1981; repr. New York: Fireside, 2005)

Pang, May, and Henry Edwards, *Loving John: The Untold Story* (New York: Warner Books, 1983)

Pedder, Dominic, *The Songwriting Secrets of the Beatles* (London: Omnibus Press, 2010)

Riley, Tim, *Lennon: The Man, The Myth, The Music – The Definitive Life* (London: Virgin Books, 2011)

Riley, Tim, *Tell Me Why: The Beatles, Song by Song, Album by Album, the Sixties and After* (Cambridge, MA: Da Capo Press, 2002)

Rosen, Robert, *Nowhere Man: The Final Days of John Lennon* (2000; repr. New York: South Village Press, 2015)

Salewicz, Chris, *McCartney: The Biography* (London: Queen Anne Press, 1986)

Sheff, David, *All We Are Saying: The Last Interview with John Lennon & Yoko Ono* (London: Pan, 2020)

Sheffield, Rob, *Dreaming the Beatles* (New York: Dey Street, 2018)

Shotton, Pete, and Schaffner, Nicolas, *John Lennon: In My Life* (New York: Stein & Day, 1983)

Sounes, Howard, *Fab: An Intimate Life of Paul McCartney* (London: Harper, 2011)

Southall, Brian, and Rupert Perry, *Northern Songs: The True Story of the Beatles' Song Publishing Empire* (London: Omnibus Press, 2006)

Spitz, Bob, *The Beatles: The Biography* (London: Aurum Press, 2007)

Stanley, Bob, *Yeah Yeah Yeah: The Story of Modern Pop* (London: Faber & Faber, 2013)

Taylor, Derek, *As Time Goes By: Living in the Sixties* (London: Faber & Faber, 2018)

Turner, Steve, *Beatles '66* (London: HarperCollins, 2016)

Turner, Steve, *A Hard Day's Write: The Stories Behind Every Beatles Song* (London: Little Brown/Carlton, 1995)

Wenner, Jann, *Lennon Remembers* (London: Talmy, Franklyn, 1972)

Womack, Kenneth, *John Lennon 1980* (London: Omnibus Press, 2020)

옮긴이 정지현

충남대학교 자치행정과를 졸업한 후 현재 미국에 거주하며 번역에이전시 엔터스코리아에서 전문 번역가로 활동하고 있다. 주요 역서로는 《5년 후 나에게》, 《타이탄의 도구들》, 《행동하지 않으면 인생은 바뀌지 않는다》, 《우리는 모두 죽는다는 것을 기억하라》, 《학습의 재발견: 무엇이든 더 빠르게 배우는 사람들의 비밀》 등 다수가 있다.

존 앤드 폴

1판 1쇄 인쇄 2025년 10월 7일
1판 1쇄 발행 2025년 10월 21일

지은이 이언 레슬리
감수 배순탁
옮긴이 정지현

발행인 양원석 **편집장** 최두은 **책임편집** 김슬기
디자인 조윤주, 김미선 **영업마케팅** 윤송, 김지현, 최현윤, 백승원, 유민경
해외저작권 임이안, 안효주

펴낸 곳 ㈜알에이치코리아
주소 서울시 금천구 가산디지털2로 53, 20층 (가산동, 한라시그마밸리)
편집문의 02-6443-8860 **도서문의** 02-6443-8800
홈페이지 http://rhk.co.kr
등록 2004년 1월 15일 제2-3726호

ISBN 978-89-255-7312-0 (03680)